U0737352

联合会常务理事单位

四川鑫锐投资有限公司
sichuan xinrui touzi youxian co.ltd

董事长 周朝忠

　　四川鑫锐投资有限公司成立于2010年9月，于2012年7月投资建成宜宾江北农产品批发市场，市场占地面积200亩，总建筑面积80000㎡，总投资2.5亿元、其中，地上建筑面积53322㎡，其他建筑面积26678㎡（含钢结构大棚面积10000㎡），冷链40000㎡、仓储7000㎡、配送中心3000㎡，停车位300余个。2012—2017年，公司为了更好服务于商家，专门成立了宜宾鑫地农产品批发市场管理有限公司、宜宾鑫田蔬菜水产批发市场管理有限公司、川南农产品物流中心，现有经营户1800余户、从业人员4000余人、日客流量达17500人次以上、车流量达4200辆次以上，流通末端配送网点180余家，经营品种达500余个。2017年农产品交易、储存、配送总量达350万吨，年交易额约达60亿元。公司在宜宾市八县二区建设了10.8万亩蔬菜和水果基地，其中，蔬菜基地占地面积6.2万亩，水果基地占地面积4.6万亩。实行"公司+基地+专业合作社+农户"的产业化经营战略合作模式带动27万余人就业，农户养殖活畜实现总产值162000万元，实现人均月收入达8000元以上。产品辐射宜宾全市以及云南、贵州、成都、自贡、乐山、内江、泸州等周边省市。目前我市场交易量和交易额居全省同行业第二位。公司获评"宜宾市商贸流通优势专业市场""宜宾市农业产业化重点龙头企业""四川省应急保供重点联系企业""宜宾市守合同重信用企业"和"四川省农产品流通优秀市场"。

运通天下 服务民生

　　惠州海吉星农产品国际物流园是惠州市政府 2004 年引进的重点"菜篮子"民生项目，是惠州市及粤东地区保障农产品供应和平抑农产品物价的主要平台和依托，项目总用地面积 34.7 万平方米，经过十多年的发展，现已成为具有副食、蔬菜、水果、冻品、水产肉类等交易品类的综合性农产品批发市场，是粤东地区最大的农产品集散中心，辐射云南、海南、江西、长沙、上海、北京、青海等十多个省市。2015年以来，逐步建设智慧型食品安全管控体系、全覆盖监控系统、智慧停车系统、智慧市场管理系统、基于移动互联网应用的安全追溯体系等，全面推进信息化、智慧化市场升级。先后被农业农村部、商务部、中国蔬菜流通协会和省政府评为"定点市场""农业龙头企业""物流龙头企业""全国 50 强农产品批发市场"和菜篮子应急措施储备基地。

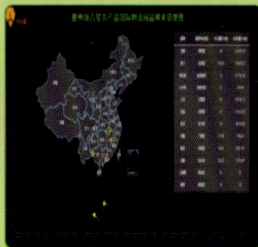

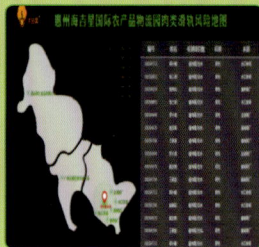

上海农产品中心批发市场经营管理有限公司
SHANGHAI AGRICULTURE PRODUCTS CENTER WHOLESALE MARKET MANAGEMENT CO.,LTD.

  上海农产品批发市场（简称"上农批"）是上海人民的大"菜篮子"。市场规划面积 500 亩，现实际经营面积 380 亩，是上海市最大的综合性农产品批发市场。上农批是农业部定点市场，是商务部等 13 部委认证的全国四大绿色样板市场之一。市场经营农副产品类别齐全，设有蔬菜交易区、肉类交易区、水果交易区、冰鲜水产交易区、家禽交易区以及南北干货交易区。2017 年实现总交易量 180 万吨、总交易额 150 亿元。其中，蔬菜日均交易量为 2000 吨左右；肉类日均交易量为 4000 头，占上海市日均交易量的 1/3；水果年交易量约 60 万吨，占上海市总量的 40%；冰鲜年交易 15 万吨，单品种上海最大。

中国国际进口博览会
常年展示交易平台

外延蔬菜基地

猪肉交易大厅

黔货商城（上海）
直营店启动仪式

上农批
蔬菜品牌转轨

FQT上海合作实验室

检验检疫平台

智能联动中心

生鲜电商孵化基地

SQSM
食 全 食 美

70年专注食品经营
千家万户的选择 食全食美的奉献

　　内蒙古食全食美（集团）股份有限公司是内蒙古地区标准化、规模化、信息化程度最高的一家专门从事食品流通业态的集团经营公司。正在全力推进产业升级和基于互联网的创新发展，在数字化建设、平台经济培育、生鲜市场网络拓展、智慧物流配送和电子商务发展、生鲜标准化和品牌化建设、线上线下融合发展等方面积聚新动能，开通了金蝶云之家移动办公平台，建成运营了"食全食美生鲜配送网上订单系统""食全食美VIP商城"和"食全食美美通商城"三大电子商务营销平台，打造了以美通生鲜快递平台为代表的新经济发展平台，基本形成了线上、线下融合发展、共享共赢的产业新格局；创建了自有品牌——派驰，实现了"互联网＋配送"的发展模式，形成了农贸市场、品质生活店和电商新零售三种终端零售模式，初步构建起了支撑农产品现代流通实体配送的网络体系，推动了传统农产品批发市场与现代营销模式的有效触合。特别是正在有序推进的农产品大数据中心建设必将为集团公司实施精准经营、精准管理和精准服务提供数据支撑，为国家及各级政府进行市场供求分析、价格预警、宏观调控，有效应对突发事件提供可靠依据，为更好指导农民进行科学合理种植发挥至关重要的作用，成为驱动企业转型升级、创新发展的新引擎。

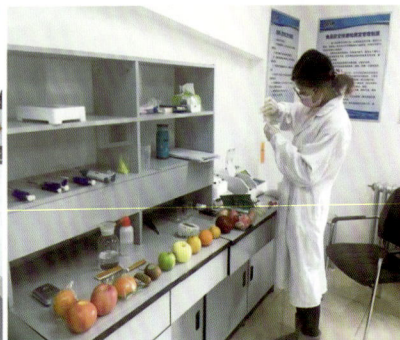

信立国际农产品贸易城

Senox

全国农产品综合类批发市场全国二十强

东莞信立国际农产品贸易城隶属于东莞市信立实业有限公司。市场位于东莞市版图的中心区域，107国道从市场门前经过，常虎高速、广深高速、莞深高速环绕市场周边，交通十分便捷。市场产品辐射珠三角，其中蛋品、辣椒交易量位居全省第一，冻品交易量也居于全省前列。

信立国际农贸城建成占地面积约70万平方米，建筑面积达60万平方米；除设有冻品，杂货休闲食品，蛋品，粮油，干货，调味品，副食品交易专区外，配套设施有4.2万吨冷库，10万平方米仓储配送中心。市场总投资超过8亿元人民币，其中东莞信立万吨级冷库群和近3万平方米冻品交易市场是珠三角继广州、深圳之后的第三个大型冻品专业批发市场。

目前，市场经营商户1500多户，平均每日进出场的车辆达到近27000台次；市场内从业人员达10000多人，带动和覆盖农户超过50万户、农村从业人员约10万人。

近年来，市场交易额稳定在300亿元以上，我们秉承"诚信立业，商通天下"的理念，在发展的过程中，以不断成长的业绩得到社会的认可，先后获得"东莞市十大专业市场""东莞市商贸龙头企业""中国百强市场"及国家商务部"双百市场工程"农产品批发市场等荣誉称号。

未来信立将继续秉承企业理念，不断提升服务水平，努力打造更专业的农产品交易平台，为进一步搞活农产品流通、服务"三农"和促进"商贸东莞"战略的实施发挥市场应有的作用。

全方位服务·一体化采购平台

➤ 冻品交易区

冻品交易区汇集各大品牌冻品，是珠三角乃至华南地区最重要的冻品交易市场之一；经营的主要产品有：猪牛羊系列产品、鸡鸭鹅系列产品、速冻食品等。

➤ 蛋品交易区

珠三角最大的蛋品交易区，对于珠三角的蛋品交易价格起到风向标作用，是全国各地的蛋品集散地之一。

➤ 干货、调味品交易区

干货、调味品交易区汇集了各种品种的干货产品，以及各大品牌的调味产品（海天、厨邦、味事达等）。

➤ 杂果休闲食品交易区

香蕉、西瓜、干果等热门品种来自世界各地；另外休闲食品是珠江三角洲地区的重要集散地。

➤ 粮油交易区

粮油交易区是周边地区主要的粮油供应市场，为周边地区的粮食安全起到了重要作用，是不可获取的米袋子。

➤ 副食品交易区

副食品交易区是各种副食品批发的聚集地，副食品品种繁多，年交易量大，是各类商超的副食品采购基地。

➤ 大型冷库群

市场内提供优质的高低温冷藏服务，配备有4.2万吨储藏能力的大型冷库群，为市场客户的经营提供强有力的支持。

➤ 仓储物流配送

大型物流仓储配送中心，拥有强大的仓储服务能力，以及覆盖全市以及周边的同城配送服务，为市场客户提高配送时效起到重要作用。

信立

东莞市

人民对美好生活的向往，就是我们的奋斗目标！

东莞市信立实业有限公司

商务在线
Jinxiudadi.com

2017 年，在"京津冀协同发展"的大背景下，大地电商积极打造涉农产品批发市场新业态，推出了智慧仓库、智慧物流、金融保理等深受商户欢迎的服务。随着新的流通技术、流通方式、流通组织和流通服务不断完善，流通领域的服务模式不断重构。"农产品批发市场运营、供应链服务、金融服务、IT/软件服务和采购与分销解决方案"五大服务体系将一起发力，从 B2B 交易平台向农产品领域综合服务商升级。

大地电商五大服务体系
- 农产品批发市场运营
- 供应链服务
- 金融服务
- IT/ 软件服务
- 采购与分销解决方案

让农副产品流通
更安全更高效

"打造涉农智慧新业态"

"服务首都、服务三农、惠泽民生"

——把大洋路市场成功转型为适合首都发展的新模式企业

京津冀食用农副产品产销衔接示范区

大洋路市场概况：

北京大洋路农副产品市场有限公司（简称"大洋路市场"）成立于1997年5月，位于京城东南郊三环路与四环路之间十八里店乡大洋路商业街中段，处于京津塘与京沈高速公路的交汇处，是连接京、津、冀及东北、华北、华南等各省区农产品重要节点，物流主要辐射CBD商圈、经济技术开发区等京城东半部地区，地理位置优越，交通便利。

大洋路市场是北京市朝阳区十八里店乡政府投资经营的集体所有制企业。市场以蔬菜批发为龙头，集生鲜肉、水产、禽蛋、水果、粮油、副食调料、烟酒等十大类万余种商品于一体的综合性农副产品批发交易的格局。

经过21年的建设发展，现市场占地面积40.05万平方米，建筑面积20.5万平方米，有管理人员500多名，资产总额2.8亿元。市场凭借优越的地理位置、交通优势和科学规范管理，已成为北京交易规模较大的专业农产品批发市场。

大洋路市场农产品直营店

大洋路市场的服务功能：

市场按经营类别划分为蔬菜区、厅棚区、海鲜区、果品区和商住楼五大交易区，固定摊位3000个左右；市场建有现代化高品质的硬件服务设施：鲜肉批发大厅、鲜肉冻品大厅、禽蛋大厅、调料厅、熟食、豆制品厅、海鲜大厅、海鲜档口、水果交易大厅、冷库和业务大厅与证照代办处。

近年来，在深入落实疏解非首都功能，全力推动京津冀协同发展部署，市场以"扶大、扶优、扶强"的原则进行转型升级，培养专业配送公司300多家，投入专用冷藏运输车59辆，启动高危食品（豆制品项目、熟食项目、牛羊肉项目、白条鸡项目、咸菜项目）进场代理制，建立生产基地、销售市场、场家代理三方联动对接"统管、同查"三点一线管理机制，将农业生产、加工、流通等流程数据共享与透明管理，建立农产品源头质量安全全流程可追溯。

市场始终以"服务首都、服务三农、拓展市场、惠泽民生"为己任，以食品安全为主导，坚持以"最严谨的标准、最严格的监管、最严厉的处罚、最严肃的问责"源头治理、标本兼治，承担着首都市民优质、安全、绿色的鲜活农产品稳定供应，年交易量362万吨，交易额280亿元。

大洋路市场发展趋势与转型规划：

新形势下，为构筑首都绿色农产品安全稳定供应的"大菜篮子"，继续深入服务于民、拉动农业农民增产增收，大洋路人不惧艰辛、砥砺前行，依照政府政策开拓创新，实施转型升级，依托市场直供、价格实惠优势，市场已构建"产地+市场+互联网"模式，成立社区连锁直营店，目前，已有九家大洋路市场农产品直营店陆续开业，社区居民足不出户就能买到新鲜、质优、价廉的蔬菜，构建京津冀优质农产品供应链。

经过发展与不断创新，"大洋路市场"品牌早已深入人心，拥有良好的品牌效应和无形资产，在农业产业与农产品流通行业中释放无限的社会效益与经济效益。新时期，在建设国际一流的和谐宜居之都的伟大进程中，大洋路市场将以自身的实力与作为，打造一个多元化、多功能、综合性、高效通畅、绿色环保的现代化农产品商业平台，为首都农产品市场保供、稳价发挥重大作用，为市民以最方便的途径购买到最新鲜优质、安全放心的农产品保驾护航。大洋路从农产品批发功能逐步转型适应首都模式服务型功能，同时在此转型中继续摸索与创新，以求实的精神创新发展大洋路市场企业。

大洋路批发市场

禁止通行　禁止通行　大车入口　小车入口

盛华宏林
SHENG HUA HONG LIN

实施"减量发展、场景升级",打造尚油粮品交易大厅

引进献切花新业态,打造北京城市"后花园",满足首都人民美好生活需求

以信息化打造精准溯源的利器。将全面实现信息化管理和交易

将海洋文化元素、生活美学场景置入商业空间,打造生鲜市界

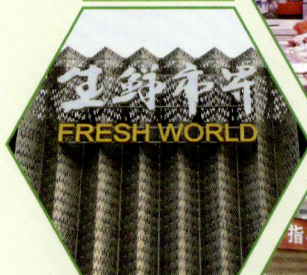

FRESH WORLD

用科技守护"舌尖上的安全",以科技引领,打造"首都标准""北京品牌"

以文创引领农批市场升级,打造"新鲜的北京街市",举办首届中国农民丰收节;"花花世界"蓝钻资财包装沙龙会

北京盛华宏林粮油批发市场有限公司
BEIJING SHENGHUA HONGLIN GRAIN AND OIL WHOLESALE MARKET CO. LTD

北京盛华宏林四大支柱产业:"米袋子""油瓶子""鱼盘子""花篮子"。淘汰部分低端业态,引进差异化、品牌化业态,实现个性化发展。

上海蔬菜（集团）有限公司简介

上海蔬菜（集团）有限公司（简称"上蔬集团"）以农产品批发市场经营管理为核心业务，经过蔬菜人坚持不懈的努力，已经发展成为农产品批发的航母、城市主副食品供应的底板、农民产销对路的桥梁、市民舌尖安全的卫士。集团旗下坐拥城市一级批发市场3家，区域性批发市场4家，水产、花卉等专业批发市场2家，以及标准化菜市场7家，参股上海农产品中心批发市场、东方国际水产中心、上海粮食交易中心批发市场，与国盛集团联手控股上蔬集团永辉项目。上蔬集团、西郊国际承担了蔬菜、肉类、果品、水产、粮油等城市农产品流通全产业链主渠道、主力军的重要职能。2013年底，上蔬集团重组进入光明食品集团，与西郊国际农产品交易中心开展整合融合。

西郊国际农产品交易中心（简称"西郊国际"）是上海市重大工程，始建于2007年，位于上海市青浦区华新镇，总规划占地面积1528亩，目前已建成并运营面积827亩，建筑面积25万平方米，投资15亿元。根据《上海市食用农产品批发和零售市场发展规划（2013年—2020年）》，西郊国际被定义为上海市唯一的主中心批发市场，城市必需的功能性基础设施、至关重要的民生保障项目，在食用农产品体系中发挥核心作用，予以重点建设，发挥其在本市粮食、蔬菜、肉类、水果、水产品等食用农产品商品流通、货物集散、信息发布、价格形成等方面的主导作用。2017年，西郊国际被商务部列为首批全国公益性农产品示范市场。

智慧农批 | 上海润通实业投资有限公司

智慧农批供应链建设领导者

上海润通实业投资有限公司成立于2006年，注册资本人民币1亿元，是由上海大生农业金融科技股份有限公司控股的第三方支付公司，公司自2006年起从事预付卡的发行与受理，并于2012年获得由中国人民银行颁发的《支付业务许可证》（许可证编号：Z2013631000019）。

2016年，公司积极响应"互联网＋"发展战略，将第三方支付技术垂直应用于农产品流通行业，积极探索传统农批市场的智慧化转型升级。上海润通以提供智慧农批解决方案为核心，以深度定制开发和陪伴式上线为服务基础，配套提供供应链金融服务，致力于实现传统农批市场向智慧农批、数据农批、金融农批的转型升级。

在自身不断的完善升级和市场开拓后，润通合作了一大批成功的农批市场，如苏州南环桥市场、河南万邦国际批发市场、贵阳北部农产品物流园、山东金乡大蒜市场、镇江官塘桥农批市场、湖州浙北农副产品市场、菏泽银田农贸市场等。服务市场类型涵盖了一级市场、二级市场、产地市场、单品市场、冷冻副食品市场，形成了客户管理系统、物业管理系统、进门收费系统、停车管理系统、电子结算系统、安全溯源系统、大数据综合平台为一体的智慧农批管理系统，另有配套系统——冷库管理系统、肉批管理系统、供应链管理系统。

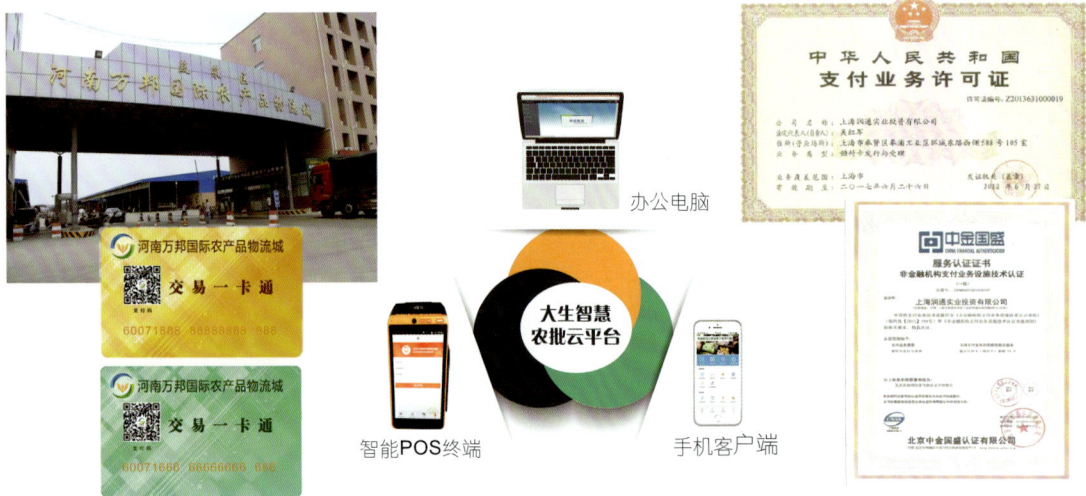

办公电脑

中华人民共和国
支付业务许可证

大生智慧农批云平台

智能POS终端 | 手机客户端

农批智慧运营系统
进出场、停车计费、物业管理、杂费管理

进销存管理系统
进货管理、销售管理、库存盘点

智能冷库管理系统
冷库租赁、设备配置、仓位管理、人工计费、财务报表

仓储配送系统
WMS仓储管理系统、TMS运输系统、GPS实时定位

电子交易结算系统
智能POS机、手机APP、交易客户端、全渠道支付方式

线上线下农批电商平台
个人消费中心、线上选择商品、线下溢价、在线交易

农产品安全追溯平台
实名认证、批次管理、交易定位、订单追踪

大数据分析服务平台
经营分析、价格分析、品类分析、消费行为分析、收益分析

北京二商集团
BEIJING ER SHANG GROUP

北京二商集团有限责任公司西郊食品冷冻厂
BEIJING ER SHANG (GROUP) CO.,LTD XIJIAO FOOD COLD STORAGE PLANT

为百姓编织食品安全网

北京四道口水产交易市场地处海淀区中关村科学城，占地面积约54000平方米，建筑面积约76450平方米，总资产3.81亿元，职工近200人，目前年营业收入13.5亿。

市场拥有总库容124500立方米冷库，其中，0℃～5℃冷库20000立方米，−18℃～−25℃冷库104500立方米，冷链设备设施先进，制冷控制技术在冷冻冷藏行业中始终处于领先地位。

市场拥有冻品厅、海鲜厅、鲜肉厅、干品厅、酒店用品厅5个交易大厅和精品专卖店40个。市场共有交易商户305户，摊位369个，经营商品涉及12个大类、660多个品种。是集仓储、批发、零售、网上交易于一身，集鲜活水产品、鲜肉、冷冻品、干品、调料品、酒店用品和烟酒销售为一体的综合性农副产品批发市场。为保障百姓餐桌安全，市场先后筹建了安全监控中心、食品检测中心、结算中心、信息中心、商务中心。市场创建至今，凭借专业化的管理，迎得了广大客户的认可，更以雄厚实力与优质服务，赢得了业界多项专业荣耀。

北京四道口水产交易市场跟随时代步伐，以诚信为本、创新为源，保障和服务首都城市生活，期待与您合作，共同演绎未来。

HIGREEN
NATIONWIDE LOGISTICS NETWORK
全国联动，点面皆荣
COMPLETELY SUCCESS
长沙黄兴海吉星国际农产品物流园

传承马王堆
再造新航母

长沙马王堆农产品股份有限公司成立于1999年，注册资本2亿元，由深圳市农产品股份有限公司控股，湖南同超控股有限公司、长沙市国有资本投资运营集团有限公司参股。公司主营农产品的批发、零售、储藏等业务，下辖长沙黄兴海吉星国际农产品物流园、马王堆海鲜水产批发市场、毛家桥水果水产禽类产品大市场，2017年全年交易总量为702万吨，交易额696亿元。

长沙黄兴海吉星国际农产品物流园位于湖南省长沙县黄兴镇黄江公路旁，占地面积近900亩，总投资超20亿元，分两期开发建设，总建筑面积64.3万平方米。长沙海吉星一期占地446亩，建筑面积约20万平方米，2016年4月建成运营，主要承接马王堆蔬菜市场的整体迁入，市场日均交易量12000吨（高峰期突破16000吨），是目前全国最大的蔬菜流通枢纽中心。长沙海吉星二期用地382亩，计划发展海鲜水产、进口水果、进口食材等高端食材交易以及特色农产品交易，配套建设农产品冷链以及整个项目的环保工程等内容。长沙海吉星全部建成并投入运营后，将逐步发展成为线上线下结合、国内商品与国际商品互补、全省农产品互动的一站式综合农产品集散中心，全面支持传统"菜篮子"更具有时代性，争创中国第五代农产品批发市场旗帜，成为中南地区最具行业代表性和地标性的综合性农产品物流产业园区。

企业荣誉：国家级农业产业化重点龙头企业，全国首批公益性示范市场，商务部"百家百亿"市场，农业部定点鲜活农产品中心批发市场，全国工人先锋号，湖南省、长沙市重点"菜篮子"工程。

行业地位：全国最大的蔬菜流通枢纽中心，30届世界批发市场联合会技术观摩点，2017年度全国农产品批发市场百强企业，2017年度全国农产品综合批发市场50强企业。

中国农批新旗舰，智慧市场新标杆

红星所向，大势所趋： 项目由资产过百亿，规模涵盖农产品流通、农产品加工、资本运营、房地产等诸多领域的红星实业集团投资出品，是湖南省 2015 年第二批重点建设项目中唯一一个民生和社会事业项目，总投资达 50 亿元，总规划 1760 亩，引进全球最先进的设计规划理念，致力打造"中部唯一，全国一流"的果业航母。

辐射腹地，通达全国： 项目位于长江三角洲、珠江三角洲、中部地区三大经济板块的交汇处的长株潭"两型社会"改革试验核心区，北临长沙高铁站，西邻武广高铁与京港澳高速（京珠高速），并与市政主干道互通，1公里直达绕城高速入口，货运既可高效配送服务"长株潭"，又能快速辐射全国各省市区。

城市使命，至臻配套： 项目规划建设有公寓楼、酒店、教育、医疗、娱乐、餐饮、金融等丰富而完善的配套体系，致力于打造一个新型农产品流通综合体，更肩负了长沙南城经济发展引擎的使命。

智慧管理，便捷高效： 投资近 8000 万元，建设红星全球农批中心信息化管理平台，"一个平台，三个数据库，七个子系统"，实现集进出口交易、物流仓储、配送、检验检疫、电子商务、价格形成、信息发布、拍卖和展示展销于一体的自动化管理和智慧化服务，可真正体验可移动、可交互、可管理的一键畅捷服务。

农批旗舰，买卖全球： 一期水果项目占地面积 631 亩，分为国产水果交易区、进口水果交易区、车板交易区、干果交易区、仓储及加工配送区、国检试验区及冷藏保鲜区、名优特新产品展示展销区、生活及商务配套区；项目配套两万平方米的水果催熟交易中心，采用欧美发达国家最先进、最流行的催熟技术"ETH增压式催熟系统"；专设"中国—中欧东盟贸易便利化国检试验区"，填补了我国中部市场口岸空白，助力商户"买全球，卖全球"，实现更优惠、更新鲜、更高品质的进口水果交易。

图为效果示意，以实际规划为准

湖南佳惠
Hu Nan Jia Hui

湖南佳惠：保障市民"菜篮子"供应
助力山区精准扶贫

佳惠·武陵山农产品物流产业园（简称"佳惠物流园"）由湖南佳惠百货有限责任公司的全资子公司湖南惠农物流有限责任公司建设管理。

一、项目定位

佳惠物流园建设项目系省、市物流业"十三五"发展规划的大湘西省际边贸物流节点基地和"313"工程项目之一，也是湖南省"十三五"服务业发展规划的现代物流类重大项目、湖南省服务业"双百"工程明确的现代物流类重点推进项目和重点培育行业领军企业。2018年，佳惠物流园项目成功入围湖南省"五个100"重点产业项目的现代物流5个重点项目之一。

二、项目介绍

佳惠物流园拟规划占地面积1200亩（含前期用地面积417亩），计划总投资35亿元（含前期投资12.5亿元），分六期开发建设，计划设置八大中心：农产品交易中心、10万吨冷链中心、大型物流配送中心、生鲜冷链加工中心、电商仓储周转中心、检疫检测及电子交易中心、商贸服务中心。计划建成国家级示范物流园区（商贸服务型）和国家级现代服务业集聚示范区。

佳惠物流园一、二期的佳惠物流配送中心占地面积417亩，总投资12.5亿元，项目于2010年1月开工建设，目前已建成营业面积23万平方米。其中，15万平方米的蔬菜、水果、冻品、干货、禽类、水产等6个批发市场和3万吨冷库、5万平方米城市共同配送中心（为全国物流标准化试点项目）已建成并投入运营；3万平方米生鲜冷链加工配送中心已经投入试运行。物流园目前入住商户1500余户（其中，达到限上企业认证条件经营户150余户）。2017年，实现交易配送额80余亿元。

佳惠物流园扩能升级项目拟规划新增用地面积800亩，计划总投资22亿元，项目分四期开发建设，首期项目设置名优特新农产品展示交易中心、农产品快递配送分拨处理中心、信息服务中心、停车场等功能区，计划投资5.5亿元，项目已于2017年初启动建设。

佳惠物流辐射图

三、社会及经济效益

公司将佳惠物流园作为民生性、公益性和先导性产业建设，作为集团公司履行社会责任、延伸公司主营业务产业链的平台，坚持"自建自营、培育市场、发展产业"的发展思路。所有建成项目的资产全部由公司自持。

佳惠物流园项目整体建成后，园区各类农产品和冷链产品交易及配送额将在现有基础上增长3倍，达到200亿元，物流经济辐射武陵山片区4省71个县（区、市），进一步巩固怀化市在武陵山片区农产品及冷链物流中心地位。

项目的建成有助于区域内资源整合，降低农产品物流成本，实现农业增产增效，支持武陵山片区农业产业化发展壮大，助力我省西部区域和武陵山片区精准扶贫的进程。同时，对于保障市民"菜篮子"供应、实现农产品源头安全追溯、提高标准化生产加工等方面都具有深远的意义。

太原市河西农产品有限公司

创新机制　跨越发展

太原市河西农产品有限公司是国家发改委技改企业，商务部"双百市场"工程，农产品批发市场行业"百强市场"，农业部"定点企业"，国家级"龙头企业"，全国农产品"十佳市场"，全国服务业500强企业，省城人民的"菜篮子"工程。2002年经国家发改委、商务部和太原市人民政府批准，市场进行整体改扩建设。新建市场总投资5.61亿元，占地面积335亩，总建筑面积11.9万平方米。公司的主要任务是确保省城人民"菜篮子"供应，有效调整产业结构，带动农业增产和农民增收，最大程度提供就业、再就业岗位。

太原市河西农产品有限公司2017年商品交易量47.7亿公斤，交易额93亿元。蔬菜、果品、粮油调味品供应量分别占太原市总供应量的95%、90%、90%。提供直接就业岗位60余万个，市场培育营销户8万多人，农民经纪人6万余人，与全国31万多农户签订订单农业，有效带动了省、市农业生产的发展和农业产业结构的调整。太原市河西农产品有限公司以农产品批发市场为核心业务，集农产品生产、加工、包装、储运、批发直销、连锁零售经营、物流配送、电子商务等多功能于一体，实现了批发交易与连锁零售、直销代理与物流配送、有形市场与信息网络市场的有效结合。

HIGREEN 海吉星

广西海吉星

多元综合化业态发力
满足城市消费新需求

广西海吉星农产品国际物流有限公司由深圳市农产品股份有限公司（股票代码：000061）控股组建，成立于2008年9月19日，注册资金4.7亿元。其投资兴建的广西海吉星农产品国际物流中心，位于南宁市江南区壮锦大道16号，占地面积约600亩，建筑面积约70万平方米，计划总投资25亿元，目前已投资14.8亿元，汇集食材商贸、"食"尚购物、商务办公、星级酒店、文化会展五大业态。

物流中心水果交易区占地面积12万平方米，日均交易量达3700吨，南宁市场占有率保持在98%以上；蔬菜交易区占地面积8万平方米，日均交易量为2700吨，南宁市场占有率约60%；冻品交易区占地面积3万平方米，冷库容量达3万吨，日均交易量约100吨，南宁市场占有率约20%。2017年全年全场品类交易量达140万吨，年成交额约90亿元，初步完成由

"满足本地消费"的消费型市场向"中转辐射西南区域周边省份"的中转型市场转变，解决4万人以上的就业问题。

海吉星·食博城
一期实景

物流中心自2012年开业以来，连续3年被评为"全国农产品批发市场行业（果品类）20强市场"，2015年被评定为"首批广西现代服务业聚集示范性物流园区"，是广西骨干批发市场、广西商贸物流先进企业、南宁市农业产业化重点龙头企业。

2018—2021年，物流中心将重点打造"海吉星·食博城"，以食材商贸为中心，兼顾多元综合化业态体验，满足城市饮食消费新需求，不断提高流通效率、增强企业竞争力。

公司将秉承"绿色交易"理念，坚持为客户创造高运转效率、低成本能耗的运营环境，坚持"绿色就是经济"的发展理念，充分利用好南宁市乃至广西的区位、资源、政策、人文优势，更积极地在提升农产品流通行业层级的道路上探索前行。

水果批发场景

市场拂晓

HIGREEN
海吉星

广西新柳邕农产品批发市场
Guangxi new Liuyong agricultural products wholesale market

打造西南最具影响力"一站式"采购中心

　　广西新柳邕农产品批发市场有限公司成立于 2010 年 4 月，注册资金 3 亿元，是柳州市政府通过招商引资，引入国内农产品流通行业首家上市公司——深圳市农产品股份有限公司与柳州市政府共同出资组建，深圳市农产品股份有限公司占股 65%、柳州市政府占股 35%。作为柳州市民的"菜篮子"工程，广西新柳邕农产品批发市场从投建以来就被列入柳州市人民政府重点建设项目，作为广西壮族自治区重大项目及柳州市十大商贸流通重点工程，总投资超 20 亿元。项目地处广西柳州西外环，总占地面积 1200 亩，分两期建设，一期项目用地面积 595 亩，主要为满足老柳邕市场整体搬迁。经营品类包括蔬菜、水果、海鲜、水产、家禽、干货、副食、酒水、粮油、蛋品、滋补品、茶叶等，是广西规模最大、品类最全的农产品批发市场。

　　2015 年 8 月，新柳邕市场一期建成并成功将柳州市柳邕农产品批发市场整体搬迁开业。目前，市场业态稳定，经营良好，已入驻 4500 多户商户，市场日均人流量近 10 万人次。市场 24 小时运营，场内业态丰富，品类众多，交易兴旺，市场年交易量 170 万吨，交易额 110 亿元，辐射范围已覆盖广西，延伸至湖南、贵州等地。柳州市民日常所需品中，有 90% 的食品供应、90% 的水产供应、70% 的家禽供应都来自新柳邕市场。新柳邕市场是国家发改委

在广西唯一的农产品价格监测点、农业部重点价格采集点，市场农产品价格已成为广西农产品的价格"风向标"。

　　开业以来，广西新柳邕市场的品牌和社会地位也获得国家、自治区、柳州市政府等相关部门的认可，先后荣获"全国农产品批发市场行业五十强市场""全国商品交易市场系统农产品领军市场""中国十大品牌农贸市场""中国农产品批发市场行业优秀单位""中国供应链建设优秀市场""广西商贸流通先进企业""柳州市商贸服务业先进企业"等荣誉称号，是广西现代服务业集聚区、广西农业产业化重点龙头企业、柳州市文明诚信经营四星级市场。新柳邕市场顺应了农产品流通行业的转型升级，属于第三代海吉星市场。

　　项目遵循高起点规划、高标准建设、高水平管理的原则，引进世界一流的法国翰吉斯规划设计理念，并充分利用深圳市农产品股份有限公司近 30 年的批发市场建设经营管理经验和全国 40 多个批发市场的网络资源及海吉星品牌优势通过电商平台推进线上、线下共同发展，不断提升市场的吞吐能力和辐射能力，把市场做大做强，旨在打造西南地区最具有影响力的、流通能力强的"一站式"采购中心。

天津韩家墅海吉星农产品批发市场

天津韩家墅海吉星农产品批发市场是国家级农业综合开发项目、农业部定点市场、天津市农业化重点龙头企业。是天津市重要的民生工程项目，2017年交易额54亿元，交易量130万吨。2010年至今，多次获得全国农产品市场综合类五十强、综合类百强；2009年至2011年，连续被评为天津市文明单位，2015年被评为全国诚信示范市场。市场位于天津外环线与北辰西道交口处，地处外环线西北部黄金地段，毗邻双青新家园居住区、瑞景居住区，向外辐射天津西北部。

市场总占地面积950亩，总建筑面积23万平方米，总投资6亿元。市场主要经营蔬菜、水果、肉禽蛋、粮油、副食调料、水产、冻品、土特产、日杂、仓储物流等。市场的目标是打造成为集农产品批发交易、流通储存、展示直销、加工配送、检验检测、电子商务为一体的多功能农副产品物流中心。未来5年将市场建设成为天津地区功能完善、配套设施齐全、辐射能力强、服务规范、年交易量220万吨、年交易额100亿元的现代农产品物流中心。

HIGREEN 韩家墅海吉星

绿色交易创导者

众彩物流
Colourful Logistics

南京农副产品物流中心
NANJING LOGISTICS CENTER OF AGRICULTURE BY-PRODUCT

南京农副产品物流中心是按照"南京唯一、华东一流、全国有影响"的功能定位，高起点、高标准规划建设的特大型"菜篮子"工程。中心自2009年开业以来，市场交易额不断攀升，2017年达505亿元，发展速度冠领全国，现已成为南京乃至周边城市农副产品供应的主要源头市场。

"十三五"期间，南京农副产品物流中心将始终围绕"管理提升、业态创新、效益增长"三个方面，聚力建设"诚信众彩""品质众彩""绿色众彩""安全众彩"，奋力将中心打造成为全国首位度最高的公益性示范市场。

打造全国首位度最高
公益性示范市场

完善环渤海农产品供应链
丰富京津翼百姓菜篮子

天津海吉星国际农产品物流园由国内农产品流通行业第一家上市公司深圳市农产品股份有限公司投资建设。深农集团以规划建设、运营管理农产品批发市场为核心业务，是国内农产品流通行业的第一品牌。2015 年底，天津海吉星被商务部、财政部认定为"公益性大型农产品批发市场（一级）建设试点"单位，同时投资 2 亿元资金入股我公司。天津海吉星总投资 150 亿元，总占地面积 6000 亩，建筑面积 360 万平方米。

天津海吉星规划的蔬菜、水果、冻品等交易区，涵盖了国内外各种优质蔬菜、水果、冻品等农产品的交易及仓储，同时配有冷链仓储（2 万吨）、加工配送基地、生活配套楼。全国各色名优产品汇聚一堂，极大地丰富了老百姓的菜篮子。更好地满足了"京津翼"及周边地区 2 亿人口的农产品需求，完善整个环渤海地区农产品供应链结构。

天津海吉星农产品进出口贸易中心是集通关、检验检疫、保税仓储等功能于一体的综合性出口服务平台。京津翼（天津）检验检疫试验区可实现货物从港口到我物流园区的直通模式，货物到港后直接运至进出口贸易中心进行报关报检和验放。具备进口肉类冷链查验与存储一体化设施和进口预包装食品直通进区查验功能。

园区一期素材交易区已成功开业运营，目前日交易量逾 3000 吨，并稳定上升，稳居天津素材一级批发市场之列。同时其他品类交易区及功能配套区正在火热招商中。

HIGREEN 天津海吉星

管理公司：天津海吉星农产品物流有限公司
投资方：深圳市农产品股份有限公司
咨询顾问：法国翰吉斯国际批发市场

农物联
ANT

湖北多辉农产品物流园交易中心

湖北多辉农产品物流园交易中心成立于 2012 年，主营农副产品市场交易管理、物流配送、现代会展、电子商务等业务，由深证市多辉农产物联网股份有限公司、荆门市城市建设投资公司、中荆投资集团有限公司投资组建，员工 300 余人，先后成为"全国AAAA物流企业""全国食品流通骨干企业""全国农产品批发行业百强市场""湖北省农业产业化重点龙头企业""湖北省重点建设项目""湖北省物流示范基地""湖北省服务业重点项目""汉江流域十大品牌企业""荆门市科技孵化器"。

目前，公司正发挥物流经营管理优势，建设和营运"中国农谷·荆门农产品物流中心"，该中心是鄂中最大的现代化农产品集散中心、汉江流域农产品冷链物流战略基地、全国农产品批发市场行业百强市场。该中心的市场交易板块包含 10 多个批发业态；物流配送板块在 10 万吨冷库、20 万平方米仓储等硬件设施基础上开展业务；电商营运板块建有网上信息和网上交易系统，谋求实体市场和网络市场互促发展"共赢"。一期A区已建成，2018 年实现物流交易总额近 200 亿元；二期B区已部分开工建设，于 2018 年建成；多辉农产品物流园全部建成并投入运营后，将以农产品供应链为抓手和新动力，致力于将市场打造成全国知名、湖北一流、汉江平原最大的农产品批发市场。

CENTRAL
AGRICULTURE CITY

重庆观音桥市场有限公司
CHONGQING GUANYINQIAO MARKET CO.,LTD

服务三农　惠泽市民

—— 打造全国大型农产品物流中心

　　重庆观音桥市场有限公司（简称"观农贸"）是重庆市人民政府实施"保供稳价"重点项目。注册资本金 1.98 亿元，下辖盘溪干副、粮油专业市场，联动水产、茶叶、肉类和冷冻制品等市场，形成集多种农副产品批发为一体的一级批发市场产业集群。市场经营面积 10 万余平方米，客商 4000 余户，提供就业岗位 2 万余个，经营农产品 300 类 8000 余种，销售范围覆盖全国及东南亚地区，全国各省市农产品产区均在市场设有办事处、联络点或销售点，市场承担并调节重庆及其周边地区 85% 的农产品供应，特别是辣椒、花椒销量占国内市场交易份额的三分之一。2016 年市场总交易额 150 亿元，2017 年受公司水果市场搬迁影响，市场总交易额 134 亿元。

　　多年来，公司秉承"服务三农、惠泽市民"宗旨，致力于打造全国大型农产品物流中心，得到国家多个部委的充分肯定及表彰，先后被国家农业农村部、商务部确定为定点市场、重点联系市场。

SFNYS 圣丰农业 | 圣丰国际
西南大宗农产品交易市场

农商新星 破浪前行 >>

眉山市圣丰农产品批发市场投资有限公司，成立于2011年6月，位于享有"天府之国"之称、交通十分发达，物产丰富、文化底蕴丰厚的"东坡故里"——四川省眉山市。

公司斥资26亿元打造的眉山圣丰国际项目，占地面积333亩，总建筑面积42.5万平方米，是眉山市"十二五""十三五"重点规划建设的省、市重点民生项目。

眉山圣丰国际项目主要分为圣丰国际农商中心、圣丰国际商贸城、圣丰国际大厦三大模块，现已成为集农副产品冷链、物流、批发、仓储、配送、检测、电子商务、大数据平台、商贸中心、文旅等功能为一体的综合性、国际化集散基地和批发中心。享有中国"西部农商旗舰""东坡故里新名片"的盛誉。

多年来，公司在各级政府和部门的关心支持下，经过不懈努力，获评"四川省AAAA级特色旅游商品购物点""成都市农贸市场协会""眉山国际商会"和眉山市"味在东坡餐饮文化协会""眉山市物流协会"副会长单位，"成都市冷链物流商会"理事单位以及"全国城市农贸中心联合会"。并于2017年获评行业"全国农产品批发百强市场"，"眉山市第七批农业产业化重点龙头企业"以及眉山市东坡区"服务业先进企业"。

基于当前市场定位，产业布局和发展远景，在未来，公司将着重围绕农业大数据中心的建立及运营、商业地产投资开发，农产品贸易流通运营，大型农产品批发市场运营管理四大板块，着力打造智能化农产：品体验中心，进一步巩固和提升企业综合竞争力和企业品牌价值。

中众合有限公司
CACCG

现代农产品流通领域专业运营商
创造农贸市场全新运营模式

中众合有限公司于 2013 年 11 月 12 日成立于北京，注册资本人民币 1 亿元。2016 年 7 月总部迁至厦门，是一家专注于现代农产品流通领域的专业运营商，是全国城市农贸中心联合会副会长单位、中国农产品市场协会常务理事单位、中国物流与采购联合会常务理事单位。主营业务为农产品综合物流园开发建设与运营管理、农贸市场升级改造与运营管理、农产品电子商务。旗下黄山农产品物流园系全国蔬菜批发 50 强市场。

中众合有限公司与中国供销集团、中科院建筑设计研究院、杭州光影集团等进行战略合作，以打造民生工程为初心，立足三农，服务三农，依托长江经济带立足全国，在全国建设农产品物流园和农贸市场升级改造项目，为打通农产品流通领域作贡献。

⊙ **核心理念：** 诚信、创新、共赢。

⊙ **企业使命：** 肩负国家使命，打造民生工程，全心服务三农，搞活市场流通。

⊙ **企业战略：** 1.依托长江经济带，立足全国，面向世界，以资本、信息、品牌为纽带，计划 2020 年实现IPO目标。通过 10 年时间，打造 30 个新型农产品物流园及 300 多个农贸市场升级改造项目，实现年交易额突破 2000 亿元，构建现代农产品全流通体系。2.发挥闽商优势，联手海峡两岸，打造海峡两岸农产品交易所平台，促进两岸农产品流通。3.开展业内全方位合作，创建农产品全供应链服务，创新农产品流通金融服务。4.积极参与"一带一路"建设，融入国际农产品流通体系。

⊙ **精英管理团队：** 企业核心中高管团队都具有本行业 10 年以上的实操经验，有丰富的农产品物流园开发建设、运营管理的专业知识，平均年龄 35 岁，是一支朝气蓬勃的专业化管理团队。集团高管学历比重：硕士学位以上 30%，本科以上 90%，专科以上 100%。

⊙ **核心业务：** 农产品综合物流园开发建设与运营管理、农贸市场升级改造与运用管理、农产品电商。

⊙ **物流园按"五大功能、七个中心"规划布局：**

五大功能：展示交易区、仓储冷库区、商务服务区、物流配送区、初深加工区。

七个中心：检测中心、信息管理中心、电子结算中心、市场服务中心、配送中心、电子商务中心、名特优展销中心。

（一）农产品综合物流园，是集"批发交易、初深加工、仓储配送、冷链物流、农产品电商、农产品展销、类金融"七位一体的现代化农产品交易平台。在全国范围布点建设，形成区域联动，最终融入全国农产品流通体系。

（二）新建、升级、改造老旧农贸市场，按照城市商业网点规划，打造服务于城乡居民的农副产品终端平台。包括星级农贸市场、"农贸+超市"、"农贸+社区"、"农贸+商贸"等新型城市农贸市场综合体。

采用"农产品流通+互联网+联采分销+终端配送"的创新运营模式，丰富市民菜篮子、果篮子、米袋子、肉案子、鱼池子，同时满足市民购物便捷的需求，并彻底改变传统农贸市场脏、乱、差现象及市民原始购物理念。

（三）电子商务由电子结算、信息化管理、农产品电商平台组成，采用"农产品市场+互联网"模式：消费者下订单——农产品电商平台接单——农产品市场配货——物流（冷藏配送）——消费者收货。

（四）旗下农产品物流园案例

1.黄山农产品综合物流园。2.临邑农产品综合物流园。3.宝应农产品综合物流园。4.安丘农谷物流园。5.成武农产品物流园。

中众合与杭州光影集团战略联盟：在全国范围内升级改造 300 多个农贸市场，福建境内，2016 年起中众合与泉州市人民政府签订农贸市场升级改造合作协议，启动泉州市 19 个农贸市场升级改造与运营的项目。计划 3 年内完成泉州市 100 个农贸市场升级改造工程，以创新方式开展运营活动。

经过多年农贸市场升级改造与运营管理经验的积累，创造出农贸市场全新的运营模式，在全国复制推广。

凯雪®

科技凯雪 安全冷链

省

冷链 鲜 急 速 Super Snow
凯雪 全系列 LOW-E 制冷 冻
冷链方案和设备提供商 心
田间 冷链 LED专用 餐桌 藏省 省 电
容 量大小体积 保障 照明 高效
高效 智能 安全 节能
科技凯雪 安全冷链
耐 保鲜
可用 便捷 高效
靠 食品级 强 劲

农贸市场新款展示柜系列

从田间到餐桌的品质生活

郑州凯雪冷链股份有限公司
ZHENGZHOU KAIXUE COLD CHAIN CO., LTD.

HGM

农产品绿色交易方案解决专家

国企背景　中法合资　专业团队　创新理念

业务结构

价值研究	市场调研 策划定位 价值最大分析 可行性分析
价值呈现	整体规划 技术指标方案 拿地方案 开发计划
价值实现	设计管理 工程管理 经营策划 招商销售 运营管理 品牌推广 投资管理

上海海吉星马克市场管理有限公司（原上海翰吉斯市场管理有限公司，简称 HGM），是由深圳市国资委直管上市公司、深圳市农产品集团股份有限公司（股票代码 000061）和 法国巴黎翰吉斯国际市场（Rungis Marché International）于 2010 年 6 月 12 日共同投资，在上海成立的中法合资企业。公司在董事长 Marc Albert Spielrein 马克·艾伯特·斯庇勒汉先生的带领下，采用法国翰吉斯国际市场先进、成功的农产品物流理念、管理技术，融合深圳市农产品集团股份有限公司丰富的本土市场运营管理经验，实行"规划设计＋营运主导＋经济决策三步并行原则"，专业为农产品流通产业及供应链领域项目，提供由项目选址、市场调研、商业策划、规划设计、开发管理直至项目建设、招商和营运管理的全方位咨询顾问服务。公司经过近十年的市场磨炼，形成一整套完整的服务体系，为项目提供更为专业和创新的项目全面咨询和顾问服务，促进中国农产品流通产业及供应链领域的持续、快速、健康发展。

公司网址：http://higreenmark.com .

打造消费者满意的"阳光市场"

青岛市城阳蔬菜水产品批发市场始建于 1984 年,坐落在青岛市城阳区政府所在地、经济发展活跃的城乡结合部,处于进出青岛的交通枢纽地带。胶济铁路、环胶州湾高速公路、308 国道、204 国道、济青高速公路、青烟一级公路均交汇于此,青银高速近在咫尺。距青岛国际空港 3 公里,青岛港码头 25 公里,海、陆、空交通极为便利,具有得天独厚的地理位置、突出的交通优势、充足的发展空间。

青岛市城阳蔬菜水产品批发市场固定资产 23 亿元,占地面积 1500 亩,交易空间 60 万平方米,日人流量 6 万人次,位列全国农产品批发市场前茅,是一个集蔬菜、水产品、干鲜果品、生肉副食品、日用百货等十几大类上千个品种的大型综合批发市场,为保障城市供给、稳定市场物价发挥着重要作用。

近年来,批发市场紧紧围绕"整理、整顿、整洁"目标要求,建立健全批发市场经济发展管理服务一体化机制,拓宽产业布局,优化产业结构,以"客户至上、信誉为本、质量优先"为宗旨,着力推进"阳光市场"建设,新建、改建城阳生鲜肉交易大厅、城阳锦城商业街、城阳海鲜商城、城阳花木交易市场、城阳干海鲜交易市场、城阳果品集散中心、农产品交易物流仓储产业园等专业市场,打造消费者满意的经营消费环境,实现批发市场健康可持续发展。

企业荣誉:青岛市城阳蔬菜水产品批发市场先后荣获"农业农村部定点批发市场""全国农产品综合批发十强市场""全国绿色批发市场样板单位""全国诚信示范市场""商务部首批集散地农产品批发市场重点联系单位""全国农产品批发市场行业十强市场""中国农产品批发供应链建设争创之星"等十几项国家级荣誉称号。

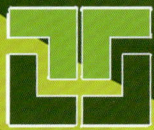

承/东/启/西　南/菜/北/运

西部欣桥——西北最大农产品物流航母基地

欣绿实业

基本情况：陕西欣绿实业股份有限公司成立于 2003 年 3 月，注册资金 7768 万元，是一家以农产品物流集散、展销、交易为一体的、综合性的一级批发交易市场。2011 年 1 月从北二环整体搬迁到现址，总投资 18 亿元，总占地面积 505 亩，总建筑面积 58 万平方米。公司现拥有固定摊位 5000 多个，经营商户 4000 余户。市场以蔬菜批发为主，兼营畜禽肉蛋、干货调料、水产水果、粮油副食、冻货、豆制品、酒店用品等门类，品种齐全，一站式购物。日均上市蔬菜品种达 150 余种，蔬菜日均交易量达 1 万吨左右，占西安市场总份额的 90％以上；肉类日均交易量 2600 余头（只），占西安市场总份额的"半壁江山"；活鱼日均交易量 100 吨左右，占西安市场总份额的 80％以上。截至 2017 年底市场总交易量达 760 万吨，总交易额达 370 亿元。呈现出商意浓、人气旺、销售火的繁荣景象，基本形成了"买全国、卖全国"的流通局面。

改造提升：总投资 8 个多亿，建成了国内最先进、单体面积最大的立体钢结构蔬菜交易区，总建筑面积 15.6 万平方米，新增经营货位 2200 个。一、二、三层为蔬菜批发交易、配货停车区，已投入试运营；四层为电商配送和光伏太阳能发电新功能区。运营后，每年可新增蔬菜营销能力 50 万吨，新增交易额 15 亿元。

功能地位："承东启西、南菜北运"的中转枢纽；西北地区最大的农产品物流集散批发交易基地；陕西省西安市"菜篮子"应急保供重点民生工程。2017 年度全国蔬菜类 10 强批发市场；先后获国家级农业产业化重点龙头企业、全国首批公益性示范批发市场、农业农村部"定点市场"、商务部"绿色市场""双百市场"等荣誉称号。连续 6 年承担省、市政府下达的 1.5 万吨冬春菜储备任务，为确保西安市"菜篮子"供应，促进区域经济社会持续快速发展，乃至搞活全国农产品大流通作出了重大贡献。

包头市友谊蔬菜批发市场
是包头市人民的"菜篮子"
"果盘子""肉案子"。

市 场 简 介

　　包头市友谊蔬菜批发市场成立于1994年，市场主要经营蔬菜、水果、肉食、副食、海鲜及其他农副产品。经过二十多年的建设、发展，现已成为以蔬菜批发为主的综合性批零市场，是包头市蔬菜价格中心、信息中心、蔬菜集散地，是包头市"菜篮子"工程的龙头企业。

民生工程利在千秋　朝阳产业蓬勃发展

蔬菜交易市场

瓜果交易市场

监控中心

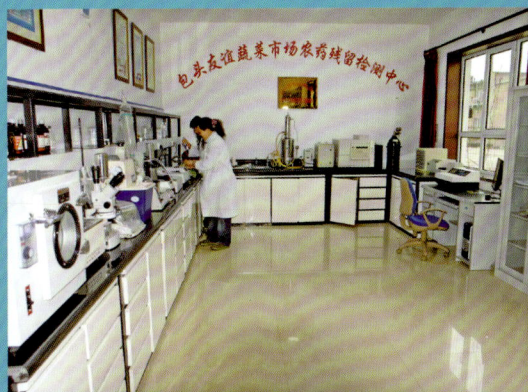

检测中心

构造幸福菜篮子
做强现代化服务业

凌家塘 LINJATO

江苏凌家塘市场发展有限公司
JIANGSU LINJATO MARKET DEVELOP CO.,LTD

江苏凌家塘市场发展有限公司是农业产业化国家重点龙头企业、农业部定点批发市场、商务部重点联系市场、江苏省现代服务业集聚区，创立于1992年9月，已完成投入14.8亿元，总占地面积扩展到87万平方米（1305亩），竣工建筑面积50万平方米，形成了蔬菜、果品、粮油副食品、冷冻食品、水产区、加工配送、物流配载、商业配套等8大交易区，成为集水、电、天然气等生活配套设施和垃圾中转站、污水处理站等环保设施，3万吨冷库、10万平方米商业街等服务设施齐全的特大型综合性批发市场。

市场坚持"客商发财，市场发展"的经营理念，经营来自全国各地的蔬菜、果品、粮油、水产品、冷冻食品等10大类1000多个品种，常驻经营户2000多户，常驻经营人员7000多人，市场经营户注册公司化企业达到255家，注册资本达到6.5亿元，各类服务类企业300多家，能为广大客户提供农副产品的批发交易、仓储运输、货运代理、加工配送、分拣包装、信息咨询等综合服务，市场年交易额达到350亿元以上，名列全国农产品专业市场第二，荣获全国商贸流通服务业先进集体、全国诚信示范市场等荣誉称号。

市场具有交通区位好、品种全、吞吐量大、价格优的流通优势，坚持"面向全国，辐射华东"的发展思路，辐射到苏、浙、皖等长三角地区的50多个县市。近年来，市场实施以农副产品供应链为主体，以农产品加工配送园区和多功能物流中心为两翼、重点向农产品基地和社区直销店两头延伸的"一体两翼两延伸"发展战略，加快建成江苏最强、华东一流、辐射全国的现代服务业航母。

公司网址：www.ljt.cn.

国家重点龙头企业　　　全国诚信示范市场　　　全国商贸流通服务业先进集体

苏州现代农产品物流园南环桥市场

SUZHOU MODERN AGRICUL PRODUCT LOGISTICS PARK NANHUAN BRIDGE MARKET

海纳百川蔬果 心系万家餐桌

蔬菜批发

水产品及海鲜批发

南环桥市场是一个集蔬菜、鲜肉、水产、家禽、蛋品、豆制品、南北干货、鲜果、冷冻食品为一体的农产品综合批发市场，市场承担苏州城区80%的农产品供应，是苏州最大的市民"菜篮子"。2017年，市场综合成交量247.28万吨，综合成交额241.52亿元。

在新的时代机遇下，南环桥市场不忘初心，再度起航。2020年，一座堪为新农都的农产品物流航母将在苏州甪直这块热土上拔地而起。作为苏州市政府保障城市"菜篮子"供给的重要载体和农产品物流的主导项目，新南环桥市场承载着政府的重托，千万百姓的期望。新市场即将呈现出崭新的面貌，高位发展，不断朝全省领先、全国一流的目标迈进。

水果批发

商办楼

五大提升

1 **交易面积扩大**
占地面积600多亩，建筑面积近50万平方米，比原来翻番。

2 **经营业务拓展**
在原有经营品种的基础上，增加了海鲜、冷冻品、水果的批发经营业务，冷库也由1.3万吨扩容至6万吨。

3 **现代化服务功能增强**
农产品交易全程电子化、服务现代化。
将新建农产品电商园，力争"买全国、卖全国"。

4 **食品安全要求提升**
进入市场的农产品，
将实施农产品安全检测全程追溯。

5 **配套设施完善**
建设商户集体宿舍楼350余套，
配备机动车位6000余个，
非机动车位1.27万个。

冻品及肉类批发

配送楼

冷库

家禽批发

黄山农产品物流园　150万人的菜篮子

一站式大型农产品批发市场，黄山人民的菜篮子、果篮子、米袋子、鱼池子、肉案子，全面满足生活、商务等多种需求，打造黄山城市新高地。

皖南农产品交易中心

黄山农产品物流园主要分为果蔬交易区、室内交易区、精品交易区、综合配套服务区四大功能分区。配套建设四大中心：农产品检测中心、市场服务中心、电子结算中心、电子商务中心，同时配备冷链、仓储、物流等全方位满足蔬菜、水果、粮油、干货调味品、副食、土特产、生鲜肉、冷鲜肉、水产、冷冻品等商户经营需求。

民生工程利在千秋　朝阳产业蓬勃发展

推荐原因一 •

可容千逾商家万人就业，打造大型社区。

推荐原因二 •

批发、零售、配送、物流、电商一体化。

推荐原因三 •

理财投资首选市场商铺。

推荐原因四 •

八大运营保障、客户零风险永续经营。

招商业态

• Invited Industry •

蔬菜　水果　粮油副食　干货土特产　调味品　水产冷冻品

肉类　蛋类　禽类　豆制品　餐饮配套

南宁农工商集团倾力打造

广西东盟农产品批发大平台

南宁农产品交易中心

NANNING AGRICULTURAL PRODUCTS
TRADING CENTER

南宁农产品交易中心业态分布图

南宁农产品交易中心位于南宁火车东站旁，雄据广西东盟桥头堡交通枢纽，广西农产品批发市场新热点。项目为广西重点项目，由南宁市农贸业平台公司——南宁农二商集团实力打造，是南宁市有效疏导城市交通、完善城市功能、建设区域性国际物流基地和特色农产品基地而作出的重要举措，总规划面积300亩。

项目一期占地面积79亩，建筑设计面积78万平方米，总投资31亿元，业态以东盟水果、南北蔬菜交易为主，粮油、干杂副食交易为辅；期规划用地面积886亩，业态以东盟冻品、水产品、北部湾海鲜批发为主，生鲜体验为辅，配套建设大型低温冷库、综合商业服务区等设施；三朗规划用地面积1500亩，配套大型仓储物流群和跨国冷链铁路，逐步实现一、二期功能的发展成熟，最终形成："盟农产品基地—加工仓储—国际农产品贸易—跨国冷链物流—全国消费终端"的现代农产品供应链，成为广西对接东盟各国，设施功能齐全、影响力广、管理领先的大型现代化农产品交易中心、现代冷链物流及城市农产品集配信息中心、"南菜北运"枢纽、国家农产品可追溯体系示范基地以及农业信息惠农惠民示范基地。

2018年项目已启动运营，同时作为南宁市政府重点"大菜篮子"项目，将秉承国有企业公益服务优势，创新出台系列育市政策，保障市场稳定、长久、公平的营商环境，共筑广西农产品批发新篇章！

广招天下商贾 打造消费者"放心、满意"市场：

浙江良渚蔬菜市场开发有限公司

浙江良渚蔬菜市场开发有限公司下设杭州农副产品物流中心良渚蔬菜批发市场，设立在杭州农副产品物流中心内，创建于2008年4月，是农业农村部定点市场、浙江省农业龙头企业、浙江省重点农副产品批发市场、浙江省二星级文明市场。市场位于闻名的良渚文化遗址境内，紧临杭州绕城高速、杭宁高速上塘路出口，直接连通全省高速，交通十分便捷。市场占地面积100余亩，总建筑面积7万多平方米，营业面积有近4万平方米，总投资3亿元，下设三部一室(市场管理部、财务部、物管部、办公室)，建有钢结构交易大厅、配送中心、展示中心、农残检测中心(农产品质量追溯管理办公室)和交易电子结算系统，同时配套冷藏储运，电子监控和综合商务大楼。一流的设计，一流的设施，交易、服务、生活配套齐全、便捷，为广大商贾发展提供了展翅高飞的经营平台。

良渚蔬菜市场实行全天候营业，场内现有经营商户1000余家，年销售量100万吨左右，纯蔬菜年销售额达28亿元，是浙江省知名度较高的农产品集散的重点市场。市场已在海南、广东、福建、云南、甘肃、山东及浙江省内的高山无公害蔬菜基地326000亩，开发建设农产品生产基地100万余亩，各地名、优、特、高山无公害农产品，花色多样，品种齐全，价廉物美，货源充足，一年四季在市场交易，来自于全国各地(除台湾省和西藏之外)的蔬菜通过市场的交易销往全国各地，体现了大市场、大流通的格局。不仅保障了浙江省内外居民的需要，还提高了消费者生活品质，深受各地消费者的欢迎和当地政府的好评。历年来公司还结对帮扶甘肃省兰州、海南、云南、山东等地区，帮助贫困地区摆脱贫困，生活奔小康。

良渚蔬菜市场以"放心、满意"为宗旨，坚持"以人为本"的经营理念，讲诚信，守信用，充分发挥得天独厚的经营优势，依托物流中心农副产品9大市场的规模效应，以一流的阳光化管理、敞开式管理、开放式管理、透明式管理，以一流的服务，坚定不移地创造一个优越而良好的交易环境，创新的交易模式，整洁的交易场所，一流的交易秩序，专业、智慧的管理团队。广招天下客，为商贾营造安全舒适的交易环境，努力把市场打造成华东地区最具活力的蔬菜批发交易中心。

公司干部会议照片

办公楼的一角

中国农产品批发市场年鉴（2018）

全国城市农贸中心联合会　编著

中国言实出版社

图书在版编目（CIP）数据

中国农产品批发市场年鉴.2018 / 全国城市农贸
中心联合会编著. -- 北京：中国言实出版社，2018.11
ISBN 978-7-5171-2360-6

Ⅰ.①中… Ⅱ.①全… Ⅲ.①农产品市场—批发
市场—中国—2018—年鉴 Ⅳ.①F724.72-54

中国版本图书馆CIP数据核字（2018）第252357号

责任编辑：张　丽
责任校对：崔文婷
出版统筹：胡　明
责任印制：佟贵兆
封面设计：水岸风

出版发行　中国言实出版社
　　　　　地　址：北京市朝阳区北苑路180号加利大厦5号楼105室
　　　　　邮　编：100101
　　　　　编辑部：北京市海淀区北太平庄路甲1号
　　　　　邮　编：100088
　　　　　电　话：64924853（总编室）　64924716（发行部）
　　　　　网　址：www.zgyscbs.cn
　　　　　E-mail：zgyscbs@263.net
经　　销　新华书店
印　　刷　北京久佳印刷有限责任公司
版　　次　2018年12月第1版　　2018年12月第1次印刷
规　　格　889毫米×1194毫米　1/16　25.75印张
字　　数　700千字
定　　价　360.00元　　ISBN 978-7-5171-2360-6

《中国农产品批发市场年鉴（2018）》
编委会

顾　　问：张志刚　　房爱卿　　丁俊发　　刘志仁

编委会主任：黄　海

主　　编：马增俊

副 主 编：纳绍平　　张　娟

编委会委员：（按姓氏笔画排序）

王　菲　　全国城市农贸中心联合会行业部副主任

王丁望　　广东何氏水产有限公司副总经理

吴玉芝　　北京盛华宏林粮油批发市场有限公司总经理

吴红斌　　上海润通实业投资有限公司董事长

吴梦秋　　上海蔬菜（集团）有限公司董事长兼总经理

宋　则　　中国社会科学院流通产业研究室研究员

张　颖　　北京锦绣大地电子商务有限公司总经理

赵尔烈　　北京八里桥农产品中心批发市场总经理、研究员

洪　涛　　北京工商大学经济学院教授

夏晓楠　　全国城市农贸中心联合会行业部研究专员

徐柏园　　农业农村部农村经济研究中心研究员

唐俊杰　　北京二商集团有限责任公司总工程师

彭继远　　内蒙古食全食美集团股份有限公司董事长兼总经理

蒋秀梅　东莞市信立实业有限公司总裁

曾寅初　中国人民大学农业与农村发展学院教授

穆建军　北京大洋路农副产品市场有限公司总经理

编撰人员：　张　娟　王　菲　夏晓楠　张　铮　但永红

宇文丽　贾晓方　谭婷婷　孔婧杰　金　阳

前　言

农以立国，商以富国。农产品流通是农业与商业的有机结合，连接农村和城市，事关国计与民生，是国民经济基础性、先导性的产业，对于推动农产品供给侧结构性改革，扩大有效供给，解决供需错配，促进"三农"发展等具有重要意义。

改革开放 40 年来，我国鲜活农产品流通体系已形成了农户、合作社、经纪人、运销商贩、各类流通企业等多元化主体参与，以批发市场为主导，以农超对接等新型产销对接模式为补充的城乡互通、国内外互联的格局。其中，农产品批发市场发挥着流通主渠道的作用，供应大中城市 70% 以上的农产品要经过批发市场渠道。而且，长期以来，农产品批发市场在带动农业的标准化、规模化和集约化发展，促进农民增收，改善乡村面貌等方面都作出了突出贡献。当前，农产品批发市场行业正在探索转型升级、创新发展之路，将推动农产品流通迈向更高的发展阶段。

我们正处在一个经济社会转型发展、各方面建设日新月异的时代，每年在农产品批发市场领域内都有许多重要事件发生，有大量的创新探索典型出现，有优秀杰出的先进个人涌现。从 2017 年起，全国城市农贸中心联合会编撰出版年度《中国农产品批发市场年鉴》，翔实、客观记载我国农产品批发市场行业发展历程及重大事件，以"农批行业创新发展"为主线，主要内容包括年度报告、政策法规、理论观点、地方农产品流通业发展动态、行业创新与探索典型案例、行业荣誉榜单、行业大事记等，全面展示了农产品批发行业在供给侧结构性改革、公益性市场建设、智慧物流发展、电子商务探索、食品安全追溯等方面的工作和成就，以及与"一带一路"沿线国家开展国际合作的成功实例，以规范简洁的风格，言简意赅的文字，准确翔实的资料数据和实用的信息，客观记录年度中国农产品批发市场发展状况。

《中国农产品批发市场年鉴》是第一部包罗农批行业发展方方面面内容的"百科全书"，通过总结行业发展经验和促进经济社会发展的突出作用，分析行业发展趋势和方向，选树行业典型、彰显行业品牌，有资料性强、权威性强、时效性强和检索性强等特点，全国城市农贸中心联合会将把《中国农产品批发市场年鉴》做成"精品"，为政府部门、行业企业及教育科研机构提供参考，为我国的农产品流通发展作出积极贡献。

《中国农产品批发市场年鉴》编委会

目 录

第三篇 理论观点

会长文章

专家文章

第四篇 地方农产品流通业发展动态

第五篇　行业创新与探索

第六篇　行业荣誉

第七篇　行业大事记

后　记

第一篇　综述

农产品批发市场行业新情况

一、2017年行业发展基本情况

1.整体规模

2017年全国农产品批发市场交易总额5万亿元,同比增长5.7%;交易总量8.7亿吨,同比增长2.7%(见图1)。

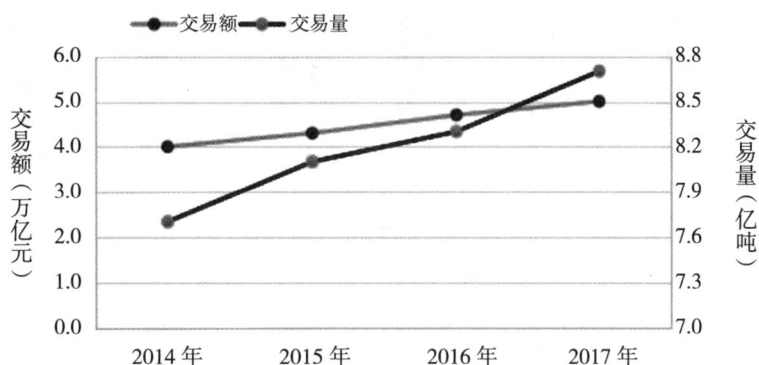

图1 全国农产品批发市场交易规模

全国城市农贸中心联合会2017年交易额百强市场(以下简称"百强市场")年交易总额1.8万亿元,同比增长7.3%;年交易总量2.9亿吨,同比增长5.1%(见图2);电子结算交易额0.43万亿元,同比增长7.4%。市场经销商27万个,同比增长1.2%;从业人员102万人,同比增长12.6%;市场总交易面积2208.5万平方米,同比降低7.6%。其中:交易厅棚面积1244.2万平方米,同比减少9.1%;露天交易面积450.6万平方米,同比减少4.8%。市场总摊位数25.4万个,同比增长2.8%。其中:固定摊位18.5万个,同比增长3.8%;非固定摊位数6.9万个,同比增长0.9%;冷库库容556.9万吨,同比增长3.9%。

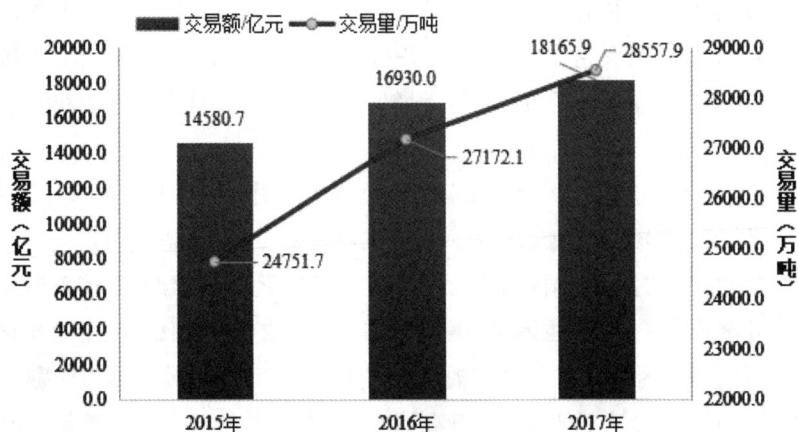

图2 百强市场交易规模

2.配套设施

在百强市场中，87家市场建有废弃物处理中心，同比增长1.1%；98家市场建有检验检测中心，同比增长0.6%；98家市场建有安全监控中心，同比增长0.3%；94家市场建有信息中心，同比增长2.0%；71家市场建有电子结算中心，同比增长1.5%；71家市场建有配送中心，同比增长1.5%（见图3）。农产品批发市场正朝着现代化、智能化、信息化方向快速发展。

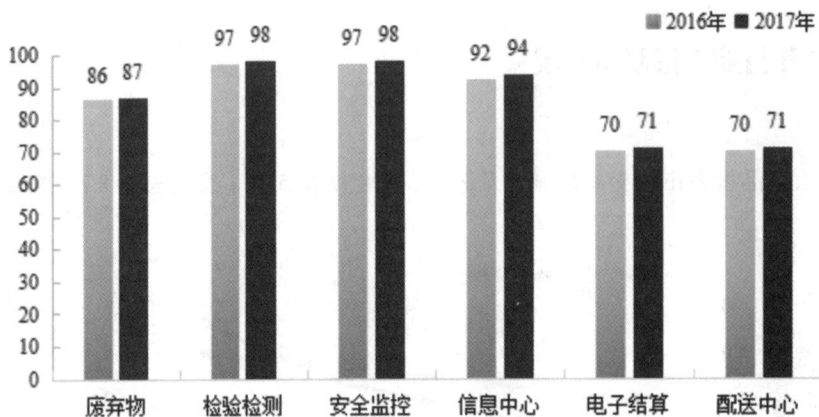

图3　百强市场配套设施情况

二、政策法规

农产品批发市场是我国民生的重要领域，党中央、国务院高度重视。2017年，在推进农业供给侧结构性改革、"一带一路"等背景下，各相关部门多次发文支持农产品供应链、公益性市场、电子商务、国际贸易、冷链物流和标准化等建设。

1.促进农村一二三产业融合发展

2017年中央一号文件《中共中央　国务院关于深入推进农业供给侧结构性改革加快培育农业农村发展新动能的若干意见》（中发〔2017〕1号）中，对优化产品产业结构，着力推进农业提质增效做了明确要求，以规模化种养基地为基础，依托农业产业化龙头企业带动，聚集现代生产要素，建设"生产+加工+科技"的现代农业产业园，发挥技术集成、产业融合、创业平台、核心辐射等功能作用。科学制定产业园规划，统筹布局生产、加工、物流、研发、示范、服务等功能板块。吸引龙头企业和科研机构建设运营产业园，发展设施农业、精准农业、精深加工、现代营销，带动新型农业经营主体和农户专业化、标准化、集约化生产，推动农业全环节升级、全链条增值。同时强调要壮大新产业新业态，拓展农业产业链价值链。

第十三届全国人民代表大会第一次会议政府工作报告中则明确提出要推进农业供给侧结构性改革。深入推进"互联网+农业"，多渠道增加农民收入，促进农村一二三产业融合发展。

2017年5月，中共中央办公厅、国务院办公厅印发了《关于加快构建政策体系培育新型农业经营主体的意见》，提出要引导新型农业经营主体多元融合发展。支持农业产业化龙头企业和农民合作社开展农产品加工流通和社会化服务，带动农户发展规模经营。促进各类新型农业经营主体融合发展，培育和发展农业产业化联合体，鼓励建立产业协会和产业联盟。支持新型农业经营主体参与产销对接活动和在城市社区设立直销店（点）。落实鲜活农产品运输绿色通道、免征蔬菜流通环节增值税和支持批发市场建设等政策。

国务院办公厅《关于积极推进供应链创新与应用的指导意见》（国办发〔2017〕84号）提出，推进农村一二三产业融合发展。创新农业产业组织体系。鼓励家庭农场、农民合作社、农业产业化龙头企业、农业社会化服务组织等合作建立集农产品生产、加工、流通和服务等于一体的农业供应链体系，发展种养加、产供销、内外贸一体化的现代农业。

2.公益性农产品市场建设

推进公益性农产品市场体系建设是内贸流通体制改革的重要内容，是商务领域切实保障和改善民生的重要举措。党中央、国务院高度重视，多次作出部署。

2017年中央一号文件明确提出：完善全国农产品流通骨干网络，加快构建公益性农产品市场体系，加强农产品产地预冷等冷链物流基础设施网络建设，完善鲜活农产品直供直销体系。

近年来，各地积极探索公益性实现模式，加快构建公益性农产品市场体系，取得了积极成效，形成了一批典型经验和模式。2017年，为做好复制推广工作，商务部办公厅印发《关于复制推广公益性农产品示范市场典型经验和模式的通知》（商办建函〔2017〕72号），对公益性市场的投资、建设和运营模式，公益功能保障机制，公益功能实现机制做了明确要求。要求各地商务主管部门要提高认识，将复制推广工作作为2017年市场体系建设领域重点工作来抓，加大统筹协调力度，落实支持配套政策，加强服务和监管，确保复制推广工作取得实效。各地商务主管部门要探索创新，不断总结新模式、新做法、好成效、好经验，为进一步完善顶层设计，创新工作机制和支持方式提供实践依据。

2017年，商务部办公厅还下发《关于做好全国公益性农产品示范市场总结、评估和推荐工作的通知》，就全国公益性农产品示范市场总结、评估和推荐工作作出部署。要求各省级商务主管部门要总结全国公益性农产品市场体系建设现场会有关部署落实情况。一要统计本地农产品批发市场、农贸市场、连锁超市、社区菜市场等农产品批发、零售企业基本情况。二要总结公益性农产品市场建设制度创新和政策落实情况，重点包括市场体系建设规划、法律法规保障、建设运营标准、公益类国有企业分类考核及用地、用水、用电、税收等支持政策。对31家首批全国公益性农产品示范市场开展评估，全面掌握市场建设运营和公益功能发挥情况，作为动态管理依据，符合要求的保留示范资格，不符合要求的取消示范资格。重点总结市场投资、运营、监管机制建立健全情况，保障市场供应、稳定市场价格、促进食品安全、推动绿色环保等公益功能发挥情况，助力扶贫脱贫、促进农民增收等示范带动作用发挥情况。并要求推荐第二批全国公益性农产品示范市场。

商务部、发展改革委、工业和信息化部、财政部、交通运输部、原工商总局、原质检总局、邮政局、供销合作总社等9部门发布《关于复制推广国内贸易流通体制改革发展综合试点经验的通知》（商流通函〔2017〕514号），在建立流通基础设施发展模式方面提出创新公益性农产品市场及社区商业设施建设、运营和管理机制等方面的做法和经验。

3.农产品冷链物流

2017年公布的《商贸物流发展"十三五"规划》提出构建多层次商贸物流网络、加强商贸物流基础设施建设、加强商贸物流标准化建设、加强商贸物流信息化建设、推动商贸物流集约化发展、推动商贸物流专业化发展、推动商贸物流国际化发展、促进商贸物流绿色化转型、建设商贸物流信用体系等主要任务。

城乡物流网络建设工程是重点工程之一。依托商贸物流节点城市，支持建设改造一批综合型和专业型的物流分拨中心，以龙头企业为主体打通全国物流主干网。完善城市配送网络，建设改造一批集公共仓储、加工分拣、区域配送、信息管理等服务功能于一体的社会化配送中心。加快物流配送渠道下沉，重点完善末端配送网络体系，加快建设商业设施、社区服务机构、写字楼、机关事业单位、大学校园配送场地，完善配送自助提货柜等设施布局，畅通配送末端"毛细血管"。支持全国性物流龙头企业与区域性物流企业加强合作，共建城乡一体化物流网络。

为推动冷链物流行业健康规范发展，保障生鲜农产品和食品消费安全，根据食品安全法、农产品质量安全法和《物流业发展中长期规划（2014—2020年）》等，国务院办公厅印发《关于加快发展冷链物流保障食品安全促进消费升级的意见》（国办发〔2017〕29号），发展目标是到2020年，初步形成布局合理、覆盖广泛、衔接顺畅的冷链基础设施网络，基本建立"全程温控、标准健全、绿色安全、应用广泛"的冷链物流服务体系，培育一批具有核心竞争力、综合服务能力强的冷链物流企业，冷链物流信息化、标准化水平大幅提升，普遍实现冷链服务全程可视、可追溯，生鲜农产品和易腐食品冷链流通率、冷藏运输率显著提高，腐损率明显降低，食品质量安全得到有效保障。就加强发展冷链物流，意见特别强调。

一要健全冷链物流标准和服务规范体系。按照科学合理、便于操作的原则系统梳理和修订完善现行冷链物流各类标准，加强不同标准间以及与国际标准的衔接，科学确定冷藏温度带标准，形成覆盖全链条的冷链物流技术标准和温度控制要求。依据食品安全法、农产品质量安全法和标准化法，率先研究制定对鲜肉、水产品、乳及乳制品、冷冻食品等易腐食品温度控制的强制性标准并尽快实施。积极发挥行业协会和骨干龙头企业作用，大力发展团体标准，并将部分具有推广价值的标准上升为国家或行业标准。鼓励大型商贸流通、农产品加工等企业制定高于国家和行业标准的企业标准。组织开展冷链物流企业标准化示范工程，加强冷链物流标准宣传和推广实施。

二要完善冷链物流基础设施网络。加强对冷链物流基础设施建设的统筹规划，逐步构建覆盖全国主要产地和消费地的冷链物流基础设施网络。鼓励农产品产地和部分田头市场建设规模适度的预冷、贮藏保鲜等初加工冷链设施，加强先进冷链设备应用，加快补齐农产品产地"最先一公里"短板。鼓励全国性、区域性农产品批发市场建设冷藏冷冻、流通加工冷链设施。在重要物流节点和大中型城市改造升级或适度新建一批冷链物流园区，推动冷链物流行业集聚发展。加强面向城市消费的低温加工处理中心和冷链配送设施建设，发展城市"最后一公里"低温配送。健全冷链物流标准化设施设备和监控设施体系，鼓励适应市场需求的冷藏库、产地冷库、流通型冷库建设，推广应用多温层冷藏车等设施设备。鼓励大型食品生产经营企业和连锁经营企业建设完善停靠接卸冷链设施，鼓励商场超市等零售终端网点配备冷链设备，推广使用冷藏箱等便利化、标准化冷链运输单元。

三要完善政策支持体系。要加强调查研究和政策协调衔接，加大对冷链物流理念和重要性的宣传力度，提高公众对全程冷链生鲜农产品质量的认知度。大中型城市要根据冷链物流等设施的用地需求，分级做好物流基础设施的布局规划，并与城市总体规划、土地利用总体规划做好衔接。永久性农产品产地预冷设施用地按建设用地管理，在用地安排上给予积极支持。针对制约冷链物流行业发展的突出短板，探索鼓励社会资本通过设立产业发展基金等多种方式参与投资建设。冷链物流企业用水、用电、用气价格与工业同价。加强城市配送冷藏运输车辆的标识管理。指导完善和优化城市配送冷藏运输车辆的通行和停靠管理措施。继续执行鲜活农产品"绿色通道"政策。对技术先进、管理规范、运行高效的冷链物流园区优先考虑列入示范物流园区，发挥示范引领作用。

交通运输部印发《关于加快发展冷链物流保障食品安全促进消费升级的实施意见》（交运发〔2017〕127号），推动物流业供给侧结构性改革，加快促进冷链物流健康规范发展，保障鲜活农产品和食品流通安全，支撑产业转型发展和居民消费升级。加快完善冷链物流设施设备，严格冷藏保温车辆的市场准入和退出。严格冷藏保温车辆使用过程管理。提升冷链物流装备专业化水平。加强冷链物流基础设施建设。

加快建设具有仓储、集配、运输等功能于一体的公共服务型冷链物流园区，加快面向农产品生产基地，特别是中西部农产品规模较大地区的冷链物流园区建设。引导货运枢纽（物流园区）完善冷链物流服务功能，合理规划园区内冷藏库、恒温库、冷冻库等设施的布局，支持标准化冷库、封闭低温装卸货台、温控理货区建设，促进制冷、温控、装卸、分拣包装等先进设备的推广应用。加快农村冷链物流网络体系建设，完善"最先一公里"产地预冷设施。健全完善相关政策。优化城市配送冷藏保温车辆通行管理。降低冷链物流通行成本。继续执行鲜活农产品运输"绿色通道"政策，引导企业按照相关规定运输鲜活农产品，确保冷链物流企业运输鲜活农产品依法享受"绿色通道"政策。加强部门协同协作。健全完善部门协同机制，利用信息技术手段建立行业监管的联动机制，规范冷链物流企业经营行为。在冷链物流用地、融资、税收、保险、通行等问题加强协调配合，不断优化政策环境，形成推进冷链物流发展的合力。发挥行业协会作用。充分发挥行业协会在标准制修订、服务质量认证、产品标识化管理、政策建议、交流合作、资质评定和人才培训等方面的积极作用，规范冷链物流企业经营行为，推动行业自律。

4.农产品国际贸易

"一带一路"倡议提出4年来，中国与沿线国家在双、多边合作机制下积极开展农业领域产业对接，合作领域不断拓展，链条不断延伸，合作主体和方式不断丰富，取得了显著成效。为进一步加强"一带一路"农业合作的顶层设计，2017年，农业部、国家发展改革委员会、商务部、外交部四部委制定发布《共同推进"一带一路"建设农业合作的愿景与行动》，确定了政策协同、市场运作、绿色共享等合作原则。合作重点中明确提出优化农产品贸易合作。推动共建"一带一路"农产品贸易通道，合作开展运输、仓储等农产品贸易基础设施一体化建设，提升贸易便利化水平，扩大贸易规模，拓展贸易范围。鼓励建设多元稳定的"一带一路"农产品贸易渠道，发展农产品跨境电子商务。加强"一带一路"沿线国家农产品检验检疫合作交流，共建安全、高效、便捷的进出境农产品检验检疫监管措施和农产品质量安全追溯系统，共同规范市场行为，提高沿线国家动植物安全卫生水平。

5.农产品供应链建设

商务部办公厅印发《2017年加快内贸流通创新推动供给侧结构性改革扩大消费专项行动实施方案的通知》（商办秩函〔2017〕184号），提出优化消费供给。加强信息引导，完善市场监测信息服务体系，发挥"商务预报"平台作用，引导生产企业增加有效产品供给；培育名优品牌。畅通流通网络。融合线上线下渠道，支持和引导融合型、共享型、智慧型和链条式创新，支持流通与相关产业跨界融合，鼓励线上线下优势企业通过战略合作、交叉持股、并购重组等多种形式整合市场资源，培育新型市场主体。连通城乡基础设施，加快构建"南北三纵、东西五横"的全国一体化骨干流通网络，深入推进电子商务进农村，鼓励社会资本参与公共流通基础设施建设。打通国内国外市场，推进统一大市场建设，支持国内有需求的出口商品内销，规范发展跨境电子商务。降低流通成本。继续推进降费减税，优化城市配送车辆通行管理措施，深化内贸流通体制改革，强化事中事后监管，实现"双随机、一公开"监管全覆盖。降低技术性成本，推动农产品冷链物流标准化，继续以标准化托盘及其循环共用为切入点推进物流标准化，抓好智慧物流配送示范工作。降低组织性成本，鼓励流通企业扩大连锁经营规模，全面启动"农商互联"，开展供应链城市试点和企业示范。

国务院办公厅《关于积极推进供应链创新与应用的指导意见》（国办发〔2017〕84号）提出，到2020年，形成一批适合我国国情的供应链发展新技术和新模式，基本形成覆盖我国重点产业的智慧供应链体系。供应链在促进降本增效、供需匹配和产业升级中的作用显著增强，成为供给侧结构性改革的重要支撑。重点任务包括推动建设农业供应链信息平台，集成农业生产经营各环节的大数据，共享政策、市场、科技、金融、保险等信息服务，提高农业生产科技化和精准化水平。加强产销衔接，优化种养结构，促进农业生产向消费导向型转变，增加绿色优质农产品供给。鼓励发展农业生产性服务业，开拓农业供应链金融服务，支持订单农户参加农业保险。推动流通创新转型。应用供应链理念和技术，大力发展智慧商店、智慧商圈、智慧物流，提升流通供应链智能化水平。鼓励批发、零售、物流企业整合供应链资源，构建采购、分销、仓储、配送供应链协同平台。推进流通与生产深度融合。鼓励流通企业与生产企业合作，建设供应链协同平台，准确及时传导需求信息，实现需求、库存和物流信息的实时共享，引导生产端优化配置生产资源，加速技术和产品创新，按需组织生产，合理安排库存。实施内外销产品"同线同标同质"等一批示范工程，提高供给质量。引导传统流通企业向供应链服务企业转型，大力培育新型供应链服务企业。推动建立供应链综合服务平台，拓展质量管理、追溯服务、金融服务、研发设计等功能，提供采购执行、物流服务、分销执行、融资结算、商检报关等一体化服务。意见整体上还提出积极稳妥发展供应链金融，积极倡导绿色供应链，积极推行绿色流通，努力构建全球供应链等要求。

商务部办公厅与财政部办公厅联合下发《关于开展供应链体系建设工作的通知》（商办流通〔2017〕337号），提出2017年将在天津、上海、重庆、深圳、青岛、大连、宁波、沈阳、长春、哈尔滨、济南、郑州、苏州、福州、长沙、成都、西安市开展供应链体系建设。主要任务：推广物流标准化，促进供应链上下游相衔接。以标准托盘及其循环共用为主线，重点在快消品、农产品、药品、电商等领域，推动物流链的单元化、标准化。建设和完善各类供应链平台，提高供应链协同效率。以平台为核心完善供应链体系，增强供应链协同和整合能力，创新流通组织方式，提高流通集约化水平。

6.农产品电子商务

2017年商务部、农业部印发《关于深化农商协作大力发展农产品电子商务的通知》（商建函〔2017〕597号），深化农业、商务两部门协作，大力推进农产品电子商务快速健康发展，在重点任务之一，推动农产品产销衔接方面，提出各地要推动在大型社区试点设立农产品体验店、自提点和提货柜，加强与传统鲜活农产品零售渠道的合作，开展农场会员宅配、社区支持农业等模式探索，建立农产品社区直供系统。支持具备条件的新型农业经营主体、农产品加工流通企业与电子商务企业全面对接融合，以委托生产、订单农业等形式，建立长期稳定的产销关系。联合组织电商平台企业开展产销对接活动，重点推动"三品一标""一村一品"、特色农产品优势区产品上网销售。鼓励支持农产品批发市场发展电子商务。加强农产品滞销卖难舆情监测，建立应急促销联合工作机制。提高农产品网络上行的综合服务能力方面，将电子商务进农村综合示范工作的重点进一步聚焦到农产品网络上行上，建立和完善农产品供应链管理体系。鼓励电商示范县加大资金、技术、人才投入力度，充分发挥农村电商公共服务中心、益农信息社、行业组织、农民合作社、龙头企业和专业运营公司的作用，强化资源整合和集成，为农产品生产和流通企业提供从种子、畜禽良种、原材料供应，到农药、兽药、饲料、肥料、田地管理、品质管控，以及农产品加工、包装、物流仓储、营销策划和金融保险等全链条服务。

7.标准体系建设

国务院印发的《"十三五"市场监管规划》（国发〔2017〕6号）中，在营造公平有序的市场竞争环境方面，提出强化标准体系。改革创新标准制定方式，完善产品和服务质量标准体系。整合精简强制性标准，严格限定在保障人身健康和生命财产安全、国家安全、公共安全、生态环境安全和满足社会经济管理基本要求的范围内，对于强制性标准，市场主体必须严格执行，市场监管部门必须严格监管。优化完善推荐性标准，推动向政府职责范围内的公益类标准过渡。鼓励社会团体制定团体标准，并参与国家标准、行业标准制定。完善企业标准体系，鼓励企业制定高于国家标准或行业标准的企业标准，鼓励领先企业创建国际标准。鼓励组建标准联盟，参与国际标准制定，推动特色优势领域标准国际化，推动与主要贸易国之间加大标准互认力度。适应经济发展趋势，加强服务标准体系建设。加强新产业新业态标准的研究制定，发挥标准的引领规范作用。

8.诚信体系和追溯体系建设

国务院印发的《"十三五"市场监管规划》（国发〔2017〕6号）中，在营造公平有序的市场竞争环境方面，提出规范商品交易市场主体经营行为，推动商品质量合格、自律制度健全，深化诚信市场创建活动，积极推进市场诚信体系建设。

商务部办公厅印发《〈2017年加快内贸流通创新推动供给侧结构性改革扩大消费专项行动实施方案〉的通知》（商办秩函〔2017〕184号），提出树立商务诚信。以"建"育信，建立健全行政管理信息共享、市场化综合信用评价和第三方信用评价机制，建立失信黑名单，开展联合惩戒，开展"诚信兴商宣传月"活动。以"技"强信，加快建设7大类重要产品追溯体系，倒逼供应链各环节提高供给标准、提升产品信誉。以"惩"促信，继续开展互联网、农村和城乡结合部等重点领域专项治理，针对价格欺诈、虚假宣传、维权困难等突出问题，开展消费环境集中整治。以"法"治信，完善流通领域特种行业、特种商品管理法律制度，鼓励地方在立法权限范围内先行先试。

国务院办公厅《关于积极推进供应链创新与应用的指导意见》（国办发〔2017〕84号）提出，提高质量安全追溯能力。加强农产品和食品冷链设施及标准化建设，降低流通成本和损耗。建立基于供应链的重要产品质量安全追溯机制，针对肉类、蔬菜、水产品、中药材等食用农产品，婴幼儿配方食品、肉制品、乳制品、食用植物油、白酒等食品，农药、兽药、饲料、肥料、种子等农业生产资料，将供应链上下游企业全部纳入追溯体系，构建来源可查、去向可追、责任可究的全链条可追溯体系，提高消费安全水平。

商务部、工业和信息化部、公安部、农业部、质检总局、安全监管总局、食品药品监管总局印发《关于推进重要产品信息化追溯体系建设的指导意见》（商秩发〔2017〕53号），在食用农产品追溯体系方面，要求全面推进现代信息技术在农产品质量安全领域的应用，加强顶层设计和统筹协调，尽快搭建国家农产品质量安全追溯管理信息平台，建立生产经营主体管理制度，将辖区内农产品生产经营主体逐步纳入国家平台管理，以责任主体和流向管理为核心，落实生产经营主体追溯责任，推动上下游主体实施扫码交易，如实采集生产流通追溯信息，确保农产品全链条可追溯。出台国家农产品质量安全追溯管理办法，制定追溯管理技术标准，明确追溯要求，统一追溯标识，规范追溯流程，健全管理规则。选择重点地区和重点品种，开展追溯管理试点应用，发挥示范带动作用，探索追溯推进模式。发挥国家平台功能作用，强化线上监管和线下监管，快速追查责任主体、产品流向、监管检测等追溯信息，挖掘大数据资源价值，推进农产品质量安全监管精准化和智能化。完善肉类蔬菜追溯体系。

加强监管部门协调配合，健全完善追溯管理与市场准入的衔接机制，以扫码入市或索取追溯凭证为市场准入条件，构建从产地到市场到餐桌的全程可追溯体系。

质检总局、商务部、中央网信办、发展改革委、工业和信息化部、公安部、农业部、卫生计生委、安全监管总局、食品药品监管总局等印发了《关于开展重要产品追溯标准化工作的指导意见》（国质检标联〔2017〕419号）提出食用农产品标准编制应涵盖食用农产品的种植养殖、运输贮存、销售、加工等环节，标准内容应包括农产品分类、编码标识、操作规范、数据格式、数据对接等关键内容，支撑实现全国农产品质量安全追溯管理"统一追溯模式、统一业务流程、统一编码规则、统一信息采集"，促进食用农产品全过程追溯管理。食品追溯标准内容应覆盖食品原辅料购进、生产过程、产品检验、产品运输、储存和销售等环节的追溯要求，为推动食品生产经营企业落实主体责任，为建立和完善食品质量安全追溯体系提供技术依据。

9.税收政策

为进一步促进物流业健康发展，2017 年，财政部和税务总局下发《关于继续实施物流企业大宗商品仓储设施用地城镇土地使用税优惠政策的通知》（财税〔2017〕33 号），自 2017 年 1 月 1 日起至 2019 年 12 月 31 日止，对物流企业自有的（包括自用和出租）大宗商品仓储设施用地，减按所属土地等级适用税额标准的 50% 计征城镇土地使用税。包括同一仓储设施占地面积在 6000 平方米及以上，且主要储存粮食、棉花、油料、糖料、蔬菜、水果、肉类、水产品、化肥、农药、种子、饲料等农产品和农业生产资料的仓储设施。仓储设施用地包括仓库库区内的各类仓房（含配送中心）等储存设施。并提出在通知印发之日前已征的应予减免的税款，在纳税人以后应缴税款中抵减或者予以退还。

财政部和税务总局下发《关于简并增值税税率有关政策的通知》（财税〔2017〕37 号），自 2017 年 7 月 1 日起，简并增值税税率结构，取消 13% 的增值税税率。纳税人销售或者进口农产品（含粮食），税率为 11%，对纳税人购进农产品，抵扣进项税额也作了明确规定：纳税人购进农产品，取得一般纳税人开具的增值税专用发票或海关进口增值税专用缴款书的，以增值税专用发票或海关进口增值税专用缴款书上注明的增值税额为进项税额；从按照简易计税方法依照 3% 征收率计算缴纳增值税的小规模纳税人取得增值税专用发票的，以增值税专用发票上注明的金额和 11% 的扣除率计算进项税额；取得（开具）农产品销售发票或收购发票的，以农产品销售发票或收购发票上注明的农产品买价和 11% 的扣除率计算进项税额。营业税改征增值税试点期间，纳税人购进用于生产销售或委托受托加工 17% 税率货物的农产品维持原扣除力度不变。继续推进农产品增值税进项税额核定扣除试点，纳税人购进农产品进项税额已实行核定扣除的，仍按照《财政部 国家税务总局关于在部分行业试行农产品增值税进项税额核定扣除办法的通知》（财税〔2012〕38 号）、《财政部 国家税务总局关于扩大农产品增值税进项税额核定扣除试点行业范围的通知》（财税〔2013〕57 号）执行。其中，《农产品增值税进项税额核定扣除试点实施办法》（财税〔2012〕38 号印发）第四条第（二）项规定的扣除率调整为 11%；第（三）项规定的扣除率调整为按本条第（一）项、第（二）项规定执行。纳税人从批发、零售环节购进适用免征增值税政策的蔬菜、部分鲜活肉蛋而取得的普通发票，不得作为计算抵扣进项税额的凭证。纳税人购进农产品既用于生产销售或委托受托加工 17% 税率货物又用于生产销售其他货物服务的，应当分别核算用于生产销售或委托受托加工 17% 税率货物和其他货物服务的农产品进项税额。未分别核算的，统一以增值税专用发票或海关进口增值税专用缴款书上注明的增值税额为进项税额，或以农产品收购发票或销售发票上注明的农产品买价和 11% 的扣除率计算进项税额。

三、国际往来

1. 组织参加国际组织活动

2017 年全国城市农贸中心联合会组织带领 30 名会员单位代表参加荷兰海牙理事会会议、意大利罗马春季会议、澳大利亚秋季会议等世界批发市场联合会会议，学习了世界先进批发市场经验，加强了与意大利、希腊、土耳其、澳大利亚和新西兰等国家批发市场、农产品公司、种植者等的交流。

2. 召开欧中经贸合作组织会议

2017 年 6 月组织欧中经贸合作组织会员在卢森堡召开第二届欧中经贸合作组织理事会会议与大会，并与德国水产公司进行对接；11 月在北京组织召开第三届欧中经贸合作组织理事会会议，有 30 余名中国企业代表和 4 名卢森堡代表参会，会上进行了马达加斯加小微金融项目、卢森堡"投资桥"、中国东兰县生态开发项目、微风发电等项目的对接。

3.与国际批发市场加强合作交流

2017年2月组织12名批发市场代表前往日本、韩国开展交流考察，并与韩国可乐洞市场签署合作协议。5月与泰国达拉泰市场共同主办了"达拉泰市场走进中国"推介会，促进了中国出口商、种植者与泰国进口商、批发市场对接。12月组织8名中国批发市场代表前往美国、加拿大考察农产品批发市场，学习先进经验技术，加强国际合作。

农产品批发市场行业新特点

一、农产品批发市场交易平稳上升，探索供应链发展模式，创新发展供应链金融服务

随着城镇化进程和现代物流的快速发展，农产品市场交易日趋繁荣活跃。一批交易规模达到百亿元的龙头批发市场迅速崛起。这些大型农产品批发市场具有高标准、高水平、高效集散、强劲辐射等特点，交易规模逐年递增，行业集中度进一步提升。虽然 2017 年部分地区市场受城市总体经济下滑、市场竞争等因素影响交易额交易量略有下滑，但不影响全国农产品流通行业形势向优向好，交易规模不断扩大的总体形势。2017 年全国农产品批发市场交易总额 5 万亿元，同比增长 5.7%；交易总量 8.7 亿吨，同比增长 2.7%。

农产品批发市场是我国农产品交易的主要场所，也是整个农产品物流链的核心环节，在农产品物流链中发挥了重要作用。据商务部统计，目前我国仍有 70% 以上的农产品经过批发市场再由零售商转移给广大的消费者。

近几年，农产品批发市场进一步加强与产业链上下游的合作与融合打造新型农产品供应链。作为农产品流通主渠道，农产品批发市场为农产品供求双方提供信息对接，为集散农产品提供便利的交通、仓储和交易条件，为农产品批发商提供加工交易场所，为农产品供应链资金流的连续性提供第三方监督，通过建立和对接生产基地、开办连锁经营网点、发展共同配送等方式开展供应链信息、供应链金融、供应链物流等方面的合作，探索供应链发展模式，稳定供求，提高效率，推动农产品流通供给侧改革。

供应链金融服务应时而生，创新发展。农产品供应链金融服务是商业银行将农业核心企业和上下游企业联系在一起提供灵活运用的金融产品和服务的融资模式，以解决部分市场和批发商融资难、成本高的问题。例如，深圳农产品公司大力拓展金融服务，投资设立了农产品融资担保、农产品小额贷款、互联网+金融信息服务公司，构建"三位一体"的海吉星供应链金融服务模式，为公司旗下市场流通商户和上游农户、下游零售商提供融资服务。

二、农产品批发市场线上线下融合加速，推动农产品批发市场智慧化现代化信息化

虽然在农产品网络零售万亿级别的刚性市场需求面前，生鲜电商的渗透力还远远不够，绝对量只占全国农产品批发市场整体交易额的 5% 左右，但近几年增长迅速，吸引众多投资者注入资金，特别是生鲜电子商务发展尤其生猛。《2017 年度中国网络零售市场数据监测报告》显示，在 2017 年国内生鲜电商的整体交易额约 1402.8 亿元，同比 2016 年 913.9 亿元增长了 53.5%，预计 2018 年可达到 2066.3 亿元。

2017 年 8 月，商务部、农业部发布《关于深化农商协作大力发展农产品电子商务的通知》，文件要求瞄准农业现代化主攻方向，以农业供给侧结构性改革为主线，顺应互联网和电子商务发展趋势，以市场需求为导向，着力突破制约农产品电子商务发展的瓶颈和问题。以电子商务带动市场化、倒逼标准化、促进规模化、提升品牌化，推动农业转型升级，更好满足人民群众对农产品日益增加的品质

化、多样化、个性化需求。农业现代化的快速推进和农产品消费市场的高速成长，促使农产品批发市场以现代互联网信息技术为支撑，将每一个条块之间有机地结合，向现代化、智慧化、信息化方向快速发展。

在"互联网+"背景下，电子商务系统在农产品批发市场快速应用，市场充分利用现代信息技术，建立以电子统一结算为核心，集财务管理、安全监控、人事管理、商户管理、物业管理等于一体的农产品市场运营管理系统和客户服务系统，提高市场现代化管理水平和运营效率，智慧化管理与批发市场融合发展。例如，重庆菜园坝水果市场探索"互联网+传统农产品交易市场"线上线下融合发展模式，借助互联网将商流、物流、信息流、资金流进行整合，拓宽了销售渠道、扩大了销售市场，缩短了流通环节，保障了产品质量。南京农副产品物流中心打造"众彩行"网上交易平台，建设"e鲜美"城市生鲜农产品直供直配体系，目前已基本建立上联生产基地，下联零售终端、团购大户和社区居民的众彩"e鲜美"城市生鲜农产品信息管理服务平台。

三、集团化趋势明显，市场间横向合作少

农产品批发市场集团化发展迅速，市场集中度提高。深圳农产品、雨润、地利、香港宏安集团、新发地、江南、中农批、北京美农等企业，在全国各地通过新建、合作、入股、收购等方式，投资建设农产品批发市场和物流园，形成集团化发展。市场占地规模越来越大，投资地域范围越来越广。大资本方投资新建、改造市场势头迅猛。如深圳农产品股份有限公司在全国35个大中城市经营管理超过50家综合批发市场和网上交易市场；雨润控股集团已有12家农产品全球采购中心遍布全国；北京新发地股份有限公司旗下市场数量达10余家；中国供销农产品批发市场控股有限公司已在全国20多个省市布局近50个农产品批发市场，总建筑面积超过1000万平方米。这区别于之前"一城一市"的单体批发市场发展模式，也不同于如西班牙、葡萄牙、日本等国家的政府部门管理形式的批发市场。未来随着资本更大规模的进入，可以预见农产品批发市场的集团化发展趋势将更加明显。

但同时，农批企业间的横向合作却非常少，农产品批发市场间的规模差异加大，交易方式不同，没有统一的农产品标准，而且区域之间信息不通畅，很难实现相互间商品互通、信息互通、资源互通。建立以利益共享为驱动的合作体系，已成为农产品批发行业整体科学发展、迎接挑战的迫切需要。

四、恶性竞争仍然突出，市场面临新一轮搬迁改造，向现代物流中心转型升级

由于农产品批发市场布局不合理，《全国农产品市场体系发展规划》虽已发布，但执行和落实不彻底，"有市无场"和"有场无市"同时存在。我国在1983年2月5日颁布实施了《城乡集市贸易管理办法》（以下简称《办法》），此后国家再也没有出台有关农产品市场的法律、法规。随着农产品批发市场的发展，目前该《办法》的内容已经远不适应农产品批发市场的要求，已废止。虽然有些地方出台了农产品批发市场管理条例，但执行不严格。一些大中城市农产品批发市场建设密度越来越大，低层次同质化竞争愈演愈烈，恶性竞争事件多。社会资本的进入更使农产品批发市场行业面临新一轮的恶性竞争。与此同时，随着我国城镇化速度日益加快，市场消费结构和人民购买需求的变化，出现了以疏解非首都功能的北京为代表的一线城市将农产品批发市场外迁，电子商务分流农产品流通市场等新情况，这些都让农产品批发市场行业面临重新洗牌与产业再造。新一轮市场搬迁、升级改造已经常态化。

新时代新形势，当前农产品批发市场的形势变化非常特殊，新一轮的升级改造催生当前的农产品批发市场向高层次方向发展。例如，北京新发地批发市场在原有基础上进行升级改造，用立体式交易中心

取代分散交易市场，成为现代化的农产品交易中心；重庆引导主城内环周围市场逐渐向外搬迁，稳妥推进盘溪水果市场外迁，升级改造冷链物流园、粮油等一批骨干专业市场；苏州南环桥市场搬迁改造，形成一个集批发、加工、仓储、配供、集散为一体的农产品现代物流园。这一批高层次市场的新建、升级改造、搬迁，将带动相关或者周边的较低层次市场的转型升级，促使这些市场改进经营模式、组织体系、交易方式、管理水平，满足人民群众日益丰富的购买需求和差异化选择。

面对线上线下的竞争，农产品批发市场着力强化物流服务功能，向现代物流中心转型升级，这既是未来农产品批发市场的核心竞争优势，也将成为新的利润来源。如南京众彩物流公司，不仅具有商品交易功能，还有专业的物流场站、分拨中心、仓储加工以及配送中心，具有运输、仓储、分拣、包装、加工、配送、交易、信息发布与收集、电子商务等多种服务功能，链接全国和世界主要产区，辐射周边500—1000公里，采取高效流通作业方式。传统的农产品批发市场正借助"批发市场+互联网"实现转型，加快建立线上线下融合，形成生产、流通、消费高效衔接的新型农产品供应链体系，向着现代物流中心方向发展。

五、农产品冷链流通标准化经验模式得到大力推广

长期以来，农产品流通存在损耗大，对储存配送的物流要求高的情况，损失严重，果蔬、肉类、水产品流通腐损率分别达到20%—30%、12%、15%，仅果蔬一类每年损失就达到1000亿元以上。

2017年，商务部、国家标准化管理委员会等部委下发通知，印发《农产品冷链流通监控平台建设规范（试行）》，对31个试点城市和285家试点企业的农产品冷链流通标准化的推进情况进行评估并公布结果，从中总结出17条可复制推广的经验和模式并在全国进行复制推广。

推动农产品冷链流通标准化是推动农业供给侧结构性改革和农业现代化的重要举措。农产品冷链流通标准化示范工作启动以来，按照"以点带链、由易到难"的总体思路，重点围绕肉类、水产、果蔬等生鲜农产品，在各地积极推动农产品冷链流通标准推广应用，探索新型农产品冷链流通模式，营造了优质优价的市场环境，为农产品流通高质高效发展，助力农业供给侧结构性改革提供有力支撑。

六、"一带一路"倡议实施促进农产品国际贸易发展

农业发展是"一带一路"沿线国家国民经济发展的重要基础，开展农业合作是沿线国家的共同诉求。"一带一路"倡议提出4年来，中国与沿线国家在双、多边合作机制下积极开展农业领域产业对接，合作领域不断拓展，链条不断延伸，合作主体和方式不断丰富，取得了显著成效。数据显示，2017年我国农产品进出口额2013.9亿美元，其中进口1258.6亿美元，出口755.3亿美元，出口金额同比增长3.5%。

2017年5月，习近平主席在"一带一路"国际合作论坛上宣布，中国将从2018年起举办中国国际进口博览会。这也是我国的农产品批发市场进一步融入国际农产品贸易的重要机遇，中国国际进口博览会的召开将会加速我国生鲜农产品的进口速度，掀起进口生鲜农产品的新高潮。

"一带一路"倡议的实施，将大力推动中国农产品批发市场与国际农产品批发市场的交流及贸易合作，扩大优质农产品进出口，进一步壮大农产品跨境电商新兴贸易模式的发展。而批发市场作为我国农产品流通主渠道，是产品和信息的汇聚平台，是价格的形成中心，配套设施相对完善，信誉度较单个流通企业高，作为农产品国际贸易新平台的优势日益突出。

农产品批发市场行业新问题及建议

一、存在的问题

1.农产品批发市场与城市和谐发展的关系有待理顺

随着我国城镇化的快速发展，城市的聚集效应逐步显现，大量人口及相关要素向大型城市聚集。作为关系民生、服务城市生活的重要功能载体，农产品市场伴随着城市规模的不断扩大而持续增长，近几年全国批发市场的交易占地面积、交易量、交易额都在不断攀升，屡创新高。但同时，不同城市管理者对农产品批发市场的定位认识不同，对农产品市场的印象始终停留在"脏乱差"的观念中，没有思考如何通过管理改变这些现象，而是仍将农产品市场视为城市负担，要把市场搬离城市，这种观念忽视了批发市场的公益性功能，对传统批发市场的刻板印象更是轻视了批发市场升级改造能力和与城市和谐发展的可能性。

2.缺少法律保障，准入退出机制仍未建立

由于我国没有专门规范农产品批发市场方面的正式法律法规，《全国农产品市场体系发展规划》虽已发布，有些地方也出台了农产品批发市场管理条例，但法规的管制效力并不明显，执行和落实都不彻底，市场建设无序、新建市场有场无市等问题依然存在。同时我国缺少农产品市场及农产品经销商的准入、退出机制，我国农产品批发市场恶性竞争事件频发，不仅给竞争双方造成较大的经济损失，而且对农产品的稳定供应产生不利影响，从市场波及上下游农产品经销商、消费者、生产者等多环节。目前农产品批发市场行业的法律法规亟待出台，只有通过立法规范和整体规划引导才能防止恶性竞争的问题发生。要以法律的形式规范、保障市场的经营行为，明确规范准入退出机制，维护市场秩序。

3.公益性市场建设稳步推进，市场化道路与公益性功能衔接还不够

自2014年国家提出建设公益性农产品市场以来，公益性农产品市场在加快农产品流通、促进农产品供需平衡、监管农产品质量安全、维护城市环境、突发事件的应急保障等方面发挥着重要作用。通过政策指引、信息提供、提高市场准入门槛、提高农产品标准化等方式，提升了农产品流通现代化水平，切实保障和改善了民生。

农产品批发市场一头连着"三农"，一头连着消费者、连着民生，地位非常重要。它在考虑经济效益的同时，应把社会效益放在更加突出的位置，充分发挥公益性市场的保供、稳价、安全、绿色等多种功能，这是农产品批发市场应尽的一种义务和责任。农产品批发市场的经济效益和社会责任并不矛盾，可以相互促进，相辅相成。目前我国农产品批发市场的公益性和公益功能的发挥进入完善发展期，需要通过明确市场定位，理顺市场与商品的关系，完善经营管理的理念和手段，围绕增强宏观调控能力和民生保障能力的目标，逐步建立健全保障供应机制、稳定价格机制、食品安全机制、绿色环保机制，大型农产品批发市场的公益性功能将得到明显强化。按照"公益功能、政府支持、企业投资、市场运作"的原则，使全国的农产品批发市场的公益性职能和市场化道路有秩序交错结合，构成相互促进、有序竞争、协调发展的农产品流通新格局。

4.集体经济批发市场功能很丰满，升级很受限

自20世纪80年代以来，全国一些地区，如北京、天津、河北、山西、辽宁、江苏、浙江、山东、河南、湖北、湖南、广东、广西、宁夏等地陆续出现了一批农村集体性质的市场，在全国农产品批发市场总数量中约占10%，这些早期兴起建设的村办集体企业、乡镇企业等集体经济所有制的批发市场，在服务保障所在区域农产品流通供应中发挥了重要作用，功能业已成熟完善。

但近年来随着社会和城市发展，早期建设的这些市场却因为没有相关土地使用手续，在改造搬迁时如何给市场土地"上户口"成了这些农批企业的最大困扰，直接制约了其进一步的转型发展。因为市场的升级意味着主体结构和经营模式双升级，如果硬件不升级，经营模式发展再快，市场的转型升级也无法完整实现。

根据全国城市农贸中心联合会做的专项调研显示，集体所有制农产品批发市场在初建选址时基本都是村镇集体倡议确定，主要考虑因素是商贸物流中心交通便利和农户商户自发聚集对闲置土地充分利用。农产品批发市场土地的产权性质和利用方式，农产品批发市场能否办理土地使用手续与市场的转型升级有非常紧密的关系。虽然个别市场恰好在城市规划线内，市场土地置换，进行搬迁，房地产权证也顺利办理，但大部分市场的土地性质受到本地段土地统一规划的影响，没有无偿的土地指标，产权不清晰，涉及相关部门太多，手续繁杂，目前相关手续无法办理。因未办理土地使用手续，或要交纳大额罚款，市场无法进行任何的土木施工建设，所以不敢扩大经营面积，导致市场无法统一升级改造，在享受国家资金补助方面受到一定影响，包括消防的相关手续也无法办理，发展受到局限。

2017年，为深入了解当前集体所有制农产品批发市场发展环境，破解发展中遇到的困境，全国城市农贸中心联合会组织河北衡水东明村企业管理集团有限公司、北京盛华宏林粮油批发市场有限公司、北京大洋路农副产品市场有限公司、天津市红旗农贸综合批发市场有限公司、邯郸市（馆陶）金凤禽蛋农贸批发市场、鞍山宁远农产品批发市场、青岛东庄头蔬菜批发市场服务有限公司、淄博鲁中蔬菜批发市场等市场代表召开了"集体所有制农产品批发市场发展环境及模式研讨会"，会上反映，河北衡水东明市场作为农村集体性质的市场，没有得到过国家政府在专项资金支持、项目扶持、政策优惠方面的帮助，但是按照目前市场的现状，在完善市场服务功能，电子商务运作平台，农产品冷链物流市场的发展，农户与市场之间、市场与卖场之间的商品跟踪对接等方面都需要提升，也需要政府在资金技术层面的帮扶和引导。北京大洋路农副产品市场也在目前北京疏解非首都功能升级改造中，面临着土地使用手续不好办的问题。

二、建议

1.顺应城市群发展需求，建设现代化农产品市场

伴随我国城镇化速度日益加快，升级改造已成了现代农产品市场发展的必然之路。市场的转型升级要既完善供应链，又符合城市发展趋势。在区域经济一体化发展的新格局下，各类推进城市群与农产品流通的政策规划频出，农产品流通联动网络体系初现。农产品流通也逐渐在农业发展、保障供应、食品安全等方面探索创新体制机制。这既要满足城市群的农产品基本供给，更要在全局视角通过规范化市场渠道来满足农产品自由流通的需求，实现"多向流通""高效流通"。应加快市场一体化进程，智慧化建设，促进可持续健康发展，进一步完善农产品市场功能。

2.准确把握市场发展定位

我国批发市场的建设要顺应新时代的形势发展需要，准确定位。要加强管理信息化建设，改善交易

管理、交易模式。形成现代批发经营形态，实现功能综合化、运行智慧化、交易简便化、产品安全化、建设标准化、供应链稳定化。合理优化创新全国农产品批发市场空间布局，顺应线上线下融合的发展趋势，巩固农产品批发市场在供应链中核心定位位置，让农产品批发市场未来成为商流中心、配送中心、商品集散中心、价格形成中心。

要充分发挥公益性市场的作用。目前国家已将推进公益性农产品市场体系建设列为内贸流通体制改革的重要内容，各地商务部门都在积极推动此项工作。未来农产品批发市场中，国有参股、控股市场的比例将会逐步提升，一批骨干农产品批发市场将逐步建立健全保障供应机制、稳定价格机制、食品安全机制、绿色环保机制，大型农产品批发市场的公益性功能将得到明显强化。

3.通过法律途径，积极解决农产品批发市场土地使用手续办理问题

农产品批发市场作为公益性企业，担负着周边百姓生活必需品保证供应的职责，还承担着在发生重大事件时保供应的社会责任，为此需要政府在农产品批发市场转型升级、土地使用性质、硬件设施达标等方面给以支持。政府应从民生大局出发，解决农产品批发市场的经营用地问题。政府需要根据各地集体经济批发市场的共性问题，尽快将农产品批发市场立法工作提上日程，出台相关法规政策，并通过法律途径保障集体经济批发市场在土地使用法律程序中的权益，给这批农产品批发市场"上户口"，使其正常经营发展合法化。提供新的规划用地应根据实际需求，对于季节性较强的市场，鼓励租赁供应农产品批发市场用地，重点明确承租土地使用权权能权益的问题，各地可以制定出租或先租后让的鼓励政策和租金标准。

4.推动农产品贸易国际发展

借助"一带一路"倡议的政策优势，利用首届中国国际进口博览会的平台优势，推动农产品企业"引进来走出去"，在国际市场上开展竞争与合作，充分发掘我国特色农产品的比较优势，着力发展那些技术力量雄厚、资源丰富的农产品，提高开拓国际市场的能力。针对细分的国际市场，分析国内进口需求，开拓新的效益增长点。探索跨境电子商务在农产品国际贸易中的应用，充分发挥"农产品批发市场+互联网"的作用，促进农产品进出口，增进国内和国外农产品批发市场的交流和贸易合作。

第二篇　政策

中共中央　国务院
关于深入推进农业供给侧结构性改革
加快培育农业农村发展新动能的若干意见（摘选）

中发〔2017〕1号

......

一、优化产品产业结构，着力推进农业提质增效

......

5.全面提升农产品质量和食品安全水平。坚持质量兴农，实施农业标准化战略，突出优质、安全、绿色导向，健全农产品质量和食品安全标准体系。支持新型农业经营主体申请"三品一标"认证，推进农产品商标注册便利化，强化品牌保护。引导企业争取国际有机农产品认证，加快提升国内绿色、有机农产品认证的权威性和影响力。切实加强产地环境保护和源头治理，推行农业良好生产规范，推广生产记录台账制度，严格执行农业投入品生产销售使用有关规定。深入开展农兽药残留超标特别是养殖业滥用抗生素治理，严厉打击违禁超限量使用农兽药、非法添加和超范围超限量使用食品添加剂等行为。健全农产品质量和食品安全监管体制，强化风险分级管理和属地责任，加大抽检监测力度。建立全程可追溯、互联共享的追溯监管综合服务平台。鼓励生产经营主体投保食品安全责任险。抓紧修订农产品质量安全法。

7.建设现代农业产业园。以规模化种养基地为基础，依托农业产业化龙头企业带动，聚集现代生产要素，建设"生产+加工+科技"的现代农业产业园，发挥技术集成、产业融合、创业平台、核心辐射等功能作用。科学制定产业园规划，统筹布局生产、加工、物流、研发、示范、服务等功能板块。鼓励地方统筹使用高标准农田建设、农业综合开发、现代农业生产发展等相关项目资金，集中建设产业园基础设施和配套服务体系。吸引龙头企业和科研机构建设运营产业园，发展设施农业、精准农业、精深加工、现代营销，带动新型农业经营主体和农户专业化、标准化、集约化生产，推动农业全环节升级、全链条增值。鼓励农户和返乡下乡人员通过订单农业、股份合作、入园创业就业等多种方式，参与建设，分享收益。

8.创造良好农产品国际贸易环境。统筹利用国际市场，优化国内农产品供给结构，健全公平竞争的农产品进口市场环境。健全农产品贸易反补贴、反倾销和保障措施法律法规，依法对进口农产品开展贸易救济调查。鼓励扩大优势农产品出口，加大海外推介力度。加强农业对外合作，推动农业走出去。以"一带一路"沿线及周边国家和地区为重点，支持农业企业开展跨国经营，建立境外生产基地和加工、仓储物流设施，培育具有国际竞争力的大企业大集团。积极参与国际贸易规则和国际标准的制定修订，推进农产品认证结果互认工作。深入开展农产品反走私综合治理，实施专项打击行动。

二、推行绿色生产方式，增强农业可持续发展能力

9.推进农业清洁生产。深入推进化肥农药零增长行动，开展有机肥替代化肥试点，促进农业节本增效。建立健全化肥农药行业生产监管及产品追溯系统，严格行业准入管理。大力推行高效生态循环的种养模式，加快畜禽粪便集中处理，推动规模化大型沼气健康发展。以县为单位推进农业废弃物资源化利用试点，探索建立可持续运营管理机制。鼓励各地加大农作物秸秆综合利用支持力度，健全秸秆多元化利用补贴机制。继续开展地膜清洁生产试点示范。推进国家农业可持续发展试验示范区创建。

......

三、壮大新产业新业态，拓展农业产业链价值链

......

14.推进农村电商发展。促进新型农业经营主体、加工流通企业与电商企业全面对接融合，推动线上线下互动发展。加快建立健全适应农产品电商发展的标准体系。支持农产品电商平台和乡村电商服务站点建设。推动商贸、供销、邮政、电商互联互通，加强从村到乡镇的物流体系建设，实施快递下乡工程。深入实施电子商务进农村综合示范。鼓励地方规范发展电商产业园，聚集品牌推广、物流集散、人才培养、技术支持、质量安全等功能服务。全面实施信息进村入户工程，开展整省推进示范。完善全国农产品流通骨干网络，加快构建公益性农产品市场体系，加强农产品产地预冷等冷链物流基础设施网络建设，完善鲜活农产品直供直销体系。推进"互联网＋"现代农业行动。

......

六、加大农村改革力度，激活农业农村内生发展动力

......

27.完善农业补贴制度。进一步提高农业补贴政策的指向性和精准性，重点补主产区、适度规模经营、农民收入、绿色生态。深入推进农业"三项补贴"制度改革。完善粮食主产区利益补偿机制，稳定产粮大县奖励政策，调整产粮大省奖励资金使用范围，盘活粮食风险基金。完善农机购置补贴政策，加大对粮棉油糖和饲草料生产全程机械化所需机具的补贴力度。深入实施新一轮草原生态保护补助奖励政策。健全林业补贴政策，扩大湿地生态效益补偿实施范围。

29.加快农村金融创新。强化激励约束机制，确保"三农"贷款投放持续增长。支持金融机构增加县域网点，适当下放县域分支机构业务审批权限。对涉农业务较多的金融机构，进一步完善差别化考核办法。落实涉农贷款增量奖励政策。支持农村商业银行、农村合作银行、村镇银行等农村中小金融机构立足县域，加大服务"三农"力度，健全内部控制和风险管理制度。规范发展农村资金互助组织，严格落实监管主体和责任。开展农民合作社内部信用合作试点，鼓励发展农业互助保险。支持国家开发银行创新信贷投放方式。完善农业发展银行风险补偿机制和资本金补充制度，加大对粮食多元市场主体入市收购的信贷支持力度。深化农业银行三农金融事业部改革，对达标县域机构执行优惠的存款准备金率。加快完善邮储银行三农金融事业部运作机制，研究给予相关优惠政策。抓紧研制制定农村信用社省联社改革方案。优化村镇银行设立模式，提高县市覆盖面。鼓励金融机构积极利用互联网技术，为农业经营主体提供小额存贷款、支付结算和保险等金融服务。推进信用户、信用村、信用乡镇创建。支持金融机构

开展适合新型农业经营主体的订单融资和应收账款融资业务。深入推进承包土地的经营权和农民住房财产权抵押贷款试点，探索开展大型农机具、农业生产设施抵押贷款业务。加快农村各类资源资产权属认定，推动部门确权信息与银行业金融机构联网共享。持续推进农业保险扩面、增品、提标，开发满足新型农业经营主体需求的保险产品，采取以奖代补方式支持地方开展特色农产品保险。鼓励地方多渠道筹集资金，支持扩大农产品价格指数保险试点。探索建立农产品收入保险制度。支持符合条件的涉农企业上市融资、发行债券、兼并重组。在健全风险阻断机制前提下，完善财政与金融支农协作模式。鼓励金融机构发行"三农"专项金融债。扩大银行与保险公司合作，发展保证保险贷款产品。深入推进农产品期货、期权市场建设，积极引导涉农企业利用期货、期权管理市场风险，稳步扩大"保险+期货"试点。严厉打击农村非法集资和金融诈骗。积极推动农村金融立法。

......

第十三届全国人民代表大会第一次会议
政府工作报告（摘选）

......

三、对2018年政府工作的建议

......

（四）坚决打好三大攻坚战。要围绕完成年度攻坚任务，明确各方责任，强化政策保障，把各项工作做实做好。

加大精准脱贫力度。今年再减少农村贫困人口1000万以上，完成易地扶贫搬迁280万人。深入推进产业、教育、健康、生态和文化等扶贫，补齐基础设施和公共服务短板，加强东西部扶贫协作和对口支援，注重扶贫同扶志、扶智相结合，激发脱贫内生动力。强化对深度贫困地区支持，中央财政新增扶贫投入及有关转移支付向深度贫困地区倾斜。对老年人、残疾人、重病患者等特定贫困人口，因户因人落实保障措施。攻坚期内脱贫不脱政策，新产生的贫困人口和返贫人口要及时纳入帮扶。加强扶贫资金整合和绩效管理。开展扶贫领域腐败和作风问题专项治理，改进考核监督方式。坚持现行脱贫标准，确保进度和质量，让脱贫得到群众认可、经得起历史检验。

（五）大力实施乡村振兴战略。科学制定规划，健全城乡融合发展体制机制，依靠改革创新壮大乡村发展新动能。

推进农业供给侧结构性改革。促进农林牧渔业和种业创新发展，加快建设现代农业产业园和特色农产品优势区。坚持提质导向，稳定和优化粮食生产。加快消化粮食库存。发展农产品加工业。新增高标准农田8000万亩以上、高效节水灌溉面积2000万亩。培育新型经营主体，提高农业科技水平，推进农业机械化全程全面发展，加强面向小农户的社会化服务。鼓励支持返乡农民工、大中专毕业生、科技人员、退役军人和工商企业等从事现代农业建设、发展农村新业态新模式。深入推进"互联网+农业"，多渠道增加农民收入，促进农村一二三产业融合发展。

全面深化农村改革。落实第二轮土地承包到期后再延长30年的政策。探索宅基地所有权、资格权、使用权分置改革。改进耕地占补平衡管理办法，建立新增耕地指标、城乡建设用地增减挂钩节余指标跨省域调剂机制，所得收益全部用于脱贫攻坚和支持乡村振兴。深化粮食收储、集体产权、集体林权、国有林区林场、农垦、供销社等改革，使农业农村充满生机活力。

推动农村各项事业全面发展。完善农村医疗、教育、文化等公共服务。改善供水、供电、信息等基础设施，新建改建农村公路20万公里。稳步开展农村人居环境整治三年行动，推进"厕所革命"和垃圾收集处理。促进农村移风易俗。健全自治、法治、德治相结合的乡村治理体系。大力培育乡村振兴人才。我们要坚持走中国特色社会主义乡村振兴道路，加快实现农业农村现代化。

（七）积极扩大消费和促进有效投资。顺应居民需求新变化扩大消费，着眼调结构增加投资，形成供给结构优化和总需求适度扩大的良性循环。

增强消费对经济发展的基础性作用。推进消费升级，发展消费新业态新模式。

（八）推动形成全面开放新格局。进一步拓展开放范围和层次，完善开放结构布局和体制机制，以高水平开放推动高质量发展。

推进"一带一路"国际合作。坚持共商共建共享，落实"一带一路"国际合作高峰论坛成果。推动国际大通道建设，深化沿线大通关合作。

巩固外贸稳中向好势头。扩大出口信用保险覆盖面，整体通关时间再压缩三分之一。改革服务贸易发展机制。培育贸易新业态新模式。推动加工贸易向中西部梯度转移。积极扩大进口，办好首届中国国际进口博览会，下调汽车、部分日用消费品等进口关税。我们要以更大力度的市场开放，促进产业升级和贸易平衡发展，为消费者提供更多选择。

促进贸易和投资自由化便利化。中国坚定不移推进经济全球化，维护自由贸易，愿同有关方推动多边贸易谈判进程，早日结束区域全面经济伙伴关系协定谈判，加快亚太自贸区和东亚经济共同体建设。中国主张通过平等协商解决贸易争端，反对贸易保护主义，坚决捍卫自身合法权益。

……

国务院关于印发"十三五"市场监管规划的通知

国发〔2017〕6号

各省、自治区、直辖市人民政府，国务院各部委、各直属机构：

现将《"十三五"市场监管规划》印发给你们，请认真贯彻执行。

国务院

2017 年 1 月 12 日

"十三五"市场监管规划

"十三五"时期，是全面建成小康社会决胜阶段，是我国经济转型和体制完善的关键时期。加强和改善市场监管，是政府职能转变的重要方向，是维护市场公平竞争、充分激发市场活力和创造力的重要保障，是国家治理体系和治理能力现代化的重要任务。本规划是市场监管的综合性、基础性和战略性规划，强调从维护全国统一大市场出发，从维护市场公平竞争出发，从维护广大消费者权益出发，对市场秩序、市场环境进行综合监管，为市场监管提供一个明确的框架，给广大市场主体一个清晰的信号和稳定的预期，形成综合监管与行业领域专业监管、社会协同监管分工协作、优势互补、相互促进的市场监管格局。

第一章 规划编制背景

一、市场监管的成效与问题

"十二五"时期特别是党的十八大以来，党中央、国务院高度重视市场监管工作，明确把市场监管作为政府的重要职能。各地区、各部门按照简政放权、放管结合、优化服务改革部署，以商事制度改革为突破口，市场监管改革创新取得显著成效，促进了大众创业、万众创新。

商事制度改革取得突破性进展。针对百姓投资创业面临的难点问题，转变政府职能，减少行政审批，大力推进"先照后证"和工商登记制度改革。将注册资本实缴制改为认缴登记制，降低创办企业的资金门槛。将企业年检制改为年报公示制，增强了企业责任意识、信用意识。简化市场主体住所（经营场所）登记，释放住所存量资源。开展名称登记改革，推进电子营业执照和全程电子化登记管理，提高服务效率。实施"五证合一、一照一码"改革，推动相关证照整合。市场主体数量快速增长，我国成为世界上拥有市场主体数量最多的国家。

市场监管新机制逐步建立。精简事前审批，加强事中事后监管，探索市场监管新模式。建立以信用为核心的新型监管机制，强化企业自我约束功能。建立企业信息公示制度、经营异常名录制度和严重违法失信企业名单制度，实施"双随机、一公开"监管，依托全国信用信息共享平台建立政府部门之间信息共享与联合惩戒机制，建设国家企业信用信息公示系统和"信用中国"网站。通过信用监管机制，提高信息透明度，降低市场交易风险，减少政府监管成本，提高经济运行效率。

市场监管体制改革取得初步成效。针对权责交叉、多头执法等问题，推进行政执法体制改革，整合执法主体，相对集中执法权，推进综合执法。各地积极探索综合执法改革，优化执法资源，形成监管合力，提高基层监管效率。同时，确定了"谁审批、谁监管，谁主管、谁监管"的原则，明确了行业主管部门的监管职责。

市场监管法律法规体系逐步完善。按照全面依法治国、建设法治政府的要求，加强市场监管法治建设。制修订公司法、消费者权益保护法、特种设备安全法、商标法、广告法等，基本形成比较完备的市场监管法律法规体系，运用法治思维和法治方式加强市场监管的能力不断提升。

市场秩序和市场环境不断改善。强化生产经营者主体责任，依法规范生产、经营、交易行为，加强质量标准管理，产品质量监督抽查合格率不断提高。加强消费品、食品药品质量安全监管，对消费品实现从生产到流通的全过程管理。消费环境不断改善，消费者权益保护迈上新台阶。中国消费者协会和各类消协组织不断发展，成为维护消费者权益的重要力量。改进和加强竞争执法，加大反垄断和反不正当竞争执法力度，加强市场价格行为监管，加强网络市场、电子商务等新领域监管，积极开展监督检查，打击传销和规范直销，打击侵犯知识产权、制售假冒伪劣商品的行为，产品和服务质量不断提升，市场经济秩序进一步好转。

当前我国正处于经济转型和体制完善的过程中，虽然市场监管取得突出成效，但市场秩序、市场环境还存在一些矛盾和问题。主要是，假冒伪劣、虚假宣传、盗版侵权、价格违法行为和食品药品安全等问题多发，企业的主体责任意识不强，消费者维权难；市场竞争不充分与过度竞争并存，垄断现象与不正当竞争行为时有发生，尤其是行业垄断、地方保护、市场分割等问题比较突出；市场信用体系不健全，信用意识淡薄，各种失信行为比较普遍；行业协会、中介组织监督和约束作用发挥不够，公众监督比较缺乏，推进社会共治不足；行政审批仍较多，百姓投资创业的环节多、程序复杂，市场准入门槛较高；政府职能转变不到位，市场监管体制机制不适应经济发展的需要等。这些问题，影响着市场机制作用的发挥，影响着资源的优化配置，影响着我国经济的健康发展。

二、加强和改善市场监管的重要意义

在全球经济格局调整和竞争优势重塑的重要时期，在我国经济转型和体制完善的关键时期，加强和改善市场监管具有重要意义。

加强和改善市场监管，是完善社会主义市场经济体制的迫切需要。我国社会主义市场经济体制已经初步建立，但仍存在不少问题。主要是，市场秩序不规范，以不正当手段谋取经济利益的现象广泛存在；生产要素市场发展滞后，要素闲置和大量有效需求得不到满足并存；市场规则不统一，部门和地方保护主义大量存在；市场竞争不充分，阻碍优胜劣汰和结构调整；等等。这些问题不解决，完善的社会主义市场经济体制难以形成，迫切需要加强和改善市场监管，破除制约体制完善的各种障碍。

加强和改善市场监管，是加快政府职能转变的迫切需要。发挥市场配置资源的决定性作用和更好发挥政府作用，关键要按照市场化改革方向，深化行政体制改革，转变政府职能，创新政府管理。政府要从发展的主体转为推动发展的主体，加强市场监管，营造公平竞争的市场环境。目前，市场监管的任务越来越重，要通过科学高效的市场监管，维护市场经济的繁荣发展，这是国家治理体系和治理能力现代化的客观要求，是市场经济条件下履行好政府职能的重要方向。

加强和改善市场监管，是推进供给侧结构性改革的迫切需要。落实好化解过剩产能、淘汰"僵尸企业"、培育新产业新动能等一系列任务，迫切需要加强和改善市场监管，充分发挥市场的力量。只有打击各种假冒伪劣、侵害企业权益行为，才能为诚信企业的发展腾出市场空间。只有促进优胜劣汰，形成"僵尸企业"退出机制，才能减少社会资源消耗，促进产业转型升级。只有鼓励竞争，形成有利于大众创业、万众创新的市场环境，才能为经济发展提供新活力。只有改革扭曲市场竞争的政策和制度安排，消除地方保护和行政垄断，才能充分发挥我国统一大市场的优势和潜力。

加强和改善市场监管，是适应科技革命和产业变革新趋势的迫切需要。以大数据、云计算等为代表的新一轮科技革命和产业变革，促进了技术、资源、产业和市场的跨时空、跨领域融合，网络经济、分享经济、众创空间、线上线下互动等新产业、新业态、新模式不断涌现，颠覆了许多传统的生产经营模式和消费模式，对市场监管提出了新要求、新挑战。市场经济在繁荣发展，市场监管也要与时俱进、开拓创新，不断探索市场监管新机制，才能更好地适应发展变化的需要。

总之，要深刻认识"十三五"时期我国市场监管面临的新形势新任务新挑战，强化改革意识，增强创新精神，扩大开放视野，用现代理念引领市场监管，用现代科技武装市场监管，用现代监管方式推进市场监管，积极探索具有中国特色、符合时代要求的市场监管新模式，为各类市场主体营造公平竞争的发展环境。

第二章　总体思路

按照国家"十三五"时期的总体部署，准确把握经济发展规律和市场监管趋势，立足当前，着眼长远，统筹谋划，有序推进，充分发挥市场监管在改革发展大局中的重要作用，为市场经济的高效运行提供保障。

一、指导思想

全面贯彻党的十八大和十八届三中、四中、五中、六中全会精神，深入贯彻习近平总书记系列重要讲话精神和治国理政新理念新思想新战略，认真落实党中央、国务院决策部署，统筹推进"五位一体"总体布局和协调推进"四个全面"战略布局，牢固树立和贯彻落实创新、协调、绿色、开放、共享的发展理念，以深化商事制度改革为突破口，围绕营造良好的市场准入环境、市场竞争环境和市场消费环境，树立现代市场监管理念，改革市场监管体制，创新市场监管机制，强化市场综合监管，提升市场监管的科学性和有效性，促进经济社会持续健康发展。

——激发市场活力。市场经济的内在活力是经济持续增长的重要动力，是经济走向繁荣的重要基础。要改变传统"管"的观念，把激发市场活力和创造力作为市场监管的重要方向，深化商事制度改革，破除各种体制障碍，营造有利于大众创业、万众创新的市场环境，服务市场主体，服务改革发展大局。

——规范市场秩序。完善的市场经济是有活力、有秩序的。没有活力，市场经济就失去了生机；没有秩序，市场经济就失去了保障。要把规范市场秩序、维护公平竞争作为市场监管的重要着力点，坚持放活和管好相结合，做到放而不乱、活而有序，为企业优胜劣汰和产业转型升级提供保障。

——维护消费者权益。保护好消费者权益，保护好人民群众利益，是实现共享发展的本质要求。要树立消费者至上的理念，把维护消费者权益放在市场监管的核心位置，提高人民群众幸福感和获得感。把强化消费维权、改善消费环境，作为推进供给侧结构性改革、实现供给与需求两端发力的重要举措。

——提高监管效率。提高市场运行效率，必须提高市场监管效率。要强化成本意识，增强效能观念，把提高监管效率作为市场监管的基本要求，改变传统的无限监管理念，改革传统的人盯人、普遍撒网的烦苛监管方式，推动市场监管的改革创新。

——强化全球视野。在经济全球化进程中，市场监管理念、监管模式已经成为影响国家竞争力和国际影响力的重要因素。要与我国经济发展全球化趋势相适应，按照提高我国在全球治理中制度性话语权的要求，用国际视野审视市场监管规则的制定和市场监管执法效应，不断提升市场监管的国际化水平。

二、主要目标

到2020年，按照全面建成小康社会和完善社会主义市场经济体制的要求，围绕建设统一开放、竞争有序、诚信守法、监管有力的现代市场体系，完善商事制度框架，健全竞争政策体系，初步形成科学高效的市场监管体系，构建以法治为基础、企业自律和社会共治为支撑的市场监管新格局，形成有利于创业创新、诚信守法、公平竞争的市场环境，形成便利化、国际化、法治化的营商环境。具体目标是：

——宽松便捷的市场准入环境基本形成。市场准入制度进一步完善，公平统一、开放透明的市场准入规则基本形成。各种行政审批大幅削减，商事登记前置、后置审批事项大幅减少，各类不必要的证照基本取消。百姓投资办企业时间缩减，新增市场主体持续增长、活跃发展，新设企业生命周期延长，千人企业数量显著提高。

——公平有序的市场竞争环境基本形成。全国统一的市场监管规则基本形成，多头监管、重复执法基本消除，全国统一大市场进一步完善。反垄断和反不正当竞争执法成效显著，侵权假冒、地方保护、行业垄断得到有效治理，公平竞争、优胜劣汰机制基本建立，市场秩序明显改善，商标品牌作用充分发挥，市场主体质量显著提升。

——安全放心的市场消费环境基本形成。消费维权的法律体系进一步完善，消费维权机制进一步健全。全国统一的消费投诉举报网络平台基本形成，消费维权的便利程度大幅度提高。消费者协会和其他消费者组织发展壮大，消费维权社会化水平明显提高。商品和服务消费的质量安全水平全面提升，消费满意度持续提高。

——权威高效的市场监管体制机制基本建立。市场监管综合执法体制改革全面完成，市场监管格局进一步完善，形成统一规范、权责明确、公正高效、法治保障的市场监管和反垄断执法体系。信用监管、大数据监管以及多元共治等新型监管机制进一步完善。

三、主要原则

——坚持依法依规监管。对各类市场主体一视同仁，依法依规实施公平公正监管，平等保护各类市场主体合法权益。要运用法治思维和法治方式履行市场监管职责，全面实施清单管理制度，通过权力清单明确法无授权不可为，通过责任清单明确法定职责必须为，通过负面清单明确法无禁止即可为，没有法律依据不能随意检查，规范政府部门自由裁量权，推进市场监管的制度化、规范化、法治化。

——坚持简约监管。按照简政放权、放管结合、优化服务改革要求，坚持"简"字当头，实行简约高效的监管方式，消除不必要的管制，革除不合时宜的陈规旧制，打破不合理的条条框框，砍掉束缚创业创新的繁文缛节，减轻企业负担，减少社会成本。

——坚持审慎监管。适应新技术、新产业、新业态、新模式蓬勃发展的趋势，围绕鼓励创新、促进创业，探索科学高效的监管机制和方式方法，实行包容式监管，改革传统监管模式，推动创新经济繁荣发展。对潜在风险大、社会风险高的领域，要严格监管，消除风险隐患。

——坚持综合监管。适应科技创新、产业融合、跨界发展的大趋势，克服相互分割、多头执法、标准不一等痼疾，推进市场监管领域综合执法，建立综合监管体系，发挥各种监管资源的综合效益。加强信息共享，强化部门上下统筹，建立健全跨部门、跨区域执法联动响应和协作机制，消除监管盲点，降低执法成本。

——坚持智慧监管。适应新　轮科技革命和产业变革趋势，适应市场主体活跃发展的客观要求，允分发挥新科技在市场监管中的作用。运用大数据等推动监管创新，依托互联网、大数据技术，打造市场监管大数据平台，推动"互联网+监管"，提高市场监管智能化水平。

——坚持协同监管。市场监管要改变政府大包大揽的传统方式，明确企业的主体责任，推动市场主体自我约束、诚信经营，改变"政府急、企业不急""消费者无奈、经营者无惧"的弊端。充分发挥信用体系的约束作用、行业组织的自律作用以及消费者组织、社会舆论和公众的监督作用，实现社会共治。

第三章　市场监管重点任务

围绕供给侧结构性改革，供给需求两端发力，全面深化商事制度改革，加强事中事后监管，把改善市场准入环境、市场竞争环境和市场消费环境作为市场监管重点，为经济发展营造良好的市场环境和具有国际竞争力的营商环境。

一、营造宽松便捷的市场准入环境

推进行政审批制度改革，转变政府职能，减少行政审批，激发百姓创业创新热情，促进市场主体持续较快增长，为经济发展注入新活力新动力。

（一）改革市场准入制度

放宽市场准入。改革各种审批限制，建立统一公开透明的市场准入制度，为投资创业创造公平的准入环境。凡是法律法规未明确禁入的行业和领域，都允许各类市场主体进入。凡是已向外资开放或承诺开放的领域，都向国内民间资本放开。凡是影响民间资本公平进入和竞争的不合理障碍，都予以取消。破除民间投资进入电力、电信、交通、油气、市政公用、养老、医疗、教育等领域的不合理限制和隐性壁垒，取消对民间资本单独设置的附加条件和歧视性条款，保障民间资本的合法权益。建立完善市场准入负面清单制度，对关系人民群众生命财产安全、国家安全、公共安全、生态环境安全等领域，明确市场准入的质量安全、环境和技术等标准，明确市场准入领域和规则。对外商投资实行准入前国民待遇加负面清单的管理模式，逐步减少限制外资进入的领域，培育和扩大国际合作新优势。健全完善相关领域的国家安全审查制度。

深化"先照后证"改革。改革"审批经济"的传统观念，进一步削减各类生产许可证、经营许可证和资质认定，最大限度缩减政府审批范围。加大改革力度，继续削减商事登记前置、后置审批，化解"领照容易、领证难"的矛盾。除涉及人民群众生命财产安全、文化安全和国家安全等的审批事项外，一律放给市场、放给社会，充分发挥市场的调节作用和社会管理功能。完善商事登记前置、后置审批事项目录管理，适时动态调整完善。简化、整合和规范投资项目审批，实行"一站式"网上并联审批，明确标准、缩短流程、限时办结。深化上海"证照分离"改革试点，总结经验，适时向全国推广。

（二）深化商事登记制度改革

推进"多证合一"改革。改革多部门对市场主体的重复审批、重复管理，提高社会投资创业效率。全面实施"五证合一、一照一码"改革，推进"多证合一"，在更大范围、更深层次实现信息共享和业务协同，为企业开办和成长提供便利化服务。做好个体工商户营业执照和税务登记证整合，促进个体私营经济健康发展。通过改革，使营业执照成为企业唯一"身份证"，统一社会信用代码成为企业唯一身份代码。鼓励各地方、有关部门进一步整合各类证照管理，鼓励地方开展证照联办，进一步精减材料手续、精减流程时间。各部门要加强衔接配合，积极推动相关法律、法规的修改完善。建立政企合作机制，支持创业创新孵化机构丰富对企业的服务。对标国际营商环境先进水平，建立开办企业时间统计通报制度，大幅度缩减企业开办时间。研究建立新生市场主体统计调查、监测分析制度。

提高便利化服务水平。改革企业名称核准制度，赋予企业名称自主选择权。除涉及前置审批事项或企业名称核准与企业设立登记不在同一机关外，逐步实现企业名称不再实行预先核准。向社会开放企业名称数据库，完善企业名称管理规范，丰富名称资源。增强企业变更名称的便捷性，提高办理效率。建立企业名称争议处理机制，完善企业名称与驰名商标、注册商标权利冲突解决机制，维护企业合法权益。强化不适宜名称强制纠正机制，维护社会公序良俗。推进企业集团登记制度改革，取消不合理限制。加快推进企业全程电子化登记，提高信息化、便利化水平。推动电子营业执照改革试点，扩大电子营业执照应用范围。

服务创业创新大潮。推进商事登记制度改革，支持创业创新发展。对民间投资进入自然资源开发、环境保护、能源、交通、市政公用事业等领域，除法律法规有明确规定的外，取消最低注册资本、股东结构、股份比例等限制。鼓励创新型公司的发展，在一些创业创新试点地区，在符合法律法规规定的前提下，探索灵活的登记模式。顺应众创空间、创新工场等多样化创业创新孵化平台的发展，支持开展"一址多照""一照多址"、工位注册、集群注册、商务秘书公司等多样化改革探索。总结推广自由贸易试验区以及国家自主创新示范区的改革成果，允许具备条件的电商企业实行"一城一号"。对连锁企业设立非企业法人门店和配送中心，所在地政府及有关部门不得设置障碍。

保障企业登记自主权。尊重企业自主经营的权利，允许企业根据实际需要选择组织形式和注册地。除法律法规明确规定外，不得限制企业依法注册登记，不得限制企业必须采取某种组织形式，不得限制企业依法变更其组织形式、住所和注册地，不得限制企业必须在某地登记注册，不得为企业自由迁移设置障碍。除特殊规定外，对已经在其他地方取得营业执照的企业，不得要求其在本地开展经营活动时必须设立子公司。

（三）完善企业退出机制

完善简易注销机制。简化和完善企业、个体工商户注销流程，构建便捷有序的市场退出机制。探索对资产数额不大、经营地域不广的企业实行简易破产程序。试行对个体工商户、未开业企业以及无债权债务企业实行简易注销程序。

建立强制退出机制。配合去产能、去库存，加大对"僵尸企业"清理力度，释放社会资源。对长期未履行年报义务、长期缺乏有效联系方式、长期无生产经营活动、严重侵害消费者权益等严重违法失信企业探索建立强制退出市场制度。对违反法律法规禁止性规定或达不到节能环保、安全生产、食品药品、工程质量等强制性标准的市场主体，依法予以取缔，吊销相关证照。

形成优胜劣汰长效机制。消除地方保护、行政干预和各种违规补贴，通过市场竞争形成劣势企业的正常退出机制，化解行业性、区域性市场风险。依据法律法规规定，鼓励通过兼并重组、债务重组、破产清算等方式优化资源配置。在一些创新密集区和高科技领域，探索与便捷准入相适应的灵活的企业退出机制，培育创新文化。

（四）为小微企业创造良好环境

继续研究完善支持小微企业发展的财税优惠政策和金融政策，加快构建中小企业征信体系，发挥国家中小企业发展基金作用，落实完善对小微企业的收费减免政策。

充分发挥国务院促进中小企业发展工作领导小组及其办公室的作用，强化政策协同。梳理已发布的有关支持创业创新发展的各项政策措施，推动"双创"发展，培育"双创"支撑平台，打造"双创"示范基地和城市，促进各项政策惠及更多的小微企业。

充分发挥小微企业名录的作用，拓展小微企业名录功能，完善小微企业名录系统，促进扶持政策宣传和实施。对长期拖欠小微企业货款的大中型企业，经司法认定后，依照相关规定实施联合惩戒，并通过国家企业信用信息公示系统公示。

鼓励各地结合实际制定扶持小微企业发展的政策措施，完善服务体系，创新发展措施和机制，有针对性地提供政策、信息、法律、人才、场地等全方位服务。运用大数据等手段，跟踪分析小微企业特别是新设小微企业运行情况，为完善相关政策提供支持。

二、营造公平有序的市场竞争环境

坚持放管结合，加强事中事后监管，规范企业生产经营行为，维护公平竞争，维护市场秩序，强化市场经营安全，改善市场主体经营发展环境，发挥我国统一大市场的优势和潜力，为企业优胜劣汰和产业转型升级提供保障。

（一）维护全国统一大市场

按照市场经济发展规律，完善市场监管和服务，促进企业自主经营、公平竞争，消费者自由选择、自主消费，商品和要素自由流动、平等交换，加快形成统一开放、竞争有序的全国统一大市场。

清除统一大市场障碍。按照构建全国统一大市场的要求，废除妨碍全国统一市场和公平竞争的规定和做法，清除针对特定行业的不合理补贴政策，打破制约商品要素流动和服务供给的地区分割、行业垄断和市场壁垒，保证各类市场主体依法平等使用生产要素、公平参与市场竞争。严禁对外地企业、产品和服务设置歧视性准入条件，各地区凡是对本地企业开放的市场领域，不得限制外地企业进入，严禁设置限制企业跨地区经营发展的规定。

健全统一市场监管规则。强化市场规则的统一性、市场监管执法的统一性，建立统一协调的执法体制、执法规则和执法程序，提高市场监管的公开性和透明度。地区性、行业性市场监管规则，不得分割全国统一大市场、限制其发展。

推动市场开放共享。鼓励市场创新，发挥现代科技和商业模式的改革效应，促进区域市场开放、行业资源共享，提高全国市场开放度。发挥现代流通对全国统一大市场的促进作用，通过大市场培育大产业、促进大发展。建立统一市场评价体系和发布机制，推动全国统一大市场建设。

（二）加强重点领域市场监管

把握经济发展的趋势和特点，对一些影响范围广、涉及百姓利益的市场领域，加强监管方式创新，依法规范企业生产经营行为，促进市场健康发展。

加强网络市场监管。坚持创新和规范并重，完善网络市场规制体系，促进网络市场健康发展。加强对网络售假、虚假宣传、虚假促销、刷单炒信、恶意诋毁等违法行为的治理，净化网络市场环境。加强对社交电商、手机应用软件商城等新模式，以及农村电商、跨境电商和服务电商等新业态的监管。强化网络交易平台的责任，规范网络商品和服务经营者行为，推动网络身份认证、网店实名制，保障网络经营活动的规范性和可追溯性。创新网络市场监管机制，完善网络市场监管部际联席会议制度。推进线上线下一体化监管，探索建立风险监测、网上抽查、源头追溯、属地查处、信用管理、电子商务产品质量监督机制，完善网络经营主体数据库，鼓励消费者开展网络监督评议。加强网络市场发展趋势研判，及时完善法律法规，防范网络交易风险。

打击传销、规范直销。强化各级政府责任，加强部门执法联动，通过实施平安建设考核评价、全国文明城市测评等，开展重点区域专项整治，加大打击传销力度。加强对网络传销的查处，遏制网络传销蔓延势头。加强对新形势下假借"微商""电商""消费投资"等名义开展新型传销的研判，加强风险预警提示和防范，强化案例宣传教育，提高公众识别和防范传销的能力。加强直销企业监管，促进企业规范经营，依法查处直销违法违规行为。

加强广告监管。在支持广告业创新发展的同时，依法强化广告市场监管。围绕食品、医疗、药品、医疗器械、保健食品等重点商品或服务，加大虚假违法广告整治力度。严格规范互联网广告，依法惩处虚假违法广告行为。坚持广告宣传正确导向，严厉打击违背社会良好风尚和造成不良影响的广告，弘扬社会主义核心价值观和中华民族优秀传统文化。创新广告监管方式，加强广告监管平台和互联网广告监测平台建设，健全广告监测制度体系。实施广告信用评价制度，建立违法广告预警机制，完善广告市场主体失信惩戒机制。充分发挥广告行业组织的作用，强化广告经营者、发布者主体责任，引导行业自律，促进行业发展。

加强相关领域规范管理。规范商品交易市场主体经营行为，推动商品质量合格、自律制度健全，深化诚信市场创建活动，积极推进市场诚信体系建设。依法依规开展成品油质量抽检，加大案件查办力度。做好旅游、野生动物保护、拍卖、文物、粮食等领域规范管理。加强合同监管，加大打击合同欺诈力度，强化经纪人监管。加强对中介服务机构的监督管理，规范收费服务行为。加强会计监管，规范市场主体会计核算和信息披露。加大注册会计师行业监管力度，优化会计师事务所执业环境，推动有效履行社会审计监督职能。强化对企业和会计师事务所的监督检查，严肃惩处会计违法违规行为。加强"扫黄打非"和打击非法集资、电信网络犯罪等社会综合治理工作。

加强特种设备安全监管。按照"谁使用、谁管理、谁负责"的原则，强化特种设备使用单位主体责任，建立以多元共治为特征、以风险管理为主线的特种设备安全治理体系。完善特种设备法规标准体系与运行保障机制，健全安全监管制度，实施重点监督检查制度。加强重点使用单位和薄弱环节的安全监察，创新企业主体责任落实机制，完善特种设备隐患排查治理和安全防控体系。根据不同设备、不同环节的安全风险和公共性程度，推进生产环节、使用环节行政许可改革。以电梯、移动式压力容器、气瓶等产品为重点，建立生产单位、使用单位、检验检测机构特种设备数据报告制度，实现特种设备质量安全信息全生命周期可追溯。推进电梯等特种设备安全监管方式改革，构建锅炉安全、节能、环保三位一体的监管体系。强化安全监管能力建设，推进特种设备技术检查机构设置，加强基层安全监察人员培训。提升特种设备风险监测和检验检测能力，建立特种设备风险预警与应急处置平台。鼓励发挥第三方专业服务机构的作用，培育新型服务市场。

（三）强化竞争执法力度

针对市场竞争中的突出问题，强化反垄断和反不正当竞争执法力度，严厉打击侵犯知识产权和制售假冒伪劣商品等违法行为，净化市场环境。

加强反垄断和反不正当竞争执法。加大反垄断法、反不正当竞争法、价格法等执法力度，严肃查处达成实施垄断协议、滥用市场支配地位行为。依法制止滥用行政权力排除、限制竞争行为，依法做好经营者集中反垄断审查工作，保障市场公平竞争、维护消费者权益。针对经济发展中的突出问题，把公用企业、依法实行专营专卖的行业作为监管重点，加强对供水、供电、供气、烟草、邮政等行业的监管，严厉打击滥收费用、强迫交易、搭售商品、附加不合理交易条件等限制竞争和垄断行为。促进医疗、养老、教育等民生领域公平竞争、健康发展。针对经济发展的新趋势，加强网络市场、分享经济以及高技术领域市场监管，制止滥用知识产权排除和限制竞争、阻碍创新行为。加强对与百姓生活密切相关的商品和服务价格垄断、价格欺诈行为的监管，全面放开竞争性领域商品和服务价格。严厉打击仿冒、虚假宣传、价格欺诈、商业贿赂、违法有奖销售、侵犯商业秘密、经营无合法来源进口货物等不正当竞争行为。对公用事业和公共基础设施领域，要引入竞争机制，放开自然垄断行业竞争性业务。

打击制售假冒伪劣商品违法行为。围绕保障和改善民生，加大对与百姓生活密切相关、涉及人身财产安全的日常消费品的打假力度，严惩不符合强制性标准、掺杂掺假、以假充真、以次充好、以不合格产品冒充合格产品等违法行为。强化对利用互联网销售假冒伪劣商品和传播制假售假违法信息的监管。

加大对城乡结合部、农村假冒伪劣的打击力度，加强对食品药品、农资、家用电器、儿童用品等商品市场的整治，对列入强制性产品认证目录的产品未经认证擅自出厂、销售、进口或者在其他经营活动中使用的行为，加强执法查处。强化假冒伪劣源头治理，建立商品生产、流通、销售全链条监管机制，完善重点产品追溯制度，构建清晰可追溯的责任体系。探索惩罚性巨额赔偿制度，严厉查处制售假冒伪劣商品违法行为，增强打击侵权假冒违法行为的震慑力。明确地方政府对本地打击假冒伪劣工作的领导责任，严格责任追究和奖惩约束。

（四）推动质量监管

围绕质量强国战略，完善国家计量体系，发挥计量对质量发展的支撑和保障作用，加快质量安全标准与国际标准接轨，发挥标准的引领和规范作用，发挥认证认可检验检测传递信任的证明作用，推动产品和服务质量向国际高端水平迈进。

完善国家计量体系。紧盯国际发展前沿，建立一批高准确度、高稳定性量子计量基准；紧贴战略性新兴产业、高新技术产业等重点领域需求，突破一批关键测量技术，研制一批新型标准物质，不断完善国家计量基标准体系。推动重大测量基础设施和计量科技创新基地建设，按照"全产业链、全量传链、全寿命周期和产业前瞻性"建设思路以及"中心、平台、联盟"整体发展路径，构建国家产业计量测试体系。创新计量监管模式，完善计量法律法规体系、计量监管体系和诚信计量体系。深入推进计量技术机构改革，探索推进计量校准市场和校准机构建设的有效途径，规范计量校准市场，满足社会对量值溯源和校准服务的需求。以贸易便利化、服务外贸进出口、密切国际合作、促进装备走出去为目标，实施计量走出去的国际化发展战略，为建立和维护中国制造、中国创造、中国质量和中国品牌在海外的良好声誉保驾护航。

强化标准体系。改革创新标准制定方式，完善产品和服务质量标准体系。整合精简强制性标准，严格限定在保障人身健康和生命财产安全、国家安全、公共安全、生态环境安全和满足社会经济管理基本要求的范围内，对于强制性标准，市场主体必须严格执行，市场监管部门必须严格监管。优化完善推荐性标准，推动向政府职责范围内的公益类标准过渡。鼓励社会团体制定团体标准，并参与国家标准、行业标准制定。完善企业标准体系，鼓励企业制定高于国家标准或行业标准的企业标准，鼓励领先企业创建国际标准。鼓励组建标准联盟，参与国际标准制定，推动特色优势领域标准国际化，推动与主要贸易国之间加大标准互认力度。适应经济发展趋势，加强服务标准体系建设。加强新产业新业态标准的研究制定，发挥标准的引领规范作用。

健全认证认可检验检测体系。加强认证认可检验检测能力建设，推进检验检测认证机构市场化改革，支持第三方检验检测认证服务发展。完善政府购买检验检测认证服务制度，健全在市场准入、市场监督和行政执法中采信认证认可检验检测结果的措施和办法。加强创新，攻克关键技术，提高现场快速智能识别和定性定量分析的检测技术水平。加快提升认证认可检验检测服务市场监管能力，推进其在电商、微商等新兴领域的广泛应用。加强强制性产品认证，维护质量安全底线。加强自愿性产品、服务、管理体系认证，筑牢质量品牌提升基础。加强检验检测认证品牌建设。深化国际合作，推进国际互认。

强化产品质量和服务监管。落实产品质量法、消费者权益保护法等法律法规，加强产品服务质量监管。严厉查处质量低劣、违反强制性标准、存在质量和安全风险的产品，坚决遏制质量安全事故。加强质量安全日常监管，对重点领域、重点区域、重点商品，加大质量抽检力度，推进线上线下一体化监管。强化全过程质量安全管理与风险监控，对食品、药品、农产品、日用消费品、特种设备、地理标志保护产品等关系人民群众生命财产安全的重要产品加强监督管理，建立健全产品质量追溯体系，形成来源可查、去向可追、责任可究的信息链条。实施质量强国战略，强化企业的主体责任，实行企业产品和服务标准自我声明公开和监督制度，建立完善缺陷产品召回制度、产品事故强制报告制度、产品质量风险监控及风险调查制度，建立商品质量惩罚性赔偿制度，对相关企业、责任人实行市场禁入，增强企业提升质量的内在动力和外部压力。健全服务质量治理与促进体系，推广优质服务承诺标志与管理制度。建立质量信用信息收集和发布制度，形成区域和行业质量安全监测预警机制，防范化解产品服务的质量安全风险。

（五）实施商标品牌战略

围绕品牌经济发展，完善商标注册和管理机制，加强商标品牌法律保护和服务能力建设，充分发挥商标对经济社会发展的促进作用。

推进商标品牌建设。实施商标品牌战略，提高产品服务的品牌价值和影响力，推动中国产品向中国品牌转变。引导企业增强商标品牌意识，发挥企业品牌建设的主体作用。加强对中小企业自主商标、战略性新兴产业商标品牌的培育，推动中华老字号改革创新发展。加强产业集群和区域品牌建设，加强对集体商标和证明商标的管理与保护，运用农产品商标和地理标志推进精准扶贫，开展全国知名品牌创建示范区建设工作，提升区域品牌价值。完善商标服务体系，推进商标注册便利化改革，委托地方受理商标注册申请，优化商标注册流程，完善审查机制，推进商标注册全程电子化。提升商标品牌服务能力，培育一批具有较强影响力的专业服务机构，加强人才培养，建立完善商标品牌评价体系，开展商标品牌评价。加强商标品牌推广和标准制定，鼓励开展国际交流合作，加强自主商标品牌海外保护，提升国际竞争力。

强化商标知识产权等保护。加大对商标、地理标志、知名商品特有名称等保护力度，打击侵犯知识产权和企业合法权益的行为，切实保护商标专用权，加强品牌商誉保护。加强互联网、电子商务、大数据等领域知识产权保护与云服务规则研究，完善相关法律法规。强化商标信用监管，将故意侵犯商标权、假冒商标、违法商标代理行为等纳入全国信用信息共享平台和国家企业信用信息公示系统，加大失信惩戒力度。加强商标代理市场秩序整治，促进商标代理行业自律。

三、营造安全放心的市场消费环境

顺应百姓消费水平提升、消费结构升级趋势，建立从生产、流通到消费全过程的商品质量监管机制，强化消费者权益保护，为百姓营造安全放心的消费环境，提振百姓消费信心。发挥消费的引领作用，通过扩大新消费，带动新投资，培育新产业，形成新动能，促进经济发展良性循环。

（一）加强日常消费领域市场监管

适应百姓消费品质提升的迫切要求，加强质量标准和品牌的引导和约束功能，提高产品和服务质量，缩小国内标准和国际先进标准的差距，提高重点领域主要消费品国际标准一致性程度，逐步实现出口产品与国内销售产品同标准、同质量。

加强食品药品质量安全监管。健全统一权威的食品药品安全监管体系，落实最严谨的标准、最严格的监管、最严厉的处罚、最严肃的问责，实施好国家食品药品安全相关规划。健全食品药品安全领域消费维权机制，加强消费维权制度建设，简化消费争议处理程序，推动完善食品药品消费公益诉讼机制，充分发挥消费者组织作用，提高百姓食品药品消费维权效率。

加强日用消费品监管。强化服装、日用百货、家用电器、建材等质量监管，查处经销无商品名称、无厂名、无厂址等"三无"产品和以假充真、以次充好等损害消费者权益行为。规范家用电器、汽车销售及售后服务市场，明确电动车、老年代步车等交通工具的管理理念和监管规则，完善服务标准，清理整顿虚假售后服务网点。加强对名牌服装、手表、洁具、箱包等品牌商品的监管，规范跨境电子商务经营行为。

加强日常服务消费维权。对百姓住房等大宗消费，要结合去库存，促进房地产市场健康发展，规范购房市场和住房租赁及二手房市场，规范中介服务，加强家装建材质量监管，打击虚假信息、价格欺诈和不公平合同格式条款，保障业主权利，保护购房者和承租者的权益。加强供水、供电、供气、供暖、广播电视、通信、交通运输、银行业、医疗等公用事业领域消费监管，提高服务质量，维护消费者权益。

（二）加强新消费领域市场监管

把握百姓消费升级的发展趋势，针对新的消费领域、新的消费模式和新的消费热点，着眼关键环节和风险点，创新监管思维和监管方式，加强市场监管的前瞻性，消除消费隐患，促进新消费市场健康发展。

加强新消费领域维权。规范电商、微商等新消费领域，强化电商平台、社交平台、搜索引擎等法律责任，打击利用互联网制假售假、虚假宣传等侵害消费者权益的行为，净化网络商品市场，落实网络、电视、电话、邮购等方式销售商品的七日无理由退货制度。强化电信运营商、虚拟运营商的法律责任与社会责任，严惩不良企业利用频道、号码资源进行欺诈的行为。加强对消费者个人信息的保护，加大对违法出售、提供、获取消费者个人信息的处罚力度。

加强新消费领域监管。创新对网约车、房屋分享等新业态的监管，完善服务标准和规范，建立鼓励发展和有效规范相结合的监管机制。加强对平衡车、小型无人机等智能休闲产品的引导和规范，督促生产企业完善质量安全标准，取缔无技术资质、无规范标准的生产经营行为，防范安全风险。加强对旅游、文化、教育、快递、健身等新兴服务消费的监管，完善服务质量标准，强化服务品质保障，做好服务价格监管。加强对预付卡消费的规范，强化对预付卡企业资金管理、备案机制、退费解约等关键环节的监督检查，保障消费安全。

（三）加强重点人群消费维权

维护老年人消费权益。丰富老年人消费需求，加大对老年保健食品、健康用品、休闲旅游等领域虚假宣传、消费欺诈的整治力度，清除消费陷阱。提高老年用品设计、制造标准，确保老年用品的安全性、便捷性和适用性。规范基本生活照料、康复护理、精神慰藉、文化服务等养老服务设施，提高服务质量，满足日益增长的养老服务需求。

维护未成年人消费权益。加强对婴幼儿用品的监管，提高产品质量安全标准，加大对婴幼儿奶粉、食品、服装、玩具等的抽查检验力度，严厉打击制售假冒伪劣商品，确保婴幼儿消费安全。加强学校体育设施器材、文化用品的质量安全监管，为未成年人健康成长提供保障。加强对康复治疗、特殊教育市场监管，严格经营资质和服务标准，严厉查处无照无证经营、超范围经营等不法行为。

（四）加强农村市场监管

按照全面建成小康社会的目标要求，坚持普惠性、均等化发展方向，把加强农村、农民的消费维权作为重要任务，提高城乡消费维权的均等化水平。

加强农村消费市场监管。开展农村日常消费品质量安全检查，防止把农村作为假冒伪劣商品的倾销地。围绕重要节庆时点和春耕、夏种等重要时段，突出城乡结合部、偏远乡镇等重点区域，对农副产品市场、农业生产资料市场等商品交易市场开展综合治理，推动诚信示范市场建设，维护农村市场秩序。以日常大宗生活消费品为重点，针对假冒伪劣和侵权易发多发的商品，从生产源头、流通渠道和消费终端进行全方位整治。结合农村电商发展，在消费网点设立消费投诉点，方便农民就近投诉维权。

保障农业生产安全。围绕重点品种和相应农时，以"打假、护农、增收"为目标，加强对农机、农药、肥料、农膜、种子、兽药、饲料等涉农商品质量监管，开展农资产品抽检，严厉打击假劣农资坑农害农行为，切实保护农民权益。深入开展"合同帮农""红盾护农"等专项执法，指导农资经营者完善进货查验、票据管理等制度，推动农资商品质量可追溯，建立维护农村市场秩序的长效机制。

（五）健全消费维权机制

针对百姓维权难、维权成本高，企业侵权成本低、赔付难等突出问题，完善消费维权机制，强化企业主体责任，加大企业违法侵权成本，提高百姓维权效率。

完善消费投诉举报平台。按照便利消费者投诉的要求，建立全国统一的消费者投诉举报互联网平台，优化提升食品药品、质量安全、价格投诉等重点领域消费投诉举报平台功能，建立消费投诉、消费维权公开公示制度。推进"12315"进商场、进超市、进市场、进企业、进景区工作向基层和新领域延伸，建立覆盖城乡的基层消费投诉举报网络。推进"12315"与相关行业、系统消费者申诉平台的衔接与联动。加强消费者权益保护指挥调度系统建设，强化统筹协调、考核督办、提示警示和应急指挥。

健全消费争议处理机制。探索建立消费纠纷多元化解机制，简化消费争议处理程序，提高消费者维权效率。鼓励经营者建立小额消费争议快速和解机制，督促指导经营者主动与消费者协商和解。鼓励社会力量建立消费仲裁机构，完善消费仲裁程序。鼓励小额消费纠纷案件通过小额诉讼程序一审终审，快速处理小额消费纠纷。推动完善消费公益诉讼机制，维护消费群体的合法权益。推动人民调解、行政调解与司法调解有机衔接，完善诉讼、仲裁与调解对接机制。完善消费领域惩罚性赔偿制度，大幅度提高消费者权益损害赔偿力度，强化以消费者为核心的社会监督机制，使消费者成为消费秩序的有力监督者和维护者。

加强消费维权制度建设。完善消费者权益保护法相关配套法规规章，推动调整现行法律法规中不利于消费者权益保护的规定，充分发挥消费者权益保护工作部际联席会议制度的作用。推动在全国范围内开展放心消费创建活动，提高消费环境安全度、经营者诚信度和消费者满意度。鼓励行业组织开展诚信自律等行业信用建设，完善银行、证券、保险及其他金融或金融相关行业，以及电信、快递、教育等领域消费者权益保护制度，建立跨行业、跨领域的消费争议处理和监管执法合作机制。加强国际和地区间消费者权益保护交流与合作，加快建立跨境消费者权益保护机制。

强化生产经营者主体责任。建立"谁生产谁负责、谁销售谁负责"的责任制，明确消费维权的责任链条，提高企业违法成本。健全消费品生产、运输、销售、消费全链条可追溯体系，实现产品可追溯、责任可追查。严格落实企业"三包"制度和缺陷产品召回制度，完善产品质量担保责任，对问题产品采取修理、更换、退货、损害赔偿等措施。严格规范生产经营者价格行为，落实明码标价和收费公示制度。建立产品质量和服务保证金制度，全面推行消费争议先行赔付。完善汽车、家电等耐用消费品举证责任倒置制度。在产品"三包"、重点消费品等领域实施产品质量安全责任保险制度，加强第三方专业监管和服务。

发挥消费者组织的作用。充分发挥消费者协会等组织在维护消费者权益方面的作用。推动扩大公益诉讼的主体范围，增加诉讼类型，针对垄断行业、公用事业、新兴领域以及涉及百姓消费利益的重大事件，加大公益诉讼力度。开展比较试验和体验式调查等消费引导，及时公布权威性调查报告，提高消费者自我保护能力。积极参与有关消费者权益的立法立标工作，反映消费者意见。加强基层消协组织建设，强化消协履职保障。发挥消费者协会专家委员会、消费者协会律师团和消费维权志愿者的作用，为消费者提供专业化消费咨询服务，加大法律援助力度，维护弱势群体利益。加强消费教育引导，提供消费指南，开展风险警示，引导科学理性消费。

第四章　健全市场监管体制机制

要与时俱进、开拓创新，不断完善市场监管体制机制，创新市场监管方式方法，适应市场经济发展变化趋势，提高市场监管的科学性和有效性。

一、强化竞争政策实施

竞争政策是推动市场经济繁荣发展的重要政策体系，具有规范市场秩序、维护公平竞争、鼓励市场创新、推动体制改革、提升市场效率和社会效益的重要作用。

（一）强化竞争政策基础性地位

要以完善社会主义市场经济体制为目标，强化竞争政策在国家政策体系中的基础性地位，健全竞争政策体系，完善竞争法律制度，明确竞争优先目标，建立政策协调机制，倡导竞争文化，推动竞争政策有效实施。发挥国务院反垄断委员会在研究拟订有关竞争政策、评估市场竞争状况、制定反垄断指南、协调反垄断行政执法等方面的职责。

发挥竞争政策的基础性作用，把竞争政策贯穿到经济发展的全过程，推动我国经济转型和体制完善。把竞争政策作为制定经济政策的重要基础，以国家中长期战略规划为导向，充分尊重市场，充分发挥市场的力量，实行竞争中立制度，避免对市场机制的扭曲，影响资源优化配置。把竞争政策作为制定改革政策的重要导向，按照全面市场化改革方向，准确把握改革方向和改革举措，推进垄断行业改革，破除传统体制、传统管理模式的束缚，避免压抑市场创新、抑制发展活力。把竞争政策作为完善法律法规的重要指引，按照全面依法治国的要求，不断完善竞争法律制度，为市场经济高效运行提供法律保障，打破固有利益格局，避免部门分割和地方保护法制化。把竞争政策作为社会文化的重要倡导，形成与社会主义市场经济发展相适应的竞争文化，改革传统计划经济思维和惯性，规范和约束政府行为，推进创业创新、诚信守法、公平竞争。

（二）完善公平竞争审查制度

把规范和约束政府行为作为实施竞争政策的重要任务。实施并完善公平竞争审查制度，研究制定公平竞争审查实施细则，指导政策制定机关开展公平竞争审查和相关政策措施清理工作，保障公平竞争审查制度有序实施。推动产业政策从选择性向功能性转型，建立产业政策与竞争政策的协调机制。开展公平竞争审查制度效应分析，对政策制定机关开展的公平竞争审查成效进行跟踪评估，及时总结经验并发现问题，推动制度不断完善。在条件成熟时适时组织开展第三方评估，提高公平竞争审查的公正性、科学性和规范性。与公平竞争审查制度的事前审查相呼应，建立公平竞争后评估制度，对已经出台的政策措施进行公平竞争评估，对不合理的政策安排进行相应调整完善。

（三）积极倡导竞争文化

倡导竞争文化，形成推动竞争政策实施的良好氛围。在各级政府部门全面普及竞争政策理论，以更好地推动市场经济建设，消除不公平竞争对经济发展的危害。加大竞争政策宣传力度，使各类企业更好地了解市场竞争规则，积极主动面向市场，改变依赖政府优惠政策支持的倾向，使企业成为真正的市场主体，强化经济发展的微观基础。发挥新闻媒体特别是网络新媒体的作用，采取多种形式宣传普及竞争政策的目标任务和政策工具，加强竞争执法案例的分析解读，推动竞争政策的有效实施。

二、健全企业信用监管机制

健全企业信用监管机制，强化企业责任意识，增强企业自我约束机制，让信用创造财富，用信用积累财富，发挥信用在经济运行中的基础性作用，促进社会信用体系建设。

（一）完善企业信息公示制度

完善企业信息公示制度，提高企业信息透明度，增强企业之间的交易安全，降低市场交易风险，提高经济运行效率。适时修改完善《企业信息公示暂行条例》，明确企业信息公示的责任和义务，提高企业年报的公示率和年报信息的准确性。指导市场主体及时公示即时信息，强化对与市场监管有关的出资、行政许可和受到行政处罚等信息的公示。政府部门要提高市场监管行政执法的公开性和透明度，及时公示对企业的行政处罚信息。支持利用新媒体等多渠道公示市场主体信用信息，为社会公众查询信息提供便捷高效的服务。

（二）强化企业信息归集机制

企业信息归集是实现企业信用监管、协同监管、联合惩戒和社会共治的基础。加强信息整合，建立涉企信用信息归集机制，整合各部门涉企信息资源，解决企业信息碎片化、分散化、区域化的问题。建立企业财务会计报表单一来源制度。依托国家企业信用信息公示系统，将企业基础信息和政府部门在履职过程中形成的行政许可、行政处罚及其他监管信息，全部归集到企业名下，形成企业的全景多维画像。建立跨部门信息交换机制，依托全国信用信息共享平台和国家企业信用信息公示系统，推动政府及相关部门及时、有效地交换共享信息，打破信息"孤岛"。健全信息归集机制，完善企业信息归集办法，定期公布涉企信息归集资源目录，制定信息归集标准规范，提升信息归集的统一调度处理能力和互联互通的协同能力。

（三）健全信用约束和失信联合惩戒机制

发挥企业信用监管的作用，推动企业诚信经营。建立市场主体准入前信用承诺制度，将信用承诺纳入市场主体信用记录。完善经营异常名录、严重违法失信企业名单制度，在各地区、各部门"黑名单"管理基础上，形成统一的"黑名单"管理规范。完善法定代表人、相关负责人及高级管理人员任职限制制度，将信用信息作为惩戒失信市场主体的重要依据。实行跨部门信用联合惩戒，加大对失信企业惩治力度，对具有不良信用记录的失信市场主体，在经营、投融资、取得政府供应土地、进出口、出入境、注册新公司、工程招投标、政府采购、获得荣誉、安全许可、生产许可、从业任职资格、资质审核等方面，依法予以限制或禁止。实行企业信用风险分类管理，依据企业信用记录，发布企业风险提示，加强分类监管和风险预防。建立企业信用修复机制，鼓励企业重塑信用。

（四）全面推行"双随机、一公开"监管

推进监管方式改革，提高政府部门对企业监管的规范性、公正性和透明度。改革传统的巡查监管方式，建立健全"双随机、一公开"监管机制，全面推行"双随机、一公开"跨部门联合检查和监管全覆盖。在一些综合执法领域，要建立部门协同、联合监管的工作机制，加强对基层工作的统筹指导，提高执法效能。鼓励地方把"双随机、一公开"扩展到相关政府部门、扩展到对市场主体的各项检查事项上，建立政府部门的"随机联查"制度，发挥跨部门联合惩戒的作用，切实减轻分散检查对企业造成的负担。

三、加强大数据监管

以市场监管信息化推动市场监管现代化，充分运用大数据等新一代信息技术，增强大数据运用能力，实现"互联网+"背景下的监管创新，降低监管成本，提高监管效率，增强市场监管的智慧化、精准化水平。

（一）加强大数据广泛应用

加强大数据综合分析，整合工商登记、质量安全监管、食品安全、竞争执法、消费维权、企业公示和涉企信息等数据资源，研究构建大数据监管模型，加强对市场环境的监测分析、预测预警，提高市场监管的针对性、科学性和时效性。加强对市场主体经营行为和运行规律的分析，对高风险领域建立市场风险监测预警机制，防范行业性、系统性、区域性风险。在工商登记、质量安全监管、竞争执法、消费维权等领域率先开展大数据示范应用，建设市场监管大数据实验室，推进统一的市场监管综合执法平台建设。加强市场监管数据与宏观经济数据的关联应用，定期形成市场环境形势分析报告，为宏观决策提供依据。运用大数据资源科学研究制定市场监管政策和制度，对监管对象、市场和社会反应进行预测，并就可能出现的风险提出预案。加强对市场监管政策和制度实施效果的跟踪监测，定期评估并根据需要及时调整。

（二）加强大数据基础设施建设

适应大数据监管趋势要求，推动"互联网＋监管"信息化建设，提高政府信用监管的信息化水平。加强国家企业信用信息公示系统建设，按照"全国一体、纵向贯通、横向互联、资源共享、规范统一"的要求，强化顶层设计，结合地方实际，建立完善企业信用信息汇集、共享和利用的国家级一体化信息平台。加强大数据资源体系建设，加快建设国家法人单位基础信息库、全国动物疫病监测和疫情系统，完善市场监管平台建设。依托全国信用信息共享平台和国家企业信用信息公示系统，健全部门信息共享交换机制，进一步加强"信用中国"网站建设。建立大数据标准体系，研究制定有关大数据的基础标准、技术标准、应用标准和管理标准等。加快建立政府信息采集、存储、公开、共享、使用、质量保障和安全管理的技术标准。引导建立企业间信息共享交换的标准规范。建立健全信息安全保障体系，切实保护国家信息安全以及公民、法人和其他组织信息安全。

（三）发展大数据信用服务市场

积极稳妥推动市场监管数据向社会开放，明确政府统筹利用市场主体大数据的权限及范围，构建政府和社会互动的信息应用机制。加强与企业、社会机构合作，通过政府采购、服务外包、社会众包等多种方式，依托专业企业开展市场监管大数据应用，降低市场监管成本。发展各类信用服务机构，鼓励征信机构、消费者协会、互联网企业、行业组织等社会力量依法采集企业信用信息，建立覆盖各领域、各环节的市场主体信用记录，提供更多的信用产品和服务，扩大信用报告在市场监管和公共服务领域中的应用。加强信用服务市场监管，提高信用服务行业的市场公信力和社会影响力，打击虚假评价信息，培育有公信力、有国际影响力的信用服务机构。通过政府信息公开和数据开放、社会信息资源开放共享，提高市场主体生产经营活动的透明度，为新闻媒体、行业组织、利益相关主体和消费者共同参与对市场主体的监督创造条件。

四、完善市场监管体制

按照加强和改善市场监管的要求，进一步理顺市场监管体制，完善监管机制，优化执法资源，统一执法规则，建立协调配合、运转高效的市场监管体制机制，形成大市场、大监管、大服务的新格局。

（一）推进综合执法

综合执法改革是市场监管改革的重要方向和重点任务，必须科学谋划、统筹推进。研究制定深化地方市场监管领域综合执法改革的政策思路，指导各地规范有序开展综合执法改革，大力推动市场综合监管。大力推进市、县综合行政执法，在总结县级层面经验做法基础上，积极推进地市层面综合执法，尽快完成市、县市场监管综合执法改革。按照市场统一性和执法统一性的要求，从完善政府管理架构、强化治理能力出发，加强市场监管体制改革的顶层设计，明确全国市场监管体制改革的方向。合理确定综合执法范围，探索有效的改革模式，统一执法资格和执法标准，提高综合执法效能。"十三五"期间，形成统一规范、权责明确、公正高效、法治保障的市场监管和反垄断执法体系。

（二）强化部门联动

依法充分发挥综合监管和行业监管作用，建立综合监管部门和行业监管部门联动的工作机制，形成优势互补、分工协作、沟通顺畅、齐抓共管的监管格局。按照"谁审批、谁监管，谁主管、谁监管"的原则，健全行业监管机构和队伍，充分发挥行业监管部门的作用，履行专业监管职责，进一步规范行业领域市场秩序。综合监管部门要强化市场秩序、市场环境的综合监管，维护全国统一大市场，维护公平竞争的市场机制，维护广大消费者合法权益，推动市场经济繁荣发展。建立健全行业监管部门和综合监管部门的协调配合机制，行业监管部门没有专门执法力量或执法力量不足的，应充分发挥综合监管部门市场监管骨干作用，推动跨行业、跨区域执法协作，形成促进行业发展和统一市场协同发展的格局。完善不同层级部门之间执法联动机制，科学划分不同层级的执法权限，增强纵向联动执法合力。

（三）加强基层建设

按照市场监管执法重心下移的要求，推动人财物等资源向基层倾斜，加强基层执法能力建设。充实执法力量，加强业务培训，优化基层干部年龄结构和知识结构，建设高素质、专业化的执法队伍。推行行政执法类、专业技术类公务员分类改革，完善市场监管人员激励机制。研究制定基层执法装备配备标准，合理保障基层装备投入，配备执法记录仪、检验检测设备等先进设备，提高现代科技手段在执法办案中的应用水平。应结合实际需要和财力可能，统筹安排基层执法能力建设经费，并通过优化支出结构、提高资金使用效益予以合理保障。

（四）推动社会共治

顺应现代治理趋势，努力构建"企业自治、行业自律、社会监督、政府监管"的社会共治新机制。强化生产经营者的主体责任，企业要履行好质量管理、营销宣传、售后服务、安全生产等方面的义务，引导企业成为行业秩序、市场环境的监督者和维护者，培育有社会责任的市场主体。引导非公经济组织加强党建、团建工作，自觉依法依规经营。结合行业组织改革，加强行业组织行业自治功能，鼓励参与制定行业标准和行业自律规范，建立行业诚信体系，充分发挥服务企业发展、规范行业主体行为、维护行业秩序的重要作用。充分利用认证认可检验检测等第三方技术手段，为市场监管执法提供技术支撑。积极推动社会共治立法，明晰社会共治主体的权利和义务，加强社会公众、中介机构、新闻媒体等对市场秩序的监督，发挥消费者对生产经营活动的直接监督作用，健全激励和保护消费者制度，构筑全方位市场监管新格局。

五、推动市场监管法治建设

适应市场监管工作新需要，加强市场监管法治建设，完善法律法规体系，推进依法行政，强化执法能力保障，确保市场监管有法可依、执法必严、清正廉洁、公正为民。

（一）完善法律法规

根据市场监管实际需要和行政审批制度改革情况，加快市场监管法律法规体系建设，完善商事法律制度。完善市场监管重点领域立法，研究推动市场竞争、产品质量、外国投资、电子商务等领域的立法。夯实商事制度改革法治基础，适时推动反不正当竞争法、标准化法、无证无照经营查处办法等法律、行政法规的制修订工作，加强相关配套规章的制定、修改和废止工作。

（二）规范执法行为

坚持法定职责必须为，严格依法履行职责。市场监管部门依照法定权限和程序行使权力、履行职责。建立科学监管的规则和方法，优化细化执法工作流程，解决不执法、乱执法、执法扰民等问题。完善行政执法程序和制度，全面落实行政执法责任制。建立行政执法自由裁量基准制度，严格限定和合理规范自由裁量权的行使。健全行政执法调查取证、告知、罚没收入管理等制度。严格执行重大行政执法决定法制审核制度，完善规范性文件制定程序，落实合法性审查制度。建立健全法律顾问制度。按照"谁执法谁普法"的普法要求，建立常态化的普法教育机制，开展法治宣传教育，营造良好的法治环境。

（三）强化执法监督

推行地方各级市场监管部门权力清单制度，依法公开权力运行流程。实行行政执法公示制度，公示行政审批事项目录，公开审批依据、程序、申报条件，公开监测、抽查和监管执法的依据、内容和结果。强化执法考核和行政问责，综合运用监察、审计、行政复议等方式，加强对行政机关不作为、乱作为、以罚代管等违法违规行为的监督。完善内部层级监督和专门监督，建立常态化监督制度，加强行政执法事中事后监督。开展法治建设评价工作，改进上级市场监管机关对下级机关的监督。

（四）加强行政执法与刑事司法衔接

完善案件移送标准和程序，严格执行执法协作相关规定，解决有案不移、有案难移问题。建立和加强市场监管部门、公安机关、检察机关间案情通报机制。市场监管部门发现违法行为涉嫌犯罪的，要及时依法移送公安机关并抄送同级检察机关，严禁以罚代刑、罚过放行。推进市场监管行政执法与刑事司法信息共享系统建设，实现违法犯罪案件信息互联互通。

第五章　规划组织实施

落实本规划提出的目标任务，要履行好各部门、地方各级政府的职责，充分激发各类市场主体、广大消费者、行业组织和社会媒体的积极性，形成市场监管合力。

一、加强组织协调

各部门、各地方要转变观念、提高认识，把加强和改善市场监管作为推动改革、促进发展的一项重大任务，切实抓实抓好。建立市场监管部际联席会议制度，加强组织领导，密切协调配合，健全工作机制，强化部门协同和上下联动，统筹推进规划明确的重要任务和改革部署，全面实现规划目标。加强国际交流，强化国际人才培养，积极参与国际规则制定。组织开展规划的宣传和解读工作，为规划实施营造良好的舆论氛围。

二、明确责任分工

各部门、各地方要积极探索、大胆创新、勇于改革，运用创新性思维、改革性举措，创造性地落实好规划任务。各部门要强化责任意识，树立大局观念，按照职责分工，各司其职，密切配合，把规划提出的目标任务纳入年度工作部署，明确时间表、路线图，扎实推进规划的实施。地方各级政府要切实转变观念，把加强市场监管作为改善地方经济发展环境、推动地方经济繁荣发展的重要保障，把规划目标任务纳入政府工作部署予以落实。相关社会组织和行业协会要按照规划要求，积极参与，主动作为，发挥作用。要发挥市场监管专家委员会以及有关专家学者的作用，加强竞争政策智库建设，针对规划中的重点难点问题，加强理论研究和对策研究，促进重大决策的科学化和民主化。

三、强化督查考核

建立规划实施跟踪评估和绩效考核机制，推动规划有效落实。加强对规划实施情况的动态监测与总结，每年向国务院报送规划实施情况报告，总结规划实施进展，提出推进规划实施建议。各部门和各地方相应做好本领域、本地方的规划落实情况报告。在规划实施中期组织开展评估工作，并将评估结果纳入政府综合评价和绩效考核范畴，建立规划实施长效机制。

国务院办公厅关于积极推进
供应链创新与应用的指导意见

国办发〔2017〕84号

各省、自治区、直辖市人民政府，国务院各部委、各直属机构：

供应链是以客户需求为导向，以提高质量和效率为目标，以整合资源为手段，实现产品设计、采购、生产、销售、服务等全过程高效协同的组织形态。随着信息技术的发展，供应链已发展到与互联网、物联网深度融合的智慧供应链新阶段。为加快供应链创新与应用，促进产业组织方式、商业模式和政府治理方式创新，推进供给侧结构性改革，经国务院同意，现提出以下意见。

一、重要意义

（一）落实新发展理念的重要举措

供应链具有创新、协同、共赢、开放、绿色等特征，推进供应链创新发展，有利于加速产业融合、深化社会分工、提高集成创新能力，有利于建立供应链上下游企业合作共赢的协同发展机制，有利于建立覆盖设计、生产、流通、消费、回收等各环节的绿色产业体系。

（二）供给侧结构性改革的重要抓手

供应链通过资源整合和流程优化，促进产业跨界和协同发展，有利于加强从生产到消费等各环节的有效对接，降低企业经营和交易成本，促进供需精准匹配和产业转型升级，全面提高产品和服务质量。供应链金融的规范发展，有利于拓宽中小微企业的融资渠道，确保资金流向实体经济。

（三）引领全球化提升竞争力的重要载体

推进供应链全球布局，加强与伙伴国家和地区之间的合作共赢，有利于我国企业更深更广融入全球供给体系，推进"一带一路"建设落地，打造全球利益共同体和命运共同体。建立基于供应链的全球贸易新规则，有利于提高我国在全球经济治理中的话语权，保障我国资源能源安全和产业安全。

二、总体要求

（一）指导思想

全面贯彻党的十八大和十八届三中、四中、五中、六中全会精神，深入贯彻习近平总书记系列重要讲话精神和治国理政新理念新思想新战略，认真落实党中央、国务院决策部署，统筹推进"五位一体"总体布局和协调推进"四个全面"战略布局，坚持以人民为中心的发展思想，坚持稳中求进工作总基调，牢固树立和贯彻落实创新、协调、绿色、开放、共享的发展理念，以提高发展质量和效益为中心，以供应链与互联网、物联网深度融合为路径，以信息化、标准化、信用体系建设和人才培养为支撑，创新发展供应链新理念、新技术、新模式，高效整合各类资源和要素，提升产业集成和协同水平，打造大数据支撑、网络化共享、智能化协作的智慧供应链体系，推进供给侧结构性改革，提升我国经济全球竞争力。

（二）发展目标

到2020年，形成一批适合我国国情的供应链发展新技术和新模式，基本形成覆盖我国重点产业的智慧供应链体系。供应链在促进降本增效、供需匹配和产业升级中的作用显著增强，成为供给侧结构性改革的重要支撑。培育100家左右的全球供应链领先企业，重点产业的供应链竞争力进入世界前列，中国成为全球供应链创新与应用的重要中心。

三、重点任务

（一）推进农村一二三产业融合发展

1.创新农业产业组织体系。鼓励家庭农场、农民合作社、农业产业化龙头企业、农业社会化服务组织等合作建立集农产品生产、加工、流通和服务等于一体的农业供应链体系，发展种养加、产供销、内外贸一体化的现代农业。鼓励承包农户采用土地流转、股份合作、农业生产托管等方式融入农业供应链体系，完善利益联结机制，促进多种形式的农业适度规模经营，把农业生产引入现代农业发展轨道。（农业部、商务部等负责）

2.提高农业生产科学化水平。推动建设农业供应链信息平台，集成农业生产经营各环节的大数据，共享政策、市场、科技、金融、保险等信息服务，提高农业生产科技化和精准化水平。加强产销衔接，优化种养结构，促进农业生产向消费导向型转变，增加绿色优质农产品供给。鼓励发展农业生产性服务业，开拓农业供应链金融服务，支持订单农户参加农业保险。（农业部、科技部、商务部、银监会、保监会等负责）

3.提高质量安全追溯能力。加强农产品和食品冷链设施及标准化建设，降低流通成本和损耗。建立基于供应链的重要产品质量安全追溯机制，针对肉类、蔬菜、水产品、中药材等食用农产品，婴幼儿配方食品、肉制品、乳制品、食用植物油、白酒等食品，农药、兽药、饲料、肥料、种子等农业生产资料，将供应链上下游企业全部纳入追溯体系，构建来源可查、去向可追、责任可究的全链条可追溯体系，提高消费安全水平。（商务部、国家发展改革委、科技部、农业部、质检总局、食品药品监管总局等负责）

（二）促进制造协同化、服务化、智能化

1.推进供应链协同制造。推动制造企业应用精益供应链等管理技术，完善从研发设计、生产制造到售后服务的全链条供应链体系。推动供应链上下游企业实现协同采购、协同制造、协同物流，促进大中小企业专业化分工协作，快速响应客户需求，缩短生产周期和新品上市时间，降低生产经营和交易成本。（工业和信息化部、国家发展改革委、科技部、商务部等负责）

2.发展服务型制造。建设一批服务型制造公共服务平台，发展基于供应链的生产性服务业。鼓励相关企业向供应链上游拓展协同研发、众包设计、解决方案等专业服务，向供应链下游延伸远程诊断、维护检修、仓储物流、技术培训、融资租赁、消费信贷等增值服务，推动制造供应链向产业服务供应链转型，提升制造产业价值链。（工业和信息化部、国家发展改革委、科技部、商务部、人民银行、银监会等负责）

3.促进制造供应链可视化和智能化。推动感知技术在制造供应链关键节点的应用，促进全链条信息共享，实现供应链可视化。推进机械、航空、船舶、汽车、轻工、纺织、食品、电子等行业供应链体系的智能化，加快人机智能交互、工业机器人、智能工厂、智慧物流等技术和装备的应用，提高敏捷制造能力。（工业和信息化部、国家发展改革委、科技部、商务部等负责）

（三）提高流通现代化水平

1.推动流通创新转型。应用供应链理念和技术，大力发展智慧商店、智慧商圈、智慧物流，提升流通供应链智能化水平。鼓励批发、零售、物流企业整合供应链资源，构建采购、分销、仓储、配送供应链协同平台。鼓励住宿、餐饮、养老、文化、体育、旅游等行业建设供应链综合服务和交易平台，完善供应链体系，提升服务供给质量和效率。（商务部、国家发展改革委、科技部、质检总局等负责）

2.推进流通与生产深度融合。鼓励流通企业与生产企业合作，建设供应链协同平台，准确及时传导需求信息，实现需求、库存和物流信息的实时共享，引导生产端优化配置生产资源，加速技术和产品创新，按需组织生产，合理安排库存。实施内外销产品"同线同标同质"等一批示范工程，提高供给质量。（商务部、工业和信息化部、农业部、质检总局等负责）

3.提升供应链服务水平。引导传统流通企业向供应链服务企业转型，大力培育新型供应链服务企业。推动建立供应链综合服务平台，拓展质量管理、追溯服务、金融服务、研发设计等功能，提供采购执行、物流服务、分销执行、融资结算、商检报关等一体化服务。（商务部、人民银行、银监会等负责）

（四）积极稳妥发展供应链金融

1.推动供应链金融服务实体经济。推动全国和地方信用信息共享平台、商业银行、供应链核心企业等开放共享信息。鼓励商业银行、供应链核心企业等建立供应链金融服务平台，为供应链上下游中小微企业提供高效便捷的融资渠道。鼓励供应链核心企业、金融机构与人民银行征信中心建设的应收账款融资服务平台对接，发展线上应收账款融资等供应链金融模式。（人民银行、国家发展改革委、商务部、银监会、保监会等负责）

2.有效防范供应链金融风险。推动金融机构、供应链核心企业建立债项评级和主体评级相结合的风险控制体系，加强供应链大数据分析和应用，确保借贷资金基于真实交易。加强对供应链金融的风险监控，提高金融机构事中事后风险管理水平，确保资金流向实体经济。健全供应链金融担保、抵押、质押机制，鼓励依托人民银行征信中心建设的动产融资统一登记系统开展应收账款及其他动产融资质押和转让登记，防止重复质押和空单质押，推动供应链金融健康稳定发展。（人民银行、商务部、银监会、保监会等负责）

（五）积极倡导绿色供应链

1.大力倡导绿色制造。推行产品全生命周期绿色管理，在汽车、电器电子、通信、大型成套装备及机械等行业开展绿色供应链管理示范。强化供应链的绿色监管，探索建立统一的绿色产品标准、认证、标识体系，鼓励采购绿色产品和服务，积极扶植绿色产业，推动形成绿色制造供应链体系。（国家发展改革委、工业和信息化部、环境保护部、商务部、质检总局等按职责分工负责）

2.积极推行绿色流通。积极倡导绿色消费理念，培育绿色消费市场。鼓励流通环节推广节能技术，加快节能设施设备的升级改造，培育一批集节能改造和节能产品销售于一体的绿色流通企业。加强绿色物流新技术和设备的研究与应用，贯彻执行运输、装卸、仓储等环节的绿色标准，开发应用绿色包装材料，建立绿色物流体系。（商务部、国家发展改革委、环境保护部等负责）

3.建立逆向物流体系。鼓励建立基于供应链的废旧资源回收利用平台，建设线上废弃物和再生资源交易市场。落实生产者责任延伸制度，重点针对电器电子、汽车产品、轮胎、蓄电池和包装物等产品，优化供应链逆向物流网点布局，促进产品回收和再制造发展。（国家发展改革委、工业和信息化部、商务部等按职责分工负责）

（六）努力构建全球供应链

1.积极融入全球供应链网络。加强交通枢纽、物流通道、信息平台等基础设施建设，推进与"一带一路"沿线国家互联互通。推动国际产能和装备制造合作，推进边境经济合作区、跨境经济合作区、境外经贸合作区建设，鼓励企业深化对外投资合作，设立境外分销和服务网络、物流配送中心、海外仓等，建立本地化的供应链体系。（商务部、国家发展改革委、交通运输部等负责）

2.提高全球供应链安全水平。鼓励企业建立重要资源和产品全球供应链风险预警系统，利用两个市场两种资源，提高全球供应链风险管理水平。制定和实施国家供应链安全计划，建立全球供应链风险预警评价指标体系，完善全球供应链风险预警机制，提升全球供应链风险防控能力。（国家发展改革委、商务部等按职责分工负责）

3.参与全球供应链规则制定。依托全球供应链体系，促进不同国家和地区包容共享发展，形成全球利益共同体和命运共同体。在人员流动、资格互认、标准互通、认可认证、知识产权等方面加强与主要贸易国家和"一带一路"沿线国家的磋商与合作，推动建立有利于完善供应链利益联结机制的全球经贸新规则。（商务部、国家发展改革委、人力资源社会保障部、质检总局等负责）

四、保障措施

（一）营造良好的供应链创新与应用政策环境

鼓励构建以企业为主导、产学研用合作的供应链创新网络，建设跨界交叉领域的创新服务平台，提供技术研发、品牌培育、市场开拓、标准化服务、检验检测认证等服务。鼓励社会资本设立供应链创新产业投资基金，统筹结合现有资金、基金渠道，为企业开展供应链创新与应用提供融资支持。（科技部、工业和信息化部、财政部、商务部、人民银行、质检总局等按职责分工负责）

研究依托国务院相关部门成立供应链专家委员会，建设供应链研究院。鼓励有条件的地方建设供应链科创研发中心。支持建设供应链创新与应用的政府监管、公共服务和信息共享平台，建立行业指数、经济运行、社会预警等指标体系。（科技部、商务部等按职责分工负责）

研究供应链服务企业在国民经济中的行业分类，理顺行业管理。符合条件的供应链相关企业经认定为国家高新技术企业后，可按规定享受相关优惠政策。符合外贸企业转型升级、服务外包相关政策条件的供应链服务企业，按现行规定享受相应支持政策。（国家发展改革委、科技部、工业和信息化部、财政部、商务部、国家统计局等按职责分工负责）

（二）积极开展供应链创新与应用试点示范

开展供应链创新与应用示范城市试点，鼓励试点城市制定供应链发展的支持政策，完善本地重点产业供应链体系。培育一批供应链创新与应用示范企业，建设一批跨行业、跨领域的供应链协同、交易和服务示范平台。（商务部、工业和信息化部、农业部、人民银行、银监会等负责）

（三）加强供应链信用和监管服务体系建设

完善全国信用信息共享平台、国家企业信用信息公示系统和"信用中国"网站，健全政府部门信用信息共享机制，促进商务、海关、质检、工商、银行等部门和机构之间公共数据资源的互联互通。研究利用区块链、人工智能等新兴技术，建立基于供应链的信用评价机制。推进各类供应链平台有机对接，加强对信用评级、信用记录、风险预警、违法失信行为等信息的披露和共享。创新供应链监管机制，整合供应链各环节涉及的市场准入、海关、质检等政策，加强供应链风险管控，促进供应链健康稳定发展。（国家发展改革委、交通运输部、商务部、人民银行、海关总署、税务总局、工商总局、质检总局、

食品药品监管总局等按职责分工负责）

（四）推进供应链标准体系建设

加快制定供应链产品信息、数据采集、指标口径、交换接口、数据交易等关键共性标准，加强行业间数据信息标准的兼容，促进供应链数据高效传输和交互。推动企业提高供应链管理流程标准化水平，推进供应链服务标准化，提高供应链系统集成和资源整合能力。积极参与全球供应链标准制定，推进供应链标准国际化进程。（质检总局、国家发展改革委、工业和信息化部、商务部等负责）

（五）加快培养多层次供应链人才

支持高等院校和职业学校设置供应链相关专业和课程，培养供应链专业人才。鼓励相关企业和专业机构加强供应链人才培训。创新供应链人才激励机制，加强国际化的人才流动与管理，吸引和聚集世界优秀供应链人才。（教育部、人力资源社会保障部、商务部等按职责分工负责）

（六）加强供应链行业组织建设

推动供应链行业组织建设供应链公共服务平台，加强行业研究、数据统计、标准制修订和国际交流，提供供应链咨询、人才培训等服务。加强行业自律，促进行业健康有序发展。加强与国外供应链行业组织的交流合作，推动供应链专业资质相互认证，促进我国供应链发展与国际接轨。（国家发展改革委、工业和信息化部、人力资源社会保障部、商务部、质检总局等按职责分工负责）

国务院办公厅

2017 年 10 月 5 日

国务院办公厅关于加快发展冷链物流
保障食品安全促进消费升级的意见

国办发〔2017〕29号

各省、自治区、直辖市人民政府，国务院各部委、各直属机构：

随着我国经济社会发展和人民群众生活水平不断提高，冷链物流需求日趋旺盛，市场规模不断扩大，冷链物流行业实现了较快发展。但由于起步较晚、基础薄弱，冷链物流行业还存在标准体系不完善、基础设施相对落后、专业化水平不高、有效监管不足等问题。为推动冷链物流行业健康规范发展，保障生鲜农产品和食品消费安全，根据食品安全法、农产品质量安全法和《物流业发展中长期规划（2014—2020年）》等，经国务院同意，提出以下意见。

一、总体要求

（一）指导思想

全面贯彻党的十八大和十八届三中、四中、五中、六中全会精神，深入贯彻习近平总书记系列重要讲话精神，认真落实党中央、国务院决策部署，紧紧围绕统筹推进"五位一体"总体布局和协调推进"四个全面"战略布局，牢固树立和贯彻落实创新、协调、绿色、开放、共享的发展理念，深入推进供给侧结构性改革，充分发挥市场在资源配置中的决定性作用，以体制机制创新为动力，以先进技术和管理手段应用为支撑，以规范有效监管为保障，着力构建符合我国国情的"全链条、网络化、严标准、可追溯、新模式、高效率"的现代化冷链物流体系，满足居民消费升级需要，促进农民增收，保障食品消费安全。

（二）基本原则

市场为主，政府引导。强化企业市场主体地位，激发市场活力和企业创新动力。发挥政府部门在规划、标准、政策等方面的引导、扶持和监管作用，为冷链物流行业发展创造良好环境。

问题导向，补齐短板。聚焦农产品产地"最先一公里"和城市配送"最后一公里"等突出问题，抓两头、带中间、因地制宜、分类指导，形成贯通一、二、三产业的冷链物流产业体系。

创新驱动，提高效率。大力推广现代冷链物流理念，深入推进大众创业、万众创新，鼓励企业利用现代信息手段，创新经营模式，发展供应链等新型产业组织形态，全面提高冷链物流行业运行效率和服务水平。

完善标准，规范发展。加快完善冷链物流标准和服务规范体系，制修订一批冷链物流强制性标准。加强守信联合激励和失信联合惩戒，推动企业优胜劣汰，促进行业健康有序发展。

（三）发展目标

到2020年，初步形成布局合理、覆盖广泛、衔接顺畅的冷链基础设施网络，基本建立"全程温控、标准健全、绿色安全、应用广泛"的冷链物流服务体系，培育一批具有核心竞争力、综合服务能力强的冷链物流企业，冷链物流信息化、标准化水平大幅提升，普遍实现冷链服务全程可视、可追溯，生鲜农产品和易腐食品冷链流通率、冷藏运输率显著提高，腐损率明显降低，食品质量安全得到有效保障。

二、健全冷链物流标准和服务规范体系

按照科学合理、便于操作的原则系统梳理和修订完善现行冷链物流各类标准，加强不同标准间以及与国际标准的衔接，科学确定冷藏温度带标准，形成覆盖全链条的冷链物流技术标准和温度控制要求。依据食品安全法、农产品质量安全法和标准化法，率先研究制定对鲜肉、水产品、乳及乳制品、冷冻食品等易腐食品温度控制的强制性标准并尽快实施。（国家卫生计生委、食品药品监管总局、农业部、国家标准委、国家发展改革委、商务部、国家邮政局负责）积极发挥行业协会和骨干龙头企业作用，大力发展团体标准，并将部分具有推广价值的标准上升为国家或行业标准。鼓励大型商贸流通、农产品加工等企业制定高于国家和行业标准的企业标准。（国家标准委、商务部、国家发展改革委、国家卫生计生委、工业和信息化部、国家邮政局负责）研究发布冷藏运输车辆温度监测装置技术标准和检验方法，在相关国家标准修订中明确冷藏运输车辆温度监测装置要求，为冷藏运输车辆的温度监测性能评测和检验提供依据。（工业和信息化部、交通运输部负责）针对重要管理环节研究建立冷链物流服务管理规范。建立冷链物流全程温度记录制度，相关记录保存时间要超过产品保质期六个月以上。（食品药品监管总局、国家卫生计生委、农业部负责）组织开展冷链物流企业标准化示范工程，加强冷链物流标准宣传和推广实施。（国家标准委、相关行业协会负责）

三、完善冷链物流基础设施网络

加强对冷链物流基础设施建设的统筹规划，逐步构建覆盖全国主要产地和消费地的冷链物流基础设施网络。鼓励农产品产地和部分田头市场建设规模适度的预冷、贮藏保鲜等初加工冷链设施，加强先进冷链设备应用，加快补齐农产品产地"最先一公里"短板。鼓励全国性、区域性农产品批发市场建设冷藏冷冻、流通加工冷链设施。在重要物流节点和大中型城市改造升级或适度新建一批冷链物流园区，推动冷链物流行业集聚发展。加强面向城市消费的低温加工处理中心和冷链配送设施建设，发展城市"最后一公里"低温配送。健全冷链物流标准化设施设备和监控设施体系，鼓励适应市场需求的冷藏库、产地冷库、流通型冷库建设，推广应用多温层冷藏车等设施设备。鼓励大型食品生产经营企业和连锁经营企业建设完善停靠靠卸冷链设施，鼓励商场超市等零售终端网点配备冷链设备，推广使用冷藏箱等便利化、标准化冷链运输单元。（国家发展改革委、财政部、商务部、交通运输部、农业部、食品药品监管总局、国家邮政局、国家标准委按职责分工负责）

四、鼓励冷链物流企业经营创新

大力推广先进的冷链物流理念与技术，加快培育一批技术先进、运作规范、核心竞争力强的专业化规模化冷链物流企业。鼓励有条件的冷链物流企业与农产品生产、加工、流通企业加强基础设施、生产能力、设计研发等方面的资源共享，优化冷链流通组织，推动冷链物流服务由基础服务向增值服务延伸。（国家发展改革委、交通运输部、农业部、商务部、国家邮政局负责）鼓励连锁经营企业、大型批发企业和冷链物流企业利用自有设施提供社会化的冷链物流服务，开展冷链共同配送、"生鲜电商+冷链宅

配""中央厨房＋食材冷链配送"等经营模式创新，完善相关技术、标准和设施，提高城市冷链配送集约化、现代化水平。（国家发展改革委、商务部、食品药品监管总局、国家邮政局、国家标准委负责）鼓励冷链物流平台企业充分发挥资源整合优势，与小微企业、农业合作社等深度合作，为小型市场主体创业创新创造条件。（国家发展改革委、商务部、供销合作总社负责）充分发挥铁路长距离、大规模运输和航空快捷运输的优势，与公路冷链物流形成互补协同的发展格局。积极支持中欧班列开展国际冷链运输业务。（相关省级人民政府、国家铁路局、中国民航局、中国铁路总公司负责）

五、提升冷链物流信息化水平

鼓励企业加强卫星定位、物联网、移动互联等先进信息技术应用，按照规范化标准化要求配备车辆定位跟踪以及全程温度自动监测、记录和控制系统，积极使用仓储管理、运输管理、订单管理等信息化管理系统，按照冷链物流全程温控和高时效性要求，整合各作业环节。鼓励相关企业建立冷链物流数据信息收集、处理和发布系统，逐步实现冷链物流全过程的信息化、数据化、透明化、可视化，加强对冷链物流大数据的分析和利用。大力发展"互联网＋"冷链物流，整合产品、冷库、冷藏运输车辆等资源，构建"产品＋冷链设施＋服务"信息平台，实现市场需求和冷链资源之间的高效匹配对接，提高冷链资源综合利用率。推动构建全国性、区域性冷链物流公共信息服务和质量安全追溯平台，并逐步与国家交通运输物流公共信息平台对接，促进区域间、政企间、企业间的数据交换和信息共享。（国家发展改革委、交通运输部、商务部、农业部、工业和信息化部负责）

六、加快冷链物流技术装备创新和应用

加强生鲜农产品、易腐食品物流品质劣变和腐损的生物学原理及其与物流环境之间耦合效应等基础性研究，夯实冷链物流发展的科技基础。鼓励企业向国际低能耗标准看齐，利用绿色、环境友好的自然工质，使用安全环保节能的制冷剂和制冷工艺，发展新型蓄冷材料，采用先进的节能和蓄能设备。（科技部、工业和信息化部负责）加大科技创新力度，加强对延缓产品品质劣变和减少腐损的核心技术工艺、绿色防腐技术与产品、新型保鲜减震包装材料、移动式等新型分级预冷装置、多温区陈列销售设备、大容量冷却冷冻机械、节能环保多温层冷链运输工具等的自主研发。（科技部负责）冷链物流企业要从正规厂商采购或租赁标准化、专业化的设施设备和运输工具。加速淘汰不规范、高能耗的冷库和冷藏运输车辆，取缔非法改装的冷藏运输车辆。鼓励第三方认证机构从运行状况、能效水平、绿色环保等方面对冷链物流设施设备开展认证。结合冷链物流行业发展趋势，积极推动冷链物流设施和技术装备标准化，提高冷藏运输车辆专业化、轻量化水平，推广标准冷藏集装箱，促进冷链物流各作业环节以及不同交通方式间的有序衔接。（交通运输部、商务部、工业和信息化部、中国民航局、国家铁路局、国家邮政局、中国铁路总公司按职责分工负责）

七、加大行业监管力度

有关部门要依据相关法律法规、强制性标准和操作规范，健全冷链物流监管体系，在生产和贮藏环节重点监督保质期、温度控制等，在销售终端重点监督冷藏、冷冻设施和贮存温度控制等，探索建立对运输环节制冷和温控记录设备合规合法使用的监管机制，将从源头至终端的冷链物流全链条纳入监管范围。加强对冷链各环节温控记录和产品品质的监督和不定期抽查。（食品药品监管总局、质检总局、交通运输部、农业部负责）研究将配备温度监测装置作为冷藏运输车辆出厂的强制性要求，在车辆进入营运

市场、年度审验等环节加强监督管理。（工业和信息化部、交通运输部按职责分工负责）充分发挥行业协会、第三方征信机构和各类现有信息平台的作用，完善冷链物流企业服务评价和信用评价体系，并研究将全程温控情况等技术性指标纳入信用评价体系。各有关部门要根据监管职责建立冷链物流企业信用记录，并加强信用信息共享和应用，将企业信用信息归集至全国信用信息共享平台，通过"信用中国"网站和国家企业信用信息公示系统依法向社会及时公开。探索对严重违法失信企业开展联合惩戒。（国家发展改革委、交通运输部、商务部、民政部、食品药品监管总局、质检总局、工商总局、国家邮政局等按职责分工负责）

八、创新管理体制机制

国务院各有关部门要系统梳理冷链物流领域相关管理规定和政策法规，按照简政放权、放管结合、优化服务的要求，在确保行业有序发展、市场规范运行的基础上，进一步简化冷链物流企业设立和开展业务的行政审批事项办理程序，加快推行"五证合一、一照一码""先照后证"和承诺制，加快实现不同区域、不同领域之间管理规定的协调统一，加快建设开放统一的全国性冷链物流市场。地方各级人民政府要加强组织领导，强化部门间信息互通和协同联动，统筹抓好涉及本区域的相关管理规定清理等工作。结合冷链产品特点，积极推进国际贸易"单一窗口"建设，优化查验流程，提高通关效率。利用信息化手段完善现有监管方式，发挥大数据在冷链物流监管体系建设运行中的作用，通过数据收集、分析和管理完善事中事后监管。（各省级人民政府，国家发展改革委、交通运输部、公安部、商务部、食品药品监管总局、国家卫生计生委、工商总局、海关总署、质检总局、国家邮政局、中国民航局、国家铁路局按职责分工负责）

九、完善政策支持体系

要加强调查研究和政策协调衔接，加大对冷链物流理念和重要性的宣传力度，提高公众对全程冷链生鲜农产品质量的认知度。（国家发展改革委、农业部、商务部、食品药品监管总局、国家卫生计生委负责）拓宽冷链物流企业的投融资渠道，引导金融机构对符合条件的冷链物流企业加大投融资支持，创新配套金融服务。（人民银行、银监会、证监会、保监会、国家开发银行负责）大中型城市要根据冷链物流等设施的用地需求，分级做好物流基础设施的布局规划，并与城市总体规划、土地利用总体规划做好衔接。永久性农产品产地预冷设施用地按建设用地管理，在用地安排上给予积极支持。（国土资源部、住房城乡建设部负责）针对制约冷链物流行业发展的突出短板，探索鼓励社会资本通过设立产业发展基金等多种方式参与投资建设。（国家发展改革委、商务部、农业部负责）冷链物流企业用水、用电、用气价格与工业同价。（国家发展改革委负责）加强城市配送冷藏运输车辆的标识管理。（交通运输部、商务部负责）指导完善和优化城市配送冷藏运输车辆的通行和停靠管理措施。（公安部、交通运输部、商务部负责）继续执行鲜活农产品"绿色通道"政策。（交通运输部、国家发展改革委负责）对技术先进、管理规范、运行高效的冷链物流园区优先考虑列入示范物流园区，发挥示范引领作用。（国家发展改革委、国土资源部、住房城乡建设部负责）加强冷链物流人才培养，支持高等学校设置冷链物流相关专业和课程，发展职业教育和继续教育，形成多层次的教育、培训体系。（教育部负责）

十、加强组织领导

各地区、各有关部门要充分认识冷链物流对保障食品质量安全、促进农民增收、推动相关产业发展、促进居民消费升级的重要作用，加强对冷链物流行业的指导、管理和服务，把推动冷链物流行业发展作为稳增长、促消费、惠民生的一项重要工作抓紧抓好。国家发展改革委要会同有关部门建立工作协调机制，及时研究解决冷链物流发展中的突出矛盾和重大问题，加强业务指导和督促检查，确保各项政策措施的贯彻落实。

国务院办公厅

2017 年 4 月 13 日

农业部、发改委、商务部、外交部发布《共同推进"一带一路"建设农业合作的愿景与行动》

（2017 年 5 月）

前言

进入 21 世纪，世界经济一体化加快推进，以和平、发展、合作、共赢为主题的新时代已经开启。2013 年 9 月和 10 月，中国国家主席习近平在出访中亚和东南亚国家期间，先后提出共建"丝绸之路经济带"和"21 世纪海上丝绸之路"（以下简称"一带一路"）的重大倡议，得到国际社会高度关注。"一带一路"倡议秉承共商、共建、共享原则，致力于维护全球自由贸易体系和开放型世界经济，推动沿线各国实现经济政策协调，共同打造开放、包容、均衡、普惠的区域经济合作架构。

农业交流和农产品贸易自古以来就是丝绸之路的主要合作内容。借古丝绸之路，中国从西方引入了胡麻、石榴、苜蓿、葡萄等作物品种，并把掘井、丝绸、茶等生产技术和产品带到了中亚，促进了沿线国家间农业技术和产品的传播交流，亚欧非的农业文明沿着古丝绸之路交流互通，不断发扬光大。新时期，农业发展仍然是"一带一路"沿线国家国民经济发展的重要基础，沿线大部分国家对解决饥饿和贫困问题、保障粮食安全与营养的愿望强烈，开展农业合作是沿线国家的共同诉求。在"一带一路"倡议下，农业国际合作成为沿线国家共建利益共同体和命运共同体的最佳结合点之一。

"一带一路"倡议提出三年来，中国与沿线国家在双、多边合作机制下积极开展农业领域产业对接，合作领域不断拓展，链条不断延伸，合作主体和方式不断丰富，取得了显著成效。为进一步加强"一带一路"农业合作的顶层设计，制定《共同推进"一带一路"建设农业合作的愿景与行动》。

一、时代背景

当今世界正在发生复杂而深刻的变化，国际金融危机深层次影响继续显现，世界经济复苏缓慢、发展分化，国际投资贸易格局和多边投资贸易规则酝酿深刻调整。共建"一带一路"顺应世界多极化、经济全球化、文化多样化、社会信息化的潮流，是国际合作以及全球治理新模式的积极探索。

近年来，全球农业发展格局深度调整，气候变化对粮食主产区影响不断加深，生物质能源、金融投机活动等非传统因素使农产品国际市场不确定性持续加强，全球粮食安全及贫困问题仍然困扰着很多发展中国家，世界上仍有 7.95 亿人忍受长期饥饿，20 亿人遭受营养不良。农业持续增长动力不足和农产品市场供求结构显著变化，已经成为世界各国需要共同面对的新问题、新挑战，尤其在"一带一路"沿线，许多国家实现粮食安全与营养、解决饥饿与贫困的形势仍十分紧迫，亟待通过开展农业合作，共同促进农业可持续发展。

后金融危机时代，各国更加重视农业基础地位，更加注重全球农业资源的整合利用和农产品市场的深度开发，对开展农业国际合作的诉求也更加强烈，为"一带一路"建设农业合作提供了难得的历史机遇。当前，中国正与沿线国家积极开展战略对接，共同构建"一带一路"合作框架，双、多边合作机制日益完善，为开展农业合作提供了有利平台。"一带一路"建设基础设施互联互通、资金融通为开展农业合作提供了保障，为沿线国家实现农业产业优势互补、共享发展机遇创造了良好条件。

当前，中国农业与世界农业高度关联，推进"一带一路"建设农业合作意义重大，既是中国扩大和深化对外开放的需要，也是世界农业持续健康发展的需要，有利于推动形成全球农业国际合作新格局，有利于沿线各国发挥比较优势，促进区域内农业要素有序流动、农业资源高效配置、农产品市场深度融合，推动沿线各国实现经济互利共赢发展。中国自改革开放以来，农业农村发展取得了巨大的成就，对世界粮食安全作出了重大贡献。中国愿意在力所能及的范围内承担更多责任义务，在国际粮农治理体系建设中贡献中国智慧，与沿线国家分享中国经验，为全球农业发展和经济增长作出更大的贡献。

二、合作原则

坚持政策协同。支持"一带一路"沿线国家开展愿景对接和政策对话，寻求农业合作利益契合点和最大公约数，围绕共同关切的重点区域、主导产业、重要产品共同开展顶层设计。充分利用沿线已有合作机制，创新推动"一带一路"农业合作持续发展。

坚持市场运作。充分发挥各类企业的主体作用和市场在资源配置中的决定性作用，遵循市场规律和国际通行规则，促进沿线各国企业间开展产业合作，实现优势互补，联动发展。

坚持政府服务。发挥沿线国家政府间合作机制在推进"一带一路"建设农业合作中的引导和服务作用，深化对外开放，进一步提高跨境投资贸易便利化水平，建立健全农业对外合作服务体系，优化农业国际合作环境。

坚持绿色共享。尊重各国农业发展道路和模式选择，深化"一带一路"建设农业合作与落实2030年可持续发展议程粮农目标有机结合，共商、共建、共享绿色丝绸之路理念，携手走产出高效、产品安全、资源节约、环境友好的农业现代化道路。

坚持互利合作。兼顾各方利益和关切，积聚各国农业发展优势，充分挖掘合作潜力，加强各大经济走廊农业合作，以点带面、从线到片推进合作进程，构建相互依存、互利共赢、平等合作、安全高效的"一带一路"新型农业国际合作关系。

三、框架思路

"一带一路"贯穿亚欧非大陆，一头是活跃的东亚经济圈，农业发展历史悠久，一头是发达的欧洲经济圈，现代农业优势明显，中间广大腹地农业资源丰富，发展潜力巨大，各区域在农业资源、技术、产能、市场等方面各具优势，具有较强的互补性。

推进"一带一路"建设农业合作是沿线各国农业发展、对外开放的共同愿景，中国愿与沿线各国携手努力，共同规划实施一批重点建设项目，创建"一带一路"陆海联动、双向开放的农业国际合作新格局，为"一带一路"利益共同体、责任共同体和命运共同体的形成提供有力支撑。

中国政府倡议，沿线国家加强农业合作战略对接，秉承"一带一路"共商、共建、共享的原则与和平合作、开放包容、互学互鉴、互利共赢的理念，兼顾各方利益和诉求，围绕政策沟通、设施联通、贸易畅通、资金融通、民心相通的重点合作内容，以农业科技交流合作为先导，深化新亚欧大陆桥、中蒙俄、中国—中亚—西亚、中国—中南半岛、中巴、孟中印缅等六大经济走廊的农业贸易投资合作，打造优势技术、重点产品农业合作大通道，朝着共建全方位、宽领域、多层次、高水平的新型农业国际合作关系而努力。

四、合作重点

"一带一路"沿线各国合作潜力和空间巨大，围绕"一带一路"沿线国家共同发展需求和优势，着重在以下方面加强合作。

构建农业政策对话平台。加强政策沟通，完善沿线国家间多层次农业政策对话机制，探索建立沿线国家政府、科研机构、企业"三位一体"的政策对话平台，就农业发展战略充分交流对接，共同制定推进农业合作的规划和措施，协商解决合作中的问题，共同为务实合作及大型项目实施提供政策支持。

强化农业科技交流合作。突出科技合作的先导地位，多渠道加强沿线国家间知识分享、技术转移、信息沟通和人员交流。结合各国需求并综合考虑国际农业科技合作总体布局，在"一带一路"沿线共建国际联合实验室、技术试验示范基地和科技示范园区，开展动植物疫病疫情防控、种质资源交换、共同研发和成果示范，促进品种、技术和产品合作交流。共建"一带一路"农业合作公共信息服务平台、技术咨询服务体系、高端智库和培训基地，推动区域农业物联网技术发展，提升"一带一路"沿线国家农业综合发展能力。

优化农产品贸易合作。推动共建"一带一路"农产品贸易通道，合作开展运输、仓储等农产品贸易基础设施一体化建设，提升贸易便利化水平，扩大贸易规模，拓展贸易范围。鼓励建设多元稳定的"一带一路"农产品贸易渠道，发展农产品跨境电子商务。加强"一带一路"沿线国家农产品检验检疫合作交流，共建安全、高效、便捷的进出境农产品检验检疫监管措施和农产品质量安全追溯系统，共同规范市场行为，提高沿线国家动植物安全卫生水平。

拓展农业投资合作。发挥沿线国家农业比较优势，充分利用相关国际金融机构合作机制与渠道，加大农业基础设施和生产、加工、储运、流通等全产业链环节投资，推进关键项目落地。提升沿线国家间企业跨国合作水平，采取多种方式提升企业跨国投资能力和水平，促进沿线国家涉农企业互利合作、共同发展。推动沿线国家之间开展农业双向投资，中国欢迎各国企业来华开展农业领域投资，鼓励本国企业参与沿线国家农业发展进程，帮助所在国发展农业、增加就业、改善民生，履行社会责任。

加强能力建设与民间交流。加强以农民为主体的能力建设和民间交流，共同开展"一带一路"沿线国家农民职业教育培训，提高农民素质以及农民组织化水平，增进沿线国家间交流互信。加强"一带一路"沿线国家企业之间交流合作，共建跨国经营管理人员培训基地，培养复合型跨国经营管理人才。

五、合作机制

为保障"一带一路"建设农业合作顺利实施，沿线国家应携起手来，以现有合作机制为基础，不断完善和创新方式，促进"一带一路"农业合作蓬勃发展。

加强政府间双边合作。开展多层次、多渠道沟通磋商，推动双边关系全面发展，为农业合作提供有力保障。在"一带一路"建设政府间谅解备忘录下推动签署农业合作备忘录或编制农业合作规划。充分发挥现有双边高层合作机制作用，推动更多沿线国家和地区以及相关国际和地区组织建立高水平、常态化农业合作机制。强化政府间条法磋商，加快商签"一带一路"沿线双边投资贸易协定，加强政府间交流协调，加强投资保护、金融、税收、通关、检验检疫、人员往来等方面合作，促进企业实践与政府服务有效对接，为开展"一带一路"农业国际合作创造更佳环境、争取更好条件。

强化多边合作机制作用。深化与国际机构的交流与合作，充分利用二十国集团、亚太经合组织、上海合作组织、联合国亚太经社会、亚洲合作对话、阿拉伯国家联盟、中国—东盟、澜沧江—湄公河合作等现有涉农多边机制，深化与世界贸易组织、联合国粮食及农业组织、世界动物卫生组织、国际植物保护组织、国际农业发展基金、联合国世界粮食计划署、国际农业研究磋商组织等交流合作，加强与世界银行、亚洲开发银行、金砖国家新开发银行、亚洲基础设施投资银行、丝路基金合作，探索利用全球及区域开发性金融机构创新农业国际合作的金融服务模式，积极营造开放包容、公平竞争、互利共赢的农业国际合作环境。

发挥重大会议论坛平台作用。充分利用中非合作论坛、博鳌亚洲论坛、"10+3"粮食安全圆桌会议、中国—东盟博览会、中国—南亚博览会、中国—亚欧博览会、中国—中东欧经贸论坛、中国—中东欧进出境动植物检疫暨农产品质量安全合作论坛、中国—阿拉伯博览会等重大会议论坛平台，加强"一带一路"农业合作交流。在"一带一路"国际合作高峰论坛框架下，逐步建立"一带一路"农业合作对话机制、农业规划研究交流平台，依托"一带一路"网站建立农业资源、产业、技术、政策等信息共享平台。

共建境外农业合作园区。推动沿线国家企业合作共建农业产业园区，形成产业集群和平台带动效应，降低农业合作成本，增强风险防范能力。引导和支持企业参与农业合作园区建设和运营，围绕种植、养殖、深加工、农产品物流等领域加强基础设施建设，优化农业产业链条，为实现经济走廊和海上通道互联互通提供支撑。结合"一带一路"沿线国家的意愿和基础条件，共建一批农业合作示范区，构建"一带一路"农业合作的新载体和新样板。

六、行动与未来

长期以来，中国政府一直坚定不移地推进和扩大农业对外开放，优化政策体系，主动融入农业全球化发展进程。"一带一路"沿线一直是中国开展农业国际合作的重点区域，许多省区利用山水相连、文化相通等优势，与"一带一路"沿线国家开展了富有成效的互利合作。中国西部省区立足旱作农业与中亚国家开展粮食、畜牧、棉花等领域合作，北部省区在俄罗斯远东地区开展粮食、蔬菜等种植合作，中国南部省区立足热带农业，与东南亚、南亚国家开展粮食、热带经济作物等种植合作，发展态势良好，势头强劲，均取得了显著成效。另外，中国通过援建农业技术示范中心、派遣农业技术专家、培训农业技术和管理人员等方式，积极帮助"一带一路"沿线发展中国家提高农业生产和安全卫生保障能力，为保障世界粮食安全做出了积极贡献。

面向未来，中国将继续推动"一带一路"农业合作，积极参与区域性农业国际交流合作平台建设，支持多双边涉农国际贸易投资协定谈判，共同编制双边农业投资合作规划，增强对最不发达国家农业投资，推进实施"中非十大合作计划"，积极利用"南南合作援助基金"，开展农业领域南南合作，支持发展中国家落实2030年可持续发展议程，创新与发达国家农业合作方式，全面构建新型农业国际合作关系，推动全球实现农业可持续发展。

下一步，中国将积极推动境外农业合作示范区和境内农业对外开放合作试验区建设，内外统筹，与沿线国家在金融、税收、保险、动植物检验检疫等方面开展务实合作，加强人才交流和信息互通，分享农业技术、经验和农业发展模式，共同规划实施区域粮食综合生产能力提升、农业科技合作与示范、动植物疫病疫情联合防控、农产品产业一体化建设、贸易基础设施强化、农业研发促进培训综合平台、农业信息化体系建设等七大重点工程。

　　共建"一带一路"是中国的倡议，也是中国与沿线国家的共同愿望。中国愿与沿线国家一道，在既有的多双边合作机制框架下，兼顾各方利益，尊重各方诉求，相向而行，携手推动"一带一路"建设农业合作迈向更大范围、更高水平、更深层次，共同为提高全球粮食安全与营养水平，推进全球农业可持续健康发展做出更大贡献。

中华人民共和国农业部

中华人民共和国国家发展改革委员会

中华人民共和国商务部

中华人民共和国外交部

财政部 税务总局
关于继续实施物流企业大宗商品仓储设施用地城镇土地使用税优惠政策的通知

财税〔2017〕33 号

各省、自治区、直辖市、计划单列市财政厅（局）、地方税务局，西藏、宁夏自治区国家税务局，新疆生产建设兵团财务局：

为进一步促进物流业健康发展，现就物流企业大宗商品仓储设施用地城镇土地使用税政策通知如下：

一、自 2017 年 1 月 1 日起至 2019 年 12 月 31 日止，对物流企业自有的（包括自用和出租）大宗商品仓储设施用地，减按所属土地等级适用税额标准的 50% 计征城镇土地使用税。

二、本通知所称物流企业，是指至少从事仓储或运输一种经营业务，为工农业生产、流通、进出口和居民生活提供仓储、配送等第三方物流服务，实行独立核算、独立承担民事责任，并在工商部门注册登记为物流、仓储或运输的专业物流企业。

三、本通知所称大宗商品仓储设施，是指同一仓储设施占地面积在 6000 平方米及以上，且主要储存粮食、棉花、油料、糖料、蔬菜、水果、肉类、水产品、化肥、农药、种子、饲料等农产品和农业生产资料，煤炭、焦炭、矿砂、非金属矿产品、原油、成品油、化工原料、木材、橡胶、纸浆及纸制品、钢材、水泥、有色金属、建材、塑料、纺织原料等矿产品和工业原材料的仓储设施。

仓储设施用地，包括仓库库区内的各类仓房（含配送中心）、油罐（池）、货场、晒场（堆场）、罩棚等储存设施和铁路专用线、码头、道路、装卸搬运区域等物流作业配套设施的用地。

四、物流企业的办公、生活区用地及其他非直接从事大宗商品仓储的用地，不属于本通知规定的优惠范围，应按规定征收城镇土地使用税。

五、非物流企业的内部仓库，不属于本通知规定的优惠范围，应按规定征收城镇土地使用税。

六、本通知印发之日前已征的应予减免的税款，在纳税人以后应缴税款中抵减或者予以退还。

七、符合上述减税条件的物流企业需持相关材料向主管税务机关办理备案手续。

请遵照执行。

财政部 税务总局
2017 年 4 月 26 日

财政部　税务总局
关于简并增值税税率有关政策的通知

财税〔2017〕37号

各省、自治区、直辖市、计划单列市财政厅（局）、国家税务局、地方税务局，新疆生产建设兵团财务局：

自2017年7月1日起，简并增值税税率结构，取消13%的增值税税率。现将有关政策通知如下：

一、纳税人销售或者进口下列货物，税率为11%

农产品（含粮食）、自来水、暖气、石油液化气、天然气、食用植物油、冷气、热水、煤气、居民用煤炭制品、食用盐、农机、饲料、农药、农膜、化肥、沼气、二甲醚、图书、报纸、杂志、音像制品、电子出版物。

上述货物的具体范围见本通知附件1。

二、纳税人购进农产品，按下列规定抵扣进项税额

（一）除本条第（二）项规定外，纳税人购进农产品，取得一般纳税人开具的增值税专用发票或海关进口增值税专用缴款书的，以增值税专用发票或海关进口增值税专用缴款书上注明的增值税额为进项税额；从按照简易计税方法依照3%征收率计算缴纳增值税的小规模纳税人取得增值税专用发票的，以增值税专用发票上注明的金额和11%的扣除率计算进项税额；取得（开具）农产品销售发票或收购发票的，以农产品销售发票或收购发票上注明的农产品买价和11%的扣除率计算进项税额。

（二）营业税改征增值税试点期间，纳税人购进用于生产销售或委托受托加工17%税率货物的农产品维持原扣除力度不变。

（三）继续推进农产品增值税进项税额核定扣除试点，纳税人购进农产品进项税额已实行核定扣除的，仍按照《财政部 国家税务总局关于在部分行业试行农产品增值税进项税额核定扣除办法的通知》（财税〔2012〕38号）、《财政部 国家税务总局关于扩大农产品增值税进项税额核定扣除试点行业范围的通知》（财税〔2013〕57号）执行。其中，《农产品增值税进项税额核定扣除试点实施办法》（财税〔2012〕38号印发）第四条第（二）项规定的扣除率调整为11%；第（三）项规定的扣除率调整为按本条第（一）项、第（二）项规定执行。

（四）纳税人从批发、零售环节购进适用免征增值税政策的蔬菜、部分鲜活肉蛋而取得的普通发票，不得作为计算抵扣进项税额的凭证。

（五）纳税人购进农产品既用于生产销售或委托受托加工17%税率货物又用于生产销售其他货物服务的，应当分别核算用于生产销售或委托受托加工17%税率货物和其他货物服务的农产品进项税额。未分别核算的，统一以增值税专用发票或海关进口增值税专用缴款书上注明的增值税额为进项税额，或以

农产品收购发票或销售发票上注明的农产品买价和11%的扣除率计算进项税额。

（六）《中华人民共和国增值税暂行条例》第八条第二款第（三）项和本通知所称销售发票，是指农业生产者销售自产农产品适用免征增值税政策而开具的普通发票。

三、本通知附件2所列货物的出口退税率调整为11%。出口货物适用的出口退税率，以出口货物报关单上注明的出口日期界定

外贸企业2017年8月31日前出口本通知附件2所列货物，购进时已按13%税率征收增值税的，执行13%出口退税率；购进时已按11%税率征收增值税的，执行11%出口退税率。生产企业2017年8月31日前出口本通知附件2所列货物，执行13%出口退税率。出口货物的时间，按照出口货物报关单上注明的出口日期执行。

四、本通知自2017年7月1日起执行。此前有关规定与本通知规定的增值税税率、扣除率、相关货物具体范围不一致的，以本通知为准。《财政部 国家税务总局关于免征部分鲜活肉蛋产品流通环节增值税政策的通知》（财税〔2012〕75号）第三条同时废止。

五、各地要高度重视简并增值税税率工作，切实加强组织领导，周密安排，明确责任。做好实施前的各项准备以及实施过程中的监测分析、宣传解释等工作，确保简并增值税税率平稳、有序推进。遇到问题请及时向财政部和税务总局反映。

附件：1.适用11%增值税税率货物范围注释
      2.出口退税率调整产品清单

财政部 税务总局
2017年4月28日

附件1

适用 11% 增值税税率货物范围注释

一、农产品

农产品，是指种植业、养殖业、林业、牧业、水产业生产的各种植物、动物的初级产品。具体征税范围暂继续按照《财政部、国家税务总局关于印发〈农业产品征税范围注释〉的通知》（财税字〔1995〕52号）及现行相关规定执行，并包括挂面、干姜、姜黄、玉米胚芽、动物骨粒、按照《食品安全国家标准—巴氏杀菌乳》（GB19645—2010）生产的巴氏杀菌乳、按照《食品安全国家标准—灭菌乳》（GB25190—2010）生产的灭菌乳。

二、食用植物油、自来水、暖气、冷气、热水、煤气、石油液化气、天然气、沼气、居民用煤炭制品、图书、报纸、杂志、化肥、农药、农机、农膜

上述货物的具体征税范围暂继续按照《国家税务总局关于印发〈增值税部分货物征税范围注释〉的通知》（国税发〔1993〕151号）及现行相关规定执行，并包括棕榈油、棉籽油、茴油、毛椰子油、核桃油、橄榄油、花椒油、杏仁油、葡萄籽油、牡丹籽油、由石油伴生气加工压缩而成的石油液化气、西气东输项目上游中外合作开采天然气、中小学课本配套产品（包括各种纸制品或图片）、国内印刷企业承印的经新闻出版主管部门批准印刷且采用国际标准书号编序的境外图书、农用水泵、农用柴油机、不带动力的手扶拖拉机、三轮农用运输车、密集型烤房设备、频振式杀虫灯、自动虫情测报灯、粘虫板、卷帘机、农用挖掘机、养鸡设备系列、养猪设备系列产品、动物尸体降解处理机、蔬菜清洗机。

三、饲料

饲料，是指用于动物饲养的产品或其加工品。具体征税范围按照《国家税务总局关于修订"饲料"注释及加强饲料征免增值税管理问题的通知》（国税发〔1999〕39号）执行，并包括豆粕、宠物饲料、饲用鱼油、矿物质微量元素舔砖、饲料级磷酸二氢钙产品。

四、音像制品

音像制品，是指正式出版的录有内容的录音带、录像带、唱片、激光唱盘和激光视盘。

五、电子出版物

电子出版物，是指以数字代码方式，使用计算机应用程序，将图文声像等内容信息编辑加工后存储在具有确定的物理形态的磁、光、电等介质上，通过内嵌在计算机、手机、电子阅读设备、电子显示设备、数字音／视频播放设备、电子游戏机、导航仪以及其他具有类似功能的设备上读取使用，具有交互功能，用以表达思想、普及知识和积累文化的大众传播媒体。载体形态和格式主要包括只读光盘（CD只读光盘CD—ROM、交互式光盘CD—I、照片光盘Photo—CD、高密度只读光盘DVD—ROM、蓝光只读光盘HD—DVD ROM和BD ROM）、一次写入式光盘（一次写入CD光盘CD—R、一次写入高密度光盘DVD—R、一次写入蓝光光盘HD—DVD／R，BD—R）、可擦写光盘（可擦写CD光盘CD—RW、可擦写高密度光盘DVD—RW、可擦写蓝光光盘HDDVD—RW和BD—RW、磁光盘MO）、软磁盘（FD）、硬磁盘（HD）、集成电路卡（CF卡、MD卡、SM卡、MMC卡、RR—MMC卡、MS卡、SD卡、XD卡、T—Flash卡、记忆棒）和各种存储芯片。

六、二甲醚

二甲醚，是指化学分子式为 CH_3OCH_3，常温常压下为具有轻微醚香味，易燃、无毒、无腐蚀性的气体。

七、食用盐

食用盐，是指符合《食用盐》（GB/T 5461-2016）和《食用盐卫生标准》（GB2721-2003）两项国家标准的食用盐。

附件 2

出口退税率调整产品清单

序号	商品代码	商品名称	备注
1	0201300090	其他鲜或冷藏的去骨牛肉	
2	0202300090	其他冻藏的去骨牛肉	
3	02032900102	分割野猪肉	
4	02032900902	分割猪肉	
5	02044300	冻的其他去骨绵羊肉	
6	02045000	鲜、冷、冻的山羊肉	
7	02071311	鲜或冷的带骨鸡块	
8	02071319	鲜或冷的其他鸡块	
9	02071321	鲜或冷的鸡翼（不包括翼尖）	
10	02071411	冻的带骨鸡块	
11	02071419	冻的其他鸡块	
12	02071421	冻的鸡翼（不包括翼尖）	
13	02072600002	分割火鸡块	
14	02072700002	分割火鸡块	
15	02074400002	分割鸭块	
16	02074500002	分割鸭块	
17	02075400002	分割鹅块	
18	02075500002	分割鹅块	
19	02076000002	分割珍珠鸡块	
20	02081010002	分割家兔肉	
21	02081020002	分割家兔肉	
22	03031100	冻红大麻哈鱼	
23	03031200	冻其他大麻哈鱼	
24	03031300	冻大西洋鲑鱼及多瑙哲罗鱼	
25	03031400	冻鳟鱼	
26	03031900	冻其他鲑科鱼	
27	03032300	冻罗非鱼	
28	03032400	冻鲶鱼	
29	03032500	冻鲤科鱼	

30	03032600	冻鳗鱼	
31	03032900	冻尼罗河鲈鱼及黑鱼	
32	03033110	冻格陵兰庸鲽鱼	
33	03033190	冻庸鲽鱼	
34	03033200	冻鲽鱼	
35	03033300	冻鳎鱼	
36	03033400	冻大菱鲆	
37	03033900	其他冻比目鱼	
38	03034100	冻长鳍金枪鱼	
39	03034200	冻黄鳍金枪鱼	
40	03034300	冻鲣鱼或狐鲣	
41	03034400	冻大眼金枪鱼，但鱼肝及鱼卵除外	
42	03034510	冻大西洋蓝鳍金枪鱼	
43	03034520	冻太平洋蓝鳍金枪鱼	
44	03034600	冻南方蓝鳍金枪鱼，但鱼肝及鱼卵除外	
45	03034900	其他冻金枪鱼，但鱼肝及鱼卵除外	
46	03035100	冻鲱鱼（大西洋鲱鱼、太平洋鲱鱼），但鱼肝及鱼卵除外	
47	03035300	冻沙丁鱼、小沙丁鱼属、黍鲱或西鲱	
48	03035400	冻鲭鱼	
49	03035500	冻对称竹荚鱼、新西兰竹荚鱼及竹荚鱼	
50	03035600	冻军曹鱼	
51	03035700	冻剑鱼	
52	03035900	冻印度鲭（羽鳃鲐属）、马鲛鱼（马鲛属）、鲹属、银鲳（鲳属）、秋刀鱼、圆鲹（圆鲹属）、毛鳞鱼、鲔鱼、狐鲣（狐鲣属）、枪鱼、旗鱼、四鳍旗鱼（旗鱼科）	
53	03036300	冻鳕鱼（大西洋鳕鱼、格陵兰鳕鱼、太平洋鳕鱼）	
54	03036400	冻黑线鳕鱼	
55	03036500	冻绿青鳕鱼	
56	03036600	冻狗鳕鱼	
57	03036700	冻狭鳕鱼	
58	03036800	冻蓝鳕鱼	
59	03036900	其他冻鳕鱼	
60	0303810090	冻其他鲨鱼（但子目0303.91至0303.99的可食用鱼杂碎除外）	
61	03038200	冻魟鱼及鳐鱼	

62	03038300	冻南极犬牙鱼	
63	03038400	冻尖吻鲈鱼	
64	03038910	冻带鱼	
65	03038920	冻黄鱼	
66	03038930	冻鲳鱼	
67	0303899001	其他冻鲈鱼（但子目 0303.91 至 0303.99 的可食用鱼杂碎除外）	
68	0303899020	冻平鲉属（但子目 0303.91 至 0303.99 的可食用鱼杂碎除外）	
69	0303899030	冻鲲鲉属（叶鳍鲉属）（但子目 0303.91 至 0303.99 的可食用鱼杂碎除外）	
70	0303899090	其他未列名冻鱼（但子目 0303.91 至 0303.99 的可食用鱼杂碎除外）	
71	0303910090	其他冻鱼肝、鱼卵及鱼精	
72	0303920090	其他冻鲨鱼翅	
73	0303990020	冻的大菱鲆、比目鱼、鲱鱼、鲭鱼、鲳鱼、带鱼、尼罗河鲈鱼、尖吻鲈鱼、其他鲈鱼的可食用其他鱼杂碎	
74	0303990090	其他冻可食用其他鱼杂碎	
75	03046100	冻罗非鱼等鱼鱼片	
76	03046211	冻斑点叉尾鲴鱼片	
77	03046219	冻其他叉尾鲴鱼片	
78	03046290	冻其他鲶鱼片	
79	03046300	冻尼罗河鲈鱼片	
80	03046900	冻鲤科鱼、鳗鱼、黑鱼片	
81	03047100	鳕鱼（大西洋鳕鱼、格陵兰鳕鱼、太平洋鳕鱼）	
82	03047200	冻黑线鳕鱼片	
83	03047300	冻绿青鳕鱼片	
84	03047400	冻狗鳕鱼片	
85	03047500	冻狭鳕鱼片	
86	03047900	冻其他鳕鱼片	
87	03048100	冻大麻哈鱼、大西洋鲑鱼及多瑙哲罗鱼片	
88	03048200	冻鳟鱼片	
89	03048300	冻比目鱼片	
90	03048400	冻剑鱼片	
91	03048500	冻南极犬牙鱼片	
92	03048600	冻鲱鱼片	

93	03048700	冻金枪鱼、鲣鱼或狐鲣（鲣）片	
94	0304880090	冻的其他鲨鱼、魟鱼及鳐鱼的鱼片	
95	0304890090	冻的其他鱼片	
96	03049100	冻的剑鱼肉	
97	03049200	冻的南极犬牙鱼肉	
98	03049300	冻罗非鱼等鱼鱼肉	
99	03049400	冻狭鳕鱼肉	
100	03049500	冻犀鳕科等鳕科鱼肉	
101	0304960090	冻的其他鲨鱼肉（不论是否绞碎）	
102	0304970090	冻的其他魟鱼及鳐鱼的鱼肉（不论是否绞碎）	
103	0304990090	其他冻鱼肉（不论是否绞碎）	
104	03051000001	原按13%征税的供人食用的鱼粉及团粒	
105	03052000901	原按13%征税的其他干、熏、盐制的鱼肝、鱼卵及鱼精	
106	03053100101	干、盐腌或盐渍的花鳗鲡鱼片（熏制的除外）	原按13%征税的
107	03053100201	干、盐腌或盐渍的欧洲鳗鲡鱼片（熏制的除外）	原按13%征税的
108	03053100901	原按13%征税的干、盐腌或盐渍的罗非鱼（口孵非鲫属）、鲇鱼[（鱼芒）鲇属、鲇属、胡鲇属、真鮰属]、鲤科鱼（鲤属、鲫属、草鱼、鲢属、鲮属、青鱼、卡特拉鲃、野鲮属、哈氏纹唇鱼、何氏细须鲃、鲂属）、鳗鱼（鳗鲡属）、尼罗河鲈鱼（尼罗尖吻鲈）及黑鱼（鳢属）的鱼片	
109	03053200001	干、盐腌或盐渍的犀鳕科、多丝真鳕科、鳕科、长尾鳕科、黑鳕科、无须鳕科、深海鳕科及南极鳕科的鱼片（熏制的除外）	原按13%征税的
110	03053900901	其他干、盐腌或盐渍的鱼片（熏制的除外）	原按13%征税的
111	03054110	熏大西洋鲑鱼，食用杂碎除外	
112	03054120	熏鲱鱼，食用杂碎除外	
113	03054200	熏鲱鱼，食用杂碎除外	
114	03054300	熏鳟鱼，食用杂碎除外	
115	03054400	熏罗非鱼等鱼，食用杂碎除外	
116	0305490090	其他熏鱼及鱼片（食用杂碎除外）	
117	03055100	干鳕鱼（大西洋鳕鱼、格陵兰鳕鱼、太平洋鳕鱼）	
118	03055200	干罗非鱼、鲇鱼、鲤科鱼、鳗鱼、尼罗河鲈鱼（尼罗尖吻鲈）及黑鱼	
119	03055300	干犀鳕科、多丝真鳕科、鳕科、长尾鳕科、黑鳕科、无须鳕科、深海鳕科及南极鳕科鱼，鳕鱼（大西洋鳕鱼、格陵兰鳕鱼、太平洋鳕鱼）除外	

120	03055400	干鲱鱼（大西洋鲱鱼、太平洋鲱鱼）、鳀鱼（鳀属）、沙丁鱼（沙丁鱼、沙瑙鱼属）、小沙丁鱼属、黍鲱或西鲱、鲭鱼〔大西洋鲭、澳洲鲭（鲐）、日本鲭（鲐）〕、印度鲭（羽鳃鲐属）、马鲛鱼（马鲛属）、对称竹荚鱼、新西兰竹荚鱼及竹荚鱼（竹荚鱼属）、鲹鱼（鲹属）、军曹鱼、银鲳（鲳属）、秋刀鱼、圆鲹（圆鲹属）、多春鱼（毛鳞鱼）、剑鱼、鲔鱼、狐鲣（狐鲣属）、枪鱼、旗鱼、四鳍旗鱼（旗鱼科）	
121	03055910	干海马、干海龙	
122	0305599090	其他干鱼，食用杂碎除外（不论是否盐腌，但熏制的除外）	
123	03056100	盐腌及盐渍的鲱鱼，食用杂碎除外	
124	03056200	鳕鱼（大西洋鳕鱼、格陵兰鳕鱼、太平洋鳕鱼）	
125	03056300	盐腌及盐渍的鳀鱼，食用杂碎除外	
126	03056400	盐腌及盐渍的罗非鱼等鱼，食用杂碎除外	
127	03056910	盐腌及盐渍的带鱼，食用杂碎除外	
128	03056920	盐腌及盐渍的黄鱼，食用杂碎除外	
129	03056930	盐腌及盐渍的鲳鱼，食用杂碎除外	
130	0305699090	盐腌及盐渍的其他鱼，食用杂碎除外（干或熏制的除外）	
131	0305710090	其他鲨鱼鱼翅（不论是否干制、盐腌、盐渍和熏制）	
132	0305720090	其他鱼的鱼头、鱼尾、鱼鳔（不论是否干制、盐腌、盐渍和熏制）	
133	0305790090	其他可食用鱼杂碎（不论是否干制、盐腌、盐渍和熏制）	
134	03061100	岩礁虾和其他龙虾（真龙虾属、龙虾属、岩龙虾属）	
135	03061200	鳌龙虾（鳌龙虾属）	
136	03061410	冻梭子蟹	
137	03061490	其他冻蟹	
138	03061500	冻挪威海鳌虾	
139	03061611	冻冷水小虾虾仁	
140	03061612	冻北方长额虾虾仁	原按13%征税的
141	03061619	冻其他冷水小虾	
142	03061621	冻冷水对虾虾仁	
143	03061629	冻其他冷水对虾	
144	03061711	冻小虾虾仁	
145	03061719	冻其他小虾	
146	03061721	冻对虾虾仁	

147	03061729	冻其他对虾	
148	03061911	冻淡水小龙虾仁	
149	03061919	冻带壳淡水小龙虾	
150	03061990	其他冻甲壳动物	
151	03063110	活鲜冷的岩礁虾和其他龙虾（真龙虾属、龙虾属、岩龙虾属）种苗	
152	03063190	活鲜冷的其他岩礁虾和其他龙虾（真龙虾属、龙虾属、岩龙虾属）	
153	03063210	活鲜冷的鳌龙虾（鳌龙虾属）种苗	
154	03063290	活鲜冷的其他鳌龙虾（鳌龙虾属）	
155	03063310	活鲜冷的蟹种苗	
156	03063391	活鲜冷的中华绒毛蟹（大闸蟹）	
157	03063392	活鲜冷的梭子蟹	
158	03063399	活鲜冷的其他蟹	
159	03063410	活鲜冷的挪威海鳌虾种苗	
160	03063490	活鲜冷的其他挪威海鳌虾	
161	03063510	活鲜冷的冷水小虾及对虾种苗	
162	03063520	活鲜冷的冷水对虾	
163	03063590	活鲜冷的其他冷水小虾及对虾	
164	03063610	活鲜冷的其他小虾及对虾种苗	
165	03063620	活鲜冷的对虾	
166	03063690	活鲜冷的其他小虾及对虾	
167	03063910	活鲜冷的其他食用甲壳动物种苗	
168	03063990	其他带壳或去壳的活鲜冷的甲壳动物	
169	03069100	其他的岩礁虾和其他龙虾（真龙虾属、龙虾属、岩龙虾属）	
170	03069200	其他鳌龙虾	
171	03069310	其他中华绒鳌蟹	
172	03069320	其他梭子蟹	
173	03069390	其他蟹	
174	03069400001	原按13%征税的干、盐腌或盐渍的挪威海鳌虾	
175	03069510	其他冷水小虾及对虾	
176	03069590	其他小虾及对虾	
177	03069900001	原按13%征税的其他甲壳动物	
178	03072200	冻扇贝	
179	03072900	其他扇贝	

180	03073200	冻贻贝	
181	03073900	其他干、盐制的贻贝	
182	03074310	冻墨鱼（乌贼属、巨粒僧头乌贼、耳乌贼属）及鱿鱼（柔鱼属、枪乌贼属、双柔鱼属、拟乌贼属）	
183	03074390	其他冻墨鱼及鱿鱼	
184	03074910	其他墨鱼（乌贼属、巨粒僧头乌贼、耳乌贼属）及鱿鱼（柔鱼属、枪乌贼属、双柔鱼属、拟乌贼属）	
185	03074990001	原按13%征税的其他干、盐制的墨鱼及鱿鱼	
186	03075200	冻章鱼	
187	03075900	其他干、盐制的章鱼	
188	03077200	冻的蛤、鸟蛤及舟贝	
189	03077900101	原按13%征税的干、盐制的砗磲	
190	03077900201	原按13%征税的干、盐制的粗饰蚶	
191	03077900901	原按13%征税的干、盐制其他蛤、鸟蛤及舟贝（蚶科、北极蛤科、鸟蛤科、斧蛤科、缝栖蛤科、蛤蜊科、中带蛤科、海螂科、双带蛤科、截蛏科、竹蛏科、帘蛤科）	
192	03078300	冻鲍鱼	
193	03078400	冻凤螺	
194	03078700	干、盐腌或盐渍的鲍鱼	
195	03078800001	原按13%征税的干、盐腌或盐渍的凤螺（凤螺属）	
196	0307920020	冻的蚬属	
197	0307920090	其他冻的软体动物	
198	03079900201	原按13%征税的干、盐腌或盐渍蚬属	
199	03079900901	原按13%征税的其他干、盐腌或盐渍软体动物	
200	03081200	冻海参	
201	03081900	干、盐腌或盐渍的海参	
202	03082200	冻海胆	
203	03082900101	原按13%征税的干、盐制食用海胆纲	
204	03082900901	原按13%征税的其他干、盐制海胆	
205	03083090001	原按13%征税的冻、干、盐制海蜇（海蜇属）	
206	03089090901	原按13%征税的其他冻、干、盐制水生无脊椎动物，包括供人食用的水生无脊椎动物粉、团粒	
207	05040011	整个或切块的盐渍猪肠衣（猪大肠头除外）	
208	05040012	整个或切块的盐渍绵羊肠衣	
209	05040013	整个或切块的盐渍山羊肠衣	

210	05040014	整个或切块的盐渍猪大肠头	
211	05040019	整个或切块的其他动物肠衣	
212	11010000	小麦或混合麦的细粉	
213	11031100	小麦粗粒及粗粉	
214	11032010	小麦团粒	
215	11081200	玉米淀粉	原按13%征税的
216	23031000	制造淀粉过程中的残渣及类似品	
217	23040010	提炼豆油所得的油渣饼（豆饼）	
218	23040090	提炼豆油所得的其他固体残渣	
219	23061000	棉子油渣饼及固体残渣	
220	23062000	亚麻子油渣饼及固体残渣	
221	23063000	葵花子油渣饼及固体残渣	
222	23064100	低芥子酸的油菜子油渣饼及固体残渣	
223	23064900	油菜子油渣饼及固体残渣	
224	23065000	椰子或干椰肉油渣饼及固体残渣	
225	2306600090	其他棕榈果或其他棕榈仁油渣饼及固体残渣（品目2304或2305以外提炼植物油脂所得的）	
226	23069000002	原按13%征税的其他油渣饼及固体残渣	
227	23091010	零售包装的狗食或猫食罐头	
228	23091090	零售包装的其他狗食或猫食	
229	23099010001	原按13%征税的制成的饲料添加剂	
230	23099090002	原按13%征税的其他配制的动物饲料	
231	25010011	食用盐	
232	29051990	其他饱和一元醇	原按13%征税的
233	29091910	甲醚	
234	29091990111	原按13%征税的八氯二丙醚	
235	29091990121	原按13%征税的二氯异丙醚	
236	29091990901	原按13%征税的其他无环醚及其卤化等衍生物	
237	29109000	三节环环氧化物，环氧醇（酚、醚）及其卤化、磺化、硝化，或亚硝化的衍生物	原按13%征税的
238	2915390011	三氯杀虫酯	原按13%征税的
239	2915390013	特乐酯	原按13%征税的
240	2915390015	信铃酯	原按13%征税的
241	2915390016	种衣酯	原按13%征税的

242	29189900	其他含其他附加含氧基羧酸及其酸酐（酰卤化物，过氧化物和过氧酸及它们的衍生物）	原按13%征税的
243	29214990	其他芳香单胺及衍生物及它们的盐	原按13%征税的
244	2922199010	增产胺	原按13%征税的
245	2922199020	克仑特罗	原按13%征税的
246	2922199031	醋美沙朵、阿醋美沙朵、阿法美沙朵（以及它们的盐）	原按13%征税的
247	2922199032	倍醋美沙多、倍他美沙多（以及它们的盐）	原按13%征税的
248	2922199033	地美沙多、地美庚醇、诺美沙多（以及它们的盐）	原按13%征税的
249	2922199090	其他氨基醇及其醚、酯和它们的盐（但含有一种以上含氧基的除外）	原按13%征税的
250	29242500	甲草胺（ISO）	原按13%征税的
251	29242990	其他环酰胺（包括环氨基甲酸酯）	原按13%征税的
252	2931900029	田安	原按13%征税的
253	2932209012	赤霉酸	原按13%征税的
254	2932209014	丁香菌酯	原按13%征税的
255	2932209015	甲氨基阿维菌素苯甲酸盐	原按13%征税的
256	2932209016	阿维菌素	原按13%征税的
257	2932999011	克百威	原按13%征税的
258	2932999012	二氧威，恶虫威，丙硫克百威等（包括丁硫克百威，呋线威）	原按13%征税的
259	2932999013	因毒磷，敌恶磷，碳氯灵	原按13%征税的
260	2932999014	增效特，增效砜，增效醚，增效酯等（包括增效环，增效散）	原按13%征税的
261	2932999015	吡喃灵，吡喃隆，乙氧呋草黄等（包括呋草黄，氟草肟）	原按13%征税的
262	2932999016	避蚊酮，苯虫醚，鱼藤酮	原按13%征税的
263	2932999017	调呋酸，芸苔素内酯	原按13%征税的
264	2932999054	3，4-亚甲二氧基甲卡西酮（3，4-methylenedioxy-N-methylcathinone；CAS号：186028-79-5）	原按13%征税的
265	2932999099	其他仅含氧杂原子的杂环化合物	原按13%征税的
266	29331990	其他结构上有非稠合吡唑环化合物（不论是否氢化）	原按13%征税的
267	29332900	其他结构上有非稠合咪唑环化合物（不论是否氢化）	原按13%征税的
268	29333990	其他结构上有非稠合吡啶环化合物（不论是否氢化）	原按13%征税的
269	29334900	其他含喹啉或异喹啉环系的化合物（但未经进一步稠合）	原按13%征税的
270	29335990	其他结构上有嘧啶环或哌嗪环的化合物（不论是否氢化）	原按13%征税的
271	29339900	其他仅含氮杂原子的杂环化合物	原按13%征税的

272	2934200019	苯噻菌酯	原按 13% 征税的
273	29349990	其他杂环化合物	原按 13% 征税的
274	30019090991	原按 13% 征税的其他未列名的人体或动物制品	
275	49011000002	单张的书籍、小册子及类似印刷品	原按 13% 征税的
276	49019100002	字典、百科全书	原按 13% 征税的
277	49019900002	其他书籍、小册子及类似的印刷品	原按 13% 征税的
278	49021000	每周至少出版四次的报纸、杂志	原按 13% 征税的
279	49029000	其他报纸、杂志及期刊	原按 13% 征税的
280	49030000002	儿童图画书、绘画或涂色书	原按 13% 征税的
281	49040000002	乐谱原稿或印本	原按 13% 征税的
282	49059100002	成册的各种印刷的地图及类似图表	原按 13% 征税的
283	49059900002	其他各种印刷的地图及类似图表	原按 13% 征税的
284	52010000	未梳的棉花	
285	52029900	其他废棉	
286	52030000	已梳的棉花	
287	84082090101	油缸数在 3 缸以下（含），功率＜132.39KW 拖拉机用柴油机	原按 13% 征税的
288	84089091	功率≤ 14KW 其他用柴油发动机	
289	84089092201	油缸数在 3 缸以下（含），14＜功率＜132.39KW 的农业用柴油机	原按 13% 征税的
290	8413501010	农业用气动往复式排液泵	
291	8413502010	农业用电动往复式排液泵	
292	8413503101	农业用柱塞泵	
293	8413503901	其他农业用液压往复式排液泵	
294	8413509010	其他农用往复式排液泵	
295	8413602101	农业用电动齿轮泵（回转式排液泵）	
296	8413602201	农业用回转式液压油泵（输入转速＞2000r/min，输入功率＞190KW，最大流量＞2*280 L/min）	
297	8413602210	其他农业用液压齿轮泵（回转式排液泵）	
298	8413602901	其他农业用齿轮泵（回转式排液泵）	
299	8413603101	农业用电动叶片泵（回转式排液泵）	
300	8413603201	农业用液压叶片泵（回转式排液泵）	
301	8413603901	其他农业用叶片泵（回转式排液泵）	
302	8413604001	农业用螺杆泵（回转式排液泵）	
303	8413605001	农业用径向柱塞泵（回转式排液泵）	

304	8413606001	农业用轴向柱塞泵（回转式排液泵）	
305	8413609010	农业用其他回转式排液泵	
306	8413701010	农业用其他离心泵（转速在 10000 转/分及以上）	
307	8413709110	农业用电动潜油泵及潜水电泵（转速在 10000 转/分以下）	
308	8413709910	其他农业用离心泵（转速在 10000 转/分以下）	
309	8413810010	农业用其他液体泵	
310	84193100	农产品干燥器	
311	84224000001	农业用的棉花打包机	原按 13% 征税的
312	84244100	农业或园艺用便携式喷雾器	
313	84244900	其他农业或园艺用喷雾器	
314	84248200	其他农业或园艺用液体或粉末的喷射、散布机械器具	
315	84249090001	原按 13% 征税的其他喷雾器具及喷气机等用的零件	
316	84292010001	农用的原按 13% 征税的平地机，功率＞235.36KW	
317	84292090001	农用的其他平地机	原按 13% 征税的
318	84321000	犁	
319	84322100	圆盘耙	
320	84322900	其他耙、松土机等耕作机械	
321	84323111	免耕谷物播种机	
322	84323119	其他免耕直接播种机	
323	84323121	免耕马铃薯种植机	
324	84323129	其他免耕直接种植机	
325	84323131	免耕水稻插秧机	
326	84323139	其他免耕直接移植机	
327	84323911	其他谷物播种机	
328	84323919	其他播种机	
329	84323921	其他马铃薯种植机	
330	84323929	其他种植机	
331	84323931	其他水稻插秧机	
332	84323939	其他移植机	
333	84324100	粪肥施肥机	
334	84324200	化肥施肥机	
335	84328090001	未列名农、林业用整地或耕作机械	原按 13% 征税的

336	84332000	其他割草机	
337	84333000	其他干草切割、翻晒机器	
338	84334000	草料打包机	
339	84335100	联合收割机	
340	84335200	其他脱粒机	
341	84335300	根茎或块茎收获机	
342	84335910	甘蔗收获机	
343	84335920	棉花采摘机	
344	84335990	其他收割机	
345	84336010	蛋类清洁、分选、分级机器	
346	84336090	水果或其他农产品的清洁、分选、分级机器	
347	84341000	挤奶机	
348	84361000	动物饲料配制机	
349	84362100	家禽孵卵器及育雏器	
350	84362900	家禽饲养用机器	
351	84368000011	原按13%征税的青储饲料切割上料机	
352	84368000021	原按13%征税的自走式饲料搅拌投喂车	
353	84368000901	原按13%征税的农、林业等用的其他机器	
354	84371010001	原按13%征税的光学色差颗粒选别机（色选机）	
355	84371090	其他种子、谷物或干豆的清洁、分选或分级机	
356	84378000	谷物磨粉业加工机器	
357	85232120001	原按13%征税的已录制的磁条卡	
358	85232919001	音像制品和电子出版物	原按13%征税的
359	85232928001	原按13%征税的重放声音或图像信息的磁带	
360	85232929001	原按13%征税的已录制的其他磁带	
361	85232990001	原按13%征税的其他磁性媒体	
362	85234910001	原按13%征税的仅用于重放声音信息的已录制光学媒体	
363	85234920001	原按13%征税的用于重放声音、图像以外信息的光学媒体〔品目8471所列机器用，已录制〕	
364	85234990001	原按13%征税的其他已录制光学媒体	
365	85235120001	原按13%征税的已录制的固态非易失性存储器件	
366	85235290001	音像制品和电子出版物智能卡	原按13%征税的
367	85235920001	原按13%征税的其他已录制的半导体媒体	

368	85238011001	原按 13% 征税的已录制唱片	
369	85238019001	原按 13% 征税的其他唱片	
370	85238029001	原按 13% 征税的其他税号 84.71 所列机器用其他媒体	
371	85238099001	原按 13% 征税的其他媒体	
372	87011000	手扶拖拉机	
373	87013000101	原按 13% 征税的农用履带式拖拉机	
374	87013000901	原按 13% 征税的农用履带式牵引车	
375	87019110001	原按 13% 征税的农用其他发动机功率不超过 18 千瓦的拖拉机	
376	87019190001	原按 13% 征税的农用其他发动机功率不超过 18 千瓦的牵引车	
377	87019210001	原按 13% 征税的农用其他发动机功率超过18 千瓦但不超过37 千瓦的拖拉机	
378	87019290001	原按 13% 征税的农用其他发动机功率超过18 千瓦但不超过37 千瓦的牵引车	
379	87019310001	原按 13% 征税的农用其他发动机功率超过37 千瓦但不超过75 千瓦的拖拉机	
380	87019390001	原按 13% 征税的农用其他发动机功率超过37 千瓦但不超过75 千瓦的牵引车	
381	87019410101	原按 13% 征税的农用发动机功率超过 110 千瓦但不超过 130 千瓦的轮式拖拉机	
382	87019410901	原按 13% 征税的农用发动机功率超过 75 千瓦但不超过 130 千瓦的其他拖拉机	
383	87019490001	原按 13% 征税的农用其他发动机功率超过 75 千瓦但不超过 130 千瓦的牵引车	
384	87019510101	原按 13% 征税的农用发动机功率超过 130 千瓦的轮式拖拉机	
385	87019510901	原按 13% 征税的农用发动机功率超过 130 千瓦的其他拖拉机	
386	87019590001	原按 13% 征税的农用其他发动机功率超过 130 千瓦的牵引车	
387	87162000001	农用自装或自卸式挂车及半挂车	原按 13% 征税的
388	89020090001	非机动捕鱼船	原按 13% 征税的
389	98010090001	原按 13% 征税的其他未分类商品	

交通运输部关于加快发展冷链物流保障食品安全促进消费升级的实施意见

交运发〔2017〕127号

各省、自治区、直辖市、新疆生产建设兵团交通运输厅（局、委），部属各单位，部内各司局：

促进冷链物流规范健康发展，对于提高人民群众生活品质，保障食品药品流通安全具有重要意义。交通运输是冷链物流的基础环节和重要载体，在支撑冷链物流发展中发挥着主体作用。目前，我国冷链物流运输环节"断链"现象较为普遍，运输装备技术水平低、行业监管不足、标准规范执行不到位，影响了冷链物流整体服务品质和安全保障能力。为深入贯彻落实《国务院办公厅关于加快发展冷链物流保障食品安全促进消费升级的意见》（国办发〔2017〕29号）相关要求，推动物流业供给侧结构性改革，加快促进冷链物流健康规范发展，保障鲜活农产品和食品流通安全，支撑产业转型发展和居民消费升级，制定本实施意见。

一、总体要求

贯彻落实国务院关于加快发展冷链物流的总体部署和要求，以满足全社会冷链物流需求、提升冷链物流服务品质、保障食品流通安全为目标导向，坚持市场主导、问题导向、创新驱动、协同发展，深入推进物流供给侧结构性改革，充分发挥交通运输在冷链物流发展中的基础性作用，着力提升设施设备技术水平、健全全程温控体系、优化运输组织模式、强化企业运营监管，力争到2020年，初步形成全程温控、标准规范、运行高效、安全绿色的冷链物流服务体系，"断链"问题基本解决，全面提升冷链物流服务品质，有效保障食品流通安全。

二、加快完善冷链物流设施设备

1.严格冷藏保温车辆的市场准入和退出。制定发布《营运货车安全技术条件》行业标准，将冷藏保温车辆作为专用货运车辆加强管理，并将温度监控设备性能要求作为冷藏保温车辆投入运营的基本条件。对于不符合相关标准要求的，不允许投入冷链物流市场。引导高耗能、低效率、不合规的冷藏保温车加快退出市场。

2.严格冷藏保温车辆使用过程管理。做好冷藏保温车辆的年度审验，制定发布《冷藏保温车辆温度记录与监控设备性能要求和检测方法》《冷藏保温车辆分类及技术要求》等行业标准，明确对冷藏保温车辆及其温控、制冷设备等的性能要求和检验方法，并纳入营运车辆综合性能检验，确保温控、制冷设备性能合格。

3.提升冷链物流装备专业化水平。鼓励多温层冷藏车、冷藏集装箱、冷藏厢式半挂车、低温保温容器等标准化运载单元以及轻量化、新能源等节能环保冷藏保温车型在冷链物流中推广使用，提高冷链物流装备的专业化、标准化、轻量化水平。完善冷藏集装箱供需体系，建立跨运输方式的冷藏集装箱循环共享共用系统，提高冷藏集装箱的利用效率。

4.加强冷链物流基础设施建设。加快建设具有仓储、集配、运输等功能于一体的公共服务型冷链物流园区，加快面向农产品生产基地，特别是中西部农产品规模较大地区的冷链物流园区建设。引导货运枢纽（物流园区）完善冷链物流服务功能，合理规划园区内冷藏库、恒温库、冷冻库等设施的布局，支持标准化冷库、封闭低温装卸货台、温控理货区建设，促进制冷、温控、装卸、分拣包装等先进设备的推广应用。加快农村冷链物流网络体系建设，完善"最先一公里"产地预冷设施。

三、鼓励冷链物流企业创新发展

5.引导传统冷链物流企业转型升级。鼓励传统冷链物流企业扩大经营规模和服务范围，拓展经营网络，创新服务产品，引导单一运输服务向定制化、个性化增值服务转型，提升冷链物流服务品质。鼓励有条件的冷链物流企业延伸服务链条，加强与农产品生产、生鲜食品加工、商贸流通企业在订单管理、仓储管理、物流配送、温度监控等方面的协同对接，推动冷链物流企业向综合物流服务商转型发展，提高冷链物流企业供应链服务水平。

6.创新企业运营组织模式。依托多式联运示范工程，鼓励冷链物流企业发展"海运+冷藏班列"海铁联运、"中欧冷藏班列"公铁联运、公水联运、空陆联运等多式联运新模式。加强多式联运冷藏设施设备在技术标准、信息资源、服务规范、作业流程等方面的有效对接，引导冷链物流企业提供全程一站式服务。支持冷链物流企业依托移动互联网等信息技术从事无车、无船承运业务，鼓励企业根据冷链产品消费需求特点，创新运营组织模式，发展甩挂运输、共同配送等先进运输组织方式，提高冷链物流运作效率。

7.鼓励企业联盟发展。按照"优势互补、资源共享、互信共赢"的原则，鼓励不同类型的企业以资本、产品、信息为纽带，建立冷链物流联盟，加强合作，实现资源整合，促进集约化、规模化发展，提升市场集中度，扭转市场主体过散、过弱的局面，提高企业竞争力和市场抗风险能力。

四、提升冷链物流信息化水平

8.构建冷链物流温度监控系统。鼓励冷链物流企业自建或委托第三方机构建设冷链物流设施设备的远程监控系统，对冷藏保温库、冷藏保温车辆、冷藏集装箱内的温度进行实时监测记录，及时处置温度异常等情况，确保冷链物流运输环节温度控制"不断链"。

9.促进冷链物流信息互联共享。冷链物流企业应加强物流管理信息系统建设，为收发货人提供全程定位跟踪和温度监控服务，推进冷链上下游企业信息共享，实现订单处理、运输仓储、城市配送、结算等业务环节的有效对接，促进资源优化调度和业务协同。

五、提高行业监管水平

10.强化对冷链物流运输环节温度监控的监管。建立对冷链物流企业温度监控记录的抽检抽查制度，对温控记录、运单数据进行核查比对，作为政府行业监管和企业信用评价的依据。充分发挥社会监督力量，引导形成运输企业和收发货人在货物交付、装卸、运输等环节的温度记录查验机制。

11.开展冷链物流企业服务和信用评价。制订发布《道路冷链运输服务规则》，引导企业建立完善以温度控制为核心的冷链物流操作规程，建立健全冷链物流服务质量和信用评价体系。开展冷链物流企业信用信息共享，建立与相关部门的企业信用信息联动共享机制，对冷链物流企业信用评价结果进行公示和联合惩戒。

六、健全完善相关政策

12.优化城市配送冷藏保温车辆通行管理。研究开展城市冷链配送需求量调查预测及冷藏保温车辆标识化管理工作，为科学配置冷链物流资源提供依据。城市交通运输主管部门应积极协调公安部门，调整完善城市配送冷藏保温车辆通行管理制度，合理规划冷链配送停靠装卸设施，推动实现配送车辆便利通行。

13.降低冷链物流通行成本。继续执行鲜活农产品运输"绿色通道"政策，引导企业按照相关规定运输鲜活农产品，确保冷链物流企业运输鲜活农产品依法享受"绿色通道"政策。

七、保障措施

14.加强部门协同协作。健全完善部门协同机制，利用信息技术手段建立行业监管的联动机制，规范冷链物流企业经营行为。在冷链物流用地、融资、税收、保险、通行等问题加强协调配合，不断优化政策环境，形成推进冷链物流发展的合力。

15.注重冷链物流人才培养。鼓励高校、科研机构与国内外著名企业联合建立冷链物流综合培训和试验基地，加强冷链物流学科及研发中心建设，提高冷链物流管理和操作人员知识水平和专业技能。

16.发挥行业协会作用。充分发挥行业协会在标准制修订、服务质量认证、产品标识化管理、政策建议、交流合作、资质评定和人才培训等方面的积极作用，规范冷链物流企业经营行为，推动行业自律。

交通运输部

2017 年 8 月 22 日

商务部等 5 部门关于印发
《商贸物流发展"十三五"规划》的通知

各省、自治区、直辖市、计划单列市及新疆生产建设兵团商务、发展改革、国土资源、交通运输、邮政部门：

为进一步推动我国商贸物流业健康发展，降低物流成本，提高流通效率，根据《国民经济和社会发展第十三个五年规划纲要》《物流业发展中长期规划（2014—2020 年）》，商务部、发展改革委、国土资源部、交通运输部、国家邮政局制定了《商贸物流发展"十三五"规划》，现印发给你们，请认真贯彻执行，并加强对规划实施情况的跟踪问效和监督检查。

商务部

发展改革委

国土资源部

交通运输部

国家邮政局

2017 年 1 月 19 日

商贸物流发展"十三五"规划

商贸物流是指与批发、零售、住宿、餐饮、居民服务等商贸服务业及进出口贸易相关的物流服务活动。加快发展商贸物流业，有利于提高流通效率，降低物流成本，引导生产，扩大消费。根据《国民经济和社会发展第十三个五年规划纲要》《物流业发展中长期规划（2014—2020 年）》，制定本规划。规划期为 2016—2020 年。

一、发展基础

"十二五"期间，商贸物流业取得长足发展，主要指标达到或超过规划目标水平，为推动国民经济提质增效升级和平稳较快发展提供了有力支撑。

物流需求持续扩大。2015 年社会消费品零售总额达到 30.1 万亿元，"十二五"年均增长达 13.9%；货物进出口总额达 24.6 万亿元，年均增长 4%；电子商务交易总额达 20.8 万亿元，年均增长 35.8%；单位与居民物品物流总额达 5078 亿元，年均增长 20.8%；快递业务量达 206.7 亿件，年均增长 54.61%；生产资料销售总额达 57.9 万亿元，年均增长 10.0%。批发、零售、住宿、餐饮、居民服务等商贸服务业及货物贸易迅速发展，对商贸物流服务需求不断扩大。

物流运行效率提升。"十二五"期间，商贸企业物流费用率呈下降趋势，2014年我国批发零售企业物流费用率为7.7%，较2008年下降0.6个百分点。受益于共同配送等新模式发展，大型连锁企业物流成本持续降低，配送效率不断提升。2011—2015年，规模以上连锁超市商品统一配送率由63.4%提高到76.6%。

物流服务水平快速提高。商贸物流网络加快向中小城市延伸，向农村乡镇下沉，向居民社区拓展，服务能力不断增强。仓储分拣、装卸搬运、包装加工、运输配送等专用设施设备和条形码、智能标签、无线射频识别、可视化及跟踪追溯系统、全球定位系统、地理信息系统等先进技术加速应用，云计算、大数据、物联网、移动互联网等新一代信息技术日益推广。商贸物流服务更加高效便捷，"及时送""定时达"等个性化服务以及"门到门"等一站式服务更加普及。

物流模式创新发展。商贸物流企业加快推动平台建设，形成了公共信息服务平台、资源整合交易平台、跨境电子商务平台等物流平台发展模式。适应连锁经营发展需要，形成了供应商直接配送、连锁企业自营配送、社会化配送及共同配送等物流配送模式。企业着眼于供应链管理，形成了商贸物流全产业链集成发展、互联网引领物流发展、商贸业和制造业联动发展等融合发展新模式。商贸物流企业积极推动全过程标准化管理，形成了供应链上下游企业"结对子"协同推进标准化、组建联盟创新推进标准化、大型企业集团在系统内部推进标准化、以标准托盘应用为依托推进商业流程标准化、以标准周转箱应用为依托推进农产品物流标准化等标准化推进模式。

国际化发展取得突破。"十二五"期间，交通运输、仓储和邮政业实际利用外资金额累计达195.3亿美元，年均增长13.3%。自由贸易试验区试点放宽国际航运服务领域外资准入限制，外贸进出口集装箱在国内沿海港口和自贸试验区内港口之间的沿海捎带业务有序开展。商贸物流企业加快推动国际区域物流合作，积极参与"一带一路"物流通道建设，稳步推进跨境电子商务海外仓建设，拓展国际货运代理业务范围，国际合作水平明显提高。

发展环境持续优化。"十二五"期间，国家高度重视商贸物流发展，出台了一系列扶持政策，相关规划和标准体系不断完善。地方政府积极落实土地、资金、税费、交通管理等政策，并出台相关配套措施。商贸物流诚信体系建设有序推进，市场秩序逐步规范。城市共同配送、商贸物流标准化、电子商务与物流快递协同发展等综合示范试点工作成效显著。

商贸物流业在取得重大成就的同时，仍然存在一些突出问题。主要表现在：商贸物流网络不完善，基础设施供给不均衡；企业竞争力偏弱，市场集中度较低；专业化、社会化、现代化程度不高；标准化、信息化、集约化水平有待提升。

二、面临形势

"十三五"时期是我国全面建成小康社会的决胜阶段，也是推进供给侧结构性改革的重要时期，商贸物流发展面临重大机遇：居民消费规模进一步扩大，服务需求更加多元，为商贸物流业发展提供了广阔市场。随着"一带一路"建设、京津冀协同发展、长江经济带发展的推进实施，物流基础设施加快建设，为商贸物流区域协调发展奠定基础。新型城镇化和农业现代化有利于实现城乡融合，提高城市和农村间物流基础设施衔接和配套水平，为商贸物流发展提供支撑。云计算、大数据、物联网、移动互联网等新一代信息技术普及应用，有利于高效整合物流资源，为商贸物流转型升级和创新发展创造条件。内外贸一体化进程加快、跨境电子商务等新型贸易方式兴起，为商贸物流国际化发展拓展空间。法治化营商环境持续改善，有利于促进商贸物流主体公平竞争，为行业规范发展提供保障。

"十三五"时期，商贸物流发展也面临诸多挑战：资源环境约束强化，人工、租金成本刚性上升，标准化、信息化、集约化、绿色化发展任务艰巨。居民消费结构升级，对商贸物流服务向精细化、个性化、专业化发展提出更高要求。随着经济全球化、区域经济一体化进程加快，商贸物流企业在创新服务模式、提高经营效率等方面面临更加激烈的国际竞争。商业新技术、新业态、新模式给传统商贸物流发展带来新的挑战。

总体来看，商贸物流发展仍处于大有可为的重要战略机遇期，必须准确把握战略机遇期内涵和条件的深刻变化，着力在优化商贸物流结构、增强内生动力、补齐发展短板上取得突破，切实转变发展方式，不断提高商贸物流发展水平。

三、总体思路

（一）指导思想

全面贯彻党的十八大和十八届三中、四中、五中、六中全会精神，深入贯彻习近平总书记系列重要讲话精神，紧紧围绕统筹推进"五位一体"总体布局和协调推进"四个全面"战略布局，牢固树立和贯彻落实新发展理念，充分发挥市场在资源配置中的决定性作用和更好发挥政府作用，按照推进供给侧结构性改革的总体要求，以体制机制改革为动力，以技术应用为支撑，以模式创新为引领，聚焦重点领域和关键环节，完善商贸物流服务体系，提升商贸物流发展水平，降低物流成本，提高流通效率，为经济社会发展提供物流服务保障，为全面建成小康社会做出贡献。

（二）基本原则

1.市场驱动、创新发展

强化企业的市场主体地位，创新商贸物流发展方式，鼓励技术创新、模式创新和业态创新。创新商贸物流管理方式，提高政府公共服务、市场监管和宏观调控能力。

2.加强统筹、协调发展

统筹规划重大物流基础设施建设，推动商贸物流城乡合理布局和区域协同发展。优化供应链管理，推进商贸物流与商贸流通业融合发展，加快商贸物流与农业、制造业、金融业等产业协调发展。

3.生态环保、绿色发展

鼓励应用节能降耗技术，减少对环境的污染和资源的损耗。推广使用绿色物流设施设备和绿色包装，推进物流设施设备的循环共用，创新绿色物流运作模式，提高能源资源使用效率。

4.国际合作、开放发展

坚持扩大开放，深化国际合作，积极引进国外先进技术、资金、人才、管理等要素资源，提升商贸物流国际竞争力。积极构建国际营销和物流网络，为国内企业"走出去"和跨境电子商务发展提供保障。

5.整合优化、共享发展

鼓励应用现代信息技术，发挥信息平台的资源整合优势，推进物流设施、技术装备、数据信息等资源共享。大力推广租赁制、交换制等循环共用方式，提高物流效率，降低物流成本。

（三）发展目标

"十三五"期间，基本形成城乡协调、区域协同、国内外有效衔接的商贸物流网络；商贸物流标准化、信息化、集约化和国际化水平显著提高，商贸流通领域托盘标准化水平大幅提升，标准托盘使用率达到30%左右，先进信息技术应用取得明显成效，商贸物流企业竞争力持续增强；商贸物流成本明显下降，批发零售企业物流费用率降低到 7% 左右，服务质量和效率明显提升；政府管理与服务方式更加优化，法治化营商环境更趋完善；基本建立起高效集约、协同共享、融合开放、绿色环保的商贸物流体系。

四、主要任务

（一）构建多层次商贸物流网络

服务于"一带一路"建设、京津冀协同发展、长江经济带发展等国家战略，构建具有国际竞争力、区域带动力的全国性商贸物流节点城市和具有地区辐射能力的区域性商贸物流节点城市。以满足消费升级、产业转型和城市发展为目标，加快构建物流分拨中心、专业配送中心、末端配送网点三级网络为主的城市配送体系。加强农村物流网络体系建设，支持建设县、乡镇综合性物流配送中心和末端配送网点。畅通城乡商贸物流通道，促进城市物流和农村物流的高效衔接。加大对老少边穷地区的支持，完善商贸物流服务网络，打通特色产品销售渠道。

专栏 1 商贸物流节点城市名单

全国性商贸物流节点城市： 北京、天津、石家庄、唐山、太原、呼和浩特、包头、沈阳、大连、长春、哈尔滨、上海、南京、苏州、杭州、宁波、合肥、福州、厦门、南昌、济南、青岛、郑州、武汉、长沙、广州、深圳、南宁、海口、重庆、成都、贵阳、昆明、拉萨、西安、兰州、西宁、银川、乌鲁木齐。

区域性商贸物流节点城市： 保定、秦皇岛、邯郸、大同、临汾、呼伦贝尔、鄂尔多斯、锦州、丹东、延边、吉林、牡丹江、大庆、徐州、南通、连云港、无锡、舟山、金华、温州、阜阳、芜湖、泉州、漳州、九江、赣州、潍坊、烟台、临沂、洛阳、商丘、南阳、宜昌、襄阳、荆州、衡阳、娄底、株洲、东莞、佛山、桂林、柳州、钦州、防城港、绵阳、达州、南充、宜宾、遵义、六盘水、曲靖、红河、咸阳、榆林、天水、酒泉、海西、海东、石嘴山、喀什、伊犁、博尔塔拉、巴音郭楞、日喀则。

（二）加强商贸物流基础设施建设

推进物流园区转型升级，加强园区水、电、路、网络、通信、热力等基础设施建设，提升仓储、运输、配送、信息等公共服务水平，通过信息平台引导线上、线下对接，拓展物流园区增值服务功能。加强城市配送中心建设，支持具有公益性的城市配送公共服务设施建设，推动位于城市或城乡结合部的货运场站转型为社会化配送中心。加强末端配送网点建设，提升末端配送网点覆盖率，完善配送停靠和装卸设施。

（三）加强商贸物流标准化建设

重点完善基础类、服务类商贸物流标准，加快形成覆盖仓储、运输、装卸、搬运、包装、分拣、配送等环节的商贸物流标准体系。鼓励和引导企业主动应用国家标准，支持行业协会、科研机构和企业参与物流标准的制订和宣贯工作。以"互联网+"为驱动，推动适应电子商务、连锁经营、共同配送等现代流通方式发展的商贸物流设施设备标准化、服务标准化和信息标准化。发展单元化物流，以标准托盘（1200mm × 1000mm）循环共用为切入点，推广包装基础模数（600mm × 400mm）和集装器具，带动上下游物流标准化水平提高。

（四）加强商贸物流信息化建设

深入实施"互联网+"高效物流行动，构建多层次物流信息服务平台，发展经营范围广、辐射能力强的综合信息平台、公共数据平台和信息交易平台。运用市场化方式，提升商贸物流园区、仓储配送中心、末端配送站点信息化、智能化水平。推广应用物联网、云计算、大数据、人工智能、机器人、无线射频识别等先进技术，促进从上游供应商到下游销售商的全流程信息共享，提高供应链精益化管理水平。鼓励有条件的地区开展政府物流信息共享平台建设，将交通运输、海关、税务、工商等部门可公开的电子政务信息进行整合后向社会公开，实现便民利企。顺应流通全渠道变革和平台经济发展趋势，探索发展与生产制造、商贸流通、信贷金融等产业协调联动的智慧物流生态体系。

（五）推动商贸物流集约化发展

大力提升商贸物流企业组织化程度，鼓励商贸物流企业进行资产重组、业务融合和流程再造，形成一批技术水平先进、主营业务突出、核心竞争力强的大型现代物流企业集团。鼓励中小企业通过联盟、联合等多种方式，实现资源整合优化，提升集约化发展水平。鼓励大企业通过平台集聚带动中小企业的组织化和信息化水平提高。打破地区和行业界限，按照物流需求规模及增长潜力，整合需求不足和同质化竞争严重的物流园区，推动各类分散仓储配送资源与大型物流园区衔接配套，引导企业自用仓储配送设施对外开放。支持第三方物流发展，拓展物流方案设计、智能包装、设备租赁等增值服务，着力提升第三方物流服务水平。

（六）推动商贸物流专业化发展

重点推动电子商务、冷链、医药、生产资料等专业物流发展。大力发展电子商务物流，引导向中小城市以及县、乡镇延伸服务网络，形成"结构优化、功能强大、运作高效、服务优质"的电子商务物流体系。发展冷链物流，加强多温层节能冷库、加工配送中心、末端冷链设施建设，鼓励应用专业冷藏运输、全程温湿度监控等先进技术设备，建设标准健全、功能完善、上下游有效衔接的冷链物流服务体系。加快发展医药物流，推进医药物流资源集中配置，鼓励大型医药批发企业提供社会化医药物流服务，提升专业化医药物流水平。鼓励生产资料流通企业强化物流服务功能，拓展仓储、加工、配送、追溯、展示等配套服务，推进生产资料物流企业向供应链集成服务商转型发展。

（七）推动商贸物流国际化发展

推动国际物流发展，支持在"一带一路"国际大通道、沿线中心城市、重点港口、重点境外经贸合作区建设物流中心，发展商贸物流型境外经贸合作区。以跨境电子商务发展为重点，引导和鼓励有条件的企业科学规划、有序建设海外物流基础设施，打造具有较强辐射能力的公共海外仓。支持行业协会开展国际合作，建设仓储资源信息平台，促进国内外仓储资源共享。鼓励国内商贸物流企业与外商投资企业加强合作，提升商业创新水平和现代服务理念，实现结构升级和服务能力提升。

（八）促进商贸物流绿色化转型

引导企业创新绿色物流运作模式，通过信息技术优化物流资源配置和仓储配送管理，实现节能降耗。推动物流企业建设能源管理体系，建立绿色节能低碳运营管理流程和机制，加快淘汰落后用能设备。发展绿色仓储，建设绿色物流园区，加强仓库建筑创新与节能减排技术应用。推广节油技术和绿色节能运输设备，鼓励配送企业使用新能源汽车、经济型节油车、轻量化起重搬运设备。积极研发和推广可循环利用、可降解的新型包装材料，鼓励使用绿色循环低碳产品。推动流通企业、电子商务企业、物流企业等利用销售配送网络，建立逆向物流回收体系，利用大数据、云计算等技术优化逆向物流网点布局，提高运营效率。

（九）建设商贸物流信用体系

建立科学合理的商贸物流信用评价体系，研究制定规范统一的信用评价办法，建立信用评价长效机制。将物流企业行政许可、行政处罚、经营异常目录和严重违法失信企业名单（黑名单）、抽查检测结果等信息，通过全国信用信息共享平台和国家企业信用信息公示系统进行归集公示。引导物流园区、物流信息平台、电子商务物流企业等建立对入驻商户和上下游企业的信用评价机制，倡导企业诚信经营。充分发挥行业组织作用，为商贸物流企业和从业人员提供政策、法律、咨询、市场信息等配套服务，增强商贸物流企业和从业人员的诚信意识和风险防范意识。

五、重点工程

（一）城乡物流网络建设工程

依托商贸物流节点城市，支持建设改造一批综合型和专业型的物流分拨中心，以龙头企业为主体打通全国物流主干网。完善城市配送网络，建设改造一批集公共仓储、加工分拣、区域配送、信息管理等服务功能于一体的社会化配送中心。加快物流配送渠道下沉，重点完善末端配送网络体系，加快建设商业设施、社区服务机构、写字楼、机关事业单位、大学校园配送场地，完善配送自助提货柜等设施布局，畅通配送末端"毛细血管"。支持全国性物流龙头企业与区域性物流企业加强合作，共建城乡一体化物流网络。

（二）商贸物流标准化工程

加强物流关键技术标准研制，加快完善贯通物流一体化运作的商贸物流标准体系。结合物流标准化试点，以标准托盘（1200mm×1000mm）及其循环共用为切入点，推广使用符合国家标准《联运通用平托盘主要尺寸及公差》（GB/T2934-2007）、《联运通用平托盘性能要求和试验选择》（GB/T4995-2014）的托盘，大力提高标准托盘普及率。加快标准托盘循环共用体系建设，培育市场主体，提升专业化服务能力。大力发展单元化物流，推广包装基础模数（600mm×400mm）和集装器具，推动带托盘运输和免验货交接，提高供应链效率。贯彻《汽车、挂车及汽车列车外廓尺寸、轴荷及质量限值》（GB1589-2016）国家标准，支持运输车辆的标准化改造。

（三）商贸物流平台建设工程

构建多层次商贸物流信息平台。加快建设物流配送公共服务平台，拓展交易撮合、信息发布、跟踪追溯、信用评价等综合性服务功能，提升采购、交易、运作、管理、结算等全流程服务能力。支持建立智慧化共同配送分拨调配平台，提供路径优化等公共服务，实现供应商、门店、用户和配送车辆等各环节的精准对接，提高物流园区、仓储中心、配送中心的物流供需匹配度。鼓励建设供应链集成平台，推动供应链上下游企业信息互联互通，提高供应链响应能力，促进物流企业与生产制造企业、商贸流通企业融合发展。整合现有物流信息平台资源，促进商贸物流平台与各类专业平台的互联互通，促进数据对接和信息共享。

（四）商贸物流园区功能提升工程

加强物流园区公共基础设施建设，完善多式联运和集疏运体系，提高仓储、中转及配送能力。加强物流园区经营管理，建立以市场化运作为主，规划引导、依法监管、协调服务相结合的园区开发建设模式。支持物流园区拓展服务功能，提供供应链设计、设备租赁、法律咨询、信用评价等商务服务，引进工商、税务、报关、报检等政务服务，提升服务水平。加强物流园区与外部交通网络的有效连接，鼓励物流园区之间、物流园区与产业园区、商品市场、公共平台之间加强合作，实现联动发展。

（五）电子商务物流工程

依托铁路、公路、水运、航空、邮政、供销合作网络，完善电子商务物流布局，构建连接城乡、覆盖全国、面向国际的电子商务物流体系。加快电子商务物流服务、作业、技术、包装、单据、信息等标准建设，提升揽收、仓储、运输、分拣、投递等环节处理能力，开发专业化、个性化服务，满足差异化需求，提升用户体验。支持探索产品源头的物流包装解决方案，减少二次包装，推广使用可降解的胶带、环保填充物，可再生纸张和环保油墨印刷的封装物品等物料辅料，推进包裹包装箱的可循环技术创新和循环再利用管理模式创新，完善包裹包装回收体系，实现包装减量化、绿色化和可循环利用。支持具备条件的第三方机构开展面向消费者的电子商务物流信用评价。

（六）商贸物流创新发展工程

推广使用自动识别、电子数据交换、货物跟踪、智能交通、物联网等先进技术装备，探索区块链技术在商贸物流领域的应用，大力发展智慧物流。推广网订店取、自助提取、代收服务等末端配送模式，探索线上线下融合的物流服务管理模式。大力推进仓配一体化，推动物流企业一体化运作、网络化经营，促进商贸物流转型升级。拓展集中采购、订单管理、流通加工、物流金融、售后维修等增值服务，支持供应链集成创新。

（七）商贸物流绿色发展工程

鼓励企业全面推进绿色仓储设施设备与技术应用，推动大型商贸企业实施绿色供应链管理，重点推动冷库提升节能技术水平，仓储设施利用太阳能等清洁能源，广泛应用电动叉车、智能穿梭车与密集型货架系统，推广新能源配送车辆，实现绿色仓储与配送可持续发展。全面推进绿色物流包装，在商品仓储、运输、配送、分拣、加工的全过程推进可循环包装、减量包装和可降解包装。

六、保障措施

（一）完善管理机制

健全部门联动机制，加强商务主管部门与发展改革、财政、国土资源、交通运输、海关、邮政管理、供销合作等部门和单位之间，各级商务主管部门之间的统筹协调。完善跨区域协同机制，健全工作联席会议制度，逐步统一各区域商贸物流管理制度。

深化行政审批制度改革，积极推进"先照后证"改革。深化商事制度改革，持续推动住所（经营场所）登记制度改革，落实物流企业设立非法人分支机构等相关政策。进一步放开商贸物流领域外资准入限制。发挥行业协会作用，探索建立"市场主导、政府规范、社会协同"的商贸物流治理模式。

（二）优化发展环境

健全法律法规体系，加快制定商贸物流相关法规制度。完善商贸物流市场监管体系，清理和废除行业领域内妨碍全国统一市场和公平竞争的规定和做法，推动建立区域合作协调机制，推进全国高速公路电子不停车收费联网工作。以城市配送车辆通行管理等重点领域为切入点，健全监管执法体制机制，统一执法标准，提高商贸物流综合执法水平。完善商贸物流企业信息披露制度，支持设立商贸物流统一信用信息平台，建立健全失信联合惩戒机制。

（三）加大政策支持

加大财政金融支持力度。鼓励地方政府加大财政资金支持，引导社会资本投入冷链物流、城乡配送网络、公共信息平台等项目建设。研究制定包装分类回收利用支持政策，提高包装循环利用率。鼓励社会资本探索设立商贸物流产业基金。扩大融资渠道，推广供应链金融。鼓励商贸物流企业通过股权投资、债券融资等方式直接融资。引导金融机构探索适合商贸物流发展特点的信贷产品和服务方式。

落实减税降费政策。通过全面推开营改增改革试点，进一步消除重复征税，扩大交通运输业的进项税抵扣范围，降低企业税收负担。抓好清理和规范商贸物流领域行政事业性收费政策落实。

落实商贸物流业用地政策。将商贸物流设施用地纳入土地利用总体规划和城市规划，保障商贸物流业发展用地，支持商贸物流新业态、新模式发展用地。适度提高物流项目建设用地容积率。

（四）加强人才培养

支持高等教育机构、商会、协会和企业加强合作，推动学科建设，完善商贸物流理论体系。着力完善专业人才培养体系，通过学历教育、职业教育、继续教育、社会培训等多种方式培养市场急需的商贸物流管理人才和技术操作人才。加强校企合作，积极开展职业培训，职业院校可采取"订单式"人才培养模式，与企业共同研究制定人才培养方案，校企共同组织针对性教学，确保学以致用，全面提高物流从业人员业务素质。积极推进产学研用结合。以提高实践能力为重点，开展物流标准化、电子商务物流、冷链物流等重点领域技能培训，提高管理和操作能力。

（五）强化规划引领

加快地方商贸物流规划编制工作，加强与国家战略、城市规划和相关规划衔接。支持政策创新，鼓励地级以上城市在公共服务、用地保障、企业融资、人才培养等方面开展试验试点。建立规划年度考核、中期评估和终期检查制度。加强规划政策宣传，提高社会认知度，推动商贸物流健康持续发展。

商务部等 9 部门发布《关于复制推广国内贸易流通体制改革发展综合试点经验的通知》

商流通函〔2017〕514 号

各省、自治区、直辖市、计划单列市及新疆生产建设兵团商务、发展改革、工业和信息化、财政、交通运输、工商、质检、邮政主管部门，供销合作社：

按照党中央、国务院决策部署，2015 年以来，上海、南京、郑州、广州、成都、厦门、青岛、黄石和义乌 9 个城市开展了国内贸易流通体制改革发展综合试点。9 个试点城市以制度创新为核心，深化简政放权、放管结合、优化服务改革，在流通创新发展促进机制、市场规制体系、基础设施发展模式、管理体制等方面进行了积极探索，形成了一批典型经验和模式。现就复制推广试点经验有关事项通知如下：

一、可复制推广的主要内容

（一）建立创新驱动的流通发展机制方面。主要包括：促进实体商业转型升级，创新电子商务发展模式，完善物流配送体系，促进城乡流通一体化、内外贸一体化、区域市场一体化发展等方面的 16 项做法和经验。

（二）建设法治化营商环境方面。主要包括：推进地方流通法规建设、完善市场监管体制、创新流通执法模式、加强流通领域信用体系建设等方面的 9 项做法和经验。

（三）建立流通基础设施发展模式方面。主要包括：创新公益性农产品市场及社区商业设施建设、运营和管理机制，创新流通规划编制实施机制等方面的 7 项做法和经验。

（四）健全统一高效的流通管理体制方面。主要包括：健全流通管理工作机制、推进放管服改革、发挥行业协会商会作用等方面的 5 项做法和经验。

二、复制推广工作要求

借鉴学习和复制推广上述典型经验和模式，对于推动国内贸易流通体制改革，建设法治化营商环境具有重要意义。各地区、各有关部门要把复制推广工作作为促进国内贸易流通体制改革的重要举措，结合当地发展实际及面临的突出矛盾和问题，参考和借鉴 9 个试点城市的典型做法，积极转变职能，深化体制改革，创新制度机制，逐步构建与现代流通发展相适应的新体制、新模式，不断优化发展环境，推动国内贸易流通创新转型、提质增效。

附件：国内贸易流通体制改革发展综合试点可复制推广试点经验

商务部 发展改革委 工业和信息化部
财政部 交通运输部 工商总局
质检总局 邮政局 供销合作总社
2017 年 7 月 25 日

附件

国内贸易流通体制改革发展综合试点可复制推广试点经验

可复制推广的试点经验	具体做法	试点城市
试点任务一：探索建立创新驱动的流通发展机制		
1.以智慧商圈建设为抓手的实体商业转型促进机制	政府通过规划建设地面、地下、空中贯通的立体商圈，引入光纤宽带、无线网络、智能交通引导、商圈APP和大数据分析等手段，打造线上线下协同发展的智慧型商业街区，推动实体商业向全渠道、全品类、全时段经营转型升级；建立"示范项目共推、客流资源共享、体系标准共建、载体平台互联、市场主体互动、宣传渠道互通"的"会商旅文体"联动发展机制，拓展商圈功能，促进商业企业跨行业融合性发展。	上海市
2.以精准服务保障为核心的实体商业转型促进机制	建立常态化政企交流机制，提供"一企一策"的精准式综合服务保障，协调解决企业在创新转型过程中遇到的体制性障碍，促进企业整合国内国际资源、线上线下资源，通过收购国外品牌和网络品牌，提升企业品牌自营能力和融合发展能力。	南京市
3.以平台服务为基础的专业市场转型升级机制	整合工商、税务、海关、检验检疫等政府资源，建立专业市场公共服务平台，对接产业运营平台、电商交易平台以及其他社会平台，提供便捷的政务服务；引入国际供应链采购平台，帮助商户拓展海外订单；通过O2O平台整合政府与市场资源，提供服务众包、云仓储、云物流等定制服务。推动专业市场向展贸中心、众创平台和供应链服务商等转型。	广州市
4.电子商务生态化、集聚化发展模式	通过统一规划、政策扶持、连片开发、公共服务集成，吸引多类型、多业态的电商企业按照产业链、供应链关系有机聚合，构建电子商务发展的良好生态环境，打造总部引领、集聚发展、优势互补的电子商务产业集群。	广州市
5.全方位服务小微电商发展模式	推动小商品市场的实体商户整体上线，在实体市场内设立网商服务区，促进商户线上线下同步发展；构建"电商小镇−园区−专业村（专业楼宇）"多层次小微电商集聚发展体系；建立用地、奖励、租房补助等政策引导机制，实施园区标准化、规范化管理，错位发展，支持园区品牌化、外向化拓展；组建电商联盟，抱团与金融、物流、电信等对接。	义乌市
6.政策集成促进专业电商平台发展模式	打造一批集交易、物流、金融、资讯等功能于一体，技术新、辐射强的专业电商平台企业，符合条件的企业经认定为国家高新技术企业后，可按规定享受相关税收优惠；同时纳入地方贸易型总部企业，在财政资金投入、企业融资、人才引进、出入境等方面予以政策支持。	上海市
7."三位一体、管服合一、四维同步"的城市共同配送体系	统一机构，统筹协调、编制规划和制定政策，形成组织、规划、政策三位一体的顶层架构；搭建集城市共同配送和交通监管于一体的网络服务平台，实现"管服合一"；形成仓储、车辆、运营、服务四领域的地方标准体系，引导城市配送标准化、规范化。	成都市
8.以龙头企业为主体的跨省域物流协作机制	支持龙头企业发起设立跨省域物流联盟，在场站建设、高速公路通行费减免、甩挂运输、节能减排、新能源车辆购置、物流信息化等方面给予政策和资金支持，引导联盟企业建立合作共享机制，开展跨区域营销和业务合作，实现甩挂车辆牵引车、挂车交换使用，托盘互换，车辆互租，票据互认，结算互用，客服互查。	郑州市

可复制推广 的试点经验	具体做法	试点城市
9.航空、铁路、公路、海港"四港联动"的多式联运模式	建立多方联动工作机制和综合服务平台，推进各类设施场站对接；创新多式联运业务模式，推动空运进出境航班与卡车内陆运输相结合，邮政与航空货运、中欧班列（郑州）相结合，形成"空进陆出"和"陆进空出"全程物流解决方案；推进多式联运海关监管中心建设和功能拓展，创新过境中转集拼、进口拼箱、整进分出等多式联运业务。	郑州市
10.全链条、跨区域的物流标准化体系	围绕托盘、周转筐、车辆、服务平台，开展标准化建设，在快速消费品领域推广全链条、跨区域托盘循环共用模式，在农产品领域推广"田头到灶头"全程不倒筐冷链配送模式；完善城市物流标准体系，发展区域联盟标准、团体标准，推动企业标准自我声明公开；建立长江经济带主要城市、内贸流通体制改革试点城市标准推广合作机制。	上海市
11.龙头企业带动的托盘标准化及循环共用模式	形成制造业龙头企业带动、商贸分销龙头企业带动、零售龙头企业带动三种托盘标准化运作模式，实现从原材料采购到运输、配送、终端网点的托盘循环共用，带动物流供应链效率和标准化水平提升。	广州市
12.城乡统一的社区综合服务体系	以整合商业及公共服务资源为主要内容，推动城乡社区采取统一的"1+5+N"模式建设综合服务体系，即建设1个便民综合服务信息平台，完善菜市场、便民超市、生活服务中心、养老中心、医疗服务中心等5项基本服务设施，叠加衣食住行等N项特色化、个性化服务项目。	成都市
13."三共三互"的区域市场一体化合作机制	建立长三角区域市场一体化合作机制，着力打破地区分割，共同推动"规划体系共建、创新模式共推、市场监管共治、流通设施互联、市场信息互通、信用体系互认"，构建统一开放、竞争有序的区域现代市场体系；围绕"三共三互"，聚焦物流标准化、农产品流通、商品市场转型、打击侵权假冒、生活必需品市场应急保供、电子口岸合作等重点专题予以推进落实；在农产品流通领域，建立长江经济带9城市农产品流通联动发展机制。	上海市
14."共商共绘共建共享"的都市圈市场一体化发展机制	共商发展大计，建立都市圈协同发展机制，形成都市圈"决策-协调-执行"三级运作模式；共绘规划蓝图，实施都市圈规划协同化，构建都市圈规划编制联动模式；共建基础设施，建立重大基础设施合作项目清单，形成区域产业体系融合互补发展模式；共享同城便利，推动南京、镇江、扬州同城化先行，建立以点带面的推进模式。	南京市
15.内外贸一体化的商品市场发展机制	依托市场采购贸易方式，实施境内外主体备案和联网管理，形成内贸采购与外贸出口一体化的贸易管理服务机制；培育贸易综合服务企业，为内外贸中小微企业提供采购、物流、通关、保险、融资等贸易供应链服务；依托传统市场的内贸分销体系，以自建、联营等形式在全国各大城市建立进口直营中心，打通进口商品国内分销渠道。	义乌市
16.内外贸标准统一的鲜活农产品流通机制	借鉴内地输港鲜活农产品和出口美日欧盟禽肉食品等质量标准、供应模式和管理方式，围绕"标准制定、产地准出、市场准入、产销衔接、追溯管理、市场建设、诚信体系、市场监管"八个重点方面，打造对接国际标准的城市鲜活农产品流通体系。	青岛市
试点任务二：探索建设法治化营商环境		
17.通过综合性立法明确流通管理权责	出台全国首部地方综合性流通法规——《青岛市商品流通市场建设和管理条例》，以立法形式明确政府在商品流通规划、流通基础设施建设保障、食用农产品安全追溯、预警监测和应急储备、信用体系建设等方面的管理权责，"授权立规"，提高行业管理法治化规范化水平。	青岛市

可复制推广的试点经验	具体做法	试点城市
18."三局合一、三级贯通"的城乡市场监管体制	整合工商、质监、食药监等部门职能，统一组建市场和质量监督管理局，集中履行流通领域审批、监督管理职责，形成一条龙的监管体制；在乡镇（街道）整合工商行政管理所、食品药品监督管理所，组建市场监督管理所；在村（社区）配备市场监管协管员，基本形成区（市）县、乡镇（街道）、村（社区）三级贯通的市场监管体系，推动监管力量下沉。	成都市
19.商务综合行政执法模式	整合执法职能，组建市、区两级商务综合执法队伍，明确商务执法事权，健全执法工作制度，规范执法流程，落实执法保障，实现商务领域全面综合行政执法；健全上下联合、部门联合和跨地区联合执法工作机制。	广州市
20.跨部门综合执法模式	实行市场监管跨部门综合执法，制定综合执法事项目录，设立专门协调机构，组建综合执法突发事件应急稽查支队；建立"联动协作、随机抽查、督办问责"的综合执法工作机制；搭建三级综合执法平台，即全市一级集中受理和组织协调平台、相关部门二级归口管理和联动处置平台、基层组织三级情况摸排和信息采集平台。	厦门市
21.机构统一综合执法模式	一支队伍管执法，整合商贸流通执法在内的 25 个部门（公安除外）行政执法职能和 17 支行政执法队伍，组建综合行政执法局，下设执法大队；在乡镇设立综合行政执法中队，实现商贸流通及其他行政执法"横向到边、纵向到底"的全领域覆盖。	成都市
22.以商务信用为核心的现代流通治理模式	制定《上海市公共信用信息归集和使用管理办法》，制定数据、行为和应用"三清单"地方标准，实现政府部门基于"三清单"的公共信用信息共享；建立商务诚信公共信息服务网络，率先在家居流通等六个领域建立"商务诚信评价导则"，打通行政与市场信用信息交互渠道；引入公众和行业协会参与市场管理，建立以信用分类管理为基础的监管资源分配新模式，提升监管效能，促进信用交易和优胜劣汰，形成"企业自治、公众评价、行业自律、政府监管"的流通治理新模式。	上海市
23.涵盖国内外市场主体的信用监管机制	实行市场信用分类监管，建立涵盖 14 项良好信用和 49 项不良信用的线上线下信用评价指标体系；按照信用等级建立信用分类三级监管机制和诚信激励机制；搭建多部门协作的国际贸易与经济案件预警平台，建立国际贸易领域信用评价和失信通报机制。	义乌市
24.以标准为核心的食品冷链市场管理机制	对标国际标准，制定涵盖食品冷链全产业链的标准体系；建立政府支持引导、社会中介组织推动、骨干企业示范应用的标准实施应用机制；建立标准实施"分等定级"评估体系，加强标准在认证认可、检验检测、市场准入、执法监督等行政管理中的使用，并将标准应用情况纳入企业信用体系，与招投标、融资、扶持政策等挂钩，建立多部门联合惩戒机制。	厦门市
25."政府引导、市场运营、社会参与"的重要产品追溯体系	出台全国首部地方食品安全信息追溯管理规章，明确企业主体责任，强化相关部门联合监督管理和行政执法职责；以第三方追溯管理平台为载体，培育形成一批品牌追溯应用企业；以二维码技术为手段，方便消费者查询，提升消费者认知度、感知度，提高追溯监管效能。	上海市
试点任务三：探索建立流通基础设施发展模式		
26."政府控股、企业运营、稳价保供"的公益性农产品批发市场建设运营机制	明确公益性农产品批发市场法定地位，建立政府控股、企业运营的建设运行模式，突出政府调控能力；建立稳价保供长效机制，加强区域供应合作，形成在田储备、实物储备、应急调运三级常态化供应体系，遇灾害性天气和突发事件减免市场交易费；完善质量安全保障体系，实现从"点监管"到"链监管"的全过程管理；建立直采直供网络，开展生鲜连锁配送，实现便民惠民。	南京市

可复制推广的试点经验	具体做法	试点城市
27. "政府投资、国企运营"的公益性农贸市场发展模式	新建农贸市场由政府投资主导，纳入棚户区改造、新建居住区规划，落实用地指标及配建政策；已建成的农贸市场采取政府回购、回租、入股、奖补等形式进行标准化改造，保障公益性功能；成立国有投资公司，负责公益性农贸市场建设、提升改造和经营管理。	郑州市
28. "三分离、两分开"的公益性菜市场投资、建设、管理机制	将公益性菜市场纳入公建配套，列入控制性详规，要求与主体项目同步建设，优先保障用地；投资、建设、资产管理"三分离"，由财政部门组织投资，建设部门统筹建设，建成后移交市县国有平台公司进行资产管理；管理与经营主体"两分开"，由国有平台公司进行统一管理，引入市场主体超市化经营。	成都市
29. 严格配套要求的社区商业设施保障机制	建立"两严格"的社区商业服务设施用地规划保障机制，即严格落实社区公共服务设施规划，严格落实商业和综合服务设施面积和占比不低于10%政策；建立多部门联动的用地监管机制，确保社区商业服务设施用地性质；明确社区商业服务设施供应政策，即新建小区在土地供应时约定由用地单位负责建设、建成后由政府指定回购，由国有商业企业统一招租、统一管理，保障社区商业设施的配置。	厦门市
30. 对接"多规合一"的流通设施规划保障机制	将内贸流通领域发展规划、商业网点规划等纳入全市"多规合一"一张图；建立"多规合一"管理综合平台，形成部门协调机制，优化审批流程，规范审批行为，加强批后监管，实现业务协同；建立大型商业设施用地出让咨询制度，成立大型商业设施用地咨询委员会。	厦门市
31. 严格自持要求的商业用地与设施调控管理制度	出台优化商业用地供应结构的实施意见及商业网点布局规划，将商业地产项目自持比例和持有时间要求列入土地出让条件，对出让土地与商业网点规划的符合度与拟建项目的合理性进行事前评估，提高商业用地供应有效性和精准性；建立商办楼宇统计监测体系，及时评估、预警大型商业设施市场运行情况。	上海市
32. 商业网点规划公示、大型项目听证和商业面积预警制度	制定地方法规，推进商业网点专项规划与本级经济社会发展等规划有效衔接，适时向社会公示；建立大型商业网点听证制度，听证意见作为项目审批建设依据；建立商业面积预警制度，对商业面积实行总量预警和核心区域面积预警；建立商业网点项目库，定期发布商业网点建设指导目录，合理引导市场预期。	黄石市
33. 流通管理大部门制	成立"三块牌子、一套班子"的市商务委（旅游局、招商局）；建立商务系统管理、执法、服务"三位一体"的职能体系，推进商务行政审批和行业监管"审管分离"机制；建立市商务综合服务中心，承担内贸有关社会化、专业化服务；推进"商旅文"在产业布局、项目建设、策划营销等方面一体化，形成"商旅文"融合发展的联动机制。	黄石市
34. 内贸流通领域的负面清单管理模式	立足发挥自贸试验区改革溢出效应，率先在内贸流通领域探索负面清单管理模式，制定《上海市内贸流通领域行业准入负面清单》；围绕事中事后监管，梳理企业经营过程中涉及的相关资质、范围、行为等限制性和禁止性规定，制定《上海市内贸流通领域行业准入后行政管理目录》。	上海市
35. 负面清单与正面清单结合的专业市场管理模式	出台专业市场的负面清单管理目录，从经营管理、证照资质、税务征收、消防安全、用工管理等五方面实施负面清单市场管理模式；出台专业市场的部门及街道管理权责目录，对行政许可、行政处罚、行政征收、行政监督、行政强制等，公开明示执法事项、设定依据和具体规定。	广州市

可复制推广的试点经验	具体做法	试点城市
36.一站式、一条龙的流通行政审批流程	建立投资项目联审平台，实行"一口受理、一表缴费"一条龙服务模式，实施容缺预审、并联审批、多证联办工作机制，行政审批事项"应减必减"、政务服务事项"应进必进"、窗口进驻事项"进必授权"；实行外资企业委托登记，即"市局委托、县（市、区）局受理，网上呈报，远程审核、就近发照"。	黄石市
37.政府+商会+企业共治共管的商圈管理模式	成立商圈行业商会，承接部分政府职能，建立商圈发展联席会议制度，商会代表商户参与公共设施规划建设决策；发挥商会自治自律作用，制定并统一实施经营服务标准，统筹品牌引进、业态调整、设施改造、促销活动、人员培训。	广州市

商务部　农业部关于深化农商协作大力发展
农产品电子商务的通知

商建函〔2017〕597号

各省、自治区、直辖市、计划单列市及新疆生产建设兵团商务主管部门、农业（农牧、农村经济）、畜牧、农垦、农产品加工、渔业厅（委、局、办）：

为贯彻落实《中共中央 国务院关于深入推进农业供给侧结构性改革加快培育农业农村发展新动能的若干意见》（中发〔2017〕1号）、《国务院关于大力发展电子商务加快培育经济新动力的意见》（国发〔2015〕24号）、《国务院办公厅关于促进农村电子商务加快发展的指导意见》（国办发〔2015〕78号）等党中央、国务院有关文件精神，深化农业、商务两部门协作，大力推进农产品电子商务快速健康发展，现就有关事项通知如下。

一、总体要求

深入贯彻落实习近平总书记系列重要讲话精神和治国理政新理念新思想新战略，瞄准农业现代化主攻方向，以农业供给侧结构性改革为主线，顺应互联网和电子商务发展趋势，充分发挥商务、农业部门协作协同作用，以市场需求为导向，着力突破制约农产品电子商务发展的瓶颈和问题，加快建立线上线下融合、生产流通消费高效衔接的新型农产品供应链体系。积极回应消费者对农产品质量安全的关切，以电子商务带动市场化、倒逼标准化、促进规模化、提升品牌化，推动农业转型升级，带动农民脱贫增收，更好满足人民群众对农产品日益增加的品质化、多样化、个性化需求。

二、重点任务

（一）开展农产品电商出村试点。各地要在电子商务进农村综合示范县（以下简称电商示范县）、信息进村入户工程建设较好的县（市、区、旗、国有农场）中至少组织1个县，开展农产品电商出村试点工作，优先选择具备条件的深度贫困地区。试点县选择至少1个品种，加强农产品分等分级、加工包装、物流仓储、冷链等基础设施建设，实施农产品供应链管理，集中实现农产品商品化、品牌化、电商化，创新农产品电商销售机制和模式。试点县应因地制宜，支持企业强化对农户的服务，探索建立企业和农户之间的新型利益连接机制，通过分工协作将分散农户纳入产业化发展轨道，在保持农村特点的基础上，提高小农生产的集约化水平，吸引农户深入参与社会分工，享受全产业链增值收益。电商示范县要参照农产品电商出村试点县要求开展工作（下同）。

（二）打造农产品电商供应链。各地要充分发挥"一村一品""一乡一业"的引导作用，立足农业生产的区位优势，以电商等市场需求为导向，依托益农信息社，带动新型农业经营主体和分散农户参与，积极引导当地农业生产的规模化、标准化，引进、培育一批适应电商发展的农业产业化龙头企业和专业运营公司。以龙头企业和专业运营公司为主体，紧盯市场需求和国内外产业发展动向，组织农民和新型农业经营主体开发适合消费者多样化需求的新品种和新产品，推动农产品加工业发展，拉长农业产业链。加快推广农业生产智能管理服务平台，实时监测和上报农产品生产计划、产量、销量、库存等信息，实时获取市场行情数据，提供农产品生产销售的智能决策参考，增强农业生产对接市场需求的能力。

（三）推动农产品产销衔接。各地要推动在大型社区试点设立农产品体验店、自提点和提货柜，加强与传统鲜活农产品零售渠道的合作，开展农场会员宅配、社区支持农业等模式探索，建立农产品社区直供系统。支持具备条件的新型农业经营主体、农产品加工流通企业与电子商务企业全面对接融合，以委托生产、订单农业等形式，建立长期稳定的产销关系。联合组织电商平台企业开展产销对接活动，重点推动"三品一标""一村一品"、特色农产品优势区产品上网销售。鼓励支持农产品批发市场发展电子商务。加强农产品滞销卖难舆情监测，建立应急促销联合工作机制。

（四）实施农村电商百万带头人计划。各地要加大人员培训和人才培养力度，充分发挥电子商务进农村综合示范和信息进村入户政策效用，积极利用农民手机应用技能培训、新型职业农民培育、农村实用人才带头人培训、返乡下乡人员创业创新培训等现有培训项目，对农民合作社成员、创业就业人员、电商转型的企业和政府部门人员等，开展电商理念、基础理论、技能技巧等不同层次的培训。要建立普及型公益性培训与提高型市场化培训相结合的可持续发展机制，有条件的地区可以建立专业的电商培训基地和师资队伍，开设网络公开培训课程。加强对被培训人员跟踪服务，提供后续实践引导和再教育，确保培训实效。争取到2020年，电商示范县初步建立覆盖对象广泛、培训形式多样、服务支撑有力的电商培训体系，培训人员超过1000万人次，农村活跃网商超过100万个。

（五）提高农产品网络上行的综合服务能力。将电子商务进农村综合示范工作的重点进一步聚焦到农产品网络上行上，建立和完善农产品供应链管理体系。鼓励电商示范县加大资金、技术、人才投入力度，充分发挥农村电商公共服务中心、益农信息社、行业组织、农民合作社、龙头企业和专业运营公司的作用，强化资源整合和集成，为农产品生产和流通企业提供从种子、畜禽良种、原材料供应，到农药、兽药、饲料、肥料、田地管理、品质管控，以及农产品加工、包装、物流仓储、营销策划和金融保险等全链条服务。推动传统农业企业转变生产方式，提升产品设计能力，提高农产品的商品化率和电商销售比例。

（六）强化农产品电子商务大数据发展应用。指导农产品电商出村试点县采取政府购买服务等方式，加强大数据技术应用，动态分析农村和农产品市场变化，帮助企业精准定位，推进个性化定制、柔性化生产，满足消费者差异化需求，为进一步开展农产品流通服务创新和商业模式创新提供支撑。组织农产品电商出村试点县对本地农产品品类、质量、数量、上市时间、企业及其资质等进行摸底调查，与电子商务交易数据进行对接，提高市场信息传导效应，有针对性地制定优势产业电子商务发展计划。

（七）大力培育农业农村品牌。各地要依托优势企业、农民合作社联合社和行业协会打造区域特色品牌，引入电商要素改造提升传统名优品牌，把地方土特产和小品种做成带动农民增收的大产业，加强品牌管理，提升区域品牌知名度、美誉度。在特色农产品优势区、现代农业示范区、国家农产品质量安全县等建设工作中统筹推进品牌建设，鼓励电商企业加大宣传推广力度，以网络销售额、消费评价、投诉等数据为依据，支持地方共同培育一批认可度高的农业企业品牌和农产品品牌。鼓励农产品电商出村试点县集聚市场监管、食品卫生、质检等部门资源，支持龙头企业、农民合作社、家庭农场等新型农业经营主体、农户申请生产流通许可、注册商标、培育品牌等，简化相关程序，探索统一提供技术、设备支撑和场地条件等。

（八）健全农产品质量安全检测和追溯体系。各地农业部门要加快建立完善布局合理、职能明确、功能齐全、运行高效的农产品质量安全检验检测体系。推动农产品质量安全检验检测机构和农业生产流通企业、新型农业经营主体、电商平台、追溯技术服务企业等加强合作，支持农产品电商出村试点县在农村电商公共服务中心、专业运营公司、龙头企业、农民合作社、农产品电商产业园区等地设立快速检测点，提供便捷高效的检测服务。加强生产、流通两个环节追溯工作衔接，加快推进国家农产品质量安全追溯管理信息平台建设，推动相关企业开展追溯服务，逐步建立"从田间到餐桌"的全过程可追溯体系。

（九）开展农产品电子商务标准化试点。各地商务、农业主管部门应会同质检等部门，建立健全适应电商发展的农产品质量分级、采后处理、包装配送、产品追溯等标准体系，依托农产品电商出村试点县，以电商平台、龙头企业等为主体，就试点品种先总结制订企业标准、地方标准，再逐步形成行业标准和国家标准。以符合网络销售有关法规要求为目标，针对本地特色优质产品，按照产品形态、包装形式、运输仓储条件、相关业务流程等内容，明确技术要求和标准框架，完善标准化流通器具和操作规程，设计简便适用、易于操作的业务规程和操作准则。推动标准化程度较高的农产品探索开展网上现货交易、竞价拍卖等。

（十）加强监测统计和调查研究。各级商务、农业部门要探索建立与电商企业的数据信息共享机制，建立健全农产品电子商务监测统计制度，及时发布运行信息，切实发挥信息引导作用。电商示范县要加强对县乡村三级电商服务体系和物流体系建设和运营情况的监测，充分发挥乡村站点的作用，做好线上数据与线下实际的比对，及时准确掌握本地网商数量、经营状况、发展规模等。组织开展农产品电子商务调查研究，及时解决存在的困难和问题，特别是要研究提出进一步推进电商扶贫的政策措施，大力推广在实践中创造出的好机制、好模式。联合认定一批农产品电子商务示范基地和示范企业。

三、政策保障

（一）加强组织领导。商务部、农业部成立推动农产品电商发展联合工作组，具体分别由商务部市场建设司、农业部市场与经济信息司牵头负责。各地商务、农业主管部门也要建立联合工作组，并推动建立相关部门共同参加的联席会议制度。鼓励地方成立农产品电子商务协会，建立健全社会化服务体系，统筹推动区域内农产品电子商务加快发展。各地要明确专人负责，以农产品电商出村试点、农村电商百万带头人计划和农产品电子商务标准化试点为重点，分别制订工作方案，细化工作目标，提出具体工作思路和举措，扎实组织实施。工作方案应于 2017 年 10 月 1 日前联合上报商务部、农业部。

（二）优化政策环境。各地商务、农业主管部门要深入研究政策措施，将电子商务进农村综合示范与信息进村入户工程实施有机结合，互相搭载，资源共享。要创新投融资机制，充分发挥信息进村入户试点、农村一二三产业融合、电子商务进农村综合示范及相关政策资金作用，带动地方财政和社会投资，鼓励政府购买服务、以奖代补、贷款贴息、政府和社会资本合作等。要积极与有关部门沟通，争取金融、用地、办公用房等方面的优惠政策，并在资质认证、项目审批、技术指导等方面提供支持，确保相关政策落地见效。

（三）加强宣传推广。各地商务、农业主管部门要及时通过手机、网络、电视、报纸等媒体发布农产品电子商务政策措施、实施效果、先进典型等信息，加强舆论引导，吸引更多的社会资本投入。各省份间要互相学习、互通有无，对成熟的经验和做法要加以推广，对涌现出的先进人物和单位要予以表扬。各地要加强工作总结，在每年 1 月底前，将上一年度工作进展情况报送商务部、农业部。

商务部　农业部

2017 年 8 月 17 日

商务部办公厅 财政部办公厅关于开展
供应链体系建设工作的通知

商办流通发〔2017〕337号

天津、辽宁、吉林、黑龙江、上海、江苏、浙江、福建、山东、河南、湖南、广东、重庆、四川、陕西省（市）商务、财政主管部门：

为贯彻《国民经济和社会发展十三五规划》及中央经济工作会议关于推进供给侧结构性改革、供应链物流链创新的精神，提高流通标准化、信息化、集约化水平，2017年商务部、财政部将在天津、上海、重庆、深圳、青岛、大连、宁波、沈阳、长春、哈尔滨、济南、郑州、苏州、福州、长沙、成都、西安市（以下称首批重点城市）开展供应链体系建设。现将有关事项通知如下：

一、总体思路和目标

供应链体系建设，要按照"市场主导、政策引导、聚焦链条、协同推进"原则，重点围绕物流标准化、供应链平台、重要产品追溯，打基础、促协同、推融合；从1200mm×1000mm标准托盘和全球统一编码标识（GS1）商品条码切入，提高物流链标准化信息化水平，推动供应链各环节设施设备和信息数据的高效对接；以供应链平台为载体，推动上下游协同发展，资源整合、共享共用，促进供应链发展提质增效；以物流链为渠道，利用物联网、对象标识符（OID）等先进技术设备，推动产品从产地、集散地到销地的全链条追溯，促进追溯链与物流链融合。

围绕建设标准规格统一、追溯运行顺畅、链条衔接贯通的供应链体系，重点企业标准托盘使用率达到80%，装卸货效率提高2倍，货损率降低20%，综合物流成本降低10%；形成一批模式先进、协同性强、辐射力广的供应链平台，供应链平台交易额提高20%，供应链交易管理成本下降10%；建成并运行重要产品追溯管理平台，供应链项目支持的重点企业肉菜、中药材、乳制品等重要产品追溯覆盖率达到80%，流通标准化、信息化、集约化水平显著提升。

二、主要任务

供应链体系建设的首批重点城市应积极发挥辐射带动周边的作用，形成城市间联动互动局面，提高区域供应链标准化、信息化、协同化水平，促进提质增效降本。主要任务如下：

（一）推广物流标准化，促进供应链上下游相衔接。以标准托盘及其循环共用为主线，重点在快消品、农产品、药品、电商等领域，推动物流链的单元化、标准化。一是加快标准托盘应用。鼓励使用符合国家标准1200mm×1000mm规格和质量要求的标准托盘，支持托盘租赁、交换（不支持用户自购）；推广"集团整体推进""供应链协同推进""社会化服务推进""平台整合推进"等成熟模式，引导商贸连锁、分销批发、生产制造、第三方物流、托盘运营、平台服务等企业合作开展带托运输；推广"回购返租"模式，加速非标托盘转换。二是建立社会化托盘循环共用体系。扩大托盘循环共用规模，完善运营服务网络，由托盘向周转箱、包装等单元器具循环共用延伸；推动"物联网+托盘"平台建设，拓展"配托+配货"服务，鼓励"带托运输+共同配送""带托运输+多式联运"；探索托盘交易、租赁、交换、回收可自由转换的市场流通机制。三是支持与标准托盘相衔接的设施设备和服务流程标准化。支持仓库、配送中心、商超、便利店等配送设施的标准化改造，以及存储、装卸、搬运、包装、分拣设备和公路货运车辆（外廓2550mm）等标准化更新；鼓励以标准托盘和周转箱（符合600mm×400mm包装模数系列尺寸）为单元进行订货、计费、收发货和免验货，促进物流链全程"不倒托""不倒箱"；推动利用配送渠道、押金制等对标准包装物进行回收使用；探索标准托盘箱替代快递三轮车箱体，以循环共用推动分拣前置、环节减少。四是支持物流链数据单元的信息标准化。支持探索基于全球统一编码标识（GS1）的托盘条码与商品条码、箱码、物流单元代码关联衔接，推动托盘、周转箱由包装单元向数据单元和数据节点发展，促进供应链和平台相关方信息数据传输交互顺畅；探索用数据单元优化生产、流通、销售管理，转化为商业价值，促进降本增效，满足不同商品的不同用户需求和服务体验。

（二）建设和完善各类供应链平台，提高供应链协同效率。以平台为核心完善供应链体系，增强供应链协同和整合能力，创新流通组织方式，提高流通集约化水平。一是建设流通与生产衔接的供应链协同平台。支持供应链核心企业建设连接个性化需求与柔性化生产的智能制造供应链协同平台，促进流通与生产的深度融合，实现大规模个性化定制，促进降本增效；支持流通企业与供应商实现系统对接，打造供应链采购协同平台，实现需求、库存和物流信息的实时共享，提高协同计划、自动预测和补货能力。二是建设资源高效整合的供应链交易平台。支持建设商品现货交易类平台，聚集供需信息，提供信息发布、支付结算、仓储物流、质量追溯等综合服务，提高资源配置效率，降低交易和物流成本；支持传统实体商品交易市场转型升级，打造线上线下融合的供应链交易平台，延伸提供物流、结算、报关等供应链服务，促进商品交易市场与产业融合发展。三是建设专业化的供应链综合服务平台。支持供应链服务型企业建设供应链综合服务平台，提供研发设计、集中采购、组织生产、物流分销、终端管理、品牌营销等供应链服务，融通物流、商流、信息流、资金流；通过平台直接服务需求终端，减少流通环节和成本，构建跨界融合、共享共生的供应链商业生态圈。四是建设供应链公共服务平台。支持有条件的地方建设供应链公共服务平台和供应链科创中心，完善供应链公共服务，提供政策咨询、信息聚集、经济预警、研发支持和人才培训等服务，加强供应链创新发展的协同监管和治理。同时，鼓励供应链核心企业牵头制定相关产品、技术、管理、数据、指标等关键共性标准，提高供应链协同和整合效率，服务于产业供应链体系。

（三）建设重要产品追溯体系，提高供应链产品质量保障能力。一是建设城市重要产品追溯管理平台。优化提升原有肉菜、中药材流通追溯管理平台，推进现有各类重要产品追溯体系一接入重要产品追溯管理平台；应用对象标识符（OID）技术实现不同编码体系的兼容与交互，实现跨部门跨区域追溯信息的互联互通，以及与重要产品追溯管理平台实时对接；鼓励第三方追溯平台建设，建立追溯数据对接评价或认证机制；强化追溯数据分析与成果应用，增强追溯体系对供应链产品质量安全管理和问题事件应急处置能力。二是扩大供应链产品追溯覆盖范围。在完善原有肉菜、中药材追溯体系建设的基础上，进一步扩大重要产品追溯覆盖范围，提高肉菜等预包装产品的追溯覆盖率，肉类产品力争实现全覆盖；扩大节点企业覆盖面，供应链上下游企业全部纳入追溯体系；延伸追溯链条，将相关种植养殖、生产加工、仓储物流、终端消费等环节纳入追溯体系。三是支持供应链核心企业追溯系统创新升级。重点推进二维码、无线射频识别（RFID）、视频识别、区块链、GS1.对象标识符（OID）、电子结算和第三方支付等应用，推动追溯系统创新升级；推动大中型批发市场及大型商超、物流企业等开展信息化改造，鼓励商超利用GS1进行结算实现追溯功能，将产品追溯融入现有ERP系统，实现企业信息系统与追溯系统的对接；鼓励供应链核心企业线上线下融合发展，形成全渠道整合、线上线下无缝衔接的追溯网络。

三、财政资金重点支持方向和方式

中央服务业发展专项资金支持供应链体系建设，主要立足于弥补市场失灵，做好基础性、公共性工作，发挥中央财政资金对社会资本引导作用，支持供应链体系中薄弱环节和关键领域建设。

中央财政资金拨付地方后，有关城市应结合本地产业实际情况选择任务方向，统筹使用、加快执行，可采用以奖代补、财政补助、贷款贴息、购买服务等支持方式，完成期限为2年；同时，鼓励有条件的地区创新财政政策，支持跨区域联动项目，对在外地注册法人但在本地有实体的非法人机构，及在本地注册法人但在周边地区建设实体的机构，可在本地申报项目，促进辐射带动周边地区。各地要严格加强资金管理，中央财政资金不得用于楼堂馆所等建设和工作经费；不得支持有金融风险、发展模式不成熟的平台。

四、有关要求

（一）加强组织领导。省级主管部门要高度重视供应链体系建设工作，加强对实施城市的对口业务指导和工作检查，严格奖惩，及时上报工作进度，建设完成后要对城市进行绩效评价。实施城市是供应链体系建设的责任主体，要加强顶层设计，建立工作协调机制，科学编制方案，完善管理制度和配套政策，明确责任分工和时间节点，保证工作顺利开展。

（二）尽快编报方案。省级主管部门，应及时指导有关城市编报供应链体系建设方案，城市可结合实际情况，自主选择实施方向（物流标准化、供应链平台、重要产品追溯）。未完成商务部肉菜、中药材流通追溯试点任务的地区，不得申报新的追溯体系建设项目。方案编制应立足辐射带动周边地区，围绕促进供应链标准化、信息化、协同化，实现提质增效降本目标，做到思路清晰、目标明确、措施有效、责任明确、数字详实，具体应包含：工作基础、思路目标、任务内容、资金安排、组织实施、管理要求、时间安排及责任人、保障措施。

（三）规范管理项目。城市主管部门要制定项目与资金管理规定，严格组织实施，对项目要统一申报、统一评审、统一验收，规范程序手续，不搞资金拆分，分管责任处室要抓好分类指导、过程检查，做到项目建设与模式推广、效益效果并重。项目承担企业应签订《供应链体系建设项目责任承诺书》，建立工作进度档案，优先鼓励供应链核心企业申报融合多方向的综合性项目以及供应链合作企业联合申报协同性较强的项目。

（四）加强资金监管。有关省市财政部门要按照《财政部关于印发〈中央财政服务业发展专项资金管理办法〉的通知》（财建〔2015〕256号）要求，加强资金管理，专款专用，专账核算。

（五）夯实工作基础。鼓励发挥行业协会、联盟机构优势作用，制定并推广团体标准；加强业务培训和标准宣贯，开展相关统计分析，监测效益、成本等指标，反映工作成效；总结推广机制创新、政策创新、模式创新等经验成果，加大典型案例宣传和推广力度。

请各地按照《通知》要求，认真抓好贯彻落实。城市工作方案、项目和资金管理规定（盖两部门章的PDF格式电子版），及确定的具体项目表（项目方向、承担单位、建设内容、计划投资额、计划支持资金、完成时限）应于2017年10月30日前报送商务部、财政部备案。年度工作进展报告应于次年2月底前主动及时报送，工作总结与绩效评价应于整体建设结束后三个月内报送。

　　附件：1.重点实施的部分国家标准目录

　　　　　2.供应链体系建设绩效评价表

商务部办公厅　财政部办公厅

2017年8月11日

商务部办公厅关于复制推广公益性农产品
示范市场典型经验和模式的通知

商办建函〔2017〕72号

各省、自治区、直辖市、计划单列市及新疆生产建设兵团商务主管部门：

推进公益性农产品市场体系建设是内贸流通体制改革的重要内容，是商务领域切实保障和改善民生的重要举措。党中央、国务院高度重视，多次作出部署。近年来，各地积极探索公益性实现模式，加快构建公益性农产品市场体系，取得了积极成效，形成了一批典型经验和模式。为做好复制推广工作，现就有关事项通知如下：

一、可复制推广的主要内容

根据《商务部办公厅关于请推荐全国公益性农产品示范市场的函》（商办建函〔2016〕725号）要求，我部组织第三方专家组对省级商务主管部门推荐的公益性农产品示范市场进行了形式审查和现场抽查，经网上公示，确定江苏南京农副产品物流配送中心有限公司等15家农产品批发市场和湖北武汉中商平价超市连锁有限责任公司等16家零售企业为首批全国公益性农产品示范市场（以下简称示范市场，名单见附件1、2）。示范市场所在地政府有关部门和示范市场在投资保障、运营管理、政府监管和公益功能实现机制等10个方面形成了19条可复制推广的经验和模式（见附件3）。

（一）投资、建设和运营模式

1.政府投资建设，国有企业管理的自建自管模式。

2.政府投资入股，委托第三方机构监管的参建代管模式。

3.政府企业签订协议，企业按政府要求发挥公益功能的契约合作模式。

（二）公益功能保障机制

1.投资保障机制：政府有关部门统筹协调，在规划、标准、法律法规、用地、资金、水电气等政策上保障公益性市场发展。

2.运营管理机制：投资与运营分离，政府投资，市场化运作。

3.政府监管机制：通过绩效考核和日常检查等方式对公益性市场进行监督管理。

（三）公益功能实现机制

1.保障市场供应机制：通过产销衔接、应急储备等方式提高货源组织能力，增强货源稳定性。

2.稳定市场价格机制：通过价格监测、预警，引导生产。在发生价格异常波动时，通过减免费用、增加供给等手段平抑物价。

3.促进食品安全机制：通过建立检验检测、索证索票、追溯制度等方式保障食品安全。

4.推动绿色环保机制：完善废水、垃圾处理系统，引进光伏发电、电动转运车辆等绿色环保设备设施，提高节能环保水平。

二、着力做好复制推广工作

借鉴学习和复制推广上述典型经验和模式，对加快构建公益性农产品市场体系，保障和改善民生具有重要意义。各地商务主管部门要提高认识，将复制推广工作作为 2017 年市场体系建设领域重点工作来抓，加大统筹协调力度，落实支持配套政策，加强服务和监管，确保复制推广工作取得实效。各地商务主管部门要继续探索创新，不断总结新模式、新做法、好成效、好经验，及时反馈我部（市场建设司），为进一步完善顶层设计，创新工作机制和支持方式提供实践依据。

三、切实加强对示范市场的管理和服务

示范市场所在地商务主管部门应及时将本通知要求告知市场，进一步明确其责任、义务。加强宣传引导，强化社会监督，确保示范市场切实发挥公益功能和示范带动作用。及时了解示范市场的发展情况、需求和遇到的问题，在完善投资保障和运营管理机制等方面加强指导和服务。

联系方式：市场建设司 010–85093690/85093691
附件：1.首批全国公益性农产品示范市场（批发）名单
　　　2.首批全国公益性农产品示范市场（零售）名单
　　　3.公益性农产品示范市场可复制推广经验和模式

商务部办公厅
2017 年 2 月 14 日

附件 1

首批全国公益性农产品示范市场（批发）名单

序号	市场名称
1	江苏南京农副产品物流配送中心有限公司
2	安徽合肥周谷堆大兴农产品国际物流园有限责任公司
3	湖南长沙马王堆农产品股份有限公司
4	湖北中国供销江汉平原农产品大市场
5	四川成都农产品中心批发市场有限责任公司
6	新疆九鼎农产品批发交易市场
7	山东兰陵华凯农产品批发市场
8	山西太原市裕吉经贸发展有限公司（丈子头农产品物流园）
9	重庆双福农产品批发市场（重庆双福国际农贸城）
10	河北张家口新合作农产品物流园
11	陕西西部欣桥农产品物流中心
12	江西南昌深圳农产品中心批发市场有限公司
13	甘肃武山洛门森源蔬菜果品市场有限责任公司
14	上海西郊国际农产品交易有限公司
15	吉林长春海吉星农产品物流中心

附件 2

首批全国公益性农产品示范市场（零售）名单

序号	企业名称
1	湖北武汉中商平价超市连锁有限责任公司
2	湖北中百控股集团股份有限公司
3	重庆永辉超市有限公司
4	湖南佳惠百货有限责任公司
5	山东家家悦集团股份有限公司
6	福建永辉超市股份有限公司
7	山西美特好连锁超市股份有限公司
8	上海永昌菜市场经营管理有限公司
9	辽宁金社裕农供销集团
10	四川成都益民生鲜菜市场经营管理连锁有限公司
11	安徽徽商红府连锁超市有限责任公司
12	湖南步步高商业连锁股份有限公司
13	辽宁新隆嘉现代农业有限公司
14	内蒙古食全食美股份有限公司
15	黑龙江绥化青冈中心市场
16	新疆奎屯泽惠果蔬配送有限公司

附件3

公益性农产品示范市场可复制推广经验和模式

投资、建设和运营模式	
（一）政府投资建设，国有企业管理的自建自管模式。	湖北中国供销江汉平原农产品大市场、张家口新合作农产品物流园、上海西郊国际农产品交易有限公司、成都益民生鲜菜市场经营管理连锁有限公司、安徽徽商红府连锁超市有限责任公司等市场和企业全资国有企业，由政府全额投资、建设和管理，在政府直接指导下，建立应急保供、价格监测、安全监管等机制，通过基地直采直销、降低收费标准、建立农产品储备等方式发挥公益功能。
（二）政府投资入股，委托第三方机构监管的参建代管模式。	四川成都农产品中心批发市场有限责任公司、山西太原市裕吉经贸发展有限公司、重庆双福农产品批发市场、江西南昌深圳农产品中心批发市场有限公司和吉林长春海吉星农产品物流中心等市场，政府参与市场投资，委托第三方机构作为出资人代表参与管理，市场日常运营按市场规则运作，国有股权收益返补公益功能运营。
（三）政府企业签订协议，企业按政府要求发挥公益功能的契约合作模式。	湖北武汉中商平价超市连锁有限责任公司、湖北中百控股集团股份有限公司、重庆永辉超市有限公司、山东家家悦集团股份有限公司、湖南步步高商业连锁股份有限公司、辽宁新隆嘉现代农业有限公司、黑龙江绥化青冈中心市场等企业，与政府签署合作协议，在突发事件和重要节假日等情况下，保证市场供应，平抑市场价格，政府相应给予必要政策支持。
公益功能保障机制	
（一）投资保障机制	**政府积极发挥协调作用，营造良好政策环境。**湖北中国供销江汉平原农产品大市场由中国供销农产品批发市场控股有限公司和湖北省供销合作社社有资产经营管理公司投资建设，是供销系统国有独资企业。在市场筹备和建设过程中，仙桃市人民政府与湖北省供销合作总社签订协议，约定了税收、用地、拆迁及水电气费用等方面的优惠政策。包括：自获利年度起，5年内以财政奖励方式将所得税地方政府分成部分全额奖励项目公司；除土地出让金外，其他土地相关税费由仙桃市政府承担；地方行政事业性收费实行全免。
	整合市场资源，保障市场规范发展。为优化市场布局，规范市场秩序，保证兰陵华凯农产品批发市场健康发展，发挥公益功能，山东省兰陵县出台清理整顿"小散乱"蔬菜批发市场工作方案，对不符合市场规划、无准建手续、无工商登记、无检测设备的"一不三无"蔬菜批发市场予以清理整顿。同时，落实对市场的准入监管，按照全县商业网点建设规划，严把农产品批发市场准入门槛。
（二）运营管理机制	**创新"三分离、两分开"投建管机制。**成都市以公益性菜市场为切入点，探索创新公益性流通基础设施建管机制。一是采取投资、建设、管理"三分离"模式。公益性菜市场由市县两级财政直接投入和降低土地招拍挂起始价两种方式投资；通过行政划拨用地和招拍挂方式保障公益性菜市场建设供地，由建设部门按照统一标准、统一备案、统一监管的原则统筹建设；公益性菜市场建成后统一移交给国有平台公司进行资产管理。二是采取统一管理与市场化经营"两分开"的模式。国有平台公司成立专业化的管理公司，通过制定超市化管理细则、建立商家准入退出机制、价格监测引导机制、应急保供机制和食品安全监督机制，对公益性菜市场进行统一管理；通过公开招商引入的专合组织、生产基地及其他商家自主经营、自负盈亏。

（三）政府监管机制	**建立政府考核机制，确保发挥公益功能。**新疆奎屯市制定了《社区便民直销店管理考核办法》，考核内容包括：限价蔬菜品种不少于40种，限价菜价格低于当天市场价15—20%，蔬菜供应充足、品质新鲜，价格公示，标签规范醒目等。考核由日常考核、月度考核和年终考核构成。考核实行预交保证金制度，由社区直销店的运营单位奎屯泽惠果蔬配送有限公司签订《奎屯市社区便民直销店管理目标责任书》，确定目标考核管理内容，泽惠公司每年向市商务局交纳2万元保证金，年终考核合格后方能返还。
公益功能实现机制	
（一）保障市场供应	**建立常态化产销对接机制。**长沙马王堆农产品股份有限公司加强与省内外各基地的合作力度，建设一批优质蔬菜常年供应基地，进行合同储备。江苏南京农副产品物流配送中心有限公司与协会、合作社、农业局等签订在田储备保供协议，对距离、面积、品种、储备量、补贴方式等进行约定。
	建立应急保供机制。江苏南京农副产品物流配送中心有限公司编制了《南京市蔬菜储备应急保供预案》，构建了实物储备、在田储备、委托应急调运"三位一体"的常态化蔬菜保供机制，在库储备达4000吨，在田保供达2万吨，连续5年成功完成南京及周边地区冬季蔬菜保供工作。制定了灾害性天气市场保供措施和预案，确保在田应急储备农产品能够24小时以内进入市场。湖南佳惠百货有限公司选择20个有实力的商户，加大重点农产品库存量。优先安排蔬菜、水果等实力雄厚且加入到市场保供应急、物价稳定体系的重点供应商使用佳惠冷藏库。适时启动农产品调运应急补贴机制，确保在自然灾害等特殊时期充分调动商贩组织货源的积极性。
	建立重要农产品储备制度。陕西西部欣桥农产品物流中心配合政府做好"冬春"储备工作，从2009年起，连续5年完成省市政府下达的1.5万吨蔬菜储备任务。吉林长春海吉星农产品物流中心与长春市签订《2015—2016年冬春蔬菜储备协议书》，储备小品种蔬菜1200吨。山西美特好连锁超市股份有限公司与太原市政府签订《太原市市级冬春蔬菜储备承储协议书》，承储土豆50万公斤，白菜40万公斤，洋葱25万公斤，胡萝卜20万公斤，南瓜10万公斤，冬瓜5万公斤。
（二）稳定市场价格	**创新平价供应机制。**上海永昌菜市场经营管理有限公司设立绿叶菜"无人销售"平价菜专柜，对专柜减免50%以上租金。遇节假日和极端天气时，专柜供应指定品种的绿叶菜，价格低于市场价10%。提出"联购分销"模式，以平价菜专柜为支点，撬动其他经营户进行农副产品统一采购，与大型基地签订协议，实现基地直供，终端分销，减少中间环节，降低农产品价格。
	严格实施价格监测、预警。安徽合肥周谷堆大兴农产品国际物流园有限责任公司搭建价格指数平台，同时发布蔬菜、水果双品类价格指数，提升价格监测分析和预警能力。新疆九鼎农产品批发交易市场每天向商务部和农业部报送新疆地区蔬菜价格，对乌鲁木齐市蔬菜直销点60种蔬菜价格进行检测。甘肃武山洛门森源蔬菜果品市场有限责任公司对重要农产品进行日常监测与分析，建立预警机制，在发生价格异常波动时，根据政府调控要求，通过减免费用、组织货源等手段，平抑市场价格。
	发挥自有渠道优势。内蒙古食全食美股份有限公司依托食全食美集团自有的美通中央一级批发市场、3个城区二级批发市场、物流配送中心和12个终端销售网点，构建三级市场网络，实现批发、配送和零售一条龙管理，有效控制农产品价格。同时，公司所有终端连锁店产权都归自己所有，不需要缴纳昂贵的房租，渠道优势突出，连锁店每天销售西红柿、黄瓜、青椒、大白菜、土豆、牛心菜等6种平价农产品，有效解决了居民买菜贵问题。

（二）稳定市场价格	**打造平价商品自有品牌。**福建永辉超市股份有限公司实施"平价商店"工作方案，长期推出猪肉、蔬菜、水果、食用油等近百种"惠民商品"，采取了微利或零利润销售，均比普通零售市场便宜10—20%。根据季节变化每两周进行一次商品品项的调整。设计使用惠民商品标识指示系统，在店内醒目位置张挂。
	利用"互联网+"降低成本。辽宁金社裕农供销集团自创"天鲜到"网络销售平台，以全市社区超市门店为基站，按照所属区域随时进行宅配，生鲜农产品全部来自于各门店库房，不经过大宗批发市场和二次分拣环节，实现低损耗。消费者进行网络预购时，集团可以按照订单信息和评估数据安排相关部门进行生产、加工、配送，避免了无效供给和物流费用，从根本上降低了运营成本。
（三）促进食品安全	**加强食品安全硬件设施建设。**长沙马王堆农产品股份有限公司建立FQT长沙分中心，显著提高食品安全检测、预警、数据分析、基地管控、终端服务等领域的管控水平和服务能力。
	依托互联网技术平台实现全程可追溯。福建永辉超市股份有限公司建立"永辉食品安全云网"，从田间地头到物流中心，再到加工厂和超市形成全程可追溯体系，"永辉食品安全云网"实现了检测、溯源、公示、展示一体化管理和服务。
	通过全流程标准化提升食品安全水平。山西美特好连锁超市股份有限公司编制了《蔬果保鲜及物流技术标准化手册》，包含上游采购标准、物流收货标准、载具使用标准、物流存储标准、蔬果加工包装标准、物流拣货拆零标准和蔬果配送标准，实现全流程标准化操作，提高了效率和食品安全水平。
（四）推动绿色环保	**全方位加强节能环保基础设施建设和推广应用。**江苏南京农副产品物流配送中心有限公司采取多种措施推进园区向绿色物流功能区转型。一是投资新建屋顶光伏发电站项目，每年发电量可达606万千瓦时，节约标准煤约2400吨，洁净水约2.4万立方，减少炭粉尘污染排放1600余吨。二是将全园区的办公照明和路灯换成高效节能的LED灯具，预计每年可节约用电量达240万千瓦时。三是发展绿色配送，启用10辆新能源车辆开展农产品集中配送。四是通过发酵菌驯化等技术，在江苏建设第一座果蔬垃圾转换成乙醇的转化中心，届时园区垃圾处理费将从年度300万元下降到不足100万元。五是建有内部污水处理厂，实现污水无害化排放。完成4000米雨污水分流管道，加快了污水收集率。

商务部办公厅关于印发
《2017年加快内贸流通创新推动供给侧结构性改革扩大消费专项行动实施方案》的通知

商办秩函〔2017〕184号

各省、自治区、直辖市、计划单列市及新疆生产建设兵团商务主管部门：

现将《2017年加快内贸流通创新推动供给侧结构性改革扩大消费专项行动实施方案》印发给你们，请结合实际，认真贯彻执行。相关工作情况请及时报送我部。

商务部办公厅
2017年6月30日

2017年加快内贸流通创新推动供给侧结构性改革扩大消费专项行动实施方案

2016年11月商务部等13部门印发了《关于开展加快内贸流通创新推动供给侧结构性改革扩大消费专项行动的意见》（商秩发〔2016〕427号），部署开展为期两年的加快内贸流通创新推动供给侧结构性改革扩大消费专项行动（以下简称专项行动）。2017年深入实施专项行动是国内贸易领域贯彻落实中央经济工作会议和全国商务工作会议精神、坚定不移推进供给侧结构性改革决策部署的重大举措，是国内贸易立足"发展流通、促进消费"两大任务，服务全国"稳增长、促改革、调结构、惠民生、防风险"要求的重要抓手，具有十分重要的意义和作用。为确保专项行动在2017年取得阶段性成效，特制订本实施方案。

一、加强部署，形成合力

加强专项行动的工作部署和指导，统一思想，提高认识，明确工作要求。建立健全"横向协作、纵向联动"的专项行动工作推进机制，加强工作保障。整合集成内贸流通推进供给侧结构性改革方面的政策和力量，形成整体合力。

（一）贯彻落实加快内贸流通创新推动供给侧结构性改革扩大消费专项行动暨全国市场秩序工作会议精神，部署2017年专项行动相关工作，进一步统一认识、明确要求。各地结合实际，按照本方案精神，制订印发细化工作方案，确定工作分工，落实工作责任。

（二）建立健全工作协调推进机制。建立工作台账，加强工作督办。全面掌握工作进展情况，针对专项行动推进中的问题，及时协调解决，推动政策措施落实。成立专项行动协调推进办公室，提供必要的人员和经费保障，专门负责专项行动协调推进工作。

（三）以推动专项行动实施，带动内贸流通改革创新6个专题工作和13个政策文件的贯彻落实，形成"1+6+13"整体政策效应。将近两年内贸流通各项改革试验、试点加以总结，集成向全国复制推广，放大改革创新成效。

二、突出重点，改革创新

坚持稳中求进工作总基调，坚持问题导向原则，以改革创新为根本途径，以"优商品、通商路、减商负、立商信"为着力点，促进消费需求扩大和消费升级。

（四）优化消费供给。加强信息引导，完善市场监测信息服务体系，发挥"商务预报"平台作用，引导生产企业增加有效产品供给；培育名优品牌，实施中华老字号保护工程，挖掘、培育和推广各地名优特色商品和服务，开展"百年名店"创建试点和品牌消费集聚区建设，打造名品、名店、名街、名区；优化供给结构，改革汽车流通管理体制，推进住宿餐饮业连锁化、品牌化发展，引导家政服务多元化发展，建立完善适应农民需求的服务体系。

（五）畅通流通网络。融通线上线下渠道，支持和引导融合型、共享型、智慧型和链条式创新，支持流通与相关产业跨界融合，鼓励线上线下优势企业通过战略合作、交叉持股、并购重组等多种形式整合市场资源，培育新型市场主体。连通城乡基础设施，加快构建"南北三纵、东西五横"的全国一体化骨干流通网络，深入推进电子商务进农村，鼓励社会资本参与公共流通基础设施建设。打通国内国外市场，推进统一大市场建设，支持国内有需求的出口商品内销，规范发展跨境电子商务。

（六）降低流通成本。降低制度性成本，继续推进降费减税，优化城市配送车辆通行管理措施，深化内贸流通体制改革，强化事中事后监管，实现"双随机、一公开"监管全覆盖。降低技术性成本，推动农产品冷链物流标准化，继续以标准化托盘及其循环共用为切入点推进物流标准化，抓好智慧物流配送示范工作。降低组织性成本，鼓励流通企业扩大连锁经营规模，全面启动"农商互联"，开展供应链城市试点和企业示范。

（七）树立商务诚信。以"建"育信，建立健全行政管理信息共享、市场化综合信用评价和第三方信用评价机制，建立失信黑名单，开展联合惩戒，开展"诚信兴商宣传月"活动。以"技"强信，加快建设7大类重要产品追溯体系，倒逼供应链各环节提高供给标准、提升产品信誉。以"惩"促信，继续开展互联网、农村和城乡结合部等重点领域专项治理，针对价格欺诈、虚假宣传、维权困难等突出问题，开展消费环境集中整治。以"法"治信，完善流通领域特种行业、特种商品管理法律制度，鼓励地方在立法权限范围内先行先试。

三、抓住节点，形成声势

坚持长短结合，绘制两年专项行动时间表、路线图，突出抓好重要节点。

（八）抓工作节点。2017年专项行动拟分为三个阶段展开：一季度为部署阶段，完成动员部署、明确分工、细化方案、建立机制等规定动作；二三季度为实施阶段，工作内容主要是落实方案、出台后续政策、加强宣传；四季度为中期评估阶段，总结推广经验，并向国务院报告。在总结基础上，明确2018年工作方案，持续深入推进专项行动。

（九）抓消费节点。在十一、"双11"等节假日或消费时点，着力搭建平台、营造环境，鼓励企业开展内容丰富、形式多样的促消费活动。

四、加强督查，重在落实

按照国办加强重点工作督查要求，加强督促检查，督导各地加大工作力度，加快工作进度，确保工作实效。

（十）制订专项行动督查考核方案，建立督导问责机制，压实工作责任。各地要相应开展对本地区专项行动的工作考核。

（十一）商务部将会同有关部门适时开展联合督查，检查专项行动贯彻落实情况并进行通报。各地也要加强对本地区专项行动的督促检查工作。

五、积极宣传，营造氛围

围绕专项行动开展，制定专项宣传方案，有计划开展新闻宣传工作，引导消费预期，提升消费信心。

（十二）解读消费政策。组织相关领域专家接受媒体访谈，撰写分析文章，解读专项行动出台的相关政策措施，及时通过多种媒体渠道主动发声，宣传专项行动的意义和作用。

（十三）引导消费预期。指导、推动开展多种形式宣传，特别是在重要节点和"诚信兴商宣传月"等时点加大宣传力度，重点宣传绿色消费、品质消费、安全消费、信用消费等做法和理念。

附件：2017年加快内贸流通创新推动供给侧结构性改革扩大消费专项行动任务措施分解表（略）

商务部办公厅关于做好全国公益性农产品示范市场总结、评估和推荐工作的通知

商办建函〔2017〕441号

各省、自治区、直辖市、计划单列市及新疆生产建设兵团商务主管部门：

根据《商务部等12部门关于加强公益性农产品市场体系建设的指导意见》（商建函〔2016〕146号）精神，为加强公益性农产品示范市场管理，复制推广先进经验和典型模式，推进全国公益性农产品市场体系建设，进一步发挥保供、稳价、安全、环保等公益功能，现就全国公益性农产品示范市场总结、评估和推荐工作通知如下：

一、总结制度创新和政策落实情况

各省级商务主管部门要总结全国公益性农产品市场体系建设现场会有关部署落实情况。一要统计本地农产品批发市场、农贸市场、连锁超市、社区菜市场等农产品批发、零售企业基本情况。二要总结公益性农产品市场建设制度创新和政策落实情况，重点包括市场体系建设规划、法律法规保障、建设运营标准、公益类国有企业分类考核及用地、用水、用电、税收等支持政策。

二、评估首批全国公益性农产品示范市场

对31家首批全国公益性农产品示范市场开展评估，全面掌握市场建设运营和公益功能发挥情况，作为动态管理依据，符合要求的保留示范资格，不符合要求的取消示范资格。重点总结市场投资、运营、监管机制建立健全情况，保障市场供应、稳定市场价格、促进食品安全、推动绿色环保等公益功能发挥情况，助力扶贫脱贫、促进农民增收等示范带动作用发挥情况。进一步总结、复制、推广典型经验和模式，提高政府宏观调控和公共服务水平。

三、推荐第二批全国公益性农产品示范市场

（一）推荐范围

本地区发挥保障市场供应、稳定市场价格、促进食品安全、推动绿色环保等公益功能较为突出的农产品批发市场及零售企业。

（二）推荐条件

1.辐射带动和便民服务能力突出。农产品批发市场应是符合《公益性农产品批发市场标准（试行）》的大型一级农产品批发市场，地处重要流通节点或重要交通枢纽城市，具有较强的跨区域辐射功能（辐射10个省以上），市场占地面积100亩以上，2016年度农产品成交额不低于20亿元。农产品零售企业应有不少于5个零售网点，生鲜农产品年营业额不少于3亿元，单个网点服务半径500-800米，经营不少于30种生鲜农产品。制定生鲜农产品采购标准，执行农产品质量可追溯制度，每天公布检测结果。

2.公益功能保障机制健全。农产品批发市场和零售企业应建立完善的投资保障、运营管理及政府监管机制，通过修改公司章程、与政府签订投资合作协议或签署承诺书等具有法律效力的形式明确责任和义务。

3.提供平价公共服务。农产品批发市场鲜活农产品综合收费水平低于本区域或本省非公益性农产品批发市场平均收费水平20%以上，市场内与居民生活密切相关的10种左右鲜活农产品价格低于当地物价主管部门监测价格的10%左右。农产品零售企业各经营网点每天销售不少于5种平价农产品，在店内显著位置标示，同时展示本地物价监管部门发布的平价菜指导价格和市场平均价格，主动接受消费者及有关政府部门监督。

4.发挥公益功能实效明显。自2016年以来，农产品批发市场和零售企业在保障市场供应、稳定市场价格、促进食品安全、推动绿色环保等方面较好发挥了公益功能，并提供具体事例。

（三）推荐要求

各省级商务主管部门要充分考虑本地农产品流通实际情况，围绕增强政府宏观调控和民生保障能力，重点考察市场"投资保障、运营管理和政府监管"三大机制建设，以及"保供、稳价、安全、环保"四大功能发挥情况，对有关农产品市场情况进行综合评价，推荐不超过2家公益性农产品批发市场和3家零售企业。商务部将请第三方组织专家对各地推荐的市场进行评估，择优确定第二批全国公益性农产品示范市场。

四、材料报送要求

请于2017年11月20日前将《公益性农产品市场建设政策落实情况表》（附件1）、《首批全国公益性农产品示范市场（批发）评估表》（附件2）、《首批全国公益性农产品示范市场（零售）评估表》（附件3）、《第二批全国公益性农产品示范市场（批发）推荐表》（附件4）、《第二批全国公益性农产品示范市场（零售）推荐表》（附件5）及有关材料（包括市场基本情况，企业章程、合作协议、承诺书等公益功能实现制度文件及发挥公益功能的具体事例等，首批示范市场已报送材料可不重复提交）电子版和纸质文件（3份）报送商务部。

质检总局等关于印发《关于开展重要产品追溯标准化工作的指导意见》的通知

国质检标联〔2017〕419号

各省、自治区、直辖市及计划单列市、新疆生产建设兵团质量技术监督局（市场监督管理部门）、商务部、党委网络安全和信息化领导小组办公室、发展改革委、工业和信息化主管部门、公安厅、农业（农牧、农村经济、畜牧兽医、农垦、农产品加工、渔业）厅（局、委、办）、卫生计生委、安全生产监督管理局、食品药品监督管理局：

为贯彻落实《国务院办公厅关于加快推进重要产品追溯体系建设的意见》（国办发〔2015〕95号），根据《国家重要产品追溯标准化工作方案》确定的工作任务，质检总局、商务部、中央网信办、发展改革委、工业和信息化部、公安部、农业部、卫生计生委、安全监管总局、食品药品监管总局等共同组织制定了《关于开展重要产品追溯标准化工作的指导意见》（见附件）。现印发给你们，请遵照执行。

质检总局　商务部　中央网信办

发展改革委　工业和信息化部　公安部

农业部　卫生计生委　安全监管总局

食品药品监管总局

2017年9月27日

关于开展重要产品追溯标准化工作的指导意见

标准化作为国家一项基础性制度，是国家治理体系和经济社会发展的重要技术基础。为深入贯彻落实国务院办公厅《关于加快推进重要产品追溯体系建设的意见》（国办发〔2015〕95号）工作部署，加强重要产品追溯标准化工作指导和统筹协调，有序推进重要产品追溯体系建设，针对重要产品追溯体系建设实施"标准化+"行动，加快完善相关标准体系，通过标准制定和实施，统一建设规范和技术要求，有效支撑和服务重要产品追溯体系建设，现提出以下意见。

一、充分认识重要产品追溯标准化工作重要性

我国已经进入追溯产业快速发展期，在营造公平有序营商环境、推动监管模式创新、提升产品质量管理能力、促进消费升级等方面取得了积极成效。重要产品追溯体系建设涉及行业领域多、覆盖面广、产业链长、技术含量高，是一项复杂的系统性工作。

标准是人类文明进步的成果，标准化在便利经贸往来、支撑产业发展、促进科技进步、规范社会治理中的作用日益凸显，是产业核心竞争力的基本要素，是实施创新驱动发展战略的重要内容。及时总结提炼适用性强、适宜推广的技术要点，规范追溯相关准则和依据，制定标准并组织实施，有利于进一步统一追溯体系建设要求，对于实现追溯体系建设可持续发展具有重要意义，事关重要产品追溯产业有序健康发展的工作全局。

重要产品追溯标准化是一项战略性、基础性、全局性的工作，要切实提高对重要产品追溯标准化工作必要性和重要性的认识，明确目标，突出重点，采取有效措施，运用好标准化手段，推进重要产品追溯体系建设。围绕追溯信息链条和责任追究链条，完善相关标准体系，增进产品信息透明度，保障各方知情权，提高产品质量管理水平，提振消费信心，推动建立统一开放、竞争有序的市场体系。

二、指导思想、基本原则和主要目标

（一）指导思想

全面贯彻党的十八大和十八届二中、四中、五中、六中全会精神，深入贯彻习近平总书记系列重要讲话精神和治国理政新理念新思想新战略，落实国务院深化标准化工作改革方案措施要求，牢固树立新发展理念，以服务和支撑重要产品追溯体系建设为主线，积极实施标准化战略，发挥标准规制和引领作用，形成国家标准、行业标准为主体，地方标准、团体标准和企业标准为补充，强制性标准和推荐性标准协同配合的标准体系。围绕食用农产品、食品、药品、农业生产资料、特种设备、危险品、稀土产品等重要产品，抓紧制定和实施一批关键共性标准，逐步建立结构合理、相互配套、行之有效的重要产品追溯标准体系，支撑覆盖全国、统一开放、先进适用的追溯体系建设，实现产品来源可查、去向可追、责任可究，促进相关行业转型升级，助力供给侧结构性改革，服务国民经济和社会发展全局。

（二）基本原则

统筹规划，分类实施。围绕重要产品追溯体系建设现状和发展需要，加强标准化工作统筹和顶层设计，统一规划标准体系架构，明确各级标准定位和各类标准功能，结合行业需求有序组织制定与实施追溯标准，强化标准化支撑重要产品追溯体系建设的技术基础作用。

多方参与，协同推进。重要产品追溯体系建设涉及产品生产、流通、消费等各个环节，需要政府部门、行业协会和企业等共同参与，形成工作合力。完善统一管理、分工负责的标准化管理体制，营造共治格局。国家、行业、企业等不同层面，要协同推进重要产品追溯标准化工作，形成良性互动和相互促进的工作局面。

自主可控，急用先行。标准研制优先采用自主知识产权技术，建立自主可控可管的标准体系，服务国家经济产业发展需要，确保国家经济、产业、社会安全。以需求为导向，统一追溯信息，抓紧制定追溯术语、追溯编码、系统构建、评估评价等基础共性标准和数据互联、数据采集等关键技术标准。

统一要求，衔接互补。充分利用各行业各领域已建立的追溯体系相关标准规范，通盘考虑加以吸收借鉴，促进标准制定工作有效衔接，加强各级各类标准相互协调配合，促进各行业、各地区追溯系统互联互通和数据共享，实现各类产品追溯技术相互协同、有机衔接。

国际接轨，深化合作。借鉴国际上追溯体系建设标准化先进经验和成果，探索推进重要产品追溯标准与国际接轨，携手打造中国与"一带一路"沿线国家重要产品追溯通用规则，通过标准支撑跨国贸易产品信息融合互通，促进商品国际流通和贸易合作。加强关键技术指标适用性研究，与相关国际组织和先进国家开展技术合作，制定重要产品追溯国际标准。

（三）主要目标

到2020年，标准化支撑重要产品追溯体系建设的作用明显增强。基本建成国家、行业、地方、团体和企业标准相互协同、覆盖全面、重点突出、结构合理的重要产品追溯标准体系。一批关键共性标准得以制定实施，追溯体系建设基本要求得到规范统一，全社会追溯标准化意识显著提高。追溯标准实施效果评价和反馈机制初步建立，有效开展重要产品追溯标准化试点示范，发挥辐射、带动和引领作用，实现标准化的经济效益和社会效益。

三、主要任务

（一）开展重要产品追溯标准化基础研究

开展重要产品追溯体系建设和应用相关技术研究，加强重要产品追溯标准制修订工作技术储备，夯实重要产品追溯标准化工作基础。同步跟踪掌握国外追溯体系管理、实施和运用标准现状与业务模式发展状况。结合我国追溯体系建设内在规律、基本原理、技术参数及管理模式，分析研究追溯标准制定与实施情况，运用追溯标准化工作新理念、新思路、新动态，重点开展追溯信息、数据元规则、追溯编码、数据采集格式、数据接口协议及体系认证等追溯核心技术及推广应用模式研究，为重要产品追溯体系建设提供标准化支撑。

（二）统筹规划重要产品追溯标准体系

以重要产品追溯体系建设现状为出发点，将满足追溯体系建设科学可行、规范有序发展作为落脚点，全面梳理分析现行法律法规和标准情况，组织开展追溯标准体系架构研究，明确标准制修订工作重点任务，加强标准体系建设顶层设计以及与已有标准体系的协调统筹。标准体系重点围绕食用农产品、食品、药品、农业生产资料、特种设备、危险品、稀土产品等七大类重要产品，涵盖基础、规范要求、规程指南、测试评价、认证评价等标准类型，规范信息编码、对象标识、信息识别、数据采集、信息传输、平台建设、数据管理、信息展示、监督管理、信息安全保障等追溯要素。建立级配合理、层级分明的重要产品追溯标准体系，国家标准聚焦基础性、通用性，行业标准满足专业性、专用性，地方标准体现地域性、特殊性，团体标准和企业标准突出市场化、灵活性。

（三）研制重要产品追溯基础共性标准

针对重要产品生产、流通、消费等各环节特性，注重追溯模式、技术创新和标准制定协同、平衡发展，支撑中央与地方、政府与市场开放联动需要，充分利用物联网、云计算等成熟可靠的现代信息技术，围绕追溯共性技术、追溯信息管理、追溯评估评价、追溯关键环节等方面，尽快制定发布一批技术含量高、适用性强的基础共性标准，统一和规范追溯信息、对象标识规则、数据采集格式、数据接口协议及体系认证等追溯基本要求，发挥标准对全国重要产品追溯体系建设制度基础保障和技术支撑作用。

（四）探索重要产品追溯标准化试点示范

综合考虑行业产业状况、产品代表性、经济规模、地域特色等因素，突出重点产品和关键环节，积极探索开展追溯标准化试点示范工作。试点示范核心内容是实施和验证追溯标准，通过总结提炼试点成功经验，培育一批具有引领示范效应的试点示范项目，推动标准规模化、产业化应用，发挥试点示范辐射带动作用。

（五）抓好重要产品追溯标准的推广应用

要大力进行追溯标准宣传和推广，增强在重要产品追溯工作中实施标准的主动性和自觉性。重视重要产品追溯标准的推广应用，在试点示范的基础上，制定切实可行的标准推广方案，配套标准发布实施。通过印制宣传手册、编写培训材料、召开宣贯会议等形式，有重点、分节点地推动标准推广实施。企业作为产品追溯的责任主体，要积极参与追溯标准推广实施，准确掌握标准内容、理解指标要求，主动运用好标准，保证标准实施效果。

（六）做好重要产品追溯标准实施信息反馈和评估

充分运用信息化手段，依托国家重要产品追溯体系公共信息服务平台，利用重要产品追溯标准化试点示范工作，推动建立重要产品追溯标准实施信息管理系统，打通标准实施信息反馈渠道，实时收集、整理和分析标准实施信息，开展标准实施后评估，集中查摆标准内容滞后老化、指标设置不科学、市场适用性不强等问题，同步开展标准复审和维护更新，确保标准规定切实可行、高效管用。

四、重要产品

重要产品追溯标准制定应遵循覆盖面广、实用性强的原则，选择风险性突出、借鉴性强、需求量大的产品开展标准编制和实施工作。

（一）食用农产品

食用农产品标准编制应涵盖食用农产品的种植养殖、运输贮存、销售、加工等环节，标准内容应包括农产品分类、编码标识、操作规范、数据格式、数据对接等关键内容，支撑实现全国农产品质量安全追溯管理"统一追溯模式、统一业务流程、统一编码规则、统一信息采集"，促进食用农产品全过程追溯管理。

（二）食品

食品追溯标准内容应覆盖食品原辅料购进、生产过程、产品检验、产品运输、储存和销售等环节的追溯要求，为推动食品生产经营企业落实主体责任，为建立和完善食品质量安全追溯体系提供技术依据。

（三）药品

药品的追溯标准内容应覆盖药品生产、经营和使用等环节的追溯要求，推动药品生产流通企业落实主体责任，为药品追溯体系建设提供技术性基础保障。

（四）农业生产资料

农业生产资料的追溯标准内容重点包括农业生产资料登记、生产、流通、经营、使用等关键环节信息，相关主体信息和相应追溯信息载体要求，实现农业生产资料全程可追溯管理。

（五）特种设备

特种设备的追溯标准内容重点应涵盖特种设备生产（设计、制造、安装、改造、修理）、经营、使用、检验检测和监督管理等信息以及适宜的追溯信息载体要求，满足特种设备追溯体系建设需要。

（六）危险品

危险品的追溯标准重点针对民用爆炸物品、剧毒化学品、易制爆危险化学品、烟花爆竹、放射性物品等产品，内容涵盖生产、经营、储存、运输、使用和销毁等环节的追溯信息和追溯信息载体要求，服务构建危险品的全过程追溯体系要求。

（七）稀土产品

稀土产品的追溯标准重点针对稀土矿产品、稀土冶炼分离产品的生产与流通环节，规定产品追溯标识、产品追溯编码、追溯信息等要求，规范生产企业追溯系统建设、稀土产品生产、流通环节追溯数据采集和追溯数据管理。推动实现追溯数据与稀土专用发票、稀土产品进出口报关等信息的共享，满足稀土产品追溯体系建设需求。

五、强化保障措施

（一）加强组织领导

重要产品追溯标准化工作跨行业、跨领域，要加强标准体系建设总体设计和组织领导，多方参与协同推进标准制定和实施。质检总局、商务部会同有关部门，强化宏观指导，落实部门分工。各地应高度重视重要产品追溯标准化工作，根据追溯体系建设实际情况，同步部署体系建设和标准化工作，研究标准化工作需求，明确细化措施和工作方案，形成上下衔接、左右联动的标准化工作局面。

（二）完善工作机制

切实将标准化纳入重要产品追溯体系建设重要事项，加大标准化工作政策支持和经费保障力度。落实企业追溯体系建设主体责任，推动企业提升标准化意识，促进标准有效实施。要采取政府引导、市场化运作的做法，鼓励地方政府引导企业和社会资金投入，形成多元化投入保障机制，形成标准化工作共治格局。

（三）建设人才队伍

发挥专家的智慧和聪明才智，为重要产品追溯标准化工作提供咨询和技术指导。支持高校、科研院所、行业协会、企业联合建立追溯标准化人才培养孵化器，创新培养模式，培养一支追溯标准化复合型人才队伍。

（四）推动国际接轨

积极参与追溯国际标准化活动，结合"一带一路"建设愿景，借鉴国际组织和发达国家已有经验和做法，加强追溯技术国际交流，开展标准化国际合作，促进我国标准与国际标准接轨，全面提升重要产品跨境追溯能力建设，促进产品全球流通，实现共同发展、共同繁荣。

（五）加强宣传引导

加强追溯标准化工作宣传力度，充分发挥传统媒体和新媒体作用，通过新闻媒体和信息网络，广泛传播重要产品追溯标准化工作成果，提升标准意识。及时通报追溯标准化工作最新进展，宣传重要标准制定发布情况，开展标准重要指标解读，推动各行业营造追溯标准化意识，提高标准化在重要产品追溯体系建设中的认知度和普及率，切实发挥追溯体系建设中的标准规范引领作用。

商务部 工业和信息化部 公安部 农业部 质检总局安全监管总局 食品药品监管总局关于推进重要产品信息化追溯体系建设的指导意见

商秩发〔2017〕53 号

各省、自治区、直辖市、计划单列市及新疆生产建设兵团商务、工业和信息化、公安、农业、检验检疫、质量技术监督（市场监管）、安全监管、食品药品监管部门：

推进重要产品信息化追溯体系建设，是惠民生、促消费、稳增长和推进供给侧结构性改革的重要举措，对提高供应链效率和产品质量安全保障水平、推动流通转型升级和创新发展、构建信息化监测监管体系、营造安全消费的市场环境具有重大意义。为进一步加快建设重要产品信息化追溯体系，按照《"健康中国 2030"规划纲要》《国务院办公厅关于加快推进重要产品追溯体系建设的意见》（国办发〔2015〕95 号）及《国内贸易流通"十三五"发展规划》（商建发〔2016〕430 号）要求，现提出以下意见。

一、指导思想、基本原则与建设目标

（一）指导思想

全面贯彻党的十八大和十八届三中、四中、五中、六中全会精神，深入贯彻习近平总书记系列重要讲话精神，围绕统筹推进"五位一体"总体布局和协调推进"四个全面"战略布局，坚持创新、协调、绿色、开放、共享的发展理念，以保障民生为核心，以落实企业主体责任为基础，以信息化追溯和互通共享为方向，加强统筹规划，健全标准体系，创新发展模式，促进社会共治，建设覆盖全国、统一开放、先进适用的重要产品追溯体系，提升产品质量安全与公共安全保障能力，更好满足人民群众生产生活和经济社会健康发展需要。

（二）基本原则

1.统筹规划与属地管理相结合，兼顾地方需求特色。统一基础共性标准和建设规范，实现跨部门跨区域业务协同、资源整合、设施及信息开放共享，避免重复建设。在做好已明确的重要产品追溯工作基础上，鼓励地方结合实际确定追溯体系建设的重要产品名录。

2.政府引导与市场化运作相结合，发挥企业主体作用。在做好政府主导的试点示范工作和公益性追溯管理平台建设同时，强化企业主体责任，支持行业组织和企业自建产品追溯系统，并与政府和相关机构实现追溯信息互通共享，促进公益性和市场化两类追溯平台有机衔接、协调发展。

3.形式多样与互联互通相结合，注重产品追溯实效。坚持创新驱动，推进追溯理论、模式、管理和技术创新，鼓励追溯体系建设运行多样化发展。坚持追溯信息互通共享，统一优化公共服务，注重生产源头追溯信息的真实性、中间环节信息链条的连续性、消费端追溯信息获取的便捷性。

4.试点示范与复制推广相结合，建立科学推进模式。以与群众生产生活密切相关、质量安全问题较多的产品为重点，选择基础较好的地区、行业和企业开展试点示范，先易后难，以点带面，及时总结可复制推广的经验，逐步扩大覆盖范围，提高运行效果。

（三）建设目标

到2020年，初步建成全国上下一体、协同运作的重要产品追溯管理体制、统一协调的追溯标准体系和追溯信息服务体系；相关法律法规进一步健全；追溯数据统一共享交换机制基本形成，部门、地区和行业企业追溯信息初步实现互通共享和通查通识；重要产品生产管理信息化、标准化、集约化水平显著提高；追溯大数据分析应用机制进一步健全完善，追溯应急管理能力显著提高，追溯体系对群众安全消费、企业精准营销、行业管理优化、供应链安全保障及政府监测监管的服务能力不断增强。

国家重要产品追溯管理平台及食用农产品、食品、药品、农业生产资料、特种设备、危险品、稀土产品等分类产品追溯体系基本建成运行；有条件的地方和行业探索推进妇幼用品、建材、家电和汽车零配件、地方特色产品等追溯体系建设；企业产品质量安全主体责任意识显著增强，采用信息技术建设追溯体系的企业占比大幅提高；产品质量安全保障水平和品牌国际竞争力进一步提升；社会公众对追溯产品的认知度和接受度明显增强。

二、主要任务

（一）基本任务

1.建立目录管理制度。从产品对人身和生产安全的重要程度、危害事件发生概率及后果影响等方面进行科学评估，依法制定重点追溯产品目录和鼓励追溯产品目录。国家重要产品目录实行动态管理；各地酌情制定兼容国家目录的地方重要产品目录。

2.完善追溯标准体系。分析提炼追溯的核心技术要求和管理要求，明确不同层级、不同类别标准的定位和功能，建成国家、行业、地方、团体和企业标准相衔接，覆盖全面、重点突出、结构合理的重要产品追溯标准体系。研制一批追溯数据采集指标、编码规则、传输格式、接口规范等共性基础标准，实现产品追溯全过程的互联互通与通查通识。在追溯标准化研究的基础上，选择条件好、管理水平高的地区、行业、企业探索开展重要产品追溯标准化试点示范工作，推动标准制定和实施。针对重点产品和环节，根据产品形态、包装形式、生产经营模式、供应链协同、相关业务流程等特点，明确各品种追溯体系建设的技术要求，设计简便适用、易于操作的追溯规程和查询方式。探索推进重要产品追溯标准与国际接轨，携手打造中国与"一带一路"沿线国家重要产品追溯通用规则，逐步建立国际间重要产品追溯体系，增强中国标准的国际规则话语权。

3.健全认证认可制度。将重要产品追溯管理纳入现有强制性产品认证、有机产品认证、质量管理体系、食品安全管理体系、药品生产质量管理规范、药品经营质量管理规范、良好农业操作规范、良好生产规范、危害分析与关键控制点等制度。围绕健全追溯管理机制，建立追溯管理体系认证认可制度。完善认证规范、认证规则、认证工作后续监管及惩戒机制，建立与认证认可相适应的标识标记制度，方便消费者识别。

4.推进追溯体系互联互通。按照统一规划、科学管理原则，采用大数据、云计算、对象标识与标识解析等信息技术，逐步建设中央、省、市级重要产品追溯管理平台。建立追溯信息共享交换机制，实现中央平台与有关部门、地区、第三方平台之间的对接。推进各类追溯平台与检验检测信息系统、信用管理系统、综合执法系统、企业内部质量管理体系等对接。建设国家重要产品追溯综合门户网站，宣传政策法规和追溯知识，统一提供追溯信息查询服务。

加强追溯大数据开发利用。结合企业发展与行业监管需求，开发智能化的产品质量安全监测、责任主体定位、流向范围及影响评估、应急处置等功能，为企业管理、政务决策、风险预警与应急处置提供有力支持，严防区域性、系统性风险。构建供应链上下游企业追溯信息投入与收益的合理分配机制。在依法加强安全保障和商业秘密保护的前提下，实现追溯数据资源向社会有序开放。

5.促进线上线下融合。引导企业将追溯体系建设与信息化改造升级相结合，鼓励企业以建设追溯体系为契机，提高信息化、智能化管理水平。推进"互联网＋追溯"创新发展，鼓励电子商务企业利用自身平台建设信息化追溯系统，实现销售与追溯双重功能，创建可追溯电商品牌，提高企业经济效益；支持生产加工、仓储物流、批发零售等企业将追溯体系建设与电子商务、智慧物流等信息化建设相结合，增强信息交互、在线交易、精准营销等功能；推动追溯体系与批发零售企业电子结算系统、冷链物流配送等体系融合发展。

6.强化追溯信用监管。建立可信数据支撑体系，确保追溯信息的真实性和有效性。以企业为主体，政府部门、行业组织、专业机构和消费者等多方参与，将供应链中的生产经营企业、检测认证机构、监管机构、消费者等主体纳入可信数据支撑体系，通过相关技术手段整合产品供应链各环节追溯信息，形成不可篡改的可信追溯信息链条。建立完善产品质量安全档案和失信"黑名单"制度。建立消费者和用户监督机制，畅通举报投诉渠道，形成有效监督的社会氛围。建立追溯信息系统成熟度评价体系，从追溯数据链、检验检测、消费者监督等方面，对企业及产品开展综合评价。

（二）分类任务

1.食用农产品追溯体系。全面推进现代信息技术在农产品质量安全领域的应用，加强顶层设计和统筹协调，尽快搭建国家农产品质量安全追溯管理信息平台，建立生产经营主体管理制度，将辖区内农产品生产经营主体逐步纳入国家平台管理，以责任主体和流向管理为核心，落实生产经营主体追溯责任，推动上下游主体实施扫码交易，如实采集生产流通追溯信息，确保农产品全链条可追溯。出台国家农产品质量安全追溯管理办法，制定追溯管理技术标准，明确追溯要求，统一追溯标识，规范追溯流程，健全管理规则。选择重点地区和重点品种，开展追溯管理试点应用，发挥示范带动作用，探索追溯推进模式。发挥国家平台功能作用，强化线上监管和线下监管，快速追查责任主体、产品流向、监管检测等追溯信息，挖掘大数据资源价值，推进农产品质量安全监管精准化和智能化。

完善肉类蔬菜追溯体系。中央财政资金支持开展肉类蔬菜追溯体系建设的地区，加快探索政府和社会资本合作模式，调动社会力量参与追溯体系建设运行；完善考核评估体系，建立健全长效机制；逐步扩大追溯体系覆盖范围，增加品种和节点数量；升级改造追溯管理平台，向生产和消费两端延伸追溯链条，开发智能监管功能，提高数据处理和综合分析能力。

加强监管部门协调配合，健全完善追溯管理与市场准入的衔接机制，以扫码入市或索取追溯凭证为市场准入条件，构建从产地到市场到餐桌的全程可追溯体系。

2.食品追溯体系。重点围绕婴幼儿配方食品、肉制品、乳制品、食用植物油、白酒等加工食品，推动生产加工企业建立追溯体系和管理制度。逐步扩大食品种类范围，提高覆盖率和社会影响力。

充分利用已有信息化基础设施，实现食品追溯、食品安全监管、食品生产流通行业管理相关信息的互通共享，提高政府部门食品质量安全监管的信息化和协同水平。加快推进国家食品安全监管信息化工程建设，加强重点食品质量安全追溯物联网应用示范工程推广应用。

3.药品追溯体系。巩固提升中药材流通追溯体系。升级改造中药材流通追溯管理中央平台，促进不同药品追溯系统信息互通共享。逐步增加中药材追溯品种；逐步扩大覆盖范围，涵盖全国主要中药材批发市场所在地区；提高中药材种植养殖、经营、饮片和中成药生产经营主体、医疗机构及药店等节点的覆盖率。

推动药品生产流通企业落实主体责任，依据法律法规和国家标准，使用信息化技术采集留存原料来源、生产过程、购销记录等信息，保证药品的可追溯。扩大药品追溯监管覆盖范围，逐步实现全部药品从生产、流通到使用全程快速追溯。建立药品追溯管理机制。

4.主要农业生产资料追溯体系。在饲料上，推动饲料企业建立执行生产过程管理制度，实现从原料入厂到成品出厂的全程可控可追溯；在条件成熟的地区，推进饲料产品电子追溯码标识制度。在种子上，实行种子标签二维码标识制度，推动种子生产经营者建立包括种子来源、产地、数量、质量、销售去向、销售日期等内容的电子生产经营档案；引导种子批发和零售商建立种子来源、数量和销售去向的电子台账；建立全国统一的可追溯管理平台，整合行政审批、经营备案、市场监管等各方信息，实现全程、全面可追溯。在兽药上，进一步加强国家兽药基础数据信息平台建设，完善兽药生产企业、兽药产品批准文号等兽药基础信息数据库；深入开展兽药"二维码"追溯系统建设，全面实施兽药产品电子追溯码标识制度，逐步实现兽药生产、经营、使用全过程追溯。在农药、肥料上，建立追溯监管体系，推动生产经营企业建立原料控制、生产管理、流通企业扩大质量追溯体系建设范围，不断提高物联网技术的应用能力，实行电子追溯码标识制度。

拓展全国农业生产资料信息追溯监管服务平台功能，推进试点企业与全国农业生产资料信息追溯监管服务平台对接，加快农资质量追溯关键技术装备研发和示范。

5.特种设备追溯体系。以电梯、气瓶、移动式压力容器等特种设备为重点，建立全国特种设备追溯公共服务平台。推动企业建立特种设备信息化追溯系统，与全国特种设备追溯公共服务平台对接。逐步实现电梯的生产、使用、维护保养、检验、检测，以及车用气瓶和移动式压力容器的生产、使用、检验、检测、充装、报废等关键信息的记录、统计、分析、公示等功能，为社会提供追溯信息查询服务。

完善特种设备生产标识方法，健全生产单位、使用单位、检验检测机构数据报告制度和特种设备安全技术档案管理制度，建立企业生产流通全过程信息记录制度，为特种设备质量安全信息全生命周期可追溯提供制度保障。

6.危险品追溯体系。建设全国危险品追溯监管综合信息平台。利用物联网、云计算、大数据等现代信息技术手段，以民用爆炸物品、剧毒化学品、易制爆危险化学品、烟花爆竹、放射性物品等为重点，形成国家、省、市、县、园区危险品信息追溯管控体系，探索实施高危化学品电子追踪标识制度，实现危险品全生命周期过程跟踪，信息监控与追溯。逐步增加危险品种类，扩大覆盖范围。

7.稀土产品追溯体系。以稀土矿产品、稀土冶炼分离产品为重点，以生产经营台账、产品包装标识等为主要内容，加快推进稀土产品追溯体系建设，实现全程可追溯。开展稀土企业追溯试点，建立稀土专用发票、稀土产品出口报关、企业经营档案等各项信息共享机制。推动稀土企业建设信息化追溯系统，采用信息化手段对生产、库存、销售等信息进行管理，实现信息完整归集和可追溯。

8.产品进出口追溯体系。以自由贸易试验区和跨境电子商务企业为重点，探索推进食品等重要产品和跨境电子商务零售等领域的进出口追溯体系建设。整合产品进出口国别（地区）、产地、生产商、品牌、批次、进出口商或代理商、收货人、进出口记录及销售记录等信息，与海关报关信息、检验检疫信息和产品标签标识相衔接，实现重点产品从生产到进出口销售全过程信息可追溯。落实进口食品的境外生产商、出口商、境内收货人注册备案和进口销售记录制度，建立进口食品信息追溯平台和全国统一的重要进出口产品平台，实现进出口产品流向和质量控制措施的可追溯，提升进出口企业和社会公众对质量追溯的认知度和接受度，实现进出口产品质量安全社会共治。

三、保障措施

（一）加强组织领导

建立完善追溯体系建设协调推进工作机制。商务部会同有关部门建立部际联席会议制度，强化宏观指导，落实部门分工，加强法律法规、政策措施、标准规范等方面的协调配合，督促各项工作落实。各地完善领导机制，将重要产品追溯体系建设纳入工作考核指标。推动建立追溯行业组织。

（二）完善法规制度

加快推进《农产品质量安全法》、《食品安全法实施条例》等相关法律法规和规章的制（修）订工作，完善重要产品追溯管理制度，细化明确生产经营者责任和义务。按照《产品质量法》、《食品安全法》、《社会信用体系建设规划纲要（2014—2020年）》等要求，将追溯体系建设与构建社会诚信机制、强化企业主体责任、问题产品召回紧密结合，最大限度发挥追溯体系的倒逼作用和服务功能。加快推动地方立法，实行依法建设，依法管理。

（三）营造发展环境

鼓励大型连锁企业、医院、学校等团体消费单位优先选购可追溯产品。培育创新创业新领域，营造追溯体系建设的众创空间。加强追溯技术成果转化与知识产权保护，加快推动技术研发、系统集成、业务咨询、工程监理、大数据分析等追溯服务产业发展，为追溯体系建设运行、扩大应用提供专业服务。加大对贫困地区政策倾斜力度，推动形成"互联网＋产品追溯＋精准扶贫"的政策组合与市场化运作模式。

（四）创新支持方式

加大政策支持力度，重点支持公益性重要产品追溯平台建设，以及完善标准、培育人才等追溯体系建设基础性工作。鼓励社会资本投入，采用市场化方式吸引企业加盟，为中小微企业提供信息化追溯服务。鼓励金融机构为开展追溯体系建设的企业提供信贷支持和产品责任保险。围绕重要产品追溯体系建设的重点、难点和薄弱环节，开展示范创建活动。支持有条件的地区创新追溯模式。及时总结经验，适时向其他地区复制推广。

（五）加强理论研究和人才培养

加强追溯理论和应用技术的研究与交流。鼓励科研机构建立质量安全追溯技术及应用工程实验室，鼓励大学设立追溯专业院系及课程。建立完善追溯专业人才培育机制。鼓励成立重要产品追溯体系建设咨询机构和专家委员会，对追溯体系建设运行开展前期咨询论证和后期跟踪评估，促进重要产品追溯体系创新发展；建立发展重要产品追溯体系培训机构，培养多层次的追溯人才。

（六）强化宣传教育

加强社会舆论宣传，通过广播、电视、报刊等传统媒体和网络、手机移动终端等数字化新媒体广泛开展追溯宣传和大众科普，突出强调生产经营企业建设产品追溯体系的主体责任、行业组织推进追溯体系建设、加强行业自律的典型经验、消费者参与追溯体系建设的重要意义等；推动行业组织开展法律法规和标准宣贯，传播追溯理念，培育追溯文化，形成熟悉追溯、支持追溯、积极参与追溯的社会氛围；制定合理有效的激励措施，充分调动消费者和用户的参与热情，构建全面推进重要产品追溯体系建设的市场倒逼机制。

商务部　工业和信息化部

公安部　农业部

质检总局　国家安全监管总局

食品药品监管总局

2017 年 2 月 16 日

第三篇　理论观点

会长文章

发展智慧农产品批发市场
推动农产品供给侧结构性有效改革

世界批发市场联合会主席、世批联亚太地区工作组主席、
全国城市农贸中心联合会会长　马增俊

农产品批发市场是我国农产品市场体系的重要组成部分，一直以来都是我国农产品流通的主渠道。2017 年中央一号文件《中共中央　国务院关于深入推进农业供给侧结构性改革加快培育农业农村发展新动能的若干意见》中提出，农业的主要矛盾由总量不足转变为结构性矛盾，突出表现为阶段性供过于求和供给不足并存，矛盾的主要方面在供给侧。农产品批发市场在农产品供应链中处于核心地位，作为农产品流通的主渠道和核心，在保障城市供应、解决农产品卖难、调节物价、引导农业生产等方面发挥着重要的作用，是解决农业供给侧结构性矛盾的主要抓手。中国农产品供应链的完善需要有效推动农产品批发市场的升级改造与发展，发展方向就是推动建设智慧农产品批发市场。

一、发展智慧农产品批发市场，是推动智慧农业、智慧城市发展的桥梁

在"互联网+"时代，国家提出了发展智慧农业和智慧城市，智慧农产品批发市场作为城乡互联的中间环节，是连接前端农业生产和后端消费市场的主要桥梁。农产品批发市场应该向智慧化方向发展，顺应国家政策形势和企业发展形势，发展智慧农产品批发市场才能沟通产销两端，否则，就会制约智慧农业和智慧城市的发展。

二、发展智慧农产品批发市场，要拥抱互联网，推动电商，促进线上线下一体化融合

一号文件第 14 条首次将"完善全国农产品流通骨干网络，加快构建公益性农产品市场体系，加强农产品产地预冷等冷链物流基础设施网络建设，完善鲜活农产品直供直销体系"等农产品流通方面的方向与要求，作为"推进农村电商发展"的内容单独陈列，充分体现出当前"互联网+"国家战略的高度和国家推进"互联网+现代农业"行动的决心。农产品批发市场应积极探索以信息技术、电子商务等为支撑的"互联网+农产品市场""智慧农产品批发市场"建设，线上线下结合，充分运用信息技术等先进手段于农产品流通全程，将批发市场门禁系统、结算系统、信息发布系统、食品安全控制、废弃物处理等各个环节都通过互联网衔接在一起，加强精准系统管理，实现配送的分等定级，提高农产品供给效率。

三、发展智慧农产品批发市场，通过择优扶强，加快农产品冷链发展

智慧化注重分享。发展智慧农产品批发市场，就可以将农产品批发市场在农产品产地预冷等冷链仓储物流基础设施建设，在加工配送、物流配送环节，在市场环保，在食品安全追溯等方面做得出色的市

场推选出来，在行业中进行大力推广，带动加快农产品冷链、流通标准化建设发展，从而影响生产、零售环节，打造智慧型的农产品供应链网络体系。

四、发展智慧农产品批发市场，加强数据分析，使农民生产更适应市场需求

优化农产品供给侧结构性改革，应加强农产品全链条化建设，通过智慧农产品批发市场，运用互联网技术手段和互联网思维模式，全程掌控农产品流通产业链的交易信息，对进场数据和市场需求进行精准分析，将消费需求反馈到生产、零售环节，指导农民生产更适合市场需求的农产品，根据消费需求调整供应，从而推动供给侧结构性的有效改革。

五、发展智慧农产品批发市场，通过数据共享，抵制非安全食品，推动安全食品流通

智慧农产品批发市场是全链条的概念，通过大数据的分析和数据共享，形成生产者、消费者的信息共享，区分出哪些是安全食品，哪些是非安全食品，将食品安全相关信息让消费者知情，反弹琵琶，从而不购买非安全食品，抵制非安全食品的流通，促进安全食品的流通，有效保障食品安全。

农产品批发市场的未来走向

世界批发市场联合会主席、世批联亚太地区工作组主席、
全国城市农贸中心联合会会长　马增俊

中国近 5 年的快速发展成果斐然，农产品批发市场行业亦然。但农产品市场也面临新的形势，需要寻求新的发展机遇。可以说，当前农产品批发行业是在困难中前行，混沌中变革，转换中蜕变。为更好地把握农产品批发市场的未来走向，需要准确认识农产品批发市场当下发展面临的一些难点。

一、农产品批发市场与城市关系有待理顺

随着我国城镇化速度日益加快，不管是市场出于自身发展需求，还是城市管理者相关部门的要求，升级改造已成了现代农产品市场发展的必然之路。但不同城市管理者对农产品批发市场的定位认识不同，便形成了不相同的结果。比如，在特大城市严格控制人口等政策渲染下，一些城市尤其是大城市规划中，将农产品市场视为城市负担，要把市场搬离城市，造成市场外迁，那么现代都市的城市功能都包括哪些？农产品市场是不是同金融、现代服务业、餐饮、公厕等一样属于城市基本功能之一？事实上，农产品流通事关民生，农产品市场是城市的核心功能，如何让城市管理者认知到这个问题是行业发展的一个难点。2017 年上半年全国城市贸易中心联合会（以下简称"农贸联"）组织会员单位去荷兰考察了鹿特丹的缤纷菜市场，回来形成了《现代城市农产品市场发展的成功模式——鹿特丹缤纷菜市场考察报告》，对这一难题做了回答，其中的一些经验可供中国城市管理者借鉴。

二、农产品批发市场规划布局有待完善

当前，农产品批发市场布局不合理，缺乏统一规划。"有市无场"和"有场无市"同时存在。一些大中城市农产品批发市场恶性竞争比较严重和突出，恶性竞争事件特别多，农贸联已接触并协助解决武汉、成都、沈阳、银川、乌鲁木齐等城市的恶性竞争问题。关键是现在新一轮发展又面临一个新的问题，三四个资金方成立的农产品公司新进入农产品批发市场行业，在不同的区域，有的是县级，有的是地级市，有的还要往主要城市进军，进行新的布局。而这种社会资本的进入，使农产品批发市场的恶性竞争更加严重，这又涉及城市规划布局是否合理的问题，应该怎样进行规范，需要重视。

三、集体经济批发市场功能很丰满，升级很骨感

各地都有一些早期建设的乡镇企业、集体经济所有制的批发市场在当地农产品流通中发挥了重要作用，功能很完善，但却没有相关土地使用手续，现在随着社会和城市发展，市场面临转型升级，在搬迁的时候，土地因为没有"上户口"遇到了很多困扰，土地使用合理不合法，如何给这些农产品批发企业"上户口"是一个大问题。首要解决的就是需要国家出台相关法规政策，给这批农产品批发市场"上户

口"，使其正常经营发展合法化。农贸联后续会出一个报告，探讨如何解决集体经济批发市场面临的"上户口"问题。

四、农产品批发市场走公益性还是市场化道路

公益性批发市场建设，现在的问题是有的市场愿意做，有的不愿意做。其他资本投资进入这个行业的特别愿意做公益性市场，但是一些老的市场一直很难推动做。因为现在农产品批发市场尽管有示范试点市场，但是如何定位农产品批发市场还是一个难点。原来农产品批发市场建设遵循的是"谁投资、谁建设、谁管理、谁受益"原则，现在政府改变了方向，市场该怎样定位，这是当前面临的最主要的一个问题。

五、集团化发展很快，而市场间横向连接少

当前，全国农产品批发市场的建设密度越来越大、低层次同质化竞争愈演愈烈、电子商务正在瓜分农产品流通市场，农产品批发市场行业正面临重新洗牌与产业再造。近年来，深圳农产品、地利、中农批等企业在农产品批发市场发展方面，集团化发展很迅速，但农产品批发企业间的横向连接网络却非常少。单个农产品批发市场的规模参差不齐，存在多种交易方式、没有统一的农产品标准、区域之间信息不通畅；单个农产品批发市场自身面临着严峻的竞争问题。农产品批发市场未来发展究竟是以集团化为主，还是以个体区域性的批发市场为主，这也是农产品批发行业发展面临的主要问题。而建立以利益共享为驱动的联盟合作体系，实现商品互通、信息互通、资源互通已成为农产品批发行业整体科学发展，迎接挑战的迫切需要。

在充分认识农产品批发市场当前面临的形势基础上，分析发展难点问题，就能够对农产品批发市场未来定位走向作出如下预期判断。

1. 成长阶段的定位

判断农产品批发市场当前处于哪个成长阶段，可以从发展数量、占地规模、交易规模、管理水平、资本进入情况等5个方面判定。

中国农产品批发市场目前有4300多家，大中城市70%以上的农产品经过批发市场渠道流通，农产品批发市场仍是流通主渠道。2016年全国农产品批发市场交易总额4.7万亿元，同比增长9.3%；交易总量8.5亿吨，同比增长2.8%，整体规模有所扩张。

根据农贸联对2016年交易额百强市场统计，百强市场年交易总额1.6万亿元，同比增长13.5%；年交易总量2.6亿吨，同比增长8.6%；市场固定经销商15.9万个，同比增长4.4%；非固定经销商10.6万个，同比增长11.1%；年销售额亿元以上的经销商2000个，同比增长17.4%；从业人员90.1万人，同比增长10.4%。市场总交易面积2390.2万平方米，同比增长7.9%。其中：交易厅棚面积1368.8万平方米，同比增长4.4%；露天交易面积473.3万平方米，同比增长0.2%。市场总摊位数24.7万个，同比增长6.0%。

在互联网+、信息现代化、多种流通模式涌现、消费观念转变等影响下，为适应农产品消费市场的快速发展变化，农产品批发市场不断加大投入，加快转型升级，市场硬件设施不断完善，功能配套更加合理，市场管理水平正在优化。

而从资本进入市场方面看，当前社会资本普遍将农产品批发市场视为资本的好去处，资本是逐利的，热钱的涌入也从一个侧面反映了农产品批发市场前景。

从以上方面判断，中国的农产品批发行业还处于稳定发展阶段，未来还有很长的路可走，有继续上升发展的空间。

2.市场性质的定位

国家已将推进公益性农产品市场体系建设列为内贸流通体制改革的重要内容，并多次作出工作部署。商务部专门下文要求各地商务部门推广公益性农产品批发市场建设的19条经验，各地商务部门都在积极推动此项工作。预计未来农产品批发市场中，国有参股、控股市场的比例将会逐步提升，一批骨干农产品批发市场将逐步建立健全保障供应机制、稳定价格机制、食品安全机制、绿色环保机制，大型农产品批发市场的公益性功能将得到明显强化。

现在有这样一个困境：因为现在的农产品批发市场行业是依照"谁投资谁管理谁受益"的政策发展起来的，经济社会发展到了现阶段，农产品批发市场到底应该怎么定位，利用什么政策？是公益性还是市场化？是非企业、半企业还是准企业？我们一直提出的原则是：公益功能、政府支持、企业投资、市场运作。如果按照此定位，就可以细化出政府的运作方向，市场方式优化出来，研究是走PPP还是走市场化模式。如果还没有完全定位就这样推动，公益性市场和其他市场行为是无法交错的，因为这种交错就是不公平竞争的环境。所以需要确定大的政策环境，农产品批发市场如果沿着这种公益性方向定位，就需要促进立法，尽快推动农产品批发市场条例的出台，市场定位明确后，行业就能实现长期发展。

3.市场功能的定位

农产品批发市场如何发展，怎样升级改造，如何颠覆跨界？这是需要思考的一个问题。商品集散、价格形成、信息发布、提供服务是市场最基本的功能，是原始的批发市场。但是现在电商配送向前端延伸，零售端又出了"新零售"，如果互联网把集约化、组织化提升以后，农产品批发市场面临的问题就严重了。

美国的情况是现代化超市把批发市场的流通份额从70%、80%降到了约10%，欧洲降到了30%左右，中国的超市实现不了这点，但如果电子商务把它的零售端集约化，把若干的便利店、小商店甚至是农贸市场，用资金、信息模式连接，形成共享，那它的配送或者零售终端的集约化、组织化程度，就不是现在的农贸市场，也不是现在的超市所能比拟的。当它的规模非常大时，一定会影响批发市场的业务。所以现在很多批发市场都在向两端延伸，发展线上线下融合和现代物流，体现在4个方面：（1）形成集商品交易、仓储服务、物流配送、电子商务等为一体的现代批发经营形态，实现功能综合化、运行智慧化、交易简便化、产品安全化、建设标准化；（2）大力拓展农产品批发市场物流业务；（3）市场经营链条加快向产销两端延伸；（4）"农产品批发市场+互联网"，发展"智慧农批"。

未来农产品批发市场一定是配送中心，不管电商、互联网怎么发展，批发市场一定是物流的分拨中心和配送中心，所以物流是最主要的。现在所有的生鲜产品，在电子商务方面发展非常快，也就是信息现代化发展非常快，可是物流还有很多短板。农产品批发市场恰恰是一个市场内物流和市场外物流的节点，农产品批发市场如果把这些适应新形势的功能发展起来，一定会获得一个比较好的结果，也能够解决当前的一些问题。

4.交易管理的定位

交易管理方面，原来市场只是提供物业管理、交易平台等服务，将来是不是要进行扩展，向信息化方向发展？在供应链体系中，批发市场、服务商的定位是什么？如果发展为智慧化的市场，线上线下融合，市场可提供的服务非常多，需要改善交易管理、交易模式。在交易模式上，拍卖、代理和简单的对手交易，并没有好坏之分，原来总是提倡拍卖，但是拍卖有特殊性，只适用个别品类。对手交易或电子结算模式并不代表现在的对手和未来对手不一样，其实是一样的。美国没有电子商务，但通过电话沟通达成对手交易，对手变成合约约定的。时间一长，知道了某种商品价格相对稳定，就会把对手交易变成合约电话交易，这就是订货制。农产品批发市场将来要发展现代交易模式，如果相对稳定，实现了经销商公司化，供应链稳定化，供货前后端稳定，价格相对稳定的时候，对手交易模式就可能发生变化。

非现金结算是先进的方式，而是否统一结算并不是判断先进与否的标准。当前市场主要是存现货，有的是期货，远期大宗的交易因为管理还不到位，所以政府并不提倡。但未来随着线上线下融合一定会发展起来。跨界很重要，可以把原来大宗的市场经营品种进行分类，如日本的水产品市场、荷兰的花卉市场，研究新的交易管理模式，真正提升市场，使批发市场不但做实体的农产品贸易，发展实体批发商，同时发展互联网电商企业，这决定了批发市场在供应链中核心定位的位置，农产品批发市场未来将是商流中心、商品集散中心、价格形成中心，真正成为农产品供应链的"链主"。

农产品批发市场发展展望

世界批发市场联合会主席、世批联亚太地区工作组主席、

全国城市农贸中心联合会会长 马增俊

党的十九大报告明确指出，中国特色社会主义进入新时代，这是我国发展新的历史方位，在新时代农产品批发市场的发展需要进行重新思考。我将从三方面进行分析，一是当前对农产品批发市场的认识；二是当前的形势，包括企业如何做，怎么发展；三是协会如何按照新的发展方向指导、配合企业开展工作。

一、中国农产品批发市场当前发展特点和定位

（一）高层次新建、搬迁、升级改造

当前农产品批发市场的发展特点我用了"高层次"这一说法，何为"高层次"？实际上就是新一轮的升级改造，但是这个新一轮和原来的新一轮有很大的差别。大家听了黄海部长助理讲了农产品批发市场新的时代、新的形势，尤其是消费结构的变化，当前批发市场的形势变化实际上非常特殊，而且我国批发市场的升级改造变化也特别大。众所周知，京津冀一体化深入推进，给北京批发市场格局带来了很大变化，例如北京新发地要搬迁而现在确定的是原地升级改造，这种原地升级改造就是形势上的变化；北京在建的亚洲最大"菜篮子"北京鲜活农产品流通中心，在建设过程中就已经在宣传，当然投入也很大。不仅是北京，全国新一轮升级改造方兴未艾，如苏州南环桥批发市场的搬迁改造；这种新一轮高层次的新建、升级改造、搬迁已经常态化，现在的升级改造和原来的升级改造有多大差距？市场在建的过程中要面对新的形势也会面对非常多的问题，在投入巨大资金的时候批发市场如何收回这些成本？这些都是大问题。当前批发市场的建设改造更多的也是为了满足人民群众日益丰富的购买需求和差异化选择，特别是十九大之后这个升级改造会有更多新的内容，所以这是我们这个阶段也是未来一个阶段的一个新的发展特点。

（二）集团化发展

近年来深圳农产品、雨润、地利、香港宏安集团、新发地、江南、中农批、北京美农等企业在农产品批发市场方面，集团化发展非常迅速，集团化发展形势越来越普遍。2007年的时候我提出国际上批发市场发展主要有两个方向，一是单体批发市场发展，一个城市就一家；二是国家形式的集团发展，比如西班牙国家集团，而最典型的是葡萄牙批发市场全部是政府出资。日本的中央批发市场，由政府管理部门建设，这些与我国有很大区别。那个时候很难讲集团化发展是不是批发市场未来发展方向，但是现在看集团化发展是非常迅猛的，但也不能否认单体市场存在和发展的合理性。随着资本的进入，市场的建设环境变化比较大。目前，一些投资建设的批发市场中，有部分市场刚刚开始建设，还有部分市场正在筹建之中，另外还有许多企业也在跃跃欲试地加入到集团化发展的队伍中去。无论怎样，这都足以说明，农产品批发市场的集团化发展已经是势不可挡的大趋势，也已成为欲涉足农产品流通的大资本方争

相追逐的焦点和热点。

（三）公益性市场发展

2014年国家提出了公益性市场建设，目前这项政策商务部已经实施了3年，对于公益性市场我是从三个方面理解，一是"公益市场"，如日本政府出资政府建、政府管理，叫公益市场；二是公益性，即批发市场的公益性；三是批发市场的公益功能。农贸联会认真研究并与相关部门沟通，如何把批发市场的公益性、公益功能发挥出来、中国是否要建公益市场等问题。从批发市场多年发展来看，不管是国有、民营、集体所有制、股份制的企业都在关键时候发挥了给农民提供一个交易环境的重要作用，只要批发市场收费造成物价上涨的因素，这些就都是具有公益性的，这也是我们要重点研究的。

从上述的3个发展特点来看，我认为，不是现在的批发市场发展到了什么阶段，而是处于完善发展期。在重庆供应链大会上我讲过，国际上的批发市场以欧洲为主，而美国处于衰退期，需要企业自身不断完善来保住地位，中国的批发市场地位还在不断上升，但上升过程中也遇到了一些问题，比如跨境电商、电子商务等对批发市场的影响，但是实质上市场地位并没有下降，如果不是完善发展期的话，资本也不会争相进入，所以我认为是处于完善发展期。批发市场如何完善？这是新的发展时期所需要判断的，新的发展期到底要完善什么？我认为要完善定位，完善经营理念，完善商品的意识，完善市场与商品的关系，完善管理的理念和管理的手段，赢得智慧市场等，这些都是当前所需要完善的。

二、中国农产品批发市场发展形势及发展方向

（一）当前中国农产品批发市场发展形势

第一，城镇化加速。首先是新农村建设，尤其是互联网把农村和城市的距离缩短了，思想距离、手机认知距离、贸易和购买商品的习惯等距离缩短了。其次新型城镇化，便利的交通将大城镇、小城镇紧密联系在一起，城镇化发展速度加快了，农村不再认为是农村，认为自身是城市，城市的特点是什么？人口聚集。因此，城镇化加速也带动了批发市场的发展。

第二，城市群发展。过去有长三角、珠三角，以后有武汉、长沙等4城市组成的长江中游城市群，京津冀一体化，雄安新区等。城市群的一大特色就是聚集，聚集是什么？聚集是产业聚集，也是人的聚集，人的聚集就必须涉及农产品批发市场的供应半径，这就是为什么批发市场发展迅速，这也是我国城市的聚集效应。从国际上看，批发市场的发展基本保持稳定，而中国批发市场则发展迅猛，交易占地面积、交易量、交易额都在不断攀升，屡创新高。

第三，"一带一路"建设。2017年5月，习近平主席在"一带一路"国际合作论坛上宣布，中国将从2018年起举办中国国际进口博览会。我国的农产品批发市场早已开拓了国际视野，我相信中国国际进口博览会的召开将会加速我国生鲜农产品的进口速度，掀起进口生鲜农产品的新高潮。农产品批发市场作为我国水产、肉类、水果的主要交易平台，也将面临新的形势，谁跟不上形势谁的发展必然受影响，这种趋势的发展速度不会像农产品原来的十年开发期、五年的发展期这么缓慢，新的形势不会给批发市场留太多的缓冲期，可能一至两年批发市场的业态或者经营模式就会重新洗牌。因此农产品批发市场就要考虑自己的经营定位是从什么角度出发，是从国际的角度，国内的角度，还是大城市的角度去思考。

第四，跨境电子商务。随着我国改革开放和与世界接轨的不断深入，跨境电子商务成为电子商务的一个重要分支，它在促进产品进出口，满足人们的日常生活需求方面发挥着不可替代的作用。跨境电商或者电子商务对批发市场影响大不大？不大，大家经常说狼来了，结果市场做得很好，为什么？因为市

场应用了，但是应用的好与坏，取决于电子商务和跨境电商是依附于批发市场还是独立于批发市场，是批发市场敞开胸怀接纳还是不接纳，这些都是现在批发市场面临的主要形势。

（二）中国农产品批发市场两大发展方向

第一，智慧化。商务部提出了智慧流通，其实批发市场也进入了智慧化。智慧化是什么说起来很难，但实际上批发市场的智慧化特别简单。智慧化实际上就是把每一个条块信息高度现代化，利用互联网等技术，将每一个条块之间有机地结合，当然也是用信息手段、互联网手段相结合解决智慧化。举个例子，假如一车菜，如果从进批发市场开始就收集信息上来了，批发市场记录菜的品种、进入市场之后菜的主要信息，将收集完之后的信息放到云计算、数据中心，测算产生的垃圾量、菜应该主要卖到哪个摊位、菜的销售对象是谁、菜的价格，通过计算将路线、下家、促成的买卖、结算、废弃物处理以及最后走出去的这些人和车辆引导都有明确的分配，这就是智慧化。所以，条块之间的分工结合在一起就是智慧化。能不能做？能做。我去黄山专门去了一家市场，这个市场摊位的管理就特别好，市场将摊位出租信息、进货信息、进货买卖的上下家都实时监控，如果进行统一结算并应用上面讲到的，把所有的条块结合在一起就叫智慧化，所以智慧化方向没有那么难但也没有那么容易，是需要我们有一个整合思想去整合。

第二，诚信化。随着人民群众日益丰富的购买需求和差异化选择，市场更重视高档消费，高档消费是什么？这次会议上海检验检疫局同志讲了"三同"，山东讲"两个市场、一个标准"，都是讲中国消费水平上来了，需要讲诚信，让消费者用好的价钱买真正好的东西，而不是只买贵的东西，是买性价比合适的东西，所以批发市场应走向诚信化。当前的环境是不诚信的，如果协会组织有意愿做诚信的批发市场和经销商，建立一个像"三同""两个市场、一个标准"的一套体系出来，把新的标准体系建起来，相信才能真正引领行业诚信化。原来有机食品为什么做不动？因为在批发市场价格高的东西卖不动，这里面有很多问题，但是我们认识到问题就能找到解决问题的办法。什么是诚信化？就需要把好的东西卖出好的价钱，而不是把好的东西卖出低的价钱才是诚信。德国有一句话，从来不相信物美价廉。我相信在新的时期，诚信绝对不是便宜的价格买好的东西。因此，协会要引领和引导农民从农产品的生产者转换成商品制造者，再通过经营者也就是附加值增加者和诚信维护的维护者，将这个渠道统一起来，让消费者知道只有通过这个渠道才能买到好的东西，最后让消费者认知哪些渠道能买好的东西，这样才能真正树立起诚信化。原来我讲的是以品质，2006年我就讲批发商未来要做品牌化的话，商品的品质一定是核心竞争力和生命力，那么现在诚信就是这个内容。

二、农贸联下一步拟开展的工作

上面讲了中国农产品批发市场两大发展方向。农贸联如何带领批发市场向这两个方向发展？我认为要从着眼国际的眼光去发展。

（一）法律服务护航农产品批发市场发展

农贸联成立了仲裁专业委员会（ACCA）。原来做贸易出现纠纷都是到法院进行诉讼，而国际的贸易纠纷多是通过仲裁，所以仲裁专业委员会成立之后希望为大家提供法律的服务，特别是国际贸易越来越多，所以这是农贸联第一个要护航的内容。

（二）金融服务增强批发市场发展动力

批发市场有缺资金有不缺资金的，但是经销商缺资金或者是资金不充足是阶段性的，如何提供这一块服务也是下一步我们要做的，即对会员单位进行金融服务。

（三）加强人才培养

未来再怎么发展，没有人才是不行的，CAWA30论坛上一些有资历的市场老总和市场的新生代都讲得非常好，思维模式都能紧跟趋势步伐。当前批发市场最大的危机在哪里？我认为是在下一代接班人如何能够跟上新的形势，让批发市场仍然占据农产品流通的主渠道。农产品批发市场现在拥有的是市场的占地规模、交易优势，但缺少的是人才培育的接班人，不管是老总裁的接班人、副总，还是经营管理者。另外，现在农产品的经销商仍然短缺。我们出国考察发现英国、美国、澳大利亚都存在这方面问题，一些经销商有200多年的传承，但是现在他们不干了，存在严重的人才培养问题。2000年左右的时候我国在人才方面还没有显现出问题，但现在基本显现了，过五年到十年，这个问题可能更严重了，所以协会加强专家队伍建设，包括协会选出了主席团，成立了CAWA30人论坛，目的就是聚集这方面的专家，作为农贸联培训的师资力量，将来加强对批发市场人才培训。协会也在跟相关的院校、集团对接，开发若干培训的方式，真正为这个行业培养人才，使其后继有人，永续发展。

（四）信息现代化服务，推动智慧市场全面发展

大家一直认为农产品批发市场发展依托互联网，我认为这不是互联网问题，而是信息现代化的发展和信息现代化之后的智慧化发展，所以从结算、信息发布、信息分析，最后不是信息收上来，而是如何分析完了应用，我认为信息服务重要部分是技术和人才，农贸联正在筹备这个队伍来为大家助力。未来智慧化市场可以通过信息公司作为一个融通工具，让市场把单一的信息现代化，变成市场需要的一个汇总的东西，从协会的角度研究。

为了实现四个服务，摸索真正的经验，农贸联将从试点出发，推动试点去服务大家，此次会议之后，农贸联将把建试点摸索经验，逐步推广四项服务作为工作重点，这是农贸联要做的。

把握行业发展重点方向 加快行业升级转型

——全国城市农贸中心联合会马增俊会长在第十三届全国农产品批发市场联络员大会上的致辞

非常高兴在湖北省荆门市召开第十三届全国农产品批发市场联络员大会，进行政策解读、行业培训、信息交流，并通报协会的全年工作安排。近年来，农产品批发市场行业发展迅速，目前面临升级改造和新的转向问题，2017年，批发市场行业应重点把握以下几个方向，研究工作，着力实现新的提升和发展。

一是抓住"一带一路"倡议机遇，做大农产品国际贸易。

随着"一带一路"倡议的推广，农产品批发市场行业面临着新的机遇和挑战。大约10年前，我们协会就提出了农产品批发市场会成为国际贸易新平台的观点，如今已经有不少市场在做水果、水产等农产品的进出口贸易，或者批发商以市场为平台做国际贸易.农贸联已与马来西亚农基部下属农产品营销机构、墨西哥商业和出口发展合作部、智利水果出口企业行业协会、西班牙加泰罗尼亚农产品出口促进协会、美国农产品经理人协会等10余个国家的相关机构签署了合作框架协议，开展进出口贸易交流。

我去年当选为世界批发市场联合会副主席，说明国际上对中国农产品批发市场行业发展的认同，中国农产品批发市场在世界行业内是占有一席之地的。但从后续长远来看，农产品批发市场的业绩如何，作用如何，决定了市场未来的地位。2007年我们在北京举办世界批发市场联合会大会时，有英国记者问我，中国农产品批发市场与世界先进批发市场差距多大？我说短则10年，长则30年。这10—20年间，中国农产品批发市场正逐渐成为其他国家的学习榜样。

在"一带一路"倡议框架下，农产品批发市场有很多工作可以做。中国农产品批发市场要走出去、引进来，也必须在"一带一路"倡议中作出贡献。当前中国的进出口农产品非常多，尤其水果、水产、肉类这三大类品种的进出口都已形成了规模化，将来国际贸易会以批发市场为平台，借助"一带一路"建设。现在正是发展农产品国际贸易最好的时机，农产品批发市场应多参加世界批发市场联合会的活动，多加强贸易往来。

二是加快供给侧改革，发挥农产品批发市场的作用。

供给侧改革也为农产品批发市场行业带来了新的发展机遇。供给侧改革涉及具体农产品批发市场行业，就是市场需要知道什么好卖，什么能卖得价格高。要真正带动农业产业化改革，农产品批发市场就要思考如何在畅通供应链，促进农产品优质优价方面发挥作用，作出贡献。农产品批发市场应与商务主管部门加强合作与研究，不同的市场根据不同地区的需求，结合本地特色研究在供给侧改革中做什么，怎么做，积极利用政策推动，发挥市场引领作用。

三是适应城市化进程，明确农产品批发市场的定位。

当今中国的城市化进程非常快，京津冀协同发展、长江经济带等区域规划战略的提出，更促进了城镇化的发展，推动了都市圈的形成和繁荣。在此形势下，许多农产品批发市场都面临着搬迁和升级改造问题。这就关系着市场的未来，是搬出去重建，还是在原地升级改造？适应新的城市规划，需要建什么样的市场？这些都是农产品批发行业当前需要解决的迫切问题。

荷兰鹿特丹缤纷菜市场的建设经验为中国城市市场发展提供了学习借鉴的模板。首先要对市场进行定位，确定农产品市场是不是城市的核心功能，如果是核心功能，那么就要根据核心功能的地位，制定升级改造的方式、方法、内容，如果不定位为核心功能，那就应该搬迁拆除。在城市化进程中，农产品市场该如何定位是一个非常重要的问题，必须得到政府的重视，市场自身也要提高认知，有所作为。

四是明确公益性市场标准，推动公益性市场建设。

3月底商务部召开的全国市场体系建设工作会议上推出了一批公益性农产品示范市场，部署了公益性农产品市场建设工作，从今年起，公益性市场建设将由试点转入全面推进阶段，已列入"菜篮子"市长负责制考核内容，要求各地要全面推进，加快复制推广试点经验，提高公益性市场建设水平。本届联络员大会期间，协会也组织召开了公益性市场标准化的研讨会，对于农产品批发市场而言，无论是已经被列为示范市场的企业还是正在争创过程中的企业，公益性功能都是所有市场具备的，市场应与当地政府积极沟通，研究市场的公益性如何体现，功能如何发挥，真正让我们的批发市场作为平台体现公益性的功能。

2017年，围绕这四个行业发展重点方向，农贸联将带领企业做好以下工作。

一是鼓励农产品批发市场加入世界批发市场联合会、欧中经贸合作组织等国际组织，多与世界同行联系交流。欧中经贸合作组织是2016年农贸联推动成立的一个国际组织，秘书处就设在农贸联，我是副主席，主要有四项工作内容：一是招商引资，二是投融资兼并，三是贸易往来，四是国际的交流对接。在"一带一路"倡议下，农产品批发市场要走出去、引进来，可以充分利用这些平台。

二是加强农产品流通标准化研究和推进。今年，国标委牵头组织9个部委，分为9组，赴27个省市开展农业标准化发展战略调研，农贸联也参与了此项工作。之前的农业标准化战略很少涉及农产品批发市场流通环节，现在这个环节受到了高度重视。批发市场的建设标准规范和管理标准规范，批发市场与经销商之间的合作关系，市场的冷链、电子商务，农产品供应链，公益性市场建设等，都与标准化有关，都要向标准化方向发展，标准化是落实这些工作非常好的手段。农贸联已获自主制定农产品流通行业团体标准资质，未来，我们将通过为在批发市场流通的某一类产品制定购销标准，做成链条，将社团标准真正贯彻落实，实现标准化。只有如此，才能实现产销稳定，农民增收，消费者获利，经营者受益，供给侧改革才能落到实处。

三是加快培育批发商。推动农产品批发市场内的批发商做大做强，经营上实现公司化，标准化，走好国内、国际两个市场路线。

四是重点研究农产品物流。运用信息手段，探索发展农产品批发市场的"互联网+"，目前做电商容易，但物流瓶颈难以突破，未来研究的重点应在农产品物流上。

农产品批发市场需要宣传的推手，让政府了解市场的发展成绩，认识到有哪些问题需要政府提供环境、帮助解决。这就需要信息畅通，搭起企业与政府沟通的桥梁，而这也是我们设立农产品批发市场联络员制度，召开联络员大会的初衷所在。

　　10 年前，我会启动了农产品大流通双十佳活动，通过电视台广泛宣传，让相关部门对我们的农产品批发市场行业有了新的认识，给予了政策支持，取得了很好的效果，近两年来我们又在探索新的宣传形式和思路。希望会员单位继续积极将年度总结计划等信息材料提交协会，我们将提炼相关亮点经验在网站、报纸、杂志等媒体上编发，扩大对市场的宣传。协会还会将市场在国际贸易、供给侧改革、公益性市场建设等方面的经验成果和反映的问题集中提炼、梳理、总结，除了在协会宣传平台和各大报纸、杂志、网站及电视台等媒体宣传发布外，还会沟通上报相关政府部门，加强宣传推广。此外，我们还可以推荐优秀企业代表到世界批发市场联合会等国际组织举办的专业会议、亚太批发市场大会、中国农产品供应链大会、农产品批发市场行业年会等国内外论坛平台上发表演讲，广泛宣传业绩，也使相关问题能够为政府部门所知，推动解决改善。

专家文章

农产品流通业面临的新形势和今后的任务
——对加快培育农产品批发行业新动能的观察与思考

国务院参事、全国城市农贸中心联合会高级顾问、
农业农村部农村经济研究中心研究员　刘志仁

目前中央正在推进农业供给侧结构性改革，供应链论坛和这个是能够对接上的。主要从三个观察和思考阐述。

一、对当前我国"三农"总体形势的基本认识

经过40年的农村改革，我国"三农"已经进入了关键的新阶段，第一个"新"是新阶段，面临诸多新问题、新矛盾、新挑战。我们面临的问题、矛盾和挑战，是前进中的问题，并不是不可克服的。所以今后必须以新思路大胆探索深化改革的新模式，以新举措迎接新机遇，全力挖掘拓展新空间，加快培育新业态和新动能，全力推进农业农村实现新进展、新发展。

我国农产品批发行业和"三农"形势有很多相仿的地方，现在已经进入到了关键的转折点。农产品批发这个行业走了30多年的路，有成绩，也有很多的挫折，现在到了爬坡的阶段。企业必须下决心，要大胆创新。各地的企业家，首先要观念和思路创新。只要正确把握并忠实履行政府的规则，通过主动参与市场竞争，一批企业将会成为新阶段的现代化农产品批发企业，部分企业被淘汰出局的局面不可避免。中小企业太多，不按照规则办事的企业太多，通过供给侧的改革，把这些企业淘汰掉，使得真正按照市场规则、政府规则来运行的企业发展壮大，把农产品批发行业引到现代化发展当中。

二、如何评价今年农产品流通行业的整体进展

2017年是农产品流通市场改善力度最大的一年，出台流通政策文件最多的一年，强调流通质量呼声最高的一年，生产者消费者比较满意的一年。

2017年中央1号文件指出，完善全国农产品流通骨干网络，已经初具雏形，大的网络体系已经基本形成。加强公益性农产品体系建设，这方面做了很多工作，农贸联在这方面做了很多工作。现在大家比较有争议的是冷链物流、鲜活农产品直供直销体系的问题，这是将来要做的。最近商务部和农业部关于加强电商的通知，今后如何推进"互联网+现代农业"恐怕也是一个很大的事。因此农产品批发行业今年或者今后面临的机遇很多，困难也很大，所以企业必须要下定决心创新，只有创新才能出现新的动力。

三、关于加快培育农产品批发行业新动能的若干思考

（一）深刻认识加快培育新动能的紧迫性与可能性

现在整个形势发展逼人，在这种形势下，有些企业已经或者将要成为"僵尸"企业。企业单靠以往传统的动能已经不能继续发展持续下去了，必须形成新的动能，相关措施有加大投资力度，强化基础设施，引进先进技术设备，等等。但最主要的是加快企业转型升级速度，拓展体制机制空间，挖掘企业自身的潜能。

企业一定要通过一些办法把动能挖掘出来，同时注入创新的意识、创新措施、创新技术、创新对策。新旧动能结合，企业会更快发展起来。

（二）准确全面把握农产品消费市场的新变化

农产品流通、消费、食品安全方面，国家出台很多规矩，农产品批发市场负责人一定要准确全面把握市场的变化。中国农产品（食品）市场的变化速度，是最近10年世界上变化最快的。质量安全标准化、产品品牌化、食品便捷化、流通冷链化等已成为时代潮流。作为企业负责人，如何认识市场变化呢？很重要的一点是要找到企业产品的瓶颈在什么地方，突破瓶颈，了解市场、把握市场、全面认识市场，再把握瓶颈、采取措施，就可以完全适应市场，否则将被市场淘汰。

（三）将做精做细置于企业经营首要位置

大不一定强，精与细必然强。企业做精做细，要有自己的专利、"绝活"，有一大批的工匠，这恐怕是将来做好企业、企业可持续发展的一个最重要的动力。不能一味贪大求洋，要不断突出企业特色与文化。

（四）以务实精神抓紧规划与政策落地

规划每个企业都有，但是调研中发现，企业自己制定的规划或者是专家帮助企业制定的规划落地率不高；企业本身也有顶层设计，但顶层设计和具体实践结合不够，造成了企业资源的浪费。企业家要弘扬"知行合一"的精神，要多观察、多思考、多实践、多思索，才能把企业搞活搞精搞细。政策引导、国家扶持、企业努力，一定会创造农产品批发行业的新奇迹。

国家"一带一路"倡议鼓励农业企业走出去，现在已经有不少农业企业走出去了。农产品批发企业应当考虑如何走出去，和"一带一路"倡议如何对接。实际上在60多个"一带一路"沿线国家中，很多国家都要解决农产品供给问题，解决民生问题，30多年的中国式的农产品批发市场经验是完全适宜他们的。农产品批发企业现在不单单站在一个十字路口，也站在一个重要的转折点上，转好了这个点发展更快，转不好恐怕对一些企业影响会很大。

零售企业放弃自营、普遍联营的经济学分析
——重温马克思商业资本学说

中国社会科学院财经战略研究院研究员　宋则

一、高度重视零售企业放弃自营、普遍联营难题

如果说传销是商业的邪教，那么联营就是商业的鸦片。零售企业放弃自营、普遍联营问题由来已久、争论不休、成因复杂、危害严重，已经演变成为我国商贸流通服务业改革与发展中从未遭遇过的巨大障碍和最为突出的一道难题。因而绝不能掉以轻心，必须以追根溯源、穷追不舍的精神寻求破解。近年来，笔者围绕这一主题已多有刊发、阐述（宋则，2012；2016；2017），并被线上线下转载而广为人知。尽管一脉相承，不断拓展，但是本文还是要尽全力给出新阐述、新发现、新结论、新概括。

本文反复讨论的关键词——"自营"，是指零售企业自己独立经营"做买卖"，以自有商业资本先行垫付（俗称"本钱"），承担商品所有权转移的商业风险为主要特征的商业经济活动及其经营管理方式。这是商业资本周而复始地完成商品买卖和商业循环以及资本周转所不可缺少的最基本、最重要的表现形式，因而是流通产业或商贸流通服务业商业企业安身立命、生存发展的基础形式和原生形态，也是零售企业与之俱来最重要的原生载体。凭借规模化、批量化采购的低价控制优势是自营零售企业当年收入的主要源泉与核心竞争力。

在"自营"的原生性形态之外还有"联营"形态。联营是自营基础上的派生形式，是指零售企业"不自己独立经营做买卖，也不需要自行从事商品采购、储存和销售等基本运营，因而不必自筹资本，亦不承担商品所有权转移引发的原生性商业风险"，只需向生产厂家、供应商收取租金、进场费的一种所谓的经营方式。因此，租费几乎成了联营企业年收入的唯一来源。后文中我们将反复分析比较，详细阐述自营与联营在核心要义上存在的本质区别，以及在经济贡献影响力上包含的巨大差别。

本文虽然未设专门的篇幅，以集中讨论批发企业的自营、联营问题，但是围绕零售企业放弃自营、普遍联营主题所作分析和部分结论，同样也适用于批发企业。例如在联营主导的批发业，商业地产投资商长期疯狂收租敛财，使得个体户小商贩被批发市场老板搜刮得普遍长不大的状况，其实比零售业更为严重。因而本文所提出的由来已久的重大理论和现实问题，实质上涉及包括所有批发、零售企业在内的流通产业整体。

从古至今，硬碰硬、实打实做买卖，真刀真枪甘冒风险，实现"做自营买卖"，是商业企业的目标追求，也是供过于求、竞争激烈的市场状态下零售企业必须具备的看家本领。长期历经充分激烈竞争的不断洗牌而起死回生、脱颖而出的强势企业，才能逐步形成化解自营风险的竞价优势，集中展示商业资本大规模实现工业产品和利润的特定分工作用。这些自营零售企业通过批量订单机制来实现稀缺资源的市场化配置，通过大胆冒险的自营采购化解不确定性的市场风险因素，促进经济活跃与繁荣，引领生产与消费，提升国民经济运行效率，发挥着自营商业企业优化经济流程和产业结构等社会化专业化所无可替代的特定职能。

　　就我国具体实践而言，只有从体制转轨不彻底所致后遗症的历史剖析入手，才可以找到中国零售企业为什么会误入歧途、齐刷刷一边倒地迅速全面放弃自营、普遍追求联营的历史背景，才可能理解这种过渡性、临时性的所谓"联营"，为什么被既得利益者长期化、凝固化、食利化、寄生化的直接原因。

　　改革的实践和沉痛教训充分证明，长期以来对联营模式的过度依赖，使得渠道终端的食利者作茧自缚，裹足不前，体制机制弊端丛生，既得利益固化，迷失了中国实体零售企业强身健体的历史机遇期，演化酿成了全国罕见、令人担忧的行业性重灾区。

　　今年适逢中国纪念改革开放40周年的重要时间节点。这40年，中国实现了超出预期的历史性跨越，取得的成就奇迹举世公认、无与伦比，也经历异常的艰难曲折，实来之不易，需要系统回顾、深入总结，同时也要敢于正视事出有因、客观存在的个别例外。其间有成就也有遗憾，不能认为"一俊遮百丑"。因此，在这个关键时刻，要坚持实事求是，解放思想，传承创新改革开放的基本精神，知耻后勇，亡羊补牢，攻坚克难，办成大事，成功补考，把长期以来不愿做、不敢做而本来应该做好的自营主业功课重新做好，就是对改革开放40周年的最好纪念。

　　遍查古今中外商业史便可发现，"企业自营是商业之本"。漫长而厚重的商业发展史就是一部自营史。和这部厚重史相比较，这些年来人多势众、甚嚣尘上、误入歧途、一再热衷上演的所谓联营的诡异闹剧，毫无说服力和代表性，只不过是昙花一现、短暂的一瞬，完全可以忽略不计。

　　所以，本文毫不动摇地坚持认为"自营只能是，也必须是商业之本"。如果这个核心要义被抽掉了、篡改了，那么多年以来理论上极其重要的国民经济基础产业、先导产业的地位作用等重大判断也就被全盘推翻、彻底否定了，产业外壳也就所剩无几、被彻底掏空了。《资本论》被誉为"工人阶级的圣经""社会主义的救星和指路明灯"，也是社会主义从空想转变为科学、从理论转变为实践的希望之光、实战之剑。我们在此时此刻重温马克思商业资本学说，就是要倡导"与经典对话，与世纪同行"的传承创新精神，给读者敲敲警钟、提个醒。多年来数典忘祖，只讲凯恩斯，不讲马克思，难免会出问题。被奉为马克思主义政治经济学经典的马克思商业资本学说，同样深深扎根于"自营是商业之本"的沃土，不仅没有过时，而且作为形形色色联营行为及其歪理邪说的照妖镜和试金石，仍然具有很强的时代针对性和历史批判精神。重温马克思商业资本学说，对于我们揭露长期以来普遍联营酿成的商贸流通服务业重灾区的真相原委，拨乱反正，批驳歪理邪说，"铲除联营的鸦片毒瘾"，强身健体，重振自营，实现从贸易大国走向贸易强国的宏伟目标，具有重大战略意义，也是以有错必改的实际行动对改革开放40周年的最好纪念。

二、马克思商业资本学说概要

1. 商业资本学说是马克思鸿篇巨制《资本论》逻辑体系的重要组成部分

　　《资本论》共分四卷，第一卷重点阐述资本的生产过程，即剩余价值缘何产生；第二卷讲的是资本的流通过程，即剩余价值如何实现；第三卷展开分析的是资本主义生产的总过程，即剩余价值如何分配；第四卷讲剩余价值学说史。

2. 只有成功化解买断商品所有权的转移风险，完成"惊险的跳跃"，商业资本才算完成了自己独到的核心功能

　　在《资本论》核心要义的第三卷，马克思集中梳理阐述了商品经营资本独立化为商业资本，并与产业资本相互自由进出转移、参与市场竞争和剩余价值的分配，共同推动了平均利润率的形成。在这种环境条件下，剩余价值转化成为平均利润；商品价值随之转化成为生产价格（即商品生产成本＋平均利润）。

与此同时，自由竞争和资本转移最终促成了等量资本获取等量利润的新格局。而将工业资本生产的商品销售出去、完成"惊险的跳跃"，实现剩余价值，是所有资本循环周转过程、步骤中最关键的前提条件。因为只有成功化解买断商品所有权的转移风险、完成"惊险的跳跃"，商业资本才算完成了自己独到的核心功能，也才有资格获取利润，才能在为产业资本实现剩余价值的过程中，按照等量资本获取等量利润的平均利润率规律，参与分配、获取属于自己应得的一份。假如抽掉这个关键前提，也就抽掉了一切。在本文中我们不厌其详、原汁原味地重温再现马克思商业资本学说，根本目的绝不是闲来无聊、寻找茶余饭后的谈资，而是要拨乱反正、唤醒记忆、正本清源，批驳歪理邪说，从马克思主义基本原理入手，切实解决好流通领域"自营还是联营"的是非曲直这一长期争论、长期困扰而又久拖不决的重大现实问题的重大政策含义、政策取向问题。

3. 单个先行预付商业资本的周转速度快慢成为零售商生死攸关的决定要素

在平均利润率既定的前提下，功能独特的单个预付商业资本的周转速度快慢，就成了每个商业企业先行垫付自有商业资本年利润量的多少，与单位商品薄利多销、最终销售价格的高低、核心竞争力的强弱等生死攸关的决定要素。也就是说，周转速度高于平均次数的流动资本，可售卖更多低价商品并获得超额利润。对此，马克思步步深入、环环相扣地详细阐述了商品经营资本独立转化为商人资本的过程。[①] 其中至关重要的一段原话，马克思是这样讲的："不言而喻，商人资本周转的这个规律在每个商业部门中，——即使把互相抵销的、较快的周转和较慢的周转交替出现的情况撇开不说，——也只适用于投入该部门全部商人资本的平均周转。和资本 B 投在同一个部门的资本 A 的周转次数，可能多于或少于平均周转次数。在这种情况下，其他资本的周转次数就会少于或多于平均周转次数。这丝毫也不会改变投在该部门的商人资本总量的周转。但是，这对单个商人或零售商人来说却有决定意义。在这种情况下，他会像在比平均条件更有利的条件下进行生产的产业资本家那样，赚到超额利润。如果为竞争所迫，他可以卖得比他的伙伴便宜一些，但不会使他的利润降到平均水平以下。如果那些使他能加速资本周转的条件本身是可以买卖的，例如店铺的位置，那么，他就要为此付出额外的租金，也就是说，把他的一部分超额利润转化为地租。"[②] 另外，为说明自有商业资本先行垫付、为卖而买的购买行为，以及资本周转与售卖价格的关系，马克思专门对商人资本进行了历史的考察。[③]

三、零售企业放弃自营、普遍联营的经济学分析

普遍联营既得利益藩篱的自我存在，决定了普遍联营的自我思想意识。由于 20 世纪体制转轨的后遗症作祟，长期以来，无论是否意识到，人多势众的联营食利者出于既得利益本能的迫切需要，一直就是这样做的。也就是说，"自营是商业之本"这个核心定义事实上在不经意间，已经被人多势众的联营裹胁，从联营所把持的字典中被不露声色地刻意抽掉了、篡改了、掏空了。放弃自营、普遍联营，已成了联营及其代言人朝思暮想的"商业之本"，从而成了普遍联营心目中性命攸关的"利益之本"。至此，读者蓦然回首，自会恍然大悟：这些年来，遍查所有论文文献、政策报告、媒体舆论、教科书、工具书、专著、峰会、论坛，作为商业之本、商业之魂的"自营"这两个字———一个原生性质核心要义中的关键词，确实在浮躁、匆忙与慌乱中被异化派生出来的"联营"舆论喧宾夺主、反客为主，被毫不客气地从耳熟能详的商业常识字典中悄然删除、扫地出门了，就好像它从来没有存在过。而中国商界百般掩饰的

①马克思：《资本论》，第三卷第四篇第十六章，人民出版社 1975 年版，第 297—299 页。

②马克思：《资本论》，第三卷第四篇第十八章，人民出版社 1975 年版，第 351 页。

③马克思：《资本论》，第三卷第四篇第二十章，人民出版社 1975 年版，第 361— 375 页。

重灾区危机和重重困境也恰恰从这里开始。这两者之间存在着证据链条确凿紧密、没办法切割篡改、铁证一般的因果逻辑关系，因而可以确认，多年来所发生的一切，都绝对不是偶然的巧合。时间记忆和实践标准在顽强地呼唤：真理有时在主张自营、践行自营的少数人手里，暂时的人多势众并不代表方向正确。久违的商业记忆需要重启。

1. 马克思的"自营是商业之本"，作为商业资本学说的精髓祖业、压舱基石，被联营利益及其代言人悄悄挪走、"变卖典当掉了"

如前所述，按照马克思商业资本学说，识别认定零售企业是否自营，包括面目不清的"新零售"在内的资格身份的首要认证标准只能有一个，即真实的出资人是谁，必须清晰可见、不容置疑、毫不含糊。也就是看这家企业是否独立拥有先行垫付、足额的经商本钱，并且甘冒风险买断经营。哪怕是夫妻店之类小本生意的个体工商户。无论形式如何，只要面对这一照妖镜和试金石，原形马脚便立即暴露无遗、无处藏身。零售企业，包括一些远近闻名的商业板块上市公司的企业、大型国企名下的购物中心门前"自营是商业之本"的基本功、必修课的压舱基石祖业，都无一例外早就在辗转腾挪、自废武功的所谓"改革"中悄悄"给变卖折腾、典当掉了"。尽管其身份光怪陆离，风光无限，也并不比夫妻店、自有小本生意的个体工商户更真实高贵。因为如果论资产状况、承担风险的勇气、胆量和社会贡献，这些企业甚至远远不如小本生意的个体工商户。

由于强健筋骨的自营本钱不知去向，如今不少做联营的企业，恐怕已落得打着"模式创新"的幌子掩人耳目，依靠"拉场子，聚人气""收租子""吃瓦片"，来勉强糊口打发日子，早就做不起实打实、硬碰硬、真刀真枪、真金白银的正经生意、正当买卖了，也早就抽走了用于自营采购储备销售的商业资本，更何来资本周转？讲究什么周转速度？放弃自营，普遍联营，致使考核国民经济、实体经济微观基础上商贸企业最最重要的核心指标的统计核算体系，已被荒废。在天天赶时髦，热衷新零售、大数据的此时此刻，零售企业早已物是人非，上上下下恐怕也已经没有多少人还能拿得出、说得清实体零售企业的商业资本"都去哪儿了"。真实周转数据与自营相关联的重要数据指标，例如企业自有流动资本总量、业态结构、年周转次数、采购买手人数业绩和员工占比、年资本利润率、毛利率、成本费用率、自有品牌率，以及正当的自营收益占当年企业收入的百分比等统计核算评价指标体系，也都已沦落为一本监管缺失多年、无人问津、经不住推敲的烂账假账糊涂账。[①]

2. 实体零售企业全线溃败，联营主导使竞价机制的微观基础遭到系统性破坏

在放弃自营、普遍联营长达数十年的时间里，背离了"自营是商业之本"，也是强国之本的历史实践，背离了马克思商业资本学说的精髓和基石，从而造成了难以挽回、令人惋惜的灾难性后果。迷失、错过了强健筋骨、做好"自营"正当买卖的战略机遇期，落入了"中等规模陷阱"，原地踏步，甚至向后倒退，至今竟然拿不出任何一家实体零售企业来比肩国际同行，证明自己真正强大，来扬我国威，彰显我国进入新时代今非昔比的综合国力。几十年来，零售企业萎靡不振，弥漫着歪风怠惰习气，普遍不敢做、不想做、不会做自营，本钱武功尽失，因而做不大、做不强、出不去、走不远，只能内战内行、外战外行，偏安一隅，憨在家里蹉跎岁月搞内斗、拼内耗，自营主导的采购供应链渠道持续遭受损毁，致使本该属于中国制造的物美价廉商品及其巨额利益订单销往海外，眼睁睁落入国际同行之手，国家和消费者为此蒙受的损失令人扼腕。

---

① 笔者此前的研究发现，商贸流通服务业放弃自营、普遍联营的做法给我们课题组带来了意想不到的巨大困扰，数据缺失错乱，不全、不准、不及时的现象随处可见。详见宋则（2016）。

3. 自营是商业之本不仅有着深邃厚重的历史上理论上的原因，还有更为紧迫的现实需要

在现代化社会生产创新体系中，依托互联网大数据，大批量精准订制生产，对应着大批量个性化精准消费。集中代表先进生产力的大制造商，更讲求要与集中代表先进消费力、先进消费方式的大自营商的相互匹配。

实力更强大，代表先进消费力、先进消费方式，以自营为本的大零售商，在亿万社会财富、产品的堆积面前，需要一个具有掌控力的卖家和买家，一个敢于先期承担风险、以一当十，代表市场和消费者筛选产品，优胜劣汰、优化配置稀缺资源，敢于拍板决断物美价廉、为消费者省时、省钱做主的、真正的主心骨。这就迫切需要造就拥有自营实力和本领的航空母舰，大国重器，而不可能指望这些联营企业东拼西凑、支离破碎、混乱无序的乌合之众、小舢板群。因为只有航空母舰、大国重器才有本钱、有批量采购竞价的实力，为亿万消费者当家做主，为更多制造商厂家高效率、高质量、大规模、低成本、便利快捷地实现其产品集群式、大规模"惊险的跳跃"。并且凭借大批量的竞价采购优势和巨额资本的周转速度优势获取正当的丰厚利润，直至超额利润和发展后劲。其中的关键就是担当胜任采购供应链的链主和所有产销环节、利益链条上的精明组织者。也只有"航母链主"才能消除内斗内耗，阻止利益纷争，防止大权旁落、喧宾夺主、反客为主，形成合力，确保现代经济运行体系中纵横交织的采购供应链的质量、成本和效益。因此，要传承创新马克思商业资本学说，就必须加紧锻造新时期流通业自营为本的大国重器、大国工匠、采购能手，培育自营主导的航母级跨国采购供应链，以彰显我买全球、卖全球的强悍实力，不断扩张我国海外的商业利益和商业存在。

4. 自营与联营的价值观不同，经济后果更有着天壤之别

与联营相比，为艰难做好自营，几十年如一日保持"天天低价"绝不是随便说说的。诚惶诚恐，千方百计为消费者省钱，做顾客的"守护神"，全凭着做好自营的真本钱、真本事的责任担当和大批量规模订单采购的商业实力。大凡信守商业规矩、努力本分做好自营，外国如沃尔玛、阿尔迪、711，祖国如香港的百年老店利丰集团，安徽的安德利、河北的信誉楼，"硬碰硬、实打实"，真刀真枪、真金白银，都能比联营企业节省 10% 以上的花销，里外里成本价格相差 30%—40%。两相对照，自营和联营虽然只有一字之差，价值观却有着本质不同，利民与害民的经济后果更是天壤之别，是非曲直自有公论。而越是留意此事，就会越明显地感觉到，传承创新商业企业文化也是要讲贡献、讲品位的，不要傲慢与偏见，不加区分，"一锅煮"，在接受商业服务过后，总是对卑微的零售商一概赏予"无商不奸"的刻薄回报，以满足自己莫名的优越感。一个是堂堂正正、辛辛苦苦为老百姓省钱，另一个则是鬼鬼祟祟、讳莫如深，却经年累月从消费者兜里偷钱，论表现与贡献，两者根本不在一个数量级，完全没有可比性。也正因为如此，笔者就是要针锋相对，大声疾呼社会公平正义，为利国利民的自营企业叫好代言，严厉批驳谴责联营企业及其帮腔代言者的歪理邪说，为自营点赞，还自营企业一个迟到的公道，送给联营企业一个早就应得的"差评"。

由此还想到，当初曾有企业自夸称，我国改革开放头 20 年，就走完了发达国家一两百年的商业历程，具备了所有的商业业态。话虽豪迈，却忽略了最致命的关键。因为问题的真相是，恰恰在这个计划体制向市场体制转轨的"联营泡沫化大跃进"期间，中国自己原本应该传承创新的自营基本功必修课核心要义，被联营企业从商业字典中删除、彻底抛弃了，现如今留下的硬伤软肋后遗症随处可见。围绕以自营为本的精髓基石和实践的紧迫需求，院校师资专业人才匮乏、开不出实战课程，科研人员写不出接地气的论文，联营主导的论坛峰会劳民伤财、追风造势、避实就虚、环顾左右却故意一概跑题，不思做好自营的基调框架，偏离了正确的发展思路和前进方向，凡此种种，根本原因就是联营背弃初心、彻底颠覆了古今中外自营才是"商业之本"这一共同的商业历史文化传承、价值取向和理想信念。因而滋生了一种令人担忧的联营式的经商氛围、营商环境。在这种潜移默化、心照不宣规则盛行的场合，也正因为导向错乱，讲求自营为本、艰苦创业的氛围被破坏，得不到鼓励彰显，而靠联营起家、坐享其成、不劳而获的"商界精英"却如鱼得水。因为这样的"商界精英"从一开始就没打算承担任何风险，祈望什么都不付出，天上掉馅饼，各啬得一毛不拔、空手套白狼，把互相欺诈、追求一本万利，甚至无本万利，当作了联营的商业之本、经商的"最高境界"。而失去规范监管的互联网给普遍联营捞快钱、过度投机、一夜暴富式的野蛮生长提供了绝佳环境。这也就从根本上解释了几十年来商业领域，为什么营商环境持续恶化、诚信危机日益加深、自营专业技能流失荒废、过度投机风靡盛行、商业贿赂与商业欺诈屡禁不止，为什么实体商业企业一路塌陷、一蹶不振，为什么中国搞联营者人多势众，却至今拿不出任何一家像样的企业来证明自己的真正强大，为什么尽管到处都是联营的天下，却偏偏令诚实守信、干净担当成了稀缺金贵、人人渴望的商业资源。

5. 互联网并没有颠覆反而必须遵从经济学常识铁律

科技进步威力无穷，对互联网移动互联推动经济技术变革值得高度关注，目前最要紧的是回归理性和经济常识，增强抵御诱惑的定力和韧劲，克服急功近利、短期行为、投机心理和渴望一夜暴富的焦虑心态。应当重申，在互联网时代，新情况、新问题层出不穷、瞬息万变，但是市场经济条件下，经济学早已揭示的诸多铁律不会改变，也没有过时，最多只是改变了存在形式、表现形式。诸如价值规律、供求规律、等价交换、公平竞争、投入产出、平均利润率、利润率平均化、等量资本获取等量利润等仍然是铁律。所有的利益好处归属从一开始就被市场经济游戏规则限定了，从一开始就是有约定的，契约精神、合约协议不是儿戏废纸，宪法法律必须受到尊崇，不容践踏撕毁，不容剥夺，不容变更，不容破坏。公平竞争，自愿交易，受到充分竞争条件下资本转移造成的平均利润率规律支配，总的结果就是等量资本获取等量利润。这些都不会因为互联网的出现而有丝毫改变，反而会规范互联网交易遵循这一规律，健康发展。这是从古至今商品交换、商业存在的基石。因此根本不存在一网就灵、一夜暴富的神话。从偶然个案看，祈望无本万利的零售企业联营尽管可以借船出海、借鸡生蛋，用他人的资本空手套白狼，无偿占有他人财富，但是在任何时代、任何社会，都不可能依靠互相欺诈而皆大欢喜并凭空增加财富的总量，更不可能无中生有，指望去套并不存在的"白狼"。经济无论虚实，都要以自有资本为基础，亲兄弟、明算账，零售企业的他人资本与自有资本必须泾渭分明、不容混淆。现实经济中的衣食住行等基本物质生活资料没办法虚拟掉，互联网再发达、创新，也不可能把家家户户实实在在的消费生活、消费需要、消费行为都搬到互联网上去。互联网包打不了天下，对过度虚拟化应当警惕。社会秩序遵循高风险、高回报，谁投入、谁受益的原则，包括共享经济，各种形态的投入和付出必须获得契约承认和保障，必须可识别、清晰界定、完整可信，必须获益有据，补偿有理，获利合法。借鸡生蛋，前提是有鸡可借，有借有还，连本带利，还鸡还蛋，不可能无偿使用、无偿占用、无中生有。魔术师能变出鸽子、兔子，前提是必须先有鸽子、兔子，并且要事先把它们藏好。实体交换与互联网交易本质都是一样的，即资本所有权、商品所有权，要经过转手、转移，派生的经营权、使用权、受益权转移也都不容虚置。责权利要对等，泾渭分明，毫不含糊。同样道理，遵从契约的零售企业自营理应受到鼓励和保护，扰乱市场秩序、侵害消费者权益的行为必须受到监管和惩处。

这些年众口一词、为联营溃败找到的替罪羊，就是"来自互联网的冲击"。其实做好自营才是硬道理，才更有资格面向未来、拥抱互联网。根本不存在放弃自营、普遍联营的捷径。因此，似是而非的借口根本站不住脚，即使没有互联网冲击，食利型、寄生性的联营同样会垮掉，跨境电商也帮不了没有本事的联营。前几年精明的浙商试图撇开自营走捷径，搭建阿里巴巴平台，采用虚拟零售取代实体零售的办法，凭借浙江跨境电商先行先试的政策优势，绕开联营短板直接走出去，到头来，结果仍然不过是个泡沫幻影。道理很简单，联营的流程松散、采购碎片化、高成本、低效能等违背规律的先天弊端，与讲求实体零售企业自营采购供应链整体性、安全性、稳定性、规模化、高效率、低成本的竞价体系优势不可同日而语，所以最终注定其不可持续、行不通。

归纳起来，自营还是联营的经济学分析的最终结论是，随着互联网技术进步和行为监管力度加大，浑水摸鱼、欺诈盛行、规模不足、碎片化小散乱的联营企业也将走到尽头。以往零售企业放弃自营、热衷联营、讳疾忌医，也将注定同吸食鸦片一样，即使上瘾形成依赖，也是饮鸩止渴、一时快活，最终越陷越深，不能自拔。在这种场合，倘若心慈手软，放任染上毒瘾的重症患者快快乐乐顺顺当当自发自觉、敲锣打鼓、毫无痛苦地就把这个鸦片毒瘾戒除掉，就好比指望西边出太阳。依靠联营起家的受益者就是这种长期吸毒、病入膏肓的食利者，唯一办法只能是揭露联营势力自我沉迷、害人害己的真相，采取断然措施，痛下决心、刮骨疗毒、狠下猛药、多措并举、标本兼治、破解难题、铲除毒瘾。总而言之，中国零售企业必须丢掉幻想、迷途知返，重新振作起来，练好基本功，做好必修课，改变形象、成功补考，交出一份合格的答卷。

四、破解难题的对策建议

党的十九大是划时代的、意义重大而深远的历史性盛会，也是发扬钉钉子精神，采取断然措施，彻底解决长期想解决而没能解决的普遍联营这一难题、顽症的重要契机。商贸流通业要以党的十九大精神为引领，高度警惕和防止新时期官僚主义、形式主义表态多、调门高、行动少、落实差等新表现回潮，切实转变作风，尤其要警惕商贸业重灾区讳疾忌医、掩盖矛盾、粉饰太平、报喜不报忧，做表面文章敷衍了事、蒙混过关。商务主管部门要敢于正视联营重灾区问题真相的严重性，不要改头换面，而要脱胎换骨，切实拿出硬碰硬、实打实、真刀真枪行动解决自身存在真问题的新行动，开创放弃联营，普遍回归自营的新时代，把长期想办而没有办成的重振自营这件大事真正办成。为此，提出以下具体对策措施。

第一，官产学研要对重灾区危害和原因形成新共识，自营是商业发展的中流砥柱、人间正道，而联营是不折不扣的歪门邪道、商业鸦片，当务之急就是要把被全面破坏的自营才是"商业之本"的共同的商业文化和理想信念全面振兴、恢复重建起来。一定要知难而进，精准施策，亡羊补牢，狠用重典，优先解决老百姓深恶痛绝的由普遍联营衍生出来的价格欺诈、质次价高、败坏风气、商业贿赂、效率低、成本高、品种少、麻烦多、东西贵等痼疾顽症、突出问题，知耻而后勇，找准严重阻碍高质量消费意愿和高质量消费购买力实现不平衡、不充分的主要矛盾在流通领域拖累全局的突出表现，以自营为本的企业高效益、高质量发展作为新时代、新作为的新方向，创造各种环境条件促使零售企业放弃联营，回归自营。

第二，必须明确"做买卖是用来保民利民的，不是坑民害民"的简单道理。为此，要赏罚分明，重奖自营、重罚联营，对国企和上市公司要依法、依规加强全方位监督监管和社会舆论监督。

第三，从自营为本的教学科研队伍源头抓起，从做买卖自营的核心骨干、师资科研队伍、舆论导向抓起，还原自营历史真相和人间商业正道。要拿出真实行动恢复自营为本的商业记忆，把自营之本请回商业字典中并"恢复名誉地位"，彻底清算联营流毒影响，批驳歪理邪说，实现中华灿烂的商业文化、商业文明、商业自信、商业自营事业的伟大复兴。而以往某些"业内人士"编造所谓"存在即合理"的舆论借口，反对正确的政策导向，坚称自营联营不分好坏、没有好坏，无所谓优劣存废，其实都是假冒公允，暗拉偏手、颠倒黑白、推波助澜，反对自营、代言联营。种种歪理邪说不攻自破、不值一驳。曾经不遗余力地为联营帮腔代言的"业内人士"，最终都会因昙花一现的不光彩表演而留下很难自证清白、越描越黑的巨大污点。

第四，鉴于自营技能毁坏容易重建难，要准备付出成倍代价，用攻坚战加上持久战的办法，久久为攻，从全面恢复做好自营的商业基石抓起，从不敢做买卖、不想做买卖，恢复会做买卖的商业文化传承记忆入手，唤醒老一代，警醒中生代，培育新生代，加速商业新生代的接续进程，把借联营起家、对商业一窍不通、破坏自营的害群之马、假冒伪劣分子清理出商人队伍。与此同时，要以自营企业员工骨干、高管以及正规院校和职业培训为基础重编教科书，回归正道，重建自营为本的学术研究框架方法论和话语体系，以及自营评价指标体系。

第五，鉴于自营与联营的本质区别及其后果的巨大差距，鉴于长期以来商贸流通服务业已经被成事不足、败事有余的联营者严重损毁，建议拿出踏石留印、抓铁有痕的决心狠劲，打破长期联营造成的体制机制弊端和利益固化藩篱，给出鼓励自营、限制监管联营的强烈政策信号，要参照国内自营企业样板的成功经验加快自营队伍的重建，制定以自营为本的统计考核评价体系新标准，及考核评价监管的新指标体系和门槛。对凭借联营起家、毫无自营经验和自营业绩的所谓职业经理人要从严考核、宁缺毋滥。对民营企业家要坚持市场化导向、双向选择，要针对联营严重损毁流动资金的状况，深入研究自营和联营零售企业财务状况指标及其对比分析，并进行成本价格监审。

第六，对坚持错误、屡教不改，如企业联营占比过高，联营占比不降反升，继续侵害消费者的联营企业行为，要实行社会监督、舆论监督，加强监管，从严惩处。

第七，深入总结自营企业的宝贵经验、首创精神，正面鼓励类似亚马逊、京东商城与永辉超市线上自营与线下自营紧密融合而成的大型自营化实体企业，注意类似阿里巴巴与百联集团联手的虚拟化、联营化倾向，防止避实就虚的联营化企业过度膨胀。

第八，为实现从普遍联营到普遍重建自营的平稳过渡，要因势利导，着力解决好因长期联营、转型自营暂时受制于资金、买手等具体困难，尤其要多渠道搭建筹资平台，满足自营实体零售企业自有商业资本需求和自我积累的造血能力。

第九，实体零售自营供应链要借助"互联网+"提升精准采购订制水平，促进自营零售实体企业和消费者大数据反馈、深度参与制造业精准订制创新体系，以重振提升创新企业自营为基础，构建中国新时期高质量发展的现代流通体系。

第十，党的十九大后，要按照"国进民升"的创新互补思路，推进国有企业混合所有制改革，商贸流通服务业国企改革仍然应该将振兴、创新自营作为全新的着力点，同时，要把上市公司、国企央企振兴自营的改进状况纳入重建结构质量效益的评价指标体系进行全方位重点监管，以全面振兴自营企业为抓手，构建完备可靠的大批量采购的竞价优势，促进消费结构转型升级，让老百姓得到物美价廉、巨大便捷的福利实惠，实现消费购买力的充分释放。

参考文献

[1] 马克思.资本论[M].北京：人民出版社，1975.

[2] 宋则."入世"十年零售业对外开放初步研究[J].中国流通经济，2012（03）.

[3] 宋则.流通产业发展评价指标体系研究[M].北京：中国商业出版社，2016.

［4］宋则.论零售企业自营——"十三五"时期商贸流通业改革、发展新方向[J].中国流通经济，2017（03）.

［5］宋则.我国零售业发展中长期三大战略要点[J].中国流通经济，2012（05）.

［6］宋则."一带一路"反促流通业补强自营短板[N].经济参考报，2017-07-03.

［7］宋则.再论零售企业自营——放弃自营普遍联营的历史剖析[J].中国流通经济，2017（11）.

［8］宋则.中国零售业："自营"才是商业之本[N].经济参考报，2017-04-10.

供给侧结构性改革与公益性农产品批发市场建设要以立法为前提

农业农村部农村经济研究中心研究员　徐柏园

一、供给侧改革是 2017 年农产品流通的重要任务

2017 年中央提出了供给侧结构性改革并进行了战略部署，中央一号文件《中共中央 国务院关于深入推进农业供给侧结构性改革加快培育农业农村发展新动能的若干意见》指出，推进农业供给侧结构性改革，要在确保国家粮食安全的基础上，紧紧围绕市场需求变化，以增加农民收入、保障有效供给为主要目标，以提高农业供给质量为主攻方向，以体制改革和机制创新为根本途径，优化农业产业体系、生产体系、经营体系，提高土地产出率、资源利用率、劳动生产率，促进农业农村发展由过度依赖资源消耗、主要满足量的需求，向追求绿色生态可持续、更加注重满足质的需求转变。推进农业供给侧结构性改革是一个长期过程，处理好政府和市场关系、协调好各方面利益，面临许多重大考验。必须直面困难和挑战，坚定不移推进改革，勇于承受改革阵痛，尽力降低改革成本，积极防范改革风险，确保粮食生产能力不降低、农民增收势头不逆转、农村稳定不出问题。习近平总书记重要讲话提出，全面建成小康社会，在保持经济增长同时，更重要的是落实以人民为中心的发展思想，想群众之所想、急群众之所急、解群众之所困，保持经济增长速度，推动经济发展，根本还是要不断解决好人民群众普遍关心的突出问题。

推进农业供给侧结构性改革，首先要把农业结构调好、调顺、调优，要适应市场需求，优化产品结构，把提高农产品质量放在更加突出位置。要坚持市场需求导向，主攻农业供给质量，注重可持续发展，加强绿色有机无公害农产品供给，提高全要素生产率，优化农业产业体系、生产体系、经营体系，形成农业、农村改革综合效应，推进城乡发展一体化，就地培养更多爱农业、懂技术、善经营的新型职业农民。长时间来，我国粮食不存在重大缺口，但有一个问题很长时间还没有引起足够重视，就是我国农产品供应大路货多，精品少，能够让消费者产生信任的精品更是少之又少，如何打造知名品牌的精品农产品，可能是当前我国农业面临的最大挑战，因此，压减低端供给，增加高端供给，顺应国内食品消费结构升级趋势，为市场提供更多的绿色优质农产品和农业生态服务，在保证吃饱同时更多考虑如何让人们吃好，这些极为实际的问题，其实正是农业供给侧结构性改革宏大主题的现实基础。

二、公益性农产品市场对推动供给侧改革的作用

全国人大代表、北京市农林科学院蔬菜研究中心研究员高丽朴在 2017 年全国两会上指出，我国自1984 年建立了第一家农产品批发市场以来，农产品批发市场发展迅速。截至 2015 年，全国共有农产品批发市场 4500 多家，70% 是产地市场，其中亿元以上的约有 1600 家。通过 30 年的快速发展，我国已基本建立起以批发市场为中心，以城乡集贸市场、连锁超市和其他零售网点为终端的农产品市场体系，为我国农产品小生产与大市场的连接发挥了重要作用，承担了约 70% 的商品农产品流通任务，形成了目前小

生产、大市场、大流通的格局，对促进农业发展、农民增收、保障市场供应发挥了重要作用。但目前我国农产品批发市场的组织化和管理规范化程度都比较低，其中最重要的原因是批发市场法规建设严重滞后。从法规建设的现状来看，我国于1983年2月5日颁布实施了《城乡集市贸易管理办法》，此后国家再也没有出台有关农产品市场的法律、法规。

高丽朴认为，农产品批发市场是大规模集散农产品的场所，在市场选址、设施建设、投资规模、运行管理、交易主体等方面都不同于一般的集贸市场，因此，《城乡集市贸易管理办法》的内容已远不适应农产品批发市场的要求。

笔者认为，改革开放30多年来农产品流通取得了巨大成绩，但农民卖农产品难，城乡居民买农产品贵，买鲜活农产品难，特别是北京等大城市在人口疏解大任务的背景下，问题较为突出，原因是：农产品批发市场立法上还是30多年前的农贸市场管理条例，较为突出问题是公开透明的价格机制始终没有健康形成，在某些地区、某些市场，价格垄断行为屡屡出现，如2016年春节前夕，海南菜价一路飙升，海口市一斤蔬菜最高的卖50元，最低的也要10多元，原因是菜霸垄断当地蔬菜市场16年，海南省成立了专案组对全省唯一的进岛蔬菜批发市场——海口南北蔬菜批发市场立案调查，市场开办者和批发商被罚1000多万元。但是，这家本应被查封的菜霸市场，政府主管部门却只能罚款了事，理由是找不到"替身"，若强行关闭，将导致岛内百姓无处买菜，原因是全省仅此一家。在农产品零售上，很多城市也是一枝或几枝独秀，价格垄断现象等层出不穷。如何解决这些迫切问题，需要制定农产品批发市场法或公益性农产品市场体系法。

农产品批发市场是长期发展一二百年的业态。笔者先后考察了美国、日本、澳大利亚、法国、荷兰以及我国台湾、香港等地区，了解到在先后有近二百多年的历史中，农产品批发市场依然是农产品流通的主渠道，是社会民生的重大基础设施，不可或缺。我国现在还未完全实现市场公益性功能和载体平台作用，交易手段落后，农产品缺乏标准化，交易规则缺乏法制化。

我国农产品买贵与卖难现象并存，农产品成本提高，公益性批发市场建设的迫切性增强，历史赋予公益性市场立法的出台，刻不容缓。而把目前由于我们认识不到位、立法滞后一股脑地称为"传统的农产品批发市场"并不准确。实际我国还是处于大集贸市场状态或是农产品批发市场发展的初级阶段。

现在农产品批发市场法律处于真空状态，正是缺乏相关的法规，缺少市场准入、退出机制，才造成了一方面农产品批发市场的恶性竞争事件频发，另一方面，农产品批发市场的垄断行为也频频出现。

因为缺乏竞争，一些批发商抬高价格，而国外同品种蔬菜、水果都不是单一的批发商经营，同一个市场有三四个摊位的批发商竞争。现在国内一些地方却出现了市场和批发商的价格垄断。恶性竞争和垄断行为频发，交替出现，造成价格不是高就是低，缺少良性竞争机制。只有加快农产品批发市场立法，规范市场行为，才能利于农民增收，改善城乡居民优质农产品的供应。

促进农民增收和扩大城乡人民在农产品供应的品种、结构、数量、品质改善上的需求，以满足需要、健康、增绿为重点，是中央对全国城乡人民的厚礼，也是一项迫切的最重要的民生工程，是全国人民的迫切需要，时不我待。作为公益性农产品市场体系的供应链应该责无旁贷。

三、发挥公益性农产品市场作用需要立法做保障

公益性农产品市场体系法有两个基本原则。

一是应明确农产品批发市场的性质和地位，为理顺政府与市场开办者的关系、市场开办者与经销商

的关系创造条件；明确农产品批发市场的设立必须事先经过政府主管部门的审批，纳入统一规划，防止重复建设。

二是应建立农产品批发市场经销商资格审核登记制度和经营准入制度，解决市场交易秩序混乱问题；明确入市交易农产品的信息披露和质量安全检测及溯源制度；明确政府支持农产品批发市场建设的责任和义务，为政府投资农产品批发市场建设开辟渠道；统一农产品批发市场的税费收取标准和收取方式，以减轻市场开办者和经销商负担；明确管理市场的政府主体，防止管理交叉、缺位或错位等。由于没有法规，批发市场关键机制没有，大集贸市场、大批发市场、大批发商有垄断行为，农民不能增收，老百姓买不到优质平价实惠的农产品。

公益性农产品批发市场体系法应该规定如下内容：

第一是构建培育新型农业经营主体政策体系。目的是要通过完善政策体系，促进与农户家庭经营为基础、合作联合为纽带、社会化服务为支撑的立体或复合型现代农业经营体系加快发展，这是帮助农民、提高农民、富裕农民的重要途径。运用市场的办法推进生产要素向新型经营主体优化配置，发挥新型农业经营主体对普通农户的辐射带动作用。

第二是要体现政府是主导或主体。政府是开办农产品批发市场的主体，可以借鉴日本的经验，日本早在1921年就制订了《中央批发市场法》，规定各级批发市场都是政府主导、政府出资建设，每5年修改立法一次，国会通过。1992年9月笔者随团考察正值5年修改后的条文出台，日本东京、农林水产省的官员做了详细介绍：一是中央及地方农产品批发市场及场内批发商的开设要经过农林水产大臣和京都道府县的批准；二是制定法规作为对农产品批发市场管理的根本工作，这些法的规定使交易活动具有公共性、公开性、公正性，因此很少发生违反法规现象；三是对农产品流通的调控作用，特别是对价格的管理实行的是一种安定指标价格制度，以乳制品为例，当现价跌到安定指标价格10%时，由畜产振兴事业团买进，上涨超过40%卖出，对蔬菜、仔牛、鸡蛋、加工用果等由国家、地方政府和生产者团体三者出资建立安定基金，在必要时进行价格补偿。日本在农产品流通的价格管制上相当精细，我们可以借鉴参考。

第三是要体现加快建设完整统一的国内市场体系。全国的农产品市场体系首先应该明确工作思路，概括说，全国农产品市场体系发展的整体目标是建设一个统一开放、竞争有序，以农产品期货市场为先导，以批发市场为中心，以连锁超市、集贸市场、便民零售店为基础，形成网络化，既覆盖面广，又节约流通时间，保证农产品质量和鲜度（健康绿色食品），做到高效率低成本，既能提高生产者经营者的经济效益，又能把天天平价的农产品送到消费者手中的农产品市场体系。因此，要特别重视期货市场在市场体系中的价格导向作用，并与国际农产品市场接轨。这是立法的最后目标。要明确农产品市场体系不同层次市场的最终结构。一个健全完善的农产品市场体系应是农产品初级、中级、高级三种层次并存的市场体系，并在不同市场层次上形成最佳比例结构。以解决现阶段市场规模过大、布局不够合理、大多数市场交易设施和交易手段落后、流通成本高、市场效率低，以及一些地方存在的有市无场和盲目过度发展引起的有场无市等问题。

第四是价格机制的形成。推进农业供给侧结构性改革关键在完善体制，创新机制，加快深化农村改革，理顺政府和市场的关系，全面激活市场，激活要素，激活主体，推进粮食等重要农产品价格形成机制和收储制度改革，深化农村产权制度改革，改革财政支农投入使用机制，加快农村金融创新，健全农村创业创新机制（经纪人等，农民专业合作社，供销系统业态产业的创新）。要坚持市场需求为导向，主攻农业供给质量。价格机制改革的最终目的是满足需求，根本途径是深化改革，最终目的是深入研究市场变化，理解现实需求和潜在需求，在解放和发展社会生产力上更好满足人民日益增长的美好生活需要，要减少无效供给，扩大有效供给，着力提升整个供给体系质量，提高供给结构对需求结构的适应性，根本途径是深化改革，就是要完善市场在资源配置上起决定性作用，体制机制深化行政管理体制改革，打破垄断，健全要素市场，使价格机制真正引导资源配置。要加强激励鼓励创新，增强微观主体内生动力，提高盈利能力，提高劳动生产率，提高全要素生产率，提高潜在增长率。要把增进绿色优质农产品供给放在突出位置，狠抓农产品标准化生产、品牌创建、质量安全监管。

　　第五是完善农业市场体系的宏观调控。政府对农业的宏观调控和农产品市场的宏观调控，连同自主经营、自负盈亏的家庭承包主体和竞争性的市场体系一起共同构筑成为我国农村社会主义市场经济体系的三个基本要素，他们之间相互联系相互制约，组成一个有机整体，实现有效配置农业资源的功能。社会主义市场经济条件下的农业宏观调控绝不是计划经济体制下的指令性计划调节，也不是浓厚行政命令色彩的指导性命令控制。而是以社会公开为原则的政策导向与灵活经济杠杆有机结合的综合性调控。由此可见，在走向市场中加强对农业宏观调控和农业市场体系的调控，也就是说要按照市场经济要求，从农业和农产品流通要求出发，建立和完善以经济法律手段为主的宏观调控机制，以能动驾驭市场促进农业和农村经济的健康发展。

我国农产品批发市场集团化发展的特征分析

中国人民大学农业与农村发展学院博士研究生　胡历芳

中国人民大学农业与农村发展学院教授　曾寅初

我国农产品批发市场在经历了快速增长后，出现了集团化发展的新趋势。一些具有资金和管理实力的企业通过投资控股、参股、托管等方式形成了集团化的农产品批发市场结合体，带动了我国农产品批发市场由单体经营阶段向集团化发展阶段的转变。2012 年 12 月，商务部发布《关于加快推进鲜活农产品流通创新的指导意见》（商建发〔2012〕432 号），指出要"鼓励鲜活农产品流通企业跨地区兼并重组和投资合作，提高产业集中度"，进一步推动了我国农产品批发市场的集团化发展。

到底如何评价和应对我国农产品批发市场的集团化发展新趋势呢？有学者认为集团化发展可以通过企业联合实现规模经济效益和增强抗风险能力，可以有效发挥资本对批发市场升级改造的助推作用。 也有学者指出在我国农产品批发市场容量已经基本饱和而各地对批发市场发展又缺乏科学的规划引导的背景下，集团化加剧了我国农产品批发市场的盲目重复建设和恶性竞争。但是，这些观点要么基于单纯理论分析，要么基于个别具体调查，大多缺乏对我国农产品批发市场集团化发展全局状况的系统把握和分析支撑，难免带有一定的局限性和片面性。

因此，本文将选择我国农产品批发市场集团化发展的三家领军企业，即深圳市农产品股份有限公司（以下简称"深圳农"）、雨润控股集团（以下简称"雨润"）、北京新发地农产品有限公司（以下简称"新发地"）等为典型案例，在深度发掘其集团化发展内在逻辑的基础上，从时空分布、扩展方式和管理运行等维度，总结归纳我国农产品批发市场集团化发展的基本特征，力求系统提供我国农产品批发市场集团化发展的全貌，并为科学评价和引导我国农产品批发市场集团化的有序发展提供科学依据。

一、"群雄逐鹿"的发展阶段特征

我国农产品批发市场集团化发展的历史已经有近 30 年。"深圳农"是我国最早开始实施农产品批发市场集团化发展的企业。1997 年 6 月，"深圳农"在布吉农产品中心批发市场（1989 年设立）的基础上，建成了旗下第二家市场——深圳市福田农产品批发市场，标志着我国农产品批发市场集团化发展的开始。但直到 2008 年，这种集团化发展都呈现为只有"深圳农"一家"孤军独进"的局面。2009 年开始，随着"雨润""新发地"等农批企业开始实施集团化发展战略，才进入到一个"群雄逐鹿"的发展新阶段（见表 1）。

表 1　我国农产品批发市场集团化的发展阶段

发展阶段	核心企业	集团化市场数	进入集团化企业旗下的批发市场名称（年份）
1997—2008 年，"孤军独进"阶段	深圳市农产品股份有限公司	14 家	深圳布吉农产品中心批发市场*（1989）、福田农产品批发市场（1997）、布吉海鲜批发市场（1998）、南昌农产品中心批发市场（1999）、上海农产品批发市场有限公司（2001）、山东寿光蔬菜批发市场有限公司（2003）**、西安摩尔农产品有限责任公司（2003）、成都农产品中心批发市场有限责任公司（2004）、长沙马王堆农产品股份有限公司（2004）、惠州农产品物流配送中心有限公司（2004）、深圳市南方农产品物流有限公司（2004）、深圳海吉星国际农产品物流园（2007）、沈阳海吉星农产品物流有限公司（2007）、广西海吉星国际农产品国际物流有限公司（2008）等
2009 年以后，"群雄逐鹿"阶段	深圳市农产品股份有限公司	12 家以上	广西新柳邕农产品批发市场有限公司（2009）、宁夏海吉星国际农产品物流有限公司（2009）、长春海吉星农产品物流有限公司（2009）、蚌埠海吉星农产品物流有限公司（2009）、云南东盟国际农产品物流有限公司（2009）、天津韩家墅海吉星农产品物流有限公司（2010）、天津海吉星农产品物流有限公司（2010）、济南市盖世农产品物流交易中心有限公司（2010）**、广州市深农岭南农产品批发市场有限公司（2010）**、九江市琵琶湖农产品物流有限公司（2010）、武汉城市圈海吉星农产品物流有限公司（2011）、溧阳市海吉星农产品物流有限公司（2012）等
	雨润控股集团	17 家以上	西安雨润农副产品全球采购中心（2009）、四川国际农产品交易中心（2009）、石家庄雨润农产品全球采购有限公司（2009）、东宁雨润绥阳木耳大市场有限公司（2009）、中山市雨润农产品全球采购中心（2010）、武汉花卉全球采购中心（2010）、长春雨润食品全球采购中心（2010）、天津雨润农产品全球采购中心（2010）、青岛雨润国际物流中心（2010）、赤峰雨润农产品批发市场（2010）、沈阳雨润农副产品全球采购中心（2011）、哈尔滨雨润农产品全球采购中心（2011）、徐州雨润农副产品全球采购中心（2011）、兰州食品采购中心（2011）、鞍山雨润农产品交易中心（2011）、南昌雨润农副产品全球采购中心（2011）等
	北京新发地农产品有限公司	13 家以上	北京新发地农产品批发市场（1988）*、河北涿州北京新发地大石桥农产品批发市场（2009）、山东招远北京新发地金都坤发农产品交易市场（2009）、内蒙古赤峰北京新发地平庄农产品批发市场（2010）、河北定兴北京新发地定兴分市场（2010）、北京新发地高碑店农副产品物流园（2013）、北京新发地双桥农副产品批发市场（2010）、北京新发地大同农产品批发冷链物流市场（2011）、唐山遵化市燕山农产品批发市场（2011）、中国（香河）国际农产品交易物流中心（2011）、郑州（国际）农产品批发市场（2012）、安徽蒙城北京新发地蒙城农产品市场（2013）、湖北襄阳北京新发地百应仓储物流园（2013）等
	地利集团	4 家以上	山东寿光地利农产品物流园（2009）*、安塞寿光农产品物流园（2010）、贵阳地利农产品物流园（2012）、东宁宝荣农副产品批发市场（2013）等

注：1.市场数据及名称为作者不完全统计；年份指合作确定年份或开工新建年份等。
　　2.*为集团化的依托批发市场；**为 2013 年退出"深圳农"的市场。
资料来源：作者根据深圳农产品有限公司年报（2001—2016 各年版）、雨润集团和新发地市场网站以及网络新闻报道资料收集整理。

1．"深圳农"的"孤军独进"

"深圳农"农产品批发市场集团化发展的依托起点，是 1989 年建成的深圳市布吉农产品批发市场。1997 年 1 月，"深圳农"在深圳证券交易所挂牌交易，成为我国农产品流通领域第一家上市公司，同年 6

月，其旗下的福田农产品批发市场建成开业。布吉和福田两家批发市场迅速发展成为当时华南地区最大的农产品集散地。正是凭借其作为上市公司的强大资本实力和作为原国有企业的人才优势，以及在布吉农产品批发市场上获得的成功管理运营经验，"深圳农"从1999年开始了其在外地批发市场的并购扩张。1999年和2001年分别投资并购了南昌和上海的市场，2003年和2004年又投资并购了山东寿光（2013年退出）、西安摩尔、成都、长沙马王堆和惠州等市场，迅速使其旗下的农产品批发市场增加到11家。

2005年，"深圳农"根据当时其旗下市场的地域分布特点，提出了"归核化"扩张战略，以深圳、上海两大市场为框架，开始布局全国批发市场网络，但并购扩张速度有所放缓。2006年完成了成都、南昌、西安市场以及新建南山、惠州、京深海鲜市场的升级改造，2007年启动了深圳、沈阳的批发市场新建项目，2008年则并购了广西的市场。

2."雨润""新发地"等新企业的加入

2009年7月，"雨润"成立江苏雨润农产品物流集团有限公司，提出了"雨润农产品全球采购中心"战略，通过依托该子公司在各地成立专门经营农产品批发市场的分公司的方式，开始在全国多个重点物流节点城市和农产品资源地区实施批发市场的战略布点。"十二五"期间，"雨润"进一步制定了"333"发展规划，即"在全国30个省会城市建立雨润农产品全球采购中心、在300个地级市建立雨润农产品物流配送中心、在3000个农产品资源聚集区建立农产品生产示范基地，成为全球最大的农产品物流设施提供商和服务商"，促进了其农产品批发市场的集团化发展。根据以上发展规划，"雨润"2009年分别在陕西西安、四川成都、河北石家庄和黑龙江东宁县投资建设4家农产品批发市场，2010年又在广东中山、湖北武汉、吉林长春、天津、山东青岛和内蒙古赤峰投资建设6家农产品批发市场，2011年在辽宁沈阳、黑龙江哈尔滨、江苏徐州、甘肃兰州、辽宁鞍山和江西南昌投资建设7家农产品批发市场。短短3年时间内，"雨润"共投资建设农产品批发市场17家。

"新发地"的集团化发展起始于2009年。初期以保障北京新发地农产品批发市场的货源稳定供应，共享提升"新发地"的品牌价值为主要目的，随着"京津冀一体化"国家战略的提出，被总结提升为市场产业升级的"内生外扩"战略，在"外扩"增加了功能分担的战略目标。"新发地"的农产品批发市场集团化"外扩"也非常迅速，2009年收购了河北涿州的大石桥农产品批发市场，参股了山东招远的金都坤农产品交易市场；2010年分别在河北高碑店和河北定兴投资新建农产品批发市场，并通过承租的方式在内蒙古赤峰建设了平庄农产品批发分市场；2011年合资新建大同分市场，并承租了河北廊坊的中国（香河）国际农产品交易物流中心和河北遵化的燕山农产品批发市场；2012年分别在甘肃武威和河南郑州建设了北京新发地分市场；2013年又继续在安徽蒙城、湖北襄阳等地合作建设北京新发地分市场。

此外，地利集团在于2009年成功获得山东寿光农产品物流园项目（2010年建成开业）后，也开始实施集团化发展战略，先后建设了贵阳地利农产品物流园、安塞寿光农产品物流园、黑龙江东宁宝荣中俄农副产品批发市场等项目。

3."群雄逐鹿"发展格局的形成

"深圳农"的农产品批发市场集团化发展，在经历了"快速扩张"和"归核化"两个阶段后，从2008年提出要追求"网络化"的品牌价值，以"海吉星"为新品牌，开始了新一轮的快速并购扩张。2009年在广西柳州、宁夏银川、吉林长春、安徽蚌埠和云南昆明投资并购了5家市场，2010年在天津、山东济南（2013年退出）、广东广州（2013年退出）和江西九江投资并购了4家市场，2011年和2012年又分别在湖北武汉和江苏溧阳投资并购了2家农产品批发市场。到2013年底，"深圳农"已经在全国各地拥有24家实体农产品批发市场、8家农产品电子商务公司（广西糖网、云南鲲鹏、广西大宗茧丝和合肥棉花四个大宗商品交易市场）和7家供应链上下游公司。

作为农产品批发市场集团化发展的后起者，"雨润"和"新发地"旗下的农产品批发市场数量也快速增加，迅速成为我国农产品批发市场集团化经营的重要"方面军"。根据"雨润"集团的统计，到2015年底，"雨润"集团旗下已经开业运营的农产品批发市场已达16家，预计在2016年有望超过20家；同期，"新发地"旗下的农产品批发市场也已经扩展到15家。由此可见，随着"雨润""新发地"等农产品批发市场集团化发展"新军"的迅速崛起，加上原来一直在实施集团化发展的"深圳农"，目前我国农产品批发市场的集团化发展正在形成"群雄逐鹿"的新局面。

二、"网络趋向"的空间布局特征

从空间分布特征来看，我国农产品批发市场集团化正朝着"网络化"方向发展，并由此形成了农产品批发市场集团化空间竞争的新格局。

1.集团化企业不同的网络化布点计划

"深圳农"的集团化发展表现为数量扩张后的网络化整理。早期，"深圳农"主要是凭借其雄厚的资本和人才实力，寻求单纯的"规模扩张"，并没有预设的区域布局计划。此后进行的"归核化"，也仅仅是在原有"规模扩张"形成的农产品批发市场现实分布的基础上，寻求有利于管理角度的适当集中。只有到了"群雄逐鹿"的发展新阶段才提出了"网络化"整理计划，开始整合提升其"海吉星"的品牌价值。

与"深圳农"不同，"雨润"的集团化发展一开始就具有极其明显的"战略布局"意图，实施的是规划指导下的网络化布点。"雨润"的集团化发展规划明确提出，要建成一个覆盖全国九大区域、21个流通节点、辐射全国的农产品流通网络。这一网络体系自东向西、由南向北依次涵盖了以下物流区域：东南沿海（厦门）、珠江三角洲（深圳、广州）、西南（南宁、重庆、成都）、长江三角洲（宁波、上海、杭州、南京）、中部（武汉、郑州）、西北（西安、兰州）、山东半岛（青岛、济南）、东北（大连、沈阳）、华北（天津、北京），以及乌鲁木齐。显然，"雨润"集团化发展的区域重点是省会城市和一级城市，也是各省乃至全国重要的农产品集散地和销地，希望在这些地方建立农产品批发市场，从而形成其农产品主体物流平台。

"新发地"的集团化发展强调功能联系的区域性布点。不像"雨润"那样具有全国性的战略布局意识，"新发地"是从其市场的农产品来源地出发，以京津冀地区为重点，构建与其在京的农产品批发市场相互联系而又相互补充的批发市场网络。"新发地"发展分市场，其主要作用有三：第一，缓解北京市场交通压力。由于批发市场的价格优势，许多农产品在运到新发地之后，又会整车地被运往附近省市，新发地在京津冀建设分市场，可以减少、分散"车车交易"（大货车转小货车），以提高流通效率。第二，减少配送环节。在分市场经过分拣的产品可以直接配送到新发地社区蔬菜直通车。第三，分担垃圾处理压力。部分分市场将成为新发地的分拣基地、净菜加工基地，以减轻北京市场环保负担。

2.集团化企业现有旗下市场的空间布局特征

3家主要集团化企业现有的市场"网络化"布局状况如表2所示。"深圳农"旗下的市场主要集中于华南和华东地区，这也是"深圳农"集团化最开始"占领"的两个区域，也是其在"归核化"阶段确定的两个"核心"所在区域。但是，正是在这两个集中区域，"深圳农"的"网络化"布局都存在着重要的缺憾。在华南地区，"深圳农"虽然在其"大本营"深圳市几乎处在垄断地位，但在2010年并购的广州市深农岭南农产品批发市场却在2013年退出，对华南地区最重要的省会城市广州市的市场扩张未能如愿。而在华东地区，"深圳农"虽然曾分别并购寿光蔬菜批发市场（2004年）和济南市盖世农产品交易中心

（2010年），但终于都在2013年退出，在全国最重要的农产品生产省份之一的山东省却未能占有一席之地。但"深圳农"在西北、华中和西南市场，都分别占据了这些地区内的两个重要省会城市，形成了较好的布局。相对而言，其在东北地区的市场偏少。

表2　我国农产品批发市场集团化发展的空间布局

地区	"深圳农"	"雨润"	"新发地"
东北	吉林长春	黑龙江东宁、吉林长春、内蒙古赤峰、辽宁沈阳、黑龙江哈尔滨、辽宁鞍山	内蒙古赤峰
华北	天津、北京	河北石家庄、天津	北京*、河北涿州、河北定兴、山西大同、河北遵化、河北廊坊、河北高碑店
西北	陕西西安、宁夏银川	陕西西安、甘肃兰州	甘肃武威
华东	江西南昌、上海、山东寿光**、安徽彭埠、山东济南**、江西九江、江苏常州	江苏南京、山东青岛、江苏徐州、江西南昌	山东招远、安徽蒙城
华中	湖南长沙、湖北武汉	湖北武汉	河南郑州、湖北襄阳
华南	广东深圳*、广东惠州、广西南宁、广西柳州、广东广州**	广东中山	
西南	四川成都、云南昆明	四川成都	

注：1.表中所列是各集团化企业旗下市场所在城市。
　　2. *为集团化依托批发市场所在城市；**为2013年退出"深圳农"的市场的所在城市。
资料来源：作者根据深圳农产品有限公司年报（2001—2013各年版）、雨润集团和新发地市场网站以及网络新闻报道等资料收集整理。

"雨润"旗下的现有市场主要集中在华东和东北地区。在"雨润"集团所在的华东地区，"雨润"已经有4家市场，覆盖了江苏、山东和江西省，但未进入此地区最重要的消费城市上海市和重要省份浙江省和福建省。在东北地区，"雨润"旗下的市场已经有6家，几乎遍布了全部东北三省。此外，"雨润"在华北、西北地区也各有两家市场，有了一定的基础。但是，"雨润"在华中、华南和西南地区的"势力"相对较弱，都还仅有1家市场。

与"深圳农"和"雨润"的全国性网络化布点不同，"新发地"旗下的市场主要集中在华北地区，特别是京津冀三地。在华北地区集中了"新发地"旗下的6家市场，而京津冀三地集中了其旗下的5家市场。以"京津冀"为中心，"新发地"旗下的市场向北延伸到内蒙古的赤峰，向西延伸到甘肃武威，而向南延伸到山东招远、安徽蒙城、河南郑州和湖北襄阳。

3.农产品批发市场集团化空间竞争的新格局

集团化的发展，使得我国农产品批发市场从原来仅仅是单个市场之间的竞争，发展到单个市场之间的竞争与集团系之间的竞争共存，增添了市场竞争的新因素，使得农产品批发市场的竞争局面变得更加错综复杂。

在西北、华东、华中和西南地区，将面临"深圳农"和"雨润"两家集团化企业"网络化"发展带来的竞争。这两家集团化企业在这些地区都已经有较好的基础，但是其"网络化"布局的目标局面都尚未实现。在市场数量已经饱和的现实背景下，这些地区的既存市场都可能面临着来自"深圳农"和"雨润"的扩张竞争。对于这两个地区的某些重要城市，也有可能出现"深圳农"和"雨润"为争夺重要市场或者重要的购销商而展开集团系之间的直接竞争。

在东北地区，既存农产品批发市场将面临的集团化企业竞争可能主要来自于现在已经在此地区已有相当实力的"雨润"。而在华中地区，既存农产品批发市场将可能主要面临"新发地"集团化带来的竞争。在华南地区，农产品批发市场的集团化竞争压力则可能主要来自于"深圳农"。

三、"购建并存"的市场扩张特征

农产品批发市场集团化发展，是一个集团化企业旗下市场数量的扩张过程。但是由于各集团化企业的发展战略不同，其旗下市场数量扩张的方式也不同，从而造成对我国农产品批发市场竞争局面的影响也各不相同。

1.集团化企业的不同市场扩张方式

农产品批发市场集团化发展企业的现有旗下批发市场，按照其扩张方式，可分类整理汇成表3。由表3可知，"深圳农"的集团化发展延续的是以资本运营为手段的低成本扩张路线，主要通过"并购成熟市场"的方式，扩大其旗下的农产品批发市场数量。"深圳农"旗下26家市场中，除了5家市场之外，全部为通过投资并购获得，占其全部旗下市场的80%以上。而其新建获得的5家市场几乎全部是在其集团所在地深圳市的市场。可见，"深圳农"在外地的市场扩张的方式主要是投资并购现有成熟市场。与"深圳农"形成鲜明对照的是，"雨润"旗下的17家市场，则是全部通过投资新建的方式获得。"新发地"的市场扩张方式处在前两者之间，采取的是"以并购为主、新建为辅"的方式。在"新发地"旗下的15家市场中，通过并购成熟市场获得的为9家，占60%；而投资新建的市场为3家，仅占20%。更值得指出的是，"新发地"的市场扩张还采用承租等其他方式。例如，北京新发地平庄农产品批发市场、河北廊坊中国（香河）国际农产品物流园、河北遵化北京新发地燕山农产品批发市场等都是通过承租获得的。

表3 农产品批发市场集团化发展的市场扩张方式

市场扩张方式	"深圳农"	"雨润"	"新发地"
旗下市场总数（家）	26	17	15
其中：并购市场数（家）	21	0	9
新建市场数（家）	5	17	3
承租市场数（家）	0	0	3

注：旗下市场总数包括了集团化企业的依托市场。

资料来源：作者根据深圳农产品有限公司年报（2001—2013各年版）、雨润集团和新发地市场网站以及网络新闻报道等资料收集整理。

2.不同市场扩张方式的运作方式及其原因

"深圳农"的并购扩张方式，既取决于其低成本的要求，也依赖于其强大的资本实力和人才优势。特别是通过A股市场融资而获得的大量资金，为其并购市场提供了重要条件。此外，其前期并购运作，还与20世纪90年代中后期至21世纪初我国农产品批发市场的"双改"存在紧密联系，以"企业改制"和"升级改造"为主要内容的"双改"引发的巨大资金需求，为"深圳农"市场并购提供了很好的历史机遇。

面对全国主要城市市场数量已经饱和而市场"双改"基本完成的不同发展阶段，在庞大的战略布点扩张规划的指导下，"雨润"的市场扩张不得不采用完全依赖"新建市场"的方式。一方面，"雨润"在全国各重要节点城市布点市场的定位，都是区域性的"全球农产品采购中心"，多种功能的聚合需要其旗下的市场具有较大的占地面积。根据"雨润"集团的资料，其2009年投资新建的4家市场除了东宁的木耳专业市场外，其在西安、成都和石家庄新建的市场均超过2000亩，平均占地规模为2427亩；2010年投资新建的市场除了青岛（835亩）和赤峰（615亩）略小外，武汉、中山、长春和天津的市场也都超过了1500亩，平均占地规模为2063亩；2011年投资新建的7家市场中，除了鞍山（1170亩）之外，其余6家市场占地均超过了2000亩，平均占地规模为2250亩，其中占地最大的南昌雨润全球农产品采购中心占地达4158亩。而许多既存的成熟市场大多并不满足"雨润"作为"全球农产品采购中心"的占地面积要求。另一方面，"雨润"新建占地面积较大新市场的"圈地式"市场扩张，也为"雨润"采用"以地（房地产开发）养场（市场培育）"的运作模式提供了基础条件，即可以在市场用地中先期开发配套的住宅等用房，并将住宅用房等销售出去，以此获得大规模的资金回报，然后用这些资金从当地既存的农产品批发市场中"挖来"重要的农产品购销商，以促进新建市场的发展。

"新发地"的农产品批发市场集团化，其市场扩展主要以并购成熟市场为主，辅之以部分必要的市场新建。其原因在于"新发地"并不如"深圳农"和"雨润"那样具有如此雄厚的资本实力，也因为其市场扩张的主要目的不在于市场控制，而在于保障货源、功能分担和品牌共享。因此，只有当既存成熟市场不能满足其扩张所要求的功能分担需要时，才会考虑采取新建市场的获取方式。只要既存市场符合其功能分担的要求，则就可以采取并购获得的方式。如果参股并购也有一定的难度，则还可以采用承租等其他获得方式。

3. 不同市场扩张方式对市场竞争的影响

并购或者承租的方式带来既存农产品批发市场控制权和经营管理权的转移。农产品批发市场发生并购后，则其控制权将会从原所有者转移至并购方。通常情况下，农产品批发市场的经营管理权也会随之全部或者部分地转移至并购方。而通过承租方式获得市场时，承租方所获得的通常只是承租期内的控制权和经营管理权。所以，通过并购或者承租方式的市场扩张影响的通常只是某一个批发市场的经营管理层，对市场经营管理层和市场所有者的权益产生重大影响。但是，对于某一市场的购销商的影响不大，通常也不会带来新的市场客户竞争。

新建市场的方式。在新市场正式开业投入运营之前，基本上不会对既存成熟市场带来实质性的影响。但是，一旦新建市场正式开业，就会进入客户招商培育客户的时期。在目前批发市场数量基本饱和的背景下，新建市场必然会考虑从既存成熟市场中"吸引"购销商客户。考虑到新建市场短期内快速聚集"人气"的需要，新市场通常会采取"不同寻常"手段来招揽购销商客户，从而带来新建市场与既存成熟市场之间的购销商客户竞争"大战"，甚至是"恶战"，其结果通常会影响到一部分市场的生死存亡。可见，从市场竞争的角度看，并购或者承租的市场获取方式带来的影响是小范围的和表层的；而采取新建市场获取方式带来的影响才是大范围的和本质的。

四、"参股为主"的投资模式特征

投资是集团化企业实现其旗下农产品批发市场数量扩张的重要手段。农产品批发市场集团化发展企业的不同投资模式，既取决于各集团化企业的资本实力，也在很大程度上反映了集团化企业的不同利益诉求。

1.集团化企业的不同投资模式

不同农产品批发市场集团化企业的扩张投资模式也各不相同。"深圳农"的集团化发展全部采取股权投资方式，以货币出资的方式参股既存的成熟市场，且主要以超过股权一半比例的绝对控股方式为主。在24家股权投资市场中，仅有3家地处深圳的市场是全资新建的；而且在外地参股的21家市场中，有17家市场的股权比例都超过了绝对控股所要求的50%。"雨润"的集团化发展也全部采用股权投资方式，但是与"深圳农"相比，"雨润"并不满足于绝对控股，而是全部采用100%自己投资的方式，对旗下所有市场都是全资控制。与此不同，"新发地"投资扩张的14家市场中，除了11家采用股权投资方式外，还有3家采用了承租投资的方式。而且在"新发地"的11家股权投资市场中，也仅有2家市场是全额投资，其余都为部分参股投资（见表4）。

表4 我国农产品批发市场集团化的投资模式

集团化企业名称	投资扩张的市场数（家）	承租投资市场数（家）	股权投资中按集团化企业拥有权益比例划分的市场数（家）			
			小计	< 50%	≥ 50%	100%
"深圳农"	24	0	24	4	17	3
"雨润"	16	0	16	0	0	16
"新发地"	14	3	11	9		2

注：投资扩张市场数不包括各集团化企业"深圳农"的2家、"雨润"的1家和"新发地"的1家，共4家依托市场。

资料来源：作者根据深圳农产品有限公司年报（2001—2013各年版）、雨润集团和新发地市场网站以及网络新闻报道等资料收集整理。

2.不同投资模式的条件与利益诉求

不同投资模式的背后是不同的企业优势条件和不同的利益诉求。股权投资需要以强大的资本实力为条件，还要辅之以必要的人才保障。在这两点上，起步于村办企业的"新发地"都远不如脱胎于传统国有企业且都已经是上市公司的"雨润"和"深圳农"。所以，"新发地"在投资模式上，除了股权投资之外，还采取了承租等更加低成本的合作方式。而且，"新发地"采用的承租等投资合作方式，也可以较好地满足其保障货源、功能分担和品牌共享的集团化发展目的。

在同样全部采用股权投资模式的"深圳农"和"雨润"之间，其股权投资的方式也有所不同。"深圳农"的股权投资注重的是控股获益，而且是投资直接回报和投资经由资本市场的间接回报的"双重利益"，即其股权投资除了获得投资带来的直接回报收益之外，更是为了作为其集团的资产扩张而可以从资本市场上获取更多的资金，从而支撑其"滚动发展"的投资资金链。而从资本市场获益的角度看，股权投资的绝对控股就显得十分重要，这也就是为什么"深圳农"的股权投资要使其拥有股权超过50%的重要原因。"深圳农"股权投资获得市场中集团化企业权益超过50%的17家市场中，有7家市场其股权比例均为51%；而且对长沙马王堆农产品股份有限公司的股权比例是50.98%，对天津韩家墅海吉星农产品物流有限公司的股权比例则从初期投资的49%增资到现在的51%。与此不同，"雨润"的股权投资模式更在于强调控制权，采用了通过在各地设立全资分公司、再自己新建采购中心或者批发市场的全资控股方式。这种方式主要是为了确保"雨润"对其平台下批发市场的绝对控制，以为其全国性网络平台的后续运行打下坚实的基础。

"新发地"的股权投资模式，从投资获益的目的来看，与"深圳农"有相似性，但是与"深圳农"不同的是，"新发地"的投资参股仅仅是为了投资直接回报，作为非上市企业的"新发地"并没有从资本市场获取资金的驱动力，所以在投资参股时并不十分在意是否需要绝对或者相对控股。

五、"重控少合"的管理运行特征

我国农产品批发市场的集团化发展，主要是靠强大的资本运作而实现的，资本整合强化了集团化旗下批发市场的管理控制，也促进了依托市场管理经验的推广传播，但是从资源整合的角度看，同一集团化企业旗下的批发市场的联合协作则尚处在条件准备的起步阶段，而旗下批发市场农产品购销商之间的联合协作则更是无从谈起。

1.旗下批发市场的管理整合与品牌共享

集团化企业旗下市场的资本整合，首先引发的旗下市场管理层的整合。这是所有集团化发展农产品批发市场的共同特征，但是其市场管理层的整合深度，则与投资股权的控制强度密切相关。就此而言，"雨润"的市场管理层整体控制强度和深度都要高于"深圳农"和"新发地"。与"雨润"的旗下市场全部员工均为集团编制不同，"深圳农"投资于成熟市场，实现的是与现有市场的合作经营，因此，仅委任部分人员到旗下市场的关键决策和管理岗位，而大多保留了原来市场的员工，以发挥其本地优势。"新发地"在各地建立分市场，实行派驻管理人员和购销商参与分市场经营管理的办法，派驻人员在分市场中的职能权限可能比"深圳农"和"雨润"还小。

品牌价值是目前农产品批发市场集团化发展十分重要的追求目标。"深圳农"于2010年正式推出了"海吉星"批发市场高端品牌，并积极倡导农产品流通全过程的"绿色交易"。"雨润"则是一开始就规划了建设"雨润""全球农产品采购中心"的战略布点。"新发地"要求其旗下的所有分市场冠以"北京新发地"的名称。品牌共享促进了集团化发展依托市场的管理经验向旗下市场的输出和推广。以批发市场的产业链延伸发展为例，"深圳农"早在2002年，就曾收购深圳市集贸市场有限公司（有17家集贸市场）90.8%的股权，尝试了从批发向零售环节的延伸拓展。"雨润"提出的"333"发展战略中，就涵盖了围绕一级批发市场自建农产品配送中心和生产基地的构想。而"新发地"在2008年开始尝试实施过"新发地便民连锁菜店"的向零售环节延伸战略，并已在全国优势产区建成有400万亩农产品供应基地，从而发展产地直采、加工配送、社区直销的农产品供应链条。集团化企业依托市场在这些先期尝试积累的有益经验，当然有利于促进旗下批发市场管理水平的提高。与此同时，集团化企业具有的强大资本实力，也为其旗下批发市场在检验检测、交易结算、冷链物流、加工配送、信息共享等方面的硬件升级改造提供了更好的外部保障，在一定程度上提升了我国农产品批发市场的整体现代化建设水平。

2.旗下批发市场及其购销商的资源整合与联合合作

从资源整合的角度看，集团化企业旗下的批发市场运行管理之间的联合合作局面尚未形成。从物流的角度看，"深圳农"旗下批发市场之间并没有建立网络化的物流合作系统，"雨润"旗下的批发市场虽然制定了统一的物流标准，但尚未建立联合合作的物流运作实体，"新发地"旗下的批发市场虽正在推进以功能分担为基础的专业分工，但也尚未建立在分工基础上的合作机制。从信息流的角度看，"深圳农"早在2008年提出"网络化"发展战略时，就曾尝试建立集团化旗下市场统一的结算管理系统，但是这项计划除了在上海、合肥、布吉、南山、福田、长沙、西安、成都等地部分市场的个别品种或者交易区域取得了一定进展外，并没有实现旗下全部市场和全部交易品种在供求、库存、价格、交易量等信息统一收集和处理，从而无法满足集团化旗下批发市场之前的供求对接、货物调配、信息共享的功能要求，统一的电子信息平台系统计划只得不了了之。"雨润"和"新发地"旗下各个市场的统一电子结算平台系统也还仍然处于在建阶段。可见，尽管网络化发展战略将会促进市场间的协同效应的发挥，但是要实现集团市场之间的信息联动仍然任重道远。整体来看，集团化企业旗下批发市场以资源整合为核心的联合合作，尚处在其基本条件的整备阶段。

而从直接从事农产品流通业务供销商的层次来看，集团化企业旗下批发市场购销商的经营模式与业务运行，与未被纳入集团化企业旗下批发市场中的购销商几乎没有任何差异。也就是说，目前的农产品批发市场的集团化改变的主要是批发市场层面管理控制方式，而对我国批发市场以及整体农产品流通本身并没有带来实质性的影响。我们知道，在流通领域中，零售环节的集团化创造了"连锁经营"的新业态，带来了被称之为"超市革命"的巨大变化。但是，农产品批发市场集团化发展，到底会使我国农产品流通体系带来何种重要的影响呢？答案尚有待于观察。

六、结论与建议

从发展历程来看，我国农产品批发市场的集团化发展已经进入到一个"群雄逐鹿"的新阶段：从空间布局来看，尽管各集团化企业具体计划各有不同，但都在朝着网络化的方向发展；从市场扩张方式来看，存在并购成熟市场、新建市场、承租市场等多种方式，具有购建并存的多元化特征；从投资模式来看，投资参股是最主要的方式，但是由于资本实力和利益诉求的不同，在控股比例上存在较大差异；从管理运行来看，集团化发展带来市场的管理整合和基于品牌共享的管理经验推广，但基于资源整合的旗下批发市场和购销商的联合协作都处于尚未起步的条件准备阶段。

根据以上对农产品批发市场集团化发展的多维特征的分析，从政府管理引导的角度看，必须重点做好以下三个方面的工作：

第一，面对集团化带来的农产品批发市场竞争新格局，要采取切实有效的措施保障有序竞争。为此，一方面亟须加强对我国农产品批发市场发展的科学规划，可以由商务部统一组织协调，审查全国农产品批发市场整体分布，对农产品产地、集散地、销地等重要流通节点的批发市场建设加以重点管控，规范地方政府因为招商引资压力而出现的市场盲目发展、重复建设和资源浪费；另一方面需要制定更加完善的农产品批发市场竞争规则，为集团化发展过程中农产品批发市场的有序竞争创造更加公平公正的环境。

第二，应加强农产品批发市场的信息化建设。2013年5月，国务院办公厅下发关于印发《深化流通体制改革加快流通产业发展重点工作部门分工方案的通知》（国办函〔2013〕69号），提出"鼓励流通企业建立或依托第三方电子商务平台开展网上交易"，"将信息化建设作为发展现代流通产业的战略任务，加强规划和引导，推动营销网、物流网、信息网的有机融合"。构建现代化的信息系统也是更好地发挥农产品批发市场整体功能的客观要求，农产品批发市场的信息化建设可以分为单个市场的信息系统建设和集团旗下各个市场的网络化信息联动两个层面。集团化发展的企业可以在旗下各个批发市场逐步建立统一的电子结算系统、电子商务系统、信息采集和发布系统、农产品质量安全可追溯系统、物流配送管理系统以及市场综合管理系统等，在各个市场信息系统组建和运行完备的情况下，进一步通过数据交换平台实现旗下市场之间的信息互联，完成供求库存价格交易量等信息的统一收集和处理即时传递和共享。

第三，要在集团化带来的管理整合和品牌共享的基础上，积极引导集团化企业创造必要的条件，促进集团化旗下批发市场及其购销商开展以资源整合为核心的深度联合与协作，鼓励有条件的集团化企业积极探索以集团化为基础的连锁经营新模式。集团化企业连锁经营模式的开展，首先应统一品牌统一管理，其次应充分依托批发市场信息化建设，在集团整体规划下对各个市场的功能进行专业分工，并实现区域间供求对接、货物调配、信息互联、物流共享等多种深度合作。"连锁经营"模式将会真正发挥集团化的协同效应，从而切实提高农产品流通效率。

参考文献

[1]马增俊.中国农产品批发市场发展现状及热点问题[J].中国流通经济，2014，09：8-12.

[2]商务部.关于加快推进鲜活农产品流通创新的指导意见[EB/OL].[2012-12-17].http://www.mofcom.gov.cn/article/b/g/201304/20130400075389.shtml.

[3]吕靖烨.我国农产品批发市场建设的问题与策略[J].农业经济，2007，02：59-61.

[4]安玉发.中国农产品流通面临的问题对策及发展趋势展望[J].农业经济与管理，2011，06：62-67.

[5]任兴洲.我国鲜活农产品流通体系发展的现状、问题及政策建议[J].北京工商大学学报（社会科学版），2012，05：1-5.

[6]曾寅初.供销系统农产品批发市场的发展战略选择[J].中国流通经济，2013，12：81-88.

[7]全国城市农贸中心联合会.2013农产品批发市场行业发展报告[R].北京：全国城市农贸中心联合会，2014.

[8]深圳市农产品股份有限公司.深圳市农产品股份有限公司年度报告（2001—2013各年版）[R].深圳，2002-2014.

[9]雨润控股集团.物流集团产业布局[EB/OL].http://www.yurun.com/industry/logistics/index.html.

[10]北京商报.新发地外迁：只分流不搬家[EB/OL].[2014-5-15].http://www.bjbusiness.com.cn/site1/bjsb/html/2014-05/15/content_255543.htm？div=-1.

[11]北京新发地市场.解读：新发地市场"内升外扩"发展战略[EB/OL].http://www.xinfadi.com.cn/company/cintros.shtml.

加快鲜活水产品标准化建设助推
水产品牌建设与发展

全国工商联鲜活水产商会执行会长　王丁望

近年来农业标准化工作越来越得到农业企业的重视，因为有了标准才能有品质稳定的产品，才能在市场中逐渐打响品牌。在鲜活水产品行业由于活水产品质量安全、储存时间短等问题突出，更是要强调标准化建设，以降低经营风险及成本。在广东地区已经催生了一个以龙头企业何氏水产为首的活鱼冷链流通行业，它们通过模式及技术创新解决了活鱼在长途运输环节的违禁添加问题，造福消费者。也因为技术创新使得运输过程中活鱼保活率高，实现了全国销售，带动了众多养殖户增产增收，提高了社会经济效益。

活鱼冷链物流管理模式主要运用龙头企业自主创新的低温暂养技术、纯氧配送技术等专利技术，从塘头到市场通过逐级降温技术、智能温控技术，在运输过程中让活鱼处于半冬眠状态，全程不换水，做到全程封闭温控管理，成功突破了鲜活水产品高密度远程运输长达50小时以上的技术难题，配送半径覆盖全国3000公里，销售网络遍及北京、上海、西安、成都、长沙等国内50多个城市。在广东以何氏水产为首的活鱼冷链流通企业通过模式及技术创新实现了全程不添加任何药物的情况下，使存活率达到99%以上，保障了水产品消费安全，推动了水产品冷链物流行业健康规范发展，实现"南鱼北运"产业化发展。

未来有自己品牌的企业才有竞争力，那么鲜活水产品如何在消费端建立品牌？笔者认为标准化是个很好的抓手，它在质量控制、品质提升、技术保障、服务支持等方面为打造水产品品牌提供支撑。

一、创新发展产品标准体系，沉淀强大的产品能力

1.建立完善的生产养殖操作及控制标准

在我国，优质淡水鱼主要产自广东珠三角地区，在何氏水产佛山养殖示范区内已经全面建立了标准化养殖体系，通过龙头企业的带动，形成了全产业链标准体系，从种苗、饲料、鱼药的选购标准到养殖过程的管理标准，以及活鱼上市的质量控制标准，实现了"七个统一"的目标（即统一种苗选育、统一饵料选择、统一水质控制、统一疾病防控、统一技术培训、统一成鱼回收和统一市场销售）。这些标准的制定及实施确保全产业链有标可依，产品质量可溯源。

2.建立适应市场需求的产品规格及质量控制标准

根据不同地区客户的消费习惯，每个产品按大小分4—7种不同规格，所以活鱼在捕捞出塘后要进入暂养配送基地进行规格分拣及残鱼挑拣，以保证不同规格的活鱼能在适销对路的地区卖到好的价格。同时因为鲜活水产品的死活差价巨大，所以对于不适合长途运输的残鱼会剔除出来，以保障送到消费者手上的是鲜活生猛的活鱼。那么针对这些市场需求就应该在分拣及暂养环节建立产品质量控制标准，只有在每一环节认真贯彻执行操作规程及控制标准，才能形成强大的产品能力，在充分竞争的市场中才有优势。

二、推广活鱼冷链技术标准，提升鲜活水产品供应链效率

笔者从事活鱼冷链物流行业多年，深刻体会到鲜活水产品的最大经营成本是损耗，所以提升活鱼供应链效率是重中之重。活鱼冷链技术首创于何氏水产，在佛山推广，这种技术能实现活鱼经过50个小时的汽车运输仍然有99%的成活率，它解决了活鱼在运输环节的违禁药添加问题。

1.加强冷链基础设施建设，完善活鱼冷链技术标准体系

鲜活水产品流通的瓶颈是储存时间很短，如何把鲜活水产品几经周转依然鲜活生猛地送到消费者手上，所有的生鲜经营者均在为此而努力。

首先应该加强冷链基础设施的建设。鲜活水产品在每个流通环节对暂养的水环境要求较高，还需要在暂养过程中逐级降温以便运输，所以暂养设施不是简单的水箱，而是具备较强水处理能力的低温暂养装备，对于这种新型的低温暂养、冷链运输设施设备政府应加大补贴力度，加大对企业冷链基础设施建设用地的政策支持。活鱼冷链技术就是依靠这些标准化的低温暂养装备及严格的操作控制技术标准，实现了50小时运输时长，做到了99%的成活率。

其次，在暂养与运输过程中对水温、供氧的控制极为关键，活鱼冷链龙头企业积极参与到国家标准、行业标准、地方标准的起草制定，起到了很好的示范推广作用，而由于不同的水产品的习性差异，控制标准略有差异。所以要加大研究制定鲜活水产品冷链技术标准体系，推广技术标准，让更多的消费者受益，带动更多的养殖户增产增收，带动乡村产业振兴，为促进乡村振兴战略落地实施作出贡献。

2.推动活鱼冷链物流信息化建设

供应链效率讲究的是物流周转的时效及供给服务及技术支持的响应速度，未来生鲜业会成为服务业这个已经是行业共识了，而这些需要信息的快速多向收集反馈，所以推动活鱼冷链物流信息化建设是大势所趋。龙头企业应该充分应用物联网、移动互联等先进信息技术，建立标准化的车辆定位跟踪以及全程温度自动监测、记录和控制系统，逐步升级和完善仓储管理、运输管理、订单管理等信息化管理系统，按照冷链物流全程温控和高时效性要求，整合各作业环节，制定标准化作业流程。通过建立冷链物流数据信息收集、处理和发布系统，实现冷链物流全过程的信息化、数据化、透明化、可视化。最后，通过"互联网+"技术的应用，整合产品、冷库、冷链运输车辆等资源，构建"产品+冷链设施+服务"信息平台，实现市场需求和冷链资源之间的高效匹配对接。最终实现养殖—暂养—配送全程可视化，数据实时可跟踪，实现科学预测市场消费趋势，选择合适养殖品种，最大程度提高资源综合利用率，促进农业供给侧结构性改革发展。

三、标准铸就产品能力、服务能力，为品牌建设打下基础

未来鲜活水产行业的竞争将是供应链能力的竞争，具体体现在产品能力、服务能力等方面。生鲜行业的有识之士已经指出生鲜业终将成为服务业，谁能够前瞻性地布局，把生鲜品类做成服务品类，谁就将在未来的竞争中胜出。在产品、服务能力建设方面必须始终贯彻实施产品、技术、服务标准，提升供应链效率，让消费者有更好的消费体验。为此活鱼冷链企业即将在50多个城市建立中转基地，或与各地农贸市场的诚信专区合作直配商超、社区、酒楼，同时建立线上交易，引入线上、线下融合，及时响应客户的需求，提供技术支持，从原来的单一提供产品转变为水产经营整体解决方案提供商，上下游实现

精准产销对接，实现品牌化的升级与转型，让消费者能够便捷地、放心地体验生态优质的鲜活水产品，同时带动千家万户养殖户增产增收。只有品牌的建立，才能实现上下游合作共赢，才可持续，企业才有竞争力，所以农业标准化工作关系到企业的发展大计，只有紧抓标准化建设，才能沉淀强大产品能力、技术能力、服务能力，提升供应链效率，实现品牌化的华丽转身。

中国水产品流通新趋势

上海东方国际水产品中心总裁助理　王德才

在新技术、新方法、新工艺的引导下，中国水产品流通从各个环节、各个方面，正以异乎寻常的速度发展，总体趋势为转向产业链整合，转向压缩中间环节，转向直接面对消费者的零售端。本文试图从水产品新零售取代电子商务而崛起、实力企业整合水产产业链、连锁超市水产品销售比重明显增加、小型水产品连锁社区店悄然兴起、水产品流通走向品牌化、水产品中食品化比重提高、水产批发市场主体作用逐渐弱化、销地市场中小批发商逐渐边缘化八个方面做些探讨。

一、水产品的新零售将取代电子商务而崛起

据报道，我国 2013 年的生鲜电商仅为 126.7 亿元，到了 2017 年，达到了 1391.3 亿元，年均增幅 200%，其中，2017 年生鲜电商销售的水产品占比近 10%，生鲜电商的发展速度惊人，电商发展模式也呈现多元化如 B2C、B2B、O2O 等。

由于生鲜电商市场有巨大的市场空间，因此，许多企业还在投入到生鲜电商中，促进了生鲜电商包括水产品电商的发展，但是，生鲜电商企业及其融资的增幅和前几年相比，回落幅度很大（见表 1）。

表 1　生鲜电商新成立企业数量和融资情况

年份	生鲜电商企业新成立数	生鲜电商融资情况	
		融资笔数	融资金额（亿元）
2009	15		
2010	14		
2011	23		
2012	32		
2013	58	4	3.98
2014	189	25	15.33
2015	266	67	59.70
2016	78	45	92.91
2017	9	13	52.56

数据来源：作者根据相关网络新闻报道收集整理。

原因在哪里？新零售的崛起。

水产品电商由于存在诸多难点，如产品非标准化、物流成本高、传统农产品批发市场的竞争、供应链不稳定、仓储资源不均匀等，一些企业在这方面想办法，如"以鲜代活"法，就是将水产品作为加工

品的原料，形成标准化产品在生鲜电商和市场中流通。但是，由于关键的物流配送"最后一公里"没有解决，问题还是没有根本解决。

2016年10月的阿里云栖大会上，马云在演讲中第一次提出了"新零售"概念：未来的十年、二十年，没有电子商务这一说，只有新零售。纯电商时代过去了，"电商"会成为传统概念，未来会是线下、线上、物流结合的"新零售"模式。换言之，新零售，将终结电子商务。

新零售，是对商品的生产、流通与销售过程进行升级改造，进而重塑业态结构与生态圈，并对线上服务、线下体验以及现代物流进行深度融合的零售新模式，这种商业模式的变革往往基于新技术应用产生的，其中移动支付的快捷和普及、大数据分析、人工智能、智能设备的应用，是这场新零售运动的底层技术和基础设施，它使得线上和线下的融合出现了极大的可能性。

线下、线上、物流真正结合而且普及了，未来越来越多的水产品会没有一层层的中间批发商，而直接从捕捞商、养殖商、加工商到卖场，中间渠道全部都不见了，企业和消费者将同时从中获益。

从阿里巴巴的盒马鲜生，到永辉超市的超级物种，再到家乐福的"渔夫厨房"和"极鲜工坊"等新零售的兴起，物流配送将不再成为生鲜电商的瓶颈，水产品的保鲜保活不成问题，届时，新零售线上线下相互配合，店就是仓库，仓库就是店，仓储前置，部分海鲜将解决暂养问题，解决了"最后一公里"，而且，基地直接采购的比重也在不断加大。新零售越贴近居民消费，越有话语权，它将以前所未有的速度发展。

2017年是阿里巴巴新零售元年，在这股新零售的春风下，新零售遍地开花，到了2018年，线上各类平台是加紧布局线下，在未来的几年中，新零售将向水产冻品冲击，向冰鲜发展，同时也向中高附加值活鲜推进，不断蚕食传统水产批发的份额。

二、实力企业整合水产产业链

全产业链源于21世纪初的中粮集团，它提出了打造"从田间到餐桌全产业链粮油食品企业"的新战略，随后，众多水产大企业也纷纷效仿中粮，开始打造全产业链。由于水产的全产业链涉及第一、二、三产业，难度很大，没有实力的企业无法实施。

总体上看，当今许多实力雄厚的企业，包括业外的风投企业、综合性大企业和房地产企业，看好水产品的刚性需求和高频消费，看好巨大的市场前景，看好现在没有垄断者的现况以及以后也很难出现垄断者的预期，于是投巨资于水产业。

大企业投资水产行业整合产业链的方式，一般有四种：

第一种如全国民营百强企业的南京福中集团，投资"小6水产网"。小6水产网以线上水产交易平台为依托，打破原有的"农民养殖——多级商贩转手——水产批发市场——超市菜场——各类消费群体"的链路，建立"农民养殖——水产电商小镇——小6水产交易平台——各类消费群体"的新的水产产业链，解决了传统水产业养殖盲目、多级转手、损耗过高、养殖户收入无保障、水产市场脏乱差等问题，实现传统水产业的转型升级。目前，小6水产网已经在中国多个省市建设了水产电商小镇，在300多个城市设立办事处，3万多家原产地水产养殖户、企业以及超过8万家的批发商、大型连锁超市、连锁餐饮酒店上线交易。

第二种如联想集团投资海外海鲜业务，整合产业链，从源头到终端零售"通吃"。2016年4月，联想控股和澳大利亚知名海鲜世家Kailis家族联手，打造联想海鲜产业集群，借此，联想控股意图成为亚太乃至全球海鲜产业领导者之一，同时联想控股也宣布将以此合作作为基础，持续投入资源打造联想控股海鲜的捕捞、养殖、加工、流通的全产业集群。

第三种是 2018 年 5 月永辉超市入股国联水产成第二大股东，也就是零售商向上游厂商发展，上游厂商市场渠道下沉。国联水产和永辉超市的强强联合将最大程度实现双方利益的最大化，将使国联水产这个中国最大的海产品养殖、加工、销售企业之一的企业能够借助生鲜连锁销售领域的巨无霸永辉超市超强的渠道优势，实现企业水产品销售的放量增长和市场占有率的提升，增强"国联水产"品牌知名度；对永辉超市来说，与国联水产的合作可进一步增强公司的生鲜供应链优势，有助公司整合品类供应商，进一步提升重点单品差异化竞争力、品类定制化能力和毛利空间。

第四种是水产大企业，在原有业务链的基础上，或一头拉伸，或二头拉伸。在水产业全产业链布局做得比较好的如獐子岛集团，它是我国上市海洋食品企业中产业链布局最为完整的企业，集海珍品育苗、增养殖、加工贸易、冻鲜品冷藏物流、客运、休闲渔业于一体。

由于大企业整合产业链，于是，原有的中间批发环节变得多余，一些中小批发商经营日益艰难，甚至难以为继。

三、大型综合型连锁超市水产品销售比重明显增加

目前国内的大型综合型连锁超市经营生鲜商品已日渐普及，生鲜食品已成为超市的王牌。

以前，由于超市怕脏怕味道，水产品的经营比重很少，但是，随着多种原因共同作用的结果，目前，水产品经营比重明显提高。出现这种变化的原因是多方面的：消费者对高脂肪肉类商品消费的减少、对禽流感的担心而导致禽类商品消费的下降、对水产品的美味和健康的追求、收入的增加、水产品人工养殖数量以及进口数量的增加导致一些水产品价格下降等，致使水产品的消费量提高很快，加上中高端的海鲜商品毛利较高，因此，超市为适应消费需求的转变以及实现超市经营利益的目标，提高了水产品，特别是中高端海鲜商品的销售比重。

大型综合型连锁超市经营水产品，虽然价格竞争优势并不明显，但由于生鲜商品区比传统农贸市场生鲜商品的集成度高，有蔬菜、水果、肉类、禽类、水产品等，而水产品的品种又很丰富，有河鲜、海鲜，有中端产品，也有高端产品，从消费者出发的商品组合满足了消费者方便快捷、一次性购足的购物需求，同时，大型综合连锁超市所经营的水产品在新鲜、卫生、安全和质量上容易获得消费者信任，加上生鲜销售区卫生、良好的购物环境和严格的商品管理、时尚的消费引导，因此，水产品销售呈日益增长趋势。

在这方面，永辉超市走在了前面，它的生鲜和加工是最重要收入，是永辉超市的"招牌"。据报道，永辉超市的生鲜及加工占主营业务收入的比重逐渐增加，2015 年、2016 年和 2017 年占比分别为 46.04%、47.10% 和 47.56%，占主营收入的近半壁江山。

大型综合型连锁超市的进货渠道，部分是向产地包括境外直接采购，部分是向大的批发商采购。大型连锁超市增加水产品经营比重，由于其购物环境比传统农贸市场好得多，必然影响到部分对价格不敏感客户的采购选择，减少了传统农贸市场的水产品销售量，这样的结果，对许多面向传统农贸市场销售的中小批发商来说，也相当不利。

四、小型水产品连锁社区店悄然兴起

社区店，是最接地气、最接近消费者的店面，因而也最有活力。社区店一般开在大的小区里，或者开在菜场里，租金相对比较低廉，客流比较稳定。

社区店的定位大都基于对门店方圆 3 公里范围内竞争对手的相关内容的调研以及顾客的消费能力和

消费偏好来确定。社区店的标准和商品配置，也因社区档次的不同而不同。

社区店的模式主要有以下四种：

鲜驿达模式。隶属利安新鱼商务科技（上海）有限公司，为上海横沙国际渔港自营平台——鲜驿达水产专柜。选址原则：离市区较远的成熟高端社区或在大型超市中选取市区成熟的高端超市；产品选择：先期有60多种精品海鲜、河鲜，其中包括一手进口的波士顿龙虾、刺身级冰鲜金枪鱼、三文鱼、生鱼片寿司等中高端水产品，也兼顾日常需求产品，追求高品质。

钱大妈模式。"社区加盟制"为主，95%为加盟店，经营模式类似B2B，快速扩充门店，基于数据和规模效应建立优势，立足华南密集铺开700多家，为加盟商提供ERP系统，获取经营数据。特点是上游以平台形式对接供应商，中游统一供货+配送，加盟商自主经营。

生鲜传奇社区加盟连锁店。定位：根据社区房价选址，将客户群锁定在25—65岁，年收入8万元以上，家庭餐饮支出在年2万元以上，以中端商品为主，进口商品为辅，突出商品的性价比。运行3年，现有门店50家。

永辉生活便利店模式。采取"标品生鲜+便利店+线上运营"模式，主打"家门口的永辉"，对标"一公里生活圈"，门店一般开在中高档社区周围，生鲜经营占比在50%以上。

由于社区店可以满足顾客在便利、安全、服务、购物环境等方面的需求，因此，社区店将是零售分支中发展最迅速的一种业态。

五、水产品流通走向品牌化

工业品大多有品牌，而水产品，有品牌的比较少。

出现这种现象的原因很多，有主观的，也有客观的。主观原因主要是品牌是"高大上"的东西，而水产养殖、捕捞、加工商家层次大多较低，品牌意识不强，同时，做品牌是要花钱的，而在许多水产品附加值较低的情况下，也影响了水产商家做品牌的积极性。客观原因在于水产品根据形态，分为冻品、加工品和干制品、冰鲜、活鲜，以前，水产品销售中，冰鲜、活鲜、冻品的销售量最大，也就是说水产品散装商品多，大包装商品多，小包装商品少。大都以散货和大包装方式销售的水产品，许多属于典型的"三无产品"：无生产日期、无生产厂家、无质量合格证，因此，根本谈不上品牌销售。

现在，这种状况正在改变，水产品品牌明显增多。目前，在电商平台上活跃度和销量较高的水产品，都有品牌。水产品品牌增加的原因很多：消费者食品安全意识的加强、水产品加工及其小包装比重的提高、政府对"三无产品"打击力度的加大、水产品网络销售的兴起等，当然，最主要的，还是商家特别是规模大、实力强的商家和年轻人当家的一些商家，对品牌在争夺市场、促进销售中的作用有了认识。这些因素，都促进了水产品的品牌建设出现了可喜的变化，有品牌的水产品比重日益增加。

销量大的商品，如虾仁，由于销量大，也有一定的加工比重，且没有季节性销售因素，商家都愿意在这类商品上投资做品牌、做宣传，在京东商城销售的虾仁一个品种，就有197个品牌。

销量虽然不是很大，但利润很高的商品，而且，随着消费者购买力的提高，销售潜力被看好的，如海参，京东商城上，光海参一个品种，就有244个品牌。

原来以鲜活销售为主，现很多加工成即食类食品销售的，品牌增加明显，如以前大多没有品牌的小龙虾，现在就有152个品牌。

有些商品，即使是价格大众化，加工的比重也很少，且大多以冰鲜或冷冻方式销售，但消费量大，许多商家也很重视，因此注册品牌也有许多，如带鱼有132个，养殖黄鱼有159个。

鲜活商品，但不容易死，同时，利润较高，又适合网上销售的，品牌集中度也相当高，如大闸蟹，有 191 个品牌之多，甲鱼，也有 40 个品牌。

根据上述京东平台上的统计数据[①]，我们得出几点结论：一是销量大且附加值较高的水产品，如虾仁、小龙虾之类，品牌集中度较高；二是不容易死亡且附加值较高易于网上销售的鲜活水产品，如大闸蟹、甲鱼，品牌集中度较高；三是消费量大的水产品，如带鱼、黄鱼等，品牌集中度较高；四是利润特别高的商品，且大部分适合网上销售的干品，同时，又有价格比较实惠的即食类加工品，如海参，品牌集中度较高；五是特色产品，如臭鲑鱼，一个地方饮食色彩很强的品种，居然也有 21 个品牌，品牌集中度也可以。

如果我们再进一步总结的话，就水产品品牌集中度的差异，可以得出以下结论：按水产品类型分，精加工品、一般加工品、干品、初加品、未加工冻品、冰鲜、活鲜，品牌集中度呈梯次下降；按水产品价格论，由高到低，品牌集中度也呈梯次下降；按水产品包装类型分，小包装、大包装、散装的，品牌集中度呈梯次下降。

六、水产品中食品化比重提高

水产品的食品化，是通过水产品的深加工实现的。

据记载，希腊在公元前 10 世纪就能制作干鱼、咸鱼和熏鱼，中国在公元前 6—前 5 世纪的《周礼》中已有了关于鱼类干制和腌制的记载。当今社会，人们在生活方面提出了更高的要求，营养、保健、美味、新鲜成为饮食时尚，同时，当今社会又是快节奏的时代，由于工作和生活节奏的加快，"懒人"也越来越多，消费者对快速消费的要求提高，于是，在科技进步大背景下，水产品加工、包装技术有了很大的发展。据中国渔业年鉴相关资料，水产加工企业数量，2000 年 6922 家，2016 年 9694 家；水产品加工能力，2000 年 9338513 吨，2016 年 28491124 吨，我国水产加工厂数量和加工能力均呈快速增长趋势。

水产品加工能力的提高，为水产品的食品化创造了良好的条件。在消费需求的引领下，水产加工品比重不断提高，水产品食品化趋势日益明显。

目前，食品化水产品主要有 3 类：（1）第一类是即食类水产食品。此类产品原来只是传统的如鱼松、鱿鱼干等多为零食类休闲水产食品，现在，更多作为菜肴的开封即食水产品（冷盆），如秘制青花鱼、全籽籽乌等。（2）第二类是类即食水产食品，就是微波炉加温或隔水蒸的即食类水产食品（热菜），如熟虾仁、日式巴沙鱼、海参、烤鳗、蒜蓉粉丝扇贝、蒜蓉蒸虾、秘制鲥鱼等。（3）第三类是简单烹饪型水产食品，是开封后直接在锅里简单烹饪的半成品类水产加工品，如松鼠桂鱼、七星鲈鱼、泰国河虾仁等。其中，第二、第三类水产加工品近几年发展最快。

这些食品化的水产品，可以在食品店销售，可以在超市或便利店销售，可以在网上销售。

根据中投顾问发布的《2016—2020 年水产加工行业投资分析及前景预测报告》，水产品加工趋势可概括为 5 个方向：方便化；模拟化；保健化；美容化；鲜活分割化。

目前，好多水产加工企业，为了争取市场和获取较高利益，充分利用水产资源，采用新方法、新工艺、新技术，进行技术创新，重点开发具有一定超前性的高技术含量、高附加值的多元化水产医疗保健食品、功能食品、方便食品的深加工食品，以满足消费者不断变化的需求，水产品中的食品化的比重越来越高这是必然的趋势。

---

① 数据截止日期为 2018 年 7 月 20 日。

七、水产批发市场主体作用逐渐弱化

1985年1月1日，中共中央发出《关于进一步活跃农村经济的十项政策》（中发〔1985〕1号文件），文件明确指出要改革水产品统购派购制度，从1985起，水产品逐步取消派购，自由上市，自由交易，随行就市，按质论价，于是，水产批发市场应运而生，并成了水产品流通的重要一环。以上海为例，水产批发市场，经历了水产贸易货栈、马路水产市场、专业水产市场的三个发展阶段，那时的水产批发市场，在水产品流通中的地位相当高，基本上100%的水产品是通过水产批发市场分流出去的，而现在，水产批发市场的作用在弱化，据中国水产品流通与加工协会常务副会长兼秘书长崔和2016年5月在厦门召开的全国水产冻品行业大会上的演讲，目前，仅有60%的水产品是通过水产批发市场分流的，而且，这个比例还在继续下降。

水产批发市场在水产品流通中的地位下降，有的是社会和技术进步导致，如生鲜电商发展和新零售崛起、大企业整合水产产业链、水产品中食品化比重增加等因素导致水产市场中小批发商无法继续经营；有的是水产批发市场自身沿袭几十年的传统做法创新不足导致的。水产批发市场地位的下降，从社会的角度说，是一种进步、一种发展，而对具体的水产批发市场而言，面临交易量和批发商减少，面临运行成本刚性增长而出租率、收入不增反降的局面，绝对是一件痛苦的事情。

市场的这些变化，都是趋势性的。据国家统计局国家数据网的权威资料，2012年以前，不管是亿元规模水产市场数量，还是其摊位数量，都在逐年增长，2012年达到了高峰，而后呈下降趋势（见表1）。

表1 亿元以上规模水产市场数量及其摊位数

年份	2016	2015	2014	2013	2012	2011	2010	2009	2008
亿元规模以上水产市场数量	141	145	145	150	160	157	150	142	132
亿元规模以上水产市场摊位数	67230	86884	98509	100190	105609	99622	88346	84564	68440

八、销地市场中小批发商逐渐边缘化

造成销地市场中小批发商逐渐边缘化、逐渐流失的原因是多方面的。

首先，销地水产市场的中小批发商的经营目前遇到了和水产批发市场同样的原因，因此，老客户在流失，而在市场内很难获得增量新客户。

其次，租金上涨。由于水产批发市场本身许多开支，如人工成本、维修成本等刚性增长，于是，"羊毛出在羊身上"，水产批发市场向商家收取的租金、物业管理费、停车费等逐年上涨。生意难做而各项费用增加，中小批发商压力很大。

第三，用工难。一方面，用工是租金等向批发市场支付费用之外最大的开支，商家为降低经营成本而压缩用工数量，从原来的雇用长期工改用季节工或临时工。另一方面，水产市场小工也难找，因为毕竟活脏活累不说，生活和工作环境差。这样的结果，导致商家的服务跟不上，反过来影响了商家的生意。

第四，子女不愿意"子承父业"。一些批发商，年纪大了，家里的子女嫌水产生意累，挣钱也不多，加上做生意环境脏乱差，也不是什么体面活，因此，老人做不动了，生意也就自然歇业了。

第五，回老家发展。有些中小批发商因为老家城镇化发展较快，带来了新的发展机遇，而销地的生意难做，于是，回家乡或做老本行，或做其他生意。

一般来说，销地水产市场规模大多比产地水产市场大，因此国家统计局统计的亿元规模水产市场也多为销地市场，由表 1 计算可知，亿元规模水产市场摊位数量 2012 年到 2016 年 4 年间减幅达 57.09%，每年减少 14.27%，这就是一个明确的趋势性的信号：销地市场中小批发商经营越来越困难，逐渐处于边缘化。

九、结语

综合上面的论述，中国水产品流通方式，正在作全方位的改变，可以想象，在不远的将来，大量中小规模的"搬砖头"水产批发中间商会逐步消失，大量中小型的水产批发市场也会减少，一批养殖、捕捞、加工、销售产业链一体化的大型水产企业会成长起来，一批集餐饮、娱乐、住宿、旅游等于一体的水产批发市场会诞生，线上线下相结合的水产新零售取代水产电商也只是时间问题，不断增加水产品销售比重的超市和社区店将受到消费者的青睐，没有品牌支撑的水产品会难以销售，水产品的食品化趋势将更令人期待。

如何做好农产品批发市场安全防火工作之探析

天津韩家墅海吉星农产品批发市场公司原董事长　张万庆

改革开放四十年，农产品批发市场如雨后春笋般迅速崛起，经营规模不断扩大，产品种类包罗万象，建筑设计五花八门，改建扩建普遍存在，管理水平参差不齐，火情火险频频出现，重特大火灾事故时有发生。在血的教训面前，切实做好农产品批发市场消防安全工作显得尤为重要。

一、行业非常之危险，安全防火大于天

1.农产品批发市场防火形势十分严峻

农产品批发市场是农产品流通的重要环节，具有面积大、人员密集、情况复杂、可燃物多、建筑火灾荷载大等特点，一旦发生火灾极易造成巨大人员伤亡和经济损失，后果严重。近几年来，全国农产品批发市场已发生多起重大火灾，死伤多人，损失惨重。例如2013年1月，上海一家农产品批发市场因私搭阁楼乱拉电线引发火灾，造成6人死亡10余人受伤，直接经济损失达千万元；2013年12月，深圳市光明新区一家农产品批发市场因经营场所"三合一"居住用电引发火灾，造成16人死亡5人受伤，这些火灾事故的代价无一不是惨痛的。为此，市场开办者必须把农产品批发市场安全防火工作摆在首要位置，既要维护农产品批发市场安全有序运营，又要保护人民生命财产安全。

2.农产品批发市场火灾隐患多多

我国农产品批发市场，大多是在20世纪90年代建设或改建而成，90%都不是按照消防规范规划建设的，大部分防火设施没有真正落实，火灾隐患多，加之人员密集交通不畅，极易发生火情。其突出隐患表现在以下几个方面：

一是建筑物防火隐患。一些市场建设年代较早，多数没有按消防规范去规划设计和建筑，许多市场直接由废旧仓库、厂房改造建成，建筑材料防火等级不达标，其中部分市场商铺分为上下两层，楼下经营，楼上作为仓库或居住，"三合一"现象普遍存在，一旦发生火灾很容易造成立体燃烧，救援不及时就会出现人员伤亡。

二是电线电器隐患。这些年来，一些老市场发展得都比较快，基本上是在原有基础上改建扩建，很多市场的电线线路复杂老化、超负荷运行。同时，一些经营商又缺乏安全防火意识，怀有侥幸心理，往往会不顾各种安全规定而擅自使用大功率电器设备，常会引起电线过载，增加了发生火灾的危险性。例如2011年湖北省武汉市侨康副食批发市场火灾，就是因电气故障引起的，火灾共造成14人死亡，有6人年龄在50岁以上，年龄最大的81岁，另有2名儿童。

三是人员滞留隐患。市场内人流量大，人员密集，老人儿童多，增加了市场防火安全隐患和监管的难度，火灾概率增大。目前，不少农产品批发市场经营商户为了照顾老人和孩子，将家人带在身边，造成经营场所老人儿童增多，特别是在寒暑假期间，经营商户的小孩基本上都随家人在市场内活动，加之监管不到位，经常出现小孩玩火的现象，给市场带来了不小的安全隐患，一旦发生火灾，老人小孩逃生能力低，安全疏散相对困难，非常容易出现伤亡事故。

二、血的教训在眼前，侥幸心理要不得

近几年来，农产品批发市场发生的几起重大火灾都有其共同特点，除在硬件设施上因为建筑设计不合理、建筑防火等级低、线路过载及老化、"三合一"住人等原因外，核心的原因还是因为存在侥幸心理，一些管理者和商户对火灾严重性、危害性认识不够，才导致小患引发大灾。

一是思想上对安全防火工作不够重视。部分市场管理者和商户消防意识淡薄，对农产品批发市场火灾的严峻形势认识不清，对安全防火工作不够重视，总认为火灾离自己很远，在思想上麻痹大意，怀侥幸心理过日子，对市场的防火工作不够重视，执行和监管不力，在很大程度上增加了火灾发生的概率。

二是资金上不舍得在消防安全上投入。一些市场只重生产投入，对消防投入少，舍不得花钱，致使消防设施不达标，一旦发生火灾，缺乏有效救火的设备，不能在第一时间扑灭火情，延误最佳救火时机，从而酿成惨剧。更有甚者为一时节约资金用易燃材料进行装修，大大增加了火灾隐患。

三是管理上重生产经营，轻消防安全。相当一部分市场开办者只重视经济效益，而把消防安全管理置于一边，总是认为消防安全工作不能直接产生经济效益。有的虽然口头上大讲特讲安全防火重于泰山，但实际上在具体工作中，往往是要求很严，监督落实不到位。虽然消防监督部门一而再、再而三地指出问题，但也未触动其麻痹的神经，埋下大量隐患，导致各种小火情不断。

三、狠抓落实尤重要，严防死守保平安

根据农产品批发市场的行业特点及经验教训，笔者就如何加强安全防火工作提出如下几点建议。

一是提高思想认识，加大宣传力度，营造安全生产重于泰山的防火氛围。要充分利用多种宣传工具，广泛地、不间断地在场内宣传安全防火知识，悬挂警惕性标语，设置宣传栏，时时处处提醒进场的商户和顾客注意消防安全。在加强日常性、常规性防火安全知识宣传教育的同时，通过多种形式定期、不定期地向市场管理人员及商户开展消防法规和消防安全知识培训，特别是要通过事实说话，比如组织商户观看火灾视频片，让他们感受到当时惨烈的火灾场面，以此提升管理人员及商户对安全防火的认识，形成共识，让大家从思想上真正认识到防火安全的重要性，从而形成齐抓共管的良好防火氛围。

二是在消防安全方面要舍得投入，"人、财、物"要到位，有投入才有保障。农产品批发市场应当按照有关规定配备消防设施，一旦发生火灾能做到及时报警，尽早施救，将火灾危害降到最低程度。特别是面积在200亩以上的市场，建议要购买专用的消防车，配备专业救火人员。每家商户必须配备两个以上灭火器，在固定位置悬挂摆放，消防栓严格按消防部门的要求配备。在消防设施投入上，要注意引进先进的消防设备。比如最近公安部消防研究所的"火眼"火灾探测系统，该系统可以对火情初期的火光及燃烧烟雾进行图像分析报警，能直观快速地报给值班管理人员以核实火情，一旦确认火情，立即组织扑救，将火情控制在最初的萌芽状态，能防止重大火灾事故的发生。

三是要从规划、设计、建设源头抓起，使用防火建材，从硬件设施上保障防火安全。市场开办者应严格遵守有关市场消防安全管理办法要求，所有新建、扩建、改建及室内装修的材料必须符合有关消防技术规范规定，严格按照政府规定设计施工，使用防火等级高、耐火性好的建材，线路铺设要符合规范，线缆采购要符合标准，并报当地公安消防监督机构审核。工程竣工后，应当经公安消防监督机构验收合格方可使用，即便个别历史遗留的违章建筑不能取得消防机关审批，也要严格按照相应规范做好，以确保使用安全，从源头上杜绝"先天性"隐患。

四是加强安全防火精细化管理，人防技防相结合，双管齐下。市场要从制度和管理两个方面抓好

安全防火工作，一方面要建立健全市场内部安全防火制度、用电制度、场内用火审批制度、消防应急预案、紧急疏散方案、火情火灾奖罚制度等；另一方面，要严抓落实，从公司管理层到各交易区域建立起一把手直接负责，专门安全管理人员责任到人的组织体系，层层签订《防火安全责任书》，确保制度严格执行。特别是在人员安排上，要配备专职消防人员，实行24小时轮流值班，巡查签到。同时，针对夜间容易发生火灾、年轻员工嗜睡警惕性不高等实际情况，适当选配年龄偏大、责任心强的人员专门负责夜间巡查，从时间上建立起立体、无缝隙巡查体系，以确保消防安全万无一失。

五是全方位进行消防培训，重点加强消防演练，提高处理突发火情的实操技能。市场要与属地公安消防机构密切配合，把宣传教育和人员培训当作消防安全的大事来抓。要切实加强市场消防设施和灭火器使用、扑救初起火情、自救逃生等知识技能的宣传教育，经常开展消防安全知识讲座，不断提高防火自觉性和抗御火灾的能力。特别是要针对不同情况，定期进行消防演练，通过不断地模拟火灾救援等环节，加强市场员工及商户有效应对火灾的技能，提高市场对火灾突发事件应急处理的能力。

总之，未来农产品批发市场将逐步走向规模化发展、专业化经营、规范化管理的发展轨道，消防安全水平必然会有较大的提升改进。但是仍然需要我们进一步积极探索，针对农产品批发市场的火灾隐患，瞄准源头，从市场规划建设开始，建立起一整套严格的人防、技防消防安全监管体系，常抓不懈，为市场安全有序运行保驾护航。

经营思想是引领商贸企业做大做强、实现可持续发展的根本

内蒙古食全食美（集团）股份有限公司董事长兼总经理　彭继远

随着消费结构的提档升级和信息技术在农产品流通领域的深度开发和应用，推动着农产品供应链的重构和再造，新的流通方式、流通形式和流通服务不断形成和壮大，新的流通技术和商业模式加速渗透，在这场商业重新洗牌和再造中，传统商贸流通企业如何应对新商业模式挑战，平稳实现企业转型升级和可持续发展是摆在每个企业家面前的一个不可逾越的严峻课题。作为从事农产品流通行业近40年的老同志，通过长期一线经营的实践和探索，认为经营思想的确立、经营思想体系的构建和以经营思想为核心的商业企业文化的形成是引领商贸流通企业做大做强、实现可持续发展的根本动力。内蒙古食全食美（集团）股份有限公司（以下简称"食全食美集团公司"）70年的经营实践充分佐证了这一点。

食全食美集团公司作为国有转制企业，已走过了70年的辉煌发展历程，经受了市场经济大潮的洗礼，经历了转制的阵痛、发展的艰辛和正在转型升级中的蜕变，在日趋竞争激烈的市场经济中不断发展壮大，已经走上了集团化、产业化的发展道路，走在了全国农产品流通行业的前列，成为内蒙古地区农产品流通行业的领头羊。企业之所以能取得今天的成就，是因为几代"食美人"心怀保供稳价的历史使命，把经营作为公司发展永恒的主题，以经营的思想统领公司发展全局，以专业的视角，专注的精神，致力于中国农产品流通行业的转型升级和智慧发展，紧跟时代步伐，积极探索创新经营模式，逐步形成了自身独特的牢不可破的经营思想体系，指导和践行经营实践，积淀了深厚的商业企业文化，引领企业实现了一个又一个跨越式发展，这是我们企业建成百年老店奋斗目标和实现可持续发展的基础和根本。

一、商贸流通企业经营思想的形成来自于经营实践

商贸流通企业的经营思想，是在企业经营实践中不断演变而成的指导企业进行经营管理活动的一系列指导观念，或者说是企业的思维方式，它渗透在企业经营管理活动的方方面面，并贯穿于企业经营、管理和发展的始终，构成企业各项规划、战略、文化的灵魂和核心。因此，经营思想是商贸流通企业经营管理活动的纲领，对搞好企业经营决策、提高企业经济效益、实现企业经营目标、谋求企业在竞争中处于优势地位并保持较快的持续发展有着十分重要的作用。

但经营思想的形成并不是无本之木、无源之水，它来源于长期大量的经营实践。商品经营是指商业企业通过一定购销形式和流转环节将商品从生产领域转移到消费领域的经济活动。它是商业企业一切经济活动的中心，是商品实体运动和商品价值实现的统一。商品流通过程是个动态的过程，是商流、物流、信息流的统一，商贸企业只有反复参与经营实践，才能在实践中不断学习和积累专业知识，培养专业技能，提高商业人经营决策、管理、购销、调存、资金运用等各方面的才智，提升商业的灵性和悟性，真正弄明白经营的原理和原则，遵循和利用商品流通规律，适时组织货源，供应市场，提高商品周转率，并根据市场发展变化趋势进行预见和测算，提高驾驭市场的能力，从而厚积薄发，形成所谓灵活

多变的战略和战术，锻炼出有胆有识的进取精神，应对市场变化和恶劣市场环境所带来的冲击。特别是生鲜作为农产品流通商贸企业的主营商品，其特殊性及灵活多变的特点决定了生鲜采购、品质管控、经营管理都需要有很强的专业性，需要丰富的经营实践经验积累，至少10年时间才能形成生鲜专业文化。只有反复参与经营实践，才能真正参与到市场竞争中，了解到经营的苦与乐，感受到一个商业人直面的市场竞争的精彩与残酷和需要承担的经营风险与责任，从而激发商业人产生强烈的忧患意识、竞争意识、创新意识、效率意识，产生很强的时间观念，理解"时间就是金钱，效率就是生命"的市场经济观念，时刻关注市场竞争状况和发展趋势，不断掌握、熟悉经营前端的信息，及时把握市场前沿动态和信息，全面客观分析公司现有资源状况，才能与市场接轨，在经营中找准自己的位置，即商品经营和服务项目要确定在什么样的水平上，包括经营业态、经营品种、档次、价格和服务方式等方面的准确定位，从而优化各种资源要素，对资本、人力和物力有效配置和管理，做到人尽其才、物尽其用，做到精准定位、快速出击，使经营效能最大化；只有反复参与经营实践，才能练就"草根精神"，像草根一样扎根于经营土壤，不依赖于成熟的环境和有限资源，抓住市场的潜在机会，创造条件，主动作为，对经营要素、经营条件和经营组织重新组合，不断进行制度创新、经营创新、管理创新和模式创新，挖掘发展潜力、培育发展动力、破解发展瓶颈、拓展发展空间，使企业在不断的破立之中，集聚发展新动能，提升企业驾驭市场、管理市场、服务市场和应对市场竞争的能力，在未来激烈的市场竞争中取得生存和发展的主动权，实现可持续发展。特别是商贸流通企业的经营实践完成的是进销存的全过程，研究的是进销存整个经济活动过程的变化和趋势，把握的是整个经济活动的过程和规律，而非某个单独的、片面的领域，在经历多个轮回的进（采购）、存（入库）、销（销售）全过程的不断循环周转和磨炼中，更容易形成涉及购销存各个领域的系统的、持久的商业文化。

因此，可以说经营实践是经营思想形成的基础和商业文化的发祥地，商贸企业只有在经营实践长期发展过程中，不断总结、摸索、提炼，才能形成经营思想，构建起适应市场经济适者生存法则的，以经营思想为指导、经营体系为支撑的深厚商业企业文化，这是引领企业长足进步、健康发展的关键要素。思想是行动的指南，在市场经济条件下，企业的经营思想是经营管理活动的根本方向，就像一辆车的方向盘，对企业的生存和发展起着决定性的作用。企业有无经营思想，关系到企业能否在组织经营过程中按照客观规律办事，合理安排和调度企业的内在因素，适应外部环境的变化，提高经营管理水平，更好地实现企业的经营目标，求得企业的生存和发展。特别是对农产品商贸流通企业而言，传统的商业租赁模式已经没有利润空间，必须转变传统盈利模式，以经营思想为指导，拓展新的盈利空间和盈利模式，提高自身造血功能，形成自身特有的经营模式和盈利空间，才能从根本上增强市场的核心竞争力，才能应对各种风险和挑战，真正实现转型升级，承担起商贸流通企业应有的社会责任。

二、食全食美集团公司在确立经营思想、积极探索创新经营模式上的探索和实践

经营思想的确立、经营体系的建立是一个企业生存、发展的灵魂，这是食全食美集团公司在长期经营实践中总结出来的宝贵经验。食全食美集团公司是2000年由国有蔬菜水产公司转制而来，转制前，呼和浩特市蔬菜水产公司是呼和浩特市地区唯一一家以经营蔬菜和水产品为主的企业，也是呼和浩特市商业系统八大公司之一，承担着计划经济时期确保全市人民蔬菜、副食品供应的重任。公司党政工团组织架构健全，有20多个商店，130个网点，4个站库，经营网点遍布呼和浩特市街区各个角落，在几十年国营商贸零售业经营实践的摸爬滚打中，形成了深厚的商业经营文化底蕴和以"诚信、务实、奉献、创新""珍惜时间，注重效率""大商无算、公平有度"为代表商业精神。转制后，我们继续传承国有商业企

业经营文化和勇担社会责任的历史使命，始终以经营思想统领工作全局，高效整合各类资源和要素，谋划产业布局，不断创造竞争新优势，培育发展新动能，建设经营新体系，拓展经营新领域，引领企业始终能够紧跟时代发展步伐，把专业优势、市场优势和产业优势转化为强大的发展优势，发展后劲和内生动力显著增强，为实现企业可持续发展奠定了坚实的基础。

回顾食全食美集团公司转制后的发展轨迹，可以清晰地看到，经营思想的运用对我们来说，已经不是空乏的口号和高悬的标语，而是深入骨髓的思维方式和与时俱进的战略方向，渗透到企业发展的方方面面：创造性地构建了内蒙古地区农产品现代流通三级市场网络体系，全方位地提高了农产品流通的覆盖面和辐射度，提高了农产品流通的组织化程度，提高了农产品的流通效率，达到食品经营可控、价格可控、食品安全可控；在三级市场网络中创造性地引入自营模式，建立了企业自主经营体系，并实施产业化经营，在批发环节建立了水果、蔬菜、肉食水产品自营公司，引领批发市场健康有序发展；在生产加工环节上马了生产加工项目，创立了"派驰"品牌，打造食全食美自有品牌，开始探索标准化生鲜简餐产品和蔬菜净菜加工配送，引领了市场消费新需求；在物流配送环节建立起了囊括8个大类商品的物流配送中心，开启了网络订购配送新模式，基本形成了分别以社会集团、连锁店配送和以生鲜进家庭线上新零售模式配送为目标的两大配送体系，成了呼和浩特市地区农产品物流配送的生力军；在零售终端基本形成了以农贸市场、品质生活店和电商为主导的三种模式，建成了"食全食美Vip商城""食全食美美通商贸"两大电子商务营销平台，形成了线上线下融合发展的新格局……逐步构筑起了企业新的发展优势和核心竞争力，最大限度地提高了企业在产业链条上的盈利能力，为实现企业可持续发展奠定了坚实的基础，成为行业学习的典范。

由此可见，食全食美集团公司经营思想的运用和经营体系的建设在推动企业可持续发展成功实践方面发挥了至关重要的作用，推而广之，对其他商贸流通企业乃至整个农产品流通行业发展也应具有借鉴和指导意义。

三、经营思想在推动行业未来发展中发挥的作用

中国农产品批发市场经历了30多年的发展，已经形成了商品集散、价格形成和信息发布的基本功能，成了实现全国农产品集散和资源配置，带动农业、农村和农民发展的重要力量，形成了贯通城乡的农产品流通动脉。随着农产品批发市场的发展，电子商务、农超对接等新型流通模式的涌现，智慧市场（现代物流、配送中心、线上线下）的兴起，土地流转、电商发展、零售组织化程度的提高，传统农产品批发市场已进入渠道分流期，面对行业生存发展环境的变革，单靠传统的动能已经不能持续发展下去，怎么办？下一步的发展方向在哪里？答案是"创新升级"，包括经营模式的创新、组织体系的创新、交易方式的创新等。不创新升级，就会被淘汰，只有持续地升级、更快地升级，才能更好地发展，渠道才会不断"回流"。如何更好地完成创新升级？只有以经营思想为指导，清晰认识农产品批发市场未来发展走向，准确全面把握农产品消费市场的新变化，并按照行业发展方向和趋势，高效整合和配置各类资源和要素，才能做到真正与市场接轨，促进行业的健康发展。经营思想在推动行业未来发展中发挥的作用，主要体现在以下三个方面。

1.用经营思想全方位系统整合资源，布局未来产业发展，解决农产品批发市场主渠道功能消退造成的资源闲置问题

农产品批发市场是我国农产品生产流通"两头小"的产物，但随着中国经济的迅猛发展，国家对大农业和大商业政策导向的出台，使以公司化、规模化、产业化为核心，适应新形势、新需求的农产品

大农业和大流通必将形成（因为只有建立起大农业、大商业体系，才能实现大市场需求与大生产、大流通的有效对接，降低流通成本，提高流通效率，才能从根本上做到农产品从田间地头到老百姓餐桌全程质量安全可控、价格可控和保障市场供应，真正解决农民增产不增收问题），未来农产品批发市场流通的主渠道作用将日益削弱，批发集散功能将逐步萎缩。如何紧跟农产品批发市场发展变化形势，未雨绸缪，依托自身优势和发展条件实现华丽转身和可持续发展，解决因农产品批发市场未来功能消退而造成的土地、厂房、仓库等资源闲置、经营资源浪费和盈利能力下降等问题？只有用经营思想，精心谋划市场未来发展的产业布局，全方位系统整合和利用农产品批发市场特有的资源优势，以批发带动零售，增加加工、配送、仓储等零售功能，全力培育和打造能够实现"农超对接""产地配送"和"电子商务"的核心环节——集配中心，引导农产品批发市场向智能集配中心发展，向以零售为主的业态方向发展，做好承接全国电商网络销售的中转站，满足新型商业模式和全国大型电商区域配送的需求，形成新的产业核心和产业布局，构建起新的市场发展空间，才能凝聚人气和商气，从根本上解决农产品批发市场转型升级，实现并体现其新的价值和功能。

如何在现有农产品批发市场创造新的零售模式？我认为主要有三个要素：一是交易系统和交易方式要实现升级，形成透明、快捷、高效、安全的统一结算功能；二是管理和服务的标准化水平要提升，做到细致化、专业化，给老百姓消费营造宽松的购物环境；三是利用农产品批发市场土地资源丰富的优势，创造开车购物模式，增强购物体验，为一站式购物创造良好的环境。

2.用经营思想深刻理解"互联网+"给传统农产品批发行业带来的变革，加快线上线下融合发展

随着互联网、大数据等信息技术的广泛应用和不断发展，传统商贸流通企业面临的市场环境发生了翻天覆地的变化，零售模式从过去的集贸市场到超市到连锁店到今天的电商，甚至是无人超市的出现，传统的商业运营模式遭遇严峻挑战，生存发展空间不断被蚕食。对传统商贸流通企业而言，只能顺势而为，充分利用互联网在生产要素配置中的优化和集成作用，努力寻求传统与现代营销模式的融合点和契合点。在多年互联网的实践和探索中，我们深刻认识到互联网技术不是传统商贸流通企业转型的关键，互联网必将回归工具的本质，如何运用"互联网+"来推动优势传统产业可持续发展，推动网络和产业之间的融合形成新的价值链、产业链、新的服务模式和业态才是最关键的。对农产品批发市场等传统流通渠道而言，"互联网+"的到来，不仅要改变连接方式、消费方式、消费形式，而且要从技术上建立起人、店、商品的数据关联，掌握目标客群的消费习惯和消费行为，在思维、理念、模式上的"互联网+"，这是一种全新的商业组织模式。然而基于农产品的特殊性，农产品电商发展仍面临着保鲜难度大、物流成本高，大部分都不盈利等问题，需要优化运营，需要继续整合产业链条更多环节，整合更多关联板块。

因此，传统农产品批发市场要想与"互联网+"融合，必须充分认清自身特点和优势，清晰分析环境和形势，转变自身经营理念，自我革新和提升，重新利用原有的实体产业平台资源（农产品批发市场线下商品、仓储、物流配送等实体优势）创造新的价值，因为如果没有覆盖全面、组织化程度高的实体销售网络做支撑，没有企业自身的专业经营队伍做保障，没有标准化、规模化生产的农产品及自有品牌产品做基础，电子商务只能流于形式，沦为"空中楼阁"，很难实现资源优势互补，资源共享，发挥其应有效能；必须用经营思想，回归商业本源（明确是为哪类消费群体服务，能满足目标消费群体什么样的消费诉求，为目标消费群体创造什么样的价值），致力于供应链成本的下降和供应链效率的提升，积极推进农产品生产流通标准化，着力突破制约农产品电商发展的瓶颈环节，满足消费者的需求，增强消费者的体验，才能加快新动能培育，找到传统商业与新型市场发展有效融合的产业模式，形成线上线下互动共赢的局面。

3.用经营思想重构农产品供应链，引领行业可持续发展

当前，我国居民消费已经进入新一轮的结构升级，质量安全标准化、产品品牌化、食品便捷化、流通冷链化等已成为时代潮流，新的市场消费需求和新的产业体系要求新的供应链体系进行配套和支撑。在以农产品批发市场为核心的流通体制下，农产品批发市场集聚了丰富的产地资源和销售市场，具有丰富的商流、物流、信息流、资金流、仓储等各种资源优势，更易于整合，也更适合成为农产品供应链管理和创新的主体。而如果农产品批发市场继续沿用以前那种物业出租的方式，是无法转型成功的。必须以经营思想为指导，以客户需求为导向，以提高质量和效率为目标，对参与农产品供应链管理的生产、流通、销售等各环节进行组织、协调与控制，以更加高效的方式实施农产品生产、销售和服务，提高农产品的标准化、品牌化水平，提高产品供给的质量，提高供应链协同运作水平，才能做到商品品质有保障、价格有保障、服务有保障，引领行业可持续发展。比如，食全食美集团公司正在依托产业资源优势，以经营的全局思维，高效整合农产品批发市场的各类资源和要素，全力打造农产品批发市场集聚效能，挖掘提供更多的流通增值服务，积极创新经营管理模式，培育和发展电子商务等新型营销模式，加强生鲜商品标准化建设，加快品牌建设推进力度和线上线下融合发展，积极培育和发展保税仓库，走出去开展进出口贸易，力争形成"卖内蒙（古）、买世界"的大流通格局，逐步成立食全食美果蔬、冻品贸易公司，积极培育和发展保税仓库，力争形成"卖内蒙（古），买全国，买世界"的大流通格局，使农产品供应链建设在更大范围、更宽领域达到资源共享，协同发展。

在重构农产品供应链的过程中，利用信息化手段，努力建设农产品经营数据库，打造依托大数据支撑的智慧供应链体系成为关键所在。传统农业生产和流通仍然主要靠经验、辛苦和资源整合来谋求可持续发展，但与现代发达的信息化社会已经不相适应，必须加快转型升级步伐，引入数字化经营管理手段，有效收集、分类整理前端所有的经营数据，并用经营的专业视角对前端需求信息、产地生产信息、经营数据及终端消费者的真实和多样化的体验进行分析处理，使数字分析为我所用，为企业精准经营、精准管理、精准服务，为政府决策和调控市场提供可靠依据，为农业生产实施农产品精准生产、精准流通提供数据支撑，从根本上降低农产品浪费和损耗，彻底解决因市场产销信息不畅导致的农民卖难、居民买贵和农业增产不能增收的问题，有效指导上下游生产和流通环节实现互联互通，真正发挥数据在优化、重构供应链中的作用，加快新旧发展动能转换速度，以此推动智慧农产品批发市场发展。

探寻农产品批发市场转型之路

——建立面向终端群体的分布式一体化农产品流通服务平台

上海蔬菜（集团）有限公司　张宏轩、陆立力

一、新环境下的商品流通体系的变革

就传统的批发市场而言，批发的主要目的在于解决流通中存在的信息不对称问题，即买卖双方信息沟通不畅、产品运输指向性不明。这一点，对于任何一种产品而言都是一致的，而批发市场的作用就在于提供一个信息交换的平台，同时提供一定的服务功能（所谓的服务功能也仅局限于买卖双方间在场内交易过程中所需要的各类辅助服务），但是局限性不言而喻。但是随着信息科技的发展，我们发现如今信息的沟通基本上已经可以摆脱时空差异的困扰。

（一）一个实例——阿里巴巴小企业业务及淘宝业务

作为B2B行业的国内鼻祖，阿里巴巴的出现一改采购行业的交易习惯，由于信息技术可以解决信息交互过程中的时空差异问题，因而供需信息对接变得得心应手。在淘宝事业群出现以前，阿里巴巴的小企业业务事业群已经开始盈利，但是由于国内物流水平在此之前并未得到长足有效的发展，很大程度上制约了商品的流通，人们依旧只能循规蹈矩地按照既往的"生产—多级中转—销售"的模式通过层层转手达到商品的流通目的。

但是自阿里巴巴小企业业务产生以后，国内的物流需求大大增加，各物流企业如雨后春笋般应运而生，更多的企业也开始致力于解决物流效率的问题。由此阿里巴巴发现同样作为信息交互的平台，有了物流体系的整体支撑，将终端对象指向最终的消费者看来也并非难事，因而C2C的淘宝网便产生了。

从阿里巴巴与淘宝之间的业务竞合程度来看，目前淘宝的业务范围及产品单价与阿里巴巴的采购批发平台所提供的业务范围及产品单价在绝大多数情况下是旗鼓相当的。也就是说在物流水平发达的地区，淘宝网的面对终端的零售业务基本可以取代阿里巴巴的批发采购平台地位，但是在一些物流运输、技术欠发达或产品采购作为生产资料的业务类别内，阿里巴巴的地位依旧无法由淘宝来取代，原因不外乎，在上述特例范围内中转（生产加工型中转、产品流通型中转）依旧难以避免。

（二）现代流通商务的发展瓶颈

反观，淘宝业务在发展过程中遇到的两个重要瓶颈——物流技术水平与资金流信任保障。

1. 物流技术水平瓶颈

互联网终究是一种工具而不是一个世界，一切在互联网上的交互都是基于数据的交互，缺少现实物质的支撑毕竟还是无法实现整个商业链的闭合。而淘宝网作为买卖双方的信息交互平台，在无法解决物流运输效率的前提下，这一商业模式是不会得到长足发展的。后期的发展证明，由于信息对接的高效，避免了诸多的中转环节，利润构成的简单化，释放了更多的购买力，同时也刺激了对物流产业的需求，进而刺激了物流技术水平的进一步发展。但是近几年，由于C2C模式的深入渗透，物流发展水平已经进入了第二次瓶颈期，所以淘宝已经出手涉足实体物流产业，正谋划自建符合需求的物流产业链，可见物流对于现代社会的商品流通起到的重要作用。

2. 资金信任保障瓶颈

通过互联网工具开展商业活动，最便捷的因素在于消除了信息传递的时空差异，同样最大的风险也出现在了时空差异上。由于当事人双方不曾谋面，导致双方交易的基础信任关系较为薄弱，对于"货在途，款先到"或"货到后，款再到"的交易模式，任何人都会由衷地感受到风险带来的压力。这也是为何互联网经济在最初时无法得到大面积推广的原因。因为传统的中国交易模式认定，一手交钱一手交货是最为公平、最为信任的交易体系，相对于买家而言不见面就要交钱对于任何一个人来说都是难以接受的；同样的相对于卖家而言，货已发出，款却不清楚能否得到给付，他们所承担的经营风险也是极大的。为了打破这种阻碍互联网经济模式的发展瓶颈，淘宝选择了自建信任支付体系——支付宝。通过自身的行业地位，造就一个值得信任的第三方支付体系，用以维系买卖双方的基础信任关系，进一步保证了资金流的安全周转。

这就是今天的商品流通体系，但是在此流通体系之下有一些产品尤其是时鲜农产品却依旧重复着过去的流通方式，是什么让农产品流通无法得到根本改观？是什么阻碍了农产品流通体系的变革？现代社会，都有哪些因素决定了农产品在信息时代条件下的流通方式？怎样的体系才能成就农产品流通的高效、共赢？

三、农产品交易特性及传统农产品批发市场弊端分析

上文中已经分析过，针对当前的物流水平和信息传输水平，诸多商品已经可以轻松实现采用B2B\C2C的模式进行交易。但是回归到农产品而言，我们发现依旧存在着诸多的难点，这些难点同时也是现行的农产品批发市场交易模式下的弊端。

（一）问题一：农产品缺乏统一的质量分级标准

目前市场上采用B2B\C2C模式交易的商品，基本特性都属于质量可控、层级分明，便于买卖双方通过信息沟通的方式确定产品质量，但是由于农产品的质量会随着时间、气候、运输条件甚至是包装技术、操作中的人为因素而发生重大改变，对于交易双方而言，存在很大的不确定性。

（二）问题二：农产品生产的狭义数量不可控

农产品生产的广义数量是可控的，所谓广义数量是指农产品在全国范围或大区域范围内的产量分布在一定程度上是可控的，但这种控制也是有限的，农产品中尤其是经济作物的生产完全依赖于市场导向，政府的宏观政策假如无法带来足够的市场效应是不会促使产量分布发生较大的变化的；农产品生产的狭义数量并不可控，所谓狭义数量是指小区域范围内的每一个生产个体的生产量并不是确定的，这受到生产者的主观选择、生产要素是否完备以及自然条件的限制。

不可控的数量造就了供需平衡被打破的局面，同时为农产品价格的波动提供了土壤，最终的结果往往是双向末端客户及整个市场均受损，而唯独中间投机商获利。

（三）问题三：农产品生产主体、终端消费主体规模小

在我国，农产品的生产主要仍旧是以家庭为单位进行的，大规模的种植还难以实现，因此生产主体的规模受土地规模、资产承受能力等的限制无法进一步拓展；反观终端消费主体，对农产品需求最为稳定的即是终端消费群体，他们以个人、家庭为单位进行消费。

此类小生产、小需求对应的传统现货交易流通模式运输成本高、流通效率低。

（四）问题四：农产品流通中存在严重的供需信息不对称

农产品在流通过程中，多数采用现货即期交易模式。而在交易过程中绝大多数产品的最终指向是终端的小规模交易主体（家庭、个人），极易造成产品自产地输出至销地分销前的整个过程都存在一种不

确定的供需对接风险，这种风险的产生源于供需双方对于各自的生产、需求量固有的不确定性及随意性。造成这种不确定及随意性的原因是：供需双方均不了解对方对于产品初期的需求供给情况，也正是由于产销信息无法对接造成的信息不对称导致了产品的滞销紧俏或价格的巨大波动。但反观这一现象的背后，批发商业下的从业者却少有损失惨重的现象，往往不是消费者承当高昂单价就是生产者自行消化亏损。

（五）问题五：传统农产品批发市场利润结构单一

传统农产品批发市场的利润来源于交易手续费、场租佣金及场内配套辅助设施的收入，其中交易手续费及场租佣金是传统农产品批发市场的主要收入来源，利润来源比较单一，对于本市场经营景气度具有较大依赖性。

这种利润来源是具有与生俱来的瓶颈的——发展上限。

由于传统农产品市场以固定产地交易为根本，注定了市场的辐射范围是有限的。故而传统市场的经营业绩的限制因素就集中在了辐射范围内的人口数量、消费能力、辐射区域的交通状况、运输成本等区域性发展因素上。而上述因素并非市场本身可以控制的，完全依赖于社会的整体发展。

（六）问题六：传统农产品批发市场交易模式定价随意，投机性较强

由于传统农产品批发市场交易以对手交易为主，这个过程中定价仅仅是交易双方的事，其他交易主体并不能便捷地获得市场信息，更多地依赖于市场工作人员每天大量的数据统计。这种交易模式下，定价的随意性导致客商的不正当竞争以及吸引了大量的投机客商参与炒作，造成市场价格的波动，也不利于市场管理方稳定市场管理责任的实施。

四、农产品批发市场的全新定位

农产品批发市场的不应定位于传统的本地化农产品经营的场地及基础服务提供者，而应定位于农产品流通产业链的综合服务提供商；未来的农产品批发市场应当摒弃以收取租费佣金为主的盈利模式，转型为以出售服务收取服务费用的盈利模式。应当致力于使之建设成为为农产品流通提供全产业链一体化服务的平台，以提供品牌化的服务作为基本产品，利用自身行业优势，建立统一的产品分级质量评定体系、统一的仓储物流周转体系、统一的支付体系以及统一的服务受理体系，以解决双向末端客户的信息需求对接为前提，一方面为生产者提供品牌化的销售渠道服务，另一方面为终端消费者提供品牌化的农产品输出服务，最终达到农产品的简单化高效流通。

改变固有农产品批发市场的基本定义及定位，应当认识到批发市场不仅仅是某一个占地若干、大棚若干、管理人员若干、经营种类若干的大型实体市场，而是基于现代的信息科技技术延伸为：以信息传递的可及范围及物流配送的覆盖范围为基础的网络化市场体系。在这一体系中的农产品批发市场甚至可以没有上述实体交易的市场，它应当具备覆盖一定区域范围内提供基础服务的分布式小型化网点、仓储评级及分装功能的产地基地和销地基地、基础的物流体系、资金结算的能力、信息对接的服务平台。

五、新型农产品批发交易平台设想

基于上述分析，以上海蔬菜集团的行业优势、市场规模，笔者认为下述农产品批发交易平台的基础模型未来将成为农业产业发展的新趋势。

交易平台概要。此平台借以O2O模式为核心，为开展类似于B2B\B2C\C2C的混合交易模式提供综合服务，服务对象将包含全产业双向的任何规模主体，平台将通过网络平台及分布式的网点实体平台提供自产品产出开始至终端消费群体获得产品实物前的一系列信息收集统计服务、仓储服务、产品分级分装服务、基础物流运输服务、路缘配送服务（Despatch To The Curb，简称DTTC）（见图1）、第三方资金结算服务及必要的品牌产品输出服务。平台体系下各机构关系如图2所示。

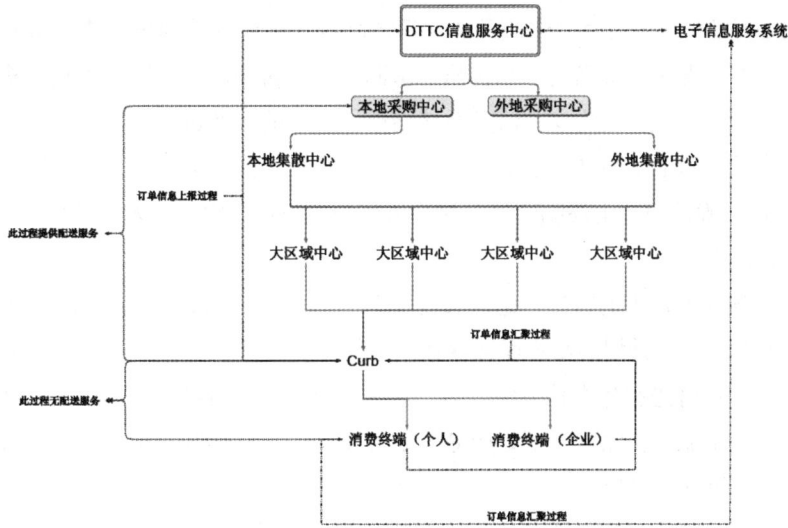

图1 DTTC路缘配送服务流程图

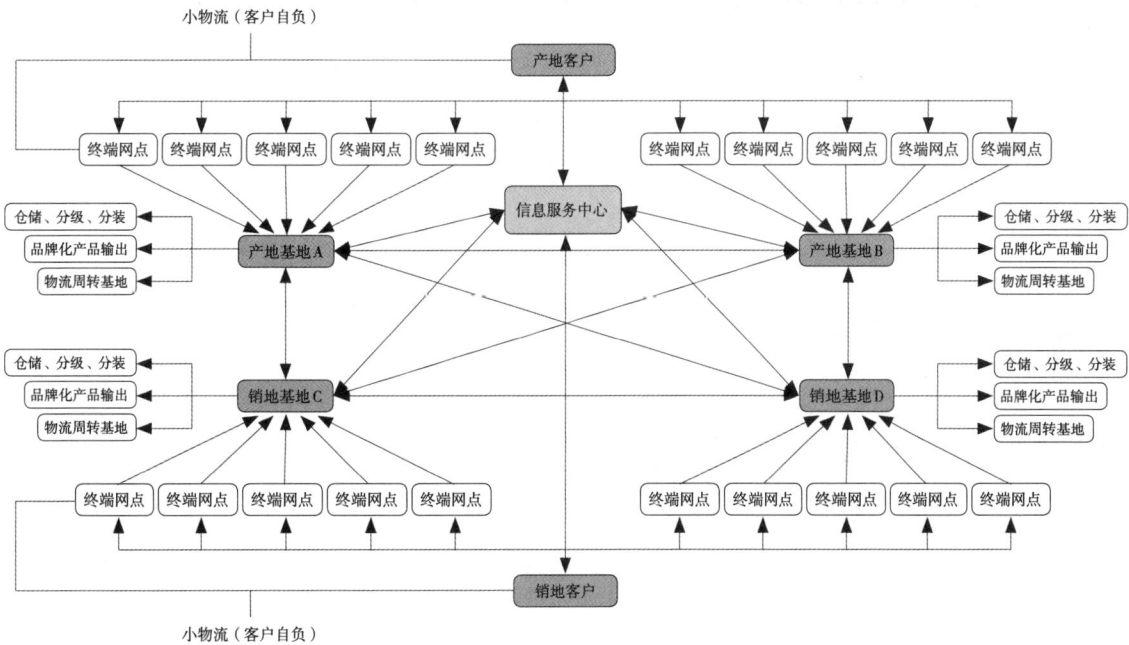

图2 平台体系下各机构关系

以新型批发交易平台体系内建立产地基地山东寿光基地、销地基地上海基地为例：平台内建立两大实体基地，上述两大基地非集散市场功能，应作为平台自有物流体系内的周转基地，同时兼有产品分级、分装、仓储的功能；在两大基地的辐射区域应当建立分布式的实体网点，该网点的主要功能以提供基础信息统计服务、资金结算服务、路缘配送终端服务为主。相对于产地基地辐射区域而言，依赖于该平台，产品的初级生产者即可直接向平台采购销售服务无须通过中间商进行销售，客户通过当地网点或网络信息平台提交产品供应情况。同样地，相对于销地基地辐射区域而言，终端采购客户直接通过网络平台或实体网点提交采购需求，经过统一的信息中心对产销两地的需求进行集中匹配，通过体系内合理的空间区域运输调配达到物流运输的高效化。同时产地、销地客户通过平台销售或采购产品时均需要支付平台服务使用费。对于产地客户而言，产品信息提交后将在获得平台的通知后，由其自行担负产品自产地至最近网点的运输（此段称之为小物流），而后产品进入平台的流通体系内，客户可以通过联网的竞价平台通过购销双方的直接竞价确定产品价格，采购客户支付相应的采购对价后，资金进入第三方结转平台，等待产品的运输配送。至此双方信息对接结束，余下的产品运输与配送将由平台体系提供统一的标准化服务，自产品至销地基地网点后，采购客户自行提货，提货点至客户点的物流由客户自行负责（小物流）。在客户收货确认时，上述结转资金将打入产地客户账户中。而无论是采购客户还是销售客户均将向平台支付服务使用费。

需要注意的是，这种平台下的购销信息对接是无时差的，但产品的交割日期是有时差的。因此对于部分惯于临时决定农产品采购计划的用户而言存在一定程度的接受差异。

这种平台下，农产品将进行标准化分级分装。由于企业的市场份额，决定了一旦实行，企业的农产品标准化分级必将成为主流。在此背景下，产品不仅可以直接向终端客户出售，更可以直接向有零售需求的标准化超市、企业等进行供应。

由于采用了统一的信息中心对产销信息进行集中分析，因而可以最大限度地集中物流流向，提升物流效率。同时由于采用了路缘配送服务，对于终端的散点式配送带来的单位物流配送成本较高的问题可以通过终端客户自行负担小物流成本的方式，在尽最大能力提升配送效率的同时降低双方成本。

略谈批发市场的供应链金融

全国城市农贸中心联合会金融委（筹）秘书长　陈敏

自接触供应链金融后，笔者发现，很多时候，很多人对供应链金融的理解即是存货融资、订单融资、保理融资等，而殊不知这是 20 年前，中国贸易金融的雏形，也是供应链金融发展的第一个阶段。如何给供应链金融下一个准确的定义，其实很难，因为它是动态变化的。从供应链方面看，供应链金融伴随着国内经济尤其是所属产业经济形态变化而变化；从金融方面看，供应链金融本身也包含着金融风控技术及风控理念的变化。

一、供应链金融的实质

因此，如果想真正了解供应链金融的实质以及它真正要解决的问题，就需要弄清楚两个问题：一是供应链金融与一般金融贷款的区别，一是供应链金融与产业的关系。

（一）供应链金融与一般金融的区别

一般的金融贷款包括日常消费贷款、抵押贷款、经营性贷款，无论金融机构让你提交的资料如何变化，它的风控技术和维度如何变化，这类型贷款的共性是风控的主要对象就是借款主体自己，金融机构主要对借款方的真实身份、还款意愿、还款能力、还款信用四个维度进行审核。

在现实生活中，我们经常会发现农村贷款和中小企业个体贷款非常困难，明明他们最需要钱，他们是经济发展的原动力，为什么？一方面，从借款主体看，他们非常缺乏能评价自己信用及经营能力的客观数据，抗风险能力也弱；另一方面，从外部环境看，他们经营的市场环境风险大。因此，在这种情况下，早期的贸易金融本质就是对这种经营资产少、经营规模小、经营风险大的借款企业作出的金融创新，通过核心企业的信用，对借款主体信用不足的一种补充，而这就是供应链金融的发展早期。

早期的供应链金融很大程度上解决了产业链条中上下游中小企业的融资问题，也增强了核心企业供应链的控制力及稳定性，而这种通过借款主体以外的风控评估理念在供应链金融的发展变化中也得到了更多的应用及发挥。今天，供应链金融发展的技术，不再是将风控核心的关注点放在核心企业，而是针对整个产业链内部及外部环境风险的评估，弱化借款主体的信用评估。因此，一般金融和供应链金融技术的重大区别：是否主要依据借款主体的信用作为金融风控的主要判断。而这样的风控理念，使得通过产业的发展，带动了很多信用低、抗风险较弱的中小个体具有了获得贷款的能力。

（二）供应链金融与产业的关系

早期，互联网技术尚未在产业普遍应用前，核心企业及较大的上下游企业的技术系统还仅限于简单的购销系统或财务系统，因此，产业链的整体协同效率低，信息流通及交互弱，因此，很多产业链中的金融需求本质上来源于产业链的不通畅所导致的企业经营成本增加及资金需求增大。当整个产业链条出现不通畅时，产业链中强势的、居于主导地位的企业或核心企业就会通过较长的压账结算去挤占那些在产业链条中相对弱势的企业，从而导致这些企业资金困难。

这个现象在过去的十几年尤为显著，尤其是当国内整体经济处于压缩状态，核心企业生产不乐观，核心、强势企业的资金出现紧张时，他们就用类似剥削的方式，长时间占用弱势企业的资金，导致很多资金实力不够的企业不断举债维持，甚至不惜借高利贷去维系生存，最终导致资金链断裂、企业死亡。这是一种病态的、自私的供应链关系，它与产业技术的发展有关，也与当时人对产业链相互关系的认知有关。

供应链金融的20年过去了，尤其是互联网技术在近10年的普遍运用后，供应链的建设已经开始进入智慧和共享的新阶段，即使是核心企业，他们也逐渐认识到自己的强大依赖于整个产业链条的强大及稳固，因此整体经营理念上发生了不同于过去的很多变化，他们注重整个产业链的智能信息化建设，从产业链的整体去调整企业的经营，同时更多地用自己的资金或通过金融去解决整个产业链的资金需求。而这是近几年的供应链金融出现的原因。

今天及未来，供应链金融不只是解决产业链条中的资金需求，它更多的是用金融的方式去解决产业链条中现金流的不匹配、不均衡，从而防止资金流转过程中的障碍导致的产业链效率及经营层面的问题。同时，供应链金融也将作为一种资金支付手段能最大限度地提高企业资金利用效率，降低资金无效占用的主要方式。而所谓供应链金融的利息部分会通过提高整个产业效率的收益覆盖，从而达到产业、金融机构、实际用款人的三方共赢。从这个角度上看，只要在产业链条中发生货币流动的地方就有供应链金融的存在。

因此，物流、资金流、信息流是构成一个完整健康的产业链条的三要素，信息流先行，是构成产业链条协同的智慧决策机制，供应链金融是维持和促进产业链条货币流通的工具，最后形成产业链条物的价值的传递及增加。这就是供应链金融与产业的关系，深度融通，相互发展。产业为金融护航，金融给产业营养。

二、供应链金融在批发市场的发展

（一）批发市场的经营现状

首先，我们先看看批发市场目前的发展形态。批发市场总体的经营模式是物业经营模式，伴随着市场竞争压力的增加，很多批发市场除在物业提供外，也开始提供了多方位的商户服务，但总体的发展阶段依然还是属于物业提供的商业运营模式。在这种模式下，批发市场本质上很难真正介入产业链的环节中，最多只是充当了商户的服务者。而这样的一个定位，使得批发市场的发展转型有很多的被动性，如对整体市场发展转变的敏感度会较滞后于市场变化；整体的经营发展受制、依赖于商户的意识、能力及发展水平的提高；只要批发市场未实际介入产业链业务中，就很难自己具有构建产业链的动机和能力，除非批发市场深度融合产业链，成为产业链的服务者。

（二）批发市场的金融现状

从目前看，基本上较大的批发市场都配有自己的小贷公司，通过自己的资金或沉淀资金进行商户贷款。从贷款对象看，金融主要提供给大商户，贷款的集中度比较高，得到贷款的商户总体比例小，市场的实际金融需求远远没有满足。从资金方来源看，银行参与的比例相对小，根本原因还是银行风控与市场的实际需求相脱节。批发市场的金融产品，大部分还是较早的贸易融资的方式，通过应收账款或者货压的方式进行的融资。

批发市场的这种金融提供方式，存在两种风险：（1）使用自有资金。当批发市场过多地使用自有资金时，会让自有资金受到长期占用，影响自己的经营。如果自有资金少，也导致金融服务远达不到需求；（2）使用沉淀资金。很多批发市场会有很多商户的沉淀资金，但如果用沉淀资金贷款，如果没有逾期率或逾期率低还好，万一逾期率高了，会存在法律风险——私自动用了客户资金，严格意义上可能会达到资金挪用的刑事责任界限。

现实中，为什么越大的商户反而越缺钱？这和产业链的关系有关。越是给大的终端和渠道供货，他们要求的采购成本越低；更重要的是结算期长，而这种要求，只有有足够资金实力和议价权的商户才能具备。所以，大商户永远缺钱，且风险偏高。

从银行及类金融机构的风控逻辑看，贷款最为避讳的是单笔额度过大使贷款集中度过高，这样贷款一旦出现风险，银行损害极高。因此，金融机构的风控逻辑是贷款发生损失时对自己造成的冲击风险最小。这样，它的金融风控条件，就会以分散风险、小额限制为准。加之，商户流水的难以核实及对农产品供应链的认知缺乏，导致银行无论从风控逻辑，还是实际操作手段，都较难做好批发市场的金融。

（三）批发市场的供应链金融发展

一个产业的供应链金融发展受限于很多基础性的条件，如产业链是否完整；产业链中的信息技术建设如何；产业链中的价值链条是松散的还是紧密的。现实中，不是每个产业都适合做供应链金融。

让我们看看批发市场的现状：批发市场作为物业提供方，并没有实质性介入到农产品供应链的产业关系中；绝大部分批发市场的技术系统目前只是较为简单的交易结算系统，无法体现产业中上下游的关系和数据；经销商在整个产业链中处于中部，价值受制于下游，主动权偏低。因此，这种经营环境导致批发市场就目前看很难去做整个产业链的供应链金融。当批发市场未来的经营业态成为供应链的服务商，这个时候更有条件和能力去做供应链金融。

因此，从现在批发市场的供应链金融发展看，还处于很初级的贸易融资阶段，也就是重点解决经销商资金需求的问题以及解决批发市场沉淀资金收益的问题。

1.如何有效解决经销商的资金需求

很遗憾的是，金融机构的总体风控及流程总是无法真正满足经销商的资金需求，而批发市场的资金又很有限，因此如何解决批发市场现行的金融需求是个很矛盾又迫切的问题。

对于这个问题，笔者认为需要分类解决。

首先，对于有能力建立一定金融服务的批发市场。这类市场的特征是已经建立了自己的小贷公司或保理公司等，可以通过自有资金和部分商户资金进行贷款服务。对于这类型市场，最适合的做法是引入资金，增加批发市场的资金来源，放大杠杆，并通过专业的团队帮助市场改进产品的风控设计，具体来说有两种方式：（1）引入银行资金。对于银行来说，贷款的风险比收益重要，因此，它看重的更多的是你的风险概率。同时，部分银行每年也有些涉农的贷款指标，对银行而言，如何降低或不承担风险，但能完成一定的涉农贷款，银行是很愿意的。因此，如果合理设计产品的风险承担层次，就能合理地解决这个问题。（2）集合批发市场的闲余资金，类似于行业基金、产业基金，对有能力且有资金需求的批发市场提供部分基础贷款，确定收益和风险承担层次，这样既能解决行业资金沉淀收益问题，同时还能为有资金需求的市场提供金融服务。

以上这两种方式，可以设计不同的产品收益，资金提供方可以根据自己需求，不承担风险或承担低风险，因此只是在由商户市场承担大部分风险的情况下，放大了市场的金融杠杆，也同时减低了接收贷款的市场信用风险。

其次，对于尚无能力建立金融服务的批发市场。这类市场不能建立金融服务的原因有两类：一类是团队的能力及精力达不到提供金融服务的水平，整体管理还处于简单的服务提供，尚未上升到整个商户服务体系建设上；一类是缺乏牌照或没有资金来源，不愿或不能涉足金融服务。对于这类型的市场，可以根据其市场需求，帮助建立金融团队及设计产品，通过统一借助全国性的贷款公司牌照，引入资金的方式协助提供金融。

2.如何解决批发市场沉淀资金的收益

这块内容也很大，涉及批发市场沉淀资金收益和商户沉淀资金收益两类，但总的来讲就是将有一定时间差的周转资金根据实际资金使用的时间要求，对未使用的资金增加收益，但同时不影响资金的正常使用。

这方面也有非常多的方法，除了上面提到方法外，可以通过集合资金形成投资基金建立多种投资方式：（1）保本保利型的稳健型基金。通过银行或基金公司就专有产品的设计，确定风险和收益进行委托管理，到期支取或灵活支取的方式。当行业内集合资金越高，与金融机构的谈判筹码就越高，大家资金的收益就会越高。（2）保本收益型的投资型基金，可以通过产品利率、风险承担的方式做短期收益型投资，（3）项目型投资。对于确定农产品市场机会的期货交易收益、好的农业项目、零售市场项目等可以进行股权类或债权类投资等。

总体而言，就是我们如何用专业的方式，根据市场对收益及风险的要求，进行最恰当的设计和运用，然后对接最适合符合需求的金融机构及金融产品，从而让行业更好地盘活资金资源，满足资金需求，为商户服务、为市场服务，为行业的整体发展建立自助共赢的服务机制，让专业的金融服务带动行业的提升。

2018 年中国农产品电商发展报告

中国食品（农产品）安全电商研究院　洪涛

一、2017 年中国主要农产品产量继续保持增长

2017 年我国主要农产品再获得丰收，农产品总量达到 211828.25 万吨，再创历史新高。2017 年，我国粮食产量仍然超过 6 亿吨，这是连续 5 年超过 6 亿吨，棉花、油料、肉类、禽蛋、水产品、蔬菜、水果主要农产品产量均居世界第一（见表 1）。当前是"供过于求"与"供不应求"同时存在，中国农业正处于转型"关键期"，既要种得好、养得好、加工好，还要卖得好、卖出好价钱，消费者得实惠，农民得收入；反过来，通过卖得好、卖出好价钱，促进种得好、养得好、加工好。

表 1　2010—2017 年我国农产品产量表

单位：万吨

年份＼产品	产量（万吨）						年份＼产品	产量（万吨）					
	2012	2013	2014	2015	2016	2017		2012	2013	2014	2015	2016	2017
粮食	58957	60194	60710	62144	61624	61791	水果	24057	25093	26142	27375	28351	28600
肉类	8221	8536	8707	8625	8540	8431	棉花	684	631	616	561	534	549
水产品	5906	6172	6450	6690	6901	6938	油料	3476	3531	3517	3547	3613	3732
禽蛋	2861	2876	2894	2999	3095	3070	糖料	13500	13759	13403	12529	12299	12556
牛奶	3744	3531	3725	3755	3602	3545	烤烟	320	320	320	320	320	188.25
蔬菜	70883	73512	76005	78526	79780	82173	茶叶	170	193	209	224	243	255
木材（万立方）	8088	8367	8178	6832	6683	7682	合计	191998	196378	194551	203494	208901	211828.25

注：2017 年烤烟是指收购量。2017 年烤烟种植 1482.2 万亩，收购 3765 万担，折合 188.25 万吨。

二、2017 年中国农产品电商体系

我国农产品电子商务体系包括网上农产品期货交易、网上农产品衍生品交易、大宗农产品电子交易、农产品网络零售交易、实体企业 O2O 交易、农产品网上交易会等，即所谓农产品电商的"金字塔"（"Pyramids"）结构体系。

（一）网上期货交易

大连、郑州、上海三个期货市场农产品期货交易达到 9.53 亿手、交易额达到 45.53 万亿元。具体来说，郑州商品交易所 1990 年现货起步发展期货交易，现有粮食品种如强麦、普麦、菜籽油、早籼稻、油菜籽、油菜粕、粳稻、晚籼、鲜苹果等。大连商品交易所有玉米、玉米淀粉、黄豆一号、黄豆二号、豆粕、豆油、棕榈油、细木工板、中密度纤维板、鸡蛋等品种。上海期货交易所现有天然橡胶期货品种。改革开放以来，与其他国家不一样的是，中国期货交易所均采取电子撮合交易的方式。中国期货市场先上了鸡蛋（2013 年）、鲜苹果（2017 年）两个生鲜农产品，特别是鲜苹果期货在全球也具有较大的影响。

（二）网上期权交易

大连、郑州两个期货市场农产品分别有期权交易品种豆粕、白糖，均采取网上撮合交易的方式。2017 年交易 512 万手，交易额 38.23 亿元。

（三）大宗商品电子交易

大宗商品电子交易市场在整顿中得到发展。2017 年，我国各类大宗商品电子交易市场达到 1969 家[①]，其中农产品电子交易市场 585 家，占 29.7%，包括农产品类市场 417 家、林产品类市场（含木材、纸浆等）59 家、畜牧禽类市场（含肉类、禽蛋、草业等）45 家、酒类产品市场 39 家、渔产品类市场 25 家。实物交收额超过 10 万亿元。[②]

（四）农产品批发市场的网上交易

2017 年，全国农产品批发市场在转型、升级、外迁中发展，许多城市的农产品批发市场在外迁动荡中发展，相对其他产品批发市场而言，农产品批发市场交易量、交易额仍然稳步发展，在农产品流通中发挥着主渠道的作用，大约占 70% 左右。近几年，"深圳农产品"的网络交易市场、北京岳各庄农产品批发市场的网上交易正在发挥较大的作用。如"深圳农产品"在深圳、北京、上海、天津、成都、西安、长沙、武汉等 35 个大中城市经营管理了 50 家综合批发市场和网上交易市场，形成国内最具规模的基于供应链管理的新型农产品流通生态圈，公司旗下批发市场农副产品年度总交易量超过 3000 万吨，年度总交易额超过 1800 亿元，约占全国规模以上批发市场交易总额的 10%。其中，广西糖网在国内外具有较大的影响。北京岳各庄批发市场食迅网 2015 年 6 月上线，是以实体批发市场为根据地的生鲜食材垂直电商平台。北京岳各庄批发市场的全部商户需要入驻到食迅网，入驻后可在线上与客户进行交易。食迅网为生鲜食材的交易搭配了仓储、配送服务。与之前批发市场搭建的线上商城相比，食迅网已能实现自动化操作订单。每日晚 24 点，食迅网系统会将当日所有客户订单进行集中分类处理，通过平台系统将订单自动分配给相应匹配的商户。同时，商户可通过商户系统平台收到订单，并从市场食品安全检测后的货品中智能称重后完成对货品的出仓分拣，最终将货品安全高效、保质保量配送到相对应的客户手中。2017 年，北京岳各庄批发市场的年销售量超 100 亿元，食迅网实际业务量占市场总交易额的比例尚不足 1%，但食迅网交易额每年以 3 倍的增长速度发展。

2017 年全国有 4469 个功能比较完备的大型农产品批发市场，其中 13 个国家级产地批发市场，30 多个田头市场，2017 年商务部、农业部等政府部门高度重视公益性农产品批发市场的建设，商务部确定了

[①] 中物联大宗商品交易市场流通分会：《中国大宗商品电子类交易市场概况统计 2017》，中国物流与采购网，http://www.chinawuliu.com.cn/office/38/328/13167.shtml.

[②] 根据《中国大宗商品交易市场概况统计 2017》测算而出。

49家公益性农产品示范市场、21家公益性农产品示范（零售）市场。[1]这些市场都在探索各种不同模式的网上交易。

（五）各类农产品网络零售

2017年我国各类农产品网络零售模式十分活跃，粮食及其他农产品各种网络零售模式创新如表2所示。

表2　粮食及其他农产品各种网络零售模式创新

模式	主要内容	模式	主要内容
B2C	农产品网站对消费者	C2F	农业订单农业
C2B	集合竞价定购模式（订单）	B2M	农产品企业根据客户需求建立网站
B2B2C	农产品供应链模式	M2C	农产品加工企业对消费者
C2C	农民对消费者	BMC	企业＋中介平台（网络）＋终端客户的模式
B2F/F2C	生产者（农民）对家庭	SoLoMo	农产品社区化模式
ABC	代理商—商家—消费者	CSA	社区支持农业
娱乐竞拍	农产品秒杀	P2C	生活服务平台
P2P	点对点、渠道对渠道、人对人、贸易伙伴对贸易伙伴	SNS-EC	农产品社交电商
B2S	分享式、体验式电商（俗称众筹）	跨境	跨境电商：海代、海淘、海批（批发）
O2O	线上与线下相融合		

（六）农产品网下智能体验店和智能菜市场

1.生鲜智能店

2017年，各类智能店纷纷开店。盒马生鲜开出第25家门店，超级物种26家（至2018年2月36家）、永辉生鲜200家，此外还有京东7FRESH、苏宁小店、苏宁苏鲜生[2]、每日优选体验店、京东到家体验店、美团生鲜体验店［"掌鱼（章鱼）生鲜"］、国美生鲜店、便利蜂店等。

2.生鲜无人店

2017年，无人店纷纷开店，如阿里无人超市、京东X无人超市、苏宁Bui、EAT BOX怡食盒子、天虹商场WellGo、缤纷盒子店、F5未来便利店、小麦铺、Take go、24爱购、小E微店、Amazon go、缤果盒子、淘咖啡、Moby、百鲜Go无人微超、智能微超神奇屋、每日优选便利购、供销总社的CO-OP MART（供销快闪店）、本来生活无人超市等。其中，有许多是无人超市，有些是无人便利店，生鲜占有一定的比例。

3.智慧农贸（菜）市场

许多智能菜市场采取互联网、移动网、物联网、大数据、云计算、区块链人工智能的方式，对传统农贸市场进行改造，成效显著。智能菜市场是指运用科技手段，采集交易数据，通过"一云多端"智慧

---

[1] 根据《商务部办公厅关于做好全国公益性农产品示范市场总结、评估和推荐工作的通知》，确定了第一、二批全国公益性农产品示范市场49家：（1）全国公益性农产品示范市场（批发）名单28家，如山西丈子头农产品物流园、北京大红门京深海鲜批发市场等；（2）全国公益性农产品示范市场（零售）名单21家，如山西美特好连锁超市股份有限公司、北京京客隆商业集团股份有限公司。

[2] 截至2018年2月7日，苏宁小店在上海、天津、深圳、成都、武汉等全国17个城市的30家门店同开。苏鲜生精品超市在北京、南京、成都三地同时开业。

系统，实现农贸市场管理、服务和监管的信息网络化、工作规范化、管理现代化的网络平台。其特点表现为：使用能刷卡的智能电子秤进行交易结算，拥有先进的农残检测设备；拥有信息发布手段，能滚动发布检测信息、价格信息、供销信息等数据。

2017年，我国智慧农贸市场在北京、杭州、长沙、温州、连云港、海口、合肥、郑州、青岛、漳州等地得到了探索性发展。如中菜联盟裕龙体验店就是智能农贸市场的探索，2017年中菜联盟网络科技有限公司与北京市顺义区市场管理中心签约60家菜市场智慧农贸改造工程，2017年中菜联盟裕龙智慧菜市场体验店开业。公司计划从北京市起步，力争2018年覆盖整个北京市，线下实体店总数达100家。如2017年9月8日，无锡人流量最大的朝阳农贸市场里100台电子智能秤正式启用。2017年11月29日，合肥市经过为期4个月的改造提升，原瑶海区胜利菜市"大换装"——瑶海区胜利智慧农贸市场建成并投入试运营，该市场依托"互联网+"模式正在全力打造全市首家智能化农贸服务平台，带给市民全新的购物体验。2017年12月，杭州江干区钱江新城核心区首个智慧化农贸市场——定海农贸市场完成。有的农贸市场还可以远距离对市场人流、空气湿度、空气味道等进行监管。

2017年，农产品智能店（市场）、无人店、无人仓、无人机、无人车配送、无现金结算等成为时尚风景。2017年9月25日，齐齐哈尔国际冷链物流专列开通成为一个新亮点——"龙海号"冷链专列满载着齐齐哈尔地产圆葱出发，经历10天后运抵俄罗斯莫斯科，专列在抵达莫斯科后运载俄罗斯食品、酒类、肉制品等优质商品返回齐齐哈尔。

三、2017年中国农产品电商规模

（一）2017年全国农产品电商基本数据

2017年，我国农产品期货、期权网上交易7.89亿手，交易额达到40.88万亿元。

2017年，我国大宗商品电子交易市场在整顿中得到发展（数据详见第196页）。

2017年，我国农村网络零售额超过1.2万亿元，其中农产品的网络零售交易额占20%。农业部规划2020年我国农产品电商零售额将达到8000亿元。

2017年，我国生鲜农产品电商零售额达到1391.3亿元，自2013年以来连续5年保持50%以上的增长速度，但呈现逐渐趋缓的态势。

2017年，我国食材农产品电商得到迅速发展，交易额达到8000亿元。2012年，我国B2B食材供应平台产生。2014年以来，食材农产品电商成为一种比较时尚的电商现象。

2017年，中国在线餐饮外卖市场规模突破2000亿元大关，增长率为36%。随着中国在线餐饮外卖市场的逐渐成熟，2018年在线餐饮外卖市场规模将有望突破2300亿元。

2017年，商务部举办的夏秋季农产品网上购销对接会，促成农产品销售11.6万吨，成交金额9.49亿元。8月，中国网上粮食市场早稻交易会在江西省上饶市举行，至今已举行8年，网上交易粮食总计34.1万吨，金额8.14亿余元，参会人数3400余人。

2017年，全国淘宝村达到2118个，淘宝镇达到242个，其中在国家级贫困县有33个淘宝村，省级贫困县有近400个淘宝村。淘宝村数超过100个的有6个省份：浙江、广东、江苏、山东、福建、河北。

（二）中国农产品网络零售消费市场分析

2018年1月，艾瑞发布《2018年中国生鲜电商行业消费洞察》，阿里发布《2018年餐桌消费潮流趋势报告》，京东发布《环球寻味进阶中国年——2018年生鲜年货消费报告》，本报告结合三个报告，同时考虑到一些非生鲜类农产品，来分析中国农产品网络零售（特别是生鲜）消费市场。

1.网上网下融合发展，"六位一体"模式形成

2017年，我国农产品网络零售进入网上网下融合发展、"六位一体"模式多样的时期。因为消费者更加注重品质和健康，所以生鲜电商需要转型升级，由旧电商变成新电商，新电商即网上与网下相融合，形成了综合性生鲜电商、垂直生鲜电商、O2O电商、智能店新业态、体验店、无人店"六位一体"的新时期。

2.主要消费群体

近几年来，随着我国居民可支配收入增加，推动消费观念升级变迁，随着消费观念升级变迁，消费者不再满足于简单的必需品，对于生活品质提出了更高的要求，由此农产品的品质消费促进了农产品电商的发展，反过来农产品电商的发展促进了农产品品质消费的升级。

据统计，我国有近14亿人口，中等收入群体已经有4亿人左右。生鲜消费以一二线城市为主，受教育程度最高的年轻用户成为主力人群，中产阶级家庭为线上生鲜消费的主力。

3.主要消费品种

坚果干货是农产品网络零售中最大的品类，此外米面油成为农产品电商的基础品类，销售增长显著。以大米为例，2015—2017年，在天猫网站上销售的米面油逐年增加，其中，泰国茉莉香米销售最好。

2015—2017年，在天猫网站上生鲜销量居前5位的分别是新鲜水果、海鲜（水产品）、生肉（肉制品）、蛋及蛋制品、新鲜蔬菜及蔬菜制品。随着素食群体增加，新鲜蔬菜及蔬菜制品的增速很快。

4.生鲜零售特点

生鲜零售呈现三大"概念"：

（1）更新鲜概念，如新鲜的活龙虾、大闸蟹、牛奶很受欢迎。这主要得益于现代科技，如船冻技术使海鲜品更新鲜，HPP超高压冷榨技术使果汁更新鲜。

（2）更天然概念，如2015—2017年，鳕鱼、散养蛋类、鸡肉等销售额增长较快。

（3）更营养概念，如2015—2017年，丹麦、智利、挪威等地的三文鱼很受市场欢迎；中小包装橄榄油很受欢迎；滋补干货很受欢迎，销售额较高的有宁夏枸杞、青海黑枸杞、中宁枸杞；草莓销售额较高，主要产地为秘鲁、智利、中国大陆；猕猴桃增长较快，主要是红心、黄心、绿心品种。

5.跨境生鲜电商增长快

总体而言，进口生鲜快速增长，已进入寻常百姓家。从品类来说，呈现多元化，市场上越来越多的品类涌现，可以满足消费者不同口味的需求。从产地来说，"一品多地"成为趋势，消费者足不出户可挑遍全球的生鲜。

2018年春节，天猫进口生鲜增长达到300%，创历史新高。

6.特色农产品增长快

根据相关统计结果，TOP10是：阳澄湖大闸蟹、大连海参、广西百香果、蒲江猕猴桃、长岛海参、三亚波萝蜜、烟台大樱桃、威海海参、秭归脐橙、平和琯溪蜜柚。

许多特色农产品走出大山，如昭通丑苹果、广西北流百香果、巴楚留香瓜等都是通过聚划算采取的营销方式走出来的。

天猫国际上包括诺优能、爱他美、惠氏、美素佳儿、美赞臣等26个知名品牌奶粉，正在逐步采用区块链溯源技术。这是中国首次将区块链技术应用在商品全球溯源，背后既有蚂蚁金服开放的技术，也有天猫国际、菜鸟网络、阿里健康的通力协作。

7.品牌农产品网销效果好

2017年是国家品牌战略的第一年，也是农业部品牌促进年，农产品品牌促销引起高度重视，如清远鸡2017年通过品牌促销效果更好。"朕的贡米"采取国家博物馆联名12大国产大米生产区和天猫平台推出，效果很好。一些品牌针对消费者的需求，力求更便捷、更贴心、更个性、更迅速、更放心，如即食火锅、小包装牛腩等，很受市场青睐。

四、2017年中国农产品电商特点

（一）生鲜电商进一步活跃，成为新亮点

1.冷链物流促进了我国农产品电商的发展

2017年，我国冷链物流得到较快发展，同时促进了我国农产品电商的发展。据统计，2017年我国农产品冷链物流总额达到4万亿元，同比增长17.6%，占全国物流总额252.8万亿元的1.58%，冷链物流总收入达到2400亿元，增长10%，冷链物流仓达到1.1937亿立方米，同比增长13.7%，约4775万吨，同比增长13.7%，冷藏车预计达到13.4万辆，全年增加1.9万辆，同比增长16.5%。在冷链物流的推动下，2017年我国生鲜电商交易额达到1391.3亿元，平均每年增长50%。

2.线上非标农产品进一步实现品牌化

首先，消费升级推动商品品牌化。消费者购买生鲜对质量和品质更为重视，对体验有更高的要求，而价格已经不是最主要的消费决策因素。消费者生鲜购买观念的升级推动生鲜产品品牌化趋势。生鲜电商通过品牌的管理实现更严格的选品、供应链把控以及更创新的服务模式。

其次，生鲜产品标准化亟须品牌化。消费者追求更高的品质保障，生鲜产品需要经过严格标准化的分选、包装和处理，确保商品的外观、口味都达到一定的标准。标准化的生鲜产品需要通过品牌传递给消费者，提升消费者依赖度，

最后，品牌化帮助实现差异化竞争。品牌把自身产品与其他产品区分开来，增大品牌的溢价的空间，增加消费者的忠诚度及黏性。产品可追溯、绿色、品质优良，品牌故事的推广，各种营销方式的宣传，精细化运营等，都是打造优质生鲜品牌的关键。

3.场景化营销更为普遍，营销趋向内容化

消费不断升级，生鲜食品的"朝发夕食"更能满足消费者的诉求，消费者在质量和体验上追求新的享受。

4.创新的消费体验将持续涌现

随着生鲜平台的不断创新，消费者线上购买生鲜更加便利，体验更加多元，生鲜电商平台供应链布局越来越深，线上线下融合更加紧密，场景化的消费需求日渐明显，成为生鲜电商未来发展的重要趋势。创造生鲜场景、一小时到达、即刻赔付等创新服务不断涌现，消费体验将不断升级。

（二）农产品市场与电商生态圈、生态链发展

农村电商的发展逐渐形成相应的生态圈、生态链的发展态势，通过计算机、互联网、移动网、大数据、云计算、区块链、人机互动等现代新技术，将网站、平台与农业的产前、产中、产后联系起来，形成以平台和网站为中心的基地+农户+合作组织+厂商+农户的网上网下相互联动的生态圈、生态链关系，包括电商服务中心、电商园区、农户、合作社、加工企业、物流配送企业、金融保险机构等形成一个有机的联系。

（三）农产品电商卖实物，更卖服务与体验

农产品上行（网上销售）是农村电商的"牛鼻子"，只有把它做好了，以农产品电商为中心，我国农

村电商才有可持续的发展。总结各地的经验，我们发现，那些农村电商做得好的地方都是以农产品电商为核心的，如"农产品电商+旅游""农产品电商+农资""农产品电商+日用品""农产品电商+再生资源""农产品电商+食品安全""农产品电商+餐饮""农产品电商+休闲观光+娱乐"等，只有这样才能做好农村电商，这已成为一个大趋势。各地农村电商上行归纳起来，是"卖实物产品、卖服务、卖体验"，甚至将本地的物质文化遗产、非物质文化遗产开发了起来。

（四）农商互联模式多样

在"联产品、联设施、联标准、联数据、联市场"基础上，2017年各地将深化这一模式。2017年8月，商务部与农业部签署的《关于深化农商协作 大力发展农产品电子商务通知》提出了农产品电子商务建设的10大重点任务：（1）开展农产品电商出村试点；（2）打造农产品电商供应链；（3）推动农产品产销衔接；（4）实施农村电商百万带头人计划；（5）提高农产品网络上行的综合服务能力；（6）强化农产品电子商务大数据发展应用；（7）大力培育农业农村品牌；（8）健全农产品质量安全检测和追溯体系；（9）开展农产品电子商务标准化试点；（10）加强监测统计和调查研究。

（五）农产品电商扶贫进入"热点"发展期

2017年，全国电商进农村756个示范县中有67%是贫困县（见表2），许多贫困县都把电商扶贫作为扶贫的一种方式，取得了较好的效果。阿里、京东、苏宁、供销E家、乐村淘、拼多多、沁坤等网站比较突出。2017年，社交电商拼多多投入34亿元，帮助全国农户销售183.4万吨农货，催生9亿多笔扶贫订单；在730个国家级贫困县，扶持起4.8万商家，帮助农货搭上社交电商"高铁"，带动其年销售额增速超过310%。[①]

表2　2014—2017年电商进农村综合示范县及其比例

年份	主管部门	示范县（个数）	贫困县（个数）	占比
2014—2015	财政部、商务部	256	89	34.8%
2016	财政部、商务部、国务院扶贫办	240	158	66%
2017	财政部、商务部、国务院扶贫办	260	国家级贫困县 237	91.2%
			重点贫困和欠发达革命老区 23	8.8%
合计		756	499（除革命老区）	67%

（六）农产品电商标准得到重视和推广

2017年，我国冷链标准不断出台，国际标准得到广泛应用。冷库方面，产地冷库建设增多，冷藏库、保鲜库、气调库体量有所增加。冷藏车方面，新国标GB1589的出台对规范和推动冷藏车市场发展提供新动力。冷链物流体系也逐步走向第三方服务。《中国冷链物流标准目录手册（2017）》中收集的标准目录为2017年6月30日以前发布的与冷链相关的国家标准、行业标准和地方标准193项。

2017年，历时7年建立起现行的食品安全标准体系完成了对5000项食品标准的清理整合，共审查修改了1293项标准，发布了1224项食品安全国家标准，这些标准大致包括食品、食品添加剂、食品相关产品中的致病性微生物、农药残留、兽药残留、生物毒素、重金属等物质的限量规定等方面。我国成为唯一担任国际食品法典委员会食品添加剂、农药残留两个委员会主持国的发展中国家。

---

① 《拼多多发布助农年报，全年催生9亿多扶贫订单》，载中华网2018-01-29。

2017年11月，国家标准委员会对《农产品电子商务供应链质量控制规范》等36项拟立项推荐性国家标准项目征求意见。2017年11月，由中国农科院信息研究所联合杭州安厨电子商务有限公司共同编制完成的、国内首个《鲜活农产品电子商务流通标准》在浙江杭州发布，该标准共制定了28类，包括蔬菜、水果、肉鱼蛋类和茶叶4大类，具体内容涉及质量基本要求、等级规格、安全检测、包装与标识、产品要求、贮藏保鲜和运输管理等方面。

五、2018年中国农产品电商发展趋势

（一）农产品电商加快转型升级步伐

当前，我国承担农产品流通主渠道70%的农产品批发市场正转型升级外迁，我国农产品电商也在积极与实体经济融合并加快转型升级步伐，探讨多种网上与网下融合发展的路径和创新模式，以平台为核心的农产品供应链模式受到追捧。

（二）农产品电商冷链在示范中得到推广

商务部2018年1月公布了4个"农产品冷链流通标准化示范城市"：厦门市、成都市、潍坊市、烟台市。商务部公布了"农产品冷链流通标准化示范企业"（9家）：山东中凯兴业贸易广场有限公司、山东喜地实业有限公司、家家悦集团股份有限公司、希杰荣庆物流供应链有限公司、山东宏大生姜市场有限公司、神州姜窖农业集团有限公司（原名称：潍坊艺德龙生态农业发展有限公司）、青海省三江集团商品储备有限责任公司、青海绿草源食品有限公司、新疆海联三邦投资有限公司。

（三）农产品电商将进一步规范发展

一是农产品市场的各种标准不断推出，从商品种养、采购、供应方式、市场运营与管理来说都会越来越规范、越来越标准化。随着相关标准的出台，2018年将以蔬菜、水果、肉鱼蛋类和茶叶为重点，对质量基本要求、等级规格、安全检测、包装与标识、产品要求、贮藏保鲜和运输管理等方面提出规范要求。

二是国家将加强农产品电商监管，如2018年1月1日起《网络餐饮服务食品安全监督管理办法》（以下简称《办法》）实施，这是史上最严的《食品安全法》和《网络食品安全违法行为查处办法》之后，国家对于网络餐饮服务食品安全的专门性规章，对于网络餐饮服务的监管、平台主体责任落实、入网餐饮商户和配送要求提出了更加明确的要求。目前，各地食品药品监管部门积极落实《办法》，适应新业态、运用新技术审慎监管。

（四）农产品电商将进一步智能化发展

许多农产品批发市场、菜市场、智能店、无人商店等将采用智能技术加快提档升级的步伐，农产品的订单、采购、预冷、仓储、运输、配送、销售、退货、召回、包装回收等将更智能和规范。

（五）农产品电商将实现"五大融合发展"

首先，内外贸融合发展。要既做内贸，也做外贸，认真探索商品交易市场增加外贸功能的途径，不仅仅"走出去"，也包括"引进来"，还有在"一带一路"建设上发挥较大的作用。

第二，网上网下融合发展。既要创新网下实体市场模式，也要创新网上市场的模式，并且做到网上与网下相融合发展，形成相互联动的关系。

第三，硬件软件融合发展。过去商品交易市场的发展比较重视市场大楼的硬件建设，而较少关注市场的软件建设，市场软件建设包括市场制度、市场诚信体系、市场文化建设等。

第四，围绕转型升级外迁融合发展。有步骤地将一些市场转型为其他业态，如零售、物流园区、体

验市场等，各类市场要积极升级，用现代科技武装自己，外迁过程中也要与转型、升级紧密融合起来。

第五，农产品电商品牌的融合发展。在2017年品牌推进年、2018年农产品质量推进年的基础上，农产品电商要将产品品牌、企业品牌、区域共用品牌融合发展，将农产品网上交易与网下交易融合发展，借鉴实体交易市场品牌建设经验，如培育品牌商户、引进品牌商品、提供品牌服务及管理，使中国农产品电商平台促进实体市场加快转型升级外迁的步伐。

（六）农产品电商国际化发展

当前，中国农产品市场正在不断国际化，如中国农产品市场增加外贸功能，不仅"走出去"，也包括"引进来"，甘肃、四川、广西、齐齐哈尔等地开始了农产品中欧班列，甚至中欧冷链班列。中外农产品两个市场的联动频繁，促进了相互交流，满足两个市场需求。中国农产品电商国际化也正在加速，据阿里巴巴发布的《2018中国人新年俗报告》显示，天猫春节"照常买"数据统计，2018年春节期间，进口生鲜成交额同比2017年春节增长近300%，智利帝王蟹、波士顿大龙虾、新西兰长寿鱼、加拿大北极参、越南黑虎虾等上了百姓餐桌，智利车厘子订单同比增长超过400%。

（七）农产品电商功能化发展

我国"农产品市场+互联网"的各类市场，如超大型市场、大型市场、中型市场不仅仅具有交易功能，还具有信息功能、物配功能、供应链功能、支付结算及融资功能、网络金融的功能、外向型功能，有的还具有旅游功能等。

（八）农产品电商特色化发展

我国"农产品市场+互联网"只要有特色就会生存和发展，没有特色就没有生存和发展空间。传统地追求规模、数量、同质、低价等竞争方式已经不能够适应新农产品电商发展需要，网上网下一体化市场将更加理性选择竞争方式和发展路径。

日本的蔬菜流通

北京八里桥农产品中心批发市场总经理、研究员　赵尔烈

一、背景

（一）农产品供求

日本国土面积37.8万多平方公里，2016年总人口近1.27亿，人均GDP4.68万美元，城市化率达91%。耕地面积455万公顷，有农户205万户，其中，主业农户35万户，每户平均占有耕地约1.9公顷（合28.5亩），也是一个"小生产"的农业结构。如何使有限的土地资源最大限度地满足国民生活的需求，是日本农业和农产品流通的根本任务和出发点。日本政府采取一系列重大措施，经过20多年的努力，在20世纪70年代，基本实现了日本式的农业现代化，大幅度地提高了农产品的自给率。

但是，随着工业现代化和城市化的实现，全国人口80%（8000多万）以上集中在几个大城市，其中仅东京就居住了全国人口的10%以上。随着国民收入水平的提高，民众饮食生活又趋向高层次、多样化、优质化。日本的农产品消费也就随之形成了一个高层次的集中的大市场。

日本农业的小生产方式同日益发展的农产品消费大市场的矛盾，越来越成为日本经济的一个重要问题。日本政府曾多方努力，试图扩大农业生产组织规模，但是进展迟缓，受到了阻碍。然而，政府组织农产品大流通的努力，却取得了显著的成效。（1）通过组织和扶持农协，实现了农产品流通的组织化，把小生产组织成大流通，适应了大市场的需要；（2）通过改造完善批发市场制度，实现了生鲜食品流通有条件的市场化，促进了竞争，形成了较为公正合理的市场价格；（3）通过健全法制改进政府宏观调控方式，提高了农产品流通的计划性和管理的高效化，从而逐步形成了一个以批发市场为核心、以农协为支柱、以政府宏观调控为主导的、市场发挥有限作用的农产品流通体制。这个体制不仅缓解了日本农产品供求矛盾，而且基本实现了农产品的稳定均衡供给，近年来又取得了市场价格稳定的势头，维护了生产者和消费者的利益。

（二）蔬菜流通渠道

生鲜食品流通分为两大渠道：一是经过法定批发市场的场内流通；二是不经过法定批发市场的场外流通。菜、果、水产品以场内流通为主。

蔬菜水果的流通渠道是：首先，在产地经过由综合农协、专业农协和农民临时性的任意组合组成的运送上市团体和由产地收购团体及收购商人组成的集中发货业者，通过产地负责集中、挑选、包装、预冷的集货场所，将大部分产品送往批发市场，少部分产品直接销售给零售商和消费者；其次，产品在批发市场，由作为代理批发商的批发业者，用拍卖形式卖给中间批发商、大的用户和大零售商；然后，中间批发商再销售给小零售商；最后，由零售商卖给消费者。（见图1）

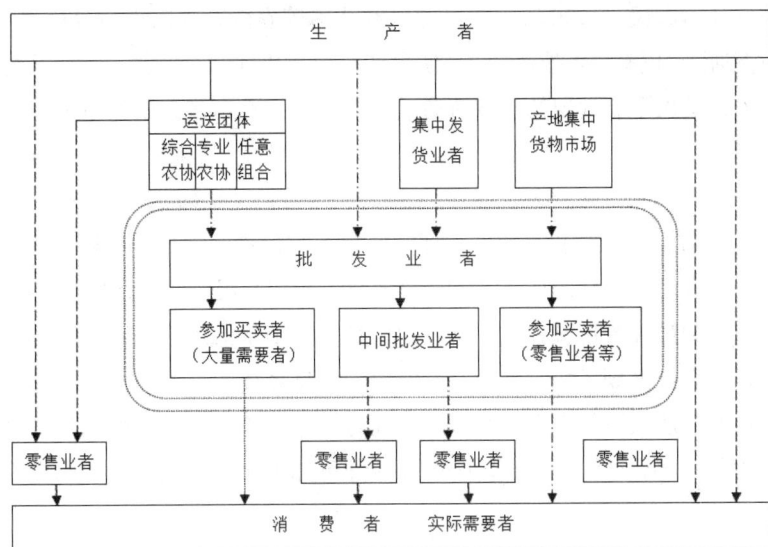

图1　日本蔬菜水果的流通渠道图

二、农协在蔬菜生产和流通中的作用

（一）农协的组织

日本农协依《农业协同组合法》组建。在市、町、村（相当于中国的县、区、乡）的是基层农协，叫农业协同组合，简称"农协"。在都道府县（相当于中国的省）一级的叫经济农业协同组合连合会，简称"经济连"。在全国一级的叫全国农业协同组合连合会，简称"全农"。在町村里，农民有各种专门性的生产和流通的小组，叫"部会"，是农协的基础，但不属于农协本身的组织机构成分。农协分专业农协和综合农协。农协对内服务非营利，对外营利。

（二）农协在农产品流通中的作用

1.组织物流

（1）建集货所。基层农协在产区建有农产品集货所，负责本农协组合员农户产品的集中、挑选、包装和预冷，然后组织上市。此外，农协也组织一些产品不经过集货所从菜地直接装车运输上市。

（2）建集货中心。县经济连办有集货中心等物流中心。早在1985年，全国农协系统已有蔬菜水果的选货场1475个，贮藏库场711个，冷藏设施960处。

（3）建运输公司。农协系统有7个全国运输连合会，下设众多的运输组织。1985年，农协仅蔬菜运输组织就有3592个，占社会蔬菜运输组织数的48%，运输量的69%。农协的物流网络系统，解除了农民的后顾之忧。

2.组织商流

这项工作主要由县经济连承担。经济连在产区设有事业所，负责本地区农协组合员产品的商流组织。事业所联系全国各地批发市场、批发商、大的经营企业和消费单位，联系全农的集配中心，了解各地的供求状况和市场行情。然后制订上市计划，并根据随时变化的情况，向管区内综合农协和专业农协，发出上市指令。上市指令包括：上市品种、数量、地点、市场和上市时间，并负责组织运输车辆调运。经济连对农协组合员是服务性的代理制，事业所为农户组织商品流通，按照法律规定收取销售额3%左右的手续费，从农户销货款中扣除。为鼓励农户多利用经济连销售产品，经济连往往要把收的手续费的一部分，再返还给农民。1986年，农民通过经济连等农协系统销售的蔬菜占95.6%。经济连组织的商流既有"场内流通"，也有"场外流通"，使生产与流通更加联系紧密。农协系统遍布全国的商流网络，把绝大部分农产品纳入了有计划的流通轨道，增强了农民在市场上的竞争地位和力量，有效地维护了生产者的利益。

3.组织信息流

日本农协建立了覆盖农协系统和流通各个环节的本系统信息网络，并同社会信息网联网。农协系统信息网由批发公司（批发市场的代理商）、全农、县经济连和基层农协四级组成，以计算机系统为主要形式，伴以电传，电话和邮件等传递方式。农协的信息分为销售信息系统、结账信息系统和制约信息系统三大系统，整个信息系统做到了快、准、全。农协的信息系统同全国的批发市场、运贮团体、加工企业、超级市场、产地和消地农协都建立了联系。从农协信息系统可随时了解到什么时间、什么产地、向哪个消费市场，上市了什么品种和多少数量的产品，并可知道卖了什么价钱，农民可根据市场信息决定生产和销售选择。

4.组织结账

日本农协在这方面发挥了极重要的作用，成为农民的全权代表。农户在产品通过农协系统销售后，按法律规定的比率，扣下手续费和上市的各项费用，最后通过经济连，再通过农协，把农民的销售纯收入，转账到农民账上，快捷准确方便。农户在销售一两天内即可知道销售价格，在三四天内即可得到销售款。

5.组建批发市场和集配中心

日本法律规定，地方批发市场可以由农协、公司等法人团体开办。日本农协系统办有果蔬批发市场130多个，直接组织批发交易业务。此外，全农还办有：东京生鲜食品集配中心，大和生鲜食品集配中心和大阪生鲜食品集配中心等大型全国性集配中心。集配中心的功能类似批发市场，所不同的是：（1）集配中心是生产者自己的设施，为生产者团体直接销售服务；（2）销售方式是预约销售，根据用户预约计划组织农户产品上市；（3）交易价格采取双方相对协商议定，但也参照当日批发市场拍卖价。集配中心的规模都很大，设备完善先进，设有常温、低温、冷藏、冷冻仓库，有挑选、包装、加工和发货设施。集配中心对农户仍是代理制，依法收取手续费。除办批发市场和集配中心外，农协系统还办有经营各种农产品的公司，从事农产品购销业务。

三、批发市场制度

（一）产生

在市场经济条件下，控制流通稳定市场的关键，是抓住批发环节。日本政府对生鲜食品批发环节的控制，是通过政府办批发市场、管批发市场来实现的。这就是著名的批发市场制度。

日本政府为了有效地组织生鲜食品流通，安定市场，于1923年正式颁布了《中央批发市场法》，由政府陆续开办一批中央批发市场，限制场外交易。为了适应经济社会发展的新形势，又于1971年废除了《中央批发市场法》，制定了新的《批发市场法》。新的《批发市场法》将地方批发市场也纳入法律约束范围，制定了批发市场的发展原则和规划，将一部分审批权限集中到中央，统一扩建中央批发市场，合并调整地方批发市场，放宽了对交易方式的某些限制。经过90多年的发展，批发市场制度已完全成熟。

（二）性质、类型和设立

1.性质

法律明确规定了批发市场的社会公益性，指出："促进批发市场建设，确保其合理而有效地运营，从而实现生鲜食品等合理交易和顺畅流通，保障国民生活的稳定"（见《批发市场法》总则）。

2.类型和设定

日本批发市场有三种类型：（1）中央批发市场。需经农林水产大臣批准，由都道府县或人口在20万（后放宽到15万）以上城市的地方政府开办。可以是一个地方政府独立开办，也可是有关地方政府联合开办。开设地点要在中央农村水产省规划的中央批发市场开设区域内。要符合开设的申请条件和程序。中央批发市场由中央财政和地方财政按四六比例出资，由地方政府管理，管理人员是政府公务员，农林水产省在市场派员监督。（2）地方批发市场。中央批发市场以外达到法定规模的批发市场，其中蔬菜水果的法定规模为经营场所330平方米以上。经都道府县知事批准，可由地方政府开办，也可由公司、农协、渔协等组织民办。（3）除中央批发市场和地方批发以外的自由批发市场，不须特别批准，只要登记注册领取执照即可开办，但对开办者和交易参加者，一般也要比照有关条件给予必要限制。

（三）管理者和从业者

由三部分人组成：一是市场开设者，二是市场经营者，三是市场关联业者。

1.市场开设者

市场开设者即经批准的开办者，同时也是批发市场内部管理者。开设者有8项职责：（1）监督市场交易，维护正常经营；（2）制定本批发市场业务规章制度，并负责实行；（3）监督指导经营，包括经营范围、资金状况等；（4）确定设施使用费用标准和维修管理；（5）负责制订市场建设和改造计划，并组织实施；（6）经营附带业务，如冷藏、通讯等；（7）负责警卫和卫生工作；（8）从事有关批发市场业务活动的普及事业等。

2.市场经营者

主要包括：（1）上市者。如生产者、运销团体、产地批发商和进口商等。（2）批发业者。即代理批发商。在中央批发市场是有资质的公司，要经农林水产大臣批准；在地方批发市场可以是公司，也可以是农协、渔协等组织，但都须经都道府县的知事批准。每一市场内的同类商品一般要有两家批发业者，以防止垄断。（3）中间批发商。即市场内的从事经营批发业务的商人。需经市场开办者批准，并交纳其所从事的商品的批发业务的法定保证金。（4）交易（或买卖）参加者。是指经市场开办者批准，可以直接从市场购买，但不得从事批发业务的单位。如大型超级市场、生协、饮食业和外食业大企业、大零售企业、加工企业和地方批发市场的专职采购人员等。至于小型零售企业和用户，只能从批发商进货，不得进场参加批发交易。

3.市场关联业者

是指为市场经营提供服务的企业和个人，如餐馆、商店、托运、仓储、金融、通信、警卫、检疫等。

（四）交易规则

主要有8条：（1）委托销售原则。批发业者对上市者的货物只能采取委托销售的方式批发，不能收购批发，无特殊情况亦不得拒绝委托。（2）拍卖或投标原则。批发业者在批发市场进行的批发业务，必须采用拍卖或投标方式进行。（3）禁止区别对待原则。批发业者对上市者、中间批发商和买卖参加者要一视同仁，不得歧视或给予不公正待遇。（4）限制批发对象原则。批发业者不得向该批发市场的中间批发商和买卖参加者以外的人进行批发。（5）禁止从事场外批发和场内非批发买卖活动原则。批发业者不得在其从事批发业务的中央批发市场开设区域内，从事场外同类批发业务或买卖活动，亦不得在场内从事非指定批发业务外的业务。中间批发业者从事委托销售，也不能从市场批发业者以外的人手中购销经营项目中所列种类的生鲜食品。（6）进货量当天全部上市原则。（7）手续费原则。批发业者为批发市场的批发业务而接受委托销售，只能依法收取指定比率的手续费，不能从其委托人领取其他报酬。（8）当天结算原则。

对上述规定，只有在法律另有规定特殊情况下，才可变通。

（五）功能和作用

1.商品集散功能和作用

2011年，日本的中央批发市场和地方批发市场共有1231个，其中，中央市场72个，地方市场1159个。全年社会蔬菜流通量1379.8万吨，经过市场的流通量968.1万吨，经由率达到70.2%；另外，国产蔬菜水果的市场经由率为86%。批发市场仍是日本蔬菜流通的主渠道，是大批发交易的集散地。

2.价格形成功能和作用

2012年，日本有批发市场1216个，批发商1534个，中间批发商6089个，交易参加者151310个，交易额达到68282亿日元。其中，经营果蔬的中央批发市场（地方市场多为综合市场）54个，有批发商76家，中间批发商1498家，交易参加者13438家，共有由中间批发商和交易参加者构成的买家14936家，平均每场267家。众多的买家集中在一起，对占全社会70%以上流通量的产品，同时用拍卖的方式进行交易，所形成的价格，无疑是比较公正合理的价格。这个价格通过各种信息渠道，及时传递全国，对蔬菜的生产、流通和消费起到了指导作用，有利于市场机制对资源的配置，促进供求平衡和市价稳定。

3.结算功能和作用

批发市场内有专门的货款结算机构。一种是专业结算公司，是以第三者的身份，受买卖双方委托，代为双方进行货款结算；另一种是买卖双方参加的信用合作组织，为本组织成员进行买卖交易的货款进行结算。全国中央批发市场有专门结算机构80多个。结算所将买卖双方结清的账目，经双方确认后，通过设在批发市场的银行等金融机构，分别转到双方账户上，输入计算机系统，传递给买卖双方。由于批发市场的结算系统和农协的信息结算系统，以及其他有关单位（如上市运输团体等），都实现了计算机联网，所以工作迅速准确。农协系统在收到批发市场转来的销售款后，立即再通过本系统的信息结算系统，扣除经济连和农协的手续费，再扣除挑选、包装、预冷、运输等上市经费，即将销售纯收入划入农民账户，快捷、方便、安全。

4.信息处理功能和作用

批发市场集中了众多的卖者和买者，是一个自然的商业信息中心。按照《批发市场法》的规定，开设者每天必须及时公布上市品种、数量，成交量和成交价。近年来信息现代化潮流也进入到批发市场，市场开设者、果菜批发业者都在自己的信息系统引入了计算机系统。批发市场在现代化设备基础上，建立起7大信息处理系统：销售结算信息处理系统；批发业者内部的事务处理系统；批发业者、中间批发商之间日常业务处理系统；中间批发商共同事务处理、经营管理系统；供求信息汇总收集分析系统；市场管理经营系统；批发市场的综合信息处理系统。批发市场的各信息系统，通过网络连接成一个有机的整体，市场的全面情况可以得到及时掌握和分析处理，并及时向社会公布。

5.食品安全、环保功能和作用

（1）食品安全。政府主管部门在市场设有专门的食品安全监督检测机构，依法严格把关检验，市场给予全面配合。进场的产品必须达到国家规定的安全标准，实行标准化包装，并可全程追溯。市场的交易场所多数实现了可控温，建有交易者周转冷库和公用冷库，加上产地预冷和运输使用冷藏车辆，真正实现了全程冷链化，为食品安全提供了物质条件。多年来，除个别案例外，日本的蔬菜实现了安全化。

（2）环能环保。批发市场从规划建设时，就要严格遵循政府的环保要求，对垃圾、污水等废弃物，都要做无害化处理。近年来政府又对节能环保设施建设给予大力支持，效果良好。

6.服务功能和作用。

如前所述，市场开办者和关联业者，为进场交易者提供了经营和生活方面的全方位服务，使业者方便、舒适、放心，无后顾之忧。

（六）投资和税赋

1.投资

作为社会公益性事业，日本政府对批发市场的投资渠道多，数量大，长期坚持。其中，有国家财政直接拨款；有农林水产省所属金融机构通过信贷业务支付；有农林水产省直接控制的国营特定法人机构拨付；有地方财政拨款；也有来自民间企业的投资。对于政府投资，有的用于新建、改造，有的用于专项升级现代化设施建设。20世纪70年代，每年平均投资150—170亿日元，80年代后也保持在100多亿日元。另外，还有20年到30年的长期低息贷款。这些资金来源稳定，使用规范，审核严格。对于亏损市场，政府还要另给补贴。

2.税赋

作为公益事业的批发市场，享受国家税收特例。国税课目的市场土地使用收益，有的全免，有的减免；对地方批发市场的土地使用免征税。地方税课目的固定资产税、不动产收益税、特殊土地拥有税和事业所得税等或免征或减征。

（七）法律和监管

日本的农产品流通是依法进行的。法律不仅是流通行为的准则，也是政府行政管理的根据，仅是专对批发市场的法律就10来个，省令通告60来个，内容涉及有关批发市场各个方面规定甚详。其中较重要的有：（1）国会制定的法律——《批发市场法》；（2）内阁制定的政令——《批发市场法施行令》；（3）农林水产省制定的省令——《批发市场法实行规则》；（4）地方议会制定的当地规则条件——《批发市场业务规程条件》；（5）各批发市场市场长制定的本市场的《业务规程施行细则》等。

由于法律完备明确，执行又严格认真，加上宣传得力，违法现象反而很少发生。日本农产品的生产、流通和消费，在中央政府一级都由农林水产省一个部门主管，政策、规划、管理和措施都政出一门，很少有扯皮和不协调现象，政府管理的权威性极高。

四、对蔬菜产销的直接调控

为了保证蔬菜生产和上市的稳定，1966年，日本颁布了《蔬菜生产销售稳定法》，并依此法创立了著名的蔬菜"三指定"产销办法及配套的资金保障制度。具体内容和效果如下。

（一）"三指定"的内容

1.指定消费地

对蔬菜消费量大、人口在20万以上的城市及周边地区，全国指定了34个地区、164个城市，作为重点蔬菜供给保障区。

2.指定蔬菜

把市场消费量大，又对稳定市场蔬菜价格有特别重要作用的蔬菜品种，作为指定蔬菜。全国性的"指定蔬菜"有14个品种；都道府县的"特定蔬菜"有25个品种；五个县的"特别认可菜"有3个品种；"重要供需调整蔬菜"有4个品种，包括卷心菜、秋冬萝卜、洋葱和秋冬大白菜，作为存储调剂品种。对各类指定蔬菜均列有名单。

3.指定产地

确定"指定产地"的条件有3个：（1）生产条件。叶茎类、根茎类的种植面积达到25公顷以上；夏秋果菜类15公顷以上；冬春果菜类10公顷以上。（2）向指定消费地的蔬菜上市量要占到其总产量的50%

以上。（3）指定产地的共同上市量要占其总上市量的三分之二以上。

（二）落实措施

1.事先预测制定产销计划

政府听取生产者、流通者、消费者和学者等意见，对"指定消费区"和"指定消费菜的需求"，作出预测，再制订产销计划，大约5年一次，经政府批准后，与农户自愿预约登记，按计划生产和销售。

2.建立机构

政府在都道府县、地域和市町村，建立三级"蔬菜指定产地产销协议会"，组织落实计划。

3.随机调整

对最重要的4种菜，从播种到上市，进行跟踪供需调节，根据市场供求和价格情况，分别采取不同的办法：或延期上市，或分散供货，或储藏加工，或就地销毁，或提前收获上市，或准许鼓励等外品上市，或投放储存菜等。

（三）设立"蔬菜供给安定基金"

1.设立"基金"

1976年，日本政府将原有的"蔬菜生产销售安定资金协会"和蔬菜批发财团法人设立的"蔬菜价格安定基金"合并，成立"蔬菜供给安定基金"。资金来源于财政补贴和登记的出售团体缴纳的保险金。"基金"主要业务：价格补贴，设仓吞吐，也在需要销毁严重过剩蔬菜时，给菜农补贴。

2.价格调控

这是一项蔬菜价格稳定制度。该项制度内容操作繁复，核心是根据情况对生产者和经营者进行补贴。其中最具体的是确定3种价格，分别采取不同政策。具体办法是：（1）根据近10年来蔬菜价格波动历史情况，确定"趋势值价格"（A）；（2）将趋势值价格的90%确定为"保证基准价格"（B）；（3）将"趋势价格的"50%确定为"最低基准价格"（C）。然后根据市场蔬菜的实际价格，比照A、B、C三种价格，设一个波动幅度区间，分别给生产者不同的一定比例补助，或不给补助。

3.效果

这项政策实行以来，对市场供应、流通和消费的衔接越来越稳定，覆盖面越来越大，市场供求总体趋向平衡，价格总体保持稳定，收到了较好的效果。

五、近年来的新趋势

受多种因素的影响，日本的批发市场制度开始受到越来越大的冲击。主要是：（1）市场的交易量下降；（2）市场的经由率下降；（3）市场的拍卖率下降；（4）市场的效益下降；（5）市场外交易增加，对市场竞争压力加大。这些变化促使政府频繁修改法律和制度，放宽过去许多硬性限制，增加了灵活性，逐步扩大市场的作用。但是，政府的一些修补能否挡住市场作用的强大推动力？政府应作出什么样的、多大的调整？对新形势下批发市场制度应当进行怎样的改革？这些，都是日本政府和社会面对的艰难思考和选择。

美国的蔬菜流通

北京八里桥农产品中心批发市场总经理、研究员　赵尔烈

一、背景

2016 年，美国人口 3.19 亿，人均 GDP 5.75 万美元，是世界上最富裕的国家之一，城市化率 82.4%（2011 年），是世界上城市化率最高的国家之一。近年来，蔬菜年产量大约在 5400 多万吨，人均蔬菜消费每年 170 多公斤，其中，鲜菜消费 85 公斤左右。多年前，美国的蔬菜已经实现了总供给与总需求基本平衡，大波动的周期性危机已基本消除；蔬菜的日常供给，已消除了淡旺季差异，实现了均衡上市；蔬菜价格长期平稳，无异常波动；蔬菜食品安全记录良好，无重大事故发生。美国蔬菜流通公益性得以良好实现，得益于美国多年来形成的适合美国国情的自由竞争市场经济和政府有限适度干预的蔬菜产销体制。

二、自由竞争的市场作用

美国是典型的实行资本主义市场经济的国家。市场经济的基本原则，是通过公开、公平的自由竞争，形成合理的市场价格，再由市场价格来引导市场作出决策，实现对资源的配置，即通过"看不见的手"指引私人（企业）的趋利行为来满足社会大众的需求。美国政府通过一系列的法律、行政和经济手段来保证市场经济原则在经济运行中的实现，当然，也包括农产品生产和流通体系的运行。这里，我们着重介绍一下，美国的自由市场竞争作用，造就了一个怎样高效、有序的蔬菜产销体制。

（一）"集中生产、分散供给"的蔬菜流通大格局

由政府规划，市场推动，经过 30 多年的发展，全国形成了按自然优势布局的西南、中南、东南和传统北方四大蔬菜集中产区，其产量占到全国产量的 90%，其中加利福尼亚州就占到 50% 左右，费罗里达州的芹菜占到全国芹菜产量 70%。高度的集中生产和高度的城市化，形成了"集中生产、分散供给"的全国蔬菜大流通。

（二）高度组织化、集中化、规模化的蔬菜生产主体

美国农业主要是农场制。政府通过创造公平、自由、竞争的市场环境，促进了农场的兼并和集中。例如，1935 年美国的农场数高达 680 万家，到了 1997 年只剩下 200 万家，平均占地 3155.7 亩，其中，生产果蔬的农场有 16 万家，平均占地 837.5 亩。1999 年，全国年销售额 50 万美元以上的大农场占农场数的 4%，销售额却占到 57%，年销售额 5 万美元的小农场，占农场数的 74%，销售额仅占 7%。蔬菜生产的情况也大体如此。农场的大型化和大型农场的大规模化，成为美国蔬菜生产的重要特点。

（三）蔬菜流通渠道发生了历史性的重大变革

美国蔬菜流通渠道是通过三大市场体系实现的。一是产地运输（采购）点市场；二是销地车站批发市场；三是零售终端市场。在近 200 年的历史中，销地车站批发市场一直是蔬菜流通的主渠道，其市场经由率占到 50%—60% 左右。但从 20 世纪 80 年代中期开始，进场交易量逐渐下降，到了 90 年代，除个别城市外，全国车站市场的总经由率降到 20%—30%。与此同时，产地运输（采购）点市场的作用，也发

生了重大变化，由原来供中小农场销售和中小运输户采购，转变为由大农场、各类一体化综合企业和合作组织销售，由大型零售集团企业、一体化大型综合企业、大型专业蔬菜公司和大型运销企业采购。交易主体由散小弱，变为大而强，交易数量由笔多量少，变为笔少量大，交易方式也发生了很多变化。在零售终端市场，原来的小食品店已被超市门店所代替，只是菜市场在一度减少后，近年又以"农民市场"等多种形式恢复和发展起来。

（四）高度组织化、规模化、一体化的新型蔬菜营销主体

在市场长期激烈竞争的推动下，伴随着经济社会发展和科技水平的提高，通过市场淘汰、兼并、整合、创新，美国的蔬菜经营主体已从过去的小商小贩、单纯批发企业和夫妻零售店中完全脱离出来。其中，最大的变化有两种：一是产生了各种类型的产销一体化的综合体，包括纵向一体化或横向一体化，如农场—销售综合体，农场—运销—加工综合体，加工—采购—运输—销售综合体等。这些一体化企业或组织，将过去分散的、独立的生产、采集、分拣、包装、储运、加工和销售等环节或业务，通过资产纽带或合同纽带，不同程度地整合到一个大型企业集团或企业联合组织中，成为新的蔬菜经营主体。二是大型连锁超市集团公司快速发展。超市公司一方面大力发展直营或加盟连锁店，实现横向一体化；另一方面大力建设自己的采购、配送、物流集配体系，实现纵向一体化。这些新型的一体化企业和组织，成为美国当前蔬菜经营的主体和骨干。据统计，2000年全美的2000家食品连锁企业，在产地运输（采购）点市场，通过一体化渠道，采购了50%的水果和蔬菜。另据统计，全美7大连锁公司，1995年的食品销售额已占到全国的80%左右。此外，近年来农民的合作组织也得到较大的发展，组织了大型的共同销售联合体，原有的蔬菜公司在数量减少的情况下，规模有所扩大，功能有所完善。

（五）畅通、规范、有序的蔬菜流通秩序

美国三分之二的人口集中在东部城市，蔬菜生产的70%以上集中在西南部地区，4000公里左右的长距离运输，靠的是美国形成了一条按吨公里补助、无关卡查扣的，真正的蔬菜"绿色通道"。另外，在市场激烈竞争和私人（企业）利益的驱动下，美国蔬菜市场仍然实现了规范有序运行。早期的那些违法欺诈行为，已基本少见，而依法诚信经营已成为蔬菜流通的常态。美国的蔬菜流通体制，已是一个成熟的自由市场经济的流通体制。

但是，另一方面，美国蔬菜的自由市场经济流通体制，又是在政府的持续有限干预下形成的，也是在政府的有限干预下得以正常运行的。正是由于有了政府这只"看得见的手"，及时纠正和弥补了市场"看不见的手"的缺失，才使得美国蔬菜流通中的社会公益性，在市场和政府的共同作用下得到较为良好的实现。

三、政府的有限干预作用

（一）颁布法律

美国的市场经济是建立在法律规范的基础上。作为主要大法《反垄断法》，规定"那些以委托形式相互勾结行为都是不合法的"。相关法律又定义了不公平竞争的行为，具体规定了公司在市场竞争中，能做什么和不能做什么的规则。对于农产品流通来说，也是法随行至，几乎整个流通环节和行为都有相关的法律规范。其中最为重要的直接规范生鲜农产品流通行为的是《易腐农产品法》。该法于1930年生效，明确规定了水果和蔬菜的经营者，必须取得经营许可证，否则不得经营。该法又明确规定了7项禁止行为：（1）没有正当理由拒绝运输；（2）非不可抗拒力，不依约将货物送达；（3）以虚假宣传推销产品；（4）代理商、承销商造假账；（5）代理商、承销商不按期付款和销售、接货；（6）产品规格、质量、条件或

产地不符规定；（7）任意改变联邦检查文件。法律还规定交易资料账目必须保存2年备查等，规定详细、明确、严格。

（二）制定农产品《销售规程》和《销售协议》

为了保证鲜活农产品的均衡上市和价格稳定，美国政府根据1933年的《农业调整法》和1937年的《农产品销售协调法》，制定了《销售规程》（也有译为"营销命令"）和《销售协议》。《销售规程》是针对不同产品，由生产商协商后经多数投票决定的规程，经政府批准后，在覆盖范围内的生产商和经销商都要强制执行。而《销售协议》则是自愿执行。但是在实际工作中，两者往往是结合在一起发挥作用。这两项规则，对大量签约的产品的规格、标准、质量、上市时间、上市地点、上市数量、公平交易和基准价格等，都提出了严格的要求，以实现秩序经营，保证公众利益的实现，一些重要的蔬菜也覆盖其中，效果良好。这是一种美国式的大型企业之间的"订单对接"。

（三）调节供求

对蔬菜生产，美国政府并不直接调控生产，但通过《销售规程》和《销售协议》的执行，间接地起到了调节生产的作用。在调节需求方面，政府则采取了一系列措施投入资金来扩大"适需剩余产品"的社会需求。主要是：（1）"食品券计划"。对低收入家庭，政府按类别等级，发给"食品券"，可到指定销售单位购买。2003年用于此计划资金239亿美元，服务人口2130万人。（2）"儿童营养计划"。包括："全国学校午餐计划""学校早餐计划""夏季供餐计划"和"儿童与成人护托机构供餐计划"等，其中，仅2004年政府就投入了119亿美元。（3）"妇女、婴儿及儿童营养补助特别计划"。2004年，投入49亿美元，每月有790万人受益。（4）开展"每天5种食品运动"，从增进国人健康的角度提倡消费绿色、黄色蔬菜等，扩大需求效果显著。

（四）进出口调剂

美国是蔬菜生产大国，但也是一个纯蔬菜进口国，每年利用拉丁美洲，主要是墨西哥的自然优势和价格优势，从拉美国家进口大量蔬菜，补充冬季国内市场的供应和平抑价格。同时，每年又向加拿大出口大量的蔬菜，消化国内的过剩产品。实现国内外两个市场联动。

（五）保障食品安全

美国政府把食品安全当成一件重大的社会公益性事业来对待，除了颁布了严格的《食品安全法》外，对蔬菜安全的监管也完全由政府承担起来。国家食品与药品管理局，在全国设有5大区域性监测中心。农业部在50个州都设有农残监测机构，在县级设监督检查员，负责对农药的使用许可审批和对产品的抽样检测，其中加州有3个农残检测中心，年抽样7000—8000个左右。检测结果不合格产品，由政府主管部门依法严处，规定有：罚款、扣留产品、封存、没收、禁止收获、停售、销毁，直到追究刑事责任，对新鲜果蔬的农残检测，要求70%—80%在入市前检测，20%—30%在入市后由政府派员抽样检测。整个工作责在政府，流通企业和市场，只起配合作用。

（六）提供公共产品

1.信息化服务

美国联邦政府和各州，都设置了专门的机构，负责对全国的农产品生产、流通、价格、储运和消费等信息进行全面详细的采集、分析和发布。政府的市场情报员，掌控着全国1700多个各类市场的450多种商品的信息，其中在26个农产品终端市场建立了信息采集点，对各类品种、品级商品的到货、卸货、储藏、销售、供求、价格等信息进行专职采集传报。政府要求信息必须是综合的、准确的、可信的、及时的、可理解的、保密的（涉及期货市场的在一定时段内）、公共的、在市场传播的，整个信息工作过程都依法按规则流程行事。

2.标准化服务

美国政府认为，等级和标准是已达成共识的市场语言，它大大地简化了营销过程和降低了流通成本，也为买卖双方提供了一个道德诚信的基础。美国政府设置专门机构编制蔬菜的生产和流通的等级和标准。现已对85种新鲜果蔬制定了标准。其中有国家标准、地区标准、行业标准和企业标准，标准有强制性的、许可性的和试验性的。这些等级和标准覆盖了产品的生产过程、加工、分等分级、运输、储藏、品质、检验检测、设施设备、操作流程、交易行为、企业管理和违规处罚等各个方面。

（七）市场建设

美国政府一直将农产品批发市场作为公益性市场来建设，并让其在很长时期内承担着农产品流通主渠道的作用，其体制特点如下。

1.政府立法、规划

按照海洋法系传统，美国对批发市场建设开办，一般是一场一法。例如，1967年在《马里兰法典》中，专门设立了《马里兰食品中心管理局法》。该法对开设马里兰批发市场相关事项，作出了全面明确的规定。包括市场的公益性质、开设目的、开办者、资金来源、管理者、运营方式、财务制度、管理方式、人事制度、税费办法、财产处置等诸方面。市场的开办建设，必须纳入城市规划，不得擅自为之。

2.投资

土地一般多由政府征购，建设方面，有的是政府投全资（如马里兰市场），有的是社会民间企业或组织联合出资（如洛杉矶市场）。政府对市场的升级改造和节能环保等设施建设，多有扶持政策。

3.管理经营

有的是官办官管，如马里兰市场就是成立一个官办的"马里兰食品中心管理局"，代表政府作为投资人进行管理，下设由政府人士、专业人士和商户参加的管理委员会，并由其聘任专业高管人员，进行经营管理；有的由政府包租给有资格的民营公司管理，如纽约的享特市场；有的是民建自营，如洛杉矶市场。无论哪种管理方式，都要受政府监督，履行公益性职责。

4.税费

对依法设立的公益性批发市场，政府一律免征所得税，有的还免征其他由地方政府可决定的税项。对于由政府建设对外租包的市场，政府收取承包费（或叫租赁费），如纽约享特市场，每年向政府交400万美元承包费。

5.商户

合乎资质的农产品经销商，经过申请批准，进入市场租赁摊位经营，并向市场交纳摊位租赁费、设施使用费、车辆进门费、清洁费等相关杂费，还要向政府缴纳营业税。由于蔬菜都是对手交易，不交手续费。美国批发市场的商户都是公司化的经营大户，实力强，信誉好，一般一个大市场也只有几十家商户，如马里兰市场占地2400多亩，交易场地3万平方米，2007年仅有18个经销商。

6.设施

美国市场的设施特点是现代而适用，多为火车货站式交易栋房，每个摊位单元前面用于商品展示，后面是一个周转冷库，实现了交易场所的冷链化，场内还另有大型公用冷库，加上产地采后预冷和冷藏运输，也就最终实现了全程冷链化。整个市场道路宽敞、停车场大，动线合理；垃圾污水处理设施完备；辅助服务功能设施机构齐全。对于新的功能改进，也建有相应的配套设施。

7.功能

主要功能仍是农产品批发交易，但新增加了食品加工配送功能，如马里兰在中心内另建有中心厨房。近年来，各市场的物流功能均在改善，有的还提供运输服务，生鲜品的运输车辆都是专门的大型冷藏车。食品安全由政府派员抽查，市场配合。商户有义务向市场、政府上报交易信息，市场和政府分析处理后向商户和社会进行通报。

8. 交易

市场内的交易方式都是对手协商交易，或当面，或电话，或网上进行，自行结算。近年来，为了适应超市等大企业直采竞争，市场商户多转向快速发展的餐饮业客户和居民特色需求。由于批发市场仍实行公开集中交易，并承载着 20% 的社会经由量，所以，批发市场仍然是生鲜农产品的市场价格发现形成中心，还在一定程度上主导着生鲜农产品的流通。

除了批发市场外，近年来，美国出现了城市郊边的农民市场。这类市场多由政府出资或扶持建设，经营者必须是当地农民，出售的产品也必须是当地农民生产的产品。产品新鲜、环保安全、口味适合当地居民习惯，深受欢迎。农民市场有常设常年经营的，也有周末周日市场，还有早晚市场，"农民市场"成为农产品流通的一个新形式、新选择。

美国的蔬菜流通，就是在上述自由竞争的市场经济机制和政府有限干预机制的共同作用下，相辅相成，共同完成的，当然，美国蔬菜流通中的公共利益，也是在这个双重共同作用下得到实现的。

第四篇　地方农产品流通业发展动态

2017 年北京市农产品批发市场行业发展报告

北京市商务委员会

一、基本情况

（一）面积

全市 8 家主要农产品批发市场，目前总占地面积 4400 亩左右，建筑面积 230 万平方米左右。零售网点约 4000 个，农产品总经营面积约 300 万平方米。

（二）上市量、供应量

1. 蔬菜

2017 年度，新发地市场蔬菜上市量约 723 万吨，占全市批发上市量约 70%。本市蔬菜总上市量约 1030 万吨；过境量按照 20% 计算，本市蔬菜总供应量约 824 万吨。

2. 水果

2017 年度，新发地市场水果上市量 738 万吨，占全市批发上市量约 80%。水果总上市量 922 万吨；过境量按照 20% 计算，本市水果供应量 737 万吨。

3. 粮食

2017 年度，本市粮食供应量约 560 万吨，过境量按照 20% 计算，本市供应量为 448 万吨。

4. 肉类

2017 年度，西南郊市场交易量为 35 万吨，按照其占全市上市量 40% 计算，全市肉类上市量共 87.5 万吨；过境量按照 20% 计算，肉类总供应量 70 万吨。

5. 水产

2017 年度，京深海鲜市场交易量 25 万吨，按照其占全市上市量 35% 计算，全市水产上市量约 71 万吨；过境量按照 20% 计算，水产总供应量 57 万吨。

（三）需求量

根据国务院印发的《中国食物与营养发展纲要（2014—2020 年）》（国办发〔2014〕3 号），到 2020 年，全国人均全年口粮消费 135 公斤、食用植物油 12 公斤、豆类 13 公斤、肉类 29 公斤、蛋类 16 公斤、奶类 36 公斤、水产品 18 公斤、蔬菜 140 公斤、水果 60 公斤。因北京市人均生活水平在全国处于前列，暂按照 2020 年全国标准计算。

结合本市 2017 年常住人口 2170.7 万人计算，全市全年共需求原粮 433 万吨（口粮 293 万吨），肉类 63 万吨，水产 44 万吨（净 40 万吨，损耗率按照 10% 计算）、蔬菜 434.3 万吨（净菜 304 万吨，损耗率按照 30% 计算），水果 153 万吨（净果 130 万吨，损耗率按照 15% 计算）。

经对本市主要农产品供应量及需求量进行比对，其中粮食、肉类、水产基本平衡，蔬菜供应量超过需求量 89%、水果超过需求量 3.8 倍，我们认为出现这种数据偏差的原因还是因为北京居民生活水平高，餐饮业、旅游业发达所造成，如按照每人每天需求 1 公斤蔬菜、0.75 公斤水果计算，蔬菜、水果需求量分别为 792 万吨和 594 万吨，本市农产品整体供应和需求基本平衡。（详见表 1）

表1　北京市各主要农产品供需核算情况

	蔬菜	水果	粮食	肉类	水产	合计
供应量	824	783	560	70	57	2294
需求量	792	594	448	63	44	1941

（四）从业人数

1.批发

整体从业人数。按照新发地等主要农产品批发市场交易面积及交易人数进行推算，我市从事农产品批发交易的就业人数应在30万—40万人之间。因约5万—10万一级批发商定期往来于农产品产区和销间，因此农产品批发环节日常在京人数约在25万—35万人左右。

2.零售

按销售量计算，按照行业内一般标准，销售人员人均日销售蔬菜、水果量在250—300公斤左右，按照全市蔬菜、水果总供应量1600万吨计算，从事蔬菜、水果零售从业人员应在15万人左右。从事粮食、肉类、水产的零售从业人员总数一般与从事销售蔬菜、水果的人员总数相当，据此计算，本市从事农产品零售的总就业人数应在30万人左右。

按照以上计算方法，本市农产品流通总就业人数应在60万人左右。

二、重点措施

（一）严格遵循政府规定

按照《北京市"十三五"时期农产品流通体系发展规划》《北京市蔬菜零售网点建设管理办法》，优化农产品批发市场布局，加快新发地农产品批发市场转型升级，高水平建设运营北京鲜活农产品流通中心，共同构成本市农产品流通"双核"保障格局。因地制宜发展规范化、连锁化、品牌化社区菜店、菜市场、生鲜超市、综合超市搭载、社区蔬菜直通车等多种形式农产品零售终端。

（二）强化基本公共服务职能

市级负责全市农产品流通体系发展规划、规范标准和发展政策的制定，负责推进市级农产品批发市场、生活必需品政府储备和应急保障体系的建设；区级负责落实全市发展规划，负责本区农产品流通规范标准和政策的制定，负责本区农产品批发市场和农产品零售网点的建设。

（三）进一步加强政府对农产品流通体系建设的调控力度

1.加大政府对农产品流通体系的公益性资金投入

在引导社会资本加大向农产品流通体系投入的同时，市、区两级政府采取"股权投资"等方式，通过政府股权投资收益反哺市场公益性运营。

2.建立公益性农产品批发市场建设运营机制

研究制定相关配套政策措施和综合管理协调机制，推动公益性农产品批发市场建设和运营。落实公益性农产品批发市场用地、用水、用电、税收、运输绿色通道等相关政策，探索政府以土地作价出资（入股）公益性农产品批发市场。

3.加强蔬菜零售网点规划建设和使用管理

严格落实《北京市蔬菜零售网点建设管理办法》和《北京市居住公共服务设施配置指标》，制定《新建住宅小区商业配套设施使用管理办法》，进一步强化社区蔬菜零售网点规划建设和使用的管理。

（四）培育发展农产品流通龙头企业

进一步发挥本市农产品流通产业发展基金作用，支持培育发展农产品流通龙头企业，打造具有较强影响力的农产品流通品牌，优化整合农产品供应链条，推动农产品流通企业集约化、规模化、品牌化发展。

2017 年天津市农产品批发市场行业发展报告

天津市商务委员会

　　农产品批发市场是我国农产品流通的中心环节，在调整农业结构、增加农民收入、保证居民供应等方面发挥着重要作用。随着我国现代化进程的高速发展，农业供给侧结构性改革和农产品去库存问题凸显，传统农产品批发市场业态和交易模式已成为制约农产品快速流通、保障食品品质和安全的瓶颈；现代农产品流通领域大数据化应用，农产品批发市场面临着农产品批发现代化提升改造的挑战。

一、行业发展现状

（一）行业规模分析

　　2017 年，天津农产品批发市场行业监测样本批发市场 36 个，与 2016 年持平。其中，综合批发市场 25 个，与 2016 年持平；水产品批发市场 5 个，与 2016 年持平；肉禽蛋、茶叶、花卉批发市场各 2 个，与 2016 年持平。市场摊位 23500 个，同比增长 3.52%，从业人员数共计 64366 人，同比增长 0.57%。

　　2017 年，天津农产品批发市场行业监测样本批发市场的检验检测中心 6 个，与 2016 年持平；信息中心 3 个，同比增长 50%；电子结算中心 2 个，同比增长 100%。

（二）行业结构分析

1.市场类型结构

　　2017 年，天津农产品批发市场行业监测样本批发市场 36 个。其中，综合批发市场 25 个，占比 69.44%；肉禽蛋批发市场 2 个，占比 5.56%；水产品批发市场 5 个，占比 13.88%；茶叶批发市场 2 个，占比 5.56%；花卉批发市场 2 个，占比 5.56%。

2.经营面积结构

　　2017 年，天津农产品批发市场行业监测样本批发市场的经营总面积为 2386380 平方米。其中，综合批发市场经营面积最多，达到 1992580 平方米，占比 83.50%；水产品批发市场 308800 平方米，占比 12.94%；茶叶批发市场 40000 平方米，占比 1.68%；花卉批发市场 45000 平方米，占比 1.88%。

3.综合市场结构分析

　　2017 年，天津农产品批发市场行业监测样本批发市场的成交额为 5194900 万元。其中，其他产品类年成交额最高，达到 1899590 万元，占比 36.57%；其次是水产品类年成交额，达到 1538550 万元，占比 29.62%；蔬菜类年成交额 943660 万元，占比 18.16%；肉禽类年成交额 582500 万元，占比 11.21%；水果类年成交额达到 162500 万元，占比 3.13%；蛋类年成交额 68000 万元，占比 1.31%；茶叶类年成交额最小，仅有 100 万元，占比 0.0019%。

（三）行业效益分析

　　2017 年，天津农产品批发市场行业监测样本批发市场的成交额为 5194900 万元，同比增长 9.29%。其中，水产品类年成交额 1430600 万元，同比增长 7.55%；蔬菜类年成交额 943660 万元，同比增长 1.48%；水产品市场年成交额 1538550 万元，同比增长 7.55%；其他产品类年成交额 1899590 万元，同比增长 845.12%。

此外，肉禽类、蛋类、水果类和茶叶类市场年成交额略有下降。其中，肉禽类年成交额 582500 万元，同比下降 3.16%；蛋类年成交额 68000 万元，同比下降 1.45%；水果类年成交额 162500 万元，同比下降 89.32%；茶叶类年成交额 100 万元，同比下降 16.67%。

二、存在的问题及原因分析

（一）缺乏批发市场相关法规，收费标准不统一

与农产品批发市场直接相关的法律法规建设滞后。我国尚未出台法律法规确立农产品批发市场的交易规则，直接影响了对农产品批发市场功能的发挥及市场秩序的规范，造成一些批发市场存在收费混乱的情况。

（二）农产品缺乏生产者品牌和标准分级

目前，一些入场交易的农产品已开始使用品牌，但多以产品产地名称为标示，或者以经营者名字命名，缺乏具体的生产者品牌，导致某些产品一旦出现质量安全问题，无法区分具体生产者，而使产品所在地的同类产品都受牵连，给当地经济和种植户带来巨大损失。因此，应鼓励生产者树立品牌意识，减少因外来因素遭受的损失。

（三）农产品质量安全检测负担较重

一是农产品质量安全检验覆盖范围有限。目前，批发市场在蔬菜上市前对场内各品类蔬菜进行检验，基本采取送检方式，而且能够对上市商品进行检验的批发市场基本上都是具有较大规模和影响的一级销地批发市场。中小规模的批发市场因资金、人力以及设备所限，无力对上市商品进行检验，导致农产品质量检测未能实现全覆盖，有相当一部分上市销售的鲜活农产品没有经过质量安全检测，存在较大漏洞。二是农产品批发市场承担质量安全检测成本，加重了运营负担。目前，农产品质量安全检测的场地、人员以及各类运营成本都由所在批发市场承担。

（四）经营管理理念落后，服务功能单一

规范化的现代批发市场应具有货物集散、价格生成、信息发布、标准化建设、服务引导、产品促销、产业带动等功能。目前，我国批发市场的服务功能仍停留在集贸市场阶段，虽然近年来开始引进诸如运输、银行、保险等服务机构，但并不具备较为完善的配套功能。

三、行业发展趋势

（一）农产品批发市场向横向网络化发展

近年来，农产品批发市场呈现向连锁兼并、功能拓展、区域集结等横向网络化发展趋势。在连锁兼并方面，一些市场利用其资本、品牌和管理优势，向其他市场输出资本和管理，在本地和异地同时经营若干市场，甚至形成了母子市场体制和市场集团体制。在功能拓展方面，一些市场通过增加交易品种，实现市场转型；通过扩大市场经营场地，增加服务功能；通过功能延伸，大力建设农产品物流配送中心，不断强化其物流功能。在区域集结方面，以区域为核心的地方大市场可联合当地各农产品批发市场，结成战略联盟，集中优势增强竞争力。

（二）服务功能向生产和零售两端纵向化延伸

现代意义的批发市场已不单纯是商品的集散和交易中心。为降低交易成本，提高交易质量，保持交易规模，批发市场服务功能已开始向生产和零售领域纵向化延伸，实现纵向一体化经营。具体说来，一

是向生产领域延伸。农产品批发市场通过与科研机构合作，培育优良品种，发展产供一体化经营；与农业生产合作社联合兴办农产品基地，发展"订单农业"，以掌握符合市场需求的优质货源。二是向零售领域延伸。批发市场积极发展零售终端市场，以扩大商品流通规模，减少流通环节，降低流通成本。三是向全供应链发展。一些农产品批发市场一方面向上游延伸，投资或参股建立农产品生产和加工基地；另一方面向下游延伸，与农产品零售终端结合，为其加工、配送农产品，以实现供应链管理，实现农产品质量安全的可追溯。

（三）交易方式简便化

随着信息化、电子化技术的不断发展，以日本、韩国、中国台湾为代表的拍卖模式，以南非为代表的电子结算交易模式，以法国等西欧国家为代表的场地租赁模式，以美国为代表的大规模物流配送模式等使得交易价格更为公开、公平，交易流程更为简便，但同时对批发市场的流通组织化程度、农产品包装标准化程度等都提出了更高的要求。

四、主要对策建议

（一）加强基础设施建设，优化市场服务环境

一是加强市场交易场地、交易大棚等交易设施建设，改善交易环境，提升交易效能；二是加强市场信息系统建设，提升电子结算、监控、信息发布、综合管理、数据交换等功能，逐步实行合约交易、订单交易、拍卖交易等现代化交易方式；三是加强市场检验检测系统建设，提升药物残留检测功能，逐步建立健全农产品质量安全可追溯体系；四是加强市场冷链运输、保鲜仓储等基础设施建设，提升冷链服务功能。

（二）推进农产品品牌化和标准化发展

一是通过资金支持，鼓励大型批发市场率先推进农产品标准化，发挥引领和示范作用。二是逐步推广农产品包装标准化。虽然标准化能够提高效率、降低损耗，但会增加成本，在推广过程中存在较大阻力。因此建议：在初始阶段类比技术推广的方式进行补贴；提高标准制定与标准推广的同步性，在建立行业标准、地区标准后，对批发商使用标准包装材料给予优惠和鼓励，并逐步过渡到强制性标准；在适当时候规定必须采用标准包装材料才能进场交易。

（三）强化农产品流通安全中的政府介入

《农产品质量安全法》对主体责任的规定，本质上是一种层层追溯的倒逼机制，即从消费者追溯到中间环节，再追溯到生产源头。但由于农产品生产呈分散化的特点，与具有品牌标识的工业品有很大差别，通过中间环节很难追溯到源头，而且源头又难以进行有效监管。因此建议，一是建立农产品流通追溯的制度规范，强制要求批发商建立进货来源记录和索证制度，保证问题产品可追查到上游。二是由农业局在批发市场派驻检测机构，出具具有法律效力的检测文件，对出现问题的产品交由专业的第三方检测机构进行复检确认，再进行处理。三是对由政府与批发市场共同建立的第三方检测机构，采取政府购买服务的方式，发生费用由政府"买单"，企业提供场地和人员进行具体操作，政府对检测报告统一管理，并在出现问题时进行比对或出具权威解释，从而减轻批发市场的经营负担。

（四）搭建农产品网络交易平台，完善信息服务功能

建立农产品信息化服务和网络交易平台，开展农产品市场分析预警、网上服务、检索咨询等各种服务，及时发布和提供生产、价格、需求、库存以及相关政策法规信息；加强农产品市场信息跨部门协作共享机制，逐步形成一批数据可靠、分析准确、发布权威的农产品信息网络，为扩大农产品网上宣传、开展农产品网上交易提供条件，服务于"三农"，服务于农产品生产流通企业，服务于城乡消费者。

2017年山西省农产品批发市场行业发展报告

山西省商务厅

山西省农产品批发市场是农产品流通体系的枢纽和核心，也是农产品流通的载体和支点，承担着农产品集中分散和价格形成功能，集商流、物流、信息流为一体，是农产品流通链条的中心环节，对提高农产品竞争力、丰富市民生活、繁荣城乡流通，促进农民增收和农业产业化发展等具有重要意义。随着以市场为导向的农产品流通体制改革的不断深化，我省基本形成了以民间经营为基础、市场导向为机制、企业自主经营、政府适度调节的农产品流通体系，而在这一体系中，农产品批发市场具有主渠道和中心环节的作用和地位，其发挥着产品集散、供需耦合、价格形成、信息传播等多项不可代替的功能。

一、行业发展基本状况

我省农产品批发市场作为农产品营销的主要渠道，在搞活农产品流通、促进农业发展、保障城市供应方面，发挥了巨大的作用。近年来，我省农产品批发市场服务水平不断提升，交易设施不断完善，交易环境不断改善，逐渐形成了以批发市场为核心，农贸市场为基础，覆盖城乡的农产品流通体系。

（一）行业规模稳步发展

2017年度，山西省农产品批发市场行业典型企业共24家，同去年25家相比减少1家。经初步调查，全省共有农产品批发市场149个，与上年度持平。按经营品种分，综合市场83个；专业市场66个，其中，肉禽蛋市场7个，水产品市场5个，果蔬市场50个，茶叶市场1个，花卉市场3个，其他市场0个。

全省农产品批发市场共有摊位数62915个，同比增长9%。其中固定摊位50970个，非固定摊位11945个。

全省农产品批发市场总营业面积347万平方米，同比增长1%。其中，交易厅棚面积247万平方米，露天交易场所面积100万平方米。经销商42740个，同比增长1%；市场从业人员21万个，同比增长1%。

（二）行业结构较为科学

我省农产品批发市场以经营各类农副产品为主。2017年，蔬菜类成交额329.5亿元，同比增长7%；水果类成交额350.8亿元，同比增长8%；肉类成交额214.6亿元，同比增长9%；蛋类成交额34.2亿元，同比增长5%；水产品类成交额40.2亿元，同比增长4%；茶叶类成交额0.8亿元，同比增长5.9%；花卉类成交额10.9亿元，同比增长6%；调味品类成交额33.4亿元，同比增长7%。

（三）行业效益呈增长态势

2017年，全省农产品批发市场年成交量6859万吨，同比增长5.5%；年成交额1014.5亿元，同比增长7.6%。

（四）行业现代化发展速度较快

2017年，全省农产品批发市场行业现代化程度有明显改善，全省共建设废弃物处理中心44个，同比增长15.8%；检验检测中心70个，同比增长6%；安全监控中心63个，同比增长6.8%；信息中心64

个，同比增长33%；电子结算中心54个，同比增长10.2%；冷库库容达54.6万吨，同比增长5%；冷库面积36.1万平方米，同比增长6.1%。

（五）行业对地区经济社会发展贡献较大

全省农产品批发市场行业有效将小生产与大市场对接。对于农产品的商品化、农产品区域市场流通、区域经济发展起到了促进作用，实现了农产品的有效供给，保障了城乡人民生活。还起到了稳定物价、改善民生、解决就业、提高居民收入的作用。对农村的经济发展以及全省的经济发展起到了巨大的推动作用。

二、存在的问题及原因分析

（一）农产品批发市场经营创新能力不足

农产品市场存在低水平复制的情况，多数市场的业态形式都是类似的，管理方式仍是传统的管理模式。这样使得市场缺少核心竞争力，导致市场之间不能进行差异化经营，从而带来了一定的资源浪费和恶性竞争。

（二）市场信息仍存在不通畅情况

农产品的结构性、季节性、区域性过剩，仍是农产品流通存在的普遍性问题。市场信息的形成机制和信息传播手段的滞后，使生产者缺少有效市场信息的科学指导。

（三）人才队伍建设仍显不足

我省农产品批发市场管理者普遍学历偏低，农产品批发商大多数是农民出身，高中以下文化程度为主。人才参差不齐，成为制约行业发展的瓶颈。农产品批发市场的从业人员中，严重缺乏市场规划、食品安全管理、电子商务运营、冷库管理等人才。专业培训的缺乏造成没有形成培育行业人才的有效渠道。

（四）运输工具乱停乱放，不顾场内管理秩序

运送各种菜品到市场内的摩托车等车辆较多，有的经营户图省事，卸下菜品后就将车停放在摊位旁边，而不把车停放在市场规定位置，或是不及时停放在规定位置。

三、行业趋势预测及影响因素分析

（一）消费需求多元化拉动农产品流通发展

随着城市人口越来越多，农产品消费量的增长，带来了消费层次的增加和消费结构的转变，消费需求也越来越多样化。这种需求多元化的趋势促进了农产品市场的布局优化，拉动农产品流通的发展。

（二）交通便捷化促进农产品跨区域交易集散

各种路网的发展，优化了农产品流通路径，减少了农产品物流时间和成本，使长距离、跨区域、大规模的农产品物流成为可能，进一步缩减了中间环节，一定程度上会减少农产品批发市场的集散网点，并扩大农产品的批发集散规模。

（三）信息化促进农产品流通模式不断创新

随着互联网和物联网等技术在农产品流通领域的应用和发展，流通方式不断创新，传统的农产品流通模式受到影响，电子商务等新型方式在农产品流通中发挥着重要作用。"互联网+"成为创新农产品流通模式、密切农产品产销衔接、推动农产品市场体系发展的重要力量。

四、促进行业发展的主要建议

（一）加快建立健全支持体系，为转变农业发展方式提供有力支撑

当前，我省正处于传统农业向现代化农业转变的关键时期，加快转变农业发展方式是推进农业现代化的主要任务和基本路径。使农业发展由数量增长为主转变到数量质量效益，由主要依靠物质要素投入转到依靠科技创新和提高劳动者素质，由主要依靠拼资源拼消耗转到可持续发展。提高农业质量、效益和竞争力，促进综合生产能力、农产品质量安全水平、农业资源利用率提升，使农民收入再上新台阶是我省农业发展的重要任务。

（二）推动农产品流通信息化建设

建立农产品流通信息系统，应用信息化和互联网等手段，实现市场间以及产销间的农产品交易、价格、检测结果等信息的采集、交换和共享。建立大数据库，发挥农产品流通资源的高效配置、预警及政策决策参考等作用。

（三）加大资金投入和政策优惠支持

建议国家安排专项资金，加强对农产品流通基础设施建设的扶持，培育针对农村市场的大型流通企业，支持其建设农村商品配送中心、乡镇商贸中心、农产品产地集配中心、销地交易配送专区和生鲜配送中心等基础设施。支持发展农超对接等产销关系，培育稳定的农产品物流链条。支持建设农产品公共信息服务平台，开发和完善信息网络、电子结算系统，推进农产品流通信息化。金融机构安排一定比例的政策性信贷资金，专项用于农产品流通设施建设。政策优惠支持方面：农产品流通企业以及批发市场的用水、用电、用气、用热价格实行与工业同价；农产品批发市场用地作为经营性商业用地，应严格按照规划合同布局，严禁擅自改变用途从事商业性房地产开发；严格执行并完善农产品"绿色通道"政策；进一步加强管理，完善技术手段，提高车辆检测水平和通行效率；减轻农产品运销环节税费负担。

（四）加强行业协会建设，提升引导行业发展能力

尽快建立省级农产品流通行业协会，发挥行业协会的作用。将行业协会作为加强和改善农产品市场行业管理的重要支撑。支撑行业协会参与行业调查统计、公共信息服务、产销衔接、冷链物流标准化和行业专业人才培训等工作。

注：以上数据来源于2017年山西省农产品批发市场行业报表。

2017年吉林省农产品批发市场行业发展报告

吉林省商务厅

一、行业发展基本状况

农产品批发市场是现代市场经济条件下农产品流通的重要途径，在促进农业生产的规模化、标准化、产业化，农产品大市场、大流通格局的形成，引导农民面向市场调整优化农业结构、实现增产增收和保障城乡居民的"菜篮子"供应、促进社会稳定等方面发挥着不可替代的作用。

随着社会主义市场经济体制的建立和国民经济的持续快速增长，我省农产品市场体系建设得到了较快发展，农产品流通设施条件不断改善，农产品批发市场功能不断提升，市场辐射能力不断增强，以粮食批发市场、商品交易所、农产品中心批发市场为代表的大型批发交易市场知名全国，初步形成了有形市场和无形市场、期货市场和现货市场、产地市场和销地市场、综合市场和专业市场相结合的多层次发展格局。多年来，农产品批发市场承担着全省农产品流通任务，发挥着农产品流通主渠道的作用。据不完全统计，全省年交易额亿元以上的农产品批发市场近60个，其中产地型市场约占40%，销地型市场占60%。

与农产品批发市场相关联的城乡农贸市场逐步规范，物流配送和连锁超市发展迅速，农产品流通组织和农民经纪人队伍发育较快，农产品流通主体多元化的格局正在形成。一批优质特色农产品生产和加工基地建设初见成效，农业产业化经营向纵深推进，产销连接更趋紧密，市场带动作用越来越强。

二、存在的问题及原因分析

我省农产品市场体系的发育仍处在初级阶段，在农产品批发市场发展过程中还存在不少问题。一是市场建设缺乏统一规划，市场结构和布局不够合理，市场发育不平衡。二是市场基础设施建设相对滞后，资金投入不足，市场功能不完善，制度不健全，管理有待进一步规范，交易环境和效益还不理想。三是市场总体规模偏小，经营和交易方式落后，组织化程度较低，辐射能力弱。四是市场建设现代化装备水平低，农产品流通效率不高。这些问题与发展现代农业、建设社会主义新农村的要求不相适应。

三、趋势预测、建设重点与政策建议

（一）趋势预测

预计再经过5至10年的努力，可培育出一批规模大、辐射力强、全国知名的农产品批发市场，每个县（市）建成1个规范化、标准化的农产品批发市场，逐步形成以全国性和区域性大型批发市场为龙头，产地批发市场为基础，覆盖全省、辐射全国、布局合理、功能完善、运营规范、竞争有序的农产品批发市场体系。

（二）建设重点

1.加强农产品批发市场基础设施建设

建立农产品农药残留检验检测系统，提高入市农产品质量安全准入水平。完善农产品批发市场信息管理和信息采集发布系统，促进产销对接，引导农产品价格形成和有序流通。加强电子统一结算系统建设，逐步建立农产品质量安全可追溯体系。改善市场交易环境，重点搞好市场安全监控、废弃物及污水处理、交易厅棚、场地硬化、道路及物流配送、冷链运输、保鲜仓储等基础设施建设，改善设施条件，完善市场功能。

2.创新农产品批发市场交易方式

用信息技术推动批发市场交易方式创新，引导批发市场由目前低层次的摊位制对手交易方式逐步向合约交易、订单交易、拍卖交易方式发展；由即期交易为主逐步转向远期交易和远程交易为主。鼓励有条件的市场建立电子商务平台，完善网上磋商、网上竞价、电子结算、身份认证、交易分析与监控等系统，提高流通效率，降低交易成本。

3.拓展农产品批发市场物流业务

支持农产品批发市场完善以保鲜、冷藏为主的仓储服务功能，降低流通风险和损失率，促进错季供应。鼓励农产品批发市场通过自行建设生产基地或与现有农产品生产基地挂钩，建立长期、稳定的供货渠道。引导农产品批发市场向产后商品化处理领域延伸，购置产品清洗、人工自动分选机、水果打蜡等加工分选及包装设备，开展仓储、冷藏保鲜、分选加工等业务，推进农产品分等分级和规格化包装上市，提高商品质量档次，树立品牌形象，增强市场竞争力。大力发展物流配送，鼓励农产品批发市场建立加工配送区，并向上下游延伸，形成农产品批发市场与生产基地、连锁超市、精深加工企业和大宗末端消费者之间的有机链条，在满足消费者对农产品多层次需求的同时，增加产品的附加值。

4.积极培育农产品流通市场主体

支持农民专业合作社的组建、发展和壮大，鼓励农产品生产者、流通组织和加工企业在自愿互助的基础上建立各种农产品行业协会、农民专业合作社，为农产品生产和销售提供科技、信息、营销、资金等服务，提高农民进入市场的组织化程度。鼓励外资企业、非公有制经济组织参与市场竞争，搞活农产品市场。支持农产品批发市场与农产品经营龙头企业、运销大户加强联合与合作，发挥其在带动农产品生产、引导农产品流通和消费方面的突出作用。

5.大力发展粮食、食品等行业物流

积极推进粮食现代物流体系建设。加快粮食批发市场、粮食交易物流市场等重点粮食批发市场建设，支持和鼓励其发展网上交易、远期现货合同交易等新型交易方式，完善市场服务功能。以粮食物流交易市场为依托，构建全省粮食物流公共信息平台，完善省内重要粮食仓储、运销企业的信息系统，联点成网，形成粮食物流骨干信息网络。积极推进粮食流通方式的变革，更新原粮运输工具，完善散粮接收发放系统，实现粮食散装、散卸、散存、散运，降低粮食物流成本。

（三）政策建议

1.加大对农产品批发市场建设的资金投入

每年从新增的基本建设统筹资金中安排一定数量的资金，采取补助或贴息方式，专项用于支持重点农产品批发市场检验检测系统、信息网络系统、电子结算系统及储藏、交易、运销、配送等基础设施建设。对具有一定规模的农产品运销大户、农村经纪人和农民专业流通组织给予适当奖励。各省辖市、县（市、区）政府也要积极筹措资金支持农产品批发市场建设。

2.拓宽农产品批发市场发展的融资渠道

加快建立"谁投资、谁经营、谁受益"的市场运作机制，鼓励社会资本和省外资本多渠道投资建设农产品批发市场。外资及其他非公有制资本投入农产品流通设施建设的，可在资金、土地、信贷、税收等方面享受吉林省有关优惠政策。引导各商业银行积极为农产品流通设施建设和农产品流通组织发展提供贷款支持。

3.积极推进农产品流通体制改革

加快粮食、棉花等重要农产品流通体制市场化改革步伐，充分发挥市场配置资源的基础性作用。以产权结构调整为重点，推进农产品批发市场公司制改革，实现经营主体和投资主体多元化。转换企业经营机制，完善法人治理结构，深化企业内部改革，增强市场发展活力。

4.整顿和规范市场发展秩序

放宽市场准入，打破部门、行业垄断和地区保护，引入公平竞争机制，根据国家有关法律、法规，抓紧研究制定我省在市场管理、行业准入等方面的制度、规定和实施细则，规范市场主体经营行为。加强市场监管，严厉打击制假售假、不正当竞争等各种扰乱市场秩序的行为，有效制止向市场经营主体乱检查、乱收费、乱摊派、乱罚款、乱评比的现象。认真落实国家和省鲜活农产品绿色通道的相关政策措施，确保绿色通道顺畅。

2017 年黑龙江省农产品批发市场行业发展报告

黑龙江省商务厅

一、行业发展基本状况

2017 年，在党的十九大精神指引下，在省委、省政府的正确领导和全省商务系统共同努力下，我省农产品批发市场体系建设取得长足进步，基础设施逐步改善，交易模式不断创新，流通范围进一步扩大，"原字号"交易比例有所降低。未来我省农产品批发市场的交易规模将持续扩大，同时向现代化、规范化、集团化、企业化方向发展。截至 2017 年 12 月 31 日，全省各类农产品批发市场发展到 207 家，占地面积 872 万平方米，市场交易额约 1356.8 亿元，其中年交易额过亿元的骨干批发市场 66 家。除此之外，我省还有 1366 个农产品零售市场，包括农贸市场 337 个、生鲜超市 131 个、农产品超市 98 个、集贸市场 543 个、早晚市场 257 个。

（一）行业规模分析

截至 2017 年 12 月 31 日，全省拥有各类农产品批发市场 207 个，其中综合批发市场 89 个，专业批发市场 83 个。

截至 2017 年 12 月，按市场交易种类区分，全省拥有综合批发市场 89 个，专业批发市场 83 个（其中果蔬市场 26 个，粮油市场 23 个，水产品市场 6 个，山特产品市场 15 个，牲畜市场 9 个，禽蛋市场 1 个，花卉市场 2 个，药材市场 1 个），相比 2016 年全省有综合批发市场 96 个，专业批发市场 88 个，分别减少了 7.3%、5.7%。全省各类批发市场增减对比如表 1 所示。

表 1　各类批发市场增长情况对比

（单位：个）

时间	综合市场	专业市场
2016	96	88
2017	89	83

截至 2017 年 12 月 31 日，全省拥有年交易额超亿元的骨干农产品批发市场 66 个，其中年交易额达 100 亿元以上的批发市场 5 个，50 亿—100 亿 7 个，10 亿—50 亿批发市场 12 个，1 亿—10 亿批发市场 42 个。全省重点骨干批发市场统计表 2 所示。

表2 全国重点骨干批发市场的情况

年交易额规模（亿元）	小计	重点骨干农产品批发市场	
		批发市场名称	年交易额（亿元）
≥100	5	哈尔滨南极国际食品交易中心	150
		哈尔滨哈达农副产品批发市场	130
		尚志市苇河黑木耳批发市场	120
		齐齐哈尔市铁锋区水产品批发市场	110
		东宁雨润绥阳黑木耳大市场	100
50—100	7	哈尔滨雨润国际农产品物流园	50
		齐齐哈尔哈达农副产品批发市场	50
		佳天国际农副产品物流交易中心	50
		牡丹江牡达农副产品有限公司	50
		大庆农产品中心批发市场	50
		双鸭山四达中俄国际贸易中心	50
		宝清中国白瓜籽交易市场	50
10—50	12	哈尔滨润恒农产品批发市场	25
		黑龙江新胜蛋禽批发市场	19
		哈尔滨香坊粮食物流中心	12.7
		齐齐哈尔市站前农产品综合批发市场	30
		黑龙江省克山县昆丰马铃薯交易市场有限公司	10.79
		中国亚麻市场	18
		佳木斯华瑞食品有限公司	10
		齐齐哈尔市城乡粮油交易市场	12
		虎林市农贸综合大市场	10.95
		大庆粮油综合批发市场	31.08
		五大连池龙镇粮食批发交易市场	12.1
		嫩江县粮食批发交易市场	11.2

截至2017年12月31日，我省农产品批发市场的经营总面积达872万平方米，其中，交易厅棚面积为531万平方米，露天交易场地面积为341万平方米。相比2016年市场经营总面积845万平方米，其中，交易厅棚面积为517万平方米，露天交易场地面积为328万平方米，分别增加了3.2%、2.7%、4.0%。全省农产品批发市场拥有摊位总数量达到25382个，其中，固定摊位数量为18168个，非固定摊位数量为7214个；相比2016年市场摊位总数量24811个，其中，固定摊位数量为17848个，非固定摊位数量为6963个，分别增长2.3%、1.8%、3.6%。

截至2017年底，全省农产品批发市场中，拥有冷藏库、保鲜库140座，冷库总面积达到87.3万平方米，总容量达到217.6万吨，冷藏及保温车辆1276台。相比2016年的冷库131座，冷库总面积78.6万平方米，冷库库容192.5万吨，冷藏及保温车辆1250台，分别增长6.9%、11.1%、13.0%和2.1%。

截至2017年12月，我省农产品批发市场共有从业人数89240人，其中综合市场有44302人，专业市场 44938 人。相比 2016 年的从业总人数 86979 人，其中，综合市场有 43221 人，专业批发市场有 43758 人，分别增长了 2.8%、2.5%、2.7%。

（二）行业效益分析

2017 年，全年农产品批发市场的农产品交易情况喜人，全年农产品批发市场的年成交总额达 1356.8 亿元，年成交量达 1942 万吨，相比 2016 年的年成交总额达 1060.0 亿元，年成交量达 1830 万吨，分别增长了 28% 和 6.1%。

全省蔬菜水果类交易额为 328.0 亿元，粮油类 164.3 亿元，肉禽蛋类 279.5 亿元，山特产品类 148.6 亿元，水产品类 79.0 亿元，牲畜类 82.4 亿元，花卉类 2.59 亿元，药材类 2.78 亿元。相比 2016 年全省蔬菜水果类 321.3 亿元，粮食类交易额为 160.5 亿元，肉禽蛋类 270.6 亿元，山特产品类 147.0 亿元，水产品类 77 亿元，牲畜类 78.5 亿元，花卉类 2.5 亿元，药材类 2.6 亿元，分别增长了 2.09%、2.37%、3.29%、1.09%、2.6%、5.0%、3.6% 和 6.9%。

（三）行业现代化程度

截至 2017 年 12 月，全省农产品批发市场拥有物流配送中心 18 个，检验检测中心 44 个，电子结算中心 55 个，信息中心 44 个，安全监控中心 28 个，废弃物处理中心 15 个，相比 2016 年批发市场有物流配送中心 17 个，检验检测中心 43 个，电子结算中心 53 个，信息中心 44 个，安全监控中心 27 个，废弃物处理中心 12 个，分别增长了 5.9%、2.3%、3.8%、0%、3.7% 和 25%。

二、存在的问题及原因分析

（一）农产品批发市场体系建设规划约束力不强

尽管近几年，各级政府和商务部门都十分重视农产品批发市场体系建设工作，并制定了较完善的农产品批发市场体系建设规划或行动计划，也包括去年印发的《全省推动优势农林产品专业化批发交易市场体系新增长点行动方案（2017—2020）》。但各地在推进农产品批发市场体系建设过程中，并没有完成按规划执行，一些市（地）重复建设同质化市场的现象比较突出。目前，各地出现了争相建设"大宗农产品交易中心（基地）"的现象。

（二）农产品批发市场体系结构不够合理

一是知名特色产地专业农产品批发市场较少。我省有丰富且享誉全国的优质绿色山特、杂粮、肉类、中药（北药）等优势农副产品资源，但缺少知名专业批发市场。目前我省除东宁雨润木耳市场和宝清白瓜籽交易市场两家在国内知名的专业交易市场外，再无杂粮、肉类、北药等优质农副产品的专业批发市场。二是市场结构相对单一，流通导向作用不明显。我省农产品批发市场绝大多数属于内向型市场，只能发挥保障供给的单一功能，外向型市场严重短缺，不能满足农产品"一季生产四季销售"的市场需要。目前全省 207 家批发市场中，只有 17 家大小不一的外向型企业，不足 10%，而且主要是粮食市场居多。

（三）农贸市场基础和配套设施薄弱

我省一些农产品批发（贸易）市场仍然停留在提供简易交易场（厅）的状态，尤其是县级农产品批发（贸易）市场基础和配套设施比较简陋，缺乏信息服务、质量检测、电子统一结算、安全监控、垃圾处理等配套服务设施，产品分选包装、冷藏保鲜、冷链物流和配送等设施更加奇缺；部分农产品批发（贸易）市场场地无硬化，缺乏遮阳避雨的交易棚厅等基本设施。

（四）市场管理粗放，组织化程度较低

一是多数市场管理简单粗放，停留在一般的物业管理与收费，以及卫生、保安等管理上，缺乏为商户提供便捷的交易结算、信息查询、冷藏保鲜等配套服务；对市场内商流、物流、人流缺乏及时有效的协调掌控机制与手段。二是一些农产品批发市场经销商营销规模小、效率低，缺乏有效组织，批发商户多为单打独斗，信息收集、整理、传递能力有限，议价能力弱，并且很少同产地建立稳定的供销关系、签订购销契约，难以形成稳定的、规模化的农产品供应链条。

（五）批发市场缺乏品牌意识和竞争力

我省是优质农产品生产大省，绿色有机农产品产量大、品种多，但却鲜有与之相匹配的产地配套的批发市场及相关设施。绝大多数批发市场的品牌意识不强，创名牌市场的积极性不高，很多同类的批发市场千篇一律，没有规模、不具特色。目前，在我省农产品批发市场中，能成为全国知名品牌市场不到5%。

三、趋势预测与政策建议

（一）趋势预测

1.稳步发展，规模扩大

农产品批市场稳步发展，尤其是产地批发市场，市场交易规模继续扩大。目前，农产品批发市场总量的增长已经基本稳定，可以预见在未来相当长一段时间内，为保证农产品的有效流通，批发市场的总量将基本维持这个水平，但不同类型的批发市场发展将呈现较大差异。随着我省农业种植结构调整，产地集中化程度将进一步提高，一些生产优势特色农产品的地区的产地专业批发市场必然更好地发展，而一些规模较小、缺乏特色产品和吸引力的市场将逐渐萎缩。

2.区域化、特色化

随着农村城市化的发展，城镇规模扩大和人口增长，以及消费者对绿色安全农产品消费能力的提高，都使得农产品批发市场将逐步向城市特别是区域中心城市转移，交通便利、服务周到、品种齐全的农产品批发市场会吸引更多客户，这些市场的规模和辐射空间将进一步扩大。一些特色鲜明、基础设施健全、信息集聚较多、客户认可度较高的市场会发展成为区域性或全国性的集散市场。

3.现代化、规范化

随着一系列政策的出台，农产品批发市场尤其是骨干、特色农产品批发市场经营将更加规范化，市场功能更加完善，质量要求将得到进一步提升。规范化主要表现在IC卡交易、信用交易、网上交易和信息查询、电子结算、电话委托、农产品拍卖等现代交易形式推广，确保交易的公平、效率。市场功能将拓展到生产、加工、包装、储运、保鲜、批发、拍卖、直销、配送、连锁零售经营及进出口贸易等方面，构建交易中心、拍卖中心、电子结算中心、信息网络中心、检测中心、仓储物流中心、加工配送中心、商务中心、展示中心、生活服务中心等，全方位拓展。为确保食品安全，批发市场加强速测仪、色谱仪等检测设施配备，建立市场准入制度，推广可追踪体系，从而满足消费者对质量监管的需求。

（二）政策建议

1.科学规划布局，引导批发市场良性发展

根据我省农产品产地、销地及中转地分布和需求情况，研究制定《农产品批发市场体系发展规划》。加强对不同地区、不同规模农产品批发市场的统筹调控，依据各地区各自的区位优势，统筹规划农产品批发市场的布局、规模及数量，重点加强各地区有效对接、农产品产地与主要消费地的对接，将有利于

实现平衡批发市场在全省范围内的有效分配。

2.进一步加大政府投入和政策扶持力度

多渠道统筹和整合有关财政资金，进一步加大对农产品流通体系建设的投入力度。严格执行国家和省关于免征小型微型企业有关行政事业性收费的规定，研究制定减免农产品流通企业有关行政事业性收费政策。严格执行鲜活农产品运输"绿色通道"政策，对整车合法装载鲜活农产品的车辆，全省收费公路免收通行费，积极为鲜活农产品配送车辆进城提供便利的通行和停靠条件。农产品批发市场和农贸市场的用水、用电、用气以及储藏鲜活农产品的冷库用电与工业同价。优先保障农产品批发市场、农贸市场和农产品冷链物流项目建设用地。加快农村公路和田间运输通道建设，为农产品离乡进城解决好"最后一公里"问题。省政府可借鉴其他省份把农产品批发市场作为公益性基础设施给予免税的做法，在减免房产税、土地使用税的基础上，免征营业税和所得税。

3.为农产品流通提供有力金融保障

涉农金融机构要按照国家有关要求，加大涉农贷款投放力度，加强对农产品供应链上下游企业和农户的信贷支持，做到涉农贷款增量不低于上年、增速不低于各项贷款增速。鼓励金融机构特别是涉农金融机构加强与农产品生产流通企业的对接，积极探索农产品生产流通融资模式，不断创新涉农金融产品和服务，并在贷款利率和审贷机制上建立便民绿色通道。引导新型农村金融机构强化融资担保能力建设，科学运用农户小额信用贷款、联保贷款、银信合作贷款等方式，为农民和农产品经销商提供生产和收购所需资金。建立完善基本涉农保险制度，鼓励、支持各地及各类保险机构根据市场需求创新面向农产品流通的保险产品和保险服务。

4.加强组织领导和协调配合

各地各有关部门要充分认识加强农产品流通体系建设的重要意义，将其作为统筹城乡发展、繁荣市场经济、保障农产品供给的一件大事来抓。农业、经济和信息化、物价、供销等部门要认真履行农产品流通体系建设职能，落实责任分工，强化协作配合；发展改革、财政、国土资源、住房城乡建设、交通运输、税务、工商等部门及金融机构要加大支持力度，共同推进农产品流通体系建设各项工作。要发挥各类农产品流通协会的作用，加强行业自律，服务会员和农户。总结推广农产品流通体系建设的好经验、好做法，营造全社会支持建设的良好氛围。

2017年上海市农产品批发市场行业发展报告

上海市商务委员会

上海市现有2700万消费人口，每天消费农产品约7万吨。除绿叶菜外，约80%以上货源依靠外省市供应。随着农产品流通体系的现代化和逐步规范、完善，涌现出多种流通方式，但从目前来看，农产品批发市场仍然是上海农产品流通的主要渠道，是连接农副产品生产和城市消费的重要载体，对满足居民日常需求，保持菜价基本稳定起着关键作用，也体现出上海这座特大型城市在民生保障方面所采取的积极措施。

一、农产品批发市场行业发展基本状况

（一）行业规模分析

目前本市主要农产品批发市场共22家，其中综合批发市场19家，水产批发市场1家，其他类批发市场2家，行业规模与2016年相比略有缩减，市场类别大体相仿。

批发市场从业人员共14789人，同比减少13.5%，其中综合市场13129人，水产市场1231人，其他市场429人。

（二）行业结构分析

改革开放以来，本市农产品批发市场走过了两个阶段。第一阶段（1992—2000年），快速发展阶段。这一时期本市粮食、蔬菜、瓜果、畜禽、水产等五类食用农产品批发市场为146个，市场总面积162平方米，年交易量320万吨，约占全市食用农产品消费量的45%。第二阶段（2000年至今），持续提升阶段。这一时期市场集中度进一步提高，主要特点是：一是以国有企业为骨干，市场主体多元化；二是覆盖猪肉、蔬菜、水产和粮食的食品安全追溯系统逐步建立；三是硬件建设普遍提升。目前本市基本形成以一主一副2个中心批发市场（西郊国际、上农批）为核心，若干区域批发市场、专业批发市场衔接批零上下端的农产品批发市场体系。西郊国际、上农批、江桥、江杨、龙上、七宝等几个主要批发市场，承载了本市约90%的农副食品交易量，主导作用发挥明显。由于近年批发市场综合整治和2017年本市进一步推进拆违工作，一部分批发市场被整改、关停，交易逐渐集中到优势市场，因此2017年入统的市场数量有一定程度减少。

（三）行业效益分析

2017年农产品批发市场年成交额837.76亿元，同比增加3.6%；按市场类型分析，综合市场成交额740.36亿元，水产市场成交额90.19亿元，其他市场成交额7.21亿元。

按品种划分分析，蔬菜类成交额达到194.17亿元，同比增加0.96%；肉禽类成交额达到138.75亿元，同比下降0.06%；水产品类成交额达到199.63亿元，同比增加16.91%；水果类成交额达到115.66亿元，同比减少0.93%；蛋类成交额达到6.52亿元，同比增加23.02%；菌类成交额达到7.56亿元，同比增加9.72%；茶叶年交易额达到0.64亿元，同比减少12.33%；调味品年成交额达到16.14亿元，同比减少11.37%；其他农产品成交额达到167.33亿元，同比增加15.02%。在全国消费升级环境中，优质优价农副

产品消费量逐年增加，蛋类、水产品成交额同比上升幅度较大。

（四）行业现代化程度

随着市场体系的日益完善，技术标准化程度和管理水平的不断提高、国际交流的逐步加强，上海农产品批发市场与现代物流结合更加紧密，流通手段也逐步向规范化、信息化、数字化方向发展。

由于生鲜电商行业发展迅猛，农产品批发市场中的传统经纪人，由于熟悉并掌握着农产品流通链上的资源，在电子商务领域释放出巨大能量。这种新的交易模式，在缓解各地鲜活农产品滞销卖难危机的同时，也探索出一种通过基于消费者驱动的虚拟网购平台，联合传统经销商经纪人，直接无缝对接全国范围内的消费者与产地农民的供应链高效管理模式。"现代"或"新兴"交易模式与"传统"交易模式之间并非此消彼长的关系，而是呈现出不同类型的交易模式互补发展、共同繁荣的良性格局。而且，很多新兴交易方式在很大程度上依赖于农产品批发市场的功能拓展，例如农产品期货交易和农产品现货电子交易等。

目前，22家批发市场共建立检验检测中心20个，建设率达90%；安全监控中心22个，实现全覆盖；信息中心19个，建设率达86%，此外，已有45%的市场建有电子结算中心。以上数据从侧面显示出从政府到市场主体，各方对于农副产品安全问题的重视程度及投入力度。目前，上海已基本建成肉菜等农产品的流通安全信息追溯系统，并出台了全国首部地方性规章《上海市食品安全信息追溯管理办法》，促使农产品生产、经营者增强安全质量意识，各方合力把好农产品质量安全关。同时，结合外延蔬菜生产基地建设和农产品包装化、智慧物流、智能手机的运用和发展，本市大力推进二维码信息追溯新技术应用，扫一扫即可实现来源可查、去向可追、（食品安全）责任可究。

（五）行业贡献度分析

首先，上海的批发市场基本实现了鲜活农产品的集散功能、价格形成功能、结算功能和仓储保管功能。以批发市场为基础，包括标准化菜市场、生鲜超市、社区智慧微菜场、生鲜网购平台以及临时设摊疏导点等多样化的综合零售终端体系初步形成，既满足了城乡居民的基本需求，也适应了居民消费结构升级后的差别化需求。

其次，批发市场的保供稳价功能得以发挥。近年来各类农产品有形和无形市场快速发展，保障了农产品供应，丰富了城乡居民的"菜篮子"，使得很多地区多年来农产品滞销卖难的状况逐步缓解。一些大型农产品批发市场、冷藏保鲜设施和网络销售平台还成为缓解鲜活农产品滞销卖难的重要抓手，其中部分配套设施，如冷藏保鲜设备，避免了鲜活农产品过于集中上市，减少价格"过山车"和"价贱伤农"现象，缓解了农民面临的市场风险。上海还建立了重要主副食品储备和轮换机制，保障应急条件下的市场供应。

最后，批发市场的辐射带动功能有所体现。批发市场在加快自身发展的同时，对周边相关产业的发展和农民增收的带动能力明显增强，也成为上海贯彻落实国家精准扶贫战略，助推对口支援地区打通农产品流通渠道，帮助当地农民脱贫的重要支撑。

二、存在的问题及原因分析

（一）存在的问题

尽管本市"菜篮子工程"建设取得了较大进展，但对标全球城市的标准，对照市委、市政府的要求和老百姓的诉求，仍然有差距，主要存在五大短板。

一是供应处于"紧平衡"。"菜篮子"供应还处于本地产菜、市外供应之间"此消彼长"，未能充分平衡。

二是追溯未能"全覆盖"。目前供应本市的食用农产品农资、检测、追溯等信息管理系统尚未实现全覆盖、全过程，价格监测、食品安全等信息采集分析还不完整，不利于政府保供稳价调控。

三是流通环节"比较多"。农产品市场体系尚有健全的空间，供应链分工不清晰，造成流通环节过多，给二级批发市场提供了空间。

四是规划落地"有难度"。西郊国际三四期、新上农批规划落地比较难，主要是规划刚性不足和前期投入比较大。

五是各区重视"不一致"。各区政府发展条件有差异，对于本区域的"菜篮子"建设发展和新模式的应用推广方面重视程度也不一，少数区菜价和波动幅度明显高于平均水平。

（二）原因分析

从问题入手，着力补短板、强管理、提质量，"五管齐下"，持续深化"菜篮子工程"建设。

1.强化组织供应，确保"菜篮子"供需总量保持基本均衡

加强与全国主产区沟通衔接。及时发布供求信息，组织本市批发市场骨干流通企业到全国采购和调运货源，丰富蔬菜供应数量和品种。确保本地"菜园子"供给保有量。确保地产农产品保有量，调整和优化符合本市居民消费习惯的品种。支持崇明等区增加适销对路的蔬菜生产量和上市量。鼓励专业合作社、龙头企业、种植大户与菜市场、超市等零售终端直接对接，增加直采量。做好冬季本地产蔬菜的生产保障。针对可能出现的低温、雨雪天气，落实"冬淡"生产成本价格保险，做到绿叶菜均衡播种、均衡生产、均衡上市。

2.建立紧密型市外蔬菜生产供应基地，增强主产区蔬菜保供稳价调控能力

按照"政府引导、企业主体、市场运作"原则，继续加快外延基地建设，保障本市"菜篮子"供应。支持外延基地农资、检验检测、产品追溯系统建设等方面享受上海政策，要求基地按照本市产品标准、包装标准等组织生产，实现基地直供、安全可控、全程可追溯。

3.提高蔬菜产销对接效率，改革蔬菜供应体系

支持本市农产品"批零联盟"模式。推动区域批发市场转型成为蔬菜配送中心，以协议合作方式实现批发和零售环节的直接对接，鼓励菜市场通过订单方式集中采购蔬菜（经初步测算，蔬菜零售价格有望降低10%左右）。推进中心批发市场建设。浦西重点建设西郊国际平台，形成"线下体验、线上订单、平台集散、区域配送、外延基地直供"的批零联动模式；浦东重点建设上农批平台，实现"线下加盟、会员注册、线上下单、批零直供"的供应体系。推动区域批发市场转型，减少中间环节。推动区域批发市场转型为区域加工配送集散中心，逐步取消交易功能。

4.推进批发市场规划落地

加快副中心批发市场规划落地。加快浦东新区建设适应市民消费需求的农产品中心批发市场，落实配套土地和政策，提高浦东地区蔬菜等农产品吞吐能力。

三、趋势预测与政策建议

（一）趋势预测

农业供给侧结构性改革重视农产品的产销衔接，要求农产品批发市场进一步完善农产品集散和交易的基本功能，主要体现为优化农产品批发市场的区域布局以及为农产品批发交易提供完备的基础设施。农产品批发市场需要加强农产品仓储、物流、冷链、保鲜等基础设施建设，降低农产品在流通过程中的

损耗。此外，农产品批发市场应该具备完善的农产品分类、分级、加工、包装、储运、装卸以及金融结算服务功能，以提高农产品的流通效率和交易效率。

农业供给侧结构性改革强调农产品批发市场的价格形成功能，提倡利用准确的价格信息为调整和优化农业结构、保证农产品有效供给提供科学依据。农业供给侧结构性改革的重点之一是"降成本"，除了农产品的生产成本以外，农产品批发市场中的交易费用和流通成本也是农产品产销过程中的重要成本。国际经验表明，农产品拍卖交易通过分级、竞价的方式集中交易，不仅能在短时间内形成权威的价格信息，而且价格形成过程公平、公正、公开，能够有效降低包括信息搜寻成本和议价成本在内的农产品交易成本，提高农产品交易效率。农产品现货交易存在商流与物流不分离的特征，随着农产品流通距离的延长和农产品交易规模的扩大，农产品在不同所有者之间多次转手，流通成本不断上升。通过探索农产品信用交易、仓单交易、网络交易、远期交易及远程交易等新的交易方式，实现农产品商流和物流分离，也能够有效节约农产品流通成本。此外，出台相关法律法规，规范农产品批发市场的交易秩序，减少农产品批发市场中的恶性竞争、垄断经营以及各种乱收费现象也是降低农产品交易成本的有效途径。

农业供给侧结构性改革的核心是充分发挥农产品批发市场在农产品生产和流通过程中的市场导向作用，从而优化和调整农业生产结构，提高农产品供给的有效性以及农业生产的效率和效益。从农业生产的特殊性以及农产品批发市场在农产品流通过程中所发挥的作用来看，农产品批发市场具有显著的公益性特征，即保障农产品市场供应、稳定农产品价格、确保农产品质量安全的公益功能。农业供给侧结构性改革的目标之一就是解决农产品"卖难"与消费者"买贵"并存的问题，同时，满足消费者对安全、优质农产品的需求。发达国家的农产品批发市场均具备较为完善的公益性特征，如韩国建立了公营农产品批发市场体系，日本的中央和地方政府则将农产品批发市场作为社会福利事业来建设。今后我国农产品批发市场的发展可以重点从农产品批发交易的税收减免和保障农产品食品安全两方面强化其公益性特征。

（二）政策建议

1.加强对郊县地区的政策支持及财政投入

目前，上海已经建立了一套比较健全的农产品批发市场硬件指标、综合服务能力指标以及食用农产品安全信息追溯系统、电子化结算系统和市场管理系统等信息化指标，但主要覆盖了上海城区，政府在郊县的整体规划与投入上，略显单薄，作为上海的主要农耕区域，郊县地区应被给予更大的支持和政府财力投入。

2.强化国有农产品批发市场的公益性

应在充分利用现有农产品批发市场的基础上，从"公益功能、政府支持、企业投资、市场运作"四个方面入手。一是财政资金支持，对批发市场的追溯系统、信息化、废弃物处理等公益性设施项目的日常运营、维护和检验检测费用提供长期补贴；二是政策环境，通过税费、水电、土地、交通等方面的政策为农产品批发市场公益性功能的发挥创造良好环境，助推批发市场实现公益功能。

3.给予技术指导，引导市场加大技术投入

引导批发市场加强对科技、信息、"互联网+"等方面的投入。为高科技企业、互联网公司与批发市场进行业务合作牵线搭桥。加快市场的转型升级，培育市场新兴业态，并提供政策扶持。

4.积极推进多种交易方式

积极开展农产品批发市场交易方式的变革和创新，改变目前农产品批发市场广泛采用的以即期现货交易为主的传统交易方式，积极推进农产品期货交易、拍卖交易、信用交易、远程交易、网上交易等现代化交易方式与传统的对手交易相结合，健全农产品价格形成机制。上海农产品批发市场已经基本形成了"农批对接、产品直销、农超对接、农共对接"等多种模式，从现在的农产品产销对接模式发展状况来看，"农超对接"这一模式仍在不断扩大，仍然具有进一步发展的潜力。

5.鼓励支持批发市场发展集中配送模式

通过学习海外成熟市场发展建设经验，推动批发市场与"新零售"相融合，借助电子商务放大批发市场的规模优势、集中交易优势、一手货源优势，打好品类组合，联合新零售模式加快流通效率。

2017 年江苏省农产品批发市场行业发展报告

江苏省商务厅

一、行业发展基本情况

（一）规模分析

农产品批发市场作为农产品现货集中交易的场所，是集商流、物流、信息流于一体的农产品主要流通渠道，发挥着商品集散、价格形成、信息传递等作用。近年来，我省农产品批发市场不断发展，市场信息化、现代化程度快速提升，基础设施进一步改善，资源集聚能力不断增强，在保障供应、稳定物价、食品安全，以及促进乡村振兴、助力扶贫脱贫等方面发挥着越来越重要的作用。

2017 年，我省经商务部认定的农产品批发行业典型企业共 35 家，全年总交易额 2925.41 亿元，同比增长 7.75%；其中电子结算成交额 453.06 亿元，同比上升 6.2%，占总交易额的 34.68%；年成交量 30319.54 万吨，同比增长 8.08%；市场总摊位数 46623 个，同比增长 0.78%；总交易面积 570.99 万平方米，同比增长 0.42%；经销商 58299 个，同比增长 5.45%，其中法人化经销商数量 3424 家，占比突破 20%，达 22.91%；从业人员达 119129 人，同比增长 2.42%。在 2017 年监测的 35 家典型企业中，南京农副产品物流配送中心有限公司作为行业龙头企业，交易额首次突破 500 亿大关，2017 年全年实现交易额 503.6 亿元，成交量达到 900 万吨。

全省农产品批发市场供应了城市 70% 以上的蔬菜、水果、水产、家禽、肉类，对保障供应方面发挥了重要作用。如无锡朝阳市场，蔬菜、水果、粮油、家禽供应量分别占到全市需求量的 90%、95%、60%、50%。

（二）结构分析

大型市场主要集中在苏南地区。全省 35 家农产品批发行业典型企业中有 12 家市场位于苏南经济发达地区，9 家位于苏中地区，14 家位于苏北地区。南京农副产品物流配送中心有限公司、常州凌家塘农产品批发市场、苏州南环桥市场发展股份有限公司等交易额突破 200 亿元的市场都位于苏南地区。

民营所有制占据绝对主导地位。35 家典型农产品批发市场中，投资主体完全国有的占比 9%；国有民营混合所有制占比 12%；纯集体所有制占比 3%；外资参股的占比 2.8%；民营控股及纯民营的占比约 73.2%。

（三）效益分析

农产品批发市场作为主要民生工程项目，承担着本地区居民生活保供稳价的重要作用，由于需要兼顾公益性，农产品批发市场无法赚取超额利润。为满足日益增长的居民生活进步需求，各农产品批发市场持续加大基础设施建设投入，扩大新兴产业结构，投入日益增加。常州凌家塘作为常州地区辐射全省的重要农产品批发市场，自 2008 年搬迁新址以来，累计投入 13.8 亿元，总占地面积扩大至 1306 亩。2017 年市场完成交易量 463.01 万吨，完成交易额突破 350.86 亿元；实现营业收入 26179.85 万元，上缴税收 8714 万元。

（四）现代化程度分析

1.基础设施建设不断加强

2017 年度，江苏省 35 家农产品批发市场典型企业中，已建成废弃物处理中心 36 个，标准化销售专区 44 个，检验检测中心 43 个，安全监控中心 39 个，电子结算中心 23 个。较上年度仅标准化销售专区增加 1 个，其他持平，但其中的科技含量却明显提高。如南京农副产品物流中心投资 700 万元增购检验检测中心农残类检测设备及重金属检测等设备、仪器，扩容并增购液相色谱仪、气象色谱仪、等离子光谱仪等先进检测设备，形成了全品种全类型的全方位食品安全检测体系，打造了集检测、分析、研究、技术开发和信息发布等综合职能于一体的食品安全公共服务平台；江苏凌家塘市场发展有限公司投入 1000 多万元建设了肉菜追溯系统，增加了食品安全保障；苏州南环桥农副产品批发市场建成食用农产品质量跟踪系统并投入使用。

2. 信息化建设稳步推进

为适应新时代需要，各大农产品批发市场均在加大信息化建设力度。无锡朝阳农产品市场先后投入几千万元升级改造信息化平台，建立了以集团信息中心为核心，涵盖批发市场、配送中心、连锁超市、农贸市场的信息管理网络，健全了农产品批发市场交易结算系统、农产品物流配送系统、连锁超市进销存系统、农贸市场零售计量系统等跨平台、跨业态的农产品信息管理体系，逐步实现从传统管理向现代化管理的转变。徐州雨润农产品全球采购中心投资 2200 万元对农产品交易智慧园区进行信息化建设，建立了基于物联网、互联网、云计算等技术深化应用的信息化平台，利用先进的信息采集、信息处理、信息流通、信息管理、智能分析等技术，智能化完成农产品生产、交易、结算、配送、检测、物流等多项环节，形成了无线一体交易平台、移动客户端交易平台、农产品价格采集发布平台、银企直联交易平台、交易云助理平台、农产品交易服务网络平台等六大平台。

3. 电子商务快速发展

新型"互联网+"流通模式的持续发展，进一步推动农产品行业电子商务快速发展。南京农副产品物流中心、常州凌家塘市场等传统农产品批发市场，积极利用线上线下相结合模式，建立面向社区居民的零售网络。常州凌家塘市场的"万家鲜"平台整合现有资源，在原有城市生鲜配送、电子结算中心等体系的支撑下，全力打造电子商务平台。

（五）批发市场贡献度分析

1. 农产品保供有力

尽管电商、生鲜超市等新业态的发展对农产品批发市场产生了分流，但从统计数据看，农产品批发市场依然是农副产品供应的主渠道。全省农产品批发市场对城市的蔬菜、水果、水产、家禽、肉类等的供应量占到需求量的 70% 以上，同时新鲜丰富的品种较好地满足了人们的日常需求。如苏州南环桥市场，蔬菜、水产、畜禽、鲜肉的供应量分别占到全市需求量的 90%、80%、70%、60%。

2. 稳定菜价作用明显

充足的货源、配套设施的不断完善为农副产品价格稳定提供了有力保障。近年，各大农产品批发市场的管理者为满足人们对美好生活的需求积极寻找货源，同时加大了配套设施的完善，如冷库、冷链以及科技手段的应用提高了交易效率，保障了供应、稳定了物价，承担了稳定价格的职责，用实际行动履行了社会责任。如南通农副产品物流有限公司通过直营店供应的 400 多种农副产品，比农贸市场低10%—20% 的价格，平抑了市场零售价格。近年来，我省未出现农产品价格大起大落的情况，农产品价格在合理区间波动。

3. 食品安全得到有效保障

全省 35 家农产品批发市场典型企业都配备了检验检测中心，部分市场对检验检测中心进行了提档升级，增添了先进的检测设备，增加了检测项目，提高了检测批次。如苏州南环桥农副产品批发市场日常检测项目从 28 项增加到 60 项；日均检测报告数从 310 批次/天提高至 450 批次/天；南通农副产品物流有限公司每日使用仪器快检不少于 600 批次；无锡朝阳农产品大市场 2017 年销毁不合格农产品 17718 公斤。这些举措，有效防止了问题农产品流入市场，保障了食品安全。部分市场还建立了肉菜追溯体系，如常州凌家塘市场发展有限公司在加强日常检测的同时，还从源头抓农产品安全，目前签订质量协议的定点生产基地已有100多个，面积达到50万亩。张家港市青草巷农副产品批发市场则通过POS机进行进货和销货登记，在水产、蔬菜、水果等区对30家经营户进行试点，逐步建立"源头可溯、去向可追、问题可查、风险可控"的农产品安全追溯体系。

4.助力精准脱贫工作

农产品批发市场充分发挥自身优势，积极为贫困地区解决农产品销售问题，增加贫困地区农民收入。南京农副产品物流中心与海南澄迈县对接建立甜瓜基地，统一种植管理、统一产品定价、统一销售渠道，保障农民受益基数，超额利润与农民分成；南通农副产品物流有限公司与陕西省汉中市留坝县人民政府签订合作协议，对留坝县的经营场所给予收费减免，免费为留坝农产品提供检测、宣传、推广，帮助留坝农产品尽快打开销路；无锡朝阳农产品大市场与青海省海东市循化县合作，将循化100余种农副产品引进无锡市场，既解决了贫困地区产品的销售问题增加了收入，又让无锡市民品尝到绿色的口味纯正的特色食品，社会效益明显。

5.引领带动能力增强

据统计，2017年全省35家农产品批发市场典型企业经营来自全国各地1000多种农副产品，直接带动近20万人从事农副产品的销售，除此以外，还引导带动各地种、养殖基地近1000万亩，使越来越多的农户直接受益，有效促进农民增收。常州凌家塘市场除自身快速发展外，积极引领苏、浙、皖等周边长三角地区的50多个县市协同发展，带动种养殖基地面积200多万亩；苏州南环桥批发市场依托自身作为苏州最大的批发市场的独特优势，先后与80多个农产品种养植基地建立了产销合作关系，种养植面积超过75万亩，带动农户53万余户。

二、存在的问题及原因分析

（一）存在的问题

1.新业态冲击较为明显

电子商务、超市等新兴业态的快速发展对农产品批发市场的冲击持续加大，除蔬菜、水产、鲜肉等鲜活农产品稍好外，其他如副食、冷冻品等固化、标准化农产品受冲击很大，经营户普遍反映经营压力较大。

2.基础设施有待完善

目前一些新建农产品批发市场硬件设施的提档升级效果明显，配套设施完善，但老旧农产品批发市场基础设施年久老化且原设计布局已无法满足现在的经营需求。同时，由于城市发展的原因，许多农产品批发市场由原来处于城市郊区变为现在的市区，这就造成了大型车辆的通行不畅，且农产品批发市场无法扩容，升级困难。此外，部分农产品批发市场因城市发展的需要面临搬迁。

3.经营方式较为粗放

农产品批发市场目前还是以传统的对手交易为主，没有形成系统、专业、精准、高效的管理体系，市场经营较为粗放，缺乏规范化指导。农产品批发市场仍然存在产销脱节的困境，新鲜农产品优势无法体现，市场缺乏整合资源能力，对农户的导向作用不强，调节农产品供求能力还较弱。农产品批发市场业务主要还是以提供交易场地为主，在加工配送、冷链物流、产品标准化、名特优农产品的品牌认证等方面有待提升。

4.经营成本居高不下

目前农产品批发市场内的农产品质量安全检测的场地、人员、设备以及各类运营成本均由所在市场承担，相关费用比较昂贵。同时，高位的土地价格，建设、升级改造的再投入，以及因新设备的使用而大幅增加的日常经营性水电等费用，给市场经营者带来了沉重的负担，越来越多的市场正在面临新的洗牌和产业再造。

（二）原因分析

1.部分市场经营者无力推动农产品批发市场提档升级

部分农产品批发市场的经营者，特别是中小型市场经营者，由于实力有限、人才匮乏等因素，无力在市场升级转型上投入更多的人力、物力、财力，同时由于产业规划不到位及农产品批发市场微利型特征明显，市场投资人不敢在市场的提档升级上投入过多。

2.城市建设给市场的经营增加了压力

随着城市建设明显加快，老旧农产品批发市场的区位优势不复存在，搬迁是市场继续发展的唯一出路，由此带来的规划、建设、招商、管理以及财务成本等一系列难题，都成了市场经营者的巨大压力。

3.市场在转型时面临诸多困难

有些大型农产品批发市场已经开始尝试新业态，如连锁经营、物流配送、社区直销、电子商务等，但这些新业态尚处于探索起步阶段，大型农产品批发市场大规模的投入，效果并不理想，很多新项目面临着亏损。实际上，在电子商务经营方面，农产品批发市场无论从财力、人力资源、技术上还是营销手段上，都无法与大型的专业电商相抗衡。

三、批发市场趋势预测及未来走势

（一）走向规模化、专业化、现代化

农产品批发市场一头连着三农，一头连着消费者，正面临着互联网经济高速发展、城市化改造力度不断加大、进口农产品大幅增加等新形势、新特点、新问题的挑战。因此，农产品批发市场唯有改变既有经营模式，大胆创新，才能走向规模化、专业化、现代化之路，才能使农产品批发市场早日实现功能综合化、品种多样化、交易简便化、产品安全化、建设标准化的新面貌，尽快适应新时代、新要求，跟上新时代的改革步伐。

（二）向智慧农产品批发方向发展

以大数据应用为核心推动智慧农产品批发建设。新兴技术的快速崛起，为农产品批发市场融合化、标准化、功能化、品牌化、全渠道、国际化、智能化、绿色化、法制化趋势注入了新动力。随着数字化、智能化等前沿技术大发展，大数据应用是未来企业指导生产、促进流通、服务消费的重要载体，是传统市场经济向数字市场经济转换，企业高速发展向高质量发展转化的重要支撑。以大数据应用为核心，建设智慧农产品批发市场，加快构建连接生产与消费的大数据平台，解决农产品流通信息不对称等问题，从而提升农产品流通效率，降低流通成本。

以电子商务为突破口推动智慧农产品批发建设。传统农产品批发经营模式与农产品电商并存，电商有商流、信息流等方面的明显优势，传统批发模式在物流、体验、服务方面有优势。通过二者相互融合、优势互补提升市场核心竞争力，扩大市场占有率。目前已有农产品批发市场尝试开展电子商务，取得了一定成效。

（三）公益性功能日益强化

政府统筹规划农产品批发市场在城市中的定位和功能，以市场为依托赋予其更多社会公益方面的功能，如核心农产品批发市场建设公共加工配送中心、公共信息服务平台、检验检测中心、消防安全监控

中心、废弃物处理设施等公益性流通基础设施，中小型农产品批发市场则在自身建设基础上逐步完善，不远的将来，就能实现全功能在所有农产品批发市场的全覆盖，确保农产品流通的安全。与此同时，依托农产品批发市场"集散"功能的优势实施精准脱贫也将助力"乡村振兴战略"。

四、促进农产品批发市场发展的主要对策及政策建议

（一）推动农产品供应链创新

建议推动农产品批发市场供应链应用和创新，在规划、技术、资金、人才、土地、税收等方面加大政策引导和支持的力度，鼓励企业探索、创新。引导农产品批发市场向上游建立农产品基地，向下游建立零售终端，致力于产供销一体化发展。探索运用区块链、物联网、大数据、云计算、云服务等多种技术手段，把农产品流通中的商流、物流、资金流进行数字化转型，拓展供应链管理的广度和深度，构建范围更加广阔、功能更为开放的产供销农产品智慧供应链一体化平台，真正做到以消费指导生产、以优质农产品惠利消费者，实现农民、批发市场和消费者等多方共赢。通过打造绿色农产品智慧供应链体系，建立开放式农产品的产销智慧供应链，实现农产品精准溯源，为农业中小微企业提供稳定、持续、有效的融资服务，以形成完整高效、节能环保、降本增效的有效供应链体系，带动行业的发展。

（二）加强农产品标准化、品牌化

农产品批发市场是农业产业链最集中的、可视化的物理体现，建议通过农产品批发市场这个平台加强标准化、品牌化建设，形成"市场+基地+农户"的产业模式，实现资源有效整合，同时，对前端进行产业引导技术支持，对后端提供丰富的供应保障，促进农业的标准化生产、标准化仓储、标准化加工、标准化运输、标准化销售等，从而在增加农民收入的同时也降低了市场物价，实现农产品一二三产业的有效融合，提升产品品质，降低成本、提高效益，在满足人民群众对高品质生活追求的同时，也为应对即将大量到来的国外农产品做好准备。

（三）营造良好的法制环境

农产品批发市场关乎民生，是农产品流通的综合服务平台，但维护市场秩序的相关法律法规处于匮乏阶段，建议国家为农产品批发市场的立法，从国家战略高度和国计民生出发，对农产品批发市场的规划布局、用地、建设准入、交易规则、行业约束和监管、公益性功能发挥等予以规范和引导，并统筹规划合理布局，从法制角度减少盲目乱建、重复建设、恶性竞争等现象，切实保护合法经营者的权益，调动市场投资人扩大再生产的积极性，促进农产品批发市场在确保公益性的性质下健康快速繁荣发展。

（四）加快专业人才培养

农产品批发市场正在面临提档升级加快转型期，专业人才成了紧缺资源，制约了市场的发展。农产品批发市场集贸易、仓储、物流、加工、配送、安全等传统领域，以及信息化管理、区块链、连锁经营、电子商务、拍卖、期货等新兴领域于一身，涉及专业多技术含量高，因此需要建立相关人才培训机制，通过行业协会、高等院校、科研机构等对相关从业人员进行专业培训，造就一批适应现代化、专业化需要的农产品批发市场人才队伍。

2017年浙江省农产品批发市场行业发展报告

浙江省商务厅

农产品批发市场是以粮油、畜禽肉、禽蛋、水产、蔬菜、水果等农产品及其加工品为交易对象，为买卖双方提供长期、固定、公开的批发交易设施设备，并具备商品集散、信息公示、结算等服务功能的交易场所，是我国农产品流通的主流渠道、主要业态，在促进商品集散、形成农产品价格、把关农产品质量、保障城市农产品供应、引导农作物生产等方面发挥着重要的作用。

总的来看，2017年农产品批发行业总体呈向上发展趋势，行业规模进一步扩大，就业人员总数持续增加，总交易面积也稳步扩大，摊位数量增加。行业经营效益明显提高，农产品批发企业营业收入增加，电子结算交易额大幅上升。有关情况分析如下。

一、行业经营情况

（一）农产品批发行业规模扩大

根据37家典型调查农产品批发企业数据显示，2017年农产品批发从业人员总数达到7.72万人，比2016年同比增长了2.66%。据此推算，2017年浙江省农产品批发业从业人员数量持续增长，达到169.96万人，相比2016年的165.56万人，增长了4.4万人。

（二）农产品批发市场经营规模持续扩大

从交易面积来看，根据典型调查农产品批发企业数据可知，2017年典型调查农产品批发市场总交易面积达到297.96万平方米，比2016年典型调查企业的总交易面积增加0.66万平方米，增长了0.22%。其中交易厅棚面积为244.52万平方米，较2016年增加了0.26%；露天交易场地面积为45.13万平方米，较2016年增加了0.51%。

2017年，农产品批发的经营面积中交易厅棚面积占比最大，约占经营总面积的82.07%，较2016年提高0.03个百分点；露天交易场地的面积占15.15%，较2016年提高0.04个百分点；其他交易面积占2.78%。

从摊位数量来看，根据典型调查农产品批发企业数据可知，2017年农产品批发市场的摊位数量为29333个，同2016年相比，呈现小的增幅，增加了0.45%。其中，固定摊位数量为24070个，较2016年增加了0.73%，占总摊位数的82.06%；非固定摊位为4615个，较2016年减少了0.92%，占摊位总数的15.73%。

（三）农产品批发行业收入不断增长

从年成交额来看，根据典型调查农产品批发企业数据可知，2017年典型调查农产品批发市场年成交额为1707.03亿元，比2016年增加了84.28亿元，增长幅度为5.26%。

从电子结算成交额来看，2017年浙江省典型农产品批发市场的电子结算年成交额为160.68亿元，比上年增加了2.65亿元，增长幅度为1.65%，同2015年相比，则增幅达到了36.23%。由此可知，全省农产品批发市场的电子结算年成交额呈现不断上升状态。同时，2017年电子结算交易比例为48.82%，较2016

年提高了 0.54 个百分点，较 2015 年提高了 9.36 个百分点。

（四）农产品批发冷库资源越来越多

从冷库库容来看，根据典型调查农产品批发企业数据可知，2017 年典型调查批发市场农产品批发的冷库库容为 65.75 万吨，较 2016 年增加了 27.11 万吨，同比增长了 70.16%，是 2015 年的 3.64 倍。从冷库面积来看，2017 年典型农产品批发市场的冷库总面积为 23.35 万平方米，较 2016 年增长了 13.22%，较 2015 年增长了 42.23%。

（五）各类农产品交易情况

根据不同的销售农产品种类，农产品批发市场分为肉禽蛋市场、水产品市场、果蔬市场、茶叶市场、药材市场、调味市场、和其他市场。2017 年，肉禽类、蛋类、水产品类、水果类、茶叶类和调味品类型市场的交易额都呈上升趋势，其交易额分别为 161.88 亿元、26.62 亿元、378.11 亿元、508.77 亿元、7.69 亿元和 14.89 亿元，较 2016 年分别增长了 2.91%、4.19%、6.38%、20.24%、10.81% 和 7.51%；蔬菜类、菌类、药材类及其他农产品类的市场交易额分别为 327.94 亿元、31.13 亿元、10.3 亿元和 243.94 亿元，较 2016 年分别下降了 6.31%、2.63%、10.4% 和 0.29%；花卉类的市场交易为 0.01 亿元。

从不同类型的农产品市场份额来看，2017 年在所调查的典型农产品批发市场中，市场份额最大的是水果类交易市场，占总交易额的 29.73%，较 2016 年提高了 4.73 个百分点；其次为水产品类，市场交易额占比为 22.1%，较 2016 年上升了 1.33 个百分点；排名第三的是蔬菜类，占市场总交易额的 19.16%，较 2016 年下降了 1.29 个百分点。2017 年的市场交易额排名与 2016 年相同。

二、农产品批发行业企业经营发展存在的主要问题

（一）农产品批发行业缺乏统一规划

目前，我国尚无全国性的农产品批发市场发展规划。整体上看，我国批发市场布局不尽合理，部分地区市场重复建设、恶性竞争严重和部分地区网点不足、"有场无市"的现象并存。对农产品流通体系包括从产地收购与批发，到物流运输、贮藏加工，再到城市销地批发、配送与零售等各个节点，都缺乏统一、权威的全国性和区域性规划与布局。

（二）行业主管部门多，导致多头管理

我国现行农产品流通由多个政府部门管理，职能重复交叉，政出多门。国家各部委对农产品批发市场发展都比较重视，出台各项政策扶持农产品批发市场建设。但是管理部门多，各部门管理一方面存在交叉，同时又有空白点。一旦出现问题，各部门互相推诿，责任不清。

（三）缺少准入、退出机制

由于缺少农产品批发市场的准入、退出机制，农产品批发市场恶性竞争事件频发，不仅给竞争双方造成较大的经济损失，而且对农产品的稳定供应产生不利影响，从市场波及上下游农产品经销商、消费者、生产者等多环节。同时，也带来了土地资源的极大浪费，有些房地产开发商以建设市场的名义圈地，经营几年、甚至根本不经营就转营其他。

（四）服务设施落后

服务设施落后，尤其是环保设施落后，影响了市场的交易环境。现有的大部分农产品批发市场大都基础设施不完备，存在重视经营设备忽视服务设备，多数农产品批发市场实际上仅仅是为农产品交易者提供农产品集中交易的场所。同时，相关服务功能比较单一，缺乏配套的各种设施以及服务。与现代

化的农产品批发市场相比还有很大差距。如农产品分级、加工包装、保鲜、储存、运输、质量认证、销售结算、保险、信息服务等功能都还很不完善。

三、加快农产品批发行业发展的建议

（一）完善农产品批发市场的布局规划

农产品批发市场是农产品流通的主渠道，制定农产品市场发展规划应该由流通主管部门牵头负责，从流通的角度进行统筹规划。因此，建议由主管部门牵头制定农产品批发市场统一规划，并以此来指导全国农产品批发市场的建设和管理。同时，各地方政府也应该对农产品批发市场进行统一规划和集中审批，改变目前农产品批发市场多头管理、缺乏统一布局规划的局面。

（二）设立前置审批制度，明确主管部门

应在农产品批发市场建设准入机制上建立"前置审批制度"。同时，明确商务部门为负责前置审批的主管部门，同时应充分发挥行业协会的作用，利用行业协会的专家资源优势。建议由商务部和行业协会合作组建专家委员会，负责农产品批发市场建设的前置审批工作，对申请建设批发市场的项目进行严格把关。

（三）充分发挥行业协会作用，建立准入、退出机制

针对目前农产品批发市场审批单位不统一、审批标准不一致的现状，建议应尽快制定准入、退出机制。首先要明确新建市场在建设时需要满足的条件；其次，针对已建成的旧市场，要单独设立相应的准入条件。另外，针对那些"有场无市"以及圈地后转作他用的市场，要制定退出机制，及时清退。

（四）加大对服务设施的投资，完善投资环境

在经营设施逐步完善的同时，农产品批发市场同时也应该加强服务设施的建设，建立专门的废弃物回收处理站，扩大市场的绿化面积。服务设施的完善对于改善市场的交易环境具有非常重要的作用，而市场交易环境的改善对于农产品市场的竞争力的提高具有显而易见的作用。因此，农产品市场在发展到一定程度后必须把废弃物、污水处理与保洁管理纳入市场管理工作的重点，对废弃物、污水进行有效处理和合理利用，对市场环境进行整治。

2017年江西省农产品批发市场行业发展报告

江西省商务厅

一、行业发展基本情况

农产品批发市场承担着农产品集中分散和价格形成功能，集商流、物流、信息流为一体，是农产品流通链条的中心环节。近年来，我省不断加强农产品批发市场研究，充分发挥城市农产品批发市场的功能，对提高农产品竞争力、丰富市民生活、繁荣城乡流通，促进农民增收和农业产业化发展等具有重要意义。

（一）整体情况概述

江西省农产品批发市场的扩张，主要集中在20世纪90年代推行"菜篮子"工程时期。经过持续多年的投入，基本形成了以大型农产品批发市场、中型农产品批发市场和产地农产品批发市场为主的农产品批发体系和产区、销区和集散地市场相结合，以市场为导向、企业自主经营、政府适度调节、流通有序、渠道多样的农产品流通网络。农产品批发市场主要以肉禽、蛋类、水产、果品、蔬菜、茶叶、药材等产品批发零售为主，大中型农产品批发市场主要集中在中心城区及周边，产地农产品批发市场主要分布于二三圈层区（市）县。

截至2017年底，我省共有农产品批发市场62家，年成交总额745.45亿元，同比增7.95%，年成交量1593.39万吨，同比增长1.51%。市场总摊位数18662个，其中固定摊位13262个，非固定摊位4146个。总交易面积152.49万平方米，其中交易厅棚面积108.38万平方米，露天交易面积30.56万平方米。全省农产品批发市场共有经销商1155个，全行业从业人员5.67万人。

（二）经营结构

在我省的62家农产品批发市场均为综合市场。

（三）配套设施

我省各地市农产品批发市场基础配套设施以及各项功能正在不断完善，整体从业环境不断改善。截至2017年底，全省农产品批发市场共有安全监控中心14个，检验检测中心15个，农产品批发市场废弃物处理中心16个，信息中心13个，电子结算中心6个，冷库总库容21.01万吨。

二、行业发展主要特点

（一）市场交易日趋繁荣活跃

2017年，我省农产品批发市场总交易量达到1593.59万吨，较去年增长1.51%。其中果蔬市场、水产市场以及肉禽蛋市场的年交易量保持高速增长。农产品批发市场经由率接近67%。特别是大型集散地农产品批发市场由于具有交通便利、功能齐全、辐射范围广等特点，有力地发挥了远距离运输集货和中转批发作用，为农产品跨区域流通提供了可靠的销售渠道。

（二）检验检测和信息提供等服务能力得到增强

随着农产品全面走向市场和人们对农产品质量安全水平要求的提高，加之政府加大了对农产品批发市场配备检测设备和信息化设备的支持，全省大多数农产品批发市场建立了质量检验检测室。大型农产品批发市场健全了协议准入制度、经销商管理制度、索证索票制度、购销台账制度、不合格农产品退市制度。一批市场还加入了全国性的信息网，设立了电子屏幕、建立了电子化信息管理平台、开通了全国客服电话，实现电子化管理、网络化办公，农产品市场的交易方式和信息化水平得到了明显提升。

（三）带动农民增收效果明显

以市场需求为导向，"市场+合作社+农户"的产业化合作、建设标准化种植基地、直销基地农产品等新型农商发展模式正成为许多农产品批发市场的选择。农民通过以土地租赁、入股、种植技术管理等多种方式与农产品销售企业合作，有力地带动了农产品种植向信息化、规模化、标准化、集约化方向发展，既繁荣了市场，又活跃了农村经济，增加了农民收入。同时，市场的发展壮大，吸收转化了大批农村富余劳动力，并有效带动了餐饮、交通运输、包装及印刷等相关产业的壮大发展。

三、农产品市场发展趋势

我省是农业大省，农产品品种丰富，随着社会经济发展，有国家政策护驾保航，农产品价格上涨为市场提供了利益条件，产地交易市场与销地专业市场的对接也为市场更好地发挥功能创造了机会，农产品批发市场行业发展方兴未艾。长期来看，农业小生产、大流通的格局难以改变，农产品批发市场仍将是农产品流通的主渠道。随着城镇化进程的深入发展和人均收入的逐渐提高，鲜活农产品占食品消费量的比例将继续增加，消费者对于农产品的需求逐步从数量向质量转变。农产品批发市场行业将保持稳定发展，并加快升级转型的速度。

（一）行业规模化进一步提高

目前，全省已有年交易额30亿元以上的农产品批发市场7家，国内龙头公司也积极进入我省布局。另据不完全统计，南昌、赣州、抚州、鹰潭等地大力开展招商引资，正在筹备、建设大型农产品批发市场和物流园区。同时，南昌深圳农产品中心批发市场等企业也在省内寻求合作，积极开拓省内新市场。

（二）市场经营链条加快向产销两端延伸

部分大型批发市场大力推进农批零对接等新型流通模式，积极向生产、加工和零售环节拓展。引导运销企业直接参与生产经营、发展订单农业，形成稳定的供应关系。同时，批发市场与上下游的对接将会愈加密切，形成以农产品批发市场为主导的全产业链模式。

（三）服务及盈利模式发生较大转变

随着市场竞争的加剧和行业秩序的规范，传统的依靠收取摊位费和入场费的盈利模式难以为继。批发市场将进一步发挥对农产品生产流通的集聚效应和企业孵化器作用，加强创新，拓展服务功能，逐步完善电子结算、冷链物流仓储、加工配送和金融等方面服务，向多元化盈利模式转变。

（四）市场公益性功能逐步增强

近年来，政府对农产品批发市场的重视程度不断加强，南昌、赣州等地积极创新方式，采取投资入股、产权回购回租、公建配套等方式，推动提升农产品批发市场的公益性功能，通过减免交易费用、承担应急保供义务等形式落实企业公益性责任。预计公益性农产品批发市场数量将稳步增长，公益性功能进一步增强。

四、发展建议

在"统筹城乡发展"的大背景下，我省农产品批发市场转型升级已取得了以点带面、示范推进的明显成效，但农产品批发市场业态提升、功能扩张、管理升级等任务还很艰巨，结合调查情况，建议如下。

（一）加强农产品批发市场建管促工作联动机制建设

全省农产品批发市场建设管理和促进工作涉及部门多，相关职能部门之间协同服务、联合执法的整体合力发挥还不够充分。建议在坚持目前属地管理体制的基础上，多部门共同参与，多管齐下，商务、规划、建设、国土、财政、工商、房管、城管、林业与园林、卫生、物价、质监、公安等多部门联动，加大协调力度，共同推进农产品批发市场建设发展工作。

（二）加快推进农产品批发市场全面改造升级

把推进农产品批发市场标准化建设作为市场体系建设的重要任务，根据各区（市）经济发展的阶段、批发市场自身现状及市场需求，因地制宜、循序渐进地推进农产品批发市场升级改造。在改造和加强市场硬件设施的同时，加强农产品市场信息网络及农产品标准体系建设，提高市场的服务和辐射能力。

（三）加大对农产品批发市场运营和提升的政策支持

农产品批发市场搬迁改造予以更大支持。在对区域内辐射能力强、服务面广、对周围其他小市场有带动和影响作用的大型市场予以投资倾斜的同时，通过设立项目建设扶助资金、实行项目贷款利息补贴等方式，引导、扶持、鼓励市场组织进行资本积累，多渠道、多元化的融资，加快搬迁改造，提档升级步伐。

2017 年河南省农产品批发市场行业发展报告

河南省商务厅

农产品批发市场发挥着集散商品、形成价格、传递信息、提供服务的功能，是农业生产者和消费者完成交易的一个平台。随着农业现代化的加快发展和农产品流通模式不断创新，农产品直供直销、电子商务等新兴流通业态蓬勃兴起，河南省农产品消费市场快速成长，农产品批发市场功能不断完善，服务能力和水平不断提升，逐步形成了与农贸市场、各类综合市场、专业市场等农村商品市场体系共生共存的基本框架，对农业农村发展发挥着重要作用。

一、农产品批发市场发展现状

（一）市场发展维稳运行

2017 年底，全省共有综合性农产品批发市场经销商个数达到 22358 个，较上年增长 42.08%；从业人数达 116714 人，较上年增长 14.41%；年成交量达到 34746.12 万元，较上年增长 12.43%。

其他各类专业批发市场如肉禽蛋市场、果蔬市场、茶叶市场、花卉市场、药材市场及其他市场本年的规模较上年相比基本持平，具体情况如表 1 所示。

表 1　2017 年农产品批发市场规模基本情况

指标 市场类型	市场数量（个）	经销商数量（个）	从业人数（人）	年成交量（万吨）	年交易额（万元）
综合市场	27	22358	116714	34746.12	12652647
肉禽蛋市场	3	362	550	1.5	19000
果蔬市场	21	1244	2633	15081.1	96120
茶叶市场	2	683	1485	26	8100
花卉市场	6	790	7018	11800000	52800
其他市场	4	10	25	—	1700

（二）市场配套设施建设结构优化

从农产品批发市场基础设施统计情况来看，以综合市场为例，2017 年，市场经营总面积达到 294.56 万平方米，较上年增长 10.93%，其中，交易厅棚面积占总经营面积的 69.55%，露天交易场地面积占总经营面积的 8.49%；市场摊位总数量达到 21271 个，较上年增长 10.03%，其中，固定摊位数量占总摊位的 72.35%，非固定摊位数量占总摊位的 18.06%；冷库库容量达到 55.61 吨，较上年增长 14.05%；冷库总面积达到 324746 平方米，较上年增长 16.97%；市场配建废弃物处理中心 21 个，检验检测中心 21 个，安全监控中心 32 个，信息中心 18 个，电子结算中心 19 个，在整个农产品批发市场中，属于基础设施较为完善的市场。纵向比较来看，较上年基础设施建设方面也有较大提升和改善，基本代表了全省农产品批发市场的基础设施建设水平。

（三）市场交易活跃

2017 年，农产品批发市场各类农产品成交额都有不同程度的提升，反映居民对农产品的需求旺盛，农产品批发市场经营效益逐年提高。从交易类型来看，综合市场中肉禽类年成交额 120.23 亿元，较上年增长 52.2%；蛋类年成交额 6.75 亿元，较上年增长 35.95%；水产品类年成交额 214.91 亿元，较上年增长 68.62%；水果类年成交额 333.67 亿元，较上年减少 0.87%；蔬菜类年成交额 261.48 亿元，较上年减少 7.94%；茶叶类年成交额 3.35 亿元，较上年增长 9.84%；调味品类年成交额 137.13 亿元，较上年增长 8.81%；其他类年成交额共计 213.37 亿元，较上年增长 67.86%。

二、存在的问题

（一）农产品市场网点布局失衡，市场发育不平衡

由于缺少统一规划与管理，随着城镇框架进一步拉大和农产品市场投资主体的多元化发展，市场无序建设、重复建设现象严重，有市无场与有场无市并存，城乡市场发展不均衡，制约了农产品市场的健康发展。虽然近几年河南省农产品市场发展较快，但社会化、专业化服务程度低。批发市场主要满足市场供应和农产品集散需要，信息发布、电子结算、检验检测、物流配送等功能不尽完善，对农业的引导带动作用难以有效发挥。

（二）基础设施欠缺，管理不到位

以郑州农产品物流配送中心为代表的大中型市场，虽然对经营摊位进行了相关的专业划分，但仍存在经营服务设施简陋不配套的问题，尤其是贮藏保鲜设施缺乏。一方面，其摊位建设仍停留在出租铺位的简单物监管理层次上，卫生环境差，其中仍存在较大面积的露天交易区，市场环境较差；另一方面，其周围环境也有待改善，门口周围农用车、自行车、行人及小商小贩等鱼龙混杂，缺乏规范的秩序管理，市场出口与主要交通干道相互影响，一度造成干道交通阻塞、批发市场物流配送车辆无法出门的情况。

（三）信息化水平不高，网络利用率低

当下蔬菜批发市场建设中遇到的一个主要问题是信息渠道的不全面，大量蔬菜品种的种植和销售缺乏有效的信息指导，使得盲目跟风和"羊群效应"极为普遍。一方面，电信、互联网等通信设施建设落后，有效信息不能及时传递；另一方面，电视、广播、报纸等新闻媒体以及专门从事蔬菜市场行情咨询的中介组织信息量小、发布不及时等现象也使得市场参与主体盲目决策，很容易造成市场供求脱节、价格波动紊乱的局面，给农户和消费者带来不利影响。

（四）传统对手交易模式占主导，经济效率低下

目前河南省农产品物流配送中心的现行交易模式，传统"摊位式"交易占主导地位，交易方式单一落后。市场大多数农产品的交易还停留在面对面讨价还价的原始形式上，质量靠目测，成交价格由买卖双方一对一谈判形成，"一手交钱，一手交货"的对手交易方式被长期沿用。这种逐个协商、各自为战的方式极大地增加了交易的时间和成本，严重降低了交易效率。从另一个角度来看，这种交易形式多为即期对手交易，根据蛛网定理，农民生产决策依上期价格而定，但交易价格却取决于当期供求状况，生产决策与产品上市时间存在一定时差，也因此产生了"菜贱伤农"的不良现象。

（五）经营主体组织化程度低，抵御风险能力不强

河南省农产品批发市场缺乏批发市场应有的规范和效率，进入门槛低、交易起点低，通行批零兼营，而且零售交易额比重较大，交易者主体主要是农村贩运户、农村经纪人等，他们的组织化程度比较低，搜集、整理、传递信息能力有限，市场的集散功能、供求调节功能不能很好发挥。小农户经营现象普遍，规模小、竞争力不强，抵御风险能力弱。近年，由于多方面原因，农户种植的多种农产品低至每斤几分钱都没人要，种植户只能将其倒在公路两旁，经济损失惨重。

三、对策建议

（一）建立信息传导机制，促进信息流通

政府有关部门应加强对蔬菜批发市场建设的管理和监督，积极推动发展经纪人、咨询组织及各类事务所等中介组织在信息传导中的重要地位，并引导各类民营流通组织和乡镇涉农服务部门发挥其在信息收集、传递和反馈等环节的主体作用，为农户和收购商提供一个良好的信息流通渠道。

（二）加快蔬菜批发市场硬件设施现代化建设

市场硬件化建设是解决蔬菜批发市场面貌混乱的第一步。一方面，基础性公共设施，如交易场地、仓库、大棚、消防设施、装卸运输设备需要进一步优化和完善，通过考虑经营模式的实际需要，建立适合的场内设施和外围的运输、服务设施；另一方面，提高服务管理人员的素质，对整个市场进行系统化、科学化的管理和规划也刻不容缓，进一步加强批发市场运作的市场化程度，树立职业管理理念，组建专业管理团队，提高流通效率和综合管理水平。

（三）改进交易方式，营造开放规范的交易环境

一方面，推广拍卖交易，把大量的标准的蔬菜统一收购，竞价拍卖，充分发挥规模优势，并努力促进产品信息的公开，将买方和卖方放置于公平平等的地位上，从而降低交易成本费，提高交易效率；另一方面，促进线上交易方式的发展，建立电子交易平台，推广使用信用交易、网上交易、电子支付等方式，将蔬菜批发市场的建设纳入信息化、电子化的平台中，提供线上订货，提高交易效率。

（四）创新农产品流通模式

支持农产品流通主体创新农产品流通模式，搭建对接平台，开展农产品联盟销售、共同配送、网上销售、社区直供直销等业务。支持有条件的农业生产基地、农民专业合作社在批发市场、超市、社区菜市场直供直销农产品等，积极引导农产品流通企业和农业产业化龙头企业发展农产品连锁经营。引导和鼓励农产品加工企业对鲜活农产品进行深加工，缓解集中上市压力。提升农产品标准化、品牌化水平。鼓励农产品批发市场、专业菜店等经营场所设立标准化销售专区。支持农产品生产加工企业、农民专业合作社注册农产品商标，开展农产品质量认证，推广农产品品牌，提升农产品营销水平。

（五）大力发展农产品电子商务

把农产品电子商务作为减少农产品流通环节、提高流通效率和构建现代农产品流通体系的战略重点，积极开展农产品电子商务示范培育和电子商务进农村综合示范工作。大力发展特色品牌营销型、县域服务驱动型等农产品电子商务模式。重点支持农产品电子商务应用平台建设，重点建设交易平台和管理信息系统，积极配套网络和通信设备，培育发展一批知名农产品电子商务平台，逐步扩大农产品交易品种和规模。深入推进农村商务信息服务。鼓励有条件的农产品批发市场建立电子商务平台，依托加工配送中心、有形市场开展线上线下相结合的一体化经营。引导和鼓励农民专业合作社、农民经纪人、家庭农场、农业生产基地、农产品加工企业和流通企业等农产品流通主体借助第三方电子商务平台，扩大网上销售规模。

（六）加快发展农产品物流

支持有竞争力的农产品物流、流通企业参与大型农产品物流设施建设和运营，鼓励发展专业化的农产品第三方和第四方物流企业，提高农产品物流专业化水平。完善鲜活农产品冷链物流体系，支持各类投资主体加大投入力度，加强产地预冷、销地冷藏、保鲜加工和运输等冷链物流基础设施建设，加强传统冷冻冷藏仓储设施、冷藏运输装备等的技术改造，推动传统冷库向冷链物流快速配送中心转型。在重要流通节点，建设一批具备集中采购、跨区域配送能力的大型低温物流配送中心，培育一批农产品重点品种冷链物流集散中心。开展农产品冷链示范工程，重点支持流通企业整合上下游资源，推动农产品冷链与物联网、互联网、供应链的协同发展。鼓励流通企业使用专用运输车辆运输鲜活农产品。

2017 年湖南省农产品批发市场行业发展报告

湖南省商务厅

作为农产品流通体系中的重要组成部分，农产品批发市场在我国农产品市场体系中处于中心地位的格局，短期内不会改变。批发市场作为农产品流通的枢纽，将长期存在。依据我国国情，在今后相当长的时期内，产地批发市场的"集货"功能和销地批发市场的"散货"功能仍将是不可或缺、不可替代的。

一、行业发展基本概况

（一）行业规模

2017 年，全省各类规模以上农产品批发市场 93 个（年交易量在亿元以上），其中，农产品综合市场 42 个、肉禽蛋市场 7 个、水产市场 5 个、果蔬市场 17 个、茶叶市场 1 个、花卉市场 1 个、药材市场 2 个、其他市场 18 个。批发市场的经营范围包括本省及外地各类农副土特产品、粮、油、蔬菜、水产品、瓜果、干货、花卉苗木、药材、茶叶制品等。农产品批发市场对促进我省经济发展、提高人民生活水平作出了积极贡献。

（二）行业结构

从行业经营面积看，2017 年，全省规模以上农产品批发市场营业面积 3161196 平方米，较上年增长 5.7%；从行业市场摊位数量看，2017 年全省规模以上农产品批发市场摊位 48007 个，较上年增长 1.1%。另外，2017 年全省规模以上农产品批发市场的冷库库容 1229102 吨，较上年增长 6.3%；冷库总面积达 824880 平方米，较上年增长 5.7%，为城乡居民食品安全提供了有力保障。

（三）行业效益

随着居民经济收入的增加，居民生活质量不断改善，购买力大幅提高，农产品市场交易量增幅较大。从农产品批发市场的成交量看，2017 年全省各类产品的年成交额分别为：肉禽类成交额 1466311 万元、蛋类成交额 340622 万元、水产类成交额 1612263 万元、水果类成交额 1027879 万元、蔬菜类成交额 1986685 万元、茶叶类成交额 778589 万元、花卉类成交额 644320 万元、调味类成交额 405013 万元、药材类年成交额 1046658 万元、其他农副产品成交额 342500 万元。其中，蔬菜类、水产类和肉禽类年成交额分别占总成交额的 20.6%、16.7% 和 15.2%，三类产品合计超过半数，如表 1 所示。

表 1　2017 年规模以上农产品批发市场品类年成交额

品类	成交额（万元）	比重（%）
肉禽类	1466311	15.2
蛋类	340622	3.5
水产类	1612263	16.7
水果类	1027879	10.7

蔬菜类	1986685	20.6
茶叶类	778598	8.1
花卉类	644320	6.7
调味品类	405013	4.2
药材类	1046658	10.8
其他类	342500	3.5

二、存在的问题

（一）基础设施建设薄弱

总体上看，目前大多数农产品批发市场仍然停留在提供交易场地等最简易的条件，不少市场还缺乏遮阳避雨的交易棚厅，特别是一些产地批发市场的设施简陋，交易环境差，水、电、路等公共设施保障能力不足，消防安全设施建设不到位。相当一部分批发市场缺乏信息服务、质量检测、电子统一结算、安全监控、垃圾处理等配套服务设施，进入市场交易的农产品质量安全存在隐患。农产品分选包装、冷藏保鲜、冷链物流和配送等设施更加奇缺，而这些都是建设现代化的农产品批发市场、完善市场服务功能的重要基础条件。

（二）缺乏科学系统管理

多数农产品批发市场交易方式落后，市场管理"重收费轻服务"，停留在一般的物业管理与收费，以及卫生、保安等管理上，缺乏为商户提供便捷的交易结算、信息查询、冷藏保鲜等配套服务。用现代信息技术加强和改善市场运营管理还做得不够，对市场内商流、物流、人流缺乏及时有效的协调掌控机制与手段，往往处于自发、无序即"乱哄哄"的状态。欺行霸市、假冒伪劣等现象时有发生。管理制度不够规范和健全。

（三）缺乏统一规划，存在恶性竞争

市场重复建设问题严重。由于缺乏全省统一的发展规划，各种形式的投资主体盲目进行投资建设，同类型市场往往"比邻而居""有市无场"的现象严重，从而造成恶性竞争。一些地方"买客户"已成为市场竞争常态，对农产品批发市场的正常运营造成极大破坏，扰乱了市场秩序。

三、行业发展趋势分析

（一）线上、线下协调发展

当前电子商务风起云涌，打破了农产品批发市场仅有线下交易的传统方式。今后，电子商务在农产品批发市场行业的发展还将更加深入，未来将呈现线上线下协调发展的局面。农产品批发市场在电子商务中的责任应该是建立平台，批发商应该做的是电子商务交易。今后农产品电子商务的发展重点，也将会着眼于探索电子商务批发业务，解决物流节点和产品标准化问题。同时，对于农产品电子商务的理论研究也会随之越来越深入。

（二）市场管理向信息化迈进

大部分农产品批发市场建立了面向社会公众的市场信息收集发布平台。其发布的农产品价格信息、成交量信息和供求双方信息，对引导农民调整农业农村经济结构、促进产销衔接、增加农民收入和稳定

市场供应发挥了重要作用。一批经济实力较强的农产品批发市场充分利用现代信息技术，实行了客户管理、摊位管理、人事管理、财务管理、治安管理的信息化。

（三）加强发展冷链物流

多年来，冷链物流在农产品批发市场的应用始终得不到推广，主要是由于高成本和低消费水平之间的矛盾。然而，从国内外环境以及本省农产品流通发展的格局来看，冷链物流在农产品批发市场的应用必将加强，尤其在当前农产品电子商务迅猛发展的社会环境下，生鲜农产品的品质是首要条件，高效、低损耗的物流是支撑电子商务最重要的环节，因而，农产品冷链物流的应用必将在未来农产品批发市场发展中占有重要地位。

四、政策及对策建议

（一）推进农产品品牌化和标准化发展

一是通过资金支持，鼓励大型批发市场率先推进农产品标准化，发挥引领和示范作用。目前一些批发市场已向产地市场和销地市场两个方向延伸。二是逐步推广农产品包装标准化。虽然标准化能够提高效率、降低损耗，但会增加成本，在推广过程中存在较大阻力。因此建议：（1）在初始阶段类比技术推广的方式进行补贴；（2）提高标准制定与标准推广的同步性，在建立行业标准、地区标准后，对批发商使用标准包装材料给予优惠和鼓励，并逐步过渡到强制性标准；（3）在适当时候规定必须采用标准包装材料才能进场交易。

（二）提高信息化水平，构建信息反馈机制

由于农业生产较为分散，农产品批发市场信息传递的范围有限，使得通过互联网、手机、广播等手段发布农产品供求、品种、质量、价格等信息的功能无法有效发挥，无法及时指导农业生产。因此建议，在农产品批发市场重点建设一批覆盖面宽、辐射力强的信息网络平台，根据农产品种植、销售情况及周期特征，建立和完善涵盖多个品种、不同地域的统一的农产品产需及价格信息监测系统，建立农产品流通信息支撑体系，为消费者、农民、零售商、中间商以及政府提供有用的信息。

（三）建立服务型的农产品运行体系

通过信息化手段，建立农产品生产、流通、销售和消费的综合性信息数据库和信息服务平台，形成具有信息采集、信息处理、信息查询、信息发布、供求对接及资金申报管理等功能的综合性平台，打造"湖南农产品流通综合信息服务网"，引导企业开展产销对接，发挥信息引导作用。

（四）形成现代化的农产品冷链体系

以农产品销地批发市场、产地批发市场、大型农产品流通企业和大型连锁零售企业为依托，以现代冷链物流技术为支撑，建设从产地预冷、冷藏运输、冷鲜加工、冷冻贮藏、冷冻配送到消费终端的全程农产品物流冷链体系。形成一批运转高效、规模化、现代化的跨区域冷链物流配送中心，积极推广冷链物流核心技术，培育一批具有较强资源整合能力和国际竞争力的核心企业，初步建成布局合理、设施先进、上下游衔接、功能完善、管理规范、标准健全的农产品冷链物流服务体系。

2017年广东省农产品批发市场行业发展报告

广东省商务厅

　　农产品批发市场是农产品交易的主要场所，也是整个农产品物流链的重要环节。农产品批发市场也是连接农产品生产和消费的重要桥梁，农产品批发市场的发展对促进农产品生产和保障民生发挥积极作用。

一、农产品批发市场发展基本情况

（一）农产品批发市场规模发展

　　2017年广东省农产品批发市场总数114个，同比增长17.5%，经销商数总数约2万个，同比增长3.9%；从业人数约22万人，同比增幅8.8%。

（二）农产品批发市场结构分析

　　据测算，广东省农产品批发市场在结构上，分为综合市场、肉禽类市场、水产品市场、果蔬类市场、茶叶市场、花卉市场和其他市场等多种类型。这7种市场有相对完整的统计数据。根据广东省商务流通统计典型企业数据及2017广东省统计年鉴测算数据，本报告分析如下。

　　1.农产品批发市场结构

　　据测算，广东省农产品批发市场中，综合市场约30个，占市场总数的26.3%；果蔬类市场约24个，占市场总个数的21.1%；肉禽类市场约17个，14.9%；水产品市场约15个，占市场总数的13.2%；茶叶市场约13个，占市场总数的11.4%；花卉市场约10个，占市场总数的8.8%；其他市场约5个，占市场总数的4.4%。

　　2.经销商结构

　　据测算，广东省农产品批发市场中，综合市场经销商数量达到约1万个，占到经销商总数的61.9%；果蔬类市场经销商约3902个，占经销商总数的15.4%；肉禽类市场经销商约2654个，占市场经销商总数的10.5%；水产品市场经销商约1846个，占市场经销商总数的7.3%；茶叶市场经销商约303个，占市场经销商总数的1.2%；花卉市场经销商约484个，占市场经销商总数的1.9%；其他市场约473个，占市场经销商总数的1.9%。

　　3.从业人数分布

　　据测算，广东省农产品批发市场中，综合市场从业人数约8万人，占到农产品批发市场从业总人数的39.9%；水产品市场从业人数约6万人，占从业总人数的29.6%；肉禽类市场从业人数约4万人，占市场经销商总数的19.5%；果蔬类市场从业人数约1万人，占从业总人数的7.6%；茶叶市场从业人数约2880人，占从业总人数的1.3%；花卉市场从业人数约2350人，占从业总人数的1.1%；其他市场从业人数约2201人，占市场从业总人数的1.0%。

（三）农产品市场基础设施建设

　　据测算，广东省农产品批发市场基础设施建设，总体上比上一年的情况有所改善。

　　2017年，经营总面积为约5376万平方米，同比缩减0.15%。市场经营总面积没有增加，反而有所下降，主要原因是一些市场的拆迁，新市场建设尚未完成，不能投入使用。

2017年，冷库总面积约29万平方米，同比增长9.5%。检验检测中心2017年达到约43个；安全监控中心约195个；信息中心约39个，同比增幅为18.2%；废弃物处理中心约43个，同比增幅22.8%。

（四）行业现代化程度

农产品流通业现代化方面的主要进展有：第一，农超对接的比例不断加大。第二，社区连锁经营的水果、生鲜店不断成长壮大。第三，农产品批发和消费的电子商务平台，获得进一步发展。其中深圳上市公司"农产品"开发的"依谷网"，在产业链的上下游布局，以及覆盖珠三角核心城市群的规模方面来看，是居领先地位的。

二、存在问题及原因分析

（一）农产品批发市场配套设施建设滞后，不能满足消费转型升级的需要

消费转型升级对农产品的品质和花色品种提出了更高的要求，大多数的农产品需要冷链物流来完成从田间到餐桌的质量保鲜。生鲜类农产品对冷库等设施建设需求强烈。目前冷库面积增长比较缓慢。农产品批发市场的农产品装卸基本依靠人工完成，尚不具备现代化的装卸工具和手段。

（二）农产品批发市场信息化程度低，线上线下融合发展不足

目前，我省多数农产品批发市场还是以柜台式、大棚式交易市场为主，甚至还有露天式交易市场，这种传统的农产品批发市场经营模式有很大的局限性。农产品批发市场的信息化建设虽然有所进步，但是信息化程度仍然比较低，绝大多数经销商还不能利用信息化平台，进行大数据共享，电子商务平台建设和运用不够，成为市场发展的瓶颈。就整个农产品供应链上最活跃的农产品批发市场而言，每天都会产生海量数据，各种交互信息非常庞大，而要实现对海量数据的分析和利用，没有电子商务平台，无法通过一个传统的农产品批发零售的交易场所去获得，因为随时都会发生数据的变化，并且在不同的季节、不同的供应基地的气候和生产条件变化下，价格也会发生变化。同时，农产品品种虽多，但质量参差不齐。只有通过电子商务平台，需求者和供给者之间的信息对接，交易互动去完成。

（三）农产品流通成本过高，流通的环节过多

农产品流通中的一个突出问题是，流通环节过多，物流成本居高不下，运输周期长，导致损耗严重，也使得农产品从农民地里到城市居民餐桌上，增加的流通费用常常是数倍于农产品本身的收购价格。一斤大白菜，在山东农民手中收购价格是0.2元，到广州超市是2—3元。这其中的中间流通企业要承担物流成本和腐烂损耗部分。其中物流成本占到60%以上，腐烂损耗占1/4或1/3。这样的流通服务，使得交易成本比生产成本高出10倍以上，如何有效解决其中的问题，亟须政府在政策方面做重新设计和调整。从企业角度看，要研究发展冷链物流的规模化运输和改善物流配送。

（四）农产品品质和食品安全问题

随着农产品生产方式的变迁，粮食、蔬菜、水果都必须大量使用农药化肥才能使产量实现规模经济，水产品、牛羊猪鸡等也是规模化养殖才能获利。这样农产品中的有害物质残留量超过健康标准，是难以避免的。农产品从农户手里到消费者口里，中间环节众多，加上市场交易也是在信息不对称的状态中进行的，品质没有保证，安全性也无从约束。

三、趋势预测与政策建议

（一）趋势预测

1.通过"互联网+"去中间化，减少流通环节

未来的农产品流通模式，或许可以通过电子商务平台，直接让消费者与生产者对接。例如现在不少农户通过微信和淘宝商城，与一个社区的消费者直接做农产品的产销沟通，省去"中间"环节，不仅可以让新鲜的原产地的有品质保障的农产品，直接进入社区消费者手中，而且因为流通环节少，物流速度快，产品保鲜性好，物流成本反而更低，品质却比超市的优良。这个创新对于超市的农产品流通模式是一个替代，虽然不可能完全取代原有农产品流通渠道，但已经可以显示出，新的"互联网+"的模式，"去中间化"的经济绩效不错。

2.生产基地加流通服务的新商业模式

物流成本偏高是农产品流通成本居高不下的主要原因，然而如何降低这一部分的成本却是行业内一直探讨的问题。首先，缩短物流配送的路途距离，将生产基地建设在相对靠近城市，尤其是超大型城市的地方。其次是规模化生产，降低单位产品的物流配送服务成本。山东的萝卜和白菜，如果不能批量化运输到南方来，是没有规模经济效益的。第三，肉蛋奶等一些可以用冷链运输的农产品，也要走规模化运输的流通概念，否则成本在冷链运输中更是高不可攀。第四，粮食和部分水果，可以在南方大城市周边，建设物流中转中心和储备中心，在运输成本相对较低的铁路和公路淡季时间段运输，解决物流成本偏高的问题。

3.食品检验检测对农产品流通的介入

食品安全保障的一个重要环节是需要建立严密的产品检验检测服务体系，将有害健康的农产品识别出来。中国过去在工业品方面有少量的标准不是很高的检验检测服务体系，但是不少还是非社会化、非市场化服务方式运作的，多数属于大型国有企业内部的检验检测实验室。农产品在进入流通环节过程中，较少建立这个体系，所以往往对哪些是安全的食用油，哪些是地沟油的问题，无法判断和检测。食品直接关联消费者的身体健康，本该有比工业品还要严格的检验检测标准。但是中国以往的检验检测多数归属于工业品的技术性能检验检测方面，将对人体有害性的检验检测不到位。

4.综合化、多元化、低层次的农产品供应体系

未来农产品供给体系和流通内容，将向综合化、多元化但是依然以低层次为主的供应体系转变。综合性就是充分获取范围经济效益，在产品流通过程中，组合式配送和营销，打包服务和一揽子供给，这样有利于市民获得解决方案。在电子商务平台上，市民可以点击一个组合式菜单，超市或肉菜市场根据菜单配送，低于单一农产品配送成本。同时，在超市经营过程中，生鲜部是人们日常生活必需品的采购，有利于聚集人气，带动相对利润更加丰厚一些的其他商品的销售，一些超市甚至朝购物中心、娱乐中心、餐饮中心和交通枢纽中心等多功能方面聚合的效应开始显露，单纯的农产品流通模式逐渐退出，以往的粮店、水果店等将被多元化经营模式所取代。

（二）政策建议

1.改造和优化现有农产品批发市场硬件设施，优化市场经营环境

政府应加大农产品批发市场硬件设施升级改造的财政投入，对现有的空间进行改建或扩建，对简陋、露天的各项设施重新规划布局，尤其要加强市场的信息化建设。市场很多硬件设施属于公共产品，需要政府出面或通过多方筹资加快建设步伐。

2. 发展相对规模化经营的龙头企业

农产品的供给和流通是经济学上的一个难题，因为其生产过程的不确定性，供求关系不像工业消费品那样可以全天候、规律化进行生产，保障产量均衡化。广东这样本身有超过 9000 万常住人口，又有 8000 万流动人口的省区，亟须培育一些大型龙头农产品生产企业和流通企业通过均衡化生产、规模化经营，平衡产销、平抑价格。

3. 行业规制强化，保障农产品流通质量

农产品的流通行业进入门槛太低，比如谁都可以到批发市场上去采购蔬菜水果，然后在零售市场上售卖。其中的服务是否规范，食品安全是否有保障，有没有欺诈行为等都是没有监管的。仅仅在禽流感爆发期间，政府疾控中心和卫生检疫部门会对禽类销售档口有一定的约束。这样的行业监督程度，无法保证食品安全和农产品的健康标准。流通服务虽然是市场交易服务，交易双方是在市场上自愿原则下成交的。但是品质问题、价格欺诈问题、短斤少两问题，都需要有效管理。

4. 发展冷链物流，促进生鲜农产品的规模化经营

农产品尤其是生鲜品的物流过程中的被污染，以及腐烂变质等，不仅危及消费者的健康，而且给流通企业带来较大的损耗和成本上升的压力。冷链运输是许多发达国家采用的农产品（生鲜品）物流方式的解决方案，中国（包括广东）一直以来，冷链运输发展得不尽如人意，其中主要是规模化经营尚未形成，太小的运输规模使得产品单位成本偏高。从消费者那一端看，水产品规模化需求在南方相对集中，但因消费习惯上是活鱼活虾，使这个方面的成本更高。而肉食品的运输规模化需求在北方相对集中，牛羊猪鸡的屠宰后运输，原本更加经济有效率，在广东依然有必要加大这个方面的企业能力建设。

2017 年广西壮族自治区农产品
批发市场行业发展报告

广西壮族自治区商务厅

2017年，广西的农产品批发市场作为农产品流通的重要渠道和主要业态，发挥了重要作用。据测算，2017年，我区综合农产品批发市场15个，较上年增长7.1%；经销商数量10022个，同比增长2.7%；综合市场经营总面积1865779平方米，同比增长10.9%。

一、发展基本情况及特点

（一）蔬菜、水果仍为交易主体

广西作为全国蔬菜主要生产的省区之一，有着气候、水资源等方面的优势。广西属亚热带季风气候，年平均气温在6.5—23.1℃，降水量充沛，农作物生长条件较好，适宜蔬菜水果的种植。2017年，广西园林水果产量1701.30万吨，同比增长11.6%；蔬菜产量3086.85万吨，同比增长5.4%。据商贸流通行业统计数据显示，统计的8大类农产品批发市场中，蔬菜类和水果类年成交额总额及占比均居前两位，2017年，全区蔬菜、水果类综合批发市场年成交额分别为173.01亿元、118.06亿元，分别占农产品批发市场总成交额的44.6%、30.4%。

（二）农产品批发业经营规模不断扩大

农产品批发行业是农产品流通的重要组成部分，是贯穿贸易与消费等各个环节的重要桥梁。2017年，广西农产品批发经营规模在持续增长，据商贸流通行业统计数据显示，批发行业中农产品批发业的企业数量占比为32%，在批发行业中居首位。2017年，全区农产品批发市场经销商数为8957，同比增长4.02%；总摊位数量为15969个，同比增长7.2%，企业从业人数为42104人，同比增长9.31%。农产品批发行业规模数量不断增加，为行业的发展壮大提供了重要保障。

二、影响因素及存在的主要问题

（一）特色农产品市场加快发展

为做好广西优势特色主导产业发展资金项目的实施工作，自治区农业厅、财政厅制定了《2017年广西优势特色主导产业发展资金项目实施方案》。一是通过发展"特色"农产品把本地特色产业不断发展扩大，帮助特色农产品优势区的经营主体转变农业生产方式、农业经营方式和农业治理方式。二是通过"标准"，抓紧制定特色产业标准，实行绿色食品基地整县推进，以标准化引领特色农产品产业化、规模化、品牌化发展。三是"全产业链"，大力发展农产品加工业，促进一二三产业融合发展。与此同时，到2020年广西还将争取完成创建10个左右的国家级特色农产品优势区和30—40个自治区级（种植和养殖）特色农产品优势区，努力打造出一批在全国有影响力的"新三品"（区域品牌、企业品牌、产品品牌）。

（二）冷链物流壮大创新

广西每年约有350万吨农产品通过冷链外运，占全区外调农产品总量的23.3%，冷链已成为广西一大重要产业。目前广西在南宁、柳州、桂林、梧州等城市和沿边沿海地区改造升级或适度新建一批冷连接物流园区，推动了冷链物流行业的集聚发展，以及对生鲜农产品保鲜技术工艺、绿色防腐技术与产品、新型保鲜减震包装材料、移动式等新型分级预冷装备、多温区陈列销售设备、大容量冷却冷冻机械、节能环保多温层冷链运输工具的研发和应用。此外农产品物流催生了"冷链共同配送""生鲜电商+冷链宅配""中央厨房+食材冷链配送"等新型创新业态模式。冷链物流的不断壮大发展与创新给农产品市场带来了巨大的经济效益。

（三）农产品批发市场环境相容性差

全区农产品呈现"小生产、大流通"的总体格局，决定了农产品批发市场成为连接产销两端，是满足农产品大量集货、快速分销的必然选择，并成为城市基础功能的重要组成部分。批发市场中农产品交易主要是现货交易，交易时间主要集中在夜间，部分市场甚至是全天24小时交易，交易方式依旧比较原始，由于生产流通组织化程度很低，大量的流通主体都是农民和个体运销户，每天进出市场的物流、车流和人流量非常大。广西部分老市场由于历史的原因，设施陈旧，管理粗放，废弃物清理不及时，总体市场形象不佳，给人脏乱差的感觉，尤其是交通拥堵、噪音、扬尘、灯光、环境气味等扰民情况时有发生，不少老市场与周边环境的相容性很差，自身生存发展面临很大的压力。

（四）法律法规有待完善

目前我区政府针对农产品批发市场已出台多项管理法律、法规和支持政策，但仍尚无农产品批发市场专项管理规范条例，尤其是对农产品批发市场行业的进入、退出没有明确的法律规定和保障，行业的无序进入、无序竞争和地方政府强行关闭市场的现象时有发生，有关农产品批发市场的城市发展规划和法律约束机制在实际操作过程中经常受到各种人为因素的影响，保障整个行业健康、稳定、有序发展的法律环境还不完备，很大程度上可能成为行业发展的隐忧。

三、行业发展趋势及预测

（一）新业态发展势猛，传统经营模式受挤压

进入大流通时代，跨界经营催生出多种新业态。2017年，我区农产品流通相继出现了如智能的生鲜店、无人生鲜店体验店（货柜）、智慧农批、在线宅配平台、盒马鲜生、超级物种、生鲜电商+冷链宅配等多种多样农产品流通创新模式。2017年4月，首农集团旗下首农电商宣布推出宅配服务"首农HELO宅鲜配"，2017年3月，中粮"我买网"上线宅配平台"顶英生活"，用会员制模式进军生鲜电商，加上生鲜电商本来已经开通了有机蔬菜和牛奶的宅配业务，从产地直接到终端消费已成为农产品流通的重要形式，农产品批发市场作为农产品流通传统经营模式将受到新型流通方式的挤压。

（二）新模式带动农产品市场发展提速

广西目前农产品经营模式以传统小农经济为主，种植规模有限，投资量小，一旦产品销售市场有一点点小小的波动，可能就会给农户带来灭顶之灾。目前也有少量农户参与了京东和天猫的团购行列，这种模式确实使得农户的销路得到了改善，但带动能力仍显不足。近年来，我区农业持续发展绿色产业、乡村旅游产业、休闲农业和农家乐等一系列产业。这一系列产业的增长和持续发展带动城市消费者对有机农产品的体验和了解，使休闲农庄与乡村旅游和有机农产品销售紧密相结合，推动农产品销售渠道进一步升级发展。同时，农产品也得到了宣传推广，得到更多外调营销的机会，也带动了广西整个农产品

批发市场的发展。"以旅促农""以农带市场"的营销方式对农产品批发市场来说是良好的商机。

四、政策建议

（一）不断强化市场商品监测力度

加强省、市、县三级检验检测能力建设，建立健全农药残留检测机构，由专业技术人员到生产基地、农贸批发市场对不同产地、不同种类的农产品进行抽样检测，对农药超标的农产品不许进入市场销售。政府应制定长期的优惠政策，大力扶持农业产业化龙头企业、合作社等组织投入到无公害、绿色农产品建设中来。另外，做好绿色食品生产技术推广和技术服务工作，以促进绿色农产品生产的发展。加强农业投入品监管，依法规范农药、兽药、化肥、饲料及饲料添加剂、自配饲料和农产品保鲜剂、防腐剂、添加剂的生产、经营、使用行为，严厉打击非法制售和使用违禁药物的行为。加强对农民科学使用农业投入品的指导，防止滥用、错用。统筹市场监管综合执法力量配置，将食品安全作为市场监管的首要职责，建立农产品质量安全重点整治制度，全面推进农产品质量建设。

（二）调整优化农产品批发市场布局

城市农产品批发市场自身的整合调整和转型升级也孕育着巨大的发展机会。随着市政的发展和城市功能布局的调整和优化，现有的很多农产品批发市场无论是服务功能、交易效率还是自身形象都与城市周边环节的发展显得格格不入，建议应减少批发市场数量，扩大单体市场规模，提升市场服务能级，调整优化市场布局，提升市场环境形象。加强对城市功能的疏解和批发市场规划布局的调整和提升，达到催生行业整合提升的机会。有关部门应开展同步整治、组织开展环境卫生整治，进行升级改造，传播身边的"最美农贸市场"，曝光身边的"脏乱差农贸市场"，提升农贸市场"颜值"。

（三）建立准入退出机制

法律和规划是农产品流通与批发市场健康发展的根基，针对目前农产品批发市场审批单位不统一、审批标准不一致的现状，建议应尽快制定准入、退出机制。首先，要明确新建市场在建设时需要满足的条件；其次，针对已建成的旧市场，要单独设立相应的准入条件。另外，针对那些"有场无市"以及圈地后转作他用的市场，要制定退出机制，及时清退。主管部门应授予行业协会一定的权利，由行业协会对通过前置审批的农产品批发市场进行日常的监督管理。例如，建立考核制度，对农产品批发市场的建设情况、硬件设施设备的配置情况等进行综合考评，并对考核情况进行详细统计，为准入、退出机制的执行提供参考。

2017年重庆市农产品批发市场行业发展报告

重庆市商业委员会

2017年，重庆市商业委员会充分发挥西部大开发重要战略支点、"一带一路"和长江经济带联结点的特殊区位优势，以公益性农产品市场体系建设示范区县和公益性农产品示范市场创建为核心，全面深化农产品市场体系建设，助力乡村振兴、脱贫攻坚和生态文明建设，推动高质量发展，创造高品质生活，做实做靓"内陆开放高地"和"山清水秀美丽之地"。

一、行业发展基本状况

重庆主城区常住人口超过3000万人，其中城镇人口超过1970万人，全市每天需求大量的农产品，半数以上依靠外来省市农产品生产基地供应。尽管农产品电商、超市餐馆直供等增长较快，但是农产品批发市场仍然是农产品流通链条的中心环节、保障农产品消费的主渠道，在促进产销对接、丰富市民生活、稳定市场价格、繁荣城乡流通等方面发挥着不可替代的作用。重庆双福国际农贸城、重庆永辉超市通过商务部评估，被命名为全国公益性农产品示范市场。

（一）行业规模分析

近年来，重庆农产品批发市场发展快速，已形成了以跨区域农产品批发市场——重庆双福国际农贸城为龙头，吉之汇、新大新等区域性农产品批发市场为骨干，农产品零售市场和田头市场为基础，涵盖蔬菜、水果、粮油、副食、冻品、水产品、肉类、花卉、茶叶以及中药材等品类齐全的农产品批发市场体系。截至2017年，重庆市共有农产品批发市场61家，其中综合市场23家，中药材市场4个、畜产饲料市场4个、水产市场3个、蔬菜市场7个、食品市场3个、粮油市场2个、果品市场4个、冻品市场4个、茶叶市场3个、花椒市场1个、花木花卉市场3个。全市农产品批发市场共有经销商19274户，从业人员77967人，成交量4660万吨，成交金额1521.54亿元。

市场经营面积259.24万平方米，其中交易厅（棚）面积126.18万平方米，露天交易场地面积113.06万平方米；市场摊位总数13255个，其中固定摊位数量11170个，非固定摊位数量2213个。冷库库容78万吨，冷库总面积46万平方米，废弃物处理中心21个，检验检测中心35个，安全监控中心23个，信息中心22个，电子结算中心15个。

2017年度重庆市主要农产品批发市场经营情况如表1所示。

表 1　2017 年度重庆主要农产品批发市场经营情况

序号	市场名称	经济性质	市场类别	占地面积（亩）	营业面积（万m²）	仓储面积（万m²）	固定摊位数（个）	摊位出租率（%）	经营户（户）	从业者（人）	交易额（万元）
1	双福国际农贸城	国有控股	综合	2455	2.3	3.15	3817	92	1184	3690	2557300
2	观农贸农产品批发市场	国企	综合	32	7	2.3	1361	100	2000	5000	1349870
3	新大兴国际农副产品交易中心	民营	综合	122	10	3	500	99	450	2000	449161
4	吉之汇国际农贸物流城	民营	综合	270	12	2.9	932	90.60	786	2126	731900
5	九龙蔬菜批发市场	民营	综合	73	1.5	混用	345	100	345	4000	145600
6	重庆万吨冻品交易市场	国有控股	冻品	390	9.55	7.54	475	100	500	1500	1800000
7	中国西部农产品冷链物流中心	私营	冻品	800	10.5	21.7	870	100	800	10000	2000000
8	京闽茶叶市场	私营	茶叶	30	1.8		200	100	120	200	31000
9	梦里茶乡品茶特色商业街	私营	茶叶	150	2.8		204	100	156	1200	32000

（二）典型农产品批发市场分析

2017 年，重庆市列入商务部农产品批发行业典型企业统计的市场共有 12 个，全年总交易额 564.26 亿元，同比增长 23.77%，其中肉禽 134.48 亿元，蛋类 6.05 亿元，水产品 17.54 亿元，水果 46.6 亿元，蔬菜 55.42 亿元，菌类 5.3 亿元，茶叶 0.94 亿元，调味品 8.16 亿元，药材 2.2 亿元。年成交量 380.94 万吨，同比增长 16.77%。经销商数 3679 人，从业人员 20704 人。总交易面积 47.97 万平方米，其中交易厅棚面积 29.13 万平方米。总摊位数 6180 个，其中固定摊位 5056 个。冷库库容 32.92 万吨，冷库总面积 9 万平方米。

二、存在问题及原因分析

（一）存在问题

1.区域性结构性过剩

近年来，各区县加快农产品批发市场建设，改变了缺乏大型农产品批发市场、农产品商业设施落后的状况，也造成了区域性、结构性过剩问题，主城区已经过剩，远郊区县盲目投资、盲目建设势头强劲，重复建设、恶性竞争部分项目难以为继。

2.物流成本较高

重庆地处西南内陆，位于"一带一路"和长江经济带战略的连接点，集大城市、大农村、大山区、大库区于一体，农产品自给率低，严重依靠外省市输入。尽管在国家新战略中水陆交通得到极大改善，但是农产品物流成本仍然居高不下。

3.经营管理粗放

近年来，重庆以"创卫""创文"和"国家食品安全示范城市"为契机，新建、改建、规范了一批农产品批发市场，但是多数市场仍然"重收费、轻服务"，传统农产品批发市场"三现"交易现状突出，缺乏交易结算、加工等配套服务。

4.冷链短板突出

与农产品批发市场相配套的冷链物流设施存在短板，储藏肉类的低温库过剩，而蔬菜、水果所需的高温库、气调库不足，需要在不同温区储存的农产品混放现象严重，冷链不冷、断链现象突出，信息化改造、标准化设备缺乏，全程温湿度可监控、可视化体系尚未建立。

5.公益功能不强

近年来，重庆农产品批发市场多数由民营投资。除一级农产品批发市场由国企控股、公益功能显著外，新大兴、吉之汇等二级农产品批发市场多数由私营企业建设，公益性市场、公益性摊位少。

（二）原因分析

1.规划设计有待改进

政府规划方面：2013年，重庆市人民政府办公厅印发了《重庆市主城区农产品市场布点规划（2013—2020年）》（渝府办〔2013〕41号），远郊区县还没有制定农产品批发市场布点规划，个别区县布局多个农产品批发市场。

市场规划方面：分布密度、场内设施、交易手段等规划不够合理，电子统一结算、安全监控、垃圾处理等配套服务设施不完善，对市场内商流、物流、人流缺乏及时有效的调控。

2.转型升级缓慢

近年来，以阿里系、京东系为代表的新零售、无界零售、生鲜电商等农产品新业态呈现"井喷"态势，运用互联网、大数据、物联网等新技术，全面提升农产品供应链管理效率，农产品交易额、比重不断攀升，深刻影响着市场消费习惯、消费方式。而农产品批发市场交易设施简陋，交易手段落后，管理水平低下，信息化程度低，难以有效融合共享信息资源，很难充分发挥商品集散、形成价格、传递信息、保障安全等功能，导致农产品供应链拉长、连锁化率低。

3.产业化程度低

近些年，大型农产品批发市场、农产品经营大户主动与生产基地建立产销对接关系，但是总体水平不高。受山区地理条件限制，除重庆蔬菜基地潼南、璧山、铜梁等区，大多规模有限，难以形成产业化集聚效应，难以掌握整个农产品流通市场信息，讨价还价能力弱。外地农产品入渝，受价格波动影响较大，市场信息渠道不对称。

三、行业趋势预测

（一）市场规模更加过剩

近年来，各地构建了主城—区县—乡镇（社区）三级农产品体系，加快构建和完善高效畅通、安全规范的农产品流通市场体系，较好地解决了农民"卖难"和城市居民"买贵"的问题，也使得农产品批发市场从供给不足到严重过剩。很多规划的农产品批发市场动辄几百亩、上千亩，建设密度越来越高、建设规模越来越大、低层次同质化竞争愈演愈烈，生鲜电商不断蚕食，造成农产品批发市场辐射半径缩小、辐射能力减弱。

（二）市场分化日趋明显

大型骨干农产品批发市场作用凸显。作为重庆市三级农产品现代流通体系中的龙头市场，双福国际农贸城日成交量突破1万吨，量足价稳、购销两旺，已辐射重庆周边省市。而很多二级农产品批发市场或批零兼营市场经营困难，规划设计不合理，经营困难，空置严重，有的已经调整转向。

（三）转型升级步伐加快

适应消费需求的变化，更多的农产品批发市场开始转型升级，利用网络平台和信息化手段，尝试"互联网+"、大数据技术的运用，或与阿里、京东、苏宁合作，或自建电商平台，加快智慧市场、智慧物流、公共仓储建设，加强食品追溯、电子结算、现代会展、融资、信息发布、价格形成等配套服务。

（四）供应链管理深度融合

农产品批发市场将加强农产品供应链平台建设，深化与生产基地、大型超市、酒店餐饮、行业协会、电商、物流等上下游企业进行协同发展，推动以销定产和订单农业，创新农产品流通方式，提升农产品流通效率，为农产品批发市场信息发布、农产品供需平衡、质量追溯等提供数据支持，实现商品互通、信息互通、资源互通。

（五）公益功能日益显现

农产品批发市场经过本轮激烈竞争、优胜劣汰、重新洗牌之后，投资趋于理性，运营更加科学，将逐步回归保供、稳价、惠民生的本质。预期未来商务部的公益性农产品批发市场建设要求将更好地落实，一批骨干农产品批发市场将逐步健全保障供应、稳定价格、食品安全、绿色环保机制，自建自营、参建代营、契约合作模式不断完善。

四、促进行业发展的主要对策及政策建议

（一）加大政策资金扶持力度

农产品批发市场事关民生，连接农业生产、市场消费，在农产品流通中起着不可替代的作用。可以政府股权、债权方式参与投入，适当引入社会资本，弥补市场失灵。成立农产品批发市场发展基金，组建基金管理公司，代表政府出资人职责。

（二）完善配套功能

完善检验检测、废物处理、电子结算、信息发布等设备，加强信息、物流配送、质量监管等基础设施建设，完善配套服务体系，推动农产品流通标准化、农产品安全追溯、电子统一结算，鼓励农产品批发市场、流通企业以及委托生产、订单农业等方式与农产品生产企业、合作社建立长期稳定的供销关系。

（三）推动转型升级

鼓励大型批发市场运用互联网、大数据、智能化技术，促进农产品销售线上线下融合发展。运用现代供应链管理思维，以农产品批发市场为核心打造供应链平台，推动种植、运输、销售、存储、配送、销售等全链条协同发展，畅通信息共享渠道，推动农产品生产销售降本增效。

（四）降低物流成本

完善农产品冷链物流体系，加强冷链物流标准化建设，形成生产、预冷、收购、流通、加工、运输、储存、装卸、包装、配送到销售全程冷链物流体系，提高农产品冷链流通率、冷链运输率，降低流通环节损耗率。加强农产品批发市场与物流企业、大型超市等企业联合，健全农产品配送体系，减少流

通环节，降低流通成本。

（五）培育公益性农产品批发市场

政府出资建设非营利性的高起点、高标准、现代化的农产品批发市场，树立示范典型，使之成为政府加强农产品市场宏观调控和应急保障的重要手段。深入推进公益性农产品市场体系建设示范试点，认定一批区县级示范企业、示范平台、示范项目，并积极向市商务委推荐，向全市推广。

2017年四川省农产品批发市场行业发展报告

四川省商务厅

农产品批发市场承担着连接农副产品生产和城市消费的重任，对满足四川省市民日常需求，保持物价基本稳定起着关键作用。2017年，我省以农产品批发市场转型升级为目标，深入实施农产品冷链流发展项目，积极推动公益性农产品批发市场建设，促进农产品批发市场信息化、标准化建设，全省农产品批发市场稳步发展。

一、行业发展基本情况

（一）行业规模

近年来，我省农产品批发市场快速发展，形成了综合类、肉禽蛋类、果蔬类、茶叶类、花卉类、药材、调味品等经营品类齐全的批发市场体系。2017年上亿元农产品批发市场为121个。其中综合类批发市场60个，肉禽蛋类批发市场5个，果蔬类批发市场39个，茶叶类3个，花卉类1个，药材类2个，调味品1个，其他类10个。行业规模与2016年相比减少7个，小幅缩减。其中，主要表现为综合类、肉禽蛋、茶叶、调味品类市场的小幅缩减。但果蔬市场规模有所增加。增加的果蔬市场主要来自于自贡市、资阳市。

（二）行业从业情况

2017年，我省上亿元农产品批发市场经销商48733户、从业人员130088人。其中，综合类31185户、92365人；肉禽蛋类批发市场1462户、7772人；水产类120户、1000人；果蔬类批发市场11352户、17216人；茶叶类622户、1544人；花卉类150户、220人；药材类1970户、4032人；调味品70户、120人；其他类1802户、5819人。

（三）行业效益

2017年，我省上亿元农产品批发市场成交量为5475万吨，相比2016年农产品成交总量3963万吨，同比增长38.2%。2017年市场成交额为2494亿元，相比2016年成交额2207亿元，同比增长3%；市场摊位70324个，同比增加4.4%。

（四）行业冷链建设情况

2017年，冷冻冷藏冻库64万吨，相比2016年52万吨增加19.3%；冷库总面积60万平方米，相比2016年47万平方米增加27.2%。

（五）行业现代化程度

2017年，废弃物处理中心57个、检验检测中心69个、安全监控中心68个、信息中心53个、电子结算中心46个，分别比2016年增加2个、3个、3个、1个、4个。

（六）市场集中趋势

本年度交易规模向大型批发市场集中的趋势明显。交易额100亿元以上市场5个（与上年持平，包括地处成都的成都银犁农副产品冷链物流中心、四川国际农产品交易中心、成都农产品中心批发市场、四川三联禽产品物流中心以及成都市荷花池中药材专业市场），交易额1268亿元（比上年增加41亿元）；50亿—100亿元的8个（比上年增加3个），分别是自贡川南农副产品、大西南茶叶、巴中西城市场，交易额 565.9（比上年增加 237.9 亿元）；20 亿—50 亿元的 6 个（比去年减少 1 个），交易额 220.15 亿元；10 亿—20 亿元的 12 个，交易额 182 亿元，1 亿—10 亿元的市场 90 个。本年度交易规模向大型批发市场集中的趋势明显。

二、行业发展趋势分析

（一）综合型市场占据主导地位

近年来，我省农产品批发市场快速发展，形成了综合类、肉禽蛋类、果蔬类、茶叶类、花卉类、药材、调味品等经营品类齐全的批发市场体系。在农产品批发市场快速发展的过程中，越来越多的专业型农产品批发市场转化为综合型市场。2017 年，全省 121 家交易额上亿元农产品批发市场中，综合类批发市场 60 家，占比 49.6%，比 2016 年提高 0.4% 个百分点。

（二）带动就业作用明显

全省农产品批发市场对就业促进作用明显，2017 年，全省 121 家上亿元农产品批发市场解决了 13 万人就业，特别是综合类农产品批发市场，创造了 9 万余个工作岗位，在吸纳社会就业方面起到了重要作用。

（三）市场交易额持续增长

我省农产品批发市场发展基本稳定。3 年来，交易额上亿元农产品批发市场数量保持在 120 家左右，大部分批发市场的交易额保持较快增长幅度，2015—2017 年，全省批发市场交易额分别增长 27%、23.2% 和 13%。

（四）冷链基础设施增长迅速

近年来，我省加快农产品冷链物流建设，一是 2017 年 3 月正式印发《四川省"十三五"冷链物流发展规划》；二是继 2016 年我省成为全国续农产品冷链物流发展项目试点省以来，2017 年，支持 13 个市（州）和 18 个扩权县继续开展农产品冷链物流发展项目建设。两年的建设，使得我省农产品冷链物流基础设施更加完善。2015—2017 年，冷库总库容和冷库总面积呈现快速增长态势，其中，冷库总库容分别增长 26.8%、20.9% 和 23%。冷库总面积分别增长 12.9%、46.8% 和 27.8%。

（五）行业现代化程度不断提高

目前，我省 121 家农产品批发市场中，拥有电子结算中心的市场占 38%，比去年同期提高 4 个百分点。其中，宜宾、广元、乐山和成都市的批发市场作为行业现代化程度的排头兵，已分别实现 100%、67%、66% 和 55% 电子结算率。此外，随着"互联网+"技术的逐步深化，检验检测中心比例也在上升，2017 年拥有检验检测中心 69 个，占比 57%，同比增长 5 个百分点，在保证农产品价格实惠的前提下，保障了农产品质量，让市民买得放心。

（六）大型市场分布相对集中

交易额 100 亿元以上的农产品批发市场 5 个，均分布在成都市。交易额 50 亿—100 亿元的 8 个，亦集中分布在省内经济发展较好的自贡、绵阳、遂宁、乐山等地。

三、存在的问题及原因分析

（一）主要问题

1.市场从业人数下降

到年底全省农产品批发市场从业人数 130088 户，同比下降 3.9%。其中调味品类从业人员下降 89%、肉蛋禽类从业人员下降 22%、花卉市场从业人员下降 15%、综合类市场从业人员下降 15%。但由于果蔬类市场从业人员增长 40%，所以总体来看，2017 年从业人员人数下降比例较 2016 年收窄 5.8 个百分点。

2.行业现代化程度仍然较低

目前，我省大部分农产品批发市场拥有电子结算中心的批发市场占比不足一半，仅为 38%。辅助交易的信息化手段应用水平不足，对农产品产地信息、检验检测信息、交易信息、采购商信息等没有实现真正信息化管理。总体来看，市场现代化程度发展较低。

3.公益性市场比重低

政府出资（全额或控股）运营的公益性农产品批发市场不到 5 家，民营化市场占绝大多数。

4.规划制定实施力度不够

目前全省农产品批发市场建设主要通过城市商业网点规划进行布局，除成都市外，其余城市尚未制定农产品市场专项规划。

（二）原因分析

1.市场从业人数减少的原因

受经济下行压力影响，一批农产品市场因自身实力、市场需求结构性调整等原因，减少了人员雇佣。同时，随着电子商务等现代流通方式在农产品流通领域的应用，信息化、智能化、规模化、智能化技术逐渐普及，对人工的需求水平有所下降。同时，受本年度果蔬类专业市场规模扩大影响，果蔬类市场从业人数同比增长 40%，对冲了部分其他类市场从业人数降幅。

2.现代化程度较低的原因

我省传统型批发市场专业化人才、信息化人才储备不足，互联网、电子商务与传统农产品批发市场的结合不足。中小型市场资金有限，难以大规模升级落后的基础设施，加之部分管理层观念滞后，满足于收场租，缺乏增加投入、改造提升市场的意愿。

3.公益性市场少的原因

我省农产品批发市场在市场经济体制改革中，政府基本退出了农产品批发市场的经验和管理，绝大部分市场由民营企业自主投资建设，政府出资运营的公益性农产品批发市场不到 5 家。

4.规划引导不够的原因

当前农产品批发市场建设经营主要是靠市场化运作，并且法制建设明显滞后，导致规划约束力弱，进而出现在大中城市重复建设、在边远民族地区产地市场建设不足二者并存的现象。

四、主要做法

（一）积极推动公益性农产品批发市场建设

2017 年，我省按照"政府保障、国企引导、市场主体"基本思路，加强政府、国企在民生领域保障引导，整合大型、优势市场资源，强化关系民生的农产品市场非营利性、公益性建设，促进我省农产品市场的稳定。积极宣传和推广成都市 2 家全国公益性农产品示范市场典型经验，推动绵阳、达州等城市开展公益性农产品市场建设，争创全国示范。

（二）继续推进农产品冷链物流发展试点建设

2016 年，我省按照财政部、商务部《关于中央财政支持冷链物流发展的工作通知》（财建〔2016〕318号）要求，制定《四川省 2016 年冷链物流发展项目实施方案》，对成都、绵阳、德阳、遂宁、乐山、眉山、宜宾、南充、达州、巴中、攀枝花等 11 个市的 20 个申报项目予以支持。2017 年，按照商务部、财政部《关于进一步做好中央财政支持冷链物流发展工作的通知》（商办建函〔2017〕324号）要求，省商务厅、财政厅制定 2017 年冷链物流发展工作实施方案，采用市（州）因素法支持 13 个市（州）18 个扩权限开展 2017 年冷链物流发展项目。在两年的项目推进中，我省示范项目基本覆盖 21 个市州，通过推进冷链物流信息化、标准化建设，通过项目示范带动产销地加强标准化和信息化建设。

（三）推动农产品冷链企业信息化建设

通过中央财政资金支持冷链物流企业建设信息化，推动我省农产品冷链物流监控平台构建，并完成了全部功能的研发，平台 1.0 版本已处于接入企业数据的试运行阶段。同时，推进农产品冷链企业的冷库、冷藏车的相关数据直采，及时传送省级和国家平台。目前，部分农产品冷链物流发展项目企业已实现同本地以及全国农产品冷链流通监控平台对接。

（四）开展农产品冷链流通标准化示范

2017 年，我厅联合省质监局开展农产品冷链流通标准化试点示范，印发《四川省商务厅 四川省质量技术监督局关于做好农产品冷链流通标准化示范城市及企业评估工作的通知》（川商市建〔2017〕8 号）。目前，成都市由标准化试点城市顺利晋级为商务部 4 个农产品冷链流通标准化示范城市之一。

（五）搭建农产品批发市场对接平台

2017 年 11 月 18—20 日，四川贫困地区农特产品展销会成功举办。以成都濛阳、成都白家、绵阳高水为代表的省内骨干农产品批发市场等 120 余家农特产品流通主渠道企业聚集一堂，与"四大片区"88 个贫困县参展的专业合作组织和农产品加工企业开展对接活动，为我省贫困地区农特产品与流通主渠道的农产品批发市场搭建直接对接的渠道。

五、政策建议

（一）加强法规制度建设

早日出台商业网点管理条例。国家商务、建设、国土、发改等部门联合制定实施办法，促进农产品批发市场布局建设步入法制化、规范化轨道。建议商务部在编制全国农产品批发市场发展规划的同时，加强对基层编制工作的业务培训指导。

（二）支持欠发达地区农产品批发市场建设

针对西部、边远地区产地农产品批发市场建设滞后的状况，进一步采取差别化的政策，增加对经济欠发达地区农产品批发市场改造建设的补贴财政资金资助力度。

（三）支持公益性市场建设

在市场经济条件下，积极探索支持公益性农产品批发市场建设的方法和途径。从国家层面出台支持农产品市场开展公益服务的政策措施。继续鼓励有条件的城市开展公益性农产品市场建设示范和试点，注重经验交流和推广，着力探索公益性市场投资保障、运营管理和政府监督的有效机制。

（四）建设冷链物流体系

继续支持农产品冷链物流体系建设，有效降低农产品损耗率、提高流通率。推动农产品批发市场冷链物流标准化建设，鼓励建立冷链流通标准，并加强标准的应用和推广。加强冷链物流信息化建设，引导企业完善冷链物监控体系。

2017 年贵州省农产品批发市场行业发展报告

贵州省商务厅

根据《商务部关于印发〈商贸服务典型企业统计调查制度（2018—2021）〉的通知》（商办运函〔2018〕127 号）的要求，为进一步了解我省农产品批发业的发展状况，助推批发业的发展，编写本报告。

本报告数据如无特殊说明主要根据《商务部 2016/2017 年国内贸易发展报告汇编》《2017 年贵州省统计年鉴》及《2017 年贵州省国民经济和社会发展统计公报》等资料重新进行的推算，故作出了调整和修正。

一、贵州省农产品批发业市场现状

（一）行业发展稳中有进

初步核算，2017 年，农产品批发业成交量为 2189 万吨，相比 2016 年农产品批发业成交量 1986 万吨，增加 203 万吨，同比增长 10.2%；市场数量 708 个，相比 2016 年市场数量 656 个，增加 52 个，同比增长 7.9%；经销商数 21.9 万个，相比 2016 年经销商数数量 20.2 万个，同比增长 8.4%；从业人数 112.1 万人，相比 2016 年农产品批发从业人数 104.9 万人，同比增长 6.9%。总体来看，我省农产品批发业各指标 2016 年到 2017 年呈稳中有进的发展。

（二）行业结构分布均衡

2017 年，我省市场总数为 708 个，其中：综合市场 251 个、肉禽类市场 108 个、水产品市场 62 个、果蔬类市场 134 个、茶叶市场 51 个、花卉市场 41 个、其他市场 61 个。从图 1 可以看出目前各个市场数占比分布情况，由此可推测出近年来农产品批发市场的发展较为均衡。

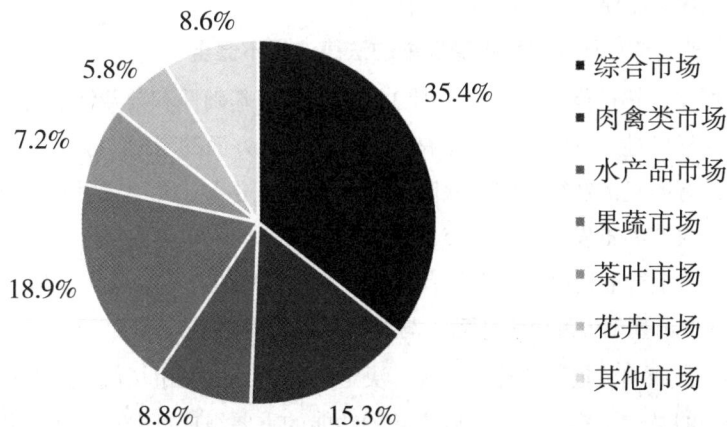

图 1

注：以上数据根据《商务部 2016/2017 年商贸流通行业发展报告汇编》《2017 年贵州省统计年鉴》《贵州省 2017 年经济运行情况》以及内贸流通统计监测平台我省 13 家典型企业上报报表等进行推算。

（三）行业贡献持续向好

2017 年，农产品批发业成交额为 968.8 亿元，相比 2016 年农产品批发业成交额 872.9 亿元，同比增长 11%。

2017 年，贵州省城镇新增就业人数 76.9 万人，比上年增长 1.5%，其中农产品批发市场就业人数新增 7.2 万人，比上年增长 6.9%，较全省就业人数增速保持持续增长态势。2017 年各市场就业人数如图 2 所示，都较上年略有增加。

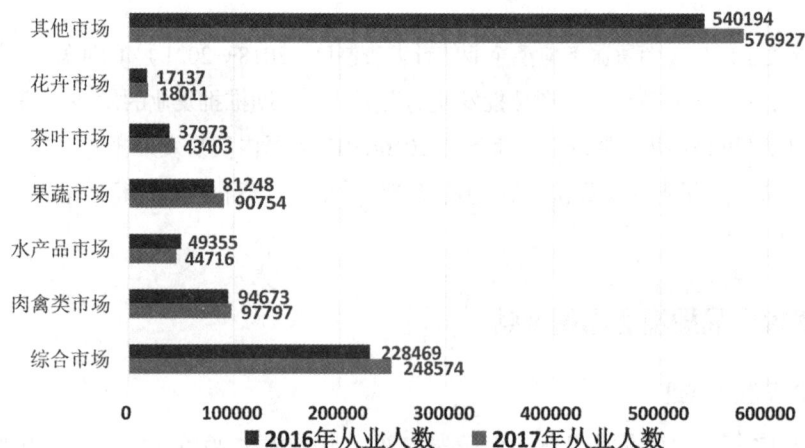

图 2

注：以上数据根据以上数据根据《商务部 2016/2017 年国内贸易发展报告汇编》《2017 年贵州省统计年鉴》《2017 年贵州省国民经济和社会发展统计公报》以及内贸流通统计监测平台我省 13 家典型企业上报报表等进行推算。

国家统计局发布的 2017 年全国居民消费价格指数（CPI）上涨 1.6%，农产品批发价格 200 指数均值为 100.14，全年贵州省农产品批发业年成交量价格同比上涨 0.6%，商务扶贫成效明显。

二、贵州省农产品批发业存在的问题

由于社会经济发展差异，尽管我省农产品批发市场发展处于最好的发展时期，但是我们也应该清醒地认识到，问题仍然存在，需要整个行业高度重视。

（一）保障农产品批发市场行业健康平稳发展的法律法规不健全

农产品批发市场联系产销两端，直接关系国计民生，具有基础性和公益性的特点，其外部正效应远大于外部负效应和现实经济性。目前我省尚无农产品批发市场方面的专门立法，尤其是对农产品批发市场行业的进入、退出没有明确的法律规定和保障，行业的无序进入、无序竞争和地方政府强行关闭市场的现象时有发生，有关农产品批发市场的城市发展规划和法律约束机制在实际操作过程中经常受到各种人为因素的影响，保障整个行业健康、稳定、有序发展的法律环境还不完备，这是行业发展的隐忧。

（二）农产品批发市场基础设施建设滞后，与周边环境相容性差

国内农产品"小生产、大流通"的总体格局，决定了农产品批发市场成为连接产销两端，满足农产品大量集货、快速分销的必然选择，并成为城市基础功能的重要组成部分。然而，我省农产品批发市场建设起步较晚，基础薄弱，建设投入不足，规模化、标准化、冷链化程度不高，大多数农产品批发市场仍然处于提供交易场地等简易条件的传统行业模式，农产品交易主要是现货交易，交易时间主要集中在夜间，部分市场甚至是全体 24 小时交易，交易方式依旧比较原始，由于生产流通组织化程度很低，大量

的流通主体都是农民和个体运销户，每天进出市场的物流、车流和人流量非常大，尤其是部分老市场由于历史的原因，设施陈旧，管理粗放，废弃物清理不及时，交通拥堵、噪音、扬尘、灯光、环境气味等扰民情况时有发生，不少老市场与周边环境的相容性差，存在安全隐患。

（三）行业发展空间局促，市场秩序比较混乱

由于农产品批发市场是一个投资强度低、土地占用量大、税收贡献不高的行业，再加上食品安全监管责任大、交通管理难度高，外来人员和治安管理压力大，市容环境整治难等原因，我省农产品批发市场发展空间较为局促。多数农产品批发市场交易方式落后，"大数据"平台的运用和市场运营管理不匹配，缺乏对市场内商流、物流、人流及时有效的协调掌控机制与手段，市场秩序比较混乱。

三、行业前景预测

近 40 年来，随着改革开放的进一步深入，我国经济、教育、科技和社会生产力取得了巨大的发展，并已跃升为全球第二大经济体，但目前仍处于新型城镇化、信息化、工业化和农业现代化的发展过程中，对农业和农产品流通发展来说仍处于重要的战略机遇期，这有利于农产品批发市场的发展。

2017 年，我省紧紧围绕"大扶贫、大数据、大生态"三大战略行动，结合农产品发展实际，由省委办公厅、省政府办公厅出台了《贵州省绿色农产品"泉涌"工程工作方案（2017—2020 年）》，为全省农产品发展带来新的发展"春天"，将助力全省绿色农产品品质更好、品种更丰、品牌更响，鼓励传统农产品批发企业开展电子商务活动，实施农产品电子商务出村工程，鼓励大型电商集团进入农村，支持农民合作社开网店，大力助推实现农村产业扶贫。

四、贵州省农产品批发业发展建议

按照贵州省委办公厅、贵州省政府办公厅印发的《贵州省绿色农产品"泉涌"工程工作方案（2017—2020 年）》要求，深入实施绿色优质农产品"泉涌"工程，成立绿色农产品促销专班，推进农业结构调整优化，不断巩固农产品批发市场建设。

（一）建立健全法律法规，切实加强执法监管

一是加快推动法律法规制修订，推进制订符合我国国情和社会主义市场经济发展要求的《农产品批发市场法》，明确规定农产品批发市场的性质和法律地位，对批发市场建设和运行中的政府职能、市场建设与管理者行为、市场经销商行为等加以法律规范，把农产品批发市场建设与运行纳入法制轨道，营造公开、公平竞争的法制环境，维护良好的市场秩序，为强化执法监管提供法律依据。

二是发挥社会的监督作用，建立举报奖励制度，畅通投诉渠道，加强行业监督自律。

（二）加大资金投入与扶持力度，逐步强化现代要素集成运用

一是针对我省农产品批发市场建设发展起步较晚，多数市场设施简陋、交易条件差、功能不配套、档次低的实际情况，探索试验由政府出资建设非营利性的高起点、高标准、现代化的农产品批发市场，增加各级财政对市场基础设施建设的投入，着重扶持市场的供水供电、场地硬化、交易设施、冷链设施、通信信息系统、电子结算系统、质量检测检验系统、垃圾污水处理系统等公益性基础设施建设。

二是大力推广运用新技术，围绕批发业市场转型升级和提质增效重大需求，充分依托云上贵州大数据平台，推动对现有农产品批发市场的整合和改造升级，不断强化技术集成创新，逐步建设一批设施先进、功能齐备、管理规范、辐射面广、信誉好的现代化大型农产品批发市场。

（三）加强农产品批发市场体系建设，降低农产品流通成本

加强市场流通条件建设，加快完善批零市场体系，重点支持合作社等新型经营主体建设田头预冷、分拣包装、初加工、物流、冷链、仓储等设施设备，加快拍卖、电子结算等新交易方式推广应用，加速农产品物流现代化的进程。进一步加强与大型连锁超市、仓储式商场和便利店等现代商业实行联合，在开发先进的现代物流系统的基础上建立农产品配送中心，为其配送商品；或者批发市场企业自己组织发展大型连锁超级市场，以扩大商品流通规模，减少流通环节，提高流通效率。

2017 年云南省农产品批发市场行业发展报告

云南省商务厅

改革开放以来，我国农产品批发市场蓬勃兴起和快速发展。随着国民经济从高度集中的计划经济体制逐渐转向社会主义市场经济体制以及农业市场化改革和国际化进程的不断推进，随着农产品市场流通在农业发展中地位和作用的不断增强，农产品批发行业正处于难得的发展机遇期。农产品批发市场在促进产销衔接、保障农产品有效供给及引导生产资源市场化配置等方面的作用日显突出。

农产品批发市场分为综合型批发市场和专业型批发市场两种。综合型批发市场，日常交易的农产品在 3 大类以上，如有蔬菜、水果、肉类、水产品、调味品等。专业型批发市场，日常交易的农产品在两类以下（含两类），如粮油批发市场、果菜批发市场、副食品批发市场等，还有只交易一个品类的如蔬菜批发市场、水产批发市场、水果批发市场、花卉批发市场、茶叶批发市场、肉禽批发市场等。

一、行业基本情况分析

在各级政府及相关部门的资金和政策扶持下，云南省农产品批发市场近年来得到了迅速发展，市场功能日趋完善，市场辐射带动能力不断增强，农产品种类日益丰富，以昆明王旗营蔬菜批发市场、昆明市金马正昌果品市场、昆明斗南花卉交易市场、云南滇西蔬菜批发市场等为代表的大型农产品批发市场日益发展壮大，逐渐形成了一个覆盖城乡、连接产地和销地的骨干农产品市场网络。2018 年初，云南提出打造绿色生态的"三张牌"，而农产品批发市场是云南打造"绿色食品牌"的重要流通环节，做好农产品流通工作，为农产品走出云南、走出国门奠定坚实基础。

（一）农产品批发市场的规模情况

据抽样统计显示，截至 2017 年底，全省共有农产品批发市场 126 家，年成交总额 2038.12 亿元，同比减少 6.4%；年成交量 6680.29 万吨，同比增长 6%；综合市场总摊位数 64983 个，同比增长 475%，其中固定摊位 27511 个，非固定摊位 36711 个；总交易面积 7602103.1 平方米，同比增长 10.3%，其中交易厅棚面积 2702270.3 平方米，露天交易面积 5016209.02 平方米；经销商共计 62370 个，同比增长 2.1%，从业人员 194834 人，同比增长 11%（见表 1）。

表 1　2017 年按规模农产品批发行业变动情况

指标名称	计量单位	2017 合计	2016 合计	增长百分比
市场个数	个	126	124	1.6%
经销商数	个	62370	61099	2.1%
从业人数	人	194834	175565	11%
年成交量	万吨	6680.29	6296.15	6%
年成交额	亿元	2038.12	2177.42	−6.4%

（二）农产品批发市场结构及交易额情况

抽样调查结果显示，2017 年，云南省农产品批发市场中，果蔬菜类市场年成交额 998.66 亿元，占全部市场总成交额的 49%，是农产品流通行业的主力军；其次是肉禽类市场，年成交额为 411.77 亿元，占市场比重达 20%。其他市场占比排列依次是水产品市场、综合市场、茶叶市场、其他市场和花卉市场占比分别为 10%、10%、6%、2%、2%。农产品批发市场仍然是以果蔬类产品交易额为主要市场占比的占比结构。

2017 年抽样结果显示，农产品批发市场中，果蔬市场摊位数 28072 个，同比减少 11%，占总摊位数的 43%，经销商 44112 个，占总经销商数的 71%，从业人员 55993 人，占总从业人员的 28.7%，年成交量 4764.3 万吨，占总成交量的 71%。综合市场的市场数 30 个，占总摊位数的 23.8%，为第二大主要市场。综合市场经销商数 9530 个，占总经销商数的 15%，从业人员 20092 人，占总从业人员的 10.3%，年成交量 254.9 万吨，占总成交量的 3.8%。其他市场的市场数 14 个，占总摊位数的 11.1%，为第三大主要市场。其他市场经销商数 314 个，占总经销数的 0.5%，从业人员 84669 人，占总从业人员的 43.4%，年成交量 1040 万吨，占总成交量的 15.6%。

（三）基础设施建设现状

截至 2017 年底，统计显示，与去年相比各市场在检验检测中心投入、安全监控中心投入、冷库投入几个方面均与去年持平。其他基础设施建设中，市场总摊位数、市场经营总面积等指标较去年相比均有所增加。市场经营总面积从 6890576.68 平方米增加到 7602103.1 平方米，增幅 10.3%。市场摊位总数从 11290 个增加到 64983 个，增幅 475%。

二、行业发展趋势

（一）行业规模平稳扩大，综合市场和果蔬市场扩张明显

根据典型企业抽样统计，总体来看，自 2013 年起，全省农产品批发业整体规模稳步扩张，行业总市场个数从 2013 年的 113 个增长至 2017 年 126 个，整体增幅 11.5%，其中 2013—2014 年间增长 5%，2014—2015 年间减少 7.8%，2015—2016 年间增长 18%，2016—2017 年间增长 1.6%。其中，综合市场为主要增长点。综合市场 2013—2014 年间增长 8.7%，2014—2015 年间增长 4%，2015—2016 年间增长 7.8%，2016—2017 年间增长 7.1%。其余市场均保持稳定不变，市场总规模持续缓慢扩张。

（二）行业成交量平稳增加，果蔬市场和其他市场成交量较大

总体来看，自 2014—2017 年，全省农产品批发业整体成交量稳步上升，2017 年行业总成交量为 6680.29 万吨，与 2014 年相比较增长了 1086.49 万吨，整体增幅 19.42%。其中果蔬和其他市场成交量占比较大，分别占 2017 年全省农产品批发市场的 71.32% 和 15.57%，其余市场交易量占比在 4% 以内，交易量在 200 万吨以下。其余市场均有不同程度的成交量上涨，综合市场和其他市场有明显增幅，企业市场稳定增长，其中，综合市场交易量从 2014 年的 222.5 万吨增长到 2017 年的 254.9 万吨，肉禽类市场交易量从 2014 年的 188.3 万吨增长到 2017 年的 215.68 万吨，水产品市场交易量从 2014 年的 85.8 万吨增长到 2017 年的 98.01 万吨，茶叶市场交易量从 2014 年的 148.1 万吨增长到 2017 年的 169.6 万吨，花卉市场从 2014 年的 120.3 万吨增长到 2017 年的 137.8 万吨。

（三）行业单位成交额总体稳定，果蔬和茶叶市场成交额下降

近 4 年来，综合市场、肉禽类市场、水产品市场、花卉市场和其他市场单位交易额均呈稳中上涨趋势，而果蔬市场和茶叶市场单位成交额呈下跌趋势，其中茶叶市场下降幅度较大，单位交易额降低至

2706元/吨。从图1可以看出，肉禽类市场产品单位交易额居首，且价格上浮较明显，其他类市场单位交易额基本保持平稳。肉禽类市场、水产品市场和综合市场单位交易额自2014年明显上浮，排列靠前。其中，肉禽类综合增幅为19.4%，水产品市场综合增幅为19.73%，综合市场的综合增幅为50.84%。由此可见，交易量和成交金额最大的果蔬市场，由于其单位成交金额较低而导致市场均值较低。但稳定的农产品批发单位交易额表明市场供需平稳，人民生活水平稳定，是市场稳定发展的重要指标，与此同时也应看出我省主要农产品批发业产品果蔬类产品成交金额不高，多为原材料产品，品牌质量及推广还需加强。

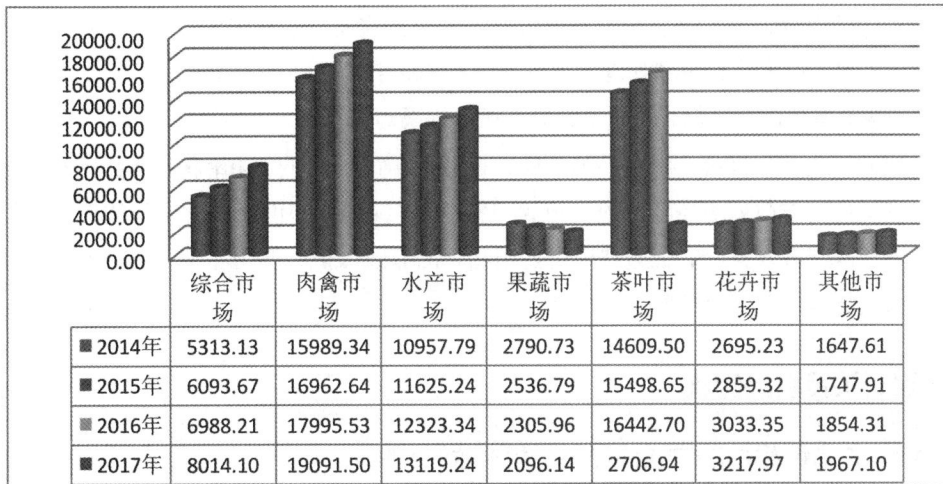

	综合市场	肉禽市场	水产市场	果蔬市场	茶叶市场	花卉市场	其他市场
2014年	5313.13	15989.34	10957.79	2790.73	14609.50	2695.23	1647.61
2015年	6093.67	16962.64	11625.24	2536.79	15498.65	2859.32	1747.91
2016年	6988.21	17995.53	12323.34	2305.96	16442.70	3033.35	1854.31
2017年	8014.10	19091.50	13119.24	2096.14	2706.94	3217.97	1967.10

图1　2014—2017农产品批发业单位成交额（元/吨）统计图

三、行业存在的问题及分析

（一）公益性市场较少，企业运营负担大

近年来，虽然国家和地方政府等相关部门加大对农产品批发市场的建设投入，出台相关扶持政策，积极投入支持资金推动农产品批发市场升级改造。但随着土地用地成本增加，商铺租金上涨，增加了企业经营和消费者购买的压力，使公益性农产品批发市场未能得到有效体现。

（二）基础设施发展滞后，产业发展配套不足

我省处于高原地带，道路交通设施落后，大多数特色农产品产区分布在边远山区，农业基础设施保障程度不高，交通运输不便，特别是农村农贸集贸市场交易设施简陋，服务功能严重滞后，公益性特征缺失，鲜活产品外销困难，机械制造、产品包装、专用化肥农药、加工、仓储物流等配套产业发展难以满足农产品发展的需求。另外是流通主体不强，农产品流通龙头企业规模较小，大型专业批发交易市场较少，交易方式较为落后，服务功能单一，交易市场在软硬件方面，交易平台计算机信息化系统的技术复杂，招聘培训专业人才需花费一定时间，影响交易中心的运营。建设现货类交易市场不仅需要避免普通农产品交易市场设施滞后的通病，还需要尽量扩展自身的业务运营范围。近年来，全省大部分州市已实现"县县高速"，但仍有部分地区未通高速，特别是有丰富农产资源的偏远农村，道路交通仍是制约产品走出去的主要屏障，较高的物流成本制约着当地经济发展。

（三）产业分散，现代化生产技术不足

云南属于山地高原地形，既有山地、高原和丘陵，也有盆地和河谷。沟壑纵横、高山峡谷相间、山高坡陡的地理特点严重制约着机械化作业和规模化经营。云南贫困人口多，在国家全力开展"脱贫攻坚"

下，贫困落后的面貌已有改善，因此也使得众多绿色产业零星分布在全省各地，以家庭为单位的小规模生产分散、经营分散的碎片化模式仍占据主体地位。以家庭为单位耕作土地、自给自足的传统观念、守家守土意识阻碍了绿色农业的规模化进程，导致绿色农产品难以形成规模、参与市场竞争，造成规模不经济、产业化程度低。

（四）科技创新能力不足，产业链条较短

我省绿色农产品产品资源多，范围广，但进行深加工的产品少之又少，大部分农产品仍以原材料或粗加工的形式向外输出，生产、加工、销售一体化水平低，产前、产中、产后衔接不紧密，"大资源""小产业""弱效益"现象突出。在全省优质品种研发、关键科技攻关、配套技术集成、高端产品开发等方面的科技创新能力不足，高素质科技和管理人才匮乏，科技成果转化服务体系不完善。

（五）对品牌价值认识不到位，资源整合力度有待提高

当前，各级政府正在积极推广绿色品牌效应，普洱茶、宣威火腿、斗南花卉等品牌正走出云南，走向世界。但仍有一些地方政府、企业和农民忽视"特色""绿色"的价值，对品牌认识不到位，区域品牌和企业品牌资源缺乏有效整合，普遍缺少对公用品牌的有效保护，滥用品牌、假冒产品的现象尤其突出，导致农产品品牌作用未充分发挥。

四、应对对策及解决建议

（一）加强农产品批发市场基础设施建设，提升监管力度

目前我省除昆明、玉溪、楚雄等仅有的几个地区农产品批发市场建设相对完善外，其他州市农产品批发市场基础设施及流通设施相对落后。因此建议加大农产品批发市场及相关配套设施的资金投入，加快现代农产品等基础设施建设，从而改善与农产品流通密切相关的交通运输条件，不断拓宽并完善运输网络，提高运输网运输效率，确保农产品物流畅通，降低物流成本。另外，要建立健全有关农产品批发市场建设与管理的法律法规，严格市场准入制度，引导农产品市场健康有序发展，制定和完善农产品进入市场的质量安全标准体系和检验检测体系。

（二）扩大市场辐射范围，打造品牌市场

目前云南农产品批发市场商品供应大多基于我省自产农产品为主，除蔬菜、茶叶、花卉等少数农产品销往省外和国外，其他农产品仍自产自销。积极发挥农产品批发市场作用，带动产品辐射力，把省内外各地区各种类型的批发和零售市场有机地结合在一起，形成一个畅通的市场网络，使批发市场不仅是进行农产品交易的场所，而且是市场内外的各种交易联系，从而推动云南地区品牌走出云南，并带动当地农产经济发展。

（三）加强市场信息共享体系建设，完善市场服务功能

加强信息网络体系建设，建立信息化的交易系统，采用先进的电脑系统进行管理和运作，实现主要农产品批发市场网络的互联互通以及各市场之间的信息交流和共享，形成高度集成的农产品批发市场信息网络，发展网上农产品在线拍卖、订货和其他交易服务。及时发布我省各地农产品上市时间段、种植面积和产量、产品信息等，在扩大高原特色农产品品牌宣传和规模扩大的同时，联通国内外各大农产品采购平台，解决农产品滞销问题。

2017 年陕西省农产品批发市场行业发展报告

陕西省商务厅

一、基本情况

农产品批发市场已成为我省农产品流通最重要的主渠道，据全省数据统计显示，2017 年全省已建成具有较大规模的农产品批发市场 55 个，80% 以上的鲜活农产品通过批发市场上市交易；经营商数 35700 个，同比增长 19.24%；总经营面积为 2092.14 万平方米，较上年同期增加 202 万平方米，同比增加 10.66%。同时，快速发展的农产品批发市场，较好地发挥了农产品集散、价格形成、信息中心和调节供求等多种功能，农民经纪人、运销合作组织和销售代理商也得到较好发展。

二、现状与问题

我省不仅是农产品生产大省，也是农产品输出大省、出口大省，70% 以上的鲜活农产品销往省外。农产品批发市场作为我省农产品交易的主要场所，承担着 70% 左右的农产品流通任务，发挥着农产品流通主渠道的作用。近几年，随着农产品生产的持续稳定发展和投入的不断加大，同时为适应农业结构战略性调整和建设现代农业的需要，以及伴随着城市建设扩容和消费群体的集聚，农产品批发市场在发展中调整、以调整促发展，结构不断优化，形成专业市场与综合市场优势互补的农产品批发市场网络，形成农产品大市场、大流通的基本格局。

（一）目前现状

1. 大市场、大流通的格局逐步建立

一大批从事农产品加工、运销、储藏的龙头企业发展起来，逐步形成一批有规模、有发展前景的产销企业和大型批发市场。如以鲜活农产品批发为主、辐射我省周边省市的大型批发市场西安摩尔、方欣、北城、汉中皇冠、咸阳新阳光等大型批发市场。

2. 服务设施及水平逐年提高

一批大中城市的农产品批发市场的信息系统和检验检测系统得到改造和完善，部分批发市场配套建设了冷库、运输车队、结算中心及金融、信息等服务设施，农业信息网、果业信息网、农产品流通信息网近几年相继开通并联通互联网，向省内外及国内外发布了大量的农产品价格及市场行情等方面的信息。

3. 农产品新型流通业态发展迅速

农产品连锁经营、统一配送和电子商务等现代交易方式发展较快，西安、汉中、榆林、宝鸡、咸阳等城市的农产品批发市场设立了有机食品、绿色食品专门交易区，优势和特色农产品资源市县直供直销的营销方式正在兴起。

4. 市场交易环境进一步优化

截至 2017 年，我省相继与周边相邻的 8 个省市区开通了鲜活农产品"绿色通道"近 6500 公里、省内果蔬运输"绿色通道"8300 公里。对运输新鲜蔬菜、水果、鲜活水产品、活禽活畜、新鲜肉蛋等车辆一律免收公路通行费。

（二）存在问题

1.基础设施薄弱，配套设施建设滞后

目前，大多数农产品批发市场仍然停留在提供交易场地等最简易的条件上，不少市场还缺乏遮阳避雨的交易棚厅，特别是一些产地批发市场的设施简陋，交易环境差，水、电、路等公共设施保障能力不足，消防安全设施建设不到位，相当一部分批发市场缺乏信息服务、质量检测、电子统一结算、安全监控、垃圾处理等配套服务设施，进入市场交易的农产品质量安全存在隐患，农产品分选包装、冷藏保鲜、冷链物流和配送等设施更加奇缺，而这些都是建设现代化的农产品批发市场、完善市场服务功能的重要基础条件。

2.市场管理粗放，市场秩序比较混乱

多数农产品批发市场交易方式落后、市场管理粗放，停留在一般的物业管理与收费，以及卫生、保安等管理上，缺乏为商户提供便捷的交易结算、信息查询、冷藏保鲜等配套服务；用现代信息技术加强和改善市场运营管理还做得不够，对市场内商流、物流、人流缺乏及时有效的协调掌控机制，管理手段处于自发、无序状态，欺行霸市、假冒伪劣等现象时有发生，管理制度不够规范和健全。

3.市场交易者经营水平和组织化程度较低

我省农产品批发市场上缺乏代表农民整体利益的中介组织，入场交易的卖方多为农户自主形成的联合体，谈判地位弱，并且很少同购买方建立稳定的供销关系、签订购销契约，难以分享流通环节的利润；此外，由于批发市场内经销商营销规模小、效率低，缺乏有实力、信誉好、规范化的大批发商、代理商组织，因此也不能形成稳定的、规模化的农产品供应链条。

4.服务水平较低，服务功能比较单一

批发市场作为一种组织形态，市场的提供方应在组织商品流通方面提供较好的服务，不但要为买卖双方提供交易场所，而且要提供相关的服务设施和服务项目。但目前我省很多市场仅只是提供集中的交易场所，稍好点的则配有一定仓储容量，供客商存放物周转用。此外，还有一些批发市场引进少量必需的服务机构，如银行、运输公司等，提供金融、运输服务，但亦多由客商自行办理，这也成为影响农产品批发市场做大、做强的关键因素之一。

5.信息化发展水平低

农产品的流向和流程以及由此产生的效率和效益与供应链过程中的信息体系密切相关，流通信息既包括市场信息，也包括物流信息，而现在我省农产品信息化程度总体较低，农产品信息系统和农产品物流信息系统所能提供的信息品种和质量都不能满足需要，缺乏有效的信息导向，造成整个流通过程带有盲目性，流程不合理，导致在途损失严重，影响农产品保值增值。从全省范围看，信息化总体水平偏低；由于信息化投入具有基础性、系统性和金额大的特点，在企业信息化投入不足的情况下，我省农产品批发企业信息化应用水平仍处初级阶段，小型、孤立信息系统多，缺乏有效的信息资源共享协调整合，商品服务信息链短、供应链长、连锁化率低。

6.农产品加工、包装、品牌化程度不高，技术标准化基础薄弱

我省绝大部分地区农产品生产与流通基本处于粗放式经营阶段，产品加工程度低，包装较为简陋，品牌化经营的产品占比很低，多为"一流的产品，二流的包装，三流的价格"。在正常情况下，加工和包装程度越深、科技含量越高，产品附加值越大，售价和利润也相应增多，而过低的加工和包装以及品牌化水平都会影响消费者对产品的品质评价，降低产品的竞争力，造成产品附加值过低，影响了农业产业链的可持续发展。农产品物流技术处于落后水平，冷链物流还未形成，导致生鲜农产品在运输过程中损失严重。技术与标准化基础较为薄弱，目前我国在托盘、货柜、集装箱等设备设施和产品运输编码、出入库单据、条形码等信息技术标准化领域还不完善或落后于市场发展，制约了农产品批发业的现代化进程。

7.产业政策不尽完善

农产品批发行业作为国民经济的基础性产业，缺乏与其战略地位相配套的产业政策，对农产品批发产业的发展战略、政策扶持、产业规划、资金投入、人才培育等重视不够。扶持政策尽管也有，但有很多难以落实，当前反映较为强烈的是各种农产品交易税、费的减免，以及用水、用电、路桥费用的优惠。此外，农产品批发业的法制建设明显滞后，行业管理缺乏相关法律支撑，农产品批发运行调控缺乏手段。

（三）原因分析

1.分散经营，未形成规模经济

农民分散从事农业生产，处于农产品流通中的起点，为农产品物流提供商品源，但很少能与购买方形成长久稳定的贸易合作关系，同时农民作为交易一方，数量大大超过中间商业组织，不可能充分掌握整个农产品流通市场的信息，对当地市场的供求信息了解也是集中在过去和当前，不可能对价格走势有明确的判断，从而讨价还价的能力较弱，只能被动接受运销商提出的价格，甚至只能坐视利润消失，使得农产品流通中的风险大多都转嫁到农民身上。另外，农民一家一户参与市场流通，也增加了流通和交易费用，造成规模不经济。

2.农产品批发市场现代化总体水平较低

总体而言，我省农产品批发市场现代化水平仍较低，主要体现在物流专业化程度低、物流和信息设备条件落后于国内先进水平，信息资源共享程度低。物流效率低，农产品批发市场的产品集散功能不能充分发挥；信息设备条件落后，不能保证交易效率，也就不能革新交易方式；信息资源共享程度低，无法使市场、政府、产品供应者、产品需求者之间的信息交流畅通，导致市场供求信息不能有效体现。

3.缺乏完善的商业规则

农产品批发市场没有形成明确的准入机制。国际农产品批发市场已有严格的准入机制，所有购买者和出售者都必须以注册的方式参与，这样对农产品的顺利交易提供了保障。但我国目前还未形成完善的商业规则，注册制也未完全确立，造成市场交易秩序混乱，商流、物流和人流缺乏及时有效的协调掌控机制和手段，极易出现"乱哄哄"的状态。

4.经济发展水平相对较低，信息流通不畅

经济发展水平的高低是信息化发展水平高低的最终决定性因素，无论从历史或是现实看，经济发展水平越高，社会剩余财富积累越多，企业对信息化建设的投入就越多；经济发展水平越低，人均国民生产总值越少，其中大部分又必须用于基本生产性投资，而在农产品批发行业的信息化投入水平较低，就造成不公平交易。

5.农产品批发市场的定位不明确

我国农产品批发市场的投资主体、建设主体、管理主体五花八门，且重点关注的集中在交易形式、集散功能、价格形成等方面，很少关注农产品批发市场的法律地位，对农产品批发市场也没有准确的定位。目前，大多数发达国家把农产品批发市场定位为公共设施，由所在地政府出资建设，为所在地公众提供服务；但政府又不能成为经营主体，一般是通过招标的形式，委托市场管理公司来进行管理。

三、意见建议及措施

（一）优化农产品批发市场的建设布局

根据各地的区位交通条件、农产品资源结构特点和城市建设、商业网点规划，按照综合和专业市场

结合、产地和销地市场兼顾、宏观调控和市场需求统一的原则进行布局。在区域布局上，关中地区主要围绕水果、蔬菜等大宗鲜活产品，重点建设和完善西安、宝鸡、咸阳、渭南等大中城市的综合性农产品批发市场；陕南地区要突出绿色产业特色，以汉中、安康、商洛为重点，主要建设特色农产品批发市场；陕北地区主要围绕小杂粮、禽畜产品，以延安和榆林为重点，建设专业性批发市场。在行业布局上，要以粮油、水果、蔬菜、特色农产品为主，做大做强一批专业性批发市场。

（二）加强农产品批发市场基础设施建设

改善市场交易环境，重点搞好市场安全监控、废弃物及污水处理、交易厅棚、场地硬化、道路及物流配送、冷链运输、保鲜仓储等基础设施建设。建设农产品农药残留检验检测系统，逐步建立农产品检验检疫制度，提高入市农产品质量安全准入水平。完善农产品批发市场信息管理和信息采集发布系统，促进产销对接，引导农产品价格形成和有序流通。加强电子统一结算系统建设，逐步建立农产品质量安全可追溯体系。

（三）发展农产品现代流通方式

引导农业产业化龙头企业、批发市场和大型农产品流通企业发展农产品连锁经营，建立新型高效农产品营销网络。支持建立一批跨区域的大型农产品物流配送中心，提高农产品集中采购、统一配送的能力。鼓励农民专业合作经济组织在城市建立农产品品牌直销连锁店。鼓励有条件的市场建立电子商务平台，完善网上磋商、网上竞价、电子结算、身份认证、交易分析与监控等系统。培育大型农产品流通网站，强化农产品市场信息收集发布。完善农产品网上展厅，扩大农产品网上宣传、推介力度。

（四）拓展农产品批发市场物流功能

完善农产品批发市场以保鲜、冷藏为主的仓储服务功能。鼓励农产品批发市场建立加工配送区，支持农产品批发市场向产后商品化处理领域延伸，推进农产品分等分级和规格化包装上市。引导农产品批发市场、农产品加工企业、食品企业建立气调保鲜库、恒温库、冷冻冷藏库，购置冷链运输工具等硬件设施。以农产品批发市场配送为中心，发展区域内农产品短途冷链物流。以食品、鲜活农产品加工企业为中心，发展产供销一体化的农产品冷链物流。利用第三方冷链物流企业，发展跨区域的农产品长途冷链物流。

（五）加大对批发市场公益性建设项目的支持力度

提高对批发市场的支持力度，特别是对那些公益性强的建设项目，政府每年要拿出专用资金进行支持。

2017 年甘肃省农产品批发市场行业发展报告

甘肃省商务厅

"十三五"时期是我国面对经济社会发展新趋势、新机遇、新矛盾和新挑战的重要时期，是我国实现全面小康目标的关键时期，是我国经济结构调整和经济发展方式转变的攻坚时期。

甘肃批发市场进入转型阶段，省级商务提出以大型商品交易市场为龙头，农产品产地批发市场为骨干，县乡农贸市场为基础，冷链物流为支撑的三级市场体系建设发展规划，通过几年努力，实现到 2020 年大市场 14 个市州全覆盖、农产品产地批发市场主要县区全覆盖、县乡农贸市场贫困县区和重点乡镇全覆盖的任务目标，打造三级市场交易平台，构建我省农产品流通支撑体系。

一、农产品批发市场基本情况与特点

据商务部统一平台数据显示，2017 年，选取的 45 个市场中，经销商 23593 人，年成交量 809.31 万吨，年成交额 304.69 亿元，市场经营总面积 181.47 万平方米，市场摊位 31640 个。具备以下特点。

（一）农产品批发市场规模不断扩大

45 个市场中，年成交量与年成交额较去年同期分别增长 7%、13%，市场经营总面积与市场摊位总数量较去年同期分别增长 8%、12%。农产品分类交易额中，除茶叶与花卉年交易额分别同比下降 18%、33% 外，其余农产品交易额都均显示同比增长。

（二）我省农产品呈现特色优势

从市场类别看，27 个综合市场、14 个果蔬市场、1 个肉禽类市场、2 个药材市场、1 个其他市场。除综合市场外，我省果蔬市场占总市场数量的 31.1%；药材市场占总市场数量的 4.4%。从分类交易额看，肉禽类交易额为 99.96 亿元，占总交易额的 32.8%；水果类年交易额 55.21 亿元，占总交易额的 18.1%；蔬菜类年交易额 85.65 亿元，占总交易额的 28.1%；药材年交易额 4.8 亿元，占总交易额的 1.6%。凸显我省以高原夏菜为代表的蔬菜产业、苹果主打的林果经济、草食畜牧产业、马铃薯产业以及中药材产业等特色农产品产业的优势地位。

（三）基础设施现代化程度不断提升

我省农产品市场在基础设施方面不断加大投入，45 个市场中，冷库面积达 38.82 万平方米，库容共 50.57 万吨，较去年同期分别增长 22%、15%；废弃物处理中心 38 个、检验检测中心 40 个、安全监控中心 44 个、信息中心 39 个、电子结算中心 18 个，其中，检验检测中心、安全监控中心、电子结算中心数量较去年同期分别增长 5%、13%、6%。

二、存在的问题

近年来，我省农产品市场通过从无到有、从小到大的逐步发展，初步形成了沟通城乡、衔接产销、运行比较顺畅的市场网络。但农产品市场与发展现代农业、以顺畅高效的市场流通引导、带动现代化生产的要求相比，与东部市场经济发达的省份相比，还存在明显差距。

（一）地区发展不平衡，贫困地区市场稀缺

目前我省农产品批发市场的建设速度和发展程度，中、西部地区明显高于民族地区、革命老区等贫困地区。截至2017年底，全省建有农贸市场1057个，约覆盖我省1228个乡镇的78%，其余未覆盖农贸市场地区多为"两州一县"及省定18个贫困县区的乡镇。总体上看，大中城市作为农产品的集中消费地区，其销地批发市场的发展比较充分，设施条件较好；河西地区作为大宗农产品生产集中地区，其产地批发市场规模较大，发展良好；而农村地区，特别是民族地区、革命老区等贫困地区由于当地产业发展制约，市场发展不足，基础设施薄弱。

（二）流通主体组织化程度低，营销规模小

我省大型龙头企业缺乏，产品成交量小，现有市场还难以承担农产品大流通之重担，难以解决一些农产品的"卖难"问题，同时制约了农产品流通合作组织的培育，难以拓宽销售市场。由于农民个体户或农村经纪人是目前承担农产品运销的主要力量，农民专业合作组织的发展起步较晚，农产品批发市场内大多数经销商的营销规模小、效率低，缺乏有实力、信誉好、规范化的大批发商、代理商组织，因此不能形成稳定的、规模化的农产品供应链条。

（三）市场基础设施薄弱，整体功能发挥不足

近几年各级财政加大了对农产品市场的投资力度，但目前全省不少农产品市场建设水平不高，大多数市场建设缺乏相应的配套设施，如冷库、信息设备、加工设备、储藏设施等，同时，农药残留检测、电子结算、电子监控、农产品流通可追溯体系等设备更为欠缺，市场基础设施建设还比较薄弱。据不完全统计，我省现有农产品冷链库库容约500万吨，这在一定程度上制约了我省特色农产品走出去的步伐，影响了农产品市场整体功能的发挥。

三、主要对策与建议

（一）强化市场基础设施建设，改善交易条件

通过三级市场体系建设，重点加强各级农产品交易市场供水、供电、道路和通信等系统的改造建设和交易棚厅的改扩建，切实改善市场交易条件。同时引导市场建设信息中心、电子结算中心、冷链设施等，具备信息采集和发布功能、开展终端销售和配送业务等，鼓励建立质量安全可追溯系统，提升市场现代化经营水平。

（二）加强农产品流通供应链应用与管理，提高流通现代化水平

贯彻落实《国务院办公厅关于积极推进供应链创新与应用的指导意见》（国办发〔2017〕84号）、《甘肃省人民政府办公厅关于积极推进供应链创新与应用的实施意见》（甘政办发〔2018〕18号）精神，鼓励农产品市场整合供应链资源，与生产企业深度融合，促进信息共享，实现产品标准化、服务一体化，持续提高流通现代化水平。

（三）加强农产品冷链物流体系建设，提高农产品流通效率

以我省草食畜、优质林果、高原夏菜、马铃薯、中药材、现代种业等六大产业为支撑，结合戈壁农业发展和"一带一路""南向通道"建设，积极推动农产品冷链物流发展，实现冷链仓储静态库容3年翻一番，到2020年，全省新增各类冷链仓储静态库容500万吨，总量达到1000万吨。培育冷链物流龙头企业50个，新增冷藏车辆1000台，果蔬、肉类、水产等重点农产品的冷链流通比例进一步提高，冷链物流企业信息化管理和综合服务能力显著增强，食品安全保障能力明显提升。

2017年青海省农产品批发市场行业发展报告

青海省商务厅

青海省农产品市场总的来看，州县（市）以综合市场为主，分布在中心城镇；乡镇市场以季节性为主，商业形态和交易方式还比较落后，农产品市场、流通方式、流通体系和承载农产品流通的主要基础设施尚不完善。广大农村（牧区）以及农（牧）民对新型现代流通业态的呼声日渐高涨，迫切要求我们切实解决好农产品流通这个关键问题和相对薄弱的农产品流通服务体系建设问题。

一、农产品市场行业发展基本现状

（一）行业规模分析

截至2017年底，我省共有农产品交易市场144家，其中，超过亿元的农产品交易市场有26个。按经营性质分，农产品批发市场11家，批零兼营的农贸市场49家，零售农贸市场92家。占地面积268.33万平方米，营业面积145.26万平方米，固定摊位数2.03万个，2017年交易量353.36万吨，交易额151.23亿元。

（二）经营结构分析

1.全省农产品市场建设的基本态势

数量持续增加，规模不断扩大，功能日益增强，已成为农产品流通最为成功的业态和为农服务的主要平台，对下一步的建设，各地积极性高，发展空间大，前景看好。从事农产品流通、科技、信息等中介服务活动的农村经纪人已达1万余人，农民专业合作社920个，为保障全省均衡供应发挥了重要作用。近几年商务系统实施了"双百市场工程""标准化菜市场""农超对接"等一系列工程，完善了农产品流通基础设施建设，减少了流通环节。

2.全省农产品的市场分布

西宁市有农产品交易市场47家，海东市27家，海西州19家，海北州6家，海南州23家，黄南州16家，果洛州6家，玉树州目前没有固定的农产品交易市场。

从农产品市场规模来看，全省563万人口，如果按照人均每天消费1斤蔬菜、0.5斤肉来估算，全省居民年均消费在154万吨左右的肉菜。我省144个农产品市场交易量，2016年是330万吨左右，不仅能够满足全省农产品消费，而且辐射西藏及四川西部地区。但部分地区，如海北州、海南州农产品市场数不够，分别差1.8万吨和5.5万吨，还需新建农产品市场，其余地区农产品市场完全能够满足消费需求，目前只存在合理布局以及如何提升改造问题。

从农产品零售价与成本的关系来看，由于我省果蔬生产能力不足（夏季自给率仅能达50%左右，冬季只有10%—20%左右），基本是靠省外调运，这样无形增加了成本。如山东日照蔬菜基地收购的青椒，运销到西宁。价格从每公斤3—4元翻至10—16元。青椒价背后，在生产、收购、运输批发、零售，再加入场、摊位、管理等杂费，环节过多，导致"最后一公里"菜价翻番成常态。

从市场冷链贮藏设施来看，全省建有 34 座冷冻、恒温保鲜库，总库容 22 万吨。但由于贮藏、加工水平低，损耗在 25%—35%，远远高于发达国家 5% 的平均水平。

3.批发市场是农产品销售的主要渠道

据调查，各类具有特色的农产品批发市场是农产品销售的主通渠道。如青藏高原集散中心，2017 年交易量 220 万吨，交易额 600000 万元；海东地区诚信农副产品批发市场年交易量 11 万吨，交易额 36280 万元；百德投资发展公司年交易量 8 万吨，交易额 41000 万元就是代表。全省来看，58 个农产品批发市场（含批零兼营）农产品销售，占全省年交易量 334.65 万吨的 91.17%，占全省交易额 143.31 亿元的 75.80%。并且 90% 的销售量和 75% 的销售额都是通过批发（批零）市场来完成的。这些市场为农民销售产品开拓了较为广阔的市场空间，对满足市场供应、辐射周边地区、服务群众生活起到了显著作用。

超亿元的农产品市场简况如表 1 所示。

表 1

序号	市场名称	经营品种	地址	占地面积（平方米）	营业面积（平方米）	固定摊位（个）	年交易量（万吨）	交易总额（亿元）	所有制结构	交易方式（批发/零售）
1	百德投资发展公司	牛羊肉	西宁凤凰山路 1 号	191604	66700	118	8	4.10	民营	批发
2	张氏集团	猪肉	西宁互助东路 3 号	88710	6000	26	1	2.16	民营	批发
3	曹家寨糖酒批发市场	糖酒、副食品、蔬菜、水果	西宁八一中路 21 号	22700	29000	800	1	1.20	民营	批发
4	莫家街市场	农副产品	西宁莫家街	8000	16000	1000	0.03	6.00	国有	零售
5	水井巷市场	农副产品	西宁水井巷	4800	4800	308	0.06	5.00	国有	零售
6	西宁交通综合市场	农副产品	西宁五四大街 76 号	9000	7500	232	0.20	1.20	国有	批发配送

序号	市场名称	经营品种	地址	占地面积（平方米）	营业面积（平方米）	固定摊位（个）	年交易量（万吨）	交易总额（亿元）	所有制结构	交易方式（批发/零售）
7	小桥农副产品市场	农贸	西宁小桥大街51号	5000	1037	175	0.50	7.00	民营	零售
8	青藏高原集散中心	农贸	柴达木路477号	311969	300000	1079	220	60.00	国有	批发零售
9	大通盛强农贸综合市场	农产品	宁张公路24公里处	10000	9300	230	1.50	1.80	私营	批发零售
10	民和新下集农贸市场	农产品	海东民和县川口镇	10000	8000	150	1.50	1.40	民营	零售
11	北大街综合贸易批发市场	农产品	海东民和县川口镇	4000	4000	60	32	2.00	民营	批发零售
12	海东地区诚信农副产品批发市场	蔬菜、水果、菜籽	海东平安县古驿大道西	14410	11400	357	11	3.62	国有投资	批发零售
13	青海东部农副产品综合市场	油菜籽、青稞等产品	海东平安县古驿大道222号	30000	28000	70	20	1.80	个人投资	批发零售
14	乐都东升市场	蔬菜、水果、牛羊肉等	海东乐都新乐大街30号	10000	7100	220	3	2.80	民营	批发零售
15	东部蔬菜批发市场	蔬菜、水果、粮油	海东乐都西大桥	28600	20000	69	5	1.20	民营	批发零售

序号	市场名称	经营品种	地址	占地面积（平方米）	营业面积（平方米）	固定摊位（个）	年交易量（万吨）	交易总额（亿元）	所有制结构	交易方式（批发/零售）
16	德令哈市洲龙农贸市场	水果、蔬菜、肉类等	海西州德令哈市河西莲湖路以东	19000	24000	217	3.30	3.40	私有	批发零售
17	格尔木河东农贸市场	蔬菜、水果、肉类等农产品	海西州格尔木市育红巷8号	14000	28000	1200	3.75	3.00	民营企业	零售
18	格尔木水果蔬菜批发市场	瓜果蔬菜蛋	海西州格尔木市建设路8号	71326.2	20000	200	5	4.20	民营企业	批发零售
19	察苏镇综合集贸市场	小商品农畜产品交易	海西州格尔木察苏镇	13000	10000	140		1.30	民营企业	零售
20	门源县盛源农牧商城	农畜产品	海北州门源县青石嘴镇	147368	5600	136	1.4	3.25	民营企业	批发
21	共和县恰卜恰综合批发市场	蔬菜、瓜果、肉类、粮油	海南州共和县恰卜恰镇青海湖南大街	16000	15800	125	0.35	1.95	民营	批发零售
22	黄河源虫草交易市场	虫草	海南州兴海县南大街	3748	2410	20		1.00	民营	批发零售
23	同德县北环路市场	餐饮、建材、百货、小商品	海南州同德县北环路	1000	8000	100	0.80	1.00	其他	
24	康杨镇穆斯林商业街	综合性	黄南州康杨镇	67000	26800	300		2.10	其他	批发零售

5.市场业态有所突破

一是部分新建或改建（提升改造）市场以专业市场为载体，向加工、物流、配送、餐饮、旅游服务等结合起来，向市场综合体演变。二是部分较大市场应用现代信息、网络技术，拓展市场的功能。如青藏高原集散中心建立和完善电子结算系统、蔬菜食用安全可追溯系统，采用物联网技术加强市场冷链管理。

6.乡镇一级的市场，规模小

基本是集餐饮（住宿）、建材、小百货、小商品、蔬菜、瓜果、粮油、肉类、调料等于一体的综合市场。除满足当地消费需求外，辐射周边地带。

二、存在的问题及原因分析

（一）存在的问题

1.农产品市场仍然处于散、小、弱状态

尽管各州县至少都有1—2处农产品市场，但绝大多数农产品市场建设落后，设施薄弱，散、小、弱的特点突出。一是自由聚合、自发组成的特点明显。很多农产品市场季节性非常突出，由农民根据自己的需要来决定是否进入市场交易。二是由于市场交易的主体是一家一户的农民（生产者），成交规模小，交易方式落后，而且在实际运行中具有不确定性和不可预见性，供需双方的关系衔接不紧密。三是每个市场的主体都以自己为中心，很难形成合力，自然就缺乏竞争力。这种"小生产、小流通"的产销模式，因其主体是分散生产的千家万户的农民，规模小，交易成本高，所遵循的标准也因产品品质、产量、所掌握的信息不同等因素而各异，导致了整体上的市场竞争力弱的问题。

2.流通渠道不畅

一是市场不健全，信息缺乏，商户不能按照市场信息来组织货源，组织的货源无论是数量上还是质量上都不可避免与市场需求出现差异。二是农产品市场流通渠道不畅增大了流通成本。由于流通能力低，许多产品不能及时送到消费者手中，以致大量积压，甚至大量腐烂在商户手中。这其中虽有运输方面的问题，但更主要的是流通体制滞后的问题。三是运输费用高。虽然这些年开通了绿色通道，但是各种收费种类多，数额大，也对农产品运销带来了一定的阻力。

3.农产品物流的发展无论在理论上还是实践上，均处于起步阶段，发展比较落后

一是流通环节多。我省的农产品，特别是果蔬流通主要是通过省外调运，经过商户—产地批发商—销地批发商—零售商—消费者这一供应链进行实体流动的。农产品物流对流通渠道、物流设施、流通时间的要求严格，这么多的环节不利于保鲜。二是各个供应链节上的主体没有形成合力。商户主体总体上还是以分散经营的小农户为主；中间代理环节的主体多样化，既有各种类型的合作组织（包括政府主导和自发组织的各种专业协会），也有各种不同规模的私营收购；产地批发商和销地批发商的主体主要是各种农产品批发市场；零售商主体最为复杂，包括各种农贸市场、规模大小的超市及综合性的零售店和地摊销售等。众多的主体由于缺少组织协调，难以发挥出物流的功能。三是缺少现代物流观念。目前，自营物流仍占主导地位。农产品第三方物流主体还处于初级发育阶段。由于农产品物流发展缓慢，整体水平不高，不仅影响了农产品市场竞争力，也影响了加工、包装、运输等各环节产业链的发展。

（二）原因分析

1.农产品小生产与大市场的矛盾

我省农产品生产大多是一家一户分散式的小生产性质，种植面积小、品种多，基本是手工操作，而

农产品在城市的消费又具有集中性。由于农户生产规模小，单家独户没有能力承担商品流通的重任。特别是我省的果蔬（尤其是细菜）等自给率不足30%，其主要销售对象不是产区而是销区，需要长距离运输，以单个主体交易势单力孤，盲目性大，交易十分不经济。所以，不具有一定规模和实力的流通组织，很难完成这样的流通任务。同时，以农产品批发市场、农贸市场为主导的流通体系虽然在农产品的集散、销售等方面发挥了重要作用，但是市场设施简陋、落后，不能完全适应市场经济发展的需要。交易方式基本上还是对手交易，买卖双方看货直接交易，不需要中间人代理，也不搞统一结算。流通设施也不配套，缺少整理、包装、预冷等处理设施，运输环节中的冷藏保温设施严重不足，因此并不能有效解决产销环节中存在的矛盾。这些问题已严重影响了农产品流通的速度和质量。

2.市场基础设施长期落后

农产品市场的基础设施项目属于公共设施。长期以来，对公共设施的投入不仅规模小，而且也未形成良性投资运作机制，公共设施投入回报率也非常低。因此，农产品蔬菜的基础设施建设不仅不能满足农（牧）民销售农副产品的需求，也远远落后于经济发展的需要，难以满足广大消费者的消费需求。除青藏高原集散中心外，缺少具有影响力和拉动力的农产品批发市场，市场信息匮乏和滞后，与市场有效融合存在较大的障碍，经常造成产品供求关系的失衡。

3.服务体系不健全

一个健全有效的市场，需要商流、物流、信息流、资金流相辅相成、相互配套，才能形成健全的流通体系，方能体现并放大市场的功效。从调查来看，绝大多数市场不具备这样的标准，具体表现如下。

缺少快捷、准确的信息服务。一是信息不集中，各市场之间基本处于单兵作战状态，缺乏联系和沟通，缺乏对农产品信息的收集整理、分析处理和发布能力。二是农民和商户之间缺少有效的信息沟通。三是信息质量低，政府网站信息过于宏观，缺少与生产的有效对接。由于缺少集中、统一、有效的农产品流通网络信息系统，农产品流通只能接受市场的自发性调节，不能适应日益扩大的农产品流通的需要。

支撑农产品市场的基础设施落后。长期以来，政府对农产品市场的投资严重不足，很多市场还处于非常简陋的状态，基础设施落后，不仅达不到市场功能应该具备的要求，也远远落后于经济发展和广大消费者的消费需求。

市场模式仍处于现货交易的原始集散阶段。大部分地区农产品的销售仍以集贸市场为主，主要承担农产品集散功能的各种专业批发市场还没有摆脱传统的交易方式，交易手段相对落后。虽然有一定量的批发市场，但交易量大、知名度高、辐射范围广的农产品批发市场却为数不多，骨干市场的相对不足不仅不能保证农产品在全省范围内的流通，也不能对外地客商产生强大的吸引力。

资金结算方式落后。多数国有商业银行在乡镇没有网点，在多数乡镇保留的邮政储蓄和农村信用社，只具有同城、同地汇兑结算功能，而不具备跨省等异地汇兑结算功能。由于结算渠道不畅，农村异地汇款结算难，影响了农产品的流通和销售，阻碍了农产品的商品性生产的持续扩大。

4.农产品营销观念和手段落后

广告宣传力度与广度远远不够。一方面，商户对农产品的广告意识淡薄，还很少想到利用现有的宣传媒介去推销产品；另一方面，广告费用较高，难以承受较高的广告费用，联合做广告因缺乏必要的组织协调亦难变为现实。

三、意见建议

1.以规划引领农产品批发市场的新发展

制订全省系统农产品批发市场发展规划，提出新发展的思路、目标、重点和措施。当前重点要抓好农产品批发市场的建设。农产品批发市场集商流、物流、信息流于一体，充分发挥农产品批发市场集货、交易、信息、价格形成和结算五大功能，将有力推动农业经济的发展进程并对整个国民经济起着拉动作用。因此，要改造和提升现有的批发市场，加快批发市场由初级市场向中高级市场转变。并以批发市场为中心，根据商品流向、交通、仓储设施等条件，合理布局，形成中心批发市场、地方市场、城乡农贸市场相互依存、相互配合的市场体系。要利用目前改扩建时机，区别类型改造建设100个农产品交易市场，争取到2020年基本建成覆盖全省的农产品市场网络，市场覆盖全省所有乡镇。

2.建立省市农产品市场协会

农产品批发市场的发展需要彼此间的信息沟通和经验借鉴，集中智慧共同研究共性问题和探讨对策思路，这需要有一个平台。为此，可以考虑建立省市农产品市场协会，把农产品批发市场、农贸市场、农产品营销公司等以协会会员单位的形式联结起来。还可考虑发展农村合作经济组织。如专业协会、专业合作社和股份合作社等，提高流通过程中的组织化程度，尽可能减少中间环节。另外，要发挥经纪人带头作用。农村市场上农民经纪人一般具有较高的文化素质、生产经营技能，特别是有较强的市场适应能力。他们一手牵着市场，一手牵着农民，在搞活流通、促进农业结构调整、带动农民增加收入等方面的作用不可低估，得到了农民的广泛认可。在农协合作社等组织尚未建立、农产品市场化程度较低的地区，其作用几乎是无可替代的。

3.加快农村"万村千乡"市场工程建设

在农产品产量大、交易集中的乡镇建立农产品交易专业市场。开展"乡镇建连锁超市、村社建便民商店"的农村市场"双建工程"来加快"万村千乡"市场建设，着重引导城市连锁和超市向农村伸展，逐步形成以主城区或县城为批发配送中心，中心镇为配送结点，乡镇和村社为销售终端的农村现代流通经营网络。通过引导，鼓励相关商业企业在县级开设超市和商业街，改变当前农村商品流通存在设施不足、方式陈旧、农民进入市场较难等问题。通过建立新型农村市场流通网络、改善广大农村消费环境，保障农民方便消费、放心消费，过上现代消费生活。同时，农民通过便利的网络卖出自己生产的产品，加快农村市场化进程，实现城乡市场一体化。

4.根据利民、惠民、便民的要求加强农产品市场建设

加快商场化农贸市场（生活超市）建设。有步骤推进传统市场商场化升级改造。制定商场化市场的建设标准。中心城区以零售为主的市场必须按统一建设标准进行改造升级。城镇地区基本完成现有农贸市场的整合和商场化改造；按照居住人口规模、服务半径，新建一批相应等级农贸市场，使之基本覆盖所有新建社区。乡镇、农村地区按商务部"双百市场工程"农贸市场建设标准进行改造、建设。

5.实现农产品批发市场组织形式和交易方式的创新

在组织形式上，重点发展公司制的市场主体，明确市场主体的职责范围和法律地位，按照市场化原则运行和操作；其次，要以农产品中心批发市场或大型专业批发市场为龙头，采取直接投资、参股、加盟与建立长期合作协议等多种方式，实现农产品批发市场之间的联合与联系，形成农产品集散并最终进入城镇零售终端市场的流通网络，加快农产品批发市场网络体系形成，提高流通效率。

在交易方式上，要变传统交易方式为现代交易方式：一是变封闭式为开放式交易方式；二是变单体式为连锁式交易方式；三是变台下交易为台上竞拍交易方式；四是变分散摊位式为专业城、专业街式交易方式；五是变传统买断制为经销制、配送制、代理制等现代交易制度。

规范订单发展。以契约形式使农户与加工及流通企业建立稳定的购销关系，形成利益共同体。

鼓励实行电子统一结算。

6.加大财政支持力度，发挥政府的服务、调控作用

建立现代农产品流通体系，政府的支持、服务、监督与调控作用十分重要。一是加大对农产品流通设施建设的支持力度，把农产品流通设施作为社会基础设施，并且作为公益事业来发展，采取相应的政策予以扶持。二是为农产品流通改革与发展提供良好的法律环境，建立规范化的市场监管机制。三是研究农产品市场动态，为企业、农户提供准确信息。四是建立和完善对农产品流通的调控制度，特别要建立市场监测制度、农产品的储备制度、农产品调控制度、农产品价格调节基金制度等，以保障农产品流通的正常运行。

2017年宁夏回族自治区农产品批发市场行业发展报告

宁夏回族自治区商务厅

2017年，随着国家、自治区支持农产品批发市场发展建设的政策密集出台，农批市场行业迎来新一轮转型升级热潮。宁夏农产品批发市场行业呈现发展平稳态势，市场主体稳步提升，交易总量逐年扩大。

一、市场总量

截至2017年末，宁夏农产品批发市场个数总计18个，与2016年同期相比无变化。其中，综合市场12个，占比66.67%；肉禽蛋市场3个，占比16.67%；果蔬市场2个，占比11.11%；其他市场1个，占比5.56%（见图1）。

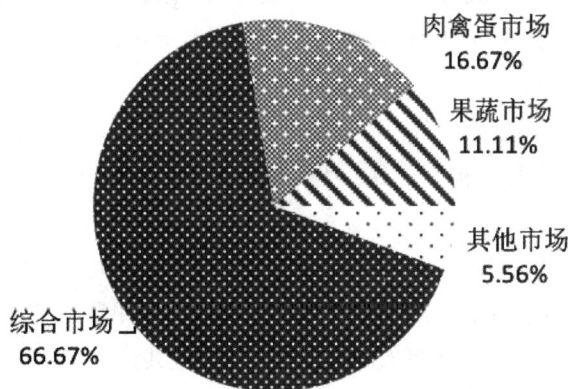

肉禽蛋市场
16.67%

果蔬市场
11.11%

其他市场
5.56%

综合市场
66.67%

图1　2017年宁夏农产品批发市场业态分布

二、经销商数

2017年末，宁夏农产品批发市场经销商总计20932家，同比增长8.9%。其中，综合市场16342家，同比增长9.2%，占比78.07%；肉禽蛋市场1619家，同比增长8.3%，占比7.73%；果蔬市场2435家，同比增长9.1%，占比11.63%；其他市场536家，同比增长2.5%，占比2.56%。

三、从业人数

2017年末，宁夏农产品批发市场从业人数总计34756人，同比下降0.8%。其中，综合市场从业人数23728人，同比下降3.9%；肉禽蛋市场4378人，同比增长7.9%；果蔬市场4330人，同比增长8.0%；其他市场2320人，同比增长2.2%。

四、行业规模

2017 年末，宁夏农产品批发市场年成交量总计 471.6 万吨，同比增长 4.4%。其中，综合市场成交量 321 万吨，同比增长 1.6%；肉禽蛋市场成交量 57 万吨，同比增长 5.6%；果蔬市场成交量 82.6 万吨，同比增长 15%；其他市场成交量 11 万吨，同比增加 10%。

2017 年末，宁夏农产品批发市场年成交额总计 219.30 亿元，同比下降 1.0%。其中，综合市场 138.54 亿元，同比下降 3.9%；肉禽蛋市场 23.78 亿元，同比增长 5.3%；果蔬市场 10.66 亿元，同比增长 7.6%；其他市场 46.32 亿元，同比增长 3.3%。

从交易品类看，2017 年，宁夏农产品批发市场肉禽类年成交额 38.66 亿元，同比下降 8.2%；水果类年成交额 47.59 亿元，同比增长 3.7%；蔬菜类年成交额 43.31 亿元，同比下降 4.0%；水产品类年成交额 24.52 亿元，同比增长 2.4%；蛋类年成交额 1430 万元，同比下降 21.4%；调味品类年成交额 1.27 亿元，同比下降 13.7%；其他类年成交额 47.8 亿元，同比增长 1.6%。

五、经营面积

2017 年末，宁夏农产品批发市场经营总面积共 229.78 万平方米，同比增长 0.6%。其中，交易厅棚面积 103.56 万平方米，露天交易场地 126.22 万平方米。按市场业态分，综合市场 152.03 万平方米，同比增长 0.6%；肉禽蛋市场 26.04 万平方米，同比增长 1.2%；果蔬市场 31.70 万平方米，与上年相比无变化；其他市场 20.00 万平方米，同比增长 0.8%。

2017 年末，宁夏农产品批发市场冷库总面积 18.84 万平方米，同比增 0.3%。其中，综合市场 15.73 万平方米，同比增长 0.2%；肉禽蛋市场 2.62 万平方米，同比增长 0.6%；果蔬市场 0.5 万平方米，与上年相比无变化。

2017 年末，宁夏农产品批发市场冷库库容总计 28.08 万吨，同比增长 1.0%。其中，综合市场 23.41 万吨，同比增长 0.6%；肉禽蛋市场 4.37 万吨，同比增长 3.2%；果蔬市场 0.3 万吨，与上年相比无变化。

从摊位数量来看，2017 年末，宁夏农产品批发市场摊位共计 19451 个，同比下降 0.6%。其中，固定摊位 15162 个，同比增长 4.5%；非固定摊位 4289 个，同比下降 15.8%。

注：本文数据均来自于 2017 年宁夏商贸流通业数据测算。

2017 年福建省农产品市场协会工作报告

福建省农产品市场协会

2017 年，深入学习贯彻党的十九大精神，深刻领会习近平新时代中国特色社会主义思想，以及在三农事业中从"中国要强，农业必须强；中国要美，农村必须美；中国要富，农民必须富"的重要论述，到"任何时候都不能忽视农业、不能忘记农民、不能淡漠农村"。坚定不移推进农村改革发展、和谐、稳定的核心要求，以"创新、协调、绿色、开放、共享"发展理念指导三农工作。把贯彻落实习近平新时代中国特色社会主义思想变成自己的自觉行动，结合协会实际工作，围绕加快推进我省农业转方式、调结构，推进现代农业发展为中心，发挥民间社团的社会功能，努力为会员企业做好市场、项目、科技、融资、信息等各项服务工作，为农业发展、农村富裕、农民增收努力奉献。

一、成绩

1. 2017 年福建省农产品市场协会被全国城市农贸中心联合会授予"中国农产品批发市场行业优秀单位"称号。

2. 福州民天实业有限公司海峡蔬菜批发市场被评为"中国农产品批发市场行业先进单位"。

3. 福建省农产品市场协会会长林善春在第二届中国农产品供应链之星会上荣获"2017 年中国农产品流通优秀个人"称号；福建省久泰农业发展有限公司在第二届中国农产品供应链之星会上荣获"供应链之星"金奖。

4. 推荐福建绿景农生态农业有限公司"绿景农"商标参评 2017 年"福建省著名商标"；推荐福建东方食品集团参加福建省著名商标复评。

二、工作

1. 根据福建省民政厅颁发的《民间社会团体登记管理条例》和福建省农产品市场协会章程的有关规定，经协商选举郑长鸣同志为协会法人代表、秘书长。

2. 根据《福建省社会组织管理局关于开展省级社会团体、民办非企业单位 2016 年度检查工作的通知》精神，认真按照年检通知要求，完成网上 2016 年度检查报告书的填写，社团工作自查 21 项报告，按时完成年检工作。协会 2016 年度社会团体检查为合格。

3. 根据章程规定，协会召开 2017 年会员代表大会。

4. 办好福建省农产品市场协会网站及协会会员群微信平台。

三、会议

1. 福建茶业界迎新年茶话会。

2. 十三届全国农产品批发市场联络员大会。

3. 第九届中国国际农产品贸易对接会暨 2017 年中国农产品批发市场行业年会；2017 年度全国农产品批发市场排序及表彰活动。

4.埃塞俄比亚—中国（福建）投资合作论坛。

5.乌干达投资推介会。

6.2017年武夷山—E带E路—名茶论道—2017年福建茶业互联网发展论坛。

7.第九届海峡论坛·第四届海峡（漳州）茶会。

8.2017年漳平市春季茶王（福州）品鉴推介会。

9.首届"张天福杯"茶界泰斗茶王争霸赛颁奖仪式暨福州市泉州商会安溪茶叶分会、安溪县茶叶协会福州分会第三届理事会就职典礼。

10.闽商地理首辑发布会。

11.2017"金砖国茶匠心杰作"安溪铁观音茶王争霸赛。

12.第九届农博会、第十九届花博会、第十一届中国蘑菇节。

四、展会

1.福州海峡国际会展中心举办"第十二届中国（福建）消费品全球采购交易会及现场采购对接活动"及"福建水产品采购对接会"。

2.第十五届中国·海峡项目成果交易会、首届中国国际茶业博览会、首届中国德产品优选大赛启动仪式。

3.第十八届马来西亚国际食品与饮料展暨第8届马来西亚国际食品、包装技术设备、亚洲水产养殖、海鲜及原料加工、技术及供应链展。

4.第28届香港美食展。

5.2017年闽货华夏行·银川站。

6.第十届海峡两岸（泉州）农产品采购订货会、供需对接会。

7.重庆第二届中国农产品供应链大会。

8.2017年中国（宁波）食品博览会。

五、调研

考察、走访了：（1）平和琯溪生态蜜柚产业园；（2）平和县崎岭乡溪头村白芽奇兰茶山；（3）永春香都，桃溪醋业；（4）闽侯、闽清绿桐树育苗基地；（5）沙县田字一号农业科技工业园；（6）尤溪福建祥云生物有限公司；（7）福建富源茶业有限公司；（8）福建品品香茶业；（9）福建三山源茶业；（10）德商汇国际电子商务产业园；（11）诏安官陂镇福建省硒龙生态农业有限公司；（12）诏安县岩山乌鸡养殖专业合作社；（13）诏安建设乡晶科生态农业八仙茶生态园；（14）福建省星源农牧科技有限公司；（15）武夷山梁品记茶业；（16）罗源中房长晟生态农业科技有限公司农业田园综合体项目基地等。

六、市场

建设现代物流园是发展现代农业必备的基础措施，利嘉国际商业城海丝国际茶城、食品城是集海峡两岸乃至全国的知名茶、农特优农产品品牌生产企业一起打造的全国茶叶、农特优食品的销售集散地、品牌推广策源地、产业链供应链的结合地。同时茶城、食品城将成立"福建茶叶、农特优食品创客孵化中心"，与电商结合，同时将着力打造"中国茶文化海西交流中心""中国农特优食品品牌推广中心"。协会积极向全国、全省农产品加工企业，茶农、茶商推荐并协助组织到漳州、三明、龙岩、南平等市、县召开招商座谈会，诏安、平和、漳平等地的农业部门、协会组织有关茶企来福州实地考察海丝国际茶城。全国城市农贸中心联合会也派了有关负责人考察了海丝国际茶城。

七、项目

1.生物技术。福建田字一号农业科技有限公司采用先进的自然生态系统技术，致力为消费者提供健康、美味的猪肉、鸡、蛋及加工品等生态食材。经有关部门检测，产品不含抗生素及兽药残留，安全可靠。公司还建立田字一号电商平台，将健康食材配送入户。同时还在福州、厦门、泉州、三明、福清、安溪等地设立田字一号实体肉铺、佘肉店。公司还通过微生物发酵技术将养殖排放粪便回收加工为有机肥料，建立种养殖生态循环体系。协会积极协助组织，推广田字一号微生物技术，让市民吃上健康、美味食材。

2.微冻技术。中丰益农业科技有限公司是一家农业生物科技高新技术企业，以活力液快速冷冻技术及相关设备为主打产品。"活力液快速冷冻技术"是一项用于水产、肉类、果蔬食品和农业种子的高科技快速冷冻保鲜专利技术。协会积极与该公司合作将活力液快速冷冻技术应用到我省农产品加工、保鲜。目前已与福建田字一号农业科技有限公司、福建省星源农牧科技股份有限公司、福建昌沃生态农业有限公司等企业合作。

3.光伏技术。该技术是国家鼓励发展的清洁新能源。隆基新能源有限公司实现"新能源+新农业"，其光伏技术使得最悠久的传统农业焕发新的生命力。这样的用电方式受到许多工商业主的青睐，不仅提高了生产效率，降低了生产成本，也符合绿色环保的用电理念。光伏扶贫也是国家提倡的利民政策，也列入协会工作。

4.休闲农业。福建栀子生物科技公司利用山地种植栀子树一万多亩，栀子果可加工成中药材，栀子花提炼出精油可作为化妆品原料，栀子花也可提炼黄色素，栀子开花季节可作为旅游观光项目；目前福建德商会与福建栀子生物科技公司双方正在积极商谈进一步开发栀子项目。

5.生态农业。福建中房长晟生态农业科技有限公司在罗源中房建设生态农业综合体项目，充分利用当地农业、生态资源开发二千多亩水田种养项目，垦复荒废多年茶树，目前已推出中房野茶，并结合当地茶马古道、古民居开发乡村旅游项目。

八、改革

1.按照《福建省财政厅转发财政部关于行业协会商会与行政机关脱钩有关国有资产管理意见的通知》，2017年2月17日，省农业厅召开脱钩试点工作部署会议，本协会作为第二批脱钩对象，组织有关人员认真学习，按资产清查文件规定，对协会账务和固定资产进行全面的清查并上报清查工作情况。

2.根据《福建省物价局、福建省财政厅、福建省经济和信息化委员会、福建省民政厅关于清理规范我省涉企经营服务性收费的通知》，完成行业协会商会收费信用信息数据导入标准，认真开展涉企收费自查，符合规定。

3.根据福建省行业协会商会与行政机关脱钩联合工作组《关于第二批脱钩试点行业协会商会办理变更登记手续的通知》（闽联组办〔2017〕7号），协会按照《省级社会团体变更、补办、备案、换届登记服务指南》，申报材料，重新办理登记手续。

4.组织我省有关批发市场参编《中国农产品批发市场行业年鉴（2017）》；推荐报送福建省农产品市场协会工作总结，以及福州外贸食品冷冻厂有限公司、福州海峡蔬菜批发市场等多家资料，参加入编《中国农产品批发市场行业年鉴（2017）》。

第五篇　行业创新与探索

2017年中国农产品批发市场发展亮点

2017年，为着力构建更高质量、更强竞争力、更有效益、更可持续的农产品市场发展体系，全国城市农贸中心联合会会员企业在食品安全、保供应稳价格、市场管理、信息化建设、转型升级及经营模式创新等多个方面创新发展，在加强党建工作，以及脱贫攻坚和环境保护等方面，也取得了许多对企业、对行业影响深远的成绩，全国城市农贸中心联合会将撷取其中有意义的事件载入行业史册。

一、加强党建引领市场发展

2017年，农产品批发市场行业将党的建设摆在突出位置，深入学习贯彻习近平新时代中国特色社会主义思想和党的十九大精神，推进"两学一做"学习教育常态化制度化，认真落实"三会一课"制度，围绕"学习十九大报告""做合格党员""党风廉政教育"等主题开展专题党课，积极开展多种形式党员教育活动，有效发挥了党组织的战斗堡垒作用，为市场发展助力。

北京潞运通经贸集团有限公司

面对市场发展新的困境，市场党总支强化基层党组建设，开展了"支部书记创新工作项目书"活动，以"市场有困难，党员怎么办"为主题，各支部的党员根据岗位特性开展了劳动竞赛、岗位服务和学习教育活动，让每位党员都能够在岗位上闪光，特别是领导干部的示范带头作用，以上率下，给群众做榜样。同时，党总支以庆祝建党96周年为契机，以"我是党员我带头，认责承诺比贡献"为主题，在全体党员中组织开展了"重温党的历程""市场有困难我们这样做承诺的仪式"等主题活动，调动了党员工作的积极性，

北京昌平市场服务管理中心

加强党建和党风廉政工作，为市场转型发展提供政治保障。深入推进"两学一做"学习教育常态化制度化。全体党员通过学习党章党规，学习习近平新时代中国特色社会主义思想和两次对北京视察的讲话精神，牢固树立"四个意识"，提高了政治站位。深入开展学习宣传贯彻落实党的十九大精神。通过组织学习、专题研讨、写心得体会，开展批评与自我批评，对照党的十九大精神要求，找不足、找差距、抓整改等一系列活动，使每名党员领导干部真正地把党的十九大精神学懂弄通做实。开展"强党性、敢担当、出实效"专题活动。

北京二商京华茶业有限公司

充分发挥工团组织积极作用，不断增强企业发展合力。坚持"党建带工建"，充分发挥工会组织的桥梁和纽带作用。积极组织开展职工素质教育和职工劳动竞赛活动，调动和激发职工投身企业发展的积极性、主动性和创造性。弘扬劳模精神，发挥"双首席"示范引领作用，以"李莉劳模创新工作室"和"职工技能学习基地"为平台，让职工在感悟劳模精神的同时，提升专业技术和技能水平。共青团始终把团组织建设与企业中心工作、青年成长成才有机结合，团结带领广大团员青年脚踏实地，奋发进取，较好地发挥了团组织在公司经营管理工作中的先锋队和后备军作用。继续加强公司青年志愿者服务队建设，圆满完成集团团委和公司各项志愿者服务活动。

北京大红门京深海鲜批发市场有限公司

2017年，公司党委融入企业经营管理工作，抓班子带队伍，加强基层党组织建设、党员队伍建设、党风廉政建设和群团组织建设，党建科学化水平逐步提升，为公司科学发展提供了强有力的政治保证。

着力引领示范，加强党组织建设，为公司发展提供组织保障。贯彻落实全国国企党建工作会议精神，在加入党委前置的基础和前提下，修订公司章程，修订完善公司党委会议事规则、"三重一大"决策制度实施办法，明确党组织在企业中的地位和作用。着力提质增效，加强创优工程建设，彰显企业党建活力。公司党委坚持"融入中心抓党建，提升能力谋发展，创先争优促和谐"的工作方针，深入开展"固本强基、提质增效，转型升级、破题上路，以优异成绩迎接党的十九大胜利召开"创先争优主题实践活动，打造"京深服务"新品牌，提高精细管理水平，夯实企业发展实力，取得良好成效。

北京篮丰五色土农副产品市场有限公司

认真组织学习习近平新时代中国特色社会主义思想和党的十九大精神，牢固树立"四个意识"，把习近平新时代中国特色社会主义思想和党的十九大精神学习领会好、贯彻落实好。以习近平新时代中国特色社会主义思想为指导，结合实际工作在实践中全面、深刻地学习领会党的十九大精神的深刻内涵、重大部署和根本要求，牢记使命，勇于担当，切实把思想和行动统一到党的十九大精神上来，把学习宣传贯彻党的十九大精神激发出来的热情和干劲，转化为推动企业发展的强大动力，为企业的发展添砖加瓦。

北京盛华宏林粮油批发市场有限公司

以纪念建党96周年为契机，积极开展纪念建党系列活动。党支部以"不忘初心跟党走、继续前进奔小康"为主题，开展迎"七一"讲党课活动、迎"七一"重温入党誓词活动。积极响应王四营地区工委举办的主题为"不忘初心跟党走，忠于人民创伟业"的合唱展演活动，用一首《歌唱祖国》为党的生日献上美好祝福。开展迎"七一"党员献爱心捐赠活动。紧紧围绕"推动发展、服务群众、凝聚人心、促进和谐"总要求，大力推进服务型党组织建设。主动作为，找准开展服务、发挥作用的着力点，以服务为载体，开启法律保障服务建设，不断提升服务水平，推动服务型党组织建设，深度融合市场正在实施"强身瘦体""腾笼换鸟"创新升级发展战略，更好地服务于企业的创新发展，全面贯彻落实习近平新时代中国特色社会主义思想和党的十九大精神。强化党员思想教育达标、党员管理达标、党内组织生活达标、制度建设达标、阵地建设达标"五个达标"，促进党建工作。

北京市北水嘉伦水产品市场有限责任公司

坚持加强党建工作，为企业的发展提供了坚强有力的组织保证。按照水产公司党委主题实践活动要求，制定了实施方案，各基层支部分别召开支部会议，精心组织，把开展主题实践活动与全面完成全年工作目标相结合，确保活动取得实效。全面落实党建工作任务，制定了《公司2017年党建工作计划》，建立班子成员联系制度，对市场销售支部书记进行了调整，各支部书记参加了集团的统一培训。推进抓好"两学一做"学习教育常态化制度化，组织全体党员参观了盘山烈士陵园，以动力党支部为试点，设立了支部委员会。全面从严治党，认真履行主体责任，安排部署了2017年党风廉政建设工作，坚持开展了效能监察工作。加强领导班子和干部队伍建设，坚持班子成员中心理论组学习制度，对中层管理人员、后备人才和青年人才加强培养。充分发挥工会、共青团桥梁的纽带作用。召开了公司第一届九次职工代表大会，开展了职工文体活动，开展合理化建议征集活动，积极做好团工作建设，开展争当北京水产销售能手、学雷锋等系列活动。

北京顺鑫石门农产品批发市场有限责任公司

党支部召开民主生活会，会上公司党支部书记与班子成员签订了《保密协议书》，开展了批评与自我批评，并就如何落实"一岗双责"进行了讨论；公司党支部书记与班子成员、中层干部层层签订《党风廉政责任书》，落实党风廉政主体责任；组织公司 50 余名党员干部集中观看党的十九大开幕会，学习党的十九大报告精神；按照区委、集团党委的相关要求，制定各学习宣传贯彻落实党的十九大精神的实施方案和学习计划，严格按照方案执行；落实"三会一课"制度，公司党支部开展党的十九大精神专题宣讲、书记讲党课等一系列十九大专题活动；同时积极开展党员学习及党建活动，公司党支部定期组织召开支委会、党小组会、全体党员干部大会，从各个层面组织学习党的十九大精神，观看政论专题片《法治中国》等，使党员们感受到因法治进步而不断增强的获得感和正义感。党工群团活动丰富，提升了员工凝聚力。

北京顺义市场经营管理中心

2017 年 12 月 21 日，顺利通过了顺义区党建绩效考评一组的集中评议。统筹兼顾抓党建，党员活动内容丰富、与时俱进。认真学习习近平新时代中国特色社会主义思想和党的十九大精神，推进"两学一做"学习教育常态化制度化，严格落实中心组学习制度、党员活动日制度，还充分利用微信公众号及微信群"即时"与"互动"特点，建指尖上的"沟通平台""口袋里的工具书"，不定期推送相关党务知识；定期开展先进典型评选表彰，激发"争先创优"热情，催动"不进则退"的忧患意识。组织员工观看"学习之星"宣讲；以支部为单位收看党的十九大开幕式直播；全体干部职工参观"砥砺奋进的五年"大型成就展；号召收看"榜样"专题节目并撰写观后感等。

北京市西南郊肉类水产品市场中心

开展主题实践活动，促进企业经营工作。党支部根据公司党委的要求开展的"转型升级破难点、提质增效抓重点、创新求变出亮点、凝心聚力再做新贡献"创先争优主题实践活动的精神，结合市场的实际，经市场党支部研究决定，在市场全体共产党员中开展"破题上路谋发展，寻求升级切入点，实现市场新突破"创先争优主题实践活动。完成了党支部的换届工作。深化厂务公开，构建和谐企业。充分利用厂务公开栏及时公开公司和市场的相关信息，成为职工了解企业的窗口；建立了西南郊市场职工园地微信群，提高了信息传送的时效性和覆盖面。

深圳市农产品股份有限公司

公司党委提高政治站位，高度履行主体责任，用政治统领各环节、全过程，深入学习贯彻党的十九大精神，严格落实将党建工作要求写入公司章程和下属企业章程要求。公司党委制定了工作规则，明确了凡属重大决策、重要人事任免、重大项目安排和大额度资金运作等"三重一大"事项必须坚持"先党内，后提交"程序，把党的领导融入公司治理各环节，明确好公司党委与董事会、经营班子之间的责权边界，确保公司党委领导作用的发挥。抓牢抓实，全面推进"两学一做"学习教育常态化制度化。以"三会一课""党员民主评议"为基本形式，发挥"两学一做"学习教育的主渠道作用。创造性地提出农产品物流园区党建的"双组织"模式；制定了《异地企业党建管理办法》，加强对异地企业党建的双重管理；推动基层党建规范化，出台了《基层党建考核办法》《党员管理办法》等制度。

厦门夏商农产品集团有限公司

开展"金砖我先行，国企打头阵"主题实践活动。各支部党员干部积极投身其中，当先锋，做表率。组织支部党员干部参加志愿者服务活动，到厦门老城区中山路开展清理垃圾志愿者服务活动，美化我们的家园，组织批发市场部分群众参与 2017 年 8 月 31 日—9 月 6 日"携手志愿服务，平安你我同行"志愿者服务活动等。特别是在金砖会晤期间（2017年8月31日—9月6日），支部党员都坚守在各自的岗位，工作中冲锋在前，充分发挥党员的先锋模范作用。

广州黄沙水产交易市场有限公司

党的领导核心作用进一步增强。水产板块制订了贯彻落实习近平总书记对广东工作批示精神实施方案，落实新时期从严治党要求，以更加"严细实"作风加强党建工作。深入推进"两学一做"常态化制度化，扎实开展组织"书记项目""党员先锋工程"等活动。认真组织管党治党"宽松软"自查整改工作。党的十九大召开后，公司党委制订《水产板块学习贯彻十九大精神实施计划》，通过专题中心组学习、"三会一课"、班子进基层宣讲、党员随身微教育等系列载体，将党的十九大精神传达到每位党员和员工中，落实到企业生产经营具体工作上。

深圳市福田农产品批发市场有限公司

扎实推进党建和幸福工程等各项工作，确保企业健康和谐发展。认真落实"三会一课"制度，公司党委各支部按规定分别召开专题组织生活会和开展党员民主评议，并通过上党课、培训课、座谈会、学习会、参观调研等多种形式组织党员广泛开展学习教育活动。集中组织公司党员干部收看及学习党的十九大报告，公司党员的思想觉悟和队伍整体素质得到进一步提高。

树立一名党员就是"一面旗帜"，设立了4个员工"党员示范岗"和5家经营者"党员示范店"，并在市场内开展以"亮身份、树形象、显作用"为主题的"党员示范店""党员示范岗"现场挂牌活动，充分发挥党员员工的先锋模范作用和党员经营者的诚信示范作用，力促市场管理、服务质量和诚信经营的水平持续提升。

深圳市南山农产品批发配送有限公司

党支部在上级党委的领导下，组织开展了"两学一做"学习教育活动以及党员民主评议、书记讲党课等一系列活动，强化思想政治教育，推动精神文明建设。按农产品党工办要求做好幸福工程方面工作，多次组织员工参加工会活动，提升员工精神文化生活，增强员工的集体荣誉感和幸福感，同时积极协调市总工会安排讲师来公司免费培训，取得良好的教育效果。

大连熟食品交易中心有限公司

组织观看党的十九大开幕式活动。全年组织党员学习、会议、劳动20余次，通过微信推送学习材料30余份；2017年度党建工作计划12项，完成11项；按照集团党委的整体要求部署，结合区域大党建的要求，中心支部联合南沙街道水芙山竹社区党总支，对中心"党员之家"进行改造，费用由社区出资20万元，集团党委出资近4万元。向《三寰通讯》投稿39篇。

沈阳副食集团

通过宣传教育、一把手亲自讲党课、制作《镜鉴》《警钟》内部教育片等活动，教育广大党员干部知荣辱、明底线、懂敬畏、重担当。充分发挥党组织在选人用人方面的主导作用，选拔优秀中青年人才，使之走上管理岗位。制定《干部待岗学习暂行办法》，对4名存在问题的中层正职干部作出了待岗学习的组织处理，进行诫勉谈话和违纪违规处理17人。组织396名党员参加"共产党员奉献日"活动，组织195名党员干部10次进社区开展全市创城百日攻坚行动清洁沈阳党员志愿服务活动。

威海市蔬菜有限公司农副产品批发市场管理分公司

2017年3月，市场支部在公司的统一组织下，去南京等地参观学习，参观了中山陵，还参观了南京大屠杀纪念馆。

西安粮油批发交易市场

制定了《"两学一做"学习教育常态化制度化实施方案》，组织全体党员开展了以学习习近平总书记系列重要讲话精神为主题，召开专题民主生活会 2 次，研讨交流会 7 次。组织全体党员集中观看了党的十九大开幕会，开展了《党的十九大报告学习辅导百问》学习、专题研讨和十九大学习心得交流活动。要求全体党员全文抄写十九大报告和新党章，确保全体党员系统、全面、深入地了解和掌握十九大精神实质，进一步明确新时代中国特色社会主义目标任务。通过"三会一课""党日活动"等集中学习和个人自学相结合的方式，进一步提高认识水平，全年共组织集中学习 46 次，及时传达各级党建工作会议精神，学习习近平新时代中国特色社会主义思想和党的十九大 精神、《习近平的七年知情岁月》、党报党刊文章等相关文件资料 70 余篇。丰富学习形式，组织党员开展了马栏、照金红色教育基地参观学习活动；组织开展建党 96 周年庆祝活动。

金华农产品批发市场有限公司

组织全体党员干部观看了党的十九大开幕会现场直播，各党小组召开学习党的十九大精神专题会议。召开全体党员大会，学习党的十九大报告。利用电子屏、宣传栏、网络等媒介宣传党的十九大精神，在党建宣传阵地充实十九大精神内容、开展党员十九大微感言分享活动并在宣传栏公开。组织全体党员集中测试"党的十九大精神"应知应会内容。到党员经营户店里宣讲党的十九大精神。组织全体党员参加市社党委组织的党的十九大精神报告会。市场党总支组织员工党员和经营户党员到永康刘英烈士陵园开展爱国主义教育活动。

台州市农副产品集配中心有限公司

农港城支部作为市、区非公企业党建示范点，共接待全国各省、市、区相关党建考察参观团 15 批，全年累计接待人约 245 人。为积极推进党建工作，于 3 月重新对市场内的流动党员进行了摸排，进一步完善党员信息库；根据上级党组织要求定期开展"三会一课"和主题党日活动，学习贯彻党的十九大精神；开展"弘扬一江山精神，重走革命红色路"主题纪念活动，提高了党组织的凝聚力。

宁波水产品批发市场有限公司

根据集团党委批复，成立了路林综合市场党支部，选举产生了第一届支委和支部书记，进行了工作分工。制定支部全年学习计划，深入学习习近平新时代中国特色社会主义思想和党的十九大精神，引导党员切实增强"四个意识"，重视专题讨论交流，注重与路林实际工作相结合，调动广大党员学习的积极性。

温州市益优农产品市场管理有限公司

设在人力资源部的公司党办在年初时制定了《2017年党建工作计划》，并协助党委书记与8个基层党组织分别签订了党建工作责任书，落实了党建责任；同时做好特色支部创建活动，完善党建阵地建设，截止到目前，所属8个支部均已完成党建阵地建设工作。公司党委还把党建阵地分区设立到娄桥市场，方便了一线党员及群众开展活动和教育，增强了党员的自豪感和归属感。公司党办还督导各基层支部落实"三会一课"制度，各支部全年召开各类专题学习会达115余次。落实建党纪念日主题党日活动，各支部相继开展了形式多样富有意义的活动。人力资源部坚持每月举办一次的学习会，内容包括《尝鲜混合制所有制改造》《日本东京筑地水产市场的经营模式》《未来商业形态的N种可能》以及《将改革进行到底》和《永远在路上》政治学习纪录片等，下半年还开展了为期三个月的好书分享活动，为员工搭建了相互学习交流的平台。

舟山国际水产城

深入学习习近平新时代中国特色社会主义思想和党的十九大精神，强化国有企业党的领导并狠抓党风廉政建设"两个责任"落实，深入开展"两学一做"，召开党的十九大精神学习会、贯彻推进"两学一做"学习教育常态化制度化动员大会、2017年工作目标责任分解暨作风建设动员大会、纪念建党96周年暨"七一"表彰大会，多次开展党委理论中心组学习、党支部集中学习，全面强化党员思想建设与作风建设，提升党员在经济建设中的模范作用。扎实推进两新党组织建设，继续在经营户党员中开展"党员先锋指数"大评比，组织开展建党主题日、干部党性教育、党员献爱心、"五四"联合团建培训、民兵集训和义务献血等活动，在全市场营建创新、聚业、兴城的美丽风尚。

南京农副产品物流配送中心有限公司

全面从严治党，进一步深化市场作风建设。全面落实从严治党要求，毫不松懈抓好中央八项规定等党规党纪落实，持续抓好"四风"问题整改，切实把作风建设一抓到底。健全纪检监察和工作督查运行机制，对公司精细化管理、安全生产"扫雷"行动等重点工作进行全程跟踪问效，确保各项工作落到实处。深入推进"两学一做"学习教育常态化制度化，大力实施党建工作创新工程，深化学习型党组织、学习型领导班子建设，健全完善中心组学习、领导干部述学等制度，不断增强党建"主阵地"作用；组织策划公司纪念建党96周年系列活动。扎实开展"大走访"活动，认真实施党员领导干部集中走访，开展党员"下市场、访民情、带诉求"活动。继续强化基层党建工作责任制建设，完善"有困难找党员"为民服务体系建设，着力打造党组织和党员为民服务、志愿服务新品牌。

内蒙古食全食美（集团）股份有限公司

发挥党团组织政治核心作用，推进"两学一做"学习教育常态化制度化、积极开展十九大精神专题研讨会、"七一"评比表彰活动、首届青年岗位能手评比表彰、食用菌生产基地参观实践及大青山国家登山健步道登山活动等，不仅提高了全员的思想政治素质，而且丰富了企业文化活动载体和员工精神文化生活，营造了健康向上、宽松和谐的工作氛围，增强了全体员工的向心力、凝聚力，有效推进了企业文化建设再上新台阶。

宿州百大农产品物流有限责任公司

坚持"三会一课"制度，推进"两学一做"学习教育常态化制度化和"讲重做"专题警示教育。以学习贯彻党的十九大精神专题学习研讨为契机，切实增强党员"四个意识"，坚持读原著、学原文、悟原理，深刻领会十九大精神的本质内涵，以"三会一课"为载体，利用微信等新媒体学习平台，做到学懂弄通做实；坚决维护习近平总书记党中央的核心、全党的核心地位，坚决维护党中央权威和集中统一领导，用党的十九大精神武装头脑、指导实践、推动工作。落实党建责任制，夯实发展基础，引领企业持续发展。进一步落实"一岗双责"，强化廉洁自律意识，营造风清气正环境，确保每位党员干部不掉队；持续开展党员主题日、党员责任区、党员示范岗、党员承诺践诺等活动，做到困难面前有党员，勇挑重担有党员，重要岗位有党员，促使党员干部亮身份，做表率，接受群众监督，推动党建与业务发展工作互促共进；认真组织落实党员培训工作，特别是加强对年轻党员的培训教育工作，不断优化党员队伍结构，发挥青年党员思想活跃、敢于创新、富有朝气的优势；完善运行机制，增强党组织的凝聚力和战斗力。

四川资博农副产品股份有限公司

围绕企业中心工作，坚持"三会一课"制度，健全和完善班子议事制度，坚持每月学习一次，重点学习习近平新时代中国特色社会主义思想、党章、法律法规等，践行"三严三实"。班子成员团结协作，大事讲原则，小事讲风格，对重大问题做到集体领导、个别酝酿、民主集中、会议决定，保证监督和制约到位。进一步发挥党管干部的作用，稳健推行三项制度改革，中层干部全员竞聘上岗，全体党员职工廉洁从业，打造一支能干事、干好事、干成事的员工队伍。根据《党章》规定修改公司《章程》有关条款和内容并严格执行：公司党组织研究讨论是董事会、经理层决策重大问题的前置程序（研究公司改革发展、生产经营、干部人事和分配以及设计职工切身利益等重大事项），必须先由党组织研究讨论后，然后再由董事会或经理层做出决定。

二、保供应稳价格

北京大红门京深海鲜批发市场有限公司：全员动员、全力以赴，圆满完成十九大供应政治使命

在集团的统一指挥部署下，公司圆满地完成了十九大会议鲜活水产品的供应任务。大会投入共计148万元，提供鲜活水产品6个品种，酒店采购共计2110.9公斤，累计价值347879.8元，自提6批次、送货17批次，未出现一起质量安全事故，圆满地完成了大会供应任务，并受到有关方面的一致好评。

厦门夏商农产品集团有限公司：集平台之力，服务厦门会晤

金砖国家领导人厦门会晤是迄今在厦门市举办的最高规格的国际盛会，厦门市委市政府将保障厦门会晤的食品总仓建设运营的任务，交给了夏商集团。农产品平台领导高度重视，举全平台之力，积极配合夏商集团服务金砖会晤。共抽调200多名职工战斗在食品总仓和媒体餐厅两个战场一线，历经288个日日夜夜劳作，为参加会晤的嘉宾提供安全、可靠、优质的食品供应保障服务。保供稳价机制进一步完善，专门成立应急调控指挥组，提前制定蔬菜保供稳价应急预案，从云南、宁夏、湖北等蔬菜主产区加大调运量，保证每天可控的储备量不少于500吨。对接周边地市批发市场，加大储备量，保证市场供应出现波动时，12小时内可及时组织货源。主动与政府相关部门沟通，与交警部门共同协商菜篮子运输通道和可通行时间，并向广大商户宣传，有力保障会晤期间厦门市"菜篮子"的市场供应，价格保持平稳，市民反映良好。

红星实业集团有限公司红星农副产品大市场：保持低温雨雪天气农副产品有效供给及价格稳定

针对2017年年前持续低温雨雪天气，为确保市内及周边地区鲜活农副产品的有效供给及价格稳定，充分发挥市场主渠道作用，采取减免进场交易服务费等激励举措，组织广大经营商户调运货源，确保特殊时期鲜活农副产品有效供给及价格稳定，得到省市政府的高度评价和充分肯定。

甘肃酒泉春光农产品市场有限责任公司：平抑果菜价格、提高居民生活质量

为商户提供无息借款，鼓励商户大量从产地直接购进蔬菜水果，提高市场供应量，先后共发放贷款6690万元。采取免收入场交易费和零售摊位费等措施，降低商户经营成本，先后共免收费用500多万元。在菜价高位运行时对大众消费的蔬菜品类采取零差价配送模式。公司以市场批发价直接配送到社区零售店，社区零售店以批发价销售，为平抑果菜价格、提高居民生活质量发挥了重要作用。

三、保障食品安全

北京潞运通经贸集团有限公司：食品安全又上新台阶

积极配合食药局开展了水产品、校园周边及农贸市场经营售卖的"五毛食品"和2元以下不合格食品的专项整治行动。排查35家摊位，下架此类食品1000多公斤。对活鱼、海鲜产品实行市场准入制度，对不能提供完整进货票据的禁止入场销售。对牛羊肉实行目录制管理，与目录制内8家牛羊肉企业签订了《场厂挂钩合同》和《牛羊肉经销商质量责任书》。猪肉产品入场均要提供《生猪肉产品销售凭证》《肉品质检验合格证》《动物检疫合格证明》并做到"一头一证"。扩大自检、送检范围和品项。市场可对畜禽肉、蔬菜、水果、海鲜活鱼、鸡蛋等17大类食品，开展水分、瘦肉精、农药残留、抗生素、亚硝酸盐等43个检测项目。加大了风险产品的主动送检样品，发现问题及时整改。全年市场常规自检67333个样本，合格率为99.5%；政府部门抽检样本和课目增加，合格率全面提升，2017年未出现任何食品安全问题，是市场的放心食品安全年，食品安全效果明显。

北京四道口水产交易市场有限公司：铸就食安海淀新形象 构筑舌尖安全守护墙

携手二商大红门、福成牛羊肉开展食品安全宣传日活动。对市场商户进行检查，并宣传相关制度法规。向消费者发放宣传材料，普及肉类食品安全知识。组织商户开展食品安全培训会。根据《北京市畜禽产品食品安全监督管理暂行办法》《食用农产品市场销售质量安全监督管理办法》以及《关于试行牛羊肉定点屠宰供应企业目录管理的通知》对商户进行培训、考试，并签订食品安全专项责任书，提高商户的守法意识。建立双向《食品安全资质备案册》，对食用农产品的供货商资质进行备案，定期检查商户各类进出货票据，严格控制进货渠道，保证所有食用农产品产地可追溯。积极开展创建食品安全示范区工作。梳理完善商户档案。为经营散装食品的商户印制标签。配合食药局工作并安排人员进行网上学习。与食品供应基地签署场厂挂钩协议。将食品安全示范区宣传口号印制到市场塑料袋和横幅上，时刻提醒商户"铸就食安海淀新形象，构筑舌尖安全守护墙"。

福州民天实业有限公司海峡蔬菜家禽批发市场：履行开办者法定责任建立切实有效可追溯体系

深化优化蔬菜市场溯源卡和进场检测制度，为履行农产品市场开办法定责任，建立切实有效的全覆盖式农产品可追溯体系，从2017年8—9月间开始实行全场统一的销售者准入制度和蔬菜进场登记制度，通过多样化交易渠道，优化交易流程等方式提升客户体验，让进场安全食品能更便捷快速地交易。

深圳市农产品股份有限公司：着手食品安全顶层设计助力创建国家食安城市

公司组建了食品安全与质量标准化总部，着手食品安全的顶层设计。以创建国家食品安全城市为契机，做好各项创建工作，把创建国家食品安全城市工作放在重中之重的位置，并将好的经验和做法固化下来。一是构建立体化食品安全管控体系。落实"一岗双责"，提升食品安全责任意识。各市场与经营者100%签署了食品安全协议书。二是突出科技引领和创新，开发"智慧海吉星"食品安全溯源系统，通过食品安全大数据手段，提升食品安全专业化管理能力。三是加强多方互动，提升社会共治能力。四是增强风险交流，提升突出风险防范能力。

武汉白沙洲农副产品大市场：依法履职 切实做好食用农产品检测及食品安全管理

不断完善质量安全检测体系，根据国家食药监总局《食用农产品市场销售质量安全监督管理办法》，每年初与各经营区域经销商签订食品安全责任状，甲乙双方依法履职。紧密保持与全国各大蔬菜及水产品生产基地的联系，通过发函致电等方式，请求抓紧抓好源头管理，强调产地安全是基础。并且组织水产协会在广东顺德建立了产地水产品检测室，从源头上把关，实施准入制。2017年蔬菜检测69711个批次；水产品检测1365个批次。目前正在响应政府号召，按照政府的要求，在蔬菜、水产、粮油区域全面推行使用"一票通"销售票据，并在蔬菜区安装27台查询机，建立蔬菜产品的可追溯链条。依法履职，把关老百姓的餐桌安全。

四、精准扶贫

北京盛华宏林粮油批发市场有限公司：积极践行十九大精神，实施精准扶贫

2017年7月20日，北京盛华宏林总经理、北京大仓之道信息技术有限公司董事长吴玉芝，率领相关合作单位北京温带农业投资管理有限公司总经理张瞭等一行7人，实地考察广西钟山县生态农业。在钟山县双元村成立了有机农夫钟山基地、钟山县有机农夫农民专业合作社、钟山县有机农夫农产品销售有限公司，北京大仓之道信息技术有限公司真正成为有机农夫钟山基地控股公司，并与钟山县有机农夫农民专业合作社、钟山县有机农夫农产品销售有限公司达成战略合作伙伴关系。北京盛华宏林创新扶贫模式"落地生根"，实施精准扶贫迈出实质性一步。经过半年多的实施，北京盛华宏林精准扶贫"开花结果"。2018年1月，11000多箱带着南国温度的醇香甘美甜似蜜的广西钟山贡柑第一批进入北京盛华宏林，短短几天就销售一空，为贫困山区农民解决销售难题。

深圳市农产品股份有限公司：脱贫攻坚与主营业态结合 扶真贫真扶贫

公司坚持"精准"主线，做到扶真贫真扶贫，促进脱贫攻坚工作与主营业态相结合，党工部积极推进精准帮扶、产业扶贫工作，为广东省河源市龙川县梅花村打造"造血式"长效脱贫机制，促进贫困户脱贫增收；组织开展扶贫助困义卖捐赠活动，为公司募集扶贫资金72.2万元，主动为公司减轻扶贫资金压力。行政中心负责统筹协调督办对口帮扶工作，落实供百色、河池在深建设农产品展示销售交易中心的需求；在广西百色、河池建立了贫困人口参与度高的新型农业经营主体数据库，覆盖502家经营主体、6万户贫困户；签署9份购销协议，达成购销意向总量5670吨。经初步评估筛选，有29个基地可作为供深基地，直接带动612户贫困户、2927人贫困人口实现增收；帮扶黑龙江双鸭山、哈尔滨双城区签署了9份购销合作协议，合计采购农产品1万多吨，有9个基地可作为供深基地。

河南万邦国际农产品物流股份有限公司：带动农民就业 加快脱贫进程

通过建设万邦千禾农场，带动就业岗位2000多个，帮助中牟县刁家乡贫困村脱贫致富，让村民获得土地流转、劳动就业报酬、合作经营分红等多重收益，年收入翻番，每年达3万—5万元，大大加快了脱贫进程，提高了农民生活水平。公司也荣获全国"万企帮万村"精准扶贫行动先进民营企业荣誉称号。

青岛东方鼎信国际农副产品交易中心：精准扶贫成立中国果业扶贫联盟

带领园区部分商户到贵州等贫困地区，与当地果农对接，解决当地水果销路问题。与北京新发地、河南万邦等几大市场联合成立了中国果业扶贫联盟，实现精准扶贫，承担社会责任，贡献农批企业之力。

西安粮油批发交易市场：大力开展扶贫帮困送温暖活动

出资1万元，资助市场职工及经营户子女就学；在市局党组的协调下，积极帮扶蒋村镇赵家堡村贫困户改善居住环境，解决部分农产品滞销问题；协同粮食新城分局对蓝田县民李村开展困难帮扶活动。

浙江良渚蔬菜市场开发有限公司：联乡结村进行经济援助

深入贯彻落实中央、省、市"精准扶贫"和"联乡结村"活动有关要求，参加由余杭区领导、区级部门牵线，公司与径山镇径山村结成对子，对该村进行经济援助。

五、绿色环保

北京顺鑫石门农产品批发市场有限责任公司：践行北京蓝天计划

公司积极开展环保行动，截止到2017年3月中旬，场区内的停运、无年检及不符合国标的车辆已清理完毕，与场内经营商户签订《环保责任书》，同时加强日常监督监管，从而在短期内有效改善石门市场区域的空气质量。

厦门闽夏农副产品批发市场有限公司：全场做好垃圾分类

根据区委区政府关于"垃圾分类、洁净家园"的号召，更进一步落实垃圾分类工作。在继续做好现已开展的厨余垃圾、蔬菜垃圾、大宗分拣垃圾分类处理的同时，加强其他垃圾分类宣传教育，提高保洁力度，积极配合现场管理部门监督经营户做好"门前三包"，进一步落实全场做好垃圾分类工作。

厦门夏商农产品集团有限公司：大力开展垃圾分类网格化工作

积极响应厦门市和夏商集团关于垃圾分类的文件精神和工作部署，结合自身实际情况，借鉴成熟的工作管理机制，大力开展垃圾分类网格化工作，成立工作小组，制定垃圾分类实施工作方案，设立责任人，层层分解垃圾分类工作责任区，发动全体员工带头实行垃圾分类，聘请垃圾督导员兼二次分拣员，采取以点带面的形式落实垃圾分类工作，升级、购买基础设施，并通过周督查，年终考评来促进垃圾分类工作，各终端已实现办公区域全覆盖（岛内、岛外），其中批发市场通过各方面的努力完成了从最初的场地脏、乱、差到垃圾不落地再到有意识的实行垃圾分类的巨大转变，取得了可喜成效。

舟山国际水产城：打造五星级文明规范市场

按照浙江省五星级文明规范市场建设要求，坚持走"市场商场化、管理现代化、经营专业化"之路，通过信用等级管理和区域环境整治，营造文明有序的市场发展氛围。利用休渔期对市场交易区域排水管道进行改造，确保场内管道设施系统畅通，切实消除市场异味、臭味。强化交易区管理，设置隔离栅实现人车分流；统一拆除占道、违章搭建物；为通道上堆放的板箱设置统一摆放。

六、市场管理

广州黄沙水产交易市场有限公司：经营创新 加快转型升级

交易平台加快微升级。应对批发市场转型升级新形势，不断增强平台竞争力。深挖黄沙—新风地块联动潜力，精细化盘活场地，加快业态微升级。强化交易平台诚信、秩序、文明治理，推动精细化物流组织，稳步开展黄沙水产零售业务规范管理。及时开展客户走访稳定工作，精准稳健实行商务政策，交易平台经营持续稳定向好。

贸易业务实现稳增长。加强贸易风险评估，主动调优业务结构，推进水产板块传统贸易业务向实体、大宗贸易转型升级。初步建立贸易合作模式框架，开拓大宗国际贸易业务。新开拓非洲骨螺贸易项目，其他海产进口贸易业务正加快磋商。强化对二级贸易企业对口业务指导，加大市场营销力度，推进商超配送业务，市场份额逐步扩大，全年经营指标稳健增长。

海洋渔业开启新航程。围绕强化行业话语权，精心组织渔业生产。新建两艘灯光罩网渔船开赴南沙海域作业4航次。斐济远洋船队克服鱼汛周期性变化、船员紧缺等困难，全年作业航次68次。加强渔业生产组织，提高远洋金枪鱼回运比例。

品牌建设探讨新模式。加强产品与服务品牌研发，不断探索品牌"走出去"发展。产业扶贫及品牌输出相结合，对口大田村精准扶贫合作试点集装箱淡水鱼健康生态养殖。首批六个养殖集装箱投入试运行，为扩大养殖规模积累经验。谋划品牌输出，加强与社会各界沟通和信息收集，不断提高行业影响力。

洛阳通河农副产品有限公司：招商、固商、育商，为商户服务

抽调专人负责协调相关政府部门各种手续的办理，落实土地证解押、置换、保证贷款、土地分割和房产过户等工作，消除隐患，为购房户办理不动产证过户铺平了道路。开展"全员招商"工作，2017年商铺租出41间，其中近半数为经营禽蛋类商户。有8家经营规模较大的禽蛋商户入驻园区，公司为此专设了通河市场禽蛋经营"一条街"，提供办公场地和办公家具成立了通河市场禽蛋管理办公室。目前，市场以平均每天40余吨的鸡蛋销售量为洛阳市民提供保障。商户李亮亮因经营业绩突出，经公司推荐，被全国城市农贸中心联合会授予"2017年度农产品流通优秀批发商"称号。为稳定商户，公司与432家

蔬菜商户签订了长期经营协议。与此同时，公司没有放松对本地菜经营商户的服务。一年四季免费为小商户供应开水，及时清理交易场地方便商户经营等服务活动的持续开展，针对大张量贩、丹尼斯、久等配送、新金源、众鲜食材管家等入驻通河从事采购、配送、分拣业务的大型企业和个体户，优先从场地选择、调整、改造、水电供应、车辆使用，到租赁费用的减免等，均给予了最大限度的支持和优惠，招商、固商、育商，视商户为上帝。

郑州信基调味食品城：创造良好的营商环境

根据国家政策和信息技术发展需要，商户国、地税征收工作从大厅搬到网上，市场积极配合税务部门的工作。地税由市场财务部门代征，国税为网上纳税。每次缴税，市场办公室通过微信群、广播等形式通知商户及时纳税，并帮助、指导商户网上纳税。办公室和财务室密切关注纳税时间，与税务部门及时沟通统计未缴税名单，并逐户通知。一方面为商户提供方便，避免商户不必要的麻烦和滞纳金；另一方面在服务商户的同时，也得到相关职能部门的肯定，营造了良好的市场外部环境。配合工商部门做好商户营业执照年检工作。市场配合工商所，通过广播、微信和上门等途径，通知、指导和帮助商户做好工商营业执照年检工作，一方面确保全体商户及时年检，正常经营；另一方面加强和职能部门的联系，为市场营造良好的外部环境。

荆门市多辉农产品物流园开发有限公司：创新农产品流通方式

公司不断创新农产品流通方式，重点是形成"两大创效"支撑，即尽快形成以实体市场为载体的有形市场经营体系，形成连接贯通农产品从产地到销地、从初级产品到精深加工的物流配送业务体系。实现市场交易收入、物流配送业务收入各占"二分之一"的经营创效目标。果蔬交易中心调整商户结构，招商稳商找突破，着力实现市场与采购商定向对接，市场开门率稳定在80%以上。产品营销中心践行"以商引商"招商策略，出租率提高了近10个百分点。冷链物流中心以招商工作为主线，狠抓安全生产管理，库存量和交易量创历史新高。电商中心开启与众诚物流、东方百货、金城大厦和学校的广泛合作，深入开展同城配送。其他职能部门在增收节支、科学管理等方面上了台阶。

宁波市蔬菜有限公司：引入场外交易改变"脏""乱"现象

调整营业时间，引入场外交易。市场为彻底清除近郊农民场外马路交易造成市场周边居民噪音影响及市场交易手续费的流失，将营业时间由原来的上午7点至21点调整为凌晨2点至19点，并在政府相关部门的支持和配合下，近郊菜场地秩序井然，"脏""乱"现象明显改变，运行一年，效果显著。

保定天惠副食果品有限公司：打造综合性现代化大市场 服务雄安新区

加强市场环境的管理，提高管理水平，提升思想境界，提高执行力。借助市场双提升带来的机遇，保持市场道路畅通，维护好市场已取得的良好经营环境形象，保持市场的稳定经营。密切观察香蕉销售市场动态，加强客户沟通联系，做重点保大客户，提高库房的周转率、利用率，保持香蕉稳定供应和价格基本稳定。积极拓展渠道，寻找合资合作机会，将市场外迁，打造一个服务雄安新区的综合性的现代化农贸交易大市场。

天津海吉星农产品物流有限公司：优化服务措施提升市场运营环境

完善《天津海吉星客户服务工作指导手册》《高危商品食品安全数据库（2017）》及《物流园食品安全管控方案》等一系列方案；基于现有业务需求，完成装修、维修、客户服务等8项常态需求的SOP文件梳理；实现商户业务需求解决率达95%，投诉协调解决率达100%的高效受理。让商户安家乐业，为园区商户提供公寓住宿服务，解决商户住宿需求，实现园区配套公寓的100%出租。公司市场运营管理实行三班倒制度，24小时无间断维护市场经营秩序，保卫园区商户的生命财产安全。提供全天候现场客服、现场管理、结算服务、物业维修服务等，为商户在场经营提供有力支持。公司市场管理部门员工全部为退伍军人，文化水平较高，身体素质过硬，被所在静海区武装部授予应急民兵排。推进"温馨物业""智能物业""效率物业"服务，打造强有力的物业服务支持。

七、智慧农批

北京大洋路农副产品市场有限公司：利用电子商务平台推广农产品电子结算服务

2017年10月，市场将鲜肉批发老旧电子结算系统更新，成功启动目前最为超前的电子结算服务平台。此项目的实施，彻底取代了手对手的现金原始交易模式，免除了商户们的现金交易风险、假币风险和资金欠账、跑账、压款等安全风险。从一定程度上降低劳务成本，简化了操作流程，缩短了交易时间。同时，市场能够精准掌控产品质量、交易价格、成交情况等大数据信息分析应用。市场与银行对接，通过银企合作平台，实现无现金交易，进一步方便客户预存现金，进行实时交易结款提现提供安全便捷服务。无现金交易的成功实施将成为首都农产品批发市场发展的最大亮点。

北京顺义市场经营管理中心："网上石门"电子交易平台进展顺利

2017年第一季度已完成店铺开设及商品维护工作，同时手机端、客户端及微信平台已经全面上线，消费者可通过以上三种方式下单购物；为实现专业人干专业事，公司还成立电商部，采用内培外招相结合的方式构架专业电商人才，公司还组织人员到广州进行专业知识的培训，学习了互联网+商品交易市场转型升级的专业知识，为下一步网上石门的发展提供人才保障。5月，网上石门平台成功入选农业部电子商务平台试点。2017年顺鑫网上石门入驻商户145家，累计销售商品3575种，注册会员307个，平台交易额300万元。

上海农产品中心批发市场经营管理有限公司：加强市场信息化推广力度

施行全场无线网，为商家微信等平台引流，并且能实现大数据分析，为菜篮子供应做指导调配。优化车牌识别系统，继续提升车牌识别率，提高停车场周转效率。发挥一卡通能效，继续拓展一卡通覆盖面，加大电子结算比例。继续开展大白菜+注册、认证和来货报备工作，完善电子台账。开拓新思路，利用信息化手段提高管理效率，开拓新的业务模式。

福州民天实业有限公司海峡蔬菜家禽批发市场：开发完成福建首个批发市场无线手持终端"食安追溯"系统

市场率先响应福建省建立批发市场"一品一码"追溯试点的号召，全力推进批发市场食品安全追溯体系建设，开发完成福建省首个批发市场无线手持终端"食安追溯"系统，初步实现了全程可追溯的电子化闭环管理。确保入场批批检、全程可追溯。严把入场关，坚持了登记进场。严把检测关，坚持了批批检测。严把交易关，坚持了凭卡交易。严把出门关，坚持了验单离场。升级电子交易系统，配备无线手持可追溯交易终端确保出场农产品"来源可查、去向可追"，打造"绿色民天"品牌。加强配套设施建设，提升检测能力和服务水平。新建、改扩建农残检测中心、监控中心和交易结算中心，让客商享受"马上就办"的便捷通关服务。主动接受监管，坚决遵从政府监管部门统一部署安排，将中心交易系统向上接入"一品一码"食品安全追溯信息管理平台和肉菜追溯系统，实时传送农残检测结果和可追溯数据，让农产品成为绿色安全的代名词。

厦门闽夏农副产品批发市场有限公司：有序推进智能化系统建设，电子结算系统实现突破

农行正式上线电子结算圈存圈提业务系统，目前除了场内的4台自助服务终端外，厦门市辖区内的全部农行自助服务终端都已上线该功能，已经实现闽夏卡的自助圈存圈取功能，增加了企业注册单位的闽夏卡圈存圈提功能，并投入使用，目前运行稳定。电子结算系统实现突破。结算中心资金池结算账户已开户，结算中心以"厦门好绿盛生态农业有限公司"这家数据于2017年1月入统试运行，截至2017年10月，该公司在结算系统体现的交易量为1454吨，交易额209万元，试运行期间，系统稳定。

惠州海吉星农产品国际物流有限公司：智慧海吉星体系建设运用

根据公司在2017年提倡"效益提升年"利用信息化手段管理市场的要求，公司提出了对停车场自动识别及支付的管理系统、"智慧海吉星"管理系统、大白菜手机APP平台的运用、来货报备、水电集抄系统、财务EAS管理系统、进门收费系统、档位、工单管理系统等的改造，目前部分系统已初步完成，各项运营工作需要进一步加强，并联合各相关部门，明确各部门的职责，确保业务流程科学高效，提高了工作效率。年底对车辆门禁系统进行升级改造，通过自动识别系统的启动将会加快车辆通行速度，极大缓解停车场与道路衔接段的拥堵情况，可减少临时卡的使用，实现智能化管理，节约人力物力，同时堵塞收费漏洞，大大改善逃费现象，增加停车费收入。

深圳市福田农产品批发市场有限公司：推进市场数据归集和电商，提升信息化水平

加强市场数据归集，按照数据归集标准及模板，在白条猪、西瓜的基础上增加蛋品交易数据的收集，各项数据均按要求上报总部，做到数据准确、及时，配合推进总部大数据库的建设；按电商总部要求，配合"大白菜+"战略，把市场冻品、蔬菜等商户信息录入到APP的交易系统中进行推广应用，努力提升市场信息化水平；加强市场信息统计、分析、发布、报送等工作，及时为政府部门做好农产品价格监测以及客户沟通产销、识别市场风险等提供信息依据，引导市场批发商和生产基地加强产销对接。

湛江市霞山水产品批发市场有限公司：开发冷库管理软件，搭建电子商务网络交易平台

随着网络覆盖面变广，以宝满冷库为核心的冷库网络交易平台工作快速开展，开发冷库管理软件，实行软件进出库管理，实时监测冷库数据，降低人为出现差错的概率的同时也节约运营成本，提高生产力。借助冷库软件系统数据，进而上线冷库网络交易平台。调取用户习惯，将用户习惯调到网络平台上来，为商户搭建一个线上线下混合交易平台。宝满冷库电子交易平台核心业务以交易撮合为主要业务，为买方和卖方提供一个可供自由交易的公共交易平台。通过整合左侧卖家资源和右侧买家资源，使双方通过平台进行交易，进而可实现类期货的交易。拥有交易大数据后，将衍生出一系列产品，例如运营沉淀于资金池所产生的金融产品（类似支付宝等）、冷链物流配送、网络其他增值服务等。

洛阳通河农副产品有限公司：成功投入运行电子结算货源追溯系统，对外拓展电商业务

投资240余万元，历时10月，建成了"一卡通"电子结算货源追溯系统并成功投入运行。截至2017年12月31日，公司已向商户免费发放专用刷卡机355台，安装固定公用刷卡机35台，办理交易卡突破9500张，蔬果卡对卡交易率达到90%以上。通过"一卡通"系统产生的蔬果交易量达4.1万吨，交易额1.04亿元，分别是年度总量的9.73%和10.12%。积极对外拓展电子商务业务，改版后的微信订阅号、公众号增加了新的长效机制和微商城等功能。与主流的"微信支付"对接成功，为开展商务活动打下基础。

河南万邦国际农产品物流股份有限公司：农批电子结算、"互联网+"等信息化建设实现新突破

万邦市场电子结算项目完成车辆进出场、预冷库、地磅处、物业部等结算系统，正在全场推进并完善"万邦一卡通"平台，实行无币化交易，促进购销便捷化、管理规范化，降低市场运营成本，完善市场农产品信息平台，形成农产品流通大数据，推进农产品质量追溯体系建设，促进市场转型升级，预计2018年实现全场统一结算。电子商务已投资2000多万元，建成中牟县智慧农业创业园、农产品电子商务产业园区，包括中牟县"三农"公益服务（益农社）、农产品展示、电商运营、电商培训、物流配送等五大功能区；建设万邦千禾商城线上平台，在线上平台设立中牟特色馆和精准扶贫专区，通过线上电商平台的推广宣传，为全县农业企业和农民开展电商培训，累计培训达 3000 人次以上。

重庆香满圆农产品有限公司：持续推进线上线下相融发展 多点发力加强营销

2017 年顺利完成了香满圆 APP 开发上线，通过结合 APP 的专题营销，吸引了大量网购人群注册；开发了大宗贸易 B2B 平台，确保和实体市场形成线上线下匹配使用、融合发展；香满圆 B2C 平台升级改版工作，提升用户体验度和平台安全性能；香满圆西部农产品电商产业园，已全面完成装修美化、招商入驻工作，并顺利取得渝中区电子商务示范园区、市级电商楼宇产业园授牌等荣誉。平台采取"专题活动""单品封推""地推活动""网络推广"等方式助推平台订单量稳步提升；通过加强搜索引擎优化、关键词竞价排名、网络广告推广等网络手段，切实提升平台网络流量；进一步加强了与工行融 e 购、建行善融商城、家仆、t 购、丰趣电商线下店等外部平台的合作，形成多点销售，多点发力增大了平台销售量；加强了线下推广工作，贴近大中院校、社区步行街等开展丰富的地推宣传活动，在扩大品牌知名度的同时大幅提升了新客户购买量。

舟山国际水产城：实施"互联网＋海产＋物流"建海上互联网交易平台

全面完善水产品电子拍卖系统，试行水产品竞价拍卖，并与旅游叫卖有机结合；已与海上通、舟山移动进行战略合作，共建海上互联网交易平台，启动海陆视频信息传输试点；与中国质量追溯委员会合作，开始品牌化建设可行性研究，在海鲜大卖场与市场部分门店启动质量追溯试点工作。水产城拍卖中心共开展旅游体验式拍卖 10 余次，并接待各类游客 1 万多人。联合顺丰快递，实施"互联网＋海产＋物流"的强强合作战略，共同突破舟山海产行业物流配送瓶颈，打造跨行业、跨类目的海产品现代物流配送平台。推进电子结算改革。与中信银行对接提升银企互联功能，巩固市场电子划拨结算交易。2017 年全市场累计发放银企卡 4405 张，其中车辆 2399 张、采购商 1665 张、经营户 341 张，实现银企卡交易 10 多万笔。银企联名卡电子结算的推行，使买卖双方资金即时到账，解决了现金使用过程中拖欠款项、出现假钞等一系列问题，同时为下一步建立互联网金融、供应链金融和商贸旅游金融三大金融服务平台打下良好基础。在干品市场文创园区与海鲜大卖场试行统一电子结算，将商户的营业额与租金直接挂钩，与商家风险共担。

八、经销商服务

江苏凌家塘市场发展有限公司：引导经营户"个转企"做强做大

进一步以效率变革为核心，加强经营提升。组织经营户深入美丽乡村，通过自建基地、建立合作社等，发展"订单"农业。引导经营户迎合"互联网＋"时代发展，发展电子商务、微商微店等新型经营方式，鼓励经营户注册商标创立品牌、名牌，引导经营户"个转企"进行公司化经营，促进经营户做大做强。

九、转型升级及经营模式创新

北京大洋路农副产品市场有限公司：运用创新思维制定市场转型升级新战略

为深入落实京津冀一体化协同发展战略，完成疏解非首都功能任务。市场通过反复调查研究，制定实施"大洋路农产品批发市场承德项目"，实现市场"一体两翼"发展战略。走出去，在农产品主产区与交通枢纽城市建设"外埠大洋路市场"和"首都优质农产品供应基地"，拓展品牌，延伸发展，形成以北京大洋路市场为智慧型主体平台，一边连接生产者，一边连接消费者的农产品现代化直营模式。

北京二商集团有限公司：积极掌握行业政策，关注市场转型升级新动向

积极与北京市、区商务委及行业协会——全国城市农贸中心联合会沟通，了解《环首都1小时鲜活农产品流通圈规划》《"疏解整治促提升"工作中完善便民商业设施若干问题的指导意见》《社区菜市场、社区菜店、社区蔬菜（肉类）直通车设置和管理规范》等行业规范文件，掌握政策动向，关注行业内其他企业动向，为集团专业市场升级改造工作提供建设性思路。组织各专业市场企业参加农贸联举办的新春工作会、第二届中国农产品供应链大会，并参与"供应链之星"评选活动，促进集团专业市场企业与行业先进企业间的交流，提升行业影响力。积极配合政府相关部门对集团专业市场的现场调研并报送相关工作情况。组织专业市场企业填报市商务委《批发市场调查表》《物流仓储设施情况表》，并配合其现场调研；协助京深海鲜市场参与全国第二批公益性批发市场评选活动；每月、每季度向国资委报送集团专业市场"疏解整治促提升"专项行动进展情况。

北京大红门京深海鲜批发市场有限公司：明确未来发展定位转型国际海鲜文化产业服务体系

为符合北京市"四个中心"的战略定位，主动适应北京市推动非首都核心功能疏解的要求，京深海鲜公司推进非首都核心功能疏解工作，完成各项升级改造工作，开展疏解整治促提升拆墙打洞，大排查大清理大整治等专项行动，继续亮化工程建设，确定了新项目总体规划设计和方案。明确公司未来发展定位，初拟"京深·海风湾"项目方案。基本确定京深公司升级改造总体思路，即建设"立足于首都水产品供应保障，立足于提升城市运行民生服务保障能力，突出水产特色，突出海洋文化、以四大中心为主的京深·海风湾项目"。升级改造以后的京深公司将转型为集水产交易、国际贸易交流、展览展示、餐饮消费、科普教育、观光体验等一体的国际海鲜文化产业服务体系。

北京盛华宏林粮油批发市场有限公司：打造全新的"交易舞台"

进一步拓展发展思路，转变经营模式，完善企业战略。紧紧围绕创新升级的5大发展理念：减量发展、业态创新、文创驱动、场景升级、互联网+，谋划发展定位、产业布局和业态升级，深度服务农业双创，打造"七大"亮点：生活美学集市、"一带一路"国际文化商贸街、渔市文化的体验场所、大仓海景文化公园、天下粮仓·粮油文化博览馆、尚品粮油·众创空间、大数据平台，打造全新的交易舞台。总体定位是，以北京盛华宏林的产业优势资源（京城水产海鲜集聚地）为基础，融入艺术、文化、创意的场景营造；以生活美学为导向，推动市场向深度体验型主题集市发展；形成文化感召力和吸引力，产生广泛聚客效应，升级周边业态；形成"以创意集市为核心，以主题餐饮、特色商业为支撑"的体验式文创驱动市场转型发展的示范项目。

北京市北水嘉伦水产品市场有限责任公司：创新营销模式，加快市场拓展

多次到产地考察，分析市场动态，根据市场的需求，适时调整产品结构，搞好新产品开发，开发了"黑臻"系列小包装及多春鱼、北极冰参等新产品的推广销售，同时利用市场资源，开展了合作经营项目。坚持以市场为导向，以品牌为动力，以安全为保障，积极开发培育高质量、高市场占有率的拳头产品，公司利用超低温冷库的资源和优势，加大了超低温产品的销售力度，采取"走出去，引进来"的措施，抓好一手货源，其中甜虾的销售量占北京市场的60%以上。为搞好节日销售及机关团体供应工作，公司开展了全员销售活动，印发了《关于开展全员销售奖励活动的通知》。在京深海鲜市场建立了直营店，在北京百丰德公司建立了联营点，针对中、高端日料餐饮供应，坚持巩固提高餐饮、超市供货，同时利用公司公众号进行产品宣传和推广，努力提高"北水"品牌知名度。

湛江市霞山水产品批发市场有限公司：产业集聚发展态势良好

霞山江南果蔬批发市场的建成开业，给整个霞山市场带来了较好的经济效益和社会效益。同时开辟了东盟国家进口果蔬交易区和湛江、海南果、蔬交易区，配套 16 万吨高低温冷藏交易冷库，着力打造南菜（果）北运、脱水蔬菜、小包装果蔬分销、供港蔬菜基地及东盟果蔬贸易区。冷库大型客户稳定，中型客户扩大，呈现多头并进的好现象。存储货物周转率大幅度提高，经营收入稳定，整个市场交易繁华。承接安置烘虾商户搬迁到宝满园区，产业集聚发展态势良好。

哈尔滨地利农副产品有限公司：规范管理制度 创新经营工作

围绕主业尝试培育市场内包装箱、保险等自营项目。通过组织市场内装卸人员办理意外险，规避了市场务工人员的意外风险。建立了全方位的安全管理体系。通过梳理四防安全、食品安全、安全生产及信息安全等各方面的现行管理制度，汇总编撰了《安全管理制度汇编》，同时，分别建立了以总经理为组长的四防安全领导小组、食品安全领导小组、安全生产领导小组、信息安全领导小组和处置舆情危机事件领导小组，构建了覆盖市场的安全管理体系。尝试果品代销业务，在已经开展的柠檬代销业务的基础上，进一步增加代销品项，扩大代销范围；尝试蔬菜耐储品种的窖储业务，选择易存储、市场需求量大、易销售的大众品种，与有丰富经验的业户共同开展蔬菜窖储、销售业务；推动园区一卡通建设，先行开通 ETC 门禁计时收费系统；开展联营加工项目，与业户合作加工瓜子、花生等炒货。

眉山市圣丰农产品批发市场投资有限公司：对农产品批发市场进行重新定位

着力打造圣丰农产品批发市场品牌。要求管理公司对当前市场业态进行重新规划布局，市场逐步形成自身特色，通过内在质量、管理以及服务的提升，实现市场的转型升级。市场向行业前后端进行延伸，前端是生产基地，充分利用眉山农特产品资源优势，把知名度高、销路好的资源引进来，形成市场的拳头产品。后端是销售商及消费者，要采取合作、推介等方式，增强销售能力。通过为商户提供金融服务、专业电商推广、电子交易平台，帮助农批商解决融资问题、宣传问题，打通上下游，拓展更多客户，把农产品批发市场由传统的"包租婆"转变成一个综合服务的提供者，通过转变市场盈利模式和丰富市场盈利方式，增加市场收益。

济南广友物流配送集团有限公司：建创业孵化基地 提高商户经营能力

广友茶城（济南 1953·茶文化创意产业园）申报批准被授予市级创业孵化基地，为转变业户经营理念及提高经营业务能力搭建了服务及培训平台。聘请高等院校专业讲师进行培训，受到创业业户的欢迎，促进了创业者的创业活动。

十、国际贸易

河南万邦国际农产品物流股份有限公司：走出国门，"一带一路"增添郑州新标识

万邦市场年果品、海鲜、冻品等进出口量达 230 万吨，交易额近 300 亿元。但是绝大部分产品都是通过北上广等地周转到郑州，进出口贸易直接入关量较低。为提升河南省农产品进出口贸易水平、融入国家"一带一路"发展战略，2017 年 7 月，万邦公司与中检集团（英文缩写 CCTC）合资成立"河南万邦优选供应链管理有限公司"，注册资本金 5000 万人民币，充分利用郑州航空港货运优势和口岸优势，抢占"一带一路"战略布局与河南自贸区发展的有利先机，积极与国外官方机构和连锁机构合作，搭建河南省以及中部地区农副产品进出口贸易综合服务平台。乌兹别克斯坦驻华大使 2017 年 10 月底专程到万邦实地调研，公司组织农产品贸易考察团赴乌兹别克斯坦开展考察及合作洽谈，初步商定在乌国建设100 平方公里农业自由经济区项目。同时，公司还正在与阿塞拜疆等"一带一路"沿线国家加强联系及洽谈合作，推进河南省优势农产品顺利出口到世界各国；与乌兹别克斯坦对接 4000 吨绿豆进口。同时把万邦千禾农场成功经验复制到海外，促进"一带一路"农产品国际物流。

舟山国际水产城：利用水产供应链优势引入三文鱼贸易

立足水产品供给侧改革，利用战略合作伙伴的海洋水产供应链优势，引入三文鱼贸易。2017 年 8 月份，与挪威三文鱼供应商签订 5000 吨三文鱼和 5000 吨鳕鱼贸易协议。

十一、冷链建设

重庆公路运输（集团）有限公司渝南冻品市场管理分公司：建设冷链物流标准化

一是结合火锅食品交易和冻库租赁成功融合的特点，加速推进冻库仓储标准、装卸搬运标准、流通加工、包装标准、配送标准、零售冷藏货柜标准、冷链物流信息化标准等各项标准的建设。推动标准化冷链设施设备应用、强化标准化冷链操作管理，努力推动冷链物流标准化发展。积极应对白热化的冷冻行业竞争，通过规范管理，牢固树立"安全就是效益"的经营理念，在坚定不移地抓好冻库安全生产的前提下，进一步巩固和加强优质客户、市内配送客户的开发和维系，提高优质客户占有量，确保冻库出租率。适时合理规划冷库仓储的布局，划分品类、优化客户群，加大宣传力度，充分展示我司冻库的优势和特点，努力提高冻库出租单价，增加仓储代管客户货物，为企业创造更多的效益。提高冻库管理能力，加强库管员培训，真正掌握物品进、出、存的工作流程，真正做到物尽其用、人尽其才，推进冷链物流标准化建设，使冻库管理工作得到有效的改进。加大冻库出租费的催收力度，严格控制待结算租金的增长。

无锡天鹏菜篮子工程有限公司：冷库冷链物流标准化升级改造

严格执行冷库各项流程规章管理，RFID、接货、进出货管理要落实到位，按章管理，防止制度形同虚设。各项管理责任到人，每台叉车保管到人，实行定人定岗、定人定车管理。一号冷库进行月台改造，拓宽月台的宽度（加宽 4 米），并改造成封闭式月台，保证商品进库全程制冷，提高商品进出库的食品安全，保证商品质量。冷库冷链物流标准化升级改造，对冷库 RFID 系统进行改造升级，运输用托盘实现标准化，货物储运过程中，全程带板，减少货物中途进出库装卸的流程，降低货物装卸过程中的损耗，减少损失。改善冷库库内照明。对冷库库内照明线路进行合理布局，选用优质的 LED 照明设备，在保证库内照明的基础上，节省冷库的日常运行费用。

十二、治安消防

武汉白沙洲农副产品大市场：牢固树立"安全生产责任重于泰山"思想

强化安全生产、消防管理责任，坚持"安全第一，预防为主"的方针，严格按照市、区政府各职能部门对安全生产、消防工作的统一部署和安求，结合大市场实际，突出重点，狠抓薄弱环节。并依法行政，按照蔬菜、水产、粮油干调等区域，与每一个经营户签订了安全生产、消防管理责任状，明确双方的责任和义务。

定期组织各经营区的协会，召开安全生产、消防工作会议，分批次组织经营户参加安全生产、消防工作培训会，通过逐户沟通、交流、提醒等方式，提高全体经营户安全生产，消防工作意识；充分利用电子显示屏、标语条幅等多种形式，在市场内开展消防、安全生产宣传活动，牢固树立"安全生产责任重于泰山"的思想，确保安全生产管理措施落到实处。建立健全安全管理组织机构，明确责任和义务。配备了二部消防专用车，组建了消防班，加强演练、定期培训，一旦意外发生，消防人员将在第一时间赶赴现场施救。

阆中市圣果农产品综合贸易有限公司：加强消防、治安安全管理

加强了与消防大队、派出所、治安大队、工商局、消协等政府职能部门的联系，及时汇报市场情况和动态，及时消除了市场安全隐患；加强市场治安安全管理，确保了市场和谐稳定健康发展。加强了市场消防安全节日前、后和每月例行检查，及时发现隐患及时上报并整改。加强了用电、用气、避雷等消防安全知识宣传资料印发和广播宣传，杜绝了安全事故发生。

重庆双福农产品批发市场有限公司：全面落实安全稳定工作主体责任

2017年，双福市场公司始终坚持以安全稳定统揽农贸城各项工作，全面落实安稳工作主体责任，常抓安稳工作不松懈，实现了全年安全事故零发生。一是创建完善了安全管理体系。按照"谁主管、谁负责"及"预防为主、防消结合"的原则，坚持日常经营管理工作与安全生产的"四同步"。二是根据实际情况，修订完善了安全生产12项基本制度，编制了火灾处置、突发事件处置、集访、上访、维稳等工作预案，并定期组织进行消防、安防等演练，提升了双福市场公司员工的安全生产意识和应急处突能力。三是坚持以排查整治与隐患监督相结合的方式，确保安稳工作全覆盖。四是加强法制宣传教育，提升客商和职工群体的法律意识，共同主动维护市场交易秩序。

西安粮油批发交易市场：加强安防基础设施配备，组织开展"消防安全技术比武"

与各部门负责人及市场经营户签订了《治安、防火、安全综合治理责任书》，将企业年度安全、事故应急处理各项工作任务层层分解，明确职责，落实责任主体；建立了市场《生产安全事故综合应急预案》，修订完善了《安全管理制度汇编》，进一步规范了市场内部安全管理，加强安防基础设施配备。投资7.3万元，完成了安全监控设施升级改造工程，新增高清安全监控探头6个，更换24个；出资1.8万元，更新维护消防器材387具，有效增强了市场火灾防控能力；购置防恐防爆及防汛装备，在防止突发治安、安全事故的同时，保障了民警自身安全，大力开展安全宣传教育培训。全年张贴安全标语、悬挂横幅200余条，办专题板报3期，组织消防知识培训2次，使安全理念深入人心，同时组织开展了"消防安全技术比武"活动，切实提升市场安全防控和应急处理能力。

浙江嘉昕农产品股份有限公司：形成"安全生产人人关注"浓厚氛围

积极参与2017年6月份开展的全国第十六个安全生产月活动，共发放和张贴宣传资料共200余份，横幅标语10条，组织3场消防安全培训和演习共80多人次参加。组织开展"安康杯"知识竞赛和安全生产合理化建议活动，其中安全知识竞赛答卷参加人数达130多人，查"事故隐患提合理化建议"共征集到16份，形成了安全生产人人关注浓厚氛围。严格落实烟花爆竹"双禁"工作，加强宣传和检查管控，市场经营户认真配合，无发生违法情况。进一步巩固"三合一"专项整治成效，加强市场日常管理和昼夜巡查防止反弹，同时着重对市场沿街店面房和群租房进行多次消防专项整治。积极整治电瓶三轮车违规充电。针对全国各地因使用大功率电器设备、电瓶车违规充电导致火灾安全事故频发，加大对经营户的宣传力度，挨家挨户做思想工作，认真做好监督管理，每天巡查、当场纠正，从11月份起禁止电瓶车在流动交易区充电。

金华农产品批发市场有限公司：开展安全生产大排查及专项检查

2017年初，公司与各部门、各经营户签订了安全生产目标责任书。每月开展安全生产大排查及专项检查，及时排除隐患，整改问题。在6月份开展"安全生产月"活动。深入开展安全生产宣传、消防安全生产知识讲座、消防演练、观看安全警示片、组织安全知识考试等工作。参加金东区多种形式消防队伍业务技能比武竞赛，市场微型消防站获得团体第二名。利用电子监控和电子巡更，努力朝网格化治安巡逻发展，积极开展群防群治工作。警务室调解纠纷114起，接受群众求助23起，有效地保障了生命和财产的安全。认真落实《市场水电巡检制度》，做到定期巡查，将日常检查、突击检查、大排查相结合。开展用电专项检查，制作每幢营业房用电量对比表，确保每条线路用电安全。6月份对配电房1号变压器进行维护保养。

宁波市蔬菜有限公司：健全安全生产制度，规范安全生产工作流程

公司根据集团公司安全管理要求并结合自身安全工作实际，制定出台了《宁波市蔬菜有限公司安全生产管理制度》和《安全例会制度》，并完善了《火灾应急预案》《"三防"应急预案》《生产安全事故应急预案》。加强安全宣传教育，打造安全企业。宣教结合，普及安全知识，依托企业内刊"宁蔬简报"平台，开辟"安全之窗"专栏。立足企业，开展各类安全培训

台州市农副产品集配中心有限公司：层层签订安全工作责任书，认真落实安全责任制

3月份公司与各部门负责人签订《2017年度安全生产责任书》10份，部门与员工签订《2017年度安全生产责任书》137份，督促和要求所属部门员工切实做好各项安全生产工作。与市场经营户签订《消防安全责任书》418份，签订《食品安全责任书》258份，做到纵向到底、横向到边，把安全责任层层细化，落实到了每个人。

宁波水产品批发市场有限公司：防微杜渐抓消防安全

公司每月进行1次消防安全大检查，安全保卫部每周开展消防安全检查1次，各部门每日进行安全自查，并如实登记，组织冷库专项检查1次，所有隐患均按要求进行整改落实。组织2次消防灭火疏散演练，建立9人微型消防站，建立《总值班制度》，每日安排巡查，防微杜渐。

十三、品牌建设

重庆公路运输（集团）有限公司渝南冻品市场管理分公司：打造火锅市场特色化

加强火锅食品市场品类开发。坚持以火锅食品市场需求为导向，时刻关注顾客的需求，面向市场，注重市场发展变化，不断调整经营种类，发展短缺品类，扩大高效市场，让火锅食品市场更具竞争力和持续生命力。打造好"重庆火锅食品"这张名片，引导商家做大做强。以打造"全国唯一"火锅食品交易市场为重点，使火锅食品交易市场完全融入全国火锅系列产业链，不断提高市场知名度，让商家感受到发展契机，并通过互联网、电商、微商平台等热门营销模式引导商家做大做强，共同发展。强化品牌营销，打造特色市场。以特色火锅食品经营为导向，以打造"渝味香"火锅市场品牌，创新发展为目标，在"特"字上狠下功夫，努力培育市场核心竞争力，发挥企业综合优势，做大做强火锅源头系列产业链，倾力打造全国规模最大、影响力最强、最具特色的火锅食品批发市场。

北京潞运通经贸集团有限公司：开展诚信建设，营造市场品牌，提升核心竞争力

制定"八里桥市场诚信建设计划"，研究确定诚信建设的主体、内容、标准、责任、扶持、考评、奖励、宣传、推广等办法。

制定"八里桥市场品牌创新计划"，对品牌的创新意义、目标、内容、标准、要求、范围、措施和宣传等，做出界定和规范，通过打造市场品牌体系，提升市场的核心竞争力和形象。

北京二商京华茶业有限公司：紧密围绕京华品牌，实现茶业主业新突破

加强渠道开发，立足京津冀区域，以北京城市副中心为重点，扩大连锁经营规模，加大酒店、餐饮、集采等大客户和经销商的开发力度。理顺电商渠道管理链条，做好生产、物流、客服、推广等相关工作，优化人才队伍及考核管理，充分挖掘和发挥天猫旗舰店、京东自营平台的销售潜力。放大北京茶叶博物馆的社会效益，深化品牌影响。丰富促销手段，扩展营销渠道，优化网络传播渠道，实现品牌创

效能力提升。加强新品研发，推进双品牌战略落地，做好茉莉灵芽、京华早春雀舌等新品，以及京华祁门红茶、京华太平猴魁等双品牌产品的后续市场开发工作。加大新包装产品研发，特别是节庆礼盒及网销渠道特色产品，不断丰富产品序列。进一步优化品控管理流程。狠抓源头基地建设，继续推动基地茶园进行有机认证，进一步完善产业链，为扩大主业规模奠定基础。结合公司ERP系统升级，进一步完善公司产品质量安全可追溯体系。加强对供应商的监管，进一步细化索证索票工作。

北京顺义市场经营管理中心：保证百姓"菜篮子"品牌化菜店优势凸显

鑫绿都便民生活超市自2014年开办至今，从提升百姓生活品质出发，定位于保证百姓"菜篮子"的民生工程。菜店按照商超标准进行装修和管理，通过统一管理、统一采购、统一配送、统一标准、统一品牌的"五统一"模式运营。中心共接收设施18处，总建筑面积11307平方米，其中，2017年接收7处，建筑面积4142.86平方米。目前，鑫绿都生活超市已累计开业10家，日均营业额25万元，2018年预计开业6家。除胜利小区店外，其他便民超市均位于新建社区，有效弥补了社区生活必需品销售网点不足的缺陷，整洁的环境，热情的服务，实惠的价格，丰富的商品让居民收获稳稳的幸福感。2017年底，鑫绿都便民超市还被纳入顺义区粮食应急保障体系销售终端，品牌优势与公益性能逐步显现。

济南广友物流配送集团有限公司：打造茶文化创意品牌

利用济南1953·茶文化创意产业园文化旅游品牌、茶文化交流中心、茶文化培训学校、"孔子学堂"举办各类活动，发挥媒体宣传的时效性，为业户经营做推介，为企业形象造声势。

宁波水产品批发市场有限公司：打造特色海洋文化

立足水产市场，打造特色海洋文化，建设了《风从海上来》东海渔文化展厅；开展企业视觉识别系统建设，打造公司全新形象，增强知名度。

江苏固城湖水产市场股份有限公司：加强固城湖螃蟹品牌管理

围绕提升中国驰名商标固城湖螃蟹品牌形象，加快市场扩建进程，完善市场基础设施，推动市场提档升级；加强固城湖螃蟹品牌管理，创新固城湖螃蟹包装设计；加强电子商务平台宣传促销，拓展无形市场；加强螃蟹营销协会建设，培育经营大户，开拓全国市场。

西宁农商投资建设开发管理有限公司：打造"高原夏菜"等特色农产品品牌

积极开展农产品品牌战略工程，结合地区实际，加快打造"高原夏菜"等特色农产品品牌，不断提升农产品品质，提高品牌价值，增加产品附加值。

十四、公益性市场建设

南京农副产品物流配送中心有限公司：着力推动公益性市场能力提升

完善实物储备、在田储备、委托应急调运"三位一体"保供机制，进一步扩大保障规模、调优保障品种、完善保障措施，将众彩打造成为全国引领的农产品供应保障平台。强化农产品城市供应网点建设，建设覆盖南京及周边城市社区的农产品应急供应网络，实现保供输出渠道"畅通无阻、高效精准"。

十五、优化供应链建设

河南万邦国际农产品物流股份有限公司：发展冷链城市共同配送

建设郑州市区域性生鲜配送中心和社区生鲜直营店，保障城市供应。集团规划在郑州市东南西北建立4个生鲜冷链物流配送中心，结合万邦前程物流、万邦千禾电商等自有平台，以生鲜电商为中心、综合配送为重点、服务百姓为宗旨，大力发展农副产品电商、加工配送、冷藏保鲜产业，在郑州市逐步形成农产品生鲜线上线下交易相结合、冷链物流配送专业化的农产品流通体系。提升市民农副产品购物体验与便利性，形成国内国际农产品集散、郑州市内综合配送和市民零售购买、线上线下相结合的流通网络。发展冷链城市共同配送，满足民众生活消费需求。与省内外大型物流企业合作，整合社会冷链物流车辆，发展城市冷链共同配送，加强冷链物流、电商物流与快递物流的综合快速发展。充分降低物流成本，保障食品安全，满足居民生活需要。

武汉白沙洲农副产品大市场：推进一二三产业结合，搭建跨省服务平台

针对黄陂区气候条件适宜、生态环境优越、菌用原料丰富等有利条件，组织商行老板参与并帮助黄陂区菇菌类蔬菜种植户，通过调整优化菌类结构、强化生产管理、引进名优品种，有效引导农户从种植基地直接进入流通渠道。为扩大销路，还利用经营网络辐射全国各地的资源优势，帮助农户联系外地商户购买，让农户走上致富路。积极推广"企业＋基地＋农户"模式，号召蔬菜区经销商给农户投资，种植适销对路的产品，推进一二三产业结合，既保障产业链上下游利益和增收，又使其货源供给充足，保障了市民菜篮子供给。与多省份互动，建立了跨省农产品流通的服务平台，进一步拉近了全国各大农产品基地的时空距离，加强合作交流，促进共同发展。每年12月份，公司领导率队组团前往海南省海口市参加冬季瓜果菜交易会，与会期间二十多位经销商分别赴临高、琼海、儋州、三亚果菜基地调研对接，并签订了产销合作协议书。作为海南菜主要的销售平台，市场内还建立了"海南瓜菜销售专区"，每年大约有25—30万吨的海南菜在我市场销售，从而保障了冬季市民餐桌的丰盛。依托于湖北千湖之省的自然资源优势和淡水产品总量位居全国前列的产业优势，构建全国最大的淡水产品批发市场。经营高峰时期成交量达到3500吨以上，一般情况下达到2500吨左右。其中30%销往本地区，70%销全国各地，小龙虾在经营高峰时期还通过地方社团远销东南亚及欧美地区。

南京农副产品物流配送中心有限公司：创新管理模式，打造标准化农产品交易平台

进一步提升众彩市场总部平台、电子结算、溯源管理、信息服务能力和水平，优化农产品流通产业链，提升农产品交易效率，形成与现代城市建设相匹配的标准化农产品批发市场管理体系。

四川资博农副产品股份有限公司：成立全产业链集团，向农产品深加工迈进，向专业化市场发展

公司已挂牌"新三板"。在政府的主导下，组建成立全市农业全产业链集团，并在政府支持下，全面展开并购重组，将广元市及周边一些优质农业资源和农业企业进行整合，集团公司整体运作打包上市，全力冲击主板。积极与广元市农业局配合，利用资博股份的渠道、知名度及农产品种植经验，因地制宜引导农户发展订单农业，加强蔬菜基地建设，积极为农户牵线搭桥，实现订单农业生产模式；提前与农民下种植订单，签订合同保证以"保护价"收购，收购价只随市场"上浮不下浮"，让农民种植零风险，以此打造企业的原料基地，确保食品生产从源头上得到质量保证，形成企业靠农户为农户，农户靠企业为企业，订单成为企业和农户之间实现利益共享的桥梁。发展农产品电子商务，做大做强"逢集网"电商平台，专项包装、策划、推广广元农产品，使其销往全国；与中农批公司形成合作，与其管理的华南、华中等地的农产品批发市场建立合作关系，当广元本地农产品滞销时，通过该渠道进行销售；与周边地区的农产品批发市场（南充川北农产品批发市场、四川省绵阳高水农产品批发市场、甘肃陇南农产品批发市场、汉中皇冠过街楼批发市场）建立保供联盟，互通农产品及信息有无，解决保供问题。

绵阳市高水农副产品批发有限公司：拓展配送业务迈出跨区域发展第一步

先后在西昌、安岳、江油、盐亭等多个区域和单位参与食材供应集团配送业务的拓展。目前，公司新增了绵中实验校、江油幼师、827（两个包）、和盐亭县（所有蔬菜和调味品）等多个单位的配送业务，积极尝试区域外业务拓展，迈出跨区域发展第一步。积极响应习近平总书记对凉山州精准扶贫的号召，充分履行省级农业产业化优秀龙头企业的社会责任，顺利推进蔬菜市场扩建项目，决定在凉山州昭觉县投资 1000 万元建设农产品物流中心，最终将立足昭觉，辐射大凉山。

南充川北农产品交易有限公司：创新经营模式，增强辐射力

坚持"企业办市场，市场企业化"的运作模式和"市场＋基地＋农户"的运作机制，与绵阳高水、广元资博建立了战略联盟，与湖北利川、广元曾家山、陕西、甘肃等近 22 万亩基地实现了友好合作关系。通过基地建设、网络联动带动全市 30 多个乡镇、65 万户农户的蔬菜种植，且年人均增收 1000 元以上，在全市农业经济中的地位和作用日益突出。目前已吸纳全国 20 个省市的经营大户和生产基地的货源进驻交易，已成为农产品外销的窗口和商品集散地，并成为省外客商择优选择、就地比价的重点市场。迄今，通过市场桥梁及纽带作用的发挥，多类蔬菜的销售对象不但覆盖省内各地，而且辐射省外，中心流通、集散、辐射、带动功能明显增强。

重庆赐康果蔬有限公司：从无公害农产品到绿色农产品的升级

2005 年公司在潼南区桂林镇小坝村建立首个大型的无公害基地，其中占地面积达 2000 亩，桂林基地是重庆第一个通过市级验收的绿色蔬菜基地，带动潼南县及周边城市农户实施品种改良，增加农户的收入。2017 年完成从无公害农产品到绿色农产品的升级，新开发成都及贵州市场，完成销售收入 13011 万元。潼南地理标志产品："潼南萝卜"首度进入台湾市场。

十六、参与公益事业

河南万邦国际农产品物流股份有限公司：多渠道承担社会责任，公益化再上新台阶

生产种植带动。公司通过"商户＋基地＋农户"经营模式，带动省内外农业基地 500 万亩、农户 200 万户。同时，更直接促进了中牟县农业结构优化调整和农业转型提质增效，带动全县各乡镇建设蔬菜果品等特色基地 15 万亩、农户 8 万户，实现人均增收 3000 元以上，极大地解决了全县农产品"卖难""滞销""买贵"问题，提升了农村经济效益、提高了农民的生活水平。二三产就业带动。万邦市场带动分拣、加工、包装、运输、清洁、装卸等务工人员 7 万人，周边房屋出租、酒店餐饮、休闲娱乐等其他从业人员 3 万人，每年带动周边"三产"及服务业产值达 20 亿元。本地农户带动。万邦市场设置有 3 万平方米的公共交易区，为中牟及郑州本地农户自产自销的农产品提供永久免费交易场所，每年免除摊位费、交易费达 1500 万元。慈善带动。每年向郑州市中牟县慈善总会等社会慈善机构捐款捐物 100 万元以上，用于捐资助学、解决困难职工生活等。2017 年，公司专门向中牟县慈善总会捐赠善款 150 万元，成立"河南万邦"慈善基金暨慈善志愿者工作站，以实际行动更好地帮助郑州贫困家庭以及弱势群体。

武汉白沙洲农副产品大市场：启动"白沙洲大市场扶贫公益捐赠活动"

"完善自我，回报社会"是大市场一贯的宗旨。白沙洲大市场已连续多年开展了春节及中秋慰问活动。定期向武汉市及周边地区捐赠慰问物品。2017 年春节及中秋节期间启动了"白沙洲大市场扶贫公益捐赠活动"，响应政府号召，分别与不同的政府职能部门一起精准扶贫，向武汉市贫困家庭捐赠慰问物品。9 月 14 日，前往黄陂区长轩岭街慰问贫困户和困难群众；9 月 15 日，前往新洲区建新村赠送中秋慰问物资；9 月 18 日，前往洪山区青菱街道办慰问贫困户和困难群众；9 月 21 日，前往武汉市儿童福利院赠送中秋慰问物资；11 月 22 日，前往恩施地区捐款扶贫。

乌鲁木齐北园春（集团）有限责任公司：积极参与各类公益活动展现民族团结互助风貌

公司作为自治区优质企业代表走进"访惠聚"驻村工作，为支持南疆地区扶贫捐助款项 10 万元，为南疆脱贫攻坚工作贡献力量。集团公司积极组织干部职工为突发急病病逝职工吐尔洪·吾斯曼进行爱心捐款 17000 余元，为最美出租车女司机赵育智突患疾病捐款 48000 余元，有力展现北园春人助人为乐，各族职工团结友爱互助的精神风貌。2017 年，"树上山，水进城，让雅玛里克山绿起来"沙依巴克区雅山项目启动。公司积极响应政府号召，组织 80 余人前往雅山参与义务植树，为雅山添"绿"。运输公司积极参与各类公益活动，传播出租车行业正能量，积极倡导和组织所属从业人员参加行业号召的"雷锋日""护士节""爱心送考""民族团结月""行业万人万车做万件好事"等公益性活动，为各族市民开展免费客运服务，在亚欧商博会上，运输公司都会选派优质车队为盛会服务，赢得了行业主管部门、各地来宾和广大各族市民的好评。

开拓创新，为农产品批发领域
升级发展开创新模式

北京大洋路农副产品市场有限公司

北京大洋路农副产品市场有限公司（以下简称"大洋路市场"）成立于1997年5月，位于京城东南三环路与四环路之间十八里店乡大洋路商业街中段，处于京津塘与京沈高速公路的交汇处，是连接京、津、冀及东北、华北、华南等各省区农产品重要节点，物流主要辐射CBD商圈、经济技术开发区等京城东半部地区。

市场以蔬菜批发为龙头，集生鲜肉、水产、禽蛋、水果、粮油、副食调料、烟酒等10大类万余种商品于一体的综合性农副产品批发交易格局。市场占地601.34亩，建筑面积20.5万平方米，管理人员500多名，资产总额2.8亿元。市场历经20年的建设发展，始终以"服务首都、服务三农、拓展市场、惠泽民生"为己任，以食品安全为主导，坚持以"最严谨的标准、最严格的监管、最严厉的处罚、最严肃的问责"源头治理、标本兼治，承担着首都市民优质、安全、绿色的鲜活农产品稳定供应。2017年交易量358万吨，交易额303亿元。市场以"扶大、扶优、扶强"的原则培养专业配送公司300多家，公司法人经销户1300个。

在疏解北京城市非首都功能的大背景下，大洋路市场紧紧抓住首都四个核心功能定位，以勇于实践、善于创新、敢于担当的工作作风，牢牢抓住疏解非首都功能的"牛鼻子"。在2016年，市场实施升级改造发展战略，通过强身健体、腾笼换鸟、转型升级发展，为农批流通领域的升级发展开创新模式，为北京城市和首都功能建设做出新贡献。

一、创建市场新环境，规范市场新交通

自2016年以来，市场拆除隐患棚、简易房屋、低端经营区，打通场内各经营区消防通道，在整洁美化市场的同时彻底的消除安全隐患。

规范治理场内停车秩序，优化停车资源配置，设立主干路。主干路东起大洋路西至轻轨沿线，贯穿市场，与各区域连通，与场外社会路相衔接。规范引导行车路线，与蔬菜交易区大车道相衔接，形成内部循环，减轻厅棚区、蔬菜交易区交通拥堵压力，开启微循环功能打通场内交通"脉络"。建设9个进出大门，增建智能停车泊位系统，2017年4月启动智能停车收费管理，日进出车流达10000车次。同时设立交通标识、引导牌、安装火警电话夜灯。张贴安全标语，营造规范管理、安全的经营氛围，为地区百姓出行购物提供便利。

利用场内有限资源，在海鲜区和厅棚区道路中心主干线上，建造立体停车库，开辟购物停车专区，增建426个停车泊位，用于满足市场内固定商户车辆使用，有效解决交通拥堵停车"难"问题。

二、创新思维，开拓市场新产业

在疏解整治的大背景下，市场以流通环节为抓手，通过结构调整，模式创新，因地制宜拓展开辟新产业，持续推进市场经济效益稳中向好。

（一）调整经营结构，提升硬件设施建设，完善项目管理

根据农产品批发市场建设标准，按照食品安全管理规范的要求，市场本着资产收益最大化和便于管理的原则，改扩建基础设施，拆除果品厅周围临时建筑，改建新果品交易大厅8710平方米，更新果品区摊位296个，增加了库房面积5347平方米；迁移腾退调料库房，用于改建豆制品、熟食专营交易大厅，增加鱼肉摊位、冷库、熟食、豆制品摊位，引入被疏解有实力新商户76个。通过建设调整，市场既达到了生、熟食品分厅经营，又改善了经营环境、购物条件，经营项目更全面，场地布局更科学合理，管理效率得到提高。

（二）逐步展开全场"电子化交易"平台

在行业率先打造农产品批发市场先进电子商务平台。在2017年10月，市场将鲜肉批发老旧电子结算系统更新，成功启动电子商务结算服务平台，实现无现金交易。电子化交易平台彻底取代了手对手的现金原始交易模式，免除了商户们的现金交易风险、假币风险以及欠账、跑账、压款等风险，降低了劳务成本，简化了操作流程，缩短了交易时间。同时，市场成功与银行对接，通过银企合作平台，实现无现金交易，进一步方便客户预存现金，进行实时交易结款、提取现金更安全便捷。精准分析产品质量、交易价格、成交情况等大数据信息，为市场下一步升级提供了基础资料。

市场启动电子结算无现金交易平台，通过交易量提取管理费，仅猪肉批发单项目就实现年增收32%。截至2018年5月，猪、牛、羊、白条鸡等均陆续实现电子化无现金交易。下一步，市场将继续启动冰鲜鸡、熟食、豆制品及目录以外的鱼品种和蔬菜品类的电子化交易，打造农产品批发市场升级发展的新亮点。

（三）连锁农超对接，持续拓展社区直营店

大洋路市场根据农贸业态的升级改造理念，依托市场直供、价格实惠、品质可控等优势，于2017年5月成立鑫大洋国际商贸管理有限公司，并运用"基地＋市场＋社区＋互联网"的商业管理模式，形成集新批发、新零售、虚拟店、实体店、物流配送、定制化服务等新型农产品综合服务体系，拓展直采直供进驻社区直销网点。截至目前，市场已陆续开办连锁京津冀农产品产销对接示范店10家。通过统一管理、统一装修、统一服装、统一广告标识、统一签订合同、统一服务标准，以高端、优质、便捷服务管理体系，建立贴近民生的社区"菜篮子"，打造幸福民生亮点工程。

2018年，市场继续扩充了社区直营店的规模，并建立合作经营战略，通过优势资源共享，联合开拓市场。制定更加深入细致的规划，推进便民服务网点建设，以农产品销售为基础做强基地直供，扩大市场的知名度，实现社会效益和经济效益双盈。

（四）引进新产业，开启产品深加工自产自销模式

一是引进净菜加工项目。以市场为平台，借助市场连锁社区直营店，引进实施"净菜加工项目"。项目通过直供、直营的产销一站式服务体系，力推"净菜进厨"补足便民商业服务短板，有效提升农产品供应保障和质量安全。目前，项目正在建设中，将于2018年6月份正式启动，预期年收益可增300万元以上。

二是开拓金枪鱼项目。市场目前正在筹备实施引进国际海产品——金枪鱼项目。金枪鱼项目的引进

将有效提升市场核心竞争力，推动市场效益创新高，同时填补我市场国际海产品经营的空白，实现市场经济效益、社会效益双丰收。

三、完善生产安全监管机制，保障一方平安

市场制定"安全生产保障管理体系图"，明确职责分工到人，切实提升干部职工安全责任意识，履职尽责；组建专业消防监察组，执行全覆盖常态化监督检查，并督促整改落实；不断总结查找在实际工作中的漏洞缺项，补齐短板，重新编辑修正和印制发放2018版本的《双安管理责任手册》《各区域重点部位防火防控手册》；建立健全安全生产保障台账管理制度二十项，明确安全防范管控重点，进一步作细作实；充分发挥市场内六处充电桩功能作用，普及规范商、住户充电桩安全充电意识。进一步严格规范电瓶充电桩、手机充电箱管理强制措施；深入展开市场安全生产培训、消防处突实战演练。进行实兵实战演习，增强干部职工、商、住户的消防安全防范意识和应急技能，确保在突发火灾事故时，能够高效、有序地进行自救、抢险、救援处置；组织全场商、住户专业消防安全培训工作，培训率达到100%。

四、创新食品安全管理，确保严谨有序

市场2017年成立食品安全监察办公室，并于2018年4月进行扩充，增加食品安全监察办公用房近百平方米，增配专职食品安全督查员7名，建立食品安全管理微信群，执行场内全覆盖食品安全监查管理工作；建立完善食品安全管理手册和食品安全管理体系图，严格落实《食用农产品市场销售质量安全监督管理办法》，狠抓市场准入索证索票，票据核对、检疫票、检测报告等，经营者要每日登记进销货台账，统一规范商户使用销售凭证和产地证明，保证食品全程可追溯。

2017年2月，市场引进有检测资质的第三方进驻市场，将大洋路市场检测室的硬件设施与第三方检测机构成熟的检测模式相结合，执行24小时实时检验检测，增加市场日均快速检测量和覆盖率。通过引进专业技术，优化检测资源，进一步筑牢了市场食品安全防控体系。2017年共抽查503次，快检品种达497种，日快检约80个品种，批次达420次左右，市食药抽检249个品种，区食药抽检352个品种。

从产地到餐桌，构建生产者和消费者紧密型农产品供应链，市场首推熟食、豆制品、牛羊肉、猪肉、白条鸡、面食、娃娃菜、豆芽菜等高危产品，建立市场、生产基地、厂家代理三方联动对接，构建捆绑入市的经营模式，建全食品安全可追溯管理体系，织牢市场食品安全监管网。2018年，市场将继续增加蔬菜类如韭菜、娃娃菜、叶菜类等高危品种纳入目录准入制管理，并要求相关厂家加大检测力度，市场执行监督监察并进行进场抽检，确保市场到餐桌"最后一公里"食品安全保障体系高效运转。2017年9月国务院食品安全委员会第十四督查组到市场检查，对我市场食品安全工作给予了充分的肯定。

此外，大洋路市场还建立了"安全保卫管理体系"组建了专业安保防爆、防恐队伍，专门负责开展防扒提示、可疑情况发现、个人极端行为以及涉恐等突发事件上报、灵活应对、协调疏散等工作；建立"五清"（即清扫、清洗、清淘、清运、清淤）管理体系，为文明城区建设、实现和谐宜居美丽乡村作贡献。

新时代，北京大洋路市场迎来了全面创新发展的历史机遇期，更需要我们高瞻远瞩，抢抓机遇，开拓创新，紧紧牵住疏解与转型升级发展的"牛鼻子"，借助首都北京的优势资源条件，紧扣"四大中心战略定位"，举全场之力，集社会之智，为提升首都东南城市品质作出应有的贡献。

优化资源配置，壮大优势产业
努力打造国内一流的综合食品服务商

北京二商集团有限责任公司总工程师　唐俊杰

2016年5月，北京市东方友谊食品配送公司、北京二商集团有限责任公司西郊食品冷冻厂和北京三新冷藏储运有限公司进行改制重组，成立北京二商东方食品集团有限公司。二商东方集团公司的成立，是二商集团积极落实"四个中心"的首都城市战略定位、北京"四个服务"以及疏解非首都功能要求，提升首都城市生活服务保障能力的重要举措。重组后的二商东方集团公司将进一步放大集团物流产业优势，通过资源整合、资产重组和集约管理，形成规模优势，提高运营效率，发挥协同效益，成长为具有核心竞争力的一流食品综合服务商。

一、二商东方集团公司发展现状

二商东方集团公司是立足首都食品安全和城市生活保障，以食品贸易、食品仓储与物流服务、现代农业种植为主导产业，服务首都、辐射京津冀、面向全国的食品综合服务商。2016年末，公司总资产12亿元，营业规模40亿元。

食品贸易板块：公司主要经营肉蛋菜、水产品、干品、糖酒烟茶、中西餐调味品、粮油制品、进口食品等上万种食品，商品行销全国；在为北京市民提供日常的食品供应同时，还承担党和国家及北京市政府在京举办的重要会议、重大活动的食品供应任务，并肩负着党政军国家机关、驻华使领馆以及中央首长日常食品供应的服务保障工作；公司拥有综合食品配送平台，为团餐企业、企事业单位中央厨房等进行食材供应；公司拥有中华老字号"34号""篮鑫""东方冷食"等食品品牌，在北京、河北、四川、浙江、内蒙古等地建立了8个OEM基地生产加工白酒、蔬菜制品、绵白糖、禽蛋、干制品、食用油、汰渍菜等品牌产品。

食品仓储与物流服务板块：拥有西南郊肉类水产品市场、四道口水产品交易市场、五色土农副产品市场等三个交易市场，经销商1500余户，年交易额180亿元。公司冷链物流资源丰富，拥有近11万吨冷库，13000平方米的常温库房，承担中央、北京市政府4150吨冻猪肉、19000吨蔬菜储备任务，可提供第三方低温食品、常温食品的储存。公司拥有强大的干线运输网络，在上海、广州、西安、青岛、成都、沈阳等地设有联络处，开展全国运输业务，为第三方企业提供生产物流和贸易物流服务。公司城市配送物流体系覆盖北京市16区，近5000家大中型商超、餐饮配送网点。

现代农业种植板块：公司拥有从农田到餐桌的完整食品供应链，大力进行农企、农校、农产品批发及农超对接，扩大基地规模，在北京通州、天津、河北、内蒙古、云南等地拥有自建型、订单型、合作型蔬菜基地8.2万亩，提供三品一标蔬菜。拥有山东东营黄河口大闸蟹养殖合作基地。

在"十二五"期间，二商东方集团公司面对错综复杂的国内外形势和异常繁重的改革发展任务，在二商集团的坚强领导下，锐意进取，创新求变，不断转变经营思路方式和管理模式，实施精细化管理、推进节能减排、深化基础建设，不断提高发展质量和效益。到2015年末，二商东方集团公司营业收入实现增长 90.17%，利润实现增长 203.93%。

但是在看到成绩的同时，存在的问题也很明显：一是战略重组深度不够，核心业务定位不够清晰，条块分割严重，协同效应、规模优势以及产业集中度发挥不够明显；二是缺乏对产业经营与资本运营的创新设计；三是市场开拓能力不足，存量业务经营效率较低，增量业务推动乏力；四是体制改革、机制创新及相关保障措施还需加强。这些都是二商东方集团公司在今后发展需要关注和实现突破的地方。

二、面临的机遇与挑战

近五年，面对世界经济复苏乏力局部冲突和动荡频发、全球性问题加剧的外部环境，中国经济发展进入新常态并发生系列深刻变化。经济已由高速增长阶段转向高质量发展阶段，正处在转变发展方式、优化经济结构、转变增长动力的攻关期，中国将以供给侧结构性改革为主线，推进经济发展质量变革、效率变革、动力变革，提高全要素生产率，着力加快实体经济、科技创新、现代金融、人力资源协同发展的产业体系，着力构建市场机制有效、微观主体有活力、宏观调控有度的经济体制。

（一）国家战略及经济、社会趋势

一是深化供给侧结构性改革，支持传统产业优化升级，加快发展现代服务业，促进产业迈向全球价值链中高端，推动互联网、大数据、人工智能和实体经济深度融合，在中高端消费、创新引领、绿色低碳、共享经济、现代供应链、人力资本服务等领域培育新增长点、形成新动能，推动传统食品产业创新发展带来新机遇。二是实施区域协调发展战略，京津冀协同发展为公司带来更大的发展空间。三地市场协同发展，基础设施、服务标准的有效对接，对公司扩大市场份额和辐射区域，完善物流基础设施建设和网络布局大有助益。三是推动形成全面开发新格局。"一带一路"的建设将形成陆海内外联动、东西双向互济的开发格局，在跨国贸易税收、政策、支付等方面给予相关企业更多的支持，将为公司在全球范围内优化供应链、参与跨国食品贸易提供新机遇。四是人口结构变化和实施健康中国战略。城镇化进程不断加快，将催生中国中产阶级的崛起，中产阶级将成为新的消费主力军。同时，老龄人口的高速增长也带来了老年人市场的巨大商机。布局大健康产业，研究中产阶级和老年消费群体的消费特点及习惯，抢占安全绿色、营养健康的高端食品市场。城市人口结构变化和实施健康中国战略提供了新需求。

（二）食品产业发展形势

随着中国经济的发展，食品市场初显以下特点：一是全球经济增长缓慢且伴随风险，在进出口、原材料成本、境内外融资以及海外并购等诸多方面，将对中国食品及农业产生不同程度的影响。二是消费端的结构调整将引领未来食品消费市场的增长，传统食品农业行业及其销售业态面临巨大挑战，竞争加剧。三是市场对食品的健康、安全、口味、特色提出更高要求，日常主副食品消费增长趋缓，品类结构显著升级，人们将更加注重食品的健康和安全。四是消费者更加注重高品质的生活方式，进口食品被广泛接受。五是面对传统市场增长放缓、竞争日益加剧的不利局面，国内食品农业企业正在积极采取横向整合、跨界合作、资产轻量、拓展渠道等一系列应对措施。六是食品行业产业链一体化进入规模化整合、均衡性发展新阶段。市场上农产品价格整体上涨，波动性加大，产业链下游各环节要设法应对更大的成本和风险。增强产业链各环节间的合作可以为整个产业链提供更加平稳的增长环境，有效缓解压力。食品行业产业链整合成为了必然趋势

（三）应对新挑战

一是审题、解题、破题能力亟待提升。要进一步研究、把握党的十九大精神，按照经济发展新常态、供给侧结构性改革、国家三大发展战略、北京城市总体规划（2016 年—2035 年）、首都城市战略定

位、疏解非首都功能及提高北京市生活性服务业品质等重大战略举措和重大方针政策，深度结合公司主导产业、支撑体系及制约瓶颈，确保企业发展找准路、借好力。二是主导产业关联度较低，资源依赖性较强，主营业务盈利能力、渠道建设能力较弱，资源共享、业务协同意识不强，物流板块扭亏解困难度较大。三是人才呈结构性短缺。人才缺失问题阻碍二商东方集团公司取得长足进步并实现跨越式发展。

三、规划实施路径、搭建支撑平台

"十三五"时期，公司将深入贯彻党的十九大精神，落实市委各项工作部署要求，以马克思列宁主义、毛泽东思想、邓小平理论、"三个代表"重要思想、科学发展观、习近平新时代中国特色社会主义思想为指导，把握首都城市战略定位，抓住国家战略性新兴产业发展和"一带一路"建设、长江经济带建设、京津冀协同发展"三大战略"的历史性机遇，立足首都食品安全、城市生活保障，以发展为第一要务，以全面深化改革为动力，以提高发展质量和效益为中心，牢固树立创新、协调、绿色、开放、共享发展理念，按照"四个全面"和二商集团战略布局要求，统筹推进二商东方集团公司核心产业建设和七大支撑平台建设，把二商东方集团公司打造成为服务首都、辐射京津冀、走向全国的一流食品综合服务商。

（一）战略定位与发展目标

二商东方集团公司"十三五"以立足首都食品安全和城市生活保障，构建高效食品供应链，把公司打造成为服务首都、辐射京津冀、走向全国的一流食品综合服务商为战略定位。

预计2020年末，营业收入将在2015年基础上翻一翻；利润将在2015年基础上增长168%；平均净资产回报率比"十二五"期间提高1.5%，达到6%；职工劳动报酬增长与劳动生产率同步提高。

（二）规划实施路径，做大做强做优核心产业

1.做大食品贸易，促进产业链、供应链、价值链融合发展

食品贸易板块是公司未来经营规模增长和效益增加的重点，"十三五"末，食品贸易板块要实现年复合增长率达到14.15%。食品贸易要采取"量利兼顾，适度放量"的经营策略。当前，食品贸易受制于行业门槛低、经营分散、价格透明度高等因素，市场影响力不足，盈利能力较弱，自有产品销售贡献少。针对以上问题，食品贸易板块要围绕食品安全产业链建设，大力推进集采和分销业务向前后端延伸，大力推进品牌战略，匹配、整合客户与供应商等企业资源，创新供应链综合服务，构建快速、可靠、高效的食品贸易系统，形成"渠道+品牌+产品"的经营优势，以适应不断变化的市场环境。

一是优化产业链条。积极寻求和扩大产品的原产地采购，大力发展大宗商品贸易，打造与优质食品生产供应商的生态战略联盟，提升品牌价值力，扩大市场规模和影响力。与行业上下游龙头和知名企业加强交流与合作，聚合发展优势，共享产品、渠道等资源，优势互补、互利共赢，促进产业资源融合，服务好供应商、分销商、客户等多方需求。通过技术创新、结构升级、提质增效等举措，弥补全产业链关键环节、关键能力的短板。

二是强化"提供产品和服务"和"对接消费者"两项能力。整合仓储和市场商户，团餐和集采客户，以及普通消费者的购买需求，优化采购流程，提升议价能力，降低采购成本。将经营管理与信息技术、金融服务等有机融合，强化物流、资金流、人员流及信息流的集成管理，搭建金融、信息平台，提供供应链融资、信贷支持、保险保障等全方位、多途径、全流程的服务。整合提升加工、仓储、运输等各个业务环节，加强沟通协调，不断提高运行效率和应变速度，扩展企业发展空间。

三是强化品牌建设，加大市场开拓力度。从企业及产品的历史传统、商业精神、文化、理念等入手

挖掘"34号""篮鑫""东方冷食"的品牌价值，严控产品质量，提高服务水平，做好顾客、公众和社会对企业评价的维护和管理，不断强化公司品牌与食品安全、产品质量及信誉之间的连接，塑造和提升品牌价值。提高企业的品牌化意识，加大自有品牌产品的开发和推广，有针对性地开发高频长线商品，由产品经营向品牌经营转变。进一步规范渠道管理，提升渠道运营效率和商业价值。以大力推进线下终端零售体系为基础，充分利用互联网和移动互联技术，推动线上线下和物流配送相结合的新服务模式。加强消费者需求数据的收集和分析，从食品的新鲜、安全、营养、健康、个性化等需求入手，推出适应消费潮流的商品，在商品的包装设计和营销策划上进一步开阔思路，做好商品的定价、推广与促销活动，扩大自有产品的消费群体，提高经营效益。

四是推进商贸与互联网的深度融合。以线下专业市场、分销体系延伸通过电商平台聚合起的流量价值，以线上电商平台延伸通过专业市场、分销体系聚合起的商户和客户价值，构建线上线下相互融合发展的新模式。整合公司现有包括微信、网站、第三方平台店铺在内的电子商务平台，突出自有电子商务平台的定位及特色，加强与合作电商平台间的资源交流和置换，吸引更大范围的消费群体，尽快聚集强大的消费能力。集中公司品牌、渠道、客户、服务、技术等优质资源，强化电商运营思维，利用产品包装和差异化价格等策略，以用户的增长、满意度的增长、合作与置换资源的增长为优先，拓展电商销售渠道。从消费者需求分析和整理入手，加强投放电商平台产品的研发，使得产品与电商平台用户需求精准匹配。优化产品的展示及推广，完善用户购买流程，通过运营优化，扩大访问流量和交易量。

2.做强食品仓储与物流服务，提升资源创效能力

"十三五"末期，公司食品仓储与物流服务板块要实现年复合增长率要达到14.15%。

（1）食品仓储。公司在海淀区四道口、丰台区玉泉营、大兴区西红门和朝阳区东坝分布着近11万吨冷库和近13000平方米的常温库仓储资源。随着业务竞争的加剧，食品仓储呈现增速趋缓与驱动力不足的态势。解决以上问题，食品仓储要结合标准化、多温层、复合型的物流配送中心建设，以现代化物流仓储为方向，打造集多项物流服务功能的综合型流通型仓储。

要加快设备、设施的升级改造，同时以现代信息手段加快与食品仓储与物流服务板块及其他业务单元之间的商流、物流、资金流和信息流的有效融合，提升食品仓储现代化水平，提高运营效率，降低运营成本。要加快商贸物流管理、技术和服务标准的应用和推广，提升仓储管理水平。创新服务理念和服务模式，拓展增值服务，利用信息平台中的多样化信息，为客户提供可靠、高质量和便利的服务，增强客户黏性。

（2）专业市场。专业市场要立足首都民生保障，加快专业市场转型升级。要将京津冀协同发展、疏解非首都功能等重要战略决策、所在区域发展定位与市场近期目标及中长期规划有机结合，根据消费升级特点，吸收全球饮食文化元素，完善配套设施，融入周边产业发展，打造北京二商民生保障服务中心、生鲜电商孵化基地及健康品牌食品展示中心，构建以食品商业为核心功能的现代商业系统。四道口市场要充分发挥中关村科学城的区位优势，并结合海淀区及北下关地区政府建设海淀科技金融中心的发展定位，加强商务资源的综合开发，转型升级成为集食品零售、商务餐饮、食品电商、创意创业孵化等多功能、高效率的科技创新创业服务中心。西南郊市场在商业地产规划设计的基础上，对现有业态进行全面升级，并与食品大宗贸易相关的供应链金融、食品贸易结算、全球饮食文化博览等新兴业态有机结合，打造高端的食品商贸综合体。五色土市场要依托食品综合配送业务的积累和优势，科学规划布局，打造集食材研发、深加工、标准化生产及仓储配送于一体的综合基地。强化三个市场的合作和联动，探索多维度、多层次的合作模式，共享和整合商业资源，形成梯级上的互补和接替，确保整体升级过程中核心资源的汇聚、积累和提升。

和平门菜市场要进一步夯实管理基础，延伸服务链条，提升便民服务品质，培育新的增长点，实现和平门菜市场品牌的传承与创新。要用足市政府对居民必备商业网点建设的支持政策，加大对社区便民商业配套资源的整合力度。要探索社区市场的电商化转型，对市场运营模式、运营产品和运营流程进行互联网化的改造，构建分布式电商平台，将线下交易移至线上，逐步实现市场"统储、统运、统采、统交易"的集约化经营，整合市场资源，丰富盈利模式。要用好互联网、大数据、云计算，推动生活性服务业业态创新、管理创新和服务创新。

（3）物流服务。物流服务衔接生产、销售等各个环节，是公司食品供应链建设不可或缺的重要业态。随着市场经济的发展，公司物流服务板块因成本费用过高，市场适应能力较弱，面临发展困境。为提升物流服务板块的产业集中度，强化规模效益和市场竞争力，降低运营成本，实现扭亏解困、破题上路，公司以三新公司为平台，对三新公司和冷链物流事业部进行了重组和资源整合。要进一步深挖公司专业市场业务潜力，积极对接二商集团系统生产、分销企业的物流业务，开拓第三方"商贸物流""电商物流""团餐物流"领域业务。通过硬件配套、标准强化、高效管理，优化流程，提升运作效率，实现高效低耗的物流过程。通过对仓库、市场、车辆、运输网络等要素进行整合，形成集食品集散、配送、终端服务为一体的现代多级配送体系。要以消费链建设为重点，以食品综合配送服务为切入点，加快推进物流服务向"集约配送"转变，提高交通运输设施的使用效率。要持续提升现代化物流服务水平，拓展物流服务范围，从提供运输、仓储等功能性服务向提供物流信息和运输管理服务延伸。要加快标准化、多温层、复合型的物流配送中心建设，形成布局合理、功能完备、绿色高效的综合物流配送服务体系。要探索物流轻资产运营模式，加大对于产业链两端的资源整合力度，加强对于物流服务商流、资金流和信息流的掌控，确立竞争优势，减轻固定资产投入。

要借助大数据、移动互联、人工智能等技术，加快物流服务板块传统作业、服务模式的创新，推进物流作业智能化、网络化和自动化。要深化物流服务与互联网的融合，推进货运商品、车辆、仓储设施、配送网点等信息互联和共享，提升车货匹配效率，降低物流成本。要加快智慧物流研究，利用自动识别、数据挖掘及人工智能等技术，推进货物运输过程的自动化、智能化，提升物流组织效率。

要加快传统物流园区向智慧物流园区的转型升级。智慧物流园区是以信息化、智能化、自动化、透明化、系统化的运作模式的物流园区，在运营模式上更多采用物流+互联网+大数据相融合的一体化生态运营模式。对于当前的物流园区发展，过去"跑马圈地"的粗放式发展已经不再适应行业发展需要，我国物流园区的发展已经由过去的供需性矛盾演变为结构性矛盾。我国物流园区正朝着布局衔接提档、功能结构提升、网络效益提效、智慧绿色提速、高效集约提高、政策环境提级等方面转型升级。我国的物流园区发展正悄然进入精益发展阶段。一方面单一园区向网络型园区转变，园区正在进入网络为王的时代；另一方面单一功能园区向多功能园区转变，如存储型园区正在向流通型园区转变。为了适应转变，物流园区需要进行二次规划、优化和重组。依托"互联网+物流"的产业深度融合，推进智慧化物流发展将是未来物流园区转型发展的一个主攻方向。

3.做优现代农业种植，打造蔬菜产业链

坚持"示范化种植、集约化管理、产业化发展"原则，不断完善蔬菜产业链。"十三五"末，现代农业种植板块要实现营业收入年复合增长率要达到14.15%。要合理布局，优中选优，加快以京津冀为主、面向全国的蔬菜基地建设，扩大自有、订单、合作型蔬菜基地规模，加大基地蔬菜进量，构建产销互动的良性机制，为首都市民提供安全优质蔬菜，保障国家蔬菜储备任务。加强二商中鹤种植示范基地建设，选择优秀园区、优质土地、优良品种，完善配套设施，扩大蔬菜种植面积，推广高端优质农产品的示范效应，打造从蔬菜种植、加工、仓储、分拣到专业配送的产业链经营模式。要加强成本核算，提升精细化管理水平，逐步实现"净菜"进京，降低流通损耗。开发半成品"净菜"配送业务，降低客户后厨综合成本，提升商品附加值。

（三）搭建支撑平台

1.优化组织架构

紧紧围绕公司"十三五"规划的定位和各项措施，着力加强顶层设计和整体谋划，科学搭建企业组织架构，强化核心职能，推行扁平化管理，建立起与企业经济发展这个中心同向、同步、同力的责任明确、职责清晰、运转顺畅、管理高效的总部机构，并按照新的管理体制要求实现管理效能提升和管理能力水平的全面提高。以专业化管理为基础，促进企业内部组织架构从对应多个板块、多元市场向精准适应市场和专业性业务变革，形成东方食品集团公司经营、管理的基本队形与核心团队，确保东方食品集团公司既有力量做好主业，又有充分的力量转型发展，形成强大的内部发展新动能。

2.优化管控体系

加强管理的规范化和信息化，促进集团公司内部逐步形成管理规范、统一协调的基础和运营管理体系。强化管理层对企业经营活动中产生风险的认识，以树立正确的内控观念，建立全员、全业务覆盖的内部控制环境。同时系统梳理和分析企业的管理活动，将主要的管理活动纳入协同办公及经营管理信息系统，通过E化的流程，做到企业员工的有效管控、任何工作流的有迹可循。针对企业多条业务线的现状，以经营活动的相对透明、财务的严谨真实为目标，不断优化管理制度和业务流程，明确控制要点、控制标准和控制方法，建立对企业经营活动的有效的监督机制，保证企业内部信息的真实性、准确性、有效性、及时性，提高企业经营管理水平。

3.完善食品安全体系

以保障食品安全为宗旨，延展产业链条建设，逐步将集团公司打造成为消费者信赖的安全、健康、放心的食品保障平台。持续深化食品安全体系建设，完善食品安全管理、重大动物疫情事件应急及食品安全应急保障、产品召回等方面的规章、制度和预案等，强化食品安全知识和技能培训，大力推行企业标准化管理，加强食品安全绿色体系建设投入，建立食品安全产业链的全过程管理和监控。强化安全硬件建设，细化安全标准，全面提升食品安全保障系统，建立从田间到餐桌的全程可追溯系统，保障绿色供给。

4.健全风险防控体系

公司经营层面设立风险管理小组，对于经营管理中的风险进行全面的研究、分析、评估，及时有效的防范经营过程中可能面临的各种风险，降低风险发生率，节约企业经营成本，维持企业的健康可持续发展，增强企业价值创造能力。一是强化安全生产体系，认真落实安全主体责任，注重技术改造，增加监控环节，加强安全培训。二是完善内部控制体系，全面梳理完善公司总部及系统各单位的内控制度及流程，持续升级更新老旧制度，做好制度的立改废释，在内控建设过程中不断完善工作流程，保证控制范围。三是健全投资风险管理体系，要建立完整的投资风险控制体系，完善相关流程和制度，对投前的风险评估，投中的合规审查，投后的管理做到全过程、全周期控制。四是牢固法律风险防控体系，提升合规管理能力，强化法律知识培训，提升法律风险防控水平；深化法律风险防范机制，将法律审核嵌入管理流程，促进法律管理与经营管理的深度融合；探索建立法律、合规、风险、内控一体化管理平台，提高管理效能。

5.强化科技引领和信息支撑

以"体系构建、强化创新、转化应用"为重点，不断强化顶层设计，加大科技投入，促进科技成果的转化，提升科技对企业发展的支撑能力。结合工程建设、装备提升需求，完善预算、运行机制和管理体制，科学统筹规划，以基础升级和重点突破提升企业整体技术水平。

以"资源整合、信息共享、业务协同、集约高效"的理念全方位的推进信息技术在集团公司系统生产经营管理中的覆盖渗透、应用集成和融合创新。不断推进信息资源整合共享，做好数据仓库建设，强化数据分析，以大数据引领业务系统的整合升级。

6.建立人力资源管理体系

以破除人才培养、引进、使用、流动中的体制机制障碍为切入点，落实"十三五"完善人才发展体系建设。建立完善符合现代企业制度要求的企业干部管理体制。

完善人才支撑体系，建立以市场为导向的紧缺人才引进机制和内部人才的培养选拔任用机制。优化干部选拔任用机制，完善岗位竞聘机制，建立能上能下、能进能出的用人机制，充分激发干部队伍活力。夯实人才储备，避免人才断档风险，为关键职能和新业务开展提供人才支撑。加大人才培养力度，创造人才选、用、育、留一体化的成长环境，形成系统、完整的员工成长"路线图"，释放员工潜能，促进人力资源优化配置。

健全以岗位职责为基础，以能力和业绩为导向，考核评价结果与人才培养、使用、激励相挂钩，充分体现企业改革发展要求的绩效管理体系。坚持科学合理、简便易行的原则，将激励与约束相结合，过程管理与结果考核相结合，考核体系框架总体稳定与考核内容年度调整相结合，运用科学的方法、标准和程序，对干部职工履职的过程和结果进行评价和分析，促进绩效提升，推动企业重点工作目标任务的全面完成，有效解决干与不干、干多干少、干好干坏一个样等问题。设立科学、多元化的业绩考核和薪酬激励体系，奖金分配向急难险重和开拓性的岗位倾斜，按照人才市场要求为稀缺性特殊人才设立特殊薪酬通道。

7.企业文化建设

以"人"为本，强化企业文化建设，增强企业凝聚力、向心力、战斗力和竞争力。以"传承企业优秀文化"为基础，探索增补新的文化内涵，形成新的具有公司鲜明个性和时代特点的企业文化体系，为企业快速发展提供动力和保证。优化企业人文素质，充分调动广大干部职工的积极性，激发职工队伍的活力和创造力，形成"一股劲""一盘棋"的强大团体意识和战斗力。围绕经营性企业文化建设，抓好企业文化传导，加强职工的企业文化教育，激发全体职工奉献、爱企、爱岗的敬业精神，在企业上下形成比、学、赶、帮、超的奋发向上的浓厚氛围。

今后的征程中，公司将面对国际经济进入新常态带来一系列深刻的环境变化和自身所处发展阶段带来的对快增长所的需要。"十三五"期间，公司将加快转型升级，优化资源配置，延伸产业链条，集聚优势产业，盘活存量，加快形成具有竞争优势主导产业。坚持"引进来"和"走出去"相结合，壮大优势产业，围绕主导产业，强化合作，招商引资，做强做大，推动增量迅速增长。为把二商东方集团公司打造成为服务首都、辐射京津冀、走向全国的一流食品综合服务商，为努力实现将二商集团建成中国食品产业强势集团、争创中国食品产业核心集团的伟大目标，再立新功、再创佳绩！

第六篇　行业荣誉

2017 年度全国优秀农产品批发市场

按交易额

2017年度全国农产品批发市场百强

河南万邦国际农产品物流城

北京新发地农产品批发市场

南京农副产品物流配送中心

济南维尔康肉类水产品发市场

四川国际农产品交易中心

青岛市城阳蔬菜水产品批发市场

长沙黄兴海吉星国际农产品物流园

商丘农产品中心批发市场

江苏凌家塘农副产品批发市场

武汉白沙洲农副产品大市场

长沙红星农副产品大市场

广州江南果菜批发市场

深圳海吉星国际农产品物流园

两湖绿谷农产品交易物流中心

北京大洋路农副产品批发市场

新疆九鼎农产品交易中心

北京锦绣大地农副产品批发市场

郑州信基调味食品城

东莞信立国际农产品贸易城

成都银犁农产品冷链物流中心

苏州市南环桥农副产品批发市场

合肥周谷堆大兴农产品国际物流园

重庆双福国际农贸城

沧州红枣交易市场

西安西部欣桥农产品物流中心

沈阳水产批发市场

嘉兴水果市场

北京市西南郊肉类水产品市场中心

南昌深圳农产品中心批发市场

北京盛华宏林粮油批发市场

宜昌三峡物流园

成都农产品中心批发市场

重庆观音桥农产品批发市场

哈尔滨雨润南极食品交易中心

上海农产品中心批发市场

周口市黄淮物流港农产品批发市场

四川三联禽产品物流中心

广东省汕头市农副产品批发中心市场

哈达果菜批发市场

北京农产品中央批发市场

湖南佳惠农产品批发大市场

北京京丰岳各庄农副产品批发市场中心

惠州海吉星农产品国际物流园

南通农副产品物流中心

无锡天鹏食品城

北京顺鑫石门农产品批发市场

佛山中南农产品交易中心

广西新柳邕农产品批发市场

上海江杨农产品市场

天津市红旗农贸综合批发市场

天津市金钟农副产品有限公司

徐州雨润农副产品全球采购中心

山东德州黑马集团农贸水产批发市场

舟山水产品中心批发市场

广东省广弘食品集团冻品交易中心

湛江市霞山水产品批发市场

深圳市福田农产品批发市场

大连盛兴水产品交易市场

西安雨润农产品物流

武汉惠商丰华.四季美农贸城

河北邯郸市（馆陶）金凤禽蛋农贸批发市场

福建海峡水产品交易中心

东宁雨润绥阳木耳大市场有限公司

玉林宏进农副产品批发市场

北京八里桥农产品中心批发市场

金华农产品批发市场

呼和浩特美通首府无公害农产品物流中心

甘肃省肉食水产批发市场

洛阳宏进农副产品国际物流中心
北京大红门京深海鲜批发市场
沈阳北方肉食城市场
山东匡山农产品综合交易市场
南京天印山农副产品物流配送中心
太原河西农产品中心批发市场
上海东方国际水产中心
兰州大青山蔬菜瓜果批发市场
绵阳高水蔬菜批发市场
宁波水产品批发市场
洛阳通河农副产品物流产业园
寿光农产品物流园
镇江农副产品批发市场
荆门市多辉农产品物流园
贵阳地利农产品物流园
沈阳十二线农副产品批发市场
上海市江桥批发市场
河北唐山市金匙荷花坑市场
眉山市圣丰农产品批发市场
上海西郊国际农产品交易中心
江西宜春市赣西农副产品批发市场
宿迁华东农业大市场
重庆渝南冻品交易市场
青藏高原农副产品集散中心
北京新发地高碑店农副产品物流园
大连金发地综合大市场
东莞市果菜副食交易市场
无锡朝阳农产品大市场
蚌埠海吉星农产品物流中心
广元农产品交易中心
四川南充川北农产品批发市场
嘉兴蔬菜批发交易市场

2017 年度全国农产品综合批发市场 50 强

河南万邦国际农产品物流城
北京新发地农产品批发市场
南京农副产品物流配送中心

四川国际农产品交易中心

青岛市城阳蔬菜水产品批发市场

长沙黄兴海吉星国际农产品物流园

商丘农产品中心批发市场

江苏凌家塘农副产品批发市场

武汉白沙洲农副产品大市场

广州江南果菜批发市场

长沙红星农副产品大市场

深圳海吉星国际农产品物流园

两湖绿谷农产品交易物流中心

北京大洋路农副产品批发市场

新疆九鼎农产品交易中心

北京锦绣大地农副产品批发市场

东莞信立国际农产品贸易城

苏州市南环桥农副产品批发市场

合肥周谷堆大兴农产品国际物流园

重庆双福国际农贸城

西安西部欣桥农产品物流中心

南昌深圳农产品中心批发市场

北京盛华宏林粮油批发市场

宜昌三峡物流园

成都农产品中心批发市场

重庆观音桥农产品批发市场

哈尔滨雨润南极食品交易中心

上海农产品中心批发市场

周口市黄淮物流港农产品批发市场

哈达果菜批发市场

北京农产品中央批发市场

湖南佳惠农产品批发大市场

北京京丰岳各庄农副产品批发市场中心

惠州海吉星农产品国际物流园

南通农副产品物流中心

北京顺鑫石门农产品批发市场

佛山中南农产品交易中心

广西新柳邕农产品批发市场

上海江杨农产品市场

天津市红旗农贸综合批发市场

徐州雨润农副产品全球采购中心

天津市金钟农副产品有限公司

山东德州黑马集团农贸水产批发市场

深圳市福田农产品批发市场

武汉惠商丰华·四季美农贸城

玉林宏进农副产品批发市场

北京八里桥农产品中心批发市场

金华农产品批发市场

呼和浩特美通首府无公害农产品物流中心

洛阳宏进农副产品国际物流中心

2017年度全国蔬菜批发市场50强

西部欣桥农产品物流中心市场

寿光农产品物流园

江苏联谊农副产品批发市场

绵阳高水蔬菜批发市场

沈阳十二线农副产品批发市场

上海市江桥批发市场

广东省汕头市农副产品批发中心市场

四川南充川北农产品批发市场

嘉兴蔬菜批发交易市场

郑州毛庄农产品批发市场

昆明王旗营蔬菜批发市场

山东匡山蔬菜交易批发市场

东莞市虎门富民农副产品批发市场

晋中汇隆商贸有限公司

济宁蔬菜批发市场

兰州大青山蔬菜瓜果批发市场

邢台市新合作农产品批发市场

杭州蔬菜物流有限公司

青岛南村蔬菜批发市场

福州民天实业有限公司海峡蔬菜批发市场

宿迁南菜市农副产品批发市场

南宁五里亭蔬菜批发市场

青岛于家村辣椒市场

余姚市农副产品批发市场

昌黎县嘉诚实业集团有限公司

宁波市蔬菜副食品批发交易市场

围场宏大农产品批发市场

诸暨市农副产品批发市场

襄阳市洪沟农副产品股份有限公司

海南永青绿色农业食品加工有限公司

天津碧城农产品批发市场

广东徐闻农产品交易市场

云南呈贡农产品批发市场

衡阳市西园农副产品批发大市场

东莞市润丰果菜有限公司

吉林市东北亚农产品批发市场

辽宁省鞍山宁远农产品批发市场

邯郸市农业科技贸易城有限责任公司

邢台顺兴农产品批发市场

湖北裕丰农副产品有限公司百亿蔬菜批发市场

银川北环蔬菜果品综合批发市场

莱阳市东方果蔬批发市场

甘肃北方菜业公司靖远瓜果蔬菜批发市场

辽宁万隆农产品大市场

四川省阆中市圣果农产品批发市场

黄山中合农产品物流园

张北县坝上蔬菜产业有限公司

广东省翁源粤北农副产品批发市场

宜兴市瑞德蔬菜水果批发市场

济南七里堡蔬菜综合批发市场

2017年度全国果品批发市场20强

广州江南果菜批发市场

沈阳地利农副产品有限公司

沧州红枣交易市场

嘉兴水果市场

长沙红星农副产品大市场

西安雨润农产品全球采购有限公司果品市场

金华农产品批发市场有限公司果品批发市场

东莞市果菜副食交易市场

广西海吉星农产品国际物流中心

杭州果品批发有限公司

重庆菜园坝水果市场

江门市江会水果批发市场有限公司

山东鲁东果品批发市场

宁波蔬菜有限公司果品分公司

廊坊北方农贸批发市场

济南堤口果品批发市场

保定天惠果品批发市场

湖南金世纪集团株洲市神农果业有限公司

大同市康圆果蔬贸易有限责任公司

抚顺市欣顺盛菜果批发交易市场

2017年度全国水产品批发市场30强

湛江市霞山水产品批发市场

舟山水产品中心批发市场

福建海峡水产品交易中心

北京大红门京深海鲜批发市场

上海东方国际水产中心

沈阳水产批发市场

大连盛兴水产品交易市场

宁波水产品批发市场

东山水产品批发市场

南昌赣昌水产品综合大市场

长春东北亚物流有限公司农贸水产市场

广州黄沙水产交易市场

山东安东卫水产物流有限公司

江苏固城湖水产市场

沈阳水产批发市场

北京市北水嘉伦水产品市场

济南海鲜大市场

深圳市罗湖水产（综合）批发市场

河北唐山君瑞联合农贸水产批发市场

湖北聚四海水产品批发市场

常德水产大市场

深圳市布吉海鲜市场

沈阳北大营海鲜市场

淄博淄川澳翔综合农产品批发市场

宝鸡市陈仓区城南农副产品市场

澧县八百里洞庭水产市场

山东海盛水产品批发市场

大连长兴农副产品批发市场
阳江市瑞祥海产品市场管理有限公司
北京四道口水产交易市场

2017 年度全国肉禽蛋批发市场 20 强

济南维尔康肉类水产品发市场
成都银犁农产品冷链物流中心
北京市西南郊肉类水产品市场中心
无锡天鹏食品城
广东省广弘食品集团冻品交易中心
万吨冻品市场
河北邯郸市（馆陶）金凤禽蛋农贸批发市场
甘肃省肉食水产批发市场
四川三联禽产品物流中心
通辽市成峰牲畜交易市场
沈阳北方肉食城市场
杭州联合肉类冷藏有限公司
重庆公路运输（集团）有限公司渝南冻品市场
开鲁县雨田农畜交易市场
湛江南方水产市场
大连熟食品交易中心
吉林省浩丰生猪交易市场
天津市冷冻食品交易市场
宁波市肉禽蛋批发市场
南昌市肉食品交易批发市场

2017 年度全国粮油批发市场 20 强

南宁五一粮油农副综合批发市场
北京盛华宏林粮油批发市场
东莞市常平粮油饲料批发市场
杭州粮油物流中心批发交易市场
南方粮食交易市场
阜宁县古河粮油批发交易市场
重庆市粮油批发市场
大庆市粮食综合批发市场
沈阳粮食批发市场

上海粮食交易中心批发市场

黑山辽西杂粮批发市场

长春东北亚物流有限公司粮油市场

西安粮油批发交易市场

宁波市庄桥粮油批发市场

天津市宝粮农副产品批发市场

金华市粮食批发交易市场

建平县朱碌科杂粮交易市场

吉林市淞北粮油批发市场管理有限公司

齐齐哈尔市城乡粮油交易市场

青岛市粮油综合批发交易市场

2017 年度全国茶叶批发市场 10 强

浙江浙南茶叶市场

安溪茶叶批发市场

济南广友茶城

仙都茶叶专业批发市场

北京市京华沅茶叶市场

中国北方茶城

恒康茶叶专业批发市场

石生国际茶城

郑州市叶嘉物业管理有限公司

宜昌三峡旅游茶城

2017 年度全国花卉批发市场 10 强

如皋市花木大世界

重庆花木世界

昆明斗南国际花卉产业园区

江苏省北沟花卉产业有限公司

凌源市茂源花卉有限责任公司

昆明国际花卉拍卖交易中心

郑州陈砦花卉服务有限公司

上海双季花卉园艺市场

陕西裕盛苗木园林建设有限公司

漳州百花村花卉开发有限公司

2017 年度全国干货调味品批发市场 10 强

郑州信基调味食品城

北京锦绣大地农副产品批发市场

东宁雨润绥阳木耳大市场

山东金乡国际交易市场

抚松长白山人参市场

鸡西市梨树区木耳山产品大市场

庆元香菇市场

广州市白云区东旺批发市场

长春东北亚物流有限公司食品调料市场

内蒙古鸿鼎农贸市场

按交易量

2017 年度全国农产品批发市场百强

北京新发地农产品批发市场

河南万邦国际农产品物流城

南京农副产品物流配送中心

商丘农产品中心批发市场

两湖绿谷农产品交易物流中心

西安西部欣桥农产品物流中心

长沙黄兴海吉星国际农产品物流园

南昌深圳农产品中心批发市场

广州江南果菜批发市场

四川国际农产品交易中心

郑州信基调味食品城

绵阳高水蔬菜批发市场

北京锦绣大地农副产品批发市场

太原河西农产品中心批发市场

江苏凌家塘农副产品批发市场

长沙红星农副产品大市场

南京天印山农副产品物流配送中心

河北高邑蔬菜批发市场

饶阳县春阳瓜菜果品交易市场

深圳海吉星国际农产品物流园

武汉白沙洲农副产品大市场

宜昌三峡物流园

寿光农产品物流园

合肥周谷堆大兴农产品国际物流园

北京大洋路农副产品批发市场

周口市黄淮物流港农产品批发市场

新疆九鼎农产品交易中心

保定市工农路蔬菜果品批发市场

重庆双福国际农贸城

天津市金钟农副产品有限公司

北京新发地高碑店农副产品物流园

青岛市城阳蔬菜水产品批发市场

四川南充川北农产品批发市场

东莞信立国际农产品贸易城

广东省汕头市农副产品批发中心市场

玉林宏进农副产品批发市场

苏州市南环桥农副产品批发市场

济南堤口果品批发市场

北京顺鑫石门农产品批发市场

嘉兴水果市场

上海市江桥批发市场

哈达果菜批发市场

晋中汇隆商贸有限公司

惠州海吉星农产品国际物流园

山东匡山农产品综合交易市场

武汉惠商丰华·四季美农贸城

青岛南村蔬菜批发市场

东莞市虎门富民农副产品批发市场

金华农产品批发市场

重庆观音桥农产品批发市场

宿迁华东农业大市场

上海农产品中心批发市场

南通农副产品物流中心

江西宜春市赣西农副产品批发市场

亳州市蔬菜批发市场

成都农产品中心批发市场

哈尔滨雨润南极食品交易中心

贵阳地利农产品物流园

济南维尔康肉类水产品发市场

佛山中南农产品交易中心

北京盛华宏林粮油批发市场

济宁蔬菜批发市场

兰州大青山蔬菜瓜果批发市场

沧州红枣交易市场

北京八里桥农产品中心批发市场

青岛莱西市东庄头蔬菜批发市场

广西海吉星农产品国际物流中心

厦门闽南农副产品物流中心

涿州市新发地农产品市场

沈阳水产批发市场

徐州雨润农副产品全球采购中心

洛阳宏进农副产品国际物流中心

天津韩家墅海吉星农产品批发市场

嘉兴蔬菜批发交易市场

呼和浩特美通首府无公害农产品物流中心

眉山市圣丰农产品批发市场

成都银犁农产品冷链物流中心

无锡朝阳农产品大市场

湖南佳惠农产品批发大市场

洛阳通河农副产品物流产业园

上海江杨农产品市场

邢台市新合作农产品批发市场

天津市红旗农贸综合批发市场

河北邯郸市（馆陶）金凤禽蛋农贸批发市场

荆门市多辉农产品物流园

山西省长治市紫坊农产品综合交易市场

酒泉春光农产品市场

东莞市果菜副食交易市场

广西新柳邕农产品批发市场

达州市塔沱农副产品综合批发市场

深圳市福田农产品批发市场

北京农产品中央批发市场

蚌埠海吉星农产品物流中心

淮安市明远农业发展有限公司

九江市琵琶湖农产品批发市场

上海西郊国际农产品交易中心

北京市西南郊肉类水产品市场中心

青藏高原农副产品集散中心

西安雨润农产品物流

徐州农副产品中心批发市场

2017 年度全国农产品综合批发市场 50 强

北京新发地农产品批发市场

河南万邦国际农产品物流城

南京农副产品物流配送中心

商丘农产品中心批发市场

两湖绿谷农产品交易物流中心

西安西部欣桥农产品物流中心

长沙黄兴海吉星国际农产品物流园

南昌深圳农产品中心批发市场

广州江南果菜批发市场

四川国际农产品交易中心

北京锦绣大地农副产品批发市场

太原河西农产品中心批发市场

江苏凌家塘农副产品批发市场

长沙红星农副产品大市场

南京天印山农副产品物流配送中心

河北高邑蔬菜批发市场

饶阳县春阳瓜菜果品交易市场

深圳海吉星国际农产品物流园

武汉白沙洲农副产品大市场

宜昌三峡物流园

合肥周谷堆大兴农产品国际物流园

北京大洋路农副产品批发市场

周口市黄淮物流港农产品批发市场

新疆九鼎农产品交易中心

保定市工农路蔬菜果品批发市场

重庆双福国际农贸城

天津市金钟农副产品有限公司

北京新发地高碑店农副产品物流园

青岛市城阳蔬菜水产品批发市场

四川南充川北农产品批发市场

东莞信立国际农产品贸易城

玉林宏进农副产品批发市场

苏州市南环桥农副产品批发市场

北京顺鑫石门农产品批发市场

哈达果菜批发市场

惠州海吉星农产品国际物流园

山东匡山农产品综合交易市场

武汉惠商丰华·四季美农贸城

金华农产品批发市场

重庆观音桥农产品批发市场

宿迁华东农业大市场

上海农产品中心批发市场

南通农副产品物流中心

江西宜春市赣西农副产品批发市场

亳州市蔬菜批发市场

成都农产品中心批发市场

哈尔滨雨润南极食品交易中心

贵阳地利农产品物流园

佛山中南农产品交易中心

北京盛华宏林粮油批发市场

2017 年度全国蔬菜批发市场 50 强

西安西部欣桥农产品物流中心

莱阳市东方果蔬批发市场

寿光农产品物流园

绵阳高水蔬菜批发市场

郑州毛庄农产品批发市场

四川南充川北农产品批发市场

广东省汕头市农副产品批发中心市场

昌黎县嘉诚实业集团有限公司

上海市江桥批发市场

晋中汇隆商贸有限公司

青岛南村蔬菜批发市场

东莞市虎门富民农副产品批发市场

江苏联谊农副产品批发市场

广东徐闻农产品交易市场

济宁蔬菜批发市场

兰州大青山蔬菜瓜果批发市场

昆明王旗营蔬菜批发市场

山东匡山蔬菜交易批发市场

嘉兴蔬菜批发交易市场

邢台市新合作农产品批发市场

定州市鲜活农产品市场

邯郸市农业科技贸易城有限责任公司

围场宏大农产品批发市场

宿迁南菜市农副产品批发市场

宁波市蔬菜副食品批发交易市场

天津碧城农产品批发市场

西安新北城农副产品交易市场

福州民天实业有限公司海峡蔬菜批发市场

杭州蔬菜物流有限公司

东莞市润丰果菜有限公司

南宁五里亭蔬菜批发市场

襄阳市洪沟农副产品股份有限公司

甘肃北方菜业公司靖远瓜果蔬菜批发市场

沈阳十二线农副产品批发市场

诸暨市农副产品批发市场

邢台顺兴农产品批发市场

衡阳市西园农副产品批发大市场

云南呈贡农产品批发市场

银川北环蔬菜果品综合批发市场

辽宁省鞍山宁远农产品批发市场

湖北裕丰农副产品有限公司百亿蔬菜批发市场

辽宁万隆农产品大市场

四川省阆中市圣果农产品批发市场

吉林市东北亚农产品批发市场

余姚市农副产品批发市场

张北县坝上蔬菜产业有限公司

海南永青绿色农业食品加工有限公司

黄山中合农产品物流园

广东省翁源粤北农副产品批发市场

宜兴市瑞德蔬菜水果批发市场

2017年度全国果品批发市场20强

沈阳地利农副产品有限公司

广州江南果菜批发市场

济南堤口果品批发市场

嘉兴水果市场

长沙红星农副产品大市场

沧州红枣交易市场

广西海吉星农产品国际物流中心

金华农产品批发市场有限公司果品批发市场

东莞市果菜副食交易市场

西安雨润农产品全球采购有限公司果品市场

江门市江会水果批发市场有限公司

杭州果品批发有限公司

山东鲁东果品批发市场

宁波蔬菜有限公司果品分公司

重庆菜园坝水果市场

廊坊北方农贸批发市场

保定天惠果品批发市场

湖南金世纪集团株洲市神农果业有限公司

抚顺市欣顺盛菜果批发交易市场

大同市康圆果蔬贸易有限责任公司

2017 年度全国水产品批发市场 30 强

沈阳水产批发市场

舟山水产品中心批发市场

东山水产品批发市场

福建海峡水产品交易中心

南昌赣昌水产品综合大市场

大连盛兴水产品交易市场

宝鸡市陈仓区城南农副产品市场

北京市北水嘉伦水产品市场

上海东方国际水产中心

湛江市霞山水产品批发市场

淄博淄川澳翔综合农产品批发市场

沈阳水产批发市场

宁波路林综合市场

北京大红门京深海鲜批发市场

江苏固城湖水产市场

河北唐山君瑞联合农贸水产批发市场

长春东北亚物流有限公司农贸水产市场

聚四海水产品批发市场

广州黄沙水产交易市场

澧县八百里洞庭水产市场

铜陵市绿源农产品大市场

济南海鲜大市场

山东海盛水产品批发市场

深圳市布吉海鲜市场

盘锦宏进农副产品批发市场有限公司

北京四道口水产交易市场

阳江市瑞祥海产品市场管理有限公司

汕头大洋水产市场有限公司

深圳市罗湖水产（综合）批发市场

沈阳北大营海鲜市场

2017 年度全国肉禽蛋批发市场 20 强

济南维尔康肉类水产品发市场

成都银犁农产品冷链物流中心

河北邯郸市（馆陶）金凤禽蛋农贸批发市场

北京市西南郊肉类水产品市场中心

万吨冻品市场

甘肃省肉食水产批发市场

沈阳北方肉食城市场

广东省广弘食品集团冻品交易中心

重庆公路运输（集团）有限公司渝南冻品市场

四川三联禽产品物流中心

无锡天鹏食品城

通辽市成峰牲畜交易市场

杭州联合肉类冷藏有限公司

开鲁县雨田农畜交易市场

南昌市肉食品交易批发市场

吉林省浩丰生猪交易市场

宁波市肉禽蛋批发市场

大连熟食品交易中心

方欣国际食品城

太原田和食品集团有限公司

2017 年度全国粮油批发市场 20 强

南宁五一粮油农副综合批发市场

北京盛华宏林粮油批发市场

南方粮食交易市场

阜宁县古河粮油批发交易市场

重庆市粮油批发市场

杭州粮油物流中心批发交易市场

东莞市常平粮油饲料批发市场

上海粮食交易中心批发市场

洮南市蛟流河杂粮杂豆批发市场

大庆市粮食综合批发市场

沈阳粮食批发市场

天津市宝粮农副产品批发市场

黑山辽西杂粮批发市场

吉林市淞北粮油批发市场管理有限公司

金华市粮食批发交易市场

长春东北亚物流有限公司粮油市场

宁波市庄桥粮油批发市场

西安粮油批发交易市场

齐齐哈尔市城乡粮油交易市场

九江粮食交易大市场

2017年度全国茶叶批发市场10强

济南广友茶城

浙江浙南茶叶市场

北京市京华沅茶叶市场

安溪茶叶批发市场

仙都茶叶专业批发市场

恒康茶叶专业批发市场

中国北方茶城

石生国际茶城

郑州市叶嘉物业管理有限公司

宜昌三峡旅游茶城

2017年度全国花卉批发市场10强

如皋市花木大世界

昆明斗南国际花卉产业园区

江苏省北沟花卉产业有限公司

漳州百花村花卉开发有限公司

陕西裕盛苗木园林建设有限公司

昆明国际花卉拍卖交易中心

上海双季花卉园艺市场

重庆花木世界

凌源市茂源花卉有限责任公司

郑州陈砦花卉服务有限公司

2017年度全国干货调味品批发市场10强

郑州信基调味食品城

沧州红枣交易市场

北京锦绣大地农副产品批发市场

山东金乡国际交易市场

内蒙古鸿鼎农贸市场

庆元香菇市场

东宁雨润绥阳木耳大市场

长春东北亚物流有限公司食品调料市场

广州市白云区东旺批发市场

鸡西市梨树区木耳山产品大市场

"2017 第二届中国农产品供应链之星" 名单

1.农产品批发市场

第二届中国农产品供应链综合类市场之星
——河南万邦国际农产品物流股份有限公司
　　南京农副产品物流配送中心有限公司
第二届中国农产品供应链蔬菜类市场之星
——陕西欣绿实业股份有限公司
第二届中国农产品供应链果品类市场之星
——广州江南果菜批发市场经营管理有限公司
第二届中国农产品供应链水产品类市场之星
——湛江市霞山水产品批发市场有限公司
第二届中国农产品供应链肉禽蛋类市场之星
——邯郸市（馆陶）金凤禽蛋农贸批发市场
第二届中国农产品供应链干货调味品类市场之星
——郑州信基调味品城有限公司
第二届中国农产品供应链粮油类市场之星
——北京盛华宏林粮油批发市场有限公司

2.农产品批发商

蔬菜类　北京兴君盛发商贸有限公司
蔬菜类　南京凯凯农副产品有限责任公司
蔬菜类　大理州华夏农副产品有限责任公司
蔬菜类　安徽省宿州市埇桥区本军蔬菜专业合作社
果品类　江西省华东方保香蕉农产品有限公司
果品类　北京永信恒昌果品有限公司
果品类　江苏来富农业科技有限公司
果品类　郑州陈氏阳光果蔬贸易有限公司
肉禽蛋　类东莞鲜美家农产品有限公司

3.第二届中国农产品供应链农产品生产基地之星

福建省久泰农业发展有限公司

4.第二届中国农产品供应链加工配送企业之星

厦门福慧达果蔬股份有限公司
广东何氏水产有限公司

5.第二届中国农产品供应链农产品零售市场之星

北京市鑫绿都农副产品市场中心

"2017年度中国农产品供应链争创之星"名单

一、2017年度中国农产品供应链批发市场争创之星

北京农产品中央批发市场有限责任公司

北京市西南郊肉类水产品市场中心

北京大洋路农副产品市场有限公司

北京大红门京深海鲜批发市场有限公司

北京市京华沅茶叶市场有限公司

天津市金钟农副产品有限公司

天津韩家墅海吉星农产品物流有限公司

太原市河西农产品有限公司

山西省长治市紫坊农产品综合交易市场有限公司

内蒙古食全食美股份有限公司

上海市江桥批发市场经营管理有限公司

上海江杨农产品市场经营管理有限公司

苏州市南环桥市场发展股份有限公司

无锡朝阳股份有限公司

无锡天鹏菜篮子工程有限公司

南京金箔集团金宝市场有限公司

江苏固城湖水产市场股份有限公司

浙江嘉昕农产品股份有限公司嘉兴蔬菜批发交易市场

合肥周谷堆农产品批发市场股份有限公司

蚌埠海吉星农产品物流有限公司

福建省福州粮食批发交易市场

九江市琵琶湖农产品物流有限公司

南昌深圳农产品中心批发市场有限公司

青岛市城阳蔬菜水产品批发市场有限公司

山东匡山农产品综合交易市场管理有限公司

长沙马王堆农产品股份有限公司

济南堤口果品批发市场

济宁蔬菜批发市场有限责任公司

商丘农产品中心批发市场

武汉白沙洲农副产品大市场有限公司

两湖绿谷物流股份有限公司

惠州海吉星农产品国际物流有限公司

东莞市信立实业有限公司

东莞市果菜副食交易市场有限公司

广东省广弘食品集团有限公司冻品市场经营管理分公司

深圳市罗湖水产（综合）批发市场

广西新柳邕农产品批发市场有限公司

广西海吉星农产品国际物流有限公司

重庆观音桥市场有限公司

重庆双福农产品批发市场有限公司

重庆公路运输（集团）有限公司渝南冻品市场管理分公司

成都农产品中心批发市场有限责任公司

中国·广元农产品交易中心

绵阳市高水农副产品批发有限公司

南充川北农产品交易有限公司

西安粮油批发交易市场

宁波市蔬菜副食品批发交易市场

宁波市蔬菜有限公司果品批发交易市场

宁波水产品批发市场有限公司

红星实业集团有限公司红星农副产品大市场

甘肃酒泉春光农产品市场有限责任公司

二、2017 年度中国农产品供应链批发商争创之星

北京市海和兴水产品有限公司

北京丰顺园农产品有限公司

中国刘小改食品集团有限公司

北京永超顺达商贸有限公司

北京一鸣永盛商贸有限公司

北京永信恒昌果品有限公司

北京新发地国水果品有限公司

北京新发地鸿缘优品商贸有限公司

北京新发地兴君盛发蔬菜商贸中心

北京新发地勇习商贸有限公司

北京易实惠科技有限公司

邢台市新合作农产品批发市场陈鹏蔬菜批发部

上海领顶食品有限公司

上海金钟粮油公司

南京金达豪商贸有限公司

无锡市崇安区德财水产经营部

无锡市崇安区广益惠众食品商行

无锡市崇安区广益鹏胜食品经营部

安徽豆宝食品有限公司

安徽满地红农产品有限公司

安徽盘中餐粮油贸易有限公司

安徽五星果品有限责任公司

合肥绿盛菜业

合肥市包河区善玉水产经营部

康福乐农业科技有限公司

合肥文杰食品有限公司

合肥鑫隆粮油有限公司

安徽大世界果品有限责任公司

湖南果之友农业科技有限公司

福建省久泰农业发展有限公司

郑州康泰食品科技有限公司

郑州市惠济区信基调味食品华宇调味商行

广州市江南松州东海蔬菜经营部

广州天德农业有限公司

惠州市绿佳康农副产品配送有限公司

宁夏小任果业发展有限公司

江西省鸿远果业股份有限公司

三、2017 年度中国农产品供应链农产品生产基地争创之星

福建省安田农业科技有限公司

江西省鸿远果业股份有限公司

武汉巨东商贸有限公司烟台栖霞市杨础镇苹果基地

四川省安岳县自强富农水果专业合作社

宁强县尚品田园蔬菜种植专业合作社

山东向阳坡生态农业股份有限公司

四、2017 年度中国农产品供应链农产品加工配送企业争创之星

内蒙古食全食美商品物流配送有限责任公司

福建农时通食材供应链发展有限公司

五、2017年度中国农产品供应链农产品电子商务企业争创之星

北京锦绣大地电子商务有限公司

德州百仕达地标产业有限公司

广东天德物物联网科技有限公司

重庆香满圆农产品有限公司

陕西米禾供应链管理股份有限公司

福中集团——南京三加三电子商务有限公司

"2017 年度中国农产品供应链
建设突出贡献单位" 名单

济南市商务局
云阳县果品产业发展局
西宁市菜篮子行业协会
馆陶县金凤市场管委会办公室

"2017 年度中国农产品供应链建设最佳服务商" 名单

北京中科为民菜篮子工程管理有限公司

上海中信信息发展股份有限公司

上海海吉星马克市场管理有限公司

上海润通实业投资有限公司

机械工业第六设计研究院有限公司

深圳市安鑫宝科技发展有限公司

潍坊中阳新材料科技有限公司

"2017 年度中国农产品供应链
建设优秀单位"名单

一、2017 年度中国农产品供应链建设优秀市场

北京市北水嘉伦水产品市场有限责任公司

北京四道口水产交易市场有限公司

北京京丰岳各庄农副产品批发市场中心

北京八里桥农产品中心批发市场有限公司

河北高邑蔬菜批发市场

饶阳县春阳瓜菜果品交易市场服务有限公司

抚顺市欣顺盛菜果批发市场交易市场有限公司

齐齐哈尔市城乡粮油交易市场

南京金箔集团金宝市场有限公司天印山农副产品物流配送中心

宁波市肉禽蛋批发市场有限公司

芜湖清水白肉批发市场

福建省源香冷储物流有限公司

乐平蔬菜农产品批发市场有限公司

金乡县凯盛农业发展有限公司

青岛南村蔬菜批发市场

洛阳宏进农副产品批发市场有限公司

酒泉大敦煌农产品交易市场有限公司

西宁农商投资建设开发管理有限公司

宁夏中卫四季鲜农产品综合批发市场

平罗县富乐民蔬菜综合批发市场

山东黑马集团农贸水产批发市场

宿州百大农产品物流有限责任公司

乌海市金裕农副产品综合批发市场

保定天惠果品批发市场

宜春市赣西农副产品批发市场集团有限公司

通辽市科尔沁区建国农产品批发市场有限责任公司

大连三寰西南路综合市场有限公司

二、2017年度中国农产品供应链建设优秀批发商

中卫市项氏果蔬销售有限公司

中卫市天龙果业

中卫市万家鲜蔬菜配送有限公司

天津市博涵盛运农副产品贸易有限公司

合肥子豪商贸有限公司

合肥福子慧商贸有限公司

合肥瑶海区晓胡冷冻食品商行

合肥瑶海区二胜冷冻食品商行

合肥鑫隆粮油有限公司

合肥伟盛粮油科技有限公司

合肥誉泰食品有限公司

安徽伟强农产品有限公司

安徽满地红农产品有限公司

安徽省源海农产品商贸有限公司

合肥及时鱼商贸有限公司

合肥明记水产商行

合肥维华农副产品销售有限公司

合肥东方果品有限责任公司

乐平市中明食品贸易有限公司

乐平市吉祥粮油

乐平市同乐蔬菜合作社

河南华港海味食品有限公司

新味源调料水产商贸行

郑州信基调味食品城川味陈调料经营部

吉信茶叶批发行

惠州市绿佳康农夫产品配送有限公司

惠州市博林海利农业开发有限公司

白雪食品有限公司

惠州市惠城区悦利鲜果批发行

惠州市年年旺农副产品配送有限公司

广州市江南松州东海蔬菜经营部

广州天德农业有限公司

东莞市顶吉食品有限公司

东莞市顶威食品商贸公司

东莞市大岭山丰盛冻肉商行

东莞海源食品有限公司

衡东兴鸿调味批发行

东莞市华香粮油有限公司

东莞市鲜美家农产品贸易有限公司

东莞市湘厨佬酒店特色食品

东莞市湘汝食品科技有限公司

东莞市中颐食品有限公司

重庆市三易食品有限公司

广元农产品交易中心永红粮油店

广元市云晨商贸有限公司

阆中辉宏农产品开发有限公司

阆中市优果鲜果品有限公司

江苏来富农业科技有限公司

南京绿海果业有限公司

南京三永国际贸易有限公司

广州展卉贸易有限公司南京分公司

无锡市崇安区德财水产经营部

无锡市崇安区广益鹏胜副食品经营部

无锡市崇安区广益惠众食品商行

奇顺蔬菜批发商行

赵德辉蔬菜批发商行

李忠臣精品蔬菜批发商行

惠友蔬菜批发配送商行

济南宏泰果品公司

三、2017 年度中国农产品供应链建设优秀零售市场

北京育芳新城利民社区菜市场有限公司

河北华北石油大路公司

大连熟食品交易中心有限公司

"2017年度中国农产品供应链建设突出贡献个人、先进个人、优秀个人"名单

一、2017年度中国农产品供应链建设突出贡献个人

北京新发地农产品批发市场董事长　张玉玺

内蒙古食全食美股份有限公司党委书记、董事长兼总经理　彭继远

南京农副产品物流配送中心有限公司董事长　汤卫宁

两湖绿谷农产品交易物流中心董事长　杨忠洲

河南万邦国际农产品物流股份有限公司董事长　杨广立

惠州海吉星农产品国际物流有限公司董事长　胡思悦

广州江南果菜批发市场经营管理有限公司董事长兼总经理　叶灿江

湛江市霞山水产品批发市场有限公司董事长　龙土金

重庆双福农产品批发市场有限公司董事长、党委书记　敖　辉

红星实业集团有限公司红星农副产品大市场总经理　胡　超

南京金宝商业投资发展股份有限公司总经理　徐　焱

陕西欣绿实业股份有限公司董事长　李希荣

广西新柳邕农产品批发市场有限公司董事长　元柏鸿

二、2017年度中国农产品供应链建设先进个人

北京盛华宏林粮油批发市场有限公司总经理　吴玉芝

北京大洋路农副产品市场有限公司总经理　穆建军

北京二商京华茶业有限公司总经理　任长青

北京锦绣大地电子商务有限公司副总经理　陈孚高

河北高邑蔬菜批发市场总经理　郭清选

馆陶县金凤市场管委会办公室副主任　赵青春

山西省长治市紫坊农产品综合交易市场有限公司总经理　张汉民

齐齐哈尔市城乡粮油交易市场总经理　多继光

上海江杨农产品市场经营管理有限公司总经理　刘智刚

上海市江桥批发市场经营管理有限公司总经理　顾正斌

宁波市肉禽蛋批发市场有限公司董事长　范伟生

宿州百大农产品物流有限责任公司总经理　孙　俊

南昌深圳农产品中心批发市场有限公司董事长　林惠雄

乐平蔬菜农产品批发市场有限公司总经理　李水兴

金乡县凯盛农业发展有限公司总经理　王新建

山东匡山农产品综合交易市场管理有限公司董事长　王　浩

青岛南村蔬菜批发市场总经理　徐维涛

武汉白沙洲农副产品大市场有限公司董事长　张志伟

洪湖市农友农贸市场有限公司董事长　杨国栋

深圳市罗湖水产（综合）批发市场董事长　黄御树

广东何氏水产有限公司董事长　何华先

重庆双福农产品批发市场有限公司总经理　沈　毅

成都农产品中心批发市场有限责任公司董事长　尹世军

济南堤口果品批发市场总经理　展延怀

大连熟食品交易中心有限公司总经理　金凌旭

重庆公路运输（集团）有限公司渝南冻品市场管理分公司经理　张正容

抚顺市欣顺盛菜果批发交易市场有限公司总经理　张显彦

酒泉大敦煌农产品交易市场有限公司董事长　蒋聚臣

大连三寰西南路综合市场有限公司总经理　黎　冬

河北华北石油天成实业集团有限公司大路商贸分公司总经理　于洪生

天津市金钟农副产品有限公司总经理　刘静甫

西宁农商投资建设开发管理有限公司董事长　郑瑞洁

山东向阳坡生态农业股份有限公司　张继亭

三、2017 年度中国农产品供应链建设优秀个人

北京易实惠科技有限公司总经理　徐中宇

北京大红门京深海鲜批发市场有限公司副总经理　吴江涛

天津市金钟农副产品有限公司副总经理　周　彤

河北任丘桥仔粮油店经理　堵桥民

内蒙古食全食美股份有限公司物流配送中心副经理　泉　峰

南京金箔集团金宝市场有限公司天印山农副产品物流配送中心总经理　刘良彬

厦门福慧达果蔬股份有限公司董事长　郑晓玲

福建省久泰农业发展有限公司副总经理　李伯根

福建省安田农业科技有限公司总经理　林善春

江西省华东方保香蕉农产品有限公司董事长　舒方保

江西省鸿远果业股份有限公司总经理　王鸿斌

武汉白沙洲农副产品大市场有限公司副董事长　车炳祥

广东何氏水产有限公司副总裁　王丁望

深圳市源兴果品股份有限公司董事长　卢金炮

重庆双福农产品批发市场有限公司副总经理　刘　强

重庆香满圆农产品有限公司副经理　刘海涛
宁强县尚品田园蔬菜种植专业合作社董事长　任金强
长沙马王堆农产品股份有限公司部门经理　张新国
河北华北石油天成实业集团有限公司大路商贸分公司　程阿鹏
河北华北石油天成实业集团有限公司大路商贸分公司　李　勇
河北华北石油天成实业集团有限公司大路商贸分公司　季龙超
河北华北石油天成实业集团有限公司大路商贸分公司　叶远辉

2017 年度全国城市农贸中心联合会
优秀联络员名单

序号	姓名	单位名称	职务
1	马超	北京新发地农副产品批发市场中心	办公室主任
2	刘桂霞	北京八里桥农产品中心批发市场有限公司	办公室主任
3	郝金有	北京市西南郊肉类水产品市场中心	主任
4	张欣	北京市鑫绿都农副产品市场中心	副科长
5	任杰	北京市北水嘉伦水产品市场	主任
6	高宝庄	北京市京华沅茶叶市场有限公司	管理员
7	隋国华	天津韩家墅海吉星农产品物流有限公司	主任
8	赵青春	邯郸市（馆陶）金凤禽蛋农贸批发市场	副总经理
9	刘藏云	饶阳县春阳瓜菜果品交易市场服务有限公司	助理
10	薛冬峰	邢台顺兴农产品批发市场	副经理
11	张汉民	长治紫坊农产品综合交易市场有限公司	总经理
12	杨国华	大连金发地市场管理有限公司	副总经理
13	孙启全	大连盛兴水产品交易市场有限公司	副总经理
14	曲丹莉	沈阳北大营海鲜市场管理有限公司	人力资源兼企划部长
15	薛仲鹏	抚顺市欣顺盛菜果批发交易市场有限公司	主任
16	刘晶旭	辽宁鞍山宁远农产品批发市场	办公室主任
17	朱占峰	长春海吉星农产品物流有限公司	办公室主任
18	蔡志清	齐齐哈尔市城乡粮油交易市场	经理
19	陆立力	上海蔬菜（集团）有限公司	市场管理部主管
20	徐立山	上海农产品中心批发市场经营管理有限公司	副总经理
21	高渊	无锡天鹏菜篮子工程有限公司	办公室副主任
22	刘良彬	南京金箔集团金宝市场有限公司天印山农副产品物流配送中心	总经理
23	靳雨松	徐州源洋商贸发展有限公司	助理

序号	姓名	单位名称	职务
24	方舟	金华农产品批发市场有限公司	综合部经理
25	毕昊	合肥周谷堆农产品批发市场股份有限公司	办公室主任助理
26	王桂萍	宿州百大农产品物流有限责任公司	综合部部长
27	赵淑英	福建省农产品市场协会	主任
28	余小龙	南昌深圳农产品中心批发市场有限公司	办公室主任
29	胡蝶	九江市琵琶湖农产品物流有限公司	办公室主任
30	付俊明	宜春市赣西农副产品批发市场集团有限公司	总经理
31	张开运	济宁蔬菜批发市场有限责任公司	总经理
32	宋俊俊	青岛南村蔬菜有限公司	主任
33	许静	商丘农产品中心批发市场	领导秘书
34	王琨	郑州信基调味品城有限公司	办公室主任
35	林金锤	漯河市双河农产品交易市场	总经理
36	郑荣秀	武汉白沙洲农副产品大市场	功能部总监
37	唐科军	两湖绿谷物流股份有限公司	总经理
38	孙守立	湖北洪湖农友农贸市场有限公司	经理
39	杨牡丹	长沙马王堆农产品股份有限公司	办公室主管
40	李磊	广州江南果菜批发市场经营管理有限公司	办公室主任
41	卢盛齐	深圳市合盈实业有限公司	副总经理
42	李少焕	佛山市中南农业科技有限公司	办公室主任
43	黄涛	广西海吉星农产品国际物流有限公司	文化专员
44	杨之婧	广西新柳邕农产品批发市场有限公司	文秘主管
45	刘喜华	柳州市蔬菜副食品总公司	企管办主任
46	姜辉	成都农产品中心批发市场有限责任公司	成都办事处主任
47	许建新	南充川北农产品交易有限公司	副总
48	唐斌	四川省阆中市圣果农产品综合贸易有限公司	副总经理
49	魏笑春	西宁农商投资建设开发管理有限公司	综合办主任
50	赵磊	宁夏四季鲜果品蔬菜批发市场有限公司	总经理助理

2017 年度全国农产品流通行业特殊奖项

2017 年度最具影响力品牌市场

北京新发地农产品批发市场
呼和浩特美通首府无公害农产品物流中心
南京农副产品物流配送中心
无锡天鹏食品城
江苏凌家塘农副产品批发市场
合肥周谷堆大兴农产品国际物流园
郑州信基调味食品城
广州江南果菜批发市场
深圳海吉星国际农产品物流园
湛江市霞山水产品批发市场

2017 年度金牌批发商

北京新发地农产品批发市场–北京永信恒昌果品有限公司
南京农副产品物流配送中心–南京凯凯农副产品有限公司
福建省农产品市场协会–久泰现代农业有限公司
广东省汕头市农副产品批发中心市场–汕头市佰汇蔬菜行
广东省汕头市农副产品批发中心市场–汕头市峰达果菜商行
广东省汕头市农副产品批发中心市场–汕头市海特果菜有限公司
广东省汕头市农副产品批发中心市场–汕头市龙湖区绿源蔬菜经营部
广东省汕头市农副产品批发中心市场–汕头市龙湖区仟诚农副产品经营部

2017 年度农产品流通突出贡献批发商

北京市西南郊肉类水产品市场–北京易实惠科技有限公司
北京大洋路农副产品市场–北京宗旺农副产品有限公司
呼和浩特市玉泉区美通市场–内蒙古世纪华弘果业
上海东方国际水产中心–中国水产舟山海洋渔业公司上海公司
上海东方国际水产中心–上海兴港食品有限公司
上海东方国际水产中心–上海汇水冷藏有限公司

上海东方国际水产中心–上海哈仕福贸易商行

上海东方国际水产中心–上海市杨浦海尚水产行

南京农副产品物流配送中心–宿州市埇桥区本军合作社

南京农副产品物流配送中心–佳农食品（上海）有限公司

南京农副产品物流配送中心–南京千岛果业有限公司

南京农副产品物流配送中心–南京老猫果业发展有限公司

南京市菜篮子工程促进会–江苏腾久工贸实业有限公司

合肥百大周谷堆市场–合肥鼓楼东立食品商行

合肥百大周谷堆市场–合肥瑶海区东大信冷冻食品商行

合肥百大周谷堆市场–合肥枫叶情餐饮咨询服务有限责任公司

合肥百大周谷堆市场–安徽圆厨油脂有限公司

合肥百大周谷堆市场–合肥绿益食品有限公司

合肥百大周谷堆市场–安徽省田园康农科技有限公司

合肥百大周谷堆市场–合肥晖远大商贸有限公司

合肥百大周谷堆市场–合肥市瑶海区万振水产商行

合肥百大周谷堆市场–安徽万盛果品有限公司

合肥百大周谷堆市场–安徽华盛水果批发部

宿州百大农产品物流中心–惠友蔬菜批发商行

郑州信基调味食品城–康盛源干调商行

郑州市惠济区调味食品城–三丰熟食贸易部

武汉白沙洲农副产品大市场–武汉权鹏商贸有限公司

武汉白沙洲农副产品大市场–武汉市洪山区长兴粮食商行

武汉白沙洲农副产品大市场–禾硕果商贸有限公司

武汉白沙洲农副产品大市场–龙鑫伟业商贸有限公司

武汉白沙洲农副产品大市场–和福盛粮油商行

武汉白沙洲农副产品大市场–南大门蔬菜商行

武汉白沙洲农副产品大市场–农友蔬菜商行

武汉白沙洲农副产品大市场–宏多蔬菜商行

武汉白沙洲农副产品大市场–蒋平潮渔行

武汉白沙洲农副产品大市场–大沙同兴渔行

武汉白沙洲农副产品大市场–张华渔行

长沙红星农副产品大市场–湖南果之友农业科技有限公司

长沙红星农副产品大市场–长沙市和金胜果品有限公司

惠州海吉星农产品国际物流园–惠州市聚佳源农副产品配送有限公司

惠州海吉星农产品国际物流园–惠州市绿佳康农副产品配送有限公司

惠州海吉星农产品国际物流园–惠州市吉信茶行

阆中市圣果农产品批发市场–阆中辉宏农产品开发有限公司

甘肃酒泉春光农产品市场–肃州区鸿发水果店

甘肃酒泉春光农产品市场–肃州区新农夫果蔬副食配送中心

甘肃酒泉春光农产品市场－肃州区鲜利果蔬行
甘肃酒泉春光农产品市场－酒泉进万家食品集中配送有限责任公司
甘肃酒泉春光农产品市场－肃州区徐老大水果批发行
甘肃酒泉春光农产品市场－肃州区刘伟绿色果蔬春光配送中心

2017 年度农产品流通优秀批发商

上海农产品中心批发市场－山东省兰陵县蒙台蔬菜批发市场有限公司
上海农产品中心批发市场－上海美煜源果蔬有限公司
上海农产品中心批发市场－添奇（上海）实业有限公司
上海农产品中心批发市场－盐城市大丰区春东农产品购销站
上海东方国际水产中心－上海影满贸易有限公司
南京农副产品物流配送中心－南京农优特果业有限公司
南京金宝天印山农贸市场－徐利谋蔬菜批发中心
南京市菜篮子工程促进会－南京影磊农产品销售有限公司
南京市菜篮子工程促进会－南京德鹏副食品有限公司
宿州百大农产品物流中心－张毛雷精品蔬菜批发商行
黄山中合农产品物流园－黄山市金徽源贸易有限公司
黄山中合农产品物流园－小赵香蕉批发
山东省临邑县小滕菜业
江苏省宝应县长海食品经营部
山东省临邑县昌盛水产店
福州海峡蔬菜批发市场－福建省安田农业科技有限公司
福州海峡蔬菜批发市场－16#档口
江西光贸电子商务有限公司
洛阳市万隆农超对接服务站
两湖绿谷农产品交易物流中心－湖北国品商贸有限公司
两湖绿谷农产品交易物流中心－昌盛果业公司
深圳市万众爱上面食品有限公司
广西新柳邕农产品批发市场－柳州市飞强水果批发商行
广西新柳邕农产品批发市场－柳州市金味帅食品贸易有限公司
绵阳高水蔬菜批发市场－绵阳市二龙商贸有限公司
南充川北农产品批发市场－张昌波蔬菜批发经营部
南充川北农产品批发市场－张昊蔬菜批发经营部

2017 年度农产品流通优秀服务商

北京锦绣大地电子商务有限公司
内蒙古食全食美物流配送有限责任公司

上海中信信息发展股份有限公司
上海大生农业金融科技股份有限公司
郑州凯雪冷链股份有限公司
重庆香满圆农产品有限公司
杭州一鸿市场研究咨询有限公司

2017 年度农产品产销促进优势基地

杭州近江水产农副产品综合市场城市菜篮子配送基地
安徽汇力农业发展有限公司
潍坊市寒亭区俊清蔬果专业合作社
灵武市宁六宝果品专业合作社

2017 年度农产品流通优秀零售市场

河北华北石油天成实业集团有限公司大路商贸分公司
安徽瑞丰商品交易博览城投资开发有限公司
宜昌早安香市场管理有限公司
深圳市油松共和农贸批发市场有限公司

2017 年度农产品流通公益贡献奖（个人）

金乡县凯盛农业发展有限公司董事长　王新健
河南亿星实业集团有限公司党委书记、董事长　李超峰
河南万邦国际农产品物流股份有限公司副董事长　杨广川

2017 年度农产品流通公益贡献奖（单位）

上海中信信息发展股份有限公司
南昌深圳农产品中心批发市场有限公司
内蒙古食全食美股份有限公司
安徽瑞丰商品交易博览城投资开发有限公司
西宁农商投资建设开发管理有限公司
杭州邦徽投资管理有限公司

2017年度中国农产品批发市场行业创新年度人物

北京盛华宏林粮油批发市场有限公司总经理　吴玉芝
北京锦绣大地电子商务有限公司董事长兼总经理　张　颖
上海江杨农产品市场经营管理有限公司党委副书记、总经理　刘智刚
上海大生农业金融科技股份有限公司董事长　吴红斌
江苏凌家塘市场发展有限公司董事长　张建方
河南万邦国际农产品物流股份有限公司董事长　杨广立
广州江南果菜批发市场经营管理有限公司董事长兼总经理　叶灿江
陕西欣绿实业股份有限公司董事长　李希容

2017年度农产品流通突出贡献奖

济南市商务局

2017年度农产品流通优秀市场

鄂尔多斯市万家惠农贸市场
南京溧水安民农副产品交易中心
台州市农副产品集配中心
金乡凯盛国际农产品物流园
湖北省洪湖市农友农贸市场
广西金桥国际农产品批发市场
西安环南国际食品交易城
重庆新大兴国际农副产品交易中心

第七篇　行业大事记

第一部分　2017 年农产品流通行业十大热点

深入推进农业供给侧结构性改革，合理优化农产品流通产业结构

在 2016 年底召开的中央农村工作会议上，中央强调要坚持新发展理念，把推进农业供给侧结构性改革作为农业农村工作的主线，要着力优化产业产品结构，紧紧围绕市场需求变化，与推进新型城镇化相适应，以提高农业供给质量为主攻方向，着力推进农业提质增效。

推进农业供给侧结构性改革，要适应市场需求，优化产品结构，要把农业结构调好调顺调优，把提高农产品质量放在更加突出位置；发展适度规模经营，优化经营结构，把促进规模经营与脱贫攻坚和带动一般农户增收结合起来；立足比较优势，优化区域结构，重点建设好粮食生产功能区、重要农产品生产保护区、特色农产品优势区；加快科技创新，增强农业发展动能，调整农业科技创新方向和重点，调动科技人员的积极性；促进融合发展，优化产业结构，着眼提高农业全产业链收益，努力做强一产、做优二产、做活三产；推行绿色生产方式，促进农业可持续发展。

推进农业供给侧结构性改革，关键在完善体制、创新机制，加快深化农村改革，理顺政府和市场的关系，全面激活市场、激活要素、激活主体。推进粮食等重要农产品价格形成机制和收储制度改革，深化农村产权制度改革，改革财政支农投入使用机制，加快农村金融创新，健全农村创业创新机制。

商务部认真贯彻落实 2017 年中央一号文件精神，推进农产品流通改革创新，取得积极成效。在加强流通基础设施建设方面，积极推动全国农产品流通骨干网建设行动计划，推进公益性农产品批发市场建设试点工作，调整公益性农产品批发市场建设试点单位，推广公益性农产品示范市场典型经验和模式。开展供应链体系建设工作，建设流通与生产衔接的供应链协同平台和资源高效整合的供应链交易平台，推广物流标准化，促进供应链上下游相衔接，提高流通标准化、信息化、集约化水平。商务部办公厅印发《2017 年加快内贸流通创新推动供给侧结构性改革扩大消费专项行动实施方案》（商办秩函〔2017〕184号），立足国内贸易"发展流通、促进消费"两大任务，优化消费供给，畅通流通网络，降低流通成本，树立商务诚信，抓住重点消费节点，加强督查落实，积极宣传营造氛围。以近年制定的《国内贸易流通"十三五"发展规划》和全国农产品市场体系发展规划（2015—2020）等文件为抓手，深化流通改革，优化产业结构和布局。

农商深化协作，农产品电子商务得到大力发展

近几年来，互联网、大数据、云计算、区块链等信息技术的发展和应用对农产品批发市场产生了一定影响，全国农产品批发市场广泛应用智慧化互联网工具。在全国百强市场中，92 家市场建有信息中心，同比增长 4.5%；70 家市场建有电子结算中心，同比增长 7.7%；70 家市场建有配送中心，同比增长 6.1%。但总体上中国农业电子商务发展仍处于起步阶段，存在着市场主体发育不健全、物流配送等基础设施滞后、发展环境不完善和人才缺乏等问题。中国电子商务研究中心发布的《2017 年度中国网络零售市场数据监测报告》显示，在 2017 年国内生鲜电商的整体交易额约 1402.8 亿元，同比 2016 年 913 亿元增长了

53.3%，预计2018年可达到2066亿元。虽然农产品网络零售近几年增幅明显，但在万亿级别的刚性市场需求面前，生鲜电商的渗透力还远远不够，绝对量只占全国农产品批发市场整体交易额的5%左右。目前，生鲜电商行业仍处于高度竞争阶段，且损耗大，对储存配送的物流要求高。随着电商消费人群基数不断扩大，生鲜电商行业的发展空间和利润空间将吸引资金不断注入，未来能够探索出持续盈利经营模式的生鲜电商企业将有可能迎来爆炸式增长。

为适应农产品消费市场的高速成长，推进农业向现代化、智能化、信息化方向快速发展，国家相关部委高度重视农产品电子商务工作。2017年8月，商务部、农业部发布《关于深化农商协作大力发展农产品电子商务的通知》，文件要求瞄准农业现代化主攻方向，以农业供给侧结构性改革为主线，顺应互联网和电子商务发展趋势，充分发挥商务、农业部门协作协同作用，以市场需求为导向，着力突破制约农产品电子商务发展的瓶颈和问题，加快建立线上线下融合、生产流通消费高效衔接的新型农产品供应链体系。积极回应消费者对农产品质量安全的关切，以电子商务带动市场化、倒逼标准化、促进规模化、提升品牌化，推动农业转型升级，更好满足人民群众对农产品日益增加的品质化、多样化、个性化需求。

根据文件精神，要因地制宜开展农产品电商出村试点，创新农产品电商销售机制和模式，探索建立企业和农户之间的新型利益连接机制，通过分工协作将分散农户纳入产业化发展轨道，提高小农生产的集约化水平，享受全产业链增值收益；实施农村电商百万带头人计划，积极利用农民手机应用技能培训、新型职业农民培育、农村实用人才带头人培训等现有培训项目，对农民合作社成员、电商转型的企业和政府部门人员等，开展电商理念、基础理论、技能技巧等不同层次的培训。争取到2020年，电商示范县初步建立覆盖对象广泛、培训形式多样、服务支撑有力的电商培训体系，培训人员超过1000万人次，农村活跃网商超过100万个；强化农产品电子商务大数据发展应用，动态分析农村和农产品市场变化，满足消费者差异化需求，为进一步开展农产品流通服务创新和商业模式创新提供支撑，与电子商务交易数据进行对接，提高市场信息传导效应，有针对性地制定优势产业电子商务发展计划。

"互联网+农批"政策逐渐落地，传统农产品批发市场加速转型升级

近年来，各地区农产品需求量伴随着城市化进程的加快和城市人口不断增加呈现快速上升态势，为满足不断增长的需求，各大城市根据自身特点规划了一定数量的农产品批发市场。与此同时，人们的消费需求升级和部分城市规划的调整，以及零售业快速进步导致的交易量分流，使传统农产品批发市场转型升级成为必然选择。市场需要在升级改造过程中，弥补组织化程度不足、经营模式单一、交易方式落后等问题，而数字化信息改造和融合已成为批发市场转型升级的重点方向。尽管随着京东、天猫等各大互联网平台抢滩生鲜市场，但电子商务和传统市场各有优势，前者在商流、信息流、资金流方面有明显优势，而后者在物流、体验和服务方面有优势，只要二者相互融合、优势互补就能形成核心竞争力。

国家支持农产品批发市场发展建设的政策密集出台，"互联网+农批"成为政策支持的重点，农产品批发市场在新一轮转型升级热潮中，正主动与互联网相融合，搭建自己的大数据系统，并为下游市场提供更专业完善的服务。2017年，国内农产品批发市场的数字化改造进程加速，推进电子结算，提高效率，实现信息可追溯正成为农产品批发市场转型的一大重点。银川市出台的《公益性大型农产品批发市场建设实施方案》明确提出，将对5家大型农产品批发市场建立统一的信息平台和电子结算系统，组建银川市农产品信息交易结算中心。

但从整体看，目前农产品批发行业的现代化信息化发展路径仍不够清晰，电子结算、信息追溯等的推行也面临各种非技术性因素制约。不过，能形成共识的是，农产品批发市场的智慧化发展，不仅要依靠互联

网进行结算、信息发布、信息分析技术手段，提高流通效率和营造更好的交易环境，更要借鉴"智慧物流"工作的成功经验，充分利用在全国批发市场形成的价格、买卖对接、追溯等大数据资源，并对交易形势和供应链发展方向进行预测，将智慧化思路应用在农产品流通的各环节条块中，推动农产品批发市场转型升级。

"一带一路"建设为中国农产品流通带来新机遇

在 2017 年中央一号文件中提到，要以"一带一路"沿线及周边国家和地区为重点，创造良好农产品国际贸易环境，优化国内农产品供给结构，健全公平竞争的农产品进口市场环境，鼓励扩大优势农产品出口，加大海外推介力度，推动农业走出去。2017 年 5 月，商务部、农业部、外交部、发改委等四部委发布《共同推进"一带一路"建设农业合作的愿景与行动》中提到，要优化农产品贸易合作，推动共建"一带一路"农产品贸易通道，合作开展运输、仓储等农产品贸易基础设施一体化建设，发展农产品跨境电子商务；要拓展农业投资合作，发挥沿线国家农业比较优势，充分利用相关国际金融机构合作机制与渠道，促进沿线国家涉农企业互利合作、共同发展；要加强能力建设与民间交流，增进沿线国家间交流互信，共建境外农业合作园区，推动沿线国家企业合作共建农业产业园区，降低农业合作成本，增强风险防范能力，优化农业产业链条，为实现经济走廊和海上通道互联互通提供支撑。

农业发展是"一带一路"沿线国家国民经济发展的重要基础，开展农业合作是沿线国家的共同诉求。在"一带一路"倡议下，农业国际合作成为沿线国家共建利益共同体和命运共同体的最佳结合点之一。"一带一路"倡议提出三年来，中国与沿线国家在双、多边合作机制下积极开展农业领域产业对接，合作领域不断拓展，链条不断延伸，合作主体和方式不断丰富，取得了显著成效。数据显示，2017 年我国农产品进出口额 1845.6 亿美元，其中进口 1115.7 亿美元，出口 729.9 亿美元，出口金额同比增长 3.3%。

"一带一路"倡议的实施，大力推动了中国批发市场与国际批发市场的交流及贸易合作。扩大优质农产品进出口，进一步壮大农产品跨境电商新兴贸易模式的发展。而批发市场作为我国农产品流通主渠道，是产品和信息的汇聚平台，是价格的形成中心，配套设施相对完善，信誉度较单个流通企业高，农产品国际贸易新平台的优势日益突出。

2017 年 5 月，习近平主席在"一带一路"国际合作论坛上宣布，中国将从 2018 年起举办中国国际进口博览会。这也是我国的农产品批发市场进一步融入国际农产品贸易的重要机遇，中国国际进口博览会的召开将会加速我国生鲜农产品的进口速度，掀起进口生鲜农产品的新高潮。

全国城市农贸中心联合会在"一带一路"倡议带来的良好国际农产品贸易交流环境下，积极作为，努力构建国际农产品贸易合作平台，促进农产品进出口市场建设。2017 年举办春茶国际品鉴会，来自印度尼西亚、伊朗、西班牙等 7 个"一带一路"沿线国家的驻华使节、参赞等外宾及国内代表约 80 人出席品鉴会。通过活动，建立起"一带一路"友谊、贸易的桥梁，不断延伸合作领域，扩大合作成果，推动了国际的经济贸易往来。举办第九届中国国际农产品贸易对接会、"一带一路"中泰农产品贸易发展论坛等活动，加强行业国际交流与合作，拓展农产品流通渠道，推动优质农产品进出口贸易。

全国公益性农产品示范市场工作不断深化

公益性市场在加快农产品流通、促进农产品供需平衡、监管农产品质量安全、维护城市环境、突发事件的应急保障等方面发挥着重要作用。自 2016 年商务部公布首批全国公益性农产品示范试点市场以来，公益性市场在解决全国农产品价格频繁涨跌、食品安全事件多发等问题上起到良好效果，提升了农产品流通现代化水平，切实保障和改善民生。截至 2017 年 2 月，全国累计建设 253 个公益性农产品批发市场。2017 年中央一号文件《关于深入推进农业供给侧结构性改革加快培育农业农村发展新动能的若干意见》提出加快构建公益性农产品市场体系。

2017 年 11 月，商务部办公厅发布《关于做好全国公益性农产品示范市场总结、评估和推荐工作的通知》，总结了公益性农产品市场建设制度创新和政策落实情况，重点包括市场体系建设规划、法律法规保障、建设运营标准、公益类国有企业分类考核及用地、用水、用电、税收等支持政策；对 31 家首批全国公益性农产品示范市场开展评估，全面掌握市场建设运营和公益功能发挥情况。重点总结了市场投资、运营、监管机制建立健全情况，保障市场供应、稳定市场价格、促进食品安全、推动绿色环保等公益功能发挥情况，助力扶贫脱贫、促进农民增收等示范带动作用发挥情况。对 2017 年 31 家示范市场进行动态调整，取消 4 家示范市场资格，新增 22 家示范市场，最终确定上海西郊国际农产品交易市场有限公司等 28 家农产品批发市场和北京京客隆商业集团股份有限公司等 21 家零售企业为全国公益性农产品示范市场。

目前我国农产品批发市场的公益性和公益功能的发挥进入完善发展期，需要通过明确市场定位，理顺市场与商品的关系，完善经营管理的理念和手段，围绕增强宏观调控能力和民生保障能力的目标，不断创新公益性农产品市场供应稳定机制、价格稳定调节机制、质量安全促进机制、绿色环保引领机制，确保公益功能发挥；完善投资保障、运营管理和政府监管机制，完善公益性流通基础设施，加快公益性农产品批发市场和零售市场建设，形成公益性农产品市场与其他市场相互促进、有序竞争、协调发展的农产品流通新格局，在保供稳价和安全环保等方面发挥骨干支撑作用。

城镇化加速与城市群发展为农产品批发市场建设赋予新使命

为调整优化城市布局和空间结构，推进产业升级，打造现代化经济圈，京津冀协同发展战略、长江经济带战略、长三角城市群发展规划等相继推出，相应形成了多个城市群。城市的聚集效应带动了我国的农产品批发市场迅速发展，交易占地面积、交易量、交易额都在不断攀升，屡创新高。在此环境下，地区一体化发展趋势继续增强，各类推进城市群与农产品流通的政策规划频出，农产品流通联动网络体系具雏形。

国家发展改革委等 6 部委印发的《京津冀农产品流通体系创新行动方案》提出，建立畅通高效的京津冀农产品流通网络体系，加快农产品批发市场转型升级，拓展物流配送等服务功能。加强农产品批发市场仓储、物流等公共服务设施建设，增强加工、冷链、配送等综合服务能力，加快京津冀区域农产品供应网络一体化布局进程，实现京冀两地环北京冷链物流保障体系产业对接，为京津冀三地居民提供安全可靠、优质健康的农副产品，更好地完成京津冀区域"菜篮子"保障任务。

农业部等 8 部门联合印发《京津冀现代农业协同发展规划（2016—2020 年）》，要求京津冀三地现代农业应推进市场协同，完善流通体系，构建集散结合、冷链物流、产销对接、信息畅通、追溯管理的现代农产品市场流通网络。

北京市商务委、天津市商务委、河北省商务厅联合印发《环首都 1 小时鲜活农产品流通圈规划（2016—2020）》提出，规划建设"一核双层、五通道、多中心"的环首都鲜活农产品流通网络，力争到 2020 年，基本形成布局合理、高效畅通、环境友好和协作共赢的环首都 1 小时鲜活农产品流通圈。

农产品流通联动合作方面，达成了农产品市场规划衔接、重大项目建设、投融资、品牌培育、产销及管理衔接等 10 个方面协议。力求实现流通标准化建设，强化物流标准体系，建立完善农产品流通标准体系；从农产品跨区域产销对接，促进农产品产区与销区的紧密衔接。

与此同时，农产品批发市场的快速发展与城市和谐发展关系有待理顺。作为城市配套服务，农产品批发市场的建设运营对人流数量和物流便捷有天然的需要，建设和发展不能脱离所在城市群日常所需农产品的供应半径范围，在建设时趋向于向城市更为中心的位置运行，既要保障城市农产品供应需要，又要在环保等方面符合城市发展要求，伴随着城镇化速度的加快，升级改造已成为现代农产品批发市场发展的必然之路。

农产品冷链流通标准化示范工作开展评估，良性发展机制逐步成型

长期以来，中国农产品产后损失严重，果蔬、肉类、水产品流通腐损率分别达到 20%—30%、12%、15%，仅果蔬类每年损失就在 1000 亿元以上。自农产品冷链流通标准化示范工作启动以来，商务部、国家标准化管理委员会等有关部门和各地方政府因势利导，加强农产品冷链物流标准化工作，出台多项冷链产业政策和冷链专项规划，加快构建跨区域冷链物流体系，推动建设农产品全程冷链物流系统和监控体系。目前，中国每年约有 4 亿吨生鲜农产品进入流通领域，冷链物流比例逐步提高，果蔬、肉类、水产品冷链流通率分别达到 5%、15%、23%，冷藏运输率分别达到 15%、30%、40%。

2017 年，商务部、国家标准化管理委员会等部委下发通知，印发《农产品冷链流通监控平台建设规范（试行）》，开展农产品冷链流通标准化示范城市及企业评估工作，通过审核相关涉及的规划、标准、管理流程、温度存储数据、记录储运温度信息的二维码等相关证明材料，对 31 个试点城市和 285 家试点企业的农产品冷链流通标准化的推进情况进行评估并公布结果，从中总结出山东中凯兴业贸易广场有限公司创新冷链流通技术及运输模式、宁夏万齐农业发展集团有限公司应用二维码标识查询温度信息完善冷链物流监控体系等 17 条可复制推广的经验和模式，大力将成功示范典型经验模式在全国进行复制推广。

农产品冷链流通标准化作为内贸流通体制改革和物流标准化中长期发展规划（2015-2020 年）的重要内容，是推动农业供给侧结构性改革和农业现代化的重要举措。农产品冷链流通标准化示范工作启动以来，按照"以点带链，由易到难"的总体思路，重点围绕肉类、水产、果蔬等生鲜农产品，培育了一批设施先进、标准严格、操作规范、运营稳定的农产品冷链流通标准化示范企业和示范城市，探索新型农产品冷链流通模式，营造了优质优价的市场环境，为农产品流通高质高效发展，农业供给侧结构性改革提供有力支撑。

标准化支撑重要产品追溯体系建设快速推进，
农产品流通领域成果显著

近年来，商务部在 58 个城市开展肉菜流通追溯体系建设试点，在 18 个省市开展中药材流通追溯体系建设试点，在 4 个省市开展了重要产品追溯体系建设示范。目前，已有超过 85% 的试点地区完成与中央平台对接，超过 1.5 万家企业建成并运行追溯体系，覆盖经营商户 30 多万户，初步形成了辐射全国、连接城乡的信息化追溯体系。上海市已在屠宰、加工、批发、配送、零售等 5 大食用农产品流通主要环节、共 2860 家企业建立了追溯系统，肉菜供应主渠道覆盖率达到 90% 以上，目前正在向全品种、全链条、全覆盖方向发展。

下一步，商务部将按照国务院文件要求，进一步加强部门协调配合，形成共建、共管、共享的工作机制，重点做好追溯标准化、互联互通和认证认可等工作。加强立法调研，推动修订完善现有法律法

规，推动出台《产品追溯管理条例》《追溯数据管理办法》和《追溯体系认证认可管理办法》，编印《追溯体系建设案例集》，抓好试点示范经验的总结推广。认真总结前期各部门、各地区试点示范工作经验，形成可复制推广的经验和模式，明年在全国推广，增加追溯产品种类，扩大追溯体系的覆盖面。

2017年10月质检总局、商务部等10部门联合印发《关于开展重要产品追溯标准化工作的指导意见》，明确了6个方面的主要任务：开展重要产品追溯标准化基础研究；统筹规划重要产品追溯标准体系；研制重要产品追溯基础共性标准；探索重要产品追溯标准化试点示范；抓好重要产品追溯标准的推广应用；做好重要产品追溯标准实施信息反馈和评估，为重要产品追溯体系建设提供标准化支撑。

推进重要产品追溯体系建设，有利于提升居民的消费信心，更好地服务扩大消费，促进内需增长；可以帮助企业提高供应链信息化管理水平，促进生产经营企业全面加强产品质量管理；促进生产流通各环节高效对接和协同，降低供给成本，保障供给质量，增加有效供给，助推供给侧结构性改革。

部分农产品批发市场土地使用手续办理问题成为制约市场升级发展的痛点

农产品批发市场是我国农产品市场体系的核心和枢纽。随着我国农业现代化的加快发展和农产品消费市场的快速成长，农产品批发市场也在近几年进入了转型升级的发展快车道，从数量的扩张转向市场质量提升。

各地都有一些早期建设农村集体性质的市场，虽没有得到过政府在专项资金、项目等政策方面的帮助，但在服务保障所在区域农产品流通供应中发挥了重要作用，功能业已成熟完善。目前却因为土地性质等历史原因，没有相关土地使用手续，使用的土地合理却不合法。随着社会和城市发展市场面临转型升级，在搬迁时如何给市场土地"上户口"问题困扰着这些农产品批发企业。

全国城市农贸中心联合会对集体性质农产品批发市场土地使用情况进行了调查。调查结果显示，大部分市场建立之初是村镇集体倡议，选址交通便利区域建设商贸物流中心。因未办理土地使用手续，由此产生了部分区域产权不清晰、市场无法统一升级改造、无法进行任何土木施工建设，也不能享受国家资金补助甚至还要交纳大额罚款等问题。如北京大洋路农副产品市场目前在北京疏解非首都功能的环境下，面临早期使用土地建设市场没有手续，如今农产品批发市场升级改造手续办理困难的问题。

在2017年中央一号文件中指出"深化农村集体产权制度改革"，要"落实农村土地集体所有权、农户承包权、土地经营权'三权分置'办法"。"从实际出发探索发展集体经济有效途径，鼓励地方开展资源变资产、资金变股金、农民变股东等改革，增强集体经济发展活力和实力。"保障各地农产品批发市场土地权益，需在规划和供地中，进一步区分农产品批发市场中用于批发交易、仓储展示、物流交通等设施用地与可售办公、商铺、住宅等经营性房产用地之间的性质差异。按照土地利用现状分类确定的用途，根据农产品批发市场的具体类型，区别设置供地约束条件。根据"公益性"农产品批发市场的建设规划编制情况，研究用地支持政策和相关的出让、监管实施细则。

对于这一问题，在选择不同供地模式上产生不同的解决方法：一是应根据《关于加强鲜活农产品流通体系建设的意见》（国办发〔2011〕59号）"对于政府投资建设不以营利为目的、具有公益性质的农产品批发市场，可按作价出资（入股）方式办理用地手续，但禁止改变用途和性质"的规定，在地方政府有明确的批复文件时当地国土部门可执行该条款；二是根据实际需求，对于季节性较强的市场，鼓励租赁供应农产品批发市场用地，重点明确承租土地使用权权能权益的问题，各地可以制定出租或先租后让的鼓励政策和租金标准，但租赁土地融资能力低，在土地使用权转让、抵押融资方面存在较大障碍。此外，租赁土地和集体土地具有不稳定性，也易产生权责利纠纷等。只有解决了土地问题，事关百姓美好生活，也关乎就业等民生问题的农产品批发市场改造升级，才能无后顾之忧。

政府大力扶持农产品流通基础设施建设，智慧化产业园成热点

商务部等 5 部委发布的《关于推进商品交易市场转型升级的指导意见》（以下简称《意见》）提出，争取到 2020 年形成一批转型升级绩效较好的百亿级专业市场和千亿级综合市场，建设一批平台化示范市场。《意见》还确立了加强商品市场规划引导、全面推进信息化建设、大力发展智慧物流、加快提升综合服务能力、积极推行定制化服务、实施平台经济发展战略等 6 方面主要任务。在各种政策支持的形势导向下，智慧化的农产品流通产业物流园或将迎来建设发展的春天。

2017 年江苏、江西、贵州、新疆、宁夏等省级商务部门以规模化种养基地为基础，依托农业产业化龙头企业带动，科学制定产业园规划，统筹布局生产、加工、物流、研发、服务等功能板块，集中建设"生产+加工+科技"的现代农业产业园基础设施和配套服务体系，发挥技术集成、产业融合、创业平台、核心辐射等功能作用。农产品物流园区将互联网技术与物流公共信息平台进行有机结合，充分利用现代物流信息技术，对园区功能进行优化，实现农产品物流自动化、信息化和网络化，提升产业融合发展带动能力。

第二部分 全国城市农贸中心联合会 2017年工作纪事

十大事件

1. 召开2017年中国农产品批发市场行业年会暨第六次会员大会，选举新一届理事会成员

2. 成立中国农批30人论坛

3.出版农批行业首部年鉴——《2017中国农产品批发市场年鉴》

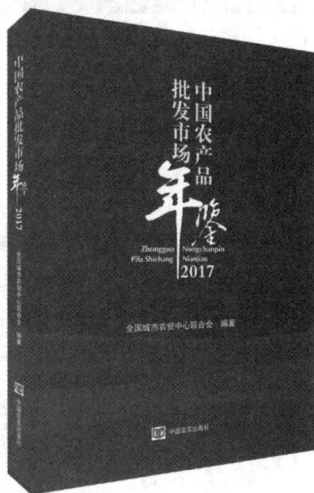

4.启动"全国农产品流通骨干网信息调查"工作

5.在重庆举办第二届中国农产品供应链大会并表彰"中国农产品供应链之星"

6.在上海举办第九届中国国际农产品贸易对接会

7.召开第三届燕窝行业年会暨第二届中华燕窝鲜炖大赛

8.与意大利农产品批发市场联合会签订谅解备忘录

9.与韩国首尔农水产食品流通公社签订谅解备忘录

10.加强与泰国交流合作，与泰国农民委员会、泰国达拉泰市场组织相关活动

亮点活动

　　2017年1月13日至2月12日，全国城市农贸中心联合会2017全国新春年货购物节在北京市爱琴海购物中心成功举行。本届年货节以高端年货为定位，农贸联精选全球风北京营销有限公司、台湾海龙王食品、新第果园、福建九洋峰茶业等多家优秀企业参展，为市民提供了集采购、娱乐、消费为一体的快乐购物平台，也为参展企业提供了扩大企业形象宣传、推广品牌化市场销售的平台。

　　2017年2月24日，"2017全国城市农贸中心联合会新春工作座谈会"在北京召开。座谈会以"优化供应链，助力供给侧"为主题，来自政府、企业、研究机构、行业协会的嘉宾代表围绕中央一号文件，从如何优化以批发市场为核心的农产品供应链建设，如何利用国际组织资源创造良好农产品国际贸易环境，如何构建诚信渠道推动农产品品牌建设等不同角度，对农产品批发市场行业发展形势和发展趋势进行了交流探讨。

2017年3月30日，全国城市农贸中心联合会仲裁专业委员会驻广东省湛江霞山市场法律办公室正式挂牌，标志着仲裁委正式进驻农产品批发市场，在市场设立法律办公室，以强化市场处理国际农产品贸易法律问题、规范农产品市场秩序、提升我国市场在世界农产品贸易格局中的话语权。

2017年2—3月，全国城市农贸中心联合会代表团考察日本和韩国农产品批发市场。

代表团考察日本水产品批发市场

代表团考察韩国农协超市

　　2017年4月20日，由全国城市农贸中心联合会、湖北省荆门市人民政府共同主办，湖北省商务厅支持，荆门市商务局、荆门市农业局、荆门市食品药品监督管理局、荆门市高新区掇刀区人民政府、荆门市多辉农产品物流园开发有限公司承办的"第十三届全国农产品批发市场联络员大会"在湖北省荆门市举行，对年度优秀联络员进行了表彰，并发布新联络员名单。来自全国各地大型农产品批发市场联络员和相关企业代表200余人参加此次大会。会议通报了农贸联重点工作。商务部、食药监总局相关政府部门领导做了政策解读。同期还召开了公益性农产品市场标准座谈会并进行了相关政策和业务培训。

2017年4月17日，全国城市农贸中心联合会与中国消费者报社、全国打假网在京签署战略合作协议，共同搭建全国农产品流通领域监督体系，联手促进农产品安全消费、绿色消费、有序经营，推进农产品市场消费者权益保护工作。

2017年5月10日，由全国城市农贸中心联合会、北京市茶叶协会、北京二商集团共同主办，北京二商京华茶业有限公司承办，西城区商务委、北京马连道建设指挥部和西城区广外街道办事处共同支持的"2017春茶国际品鉴会"在马连道京华茶叶大世界成功举办。来自印度尼西亚、马来西亚、泰国、缅甸、伊朗、西班牙、乌克兰等7个"一带一路"沿线国家的驻华使节、参赞等外宾及国内代表约80人出席品鉴会。中外嘉宾参观了北京茶叶博物馆，考察了茶叶市场，与茶企茶商进行了交流。

2017年5月8日至9日，世界批发市场联合会亚太地区工作组、全国城市农贸中心联合会、北京昌平区人民政府在北京昌平区联合举办"一带一路"中泰农产品贸易发展论坛。国内相关政府部门、农产品流通行业组织、农产品供应商和采购商、泰国达拉泰市场管理人员和商户等参加论坛。论坛围绕"一带一路"背景下的中泰两国农产品贸易发展空间、加强两国农产品批发市场之间的合作与投资进行了深入探讨。同期还举行了泰国达拉泰市场走进中国招商洽谈会。

2017年5月27日，"2017年中国农产品批发商合作大会"在山东省德州市召开。大会由全国城市农贸中心联合会主办，德州市商务局、德州市电视台承办。来自全国各地大型农产品批发市场代表和相关企业代表近300人参加此次大会。本届大会对德州市13家优质农产品优秀供应商，德州市5家对接京津冀农博会优秀组织单位行了表彰。同期举办了以"产销对接、促进消费、农商互联、合作共赢"为主题的第二届德州对接京津冀优质农产品博览会、德州市优质农产品推介对接、德州优质农产品流通联盟成立仪式等活动。

2017年5月18日，农贸联与联合国粮农组织贸易和市场部进行座谈，双方就全球和中国粮食、农业产品市场形势、双方之间的合作前景交换了意见，拓展政府间组织合作新模式。

　　2017年6月28日，全国城市农贸中心联合会组织的"集体所有制农产品批发市场发展环境及模式研讨会"在河北省衡水市东明市场召开，会议以衡水东明村企业管理集团有限公司所遇到的问题为案例，相关农产品批发市场负责人就当前集体所有制农产品批发市场发展情况进行了介绍，深入探讨了当前集体所有制农产品批发市场发展环境，破解发展中遇到的困境。与会行业专家为市场提出了解决方案，指出了发展方向。

　　2017年6月28日，全国城市农贸中心联合会在北京组织召开CAWA团体标准审定会。由国家开发银行研究院、中国人民大学农业与农村发展学院、中国商业经济研究中心、国内贸易工程设计院、北京二商东方集团公司、北京制冷学会、北京建华弘康生物科技有限公司、顺义区石门批发市场和京深海鲜市场等单位的9名专家组成的专家组对《冰鲜海鲈鱼流通规范》《冰鲜金鲳鱼流通规范》《乌鳢流通规范》等3项CAWA团体标准送审稿进行了审查并一致通过。3项CAWA团体标准发布实施后将对规范农产品流通秩序，加强农产品流通管理，保障农产品流通质量安全起到重要作用。

2017年9月14日，受北京市商务委员会委托，全国城市农贸中心联合会联合北京大洋路市场在北京召开了2017年蔬菜零售规范宣贯会，进一步强化《生鲜超市设置和管理规范》《综合超市销售生鲜农产品技术条件和管理规范》《社区菜市场（农贸市场）设置和管理规范》《社区菜店设置和管理规范》《社区蔬菜（肉类）直通车设置和管理规范》等5项北京市蔬菜零售标准规范引领作用，180多位企业代表参加会议。

2017年9月11日，由全国城市农贸中心联合会、比中合作中心、楚雄州政府联合举办的"首届云南高原特色农产品楚雄州优质核桃采购对接会"在云南楚雄州召开。多家采购商与供应商达成了核桃原材料采购与核桃产品深加工的意向采购协议，意向购销量达1000吨以上。

2017 年，为迎接中国共产党第十九次全国代表大会的召开，全国城市农贸中心联合会党支部与河北保定天惠果品批发市场联合举办了"庆七一，迎十九大"主题党日活动；深入开展"两学一做"学习教育，组织协会党员、团员前往北京展览馆参观"砥砺奋进的五年"大型成就展，开展主题党日活动，并组织员工集体收听收看了党的十九大开幕会。

根据中华人民共和国国家标准公告 2017 年第 29 号，由全国农产品购销标准化技术委员会归口管理的《果蔬批发市场交易技术规范》《肉类批发市场交易技术规范》《水产品销售与配送良好操作规范》和《水产品批发市场交易技术规范》等 4 项国家标准于 2017 年 11 月 1 日发布，其中《果蔬批发市场交易技术规范》和《肉类批发市场交易技术规范》于 2018 年 2 月 1 日实施，《水产品销售与配送良好操作规范》和《水产品批发市场交易技术规范》于 2018 年 5 月 1 日实施。

中华人民共和国国家标准
公 告

2017 年第 29 号

附件文件下载： 2017 年第 29 号

关于批准发布《标准电压》等 585 项国家标准
和 2 项国家标准修改单的公告

国家质量监督检验检疫总局、国家标准化管理委员会批准《标准电压》等 585 项国家标准和 2 项国家标准修改单，现予以公布（见附件）。

国家质检总局　　国家标准委
2017 年 11 月 1 日

序号	标准号	标准名称	代替标准号	实施日期
337	GB/T 34767-2017	水产品销售与配送良好操作规范		2018-05-01
338	GB/T 34768-2017	果蔬批发市场交易技术规范		2018-02-01
339	GB/T 34769-2017	肉类批发市场交易技术规范		2018-02-01
340	GB/T 34770-2017	水产品批发市场交易技术规范		2018-05-01

2017 年，全国城市农贸中心联合会与中央电视台财经频道《消费主张》栏目合作，拍摄完成燕窝宣传片，推出年度果蔬消费报告。

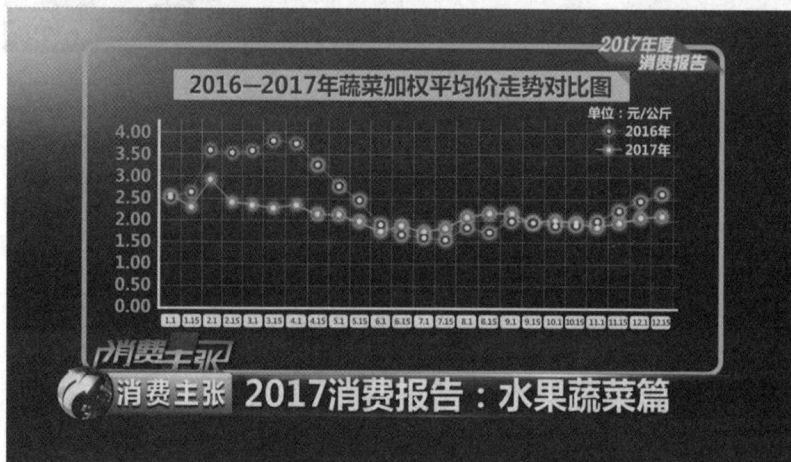